▲摄于吉林大学

▲大学时代（1964~1969年）

▲1973年12月考察郑韩故城
（右为唐晓峰；此片由北京大学俞伟超老师拍摄）

▲1977年东宁考古实习，摄于绥芬河边
（左二：李伊萍；右一：郑永振；右二：刘俊山老师）

▲1981年参加接见日本学术代表团
（前排左起：西谷正教授、张忠培老师、冈崎敬教授、罗继祖老师、张博泉老师、林沄老师）

▲1984年在拍摄"高句丽遗迹"电视专题片外景

▲1987年哈佛大学张光直教授来吉林大学讲学

▲1987年与北京大学李伯谦老师在青岛

▲1988年11月在日本奈良"藤之木古墓之谜"学术会议上发言（左：王巍）

▲1988年参加"藤之木古墓之谜"学术会议与日、韩学者合影
（左一：日本学者东潮；右一：韩国金元龙教授；右二：韩国全荣来教授）

◀20世纪80年代与德国哥廷根大学博士生约翰（来吉林大学进修学习）在吉林大学专家招待所前合影

▲1992年参观韩国庆州国立博物馆
（左三：郭大顺先生；左五：严文明老师）

▲1994年在黑龙江省海林渤海兴农古城考古工地
（左二：郑君雷；右二：赵永军）

▲1994年10月带领吉林大学考古专业92级和博物馆专业91级学生参观渤海上京遗址

▲1995年在日本新潟大学"渤海与环日本海交流"国际学术会议上讲演

▲1995年12月在当年渤海使者到达日本的港口福良津

▲给本科生讲课(摄于20世纪90年代)

◀1996年与哈佛大学博士生白马克（曾在吉林大学进修学习）在汉城（今首尔）

▲1996年10月与俄罗斯考古学家伊伏列耶夫在符拉迪沃斯托克（海参崴）郊外原野

▲1998年参加东北地区考古工作座谈会

▲2002年在日本德岛大学访问研究

◀2003年与时任驻法大使吴健民先生在巴黎中国驻法国大使馆前合影

▲2003年在巴黎拉雪兹神甫公墓巴黎公社墙前

▲2003年参观巴黎卢浮宫博物馆

▲2003年参加巴黎第27届世界遗产大会期间与时任国家文物局副局长张柏先生合影

▲2003年与日本西谷正教授在桓仁五女山城前

▲2004年参加第28届世界遗产大会

▲2004年参加第28届世界遗产大会期间与时任国家文物局遗产处处长郭旃先生合影

▲2005年在哈佛大学福格艺术博物馆展室

◀2005年参观哈佛燕京图书馆
（左：金旭东；右：李新全）

▲2005年与敦煌研究院樊锦诗院长在研讨会上

◀2005年在国际古迹遗址理事会第15届大会科学研讨会上发言

▲2005年参加长春市庆祝"五一"国际劳动节大会

▲2006年在俄罗斯符拉迪沃斯托克（海参崴）

2008年10月4日与中学同学王雨发先生去邢台学院
看望在广宗中学读书时的班主任高蓬洲教授（中）▼

▲ 2008年考察渤海上京石灯塔
（左一：赵哲夫；左二：朱国忱先生；
右一：陶刚；右二：魏国忠先生）

2010年在饶河乌苏里江江边▼

▲2010年参加接待东京大学大贯静夫教授等日本学者
（左一：彭善国；左二：王立新；左三：刘艳；左四：滕铭予；右一：赵宾福；右二：王培新；右三：内田宏美；右四：大贯静夫）

2011年在珲春防川▶

2012年接待日本东潮教授来访▶

▲2013年考察镜泊湖畔渤海山城
（左一：彭善国；左二：宋玉彬；左三：齐东方；右一：傅佳欣；右二：郑永振）

▲2014年在集安高句丽"将军坟"前
（左一：王鹏勇；左二：安文荣；右一：董峰；右二：陈景义；右三：唐音）

▲2014年12月与李钟洙教授（吉林大学博士毕业，现任教于韩国檀国大学）在韩国庆州新罗观星台

▲四十年后（2015年4月）再来洛阳工作站（左一：赵俊杰；左二：韩建华；右一：石自社）

▲2005年六十岁生日师生聚会
（前排左一：傅佳欣；右一：李强。后排左起：郑春颖、吴炎亮、宋玉彬、李新全、王培新、孙力楠、金旭东、张宝宗、彭善国、李龙彬）

◀1981年全家在天安门广场

20世纪80年代全家再次摄于天安门广场▶

▲夫人朱双凤、儿子魏晓辉、女儿魏晓丹（20世纪90年代摄于长春家中）

▲2009年与夫人在长春牡丹园

庆祝魏存成先生七十岁
论文集

吉林大学边疆考古研究中心 编

科学出版社
北京

内 容 简 介

本书为庆祝魏存成先生七十岁而编辑的学术论文集。全书共收录学术论文三十余篇，内容涉及中国考古学的诸多领域。书中附有魏存成先生的主要论著目录及学术活动照片四十余幅。

图书在版编目（CIP）数据

庆祝魏存成先生七十岁论文集/吉林大学边疆考古研究中心编. —北京：科学出版社，2015.9
ISBN 978-7-03-045716-5

Ⅰ.①庆… Ⅱ.①吉… Ⅲ.①考古学—中国—文集 Ⅳ.① K870.4–53

中国版本图书馆 CIP 数据核字（2015）第 222382 号

责任编辑：赵 越 / 责任校对：彭 涛
责任印制：肖 兴 / 封面设计：陈 敬

科学出版社 出版
北京东黄城根北街 16 号
邮政编码：100717
http://www.sciencep.com

中国科学院印刷厂 印刷
科学出版社发行 各地新华书店经销

*

2015 年 9 月第 一 版　　开本：787×1092　1/16
2015 年 9 月第一次印刷　　印张：27 3/4　插页：12
字数：660 000

定价：268.00 元
（如有印装质量问题，我社负责调换）

魏存成先生学术论著要目

一、著　　作

1.《高句丽考古》，吉林大学出版社，1994年。
2.《东北古代民族、考古与疆域》（主编之一），吉林大学出版社，1998年。
3.《高句丽遗迹》，文物出版社，2002年（2005年再版）。
4.《渤海考古》，文物出版社，2008年。

二、文　　章

1.《工农考古基础知识》（执笔"三国""隋唐"两章），文物出版社，1978年。
2.《东宁大城子渤海墓葬发掘简报》，《考古》1982年第3期。
3.《渤海城址的发现与分期》，《东北考古与历史》（第1辑），文物出版社，1982年。
4.《渤海王室贵族墓葬》，《中国考古学会第三届年会论文集》（1981年），文物出版社，1984年。
5.《关于渤海都城的几个问题》，《史学集刊》1983年第3期。
6.《渤海的建筑》，《黑龙江文物丛刊》1984年第4期。
7.《高句丽初、中期的都城》，《北方文物》1985年第2期。
8.《高句丽四耳展沿壶的演变及有关的几个问题》，《文物》1985年第5期。
9.《高句丽积石墓的类型与演变》，《考古学报》1987年第3期。
10.《中国北方地区四五世纪的马具》，1988年在日本奈良"藤之木古墓之谜"国际学术会议上摘要发言，后全文翻译成日文收入朝日新闻社和古代骑马文化研究会编辑的《藤之木古墓之谜》论文集，1989年由朝日新闻社出版。
11.《高句丽、渤海文化之发展及其关系》，《吉林大学社科学报》1989年第4期。
12.《日藤之木古墓及出土马具》，《史学集刊》1989年第2期。
13.《高句丽、渤海墓葬之比较》，《古民俗研究》，吉林文史出版社，1990年。
14.《渤海上京复原图与文字说明》，此属北京大学主持的《中国大地图集中国历史地图》项目之一，1986年完成，1991年3月15日颁发验收证明。
15.《高句丽马具的发现与研究》，《北方文物》1991年第4期。
16.《纪念〈北方文物〉创刊十周年，促进东北文物考古事业深入发展》，《北方文物》1991年第4期。

17.《有关渤海文化研究的几个问题》,《渤海史研究》1991 年第 2 期。

18.《高句丽考古学文化的基本特征及其演变》,《高句丽的都城与古坟》,日本同朋社,1992 年。

19.《近年高句丽考古的主要发现与研究》,1992 年在韩国圆光大学第 11 回"马韩、百济文化研究"国际学术会议上发表,后收入该会议论文集。

20.《集安高句丽大型积石墓王陵》,《青果集——吉林大学考古专业成立二十周年考古论文集》,知识出版社,1993 年。

21.《从考古学上看百济、高句丽文化的特点及其与周邻文化的关系》,1994 年在韩国忠南大学"百济社会之诸问题"第七届国际学术会议上发表,后刊于忠南大学《百济研究》第 26 期。

22.《再谈高句丽积石墓的类型与演变》,《博物馆研究》1994 年第 1 期。

23.《渤海文化的特征及其形成》,1995 年在日本新潟大学"渤海与环日本海交流"国际学术会议上发表,后收入新潟大学《环日本海论丛》第 8 号。

24.《讲授本科生课程的体会》,《高教研究与实践》1995 年第 2 期。

25.《集安高句丽王陵研究》,1996 年在汉城"广开土王碑研究 100 年"国际学术会议上发表,后收入该会议论文集。

26.《我对高句丽、渤海考古的学习与研究》,《我的学术思想》,吉林大学出版社,1996 年。

27.《第二松花江中游的几处靺鞨、渤海墓葬》,1996 年在海参崴"靺鞨、渤海、女真文化研究"国际学术会议上发表,后刊于《北方文物》1998 年第 1 期。

28.《五十年来中国渤海考古的发现和研究》,1998 年在北京大学百年校庆之"七~八世纪东亚的历史与考古"国际学术会议上发表,之后分别收入北京大学考古文博学院和大阪经济法科大学合编的《"七~八世纪东亚的考古与历史"国际学术讨论会论文集》(科学出版社,2001 年出版)和《七、八世纪的东亚》(日本大阪经济法科大学出版部,2000 年出版)。

29.《中国三国两晋南北朝的铜镜与日本的三角缘神兽镜》,1998 年 11 月在韩国东亚大学校校庆国际学术会议上发表,后收入该会议论文集《东亚古代铜镜》中。

30.《深入开展高句丽考古研究的几点意见》,《通化师范学院学报》1999 年第 1 期。

31.《中国古代铁器的发展及其对朝鲜半岛的传播》,1999 年 11 月在日本松江"环日本海国际交流"国际学术会议上发表,后收入该会议论文集。

32.《中国东北地区古代的石棚及相关的石结构墓葬》,2000 年 10 月在韩国古代巨石文化第三次国际学术会议上发表。

33.《吉林省高句丽山城的发现与研究》,1999 年 10 月提交在汉城"高句丽城址研究"国际学术会议上发表,后收入该会议论文集;同时收入《黑土地的古代文明》,远方出版社,2000 年。

34.《近年来我国高句丽考古的主要发现与研究》,《东北亚论坛》2001年第1期。

35.《渤海遗迹的发现与研究》,《社会科学战线》2001年第6期。

36.《渤海国是属于唐王朝的民族地方政权》,《新长征》2002年第10期。

37.《高句丽马具的发展及其与周邻民族和地区的关系》,在汉城"高句丽文物研究"国际学术会议上发表,后收入该会议论文集。

38.《渤海都城的发展及其与隋唐长安城的关系》,2002年12月在东京"东亚的都城形态与文明史"国际学术会议上发表,后收入该会议论文集,于2004年由日本创文堂出版;同时刊于《边疆考古研究》(第2辑),科学出版社,2003年。

39.《高句丽的主要遗迹与分布》,《中国东北边疆研究》,中国社会科学出版社,2003年。

40.《中原、南方政权对高句丽的管辖册封及高句丽改称高丽时间考》,《史学集刊》2004年第1期。

41.《高句丽政权的建立与发展》,《东北史地》2004年第1期。

42.《集安在高句丽历史上的重要地位及其遗产表现》,《吉林大学社科学报》2004年第2期。

43.《读"高句丽山城研究"》,《东北史地》2002年第4期。

44.《高句丽王城、王陵及贵族墓葬——高句丽:一个民族的盛衰》,《中国文化遗产》2004年第2期。

45.《中国境内的高句丽墓葬》,2004年9月在韩国世界遗产委员会举办的"高句丽墓葬的类型与保护"国际学术会议上发表,后收入该会议论文集。

46.《〈三国志·高句丽传〉研究》,2004年5月在韩国金海市"伽耶史研究"国际学术会上发表,后收入该会议论文集。

47.《高句丽的历史与遗迹》,2005年在美国哈佛大学举办的"高句丽的历史与考古"国际学术会议上发表。

48.《唐鸿胪井刻石与渤海政权的定名、定位及发展》,《吉林大学社科学报》2006年第1期。

49.《汉唐时期中国与东北亚地区文化线路的构成及发展》(英文),2005年在西安"国际古迹遗址理事会第15届大会暨学术讨论会"上发表,后收入该会议论文集(由世界图书出版社西安分公司出版)。

50.《集安高句丽大型积石墓王陵研究》,《社会科学战线》2007年第4期。

51.《靺鞨族起源发展的考古学观察》,《史学集刊》2007年第4期。

52.《汉唐时期我国通往朝鲜半岛和日本的文化线路及文化交流》,《吉林大学社科学报》2008年第1期。

53.《渤海政权的对外交通及其遗迹发现》,《中国边疆史地研究》2007年第3期。

54.《中国境内高句丽墓葬的发现与研究》,2005年11月在北京由中国社会科学院和韩国高句丽研究财团举办的以"高句丽的历史与文化"为题的中韩第一次高句丽学术会议上发表。

55.《高句丽的兴起及其与玄菟郡的关系》，2007年11月在北京由中国社会科学院和韩国东北亚历史财团举办的以"高句丽的早期历史"为题的中韩第三次高句丽学术会议上发表，后收入韩国出版的该会议论文集；《东北史地》2009年第6期再发表。

56.《高句丽早期墓葬积石墓的类型和特点》，2008年在韩国济州道由中国社会科学院和韩国东北亚历史财团举办的以"卒本时期的高句丽历史"为题的中韩第四次高句丽学术会议上发表，后收入韩国出版的该会议论文集。

57.《唐代由内地通往东北渤海及朝鲜半岛和日本的交通路线与文化交流》，2007年10月在东京"东北亚经济与文化交流"国际会议上发表。

58.《渤海墓葬的的总体面貌与主要特点》，《东北史地》2008年第4期。

59.《中国境内发现的高句丽山城》，2009年9月在韩国"南汉山城研究"国际学术会议上发表。

60.《玄菟郡的内迁与高句丽的兴起》，《史学集刊》2010年第5期。

61.《朝鲜境内发现的高句丽山城》，《边疆考古研究》（第9辑），科学出版社，2010年。

62.《中国境内发现的高句丽山城》，《社会科学战线》2011年第1期。

63.《如何处理和确定高句丽的历史定位》，《吉林大学社科学报》2011年第4期。

64.《高句丽国内城西墙外排水涵洞及相关遗迹考察》，《边疆考古研究》（第10辑），科学出版社，2011年。

65.《高句丽南北道辨析》，《社会科学战线》2012年第9期。

66.《渤海王室贵族墓葬及相关问题再探讨》，《中国考古学会第十四次年会论文集》，文物出版社，2012年。

67.《汉唐时期我国东北地区与朝鲜半岛的密切联系和文化交流》，《东北史地》2012年第6期。

68.《永久的怀念》，《广宗历史文化概览》，中国文史出版社，2012年。

69.《关于东北史研究的几个问题》，《东北史地》2013年第1期。

70.《关于新出集安高句丽碑的几点思考》，《东北史地》2013年第3期。

71.《高句丽、渤海文化发展的考古学观察》，《边疆考古研究》（第14辑），科学出版，2013年。

72.《新中国成立以来高句丽考古的主要发现与研究》，《社会科学战线》2014年第2期。

73.《我的学术经历》，《社会科学战线》2014年第2期。

74.《渤海墓葬演变与渤海初期人口的民族构成》，《吉林大学社科学报》2014年第2期。

75.《好太王的陵墓再确认及相关问题》，2014 年 10 月参加在集安召开的，由中国社会科学院中国边疆研究所和韩国东北亚历史研究财团历史研究室主办、通化师范学院高句丽与东北民族研究中心协办的"纪念好太王碑建立 1600 周年国际学术会议"上发表。

三、其　　他

1.《高句丽遗迹》（编稿并参与导演），属 1983 教育部项目，由中央音像出版社于 1985 年发行。

2.《渤海文化》（编稿），属 1983 年教育部项目，后因缺少经费，未拍摄。

3. 咨询报告 12 项（受有关部门委托撰写并被采用）。

目 录

魏存成先生学术论著要目 ………………………………………………………………（i）

石灰场下层文化的发现与初步认识 ………………………………胡秀杰　刘晓东（1）
关于"龙山时代"的概念 ……………………………………………………王立新（24）
西周半环形铜钺研究 …………………………………………………………井中伟（28）
关于短内式铜戈的起源与年代问题 ………………………………成璟瑭　高振海（41）
中国境内鸭绿江流域两汉时期遗址的文化性质与年代研究 …………………金旭东（51）
略谈辽阳新发现三面铜镜 ………………………………………李龙彬　王宇　马鑫（74）
朱蒙之死与琉璃明王迁都 ……………………………………………………李新全（78）
望江楼类型主要遗存及文化因素分析 ………………………………………梁志龙（97）
安鹤宫年代考 ………………………………………………………………王飞峰（110）
四、五世纪之交带方故地汉人集团的动向新证——好太王碑碑文"十四年甲辰"
　条纪事考释 ……………………………………………………………赵俊杰（122）
辽东汉至魏晋南北朝墓葬壁画源流初探 …………………………………孙力楠（130）
辽阳沈阳地区汉魏晋墓葬类型与分期研究 ………………………………张永珍（146）
集安地区墓葬出土高句丽陶器研究 ………………………………………孙　颢（158）
抚松大方顶子积石堆遗迹的初步研究 ……………………冯恩学　梁娜　谢浩（173）
北魏洛阳外郭城复原研究的初步检讨 ……………………………………郑君雷（182）
七郎山墓主人为北魏镇民论 ………………………………………………吴松岩（191）
东北亚三至六世纪的黄金制品 ……………………………………………田立坤（203）
北朝墓葬出土瓷器的编年 …………………………………………………刘　未（224）
靺鞨考古学遗存时空分布的探讨 …………………………………………刘晓东（254）
渤海考古研究的几点思考 …………………………………………………王培新（266）
渤海都城故址的辨识标准与西古城城址的性质认定 ……………………宋玉彬（274）
渤海上京城建筑遗物研究 ………………………………………赵虹光　赵越（282）
从渤海上京城城墙建筑顺序和营建方式看皇城宫城区域的划分 ………赵哲夫（298）
勿吉"冢上作屋"与渤海"墓上建筑"——兼谈高句丽墓上覆瓦
　………………………………………………………………………白　淼　李强（306）
"冢上作屋"与"墓前祭祀"——渤海墓祭方式研究 …………………王志刚（317）

渤海文字瓦的发现、研究与著录评述···刘晓东　李　玲（325）
朝阳地区隋唐墓葬出土陶器所反映的文化关系试析······································乔　梁（335）
隋唐通定镇的初步考察···赵晓刚　赵菊梅（346）
隋唐五代北方地区仿木构墓葬建筑形制研究··张玉霞（358）
吴越国"善事中国"之策实质考——从吴越国马氏墓出土铭文石刻谈起···李蜀蕾（375）
前郭塔虎城的考古发现与研究···彭善国（382）
明代江沿台堡城址考古发掘与营建初考···吴炎亮　徐　政（391）
《重修赤山龙潭寺造佛安禅碑记》考··张福有（402）
西藏拉萨大昭寺壁画色彩及其价值研究··王乐乐（413）
王素《刺虎歌图》的主题及构图研究···唐　静（426）

石灰场下层文化的发现与初步认识

胡秀杰[1] 刘晓东[2]
（1. 黑龙江省文化厅；2. 黑龙江省博物馆）

石灰场下层文化，得名于20世纪80年代发掘的石灰场遗址。1988年春，牡丹江市文物管理站和宁安县文物管理所对遗址进行发掘，共发现上、中、下三个不同时期的文化堆积，其中下层出土的全部是新石器时代遗存。发掘者在发掘报告中提出石灰场下层遗存属于一种新发现的考古文化，应定名为"石灰场下层文化"[①]，由于该报告对于新提出的文化没有更多的阐释，这一文化概念的提出并没有得到考古界的响应。发掘报告发表后，在一些综论性的黑龙江考古文章中，不但没有把石灰场下层遗存作为一种文化提出，甚至没有将其作为一种区别于其他考古学文化的"遗存"单独提出[②]。直至2011年，黑龙江省考古所将其作为牡丹江流域青铜时代"石灰场下层遗存"提出[③]，至此，学术界第一次在公开发表的文章中确认石灰场下层遗存作为一种区别于其他考古学文化的"遗存"的存在。同年，有学者撰文，重新将其作为牡丹江流域一种新的文化"石灰场下层文化"提出，并加以简要论述[④]，继发掘者最早提出"石灰场下层文化"之后，这一文化概念再次被提出，很有意义。石灰场下层文化确实有别于目前发现的牡丹江流域其他文化遗存，本文仍采用"石灰场下层文化"这一概念。

一、石灰场遗址出土的石灰场下层文化遗存的基本内涵

就石灰场下层遗址而言，其文化内涵可以总结如下：

（1）石灰场下层遗址发现两座房址，均已残破，编号为F3和F4。据残留部分观察，两座房址均为半地穴式单间建筑，平面呈方形。所不同的是，F3在穴底墙壁下砌

---

① 牡丹江市文物管理站：《黑龙江省宁安县石灰场遗址》，《北方文物》1990年第2期。
② a. 志文：《黑龙江考古述要》，《黑龙江史志》1996年第1期；b. 杨志军等：《二十年来的黑龙江区系考古——谨以此文悼念中国考古学会理事长苏秉琦先生》，《北方文物》1997年第4期。
③ a. 黑龙江省文物考古研究所：《新世纪黑龙江考古大检阅——近年来我省考古新成果展示》，《黑龙江日报》2011年1月31日第3版；b. 黑龙江省文物考古研究所：《考古黑龙江》，文物出版社，2011年。
④ 赵宾福：《牡丹江流域新石器文化序列与编年》，《华夏考古》2011年第1期。

筑有石墙。该房址为方形半地穴式,穴底南壁发现有用黄土黏合的石块砌筑的石墙,墙内壁平直。此房居住面经过烧烤,未发现灶、柱洞和门道。房址残留部分长3.2、宽2.5、深0.4米。石墙宽0.8、残高0.4米(图一)。

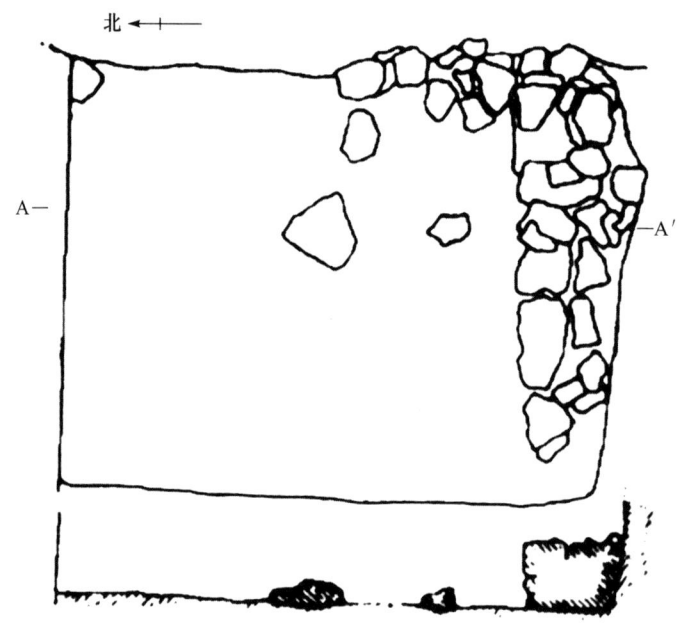

图一 F3平、剖面图

(2)陶器均夹粗砂,火候较低。以灰褐和黄褐色为主,红褐陶次之,陶色不匀。陶器均为手制,器形不规整,器表稍加抹平。器类发现较少,已知有罐、瓮、钵、盅等,以罐居多。器形风格较一致,多侈口、微曲筒状腹、平底。钵为敞口大平底。陶器纹饰绝大多数为刻划纹,而且有一定变化,其中由1~4条不等的刻划平行线组成的菱形网格图案最多,多饰于罐类陶器。纹饰一般在口沿下至器腹部,近底部素面。单线条划纹一般较粗、短、深,多条平行线划纹细、长、浅。成组平行线划纹,每组数目愈多,条距愈窄,刻划愈细,这应是不同施纹工艺所致。多线平行划纹是用一种篦齿状工具一次性划成,单线划纹则用一种片状工具刻划而成。陶器多数在口沿外缘处凸起,横截面呈三角形。凸起部分用施划纹的同一种工具刻压成花边状,效果近似附加堆纹,但制法迥然有别。戳点圆窝纹仅见一例,用管状工具戳压成形(图二)。

(3)石器分打、磨、琢三种制法。这三种制法有时同时用于一件石器的制作过程中,即先打成毛坯,再琢成形,最后在刃部研磨或通体磨制。石器种类有斧、铲、磨棒、磨盘、楔,制作石器或骨器的工具有石锤、石砧和砺石。大型磨制圆刃石铲和长方形板状石铲富有特色(图三)。

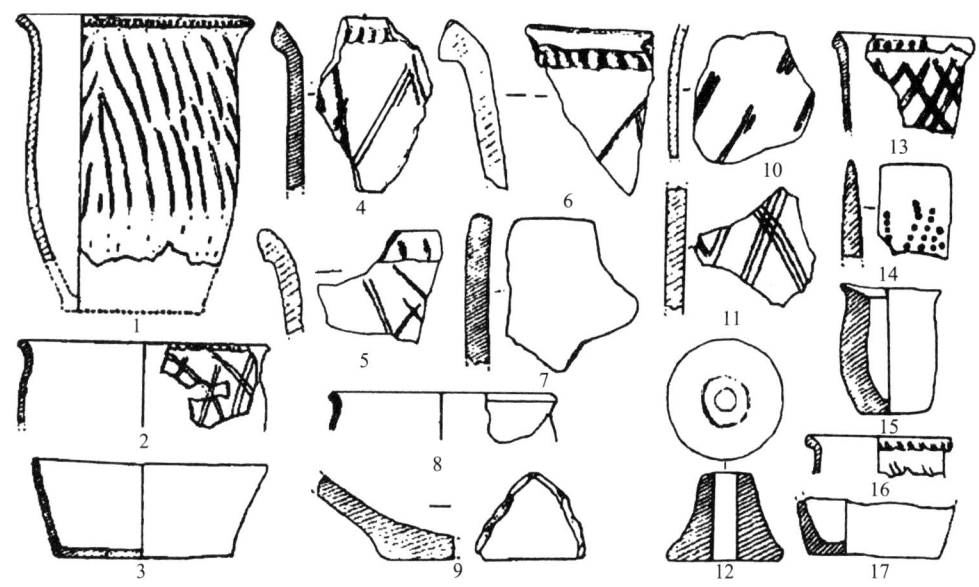

图二 石灰场下层文化陶器

1. 罐（F3∶15） 2、8. 瓮（F3∶14、F4∶10） 3. 钵（F4∶12） 4~7. 陶罐口沿（F3∶7、F4∶16、F4∶11、F3∶10） 9、17. 器底（F3∶11、F3∶12） 10、11. 划纹陶片（F4∶19、F3∶5） 12. 纺轮（F3∶3） 13、15. 罐（F3∶13、F4∶13） 14、16. 盅（F3∶4、F3∶2）

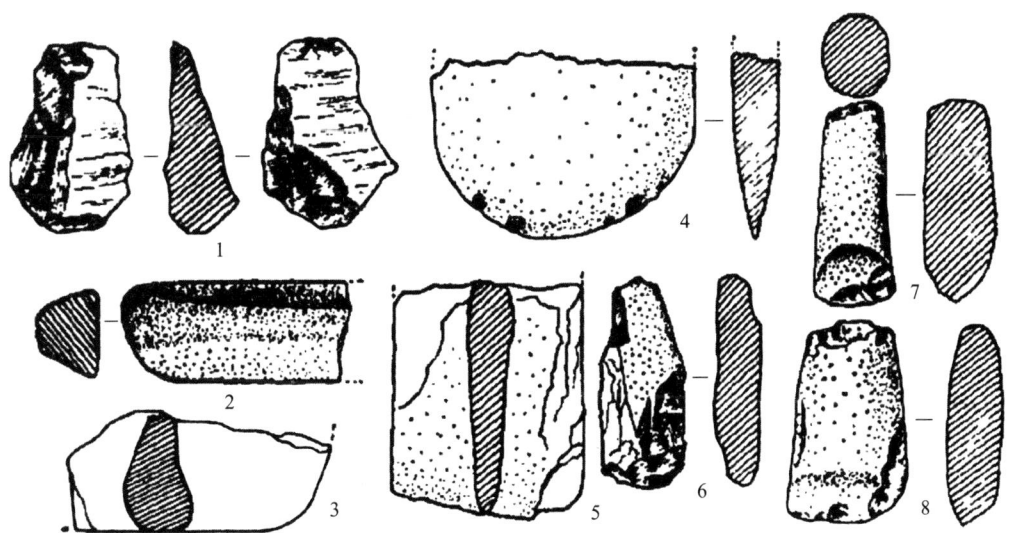

图三 石灰场下层石器

1. 锤击石片（F3∶1） 2. 磨棒（F4∶9） 3. 磨盘（F4∶3） 4. 石铲（F4∶1） 5. 打制石铲（F4∶4） 6. 打制石斧（F4∶5） 7. 石楔（F4∶6） 8. 磨制石斧（F4∶7）

二、与石灰场遗址下层文化遗存类同文化遗存的发现

根据已发表的考古资料，与石灰场遗址下层文化遗存内涵类同的遗存主要包括以下几类。

（一）黑龙江境内

1. 振兴一期乙类遗存

振兴遗址[①]位于海林市三道河乡振兴村西。遗址第一期分甲、乙两类遗存。一期乙类遗存所有遗物都来自遗址边缘清理出的一个残破灰坑H161。灰坑内仅出土陶器一种（图四），均为夹砂褐陶，普遍含砂量较大，质地粗糙，烧制火候较低。手制，似采用泥片贴筑法成型，从残陶片上可以看到明显的分层现象。器形较规整，只有罐一种，均为平底筒形。所有罐的口沿下均有一周堆纹，堆纹形成有两种，一种是贴附泥条，一种是将口沿翻卷而成，无论哪一种方式形成的堆纹，其上均经过按压。大多数陶罐的腹部饰刻划方式形成的菱形格纹饰。根据器形和纹饰，分A、B两型。A型陶罐尖唇，直口，口沿下贴附压印附加堆纹或直接捏出附加堆纹，器身均施弦纹及刻划菱形格纹或交叉弧形刻划纹。B型陶罐素面，含细砂，胎质紧密。斜方唇，唇外沿上压印花边。

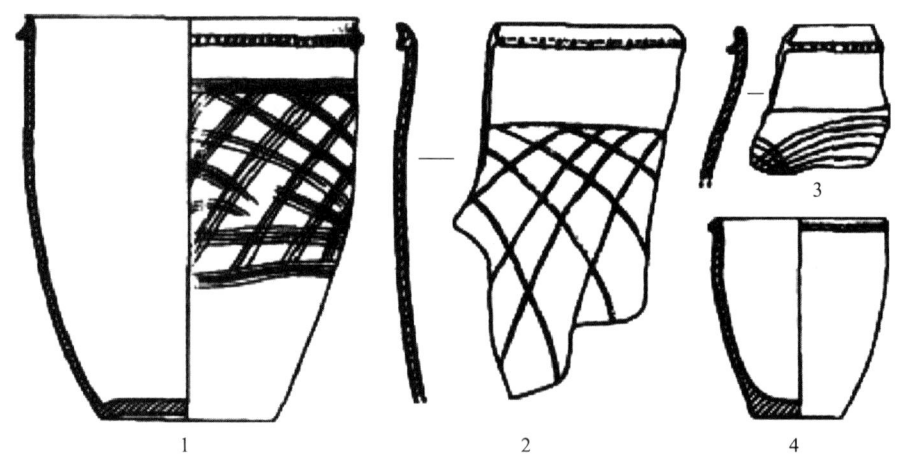

图四 振兴一期乙类遗存出土的陶器

---

① 黑龙江省文物考古研究所、吉林大学考古学系：《河口与振兴——牡丹江莲花水库发掘报告（一）》，科学出版社，2001年。

2. 二百户遗址[①]

位于穆棱市穆棱镇二百户村西 50 米，穆棱河右岸山崖上。文化层厚 1～1.7 米，暴露有烧结土、炭渣、兽骨、陶片等，有圆底灰坑多处。

陶器均为手制夹砂陶，有黄褐、红褐、黑灰色陶，陶色不均。多数陶器圆唇，侈口，口沿外折，留下一条似堆纹一样的凸起条带纹，条带上饰花边纹，下部一般饰平行线交叉划纹，少数为素面，器底有平底和圈足两种，器形有罐、纺轮等（图五）。

图五　二百户遗址采集的遗物

1、3、4、8、12～14.陶罐口沿　2、6、7、9、15.纹饰陶片　5.陶器口沿　10.陶纺轮　11、17.器底
16.牙器　18.石斧　19.石磨盘　20.骨锥　21.石矛　22～26.石斧　27.石磨棒

---

① 陶刚、倪春野:《黑龙江省穆棱河上游考古调查简报》,《北方文物》2003 年第 3 期。

石器有石磨盘、石磨棒、石矛、石斧等。

石磨盘　平面呈长方形，正面分前后两个加工区，前区中间薄，两边厚，表面光滑；后区呈圆三角形凹坑，坑底有砸击形成的米点式凹坑。

石磨棒　琢制，半月形。石斧通体磨光，板状或梯形，横截面为长椭圆形，双面弧刃。

石矛　磨制，叶形，横剖面呈梭形，扁挺，刃部锋利，通体磨光。

研磨器　方柱形，磨制光滑。

3. 光明遗址[①]

位于穆棱市福禄乡光明村西北、亮子河左岸坡地上。地表遗物分布在南北长350、东西150米范围内，在砖厂取土形成的断面上，暴露有灰坑一处，灰坑略呈袋状，直径4.8、深1.3米。灰坑内所出遗物均为陶器残片。

陶器均为残片，手制，大部分为夹砂陶，少量泥质陶。以红褐陶为主，其次为黄褐陶、灰褐陶。大部分陶罐口沿呈侈口，口沿外折，留下一条似堆纹的凸起条带纹，上压花边纹，下部饰平行划纹，有六条或五条一组的平行弧线划纹，组与组或相交、或相接。少量为素面，可辨器形有罐等。陶纺轮，手制，夹砂黄褐陶，断面呈梯形，斜面饰有两周锥刺圆窝纹。

石器有锄、铲、斧、刀、磨盘、磨棒、镞、刮削器、石核等。

石锄　均打制，一种弧顶、窄柄、单面弧形刃。另一种双面弧刃。

石铲　均打制，一种呈圆角长方形。另一种近似梯形，弧顶，平刃。

石斧　一种为打制，长身，双面弧刃。另一种斧身琢制成形后略加磨光，刃部精磨光滑，梯形，弧顶，双面斜刃，横截面为圆角长方形或长椭圆形。

石凿　磨制，长条形。石刀　一种打制，长方形，微弧刃。另一种磨制，直背，弧刃。

石磨棒　琢制。半圆柱形或半月形，头向下弯，磨面光滑，有的在一侧琢有一个圆窝（图六）。

4. 南天门遗址[②]

位于穆棱市八面通镇南天门村南。地表遗物分布在南北长200、东西宽150米范围内。

陶器均为手制夹砂陶，分黄褐、红褐色，口沿外侧饰花边堆纹，大部饰有划纹，有平行线相交形成的划纹和网格状划纹。

---

① 陶刚、倪春野：《黑龙江省穆棱河上游考古调查简报》，《北方文物》2003年第3期。
② 陶刚、倪春野：《黑龙江省穆棱河上游考古调查简报》，《北方文物》2003年第3期。

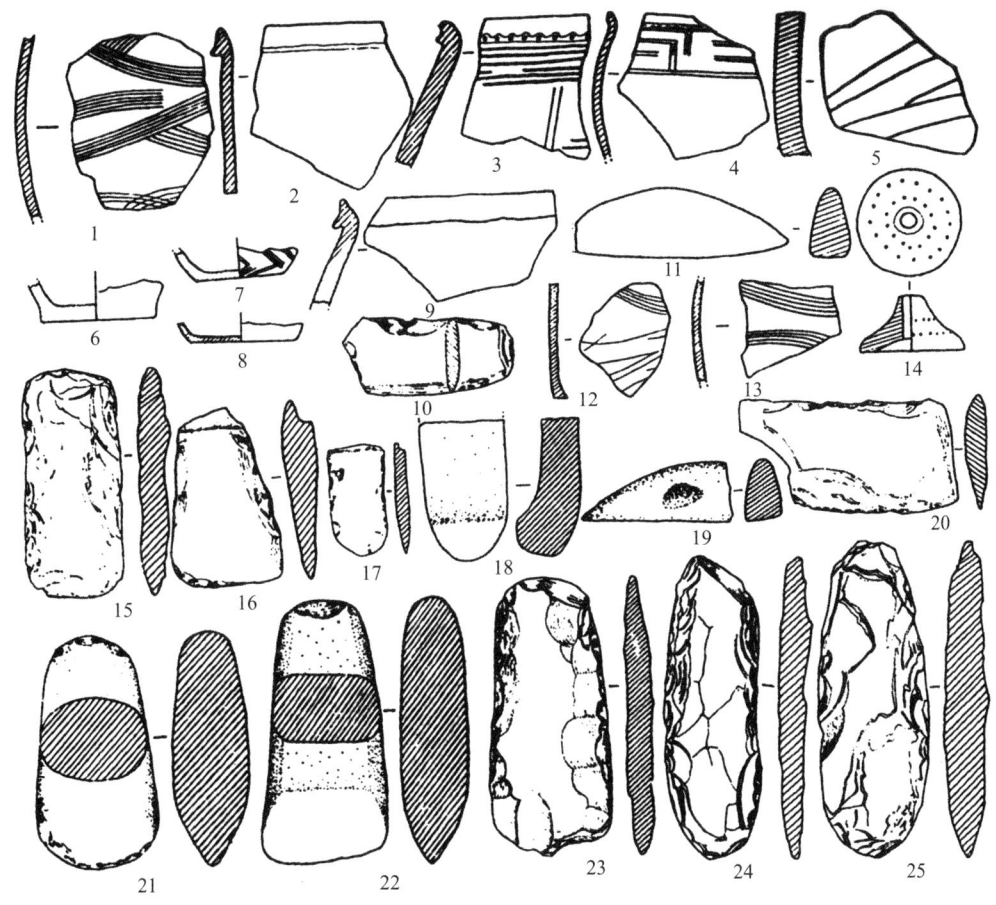

图六　光明遗址采集的遗物

1、5、12、13. 纹饰陶片　2~4、9. 陶罐口沿　6~8. 器底　10、20. 石刀　11、18、19. 石磨棒　14. 陶纺轮　15、23. 石铲　16、21、22、24、25. 石斧　17. 石凿

石器有石磨棒、石铲、石镞、尖状器等（图七）。

石磨棒　琢制，半月形，磨面斜平。

石铲　打制，长方板状。

石镞　均为半成品，压制，平底。其一为叶形。另一件圆弧头，有挺。

5. 六道沟北遗址[①]

位于穆棱市下城子镇岗子沟村东1千米、六道沟北部坡地上。面积9000平方米。地表暴露遗物较多，有陶器、石器等（图七）。

---

① 陶刚、倪春野：《黑龙江省穆棱河上游考古调查简报》，《北方文物》2003年第3期。

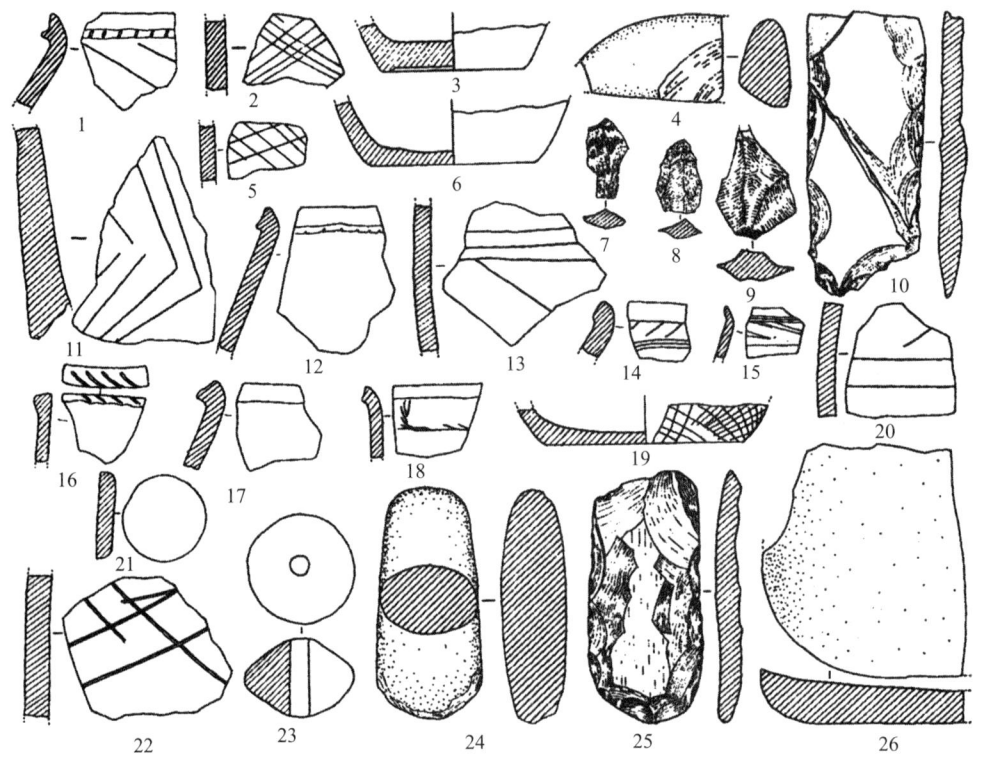

图七　南天门和六道沟北遗址出土遗物

1、12、14、15、17、18.陶罐口沿　2、5、11、13、20、22.纹饰陶片　3、6、19.器底　4.石磨棒　7、8.石镞　9.尖状器　10.石铲　16.杯口沿　21.陶纺轮　23.网坠　24.石楔　25.石铲　26.石磨盘

（1～10为南天门遗址采集；余为六道沟北遗址采集）

陶器均为手制，夹砂陶，分黄褐、红褐、灰褐色。多素面，部分陶器口沿外侧饰花边堆纹，口沿下饰划纹或几何划纹。器形有罐、圆饼形网坠等。

石器有磨盘、磨棒、铲、楔、石弹等。

石磨盘　砂岩，圆角长方形，磨面下凹。

石磨棒　半月形，磨面较平。

石铲　打制，长方形板状，弧刃。

石楔　琢制成形后磨光，近于圆柱形，上窄下宽，横截面呈长圆形。

石弹　琢制，圆球形。

6. 中山果树园遗址[①]

位于穆棱市八面通镇中山村东南，面积约10000平方米，地表采集有石斧、石刀、陶片等（图八）。

[①] 陶刚、倪春野：《黑龙江省穆棱河上游考古调查简报》，《北方文物》2003年第3期。

陶器多为手制夹砂陶，以黄褐陶为主，亦有红褐陶。多数陶罐口沿圆唇、侈口，口沿外施花边堆纹，器表多饰有粗划纹、平行线粗划纹、弧线划纹及划纹，少数为素面。

石器有铲、刀、镞等。

石铲　其一为打制，砂岩，长身板状，略有亚腰，单面平刃；其二为打制，部分磨光、双面弧刃。

石刀　打制，刃部磨光，单面斜刃。

石镞　磨制，柳叶形。

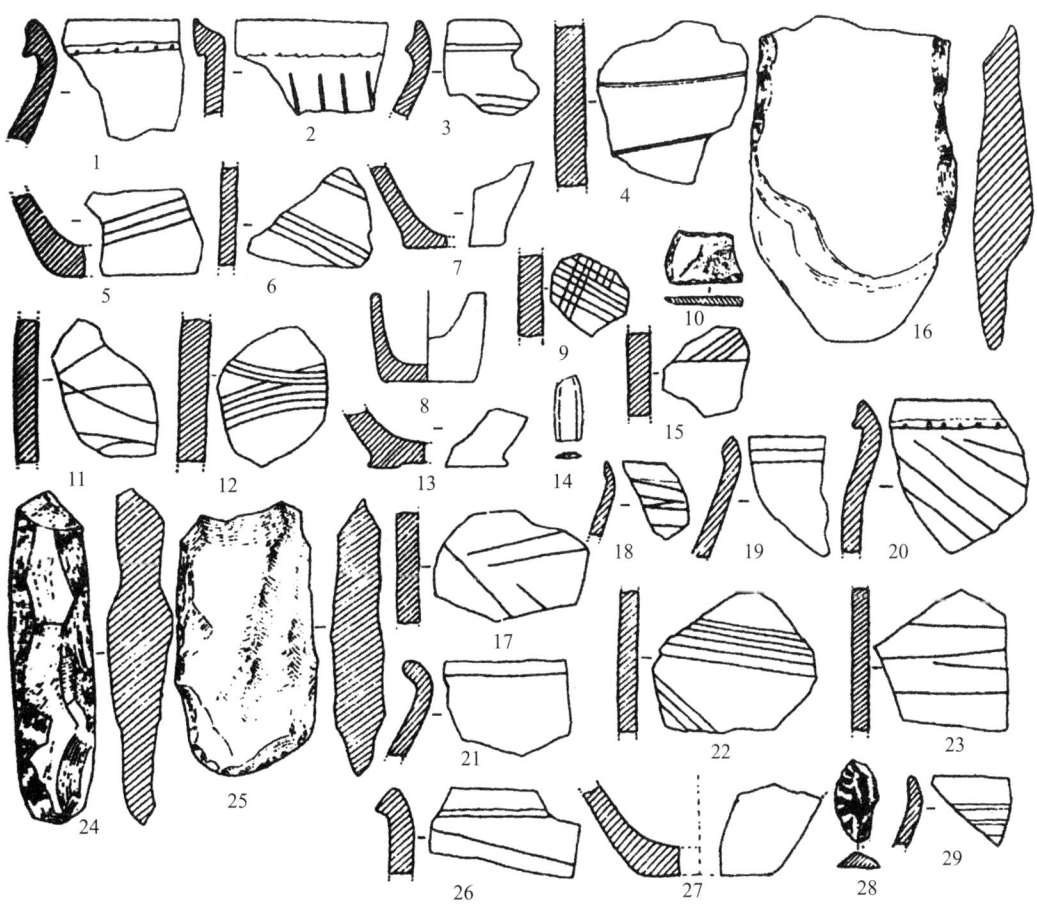

图八　中山果树园遗址和南山西遗址出土的遗物

1~3、18~21、26、29.陶罐口沿　4、6、9、11、12、15、17、22、23.纹饰陶片
5、7、13、27.器底　8.盅　10.石刀　14、28.石镞　16、25.石铲　24.石凿
（1~16为中山果树园遗址采集；17~29为南山西遗址采集）

7. 南山西遗址①

位于穆棱市马桥河镇西南，面积约 7000 平方米。

陶器均为手制夹砂陶，以黄褐陶为主，红褐陶次之。陶罐口沿外侧凸起呈堆状，上饰花边纹，多数器表饰横"人"字形划纹、六条一组平行划纹及划纹。

石器有石铲、石凿、石镞等（图八）。

石铲　打制，长方板状，双面弧刃。

石凿　打制，部分琢制，有使用造成的疤痕，扁圆柱形，弧刃。

石镞　压制，长叶形，单脊，横断面呈三角形。

8. 万水江东遗址②

位于穆棱市马桥河镇万水江村东，面积约 4000 平方米，地表遗物较多。该遗址具有两种不同时期的文化。早期器物包括：陶器和石器（图九）。

陶器均手制夹砂陶，以黄褐陶为主，其次为红褐陶，陶器口沿外侧饰花边式堆纹，器表饰有两条一组的划纹、弧形划纹及划纹。

石器仅发现有石铲。打制，长身板状，双面弧刃或平刃。

9. 参园遗址③

位于穆棱市下城子镇新民村东北，地表遗物分布在东西长 300、南北宽 80 米范围内。

陶器均为手制夹砂陶，以红褐陶为主，黄褐陶次之，陶器口沿外侧饰花边式堆纹，器表饰交叉粗划纹和弧状划纹。可辨器形有罐、瓮等（图九）。

10. 赵三沟遗址④

位于穆棱市下城子镇朝阳村东北，面积约 5000 平方米。地表暴露的陶器残片较多，有两种不同时期的文化遗物。早期遗物仅见陶器，均手制、夹砂，有黄褐陶和红褐陶两种。陶罐口沿圆唇，微敛口，饰划纹（图九）。

11. 北山遗址⑤

位于穆棱市下城子镇北，面积约 7000 平方米。地表可见不规律分布的圆形凹坑 12

---

① 陶刚、倪春野：《黑龙江省穆棱河上游考古调查简报》，《北方文物》2003 年第 3 期。
② 陶刚、倪春野：《黑龙江省穆棱河上游考古调查简报》，《北方文物》2003 年第 3 期。
③ 陶刚、倪春野：《黑龙江省穆棱河上游考古调查简报》，《北方文物》2003 年第 3 期。
④ 陶刚、倪春野：《黑龙江省穆棱河上游考古调查简报》，《北方文物》2003 年第 3 期。
⑤ 陶刚、倪春野：《黑龙江省穆棱河上游考古调查简报》，《北方文物》2003 年第 3 期。

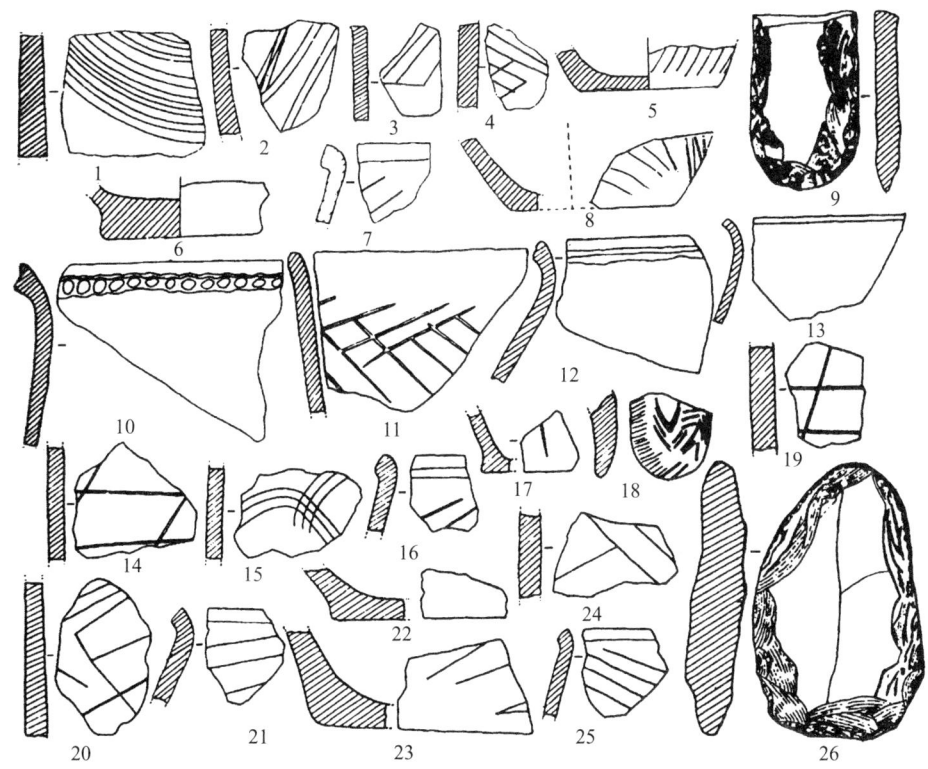

图九 万水江东、参园、赵三沟和北山遗址采集的遗物
1～4、14、15、19、20、24. 纹饰陶片　5、6、8、17、22、23. 器底　7、10～12、16、21、25. 陶罐口沿
9. 石铲　13. 陶瓮口沿　18. 舌形器耳　26. 石斧
（1～9为万水江东遗址采集；10～15为参园遗址采集；16～18为赵三沟遗址采集；19～26为北山遗址采集）

处，疑为原始穴居遗迹。地面采集有打制石斧和划纹陶片等（图九）。

12. 万水江遗址①

位于穆棱市马桥河镇万水江村西北。地表遗物（图一〇）分布在东西长200、南北宽70米范围内。

陶器均为手制夹砂陶，以红褐陶为主、黄褐陶次之。器表主要饰划纹。

石器仅见石铲。打制，长方板状，双面斜刃或双面弧刃。

13. 后东岗东遗址②

位于穆棱市下城子镇新民村东。地表遗物（图一〇）分布在面积约7500平方米范围内。

---

① 陶刚、倪春野：《黑龙江省穆棱河上游考古调查简报》，《北方文物》2003年第3期。
② 陶刚、倪春野：《黑龙江省穆棱河上游考古调查简报》，《北方文物》2003年第3期。

陶器均为手制夹砂陶，分红褐和黄褐陶。口沿向外折饰堆纹花边条带纹，器表大部饰有交叉划纹和划纹。

石器仅见石铲，均打制。一种略呈梯形，上窄下宽，斜刃；一种长身板状，弧刃。

14. 龙庙山遗址[①]

位于穆棱市福禄乡东新村西。地表遗物分布在南北长250米、东西宽70米的范围内。在暴露的断层中，发现有不同时期的文化层堆积。第三层出土陶器均为手制夹砂陶（图一〇），火候不高，颜色斑驳，大部饰有划纹，包括交叉平行线构成的网格纹、格纹、三条一组平行划纹及划纹。器形有陶罐、纺轮等。

石器有斧、矛、刮削器、磨盘、磨棒等。

图一〇　后东岗、万水江、龙庙山遗址采集的遗物

1、6. 石铲　2、3、5、10、11、14、16、18、20、21. 纹饰陶片　4、8、9、12、13、15、17. 陶罐口沿　7. 器底　19. 陶钵口沿　22. 石矛　23. 石斧　24. 陶纺轮

（1、5、7～11为后东岗遗址采集；2～4、6为万水江遗址采集；12～24为龙庙山遗址采集）

---

① 陶刚、倪春野：《黑龙江省穆棱河上游考古调查简报》，《北方文物》2003年第3期。

石斧　其一打制，长身板状，双面弧刃；其二打制成形后，部分进行磨光，弧刃。
石矛　磨制，刃部锋利，两面中间有脊。
磨盘　琢制，长方板状，磨面中间部分下凹，残断。
磨棒　琢制，一端残断，横截面呈长方形。

15. 建新东沟遗址[①]

位于绥芬河阜宁镇建新村东。遗址面积约1万平方米，地表采集陶器、石器等（图一一）。

陶器口沿下多有附加堆纹，附加堆纹上有竖指甲纹，器身刻划细斜线纹。

石器有石铲、石斧等。

图一一　建新东沟遗址采集的陶器和石器
1~4.口沿（采：7、采：8、采：9、采：10）　5~7.陶片（采：11、采：12、采：13）　8、9.器底（采：14、采：15）
10~14.石铲（采：1、采：2、采：3、采：4、采：5）　15.石斧（采：6）

---

① 牡丹江市文物管理站、绥芬河市博物馆：《绥芬河新石器遗址调查简报》，《文物春秋》2011年第6期。

石铲　打制，扁平，上窄下宽，双面弧刃、双面斜刃或单面平刃，有的刃部经过修理。

石斧　硅质岩，磨制，较为扁平，手柄部分两侧内凹，刃部磨制而成，双面弧刃。

16. 北寒遗址[①]

位于绥芬河阜宁镇北寒村东北，遗址面积2000平方米，采集陶器、石器等（图一二）。

陶器多为陶罐，夹砂褐陶，手制，有的陶器口沿下饰锯齿状附加堆纹，器表刻划斜线纹或由刻划斜线纹组成的横"人"字纹、斜弧线纹组成的菱形纹。

石器　包括石铲、石磨盘、磨棒、砍砸器等。

石铲　砂岩，打制，扁平，单面平刃或双面弧刃。

石磨盘　砂岩，磨制，前部平整，后部起弧。

磨棒　砂岩，磨制，研磨面较平整，断面呈梯形，已残断，但可看出中间高两面低。

17. 鲍付沟东遗址[②]

位于绥芬河市区东鲍付沟山冈上，遗址面积6000平方米。

陶器多为陶罐，手制，口沿下饰附加堆纹，器身饰斜线纹、刻划斜线组成的横"人"字纹、五道斜线纹组成的大三角纹、锥刺纹组成的不规则斜线纹（图一三）。

18. 宁安响水遗址[③]

位于宁安渤海公社西南方响水村，牡丹江右岸。采集陶片系夹砂陶，手制，纹饰有与石灰场下层文化相似的划纹，器形多属罐类。石器仅见残石斧1件，页岩质，板状，通体磨光，刃部锋利（图一四）。

19. 西安屯东遗址[④]

位于宁安渤海公社西安村。采集的陶片多为夹砂陶，手制，纹饰以施菱形网格纹为主，常见器物为罐类。遗址还采集到磨制石斧（图一五）。

上述遗址之外，黑龙江境内，在牡丹江市郊共荣渡口、黑山、敖东崴子[⑤]等遗址也采集到了具有石灰场下层文化特征的划纹陶片。

---

① 牡丹江市文物管理站、绥芬河市博物馆：《绥芬河新石器遗址调查简报》，《文物春秋》2011年第6期。
② 牡丹江市文物管理站、绥芬河市博物馆：《绥芬河新石器遗址调查简报》，《文物春秋》2011年第6期。
③ 黑龙江省文物考古工作队：《宁安县镜泊湖地区文物普查》，《黑龙江文物丛刊》1983年第2期。
④ 樊万象：《牡丹江市郊考古调查简报》，《黑龙江文博学会第一次年会论文集》，1981年。
⑤ 樊万象：《牡丹江市郊考古调查简报》，《黑龙江文博学会第一次年会论文集》，1981年。

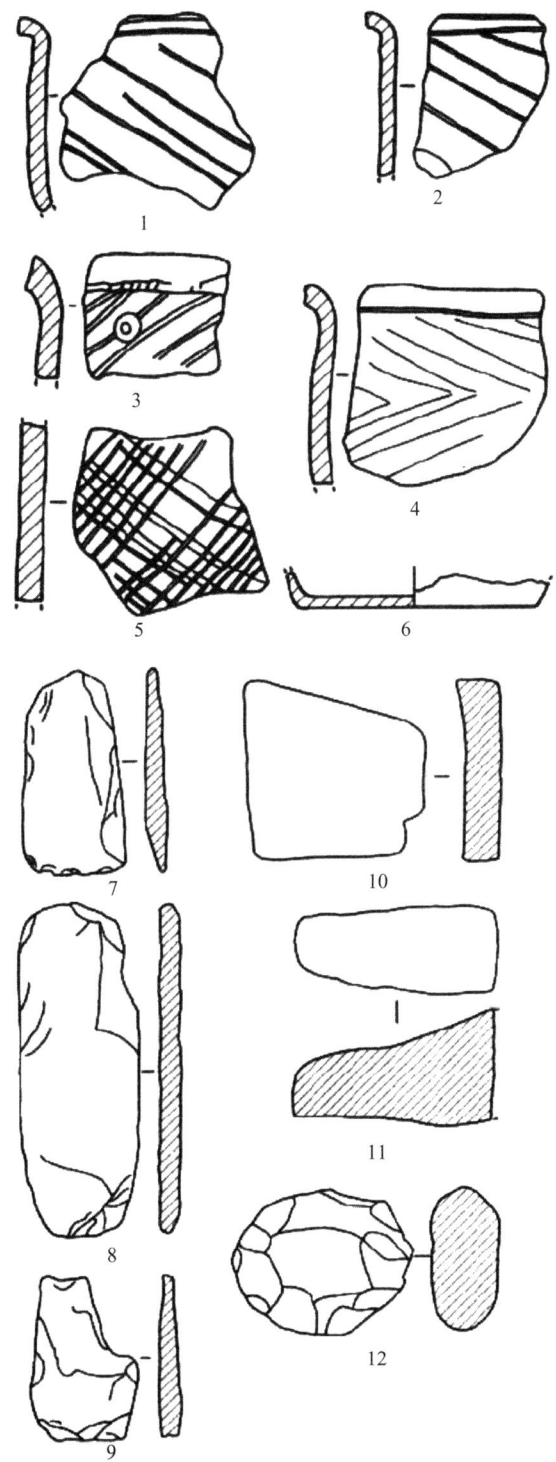

图一二　北寒遗址采集的陶器和石器

1~4.口沿（采：7、采：8、采：9、采：10）　5.陶片（采：11）　6.器底（采：12）　7~9.石铲（采：1、采：2、采：3）　10.石磨盘（采：4）　11.磨棒（采：5）　12.砍砸器（采：6）

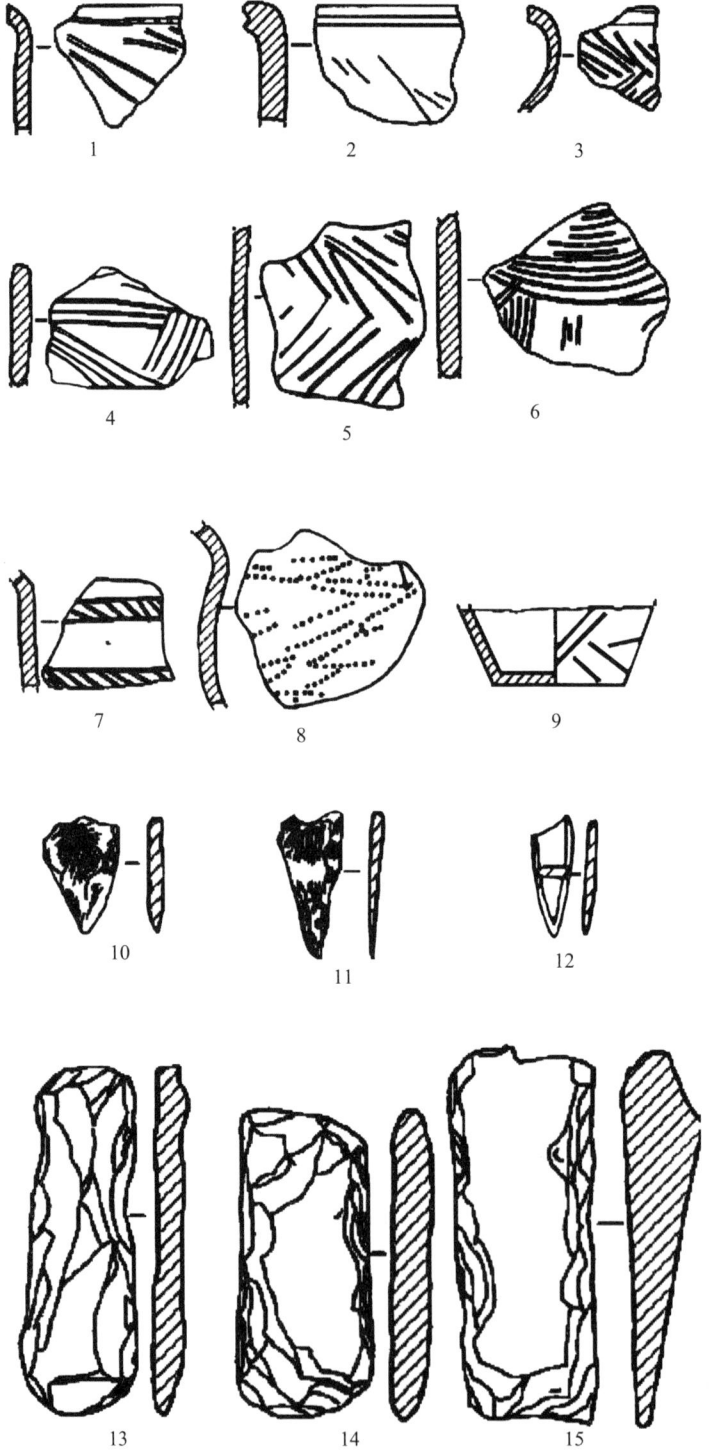

图一三　鲍付沟东遗址采集的陶器和石器

1～3. 口沿（采：7、采：8、采：9）　4～8. 陶片（采：10、采：11、采：15、采：16、采：17）　9. 器底（采：21）
10～12. 石镞（采：1、采：2、采：3）　13、14. 石铲（采：4、采：5）　15. 石锄（采：6）

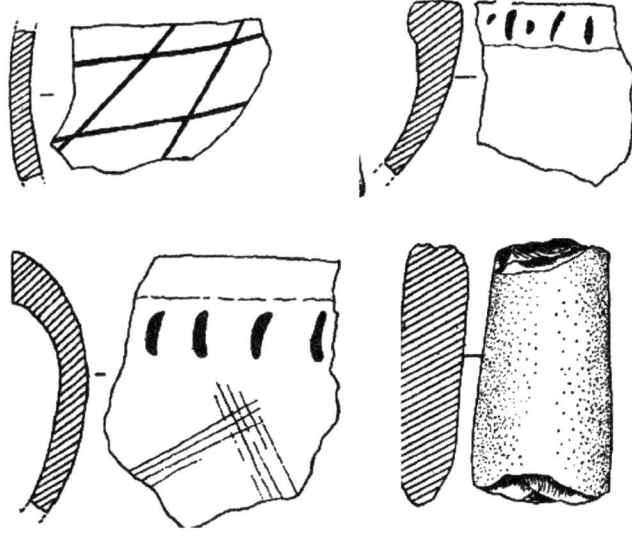

图一四 响水遗址采集的陶器和石斧

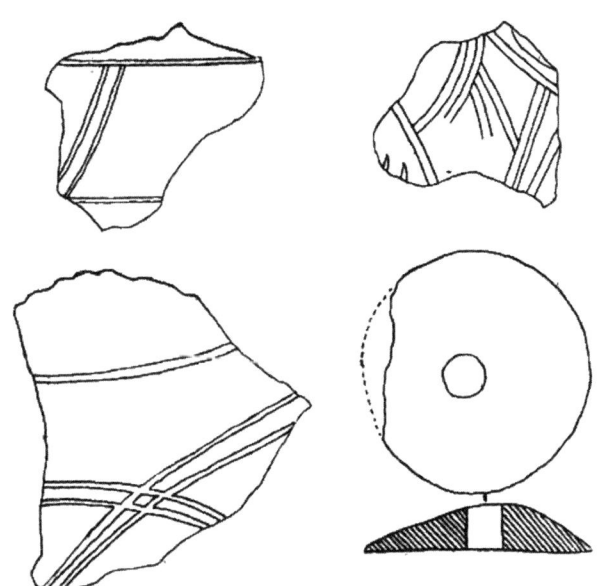

图一五 西安屯遗址采集的陶器

(二) 吉 林 境 内

1. 东风遗址[①]

位于吉林省延边朝鲜族自治州延吉市长白河乡东风村南台地上。遗址东西长约

---

① 侯莉闽:《吉林省延边新石器时代文化及初步研究》,《博物馆研究》1994年第2期。

500、南北宽约200米。采集陶片纹饰有刻划平行斜线纹、短线纹、交叉弧线纹等（图一六）。

2. 岐新六队遗址[①]

位于吉林省延边朝鲜族自治州图们市月晴乡歧新六队西南的小山坡上。遗址南北长约150、东西宽约100米。采集陶片中有一类饰刻划长线交叉纹（图一六）。

3. 河龙村遗址[②]

位于吉林省延边朝鲜族自治州延吉市长白河乡河龙村七队东南山坡耕地中。遗址东西长约150、南北宽约50米。采集陶片中有一类饰刻划长线网格纹（图一六）。

4. 参场遗址[③]

位于吉林省延边朝鲜族自治州汪清县复兴镇西北复兴参场。采集有一件完整筒形罐，为夹砂黑褐陶，手制，口微侈，尖唇，平底。口沿外侧施一周附加堆纹，其上施一圈篦点纹，其下至腹中部饰有成组对称的三角形纹，三角纹之间用竖直线隔开，三角形内填篦点平行斜线纹（图一六）。

5. 小孤山遗址[④]

位于吉林省延边朝鲜族自治州图们市凉水乡东南的小孤山上。采集有一件鼓腹罐，腹部饰刻划几何纹，其纹饰风格与东风遗址纹饰风格相似。

6. 西岗子遗址[⑤]

位于吉林省延边朝鲜族自治州图们市密江乡西南的台地上。采集到一件陶器腹片，上部施附加堆纹，其上施圆圈纹，下部刻划三条弦纹，附加堆纹和弦纹之间刻划五条一组的"人"字形几何纹。这种附加堆纹与刻划几何纹共同使用的风格与东风类型的陶器遗存相似（图一六）。

---

① a.《吉林省文物志》编委会：《图们市文物志》，1985年；b. 侯莉闽：《吉林省延边新石器时代文化及初步研究》，《博物馆研究》1994年第2期。
② a.《吉林省文物志》编委会：《延吉市文物志》，1985年；b. 侯莉闽：《吉林省延边新石器时代文化及初步研究》，《博物馆研究》1994年第2期。
③ a.《吉林省文物志》编委会：《汪清县文物志》1983年；b. 侯莉闽：《吉林省延边新石器时代文化及初步研究》，《博物馆研究》1994年第2期。
④ a.《吉林省文物志》编委会：《图们市文物志》，1985年；b. 侯莉闽：《吉林省延边新石器时代文化及初步研究》，《博物馆研究》1994年第2期。
⑤ a.《吉林省文物志》编委会：《珲春县文物志》，1983年；b. 侯莉闽：《吉林省延边新石器时代文化及初步研究》，《博物馆研究》1994年第2期。

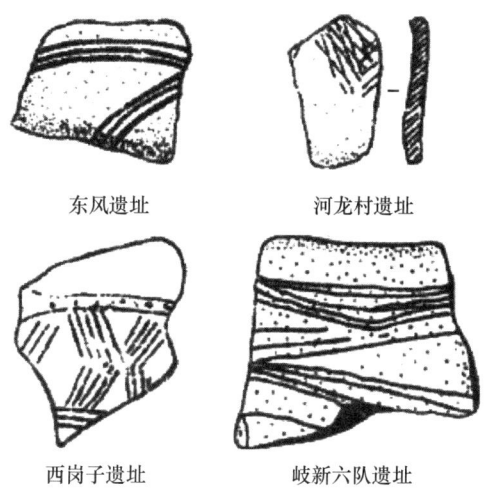

图一六　吉林境内采集的陶器

（三）俄罗斯境内

1. 奥列尼二组遗存[①]

位于滨海边疆区国有农场附近，距阿尔乔莫夫卡河200～300米。奥列尼遗址可分为三个时间段，其中，奥列尼二组遗存属于新石器时代。其陶器多侈口，少数为直口和敛口，大多数口沿外侧有一周附加堆纹，器身饰刻划"人"字纹、平行线、不规则线条等（图一七）。

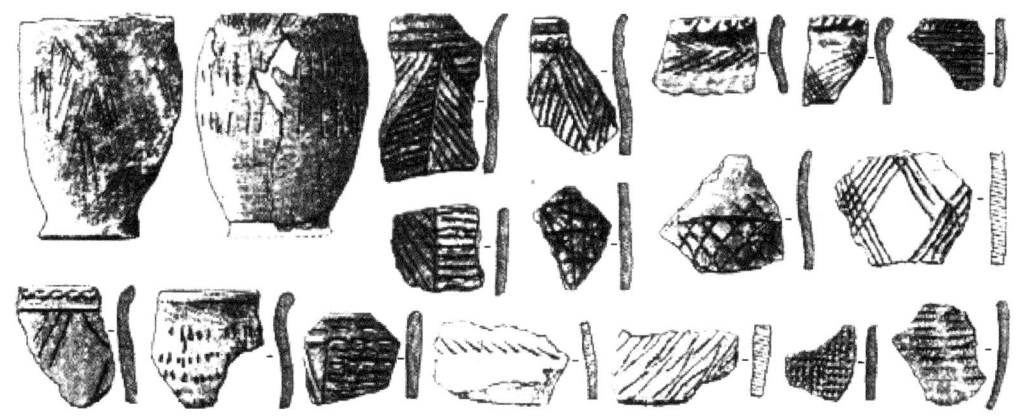

图一七　奥列尼二组遗存出土的陶器

---

① В.И.季亚科夫：《鲁德纳亚码头多层遗址及滨海地区新石器时代文化的分期》，符拉迪沃斯托克，远东科学院，1992年；转引自杨占风：《鸭绿江、图们江及乌苏里江流域的新石器文化研究》，吉林大学博士学位论文，2009年。

2. 瓦连京地峡遗址[①]

位于日本海沿岸、鲁德纳亚矿石码头南 150~200 千米的地方。发表的陶器有刻划网格纹、平行线纹、篦点网格纹、曲折线纹残片，以及附加堆纹口沿（图一八）。

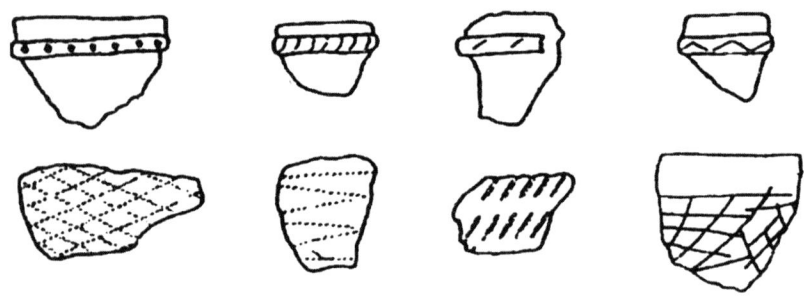

图一八　瓦连京地峡遗址发现的陶器

3. 基罗夫斯基遗址[②]

位于滨海边疆区奥列尼南、基罗夫斯基和阿尔乔母格雷斯村附近。遗址中发现口沿下施附加堆纹的刻划纹陶器（图一九）。

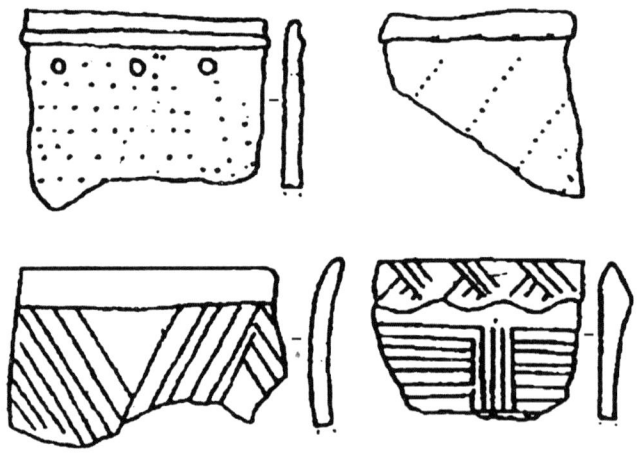

图一九　基罗夫斯基遗址发现的陶器

---

① В. И. 季亚科夫：《鲁德纳亚码头多层遗址及滨海地区新石器时代文化的分期》，符拉迪沃斯托克，远东科学院，1992 年；转引自杨占风：《鸭绿江、图们江及乌苏里江流域的新石器文化研究》，吉林大学博士学位论文，2009 年。

② В. И. 季亚科夫：《鲁德纳亚码头多层遗址及滨海地区新石器时代文化的分期》，符拉迪沃斯托克，远东科学院，1992 年；转引自杨占风：《鸭绿江、图们江及乌苏里江流域的新石器文化研究》，吉林大学博士学位论文，2009 年。

4. 锻下遗址[①]

位于弗拉基米罗－亚历山德罗夫斯科耶西南6～7千米处。发掘了一座新石器时期房址，直角方形，带有台阶，房址中央有一灶址。房址内出土的陶器饰有刻划曲线纹。主要器形为罐，侈口，口沿外侧饰一周附加堆纹。陶器附加堆纹口沿、腹饰刻划纹的风格与奥列尼二组陶器风格一致（图二〇）。

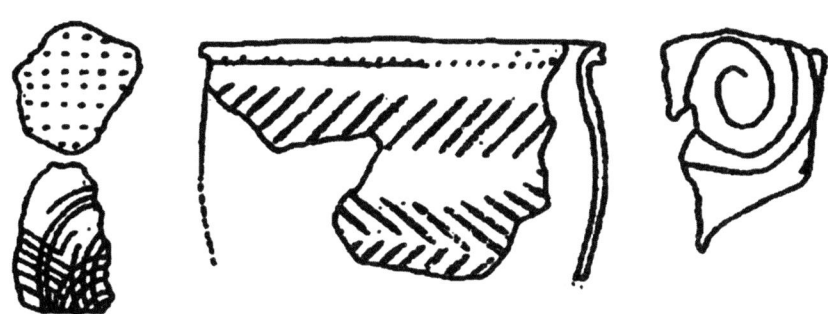

图二〇　锻下遗址出土的陶器

三、石灰场下层文化的分布与年代

1. 石灰场下层文化的分布范围

根据目前正式发表的考古发掘和调查材料，石灰场下层文化核心分布在黑龙江境内牡丹江中游两岸、穆棱河中上游地区和绥芬河流域，其典型文化要素在中国吉林境内、俄罗斯境内滨海地区的文化遗存中都有发现，朝鲜境内图们江流域也有所发现[②]。

2. 关于石灰场下层文化的年代

由于中国境内发掘的资料均没有确凿的年代数据，我们可以参考俄罗斯境内同类遗存的数据。奥列尼遗址：BP3500年±163年；瓦连京地峡：BP4670年±90年、BP4900年±200年、BP4500年±120年，参考这些^{14}C数据，有学者推测这类遗存的年代约为公元前2300～前2000年，属新石器时代的最晚阶段[③]。另据学者研究：无论是

[①] В. И. 季亚科夫：《鲁德纳亚码头多层遗址及滨海地区新石器时代文化的分期》，符拉迪沃斯托克，远东科学院，1992年；转引自杨占风：《鸭绿江、图们江及乌苏里江流域的新石器文化研究》，吉林大学博士学位论文，2009年。

[②] 白宏基：《东北亚平底土器研究》，学研文化社，1994年。

[③] В. И. 季亚科夫：《鲁德纳亚码头多层遗址及滨海地区新石器时代文化的分期》，符拉迪沃斯托克，远东科学院，1992年；转引自杨占风：《鸭绿江、图们江及乌苏里江流域的新石器文化研究》，吉林大学博士学位论文，2009年。

昂昂溪遗址还是肇源小拉哈遗址，都发现过形制与石灰场下层文化近似的花边堆纹筒形罐，反映出两种文化之间可能具有相同的时代作风。昂昂溪文化的年代约为公元前2000年，最早年代可到公元前2500年。因此石灰场下层文化的年代亦应与此相当，即处在公元前2500~前2000年，下限也可能还会略晚，属于牡丹江流域目前发现的年代最晚的一种新石器文化遗存[①]。

同时《河口与振兴》报告提出，"在穆棱、绥芬河流域遗址中，除石斧、石铲等外。常见一种制作精良的仿青铜器的石矛，但由于没有明确的地层归属或共存单位，因而很难判断其与乙类遗存的关系"。而在二百户遗址中发现的磨制精良的石矛，出自单纯的同期堆积，石矛无疑与其他遗物共存。由此发掘者推测：以穆棱二百户遗址为代表的分布在穆棱河流域的这类遗存，应该属于青铜时代遗存[②]。

综上，笔者认为，石灰场下层文化的年代如《河口与振兴》推断；应该属于新石器时代晚期遗存，如果具有青铜时代特征的磨制精良的石矛确与划纹陶器同出，那么，也只能推测这类遗存的年代下限可能已经步入青铜时代。

四、关于石灰场下层文化的基本特征与经济类型

石灰场下层文化的典型特征可以概括为：

（1）石灰场下层文化的居民已经过着定居生活，长方形半地穴式房址中，发现局部穴壁砌筑石墙，筑房技术明显有改进。

（2）陶器基本都是夹砂陶，火候较低。褐陶为主，陶色不匀。手制，器类较少，以罐为主，另有瓮、钵、盅等。器形以侈口筒形罐最具代表性。

器物的口沿下流行饰一周附加堆纹，堆纹的形成方式有两种，一种是贴附泥条，一种是将口沿翻卷而成，无论是哪一种方式形成的堆纹，其上均经过按压，构成纹饰的一大特色。

这种罐的口沿形态与东北地区青铜时代花边口沿罐较为相似，应该是青铜时代花边口沿罐的前身，是新石器时代向青铜时代过渡的一种形态。

器表纹饰主要为刻划长线组成的几何纹，有平行线、交叉线、弧线等，线条往往成组分布。单线条刻划纹的形态表现为粗短而深，多线条平行线刻划纹则细长而浅。不同纹饰系由不同的施纹工艺所致，即多线平行线刻划纹是用一种篦齿状工具一次性划成，单线划纹则用一种圆头工具刻划而成。

（3）石器种类有斧、铲、楔、磨棒和磨盘，其中以大型磨制圆刃石铲和长方形板状石铲最富特色。石器制法有打制、琢制、磨制三种。

---

① 赵宾福：《牡丹江流域新石器文化序列与编年》，《华夏考古》2011年第1期。
② 陶刚、倪春野：《黑龙江省穆棱河上游考古调查简报》，《北方文物》2003年第3期。

至于石灰场下层文化的经济类型,农业生产应该是石灰场下层居民的主要生业方式。从石灰场下层遗址及其核心分布区遗址出土的石器种类来看,石斧、石铲等整地工具及石磨盘、石磨棒等谷物加工工具发现数量较大,这些农用生产工具应该是农业生产的标示。且从发现的房址来看,筑房技术有所进步,这应该是人们长期定居对筑房技术的改进和提高。

本文仅根据现有已发表的考古材料对石灰场下层文化做了初步研究和探讨,至于该文化源流、性质、传承以及自身的分期等方面问题,需在更多的考古工作基础上再做进一步探讨,不当之处,敬请指正。

关于"龙山时代"的概念

王立新

（吉林大学边疆考古研究中心）

众所周知，龙山文化是以1930~1931年发掘的山东章丘龙山镇的城子崖遗址而命名的一个考古学文化。但随后在河南安阳后岗和浙江余杭良渚等遗址发现的相关遗存，由于皆存在相似的磨光黑陶而被陆续归入龙山文化的范畴。20世纪50年代后，越来越多的发现表明，以往所谓的龙山文化在内涵上并不单纯，并不能仅仅看作是一个考古学文化，于是相继出现了陕西龙山文化、河南龙山文化、河北龙山文化、湖北龙山文化等命名。而最先发现的以城子崖遗址为代表的龙山文化则被改称为山东龙山文化或典型龙山文化。之所以会出现这一类名称中既含"龙山文化"，同时又以省份加以区分的考古学文化命名方式，显然是意识到这些遗存相较于其他考古学文化还是具有一定程度的相似性的。也就是说，大家逐渐意识到这反映出一个共同的时代特征。1981年严文明先生提出"龙山时代"这一概念，并将其年代范围初步推定在公元前26~前21世纪[①]，显然是适应了中国考古学发展的需要。这一概念的提出，在明确一个共同时代特征的同时，又有利于从客观上改变以省份命名考古学文化的不科学性，可谓中国考古学在考古学文化理论与概念探索上的一大进步。

但是，1956~1957年发掘的陕县庙底沟遗址，共揭露出三个大的文化层。其中下层遗存被命名为仰韶文化庙底沟类型。而中文化层即庙底沟二期遗存，由于灰陶所占比例较大等原因，被认为是仰韶向龙山的过渡期遗存，且报告作者倾向于将其归入龙山期[②]。1984年出版的《新中国的考古发现和研究》一书中"黄河中游的龙山文化"部分[③]（杨锡璋先生执笔），则明确将黄河中游的"龙山文化"分为前后两个阶段，主张"其前期名为庙底沟二期文化，后期则以河南龙山文化、陕西龙山文化及陶寺类型分别命名"，并依据当时的放射性碳素测定结果，将该"文化"的年代推定在约公元前2800~前2000年。由于该书是由我国考古研究领域的最高学术机构组织编写，并曾长期作为高校考古专业的教材和重要的学习参考书，所以，尽管许多学者接受了"龙

---

① 严文明：《龙山文化和龙山时代》，《文物》1981年第6期。
② 中国社会科学院考古研究所：《庙底沟与三里桥》，科学出版社，1959年。
③ 中国社会科学院考古研究所：《新中国的考古发现和研究》，文物出版社，1984年，第68~85页。

山时代"这一名称，但在内涵所指上与严文明先生的主张并不相同，而庙底沟二期文化代表龙山时代前期，山东龙山文化、王湾三期文化、后岗二期文化等代表龙山时代晚期文化的观点在学术界也产生了重要的影响。继《新中国的考古发现和研究》一书之后，佟柱臣先生在撰写《中国大百科全书·考古学》"龙山文化"词条时，也将庙底沟二期文化列为龙山文化早期的代表[①]。此后，张光直[②]、卜工[③]、任式楠[④]、刘莉[⑤]等也相继同意将公元前3000年（或公元前2900年，或公元前2800年）至公元前2000年前后的新石器时代末期阶段称为龙山时代。正因为如此，现今的中国考古学界在使用"龙山""龙山时期"或"龙山时代"的概念时，既有支持严文明先生主张，将龙山时代的时间范围限定在公元前2500年（或公元前2600年）至公元前2000年前后，又有相当一部分学者相信《新中国的考古发现和研究》一书的观点。这种对"龙山""龙山时期"或"龙山时代"概念使用上的含混，无疑会导致田野普查和记录中对遗址年代定性的模糊，从而直接影响聚落形态等相关学术问题的讨论。目前已经开展的几例黄河流域史前聚落形态的研究，例如王妙发[⑥]、刘莉[⑦]、文德安[⑧]、赵春青[⑨]、钱耀鹏[⑩]、张新斌[⑪]、史宝琳[⑫]等人的研究，都不可避免地受到各省文物地图集、文物志及大量调查材料中所称"龙山时期"或"龙山"遗址的确切年代范围所指不明的困扰，以至于对龙山时代的年代范围不得不作出各自不同的界说。

其实，相信公元前3000～前2000年前后属于龙山时代的学者，多半是同时相信所谓"龙山时代"已经在相当大的地域范围内出现了早期铜器，因而还可将此阶段称为"铜石并用时代"。这些学者之所以认为龙山时代的界限应划定在公元前第三千纪，主要是这一时期与此前的仰韶阶段相比，出现了一些重要的变化，这些变化又体现在长江与黄河流域的大部分地区。归纳起来，这些变化主要包括以下几个方面：

---

① 中国大百科全书出版社编辑部：《中国大百科全书·考古学》，中国大百科全书出版社，1986年，第290页。
② 张光直：《中国相互作用圈与文明的形成》，《庆祝苏秉琦考古五十五年论文集》，文物出版社，1989年。
③ 卜工：《关于庙底沟二期文化的几个问题》，《文物》1990年第2期。
④ 任式楠：《我国新石器时代聚落的形成与发展》，《考古》2000年第7期。
⑤ Liu, Li. *The Chinese Neolithic: Trajectories to Early States—New Studies in Archaeology.* Cambridge: Cambridge University Press, 2004: 10-12.
⑥ 王妙发：《黄河流域聚落论稿——从史前聚落到早期都市》，知识出版社，1999年。
⑦ Liu, Li. "Settlement Patterns, Chiefdom Variability, and the Development of Early States in North China." *Journal of Anthropological Archaeology*, 1996: 237-288.
⑧ Underhill, Anne P., et al. "Systematic, Regional Survey in SE Shandong Province, China." *Journal of Field Archaeology*, 1998, 25 (4): 453-474.
⑨ 赵春青：《郑洛地区新石器时代聚落的演变》，北京大学出版社，2001年。
⑩ 钱耀鹏：《中国史前城址与文明起源研究》，西北大学出版社，2001年。
⑪ 张新斌：《黄河流域史前聚落与城址研究》，科学出版社，2010年。
⑫ Sebillaud, Pauline：《新石器时代晚期至早期青铜时代中国中原地区聚落的空间组织（公元前2500～前1050年）》，吉林大学博士学位论文，2014年。

（1）磨光黑陶与灰陶逐渐流行。

（2）陶器纹饰中篮纹、方格纹的比例逐渐增加。

（3）空三足器鬶首现于大汶口文化中期，并快速传播，继而在黄河流域催生了斝、鬲、甗等空三足器种类。

（4）手工业快速发展。尤其是制陶业中快轮技术开始普遍使用。小件铜器开始陆续在各地出现。

（5）建筑技术有了进一步提高。夯筑、土坯砌筑与白灰面加工技术开始在各类建筑中使用。

（6）聚落等级分化渐趋明显，城址在各地纷纷出现，并成为地区级的中心或次中心。城内往往有大型夯土建筑、祭祀遗存、供水与排水设施等。此类城址已布及河南、山东、山西、湖北、湖南、陕西、四川、内蒙古等省区。数量已不下60余处。

（7）以动物肩胛骨占卜的习俗开始流行。

（8）已出现较多刻画或书写在陶器上的符号。有些已可称之为陶文。

（9）相当多地区已出现陶质、玉石质、漆木质的礼器。

（10）暴力冲突现象渐趋普遍。

然而，尽管有以上一些共同特征的存在，公元前3000年前后仍难以明确作为一个时代的界限。

首先，以上这些因素的出现并不限于公元前3000年以后。此前一些因素已相继开始流行，如玉器、刻画符号等。磨光黑陶与灰陶、篮纹、方格纹的出现也都很早。城址的出现也已上溯至仰韶时代晚期甚至更早。以往庙底沟二期文化之所以被诸多学者视为由仰韶时代到龙山时代的过渡阶段的遗存，实际上正是注意到了前后两大阶段的特征性因素在该类遗存中此消彼长的演进态势。可以说，一个新的、特征相对稳定的时代，在庙底沟二期文化阶段尚未形成。

其次，公元前3000年前后，在陕晋豫邻境地区虽值仰韶时代结束、庙底沟二期文化兴起之际，但与此同时海岱地区的大汶口文化尚在延续，且处于繁荣阶段，环太湖地区的良渚文化也正处于蓬勃发展时期，显然在大范围内并未出现一个同步变化的大趋势，因而难以将其视为一个十分明显的变化节点。

2002年，张忠培先生在《中原文物》百期纪念暨中原文明学术研讨会"上的讲话中，将中国古代文明的发展划分为五个阶段，认为其中第二阶段便是"公元前3千纪的后半期"的龙山时代，并以王权的势力超过神权作为这一阶段社会的主要特征之一[①]。这应当代表了目前相当一部分学者的认识。

然而，卜工先生最近又继续强调空三足器的出现是一个划时代的标志，主张将产生空足鬶的大汶口文化中晚期归入"大龙山时期"，并认为这一时期的年代上限可上推

---

① 张忠培：《关于中国文明起源与形成研究的几个问题》，《中原文物》2002年第5期。

至良渚文化进入繁荣阶段的公元前3200年前后[①]。可毋庸置疑的是，空三足鬶的出现虽然是一个显著的变化，但这毕竟只是陶鬶这一类器物在演进过程中所出现的制法与器形的革新，却并未由此造成大汶口文化整个器物组合和文化面貌的巨变。多年的发现与研究表明，空足鬶出现之后，大汶口文化作为一个结构稳定的考古学文化仍然是无法割裂的。

笔者认为，相较公元前3000年前后这一时间节点，以公元前2500年前后作为龙山时代的开始，仍然是目前较为合理地选择。

其一，从黄河、长江乃至辽河流域的大部分区域的文化演进节奏来说，公元前2500年前后的确是一个颇为明显的变化节点。庙底沟二期文化、案板三期文化、常山下层文化、庙子沟文化、小河沿文化、大汶口文化、良渚文化等典型的考古学文化均结束于这一节点前后。显示出大范围的变化同步性。

其二，前文归纳出的所谓龙山时代的诸多共同点，只是在公元前2500～前2000年前后有着高度的一致性。诸如磨光黑陶与灰陶、细篮纹与方格纹、空三足器、夯筑技术与白灰面加工技术在大范围的流行，城堡与暴力冲突现象的普遍出现，等等，较之庙底沟二期文化阶段显示出更大范围、更高程度的一致性。

其三，从社会演进的特点看，公元前3000年前后或稍早，虽然在辽河流域的红山文化、环太湖地区的良渚文化中出现了社会复杂化加剧的现象，但按照李伯谦先生的看法，二者主要是以神权为主导的一种阶层社会。这种社会不仅具有非稳定性的特点，而且易造成社会财富的极大浪费，其脆弱的文明最终走向消亡[②]。而在公元前2500年前后，黄河中下游地区以祖先崇拜为核心、以血缘关系为纽带的"古国"或"邦国"纷纷登场，呈现出邦国林立的局面。而这恰恰是更大范围的王权国家夏王朝得以出现的前兆。

综上所述，笔者认为还当以严文明先生最初所提出的"龙山时代"概念的时间范围为准。这一标准的认定，不仅可以避免考古界在"龙山时代"概念使用上的混乱，而且还可以为文物普查、区域性调查准确记录遗址的时代提供明确的参照。当然，鉴于目前学界所称"龙山""龙山时期"或"龙山时代"概念内涵有别，尚难取得一致意见的情况下，建议在继续出版文物地图集、文物志或发表调查资料时如若采用此类内涵所指尚存争议的概念，最好做出所指年代范围的说明，或直接采用已明确命名的考古学文化或类型的名称。

---

① 卜工：《再论"庙二"》，《庆祝张忠培先生八十岁论文集》，科学出版社，2014年。
② a.李伯谦：《中国古代文明演进的两种模式——红山、良渚、仰韶大墓随葬玉器观察随想》，《古代文明研究通讯》总第三十八期，2008年；《文物》2009年第3期；b.李伯谦：《感悟考古》，上海古籍出版社，2014年。

西周半环形铜钺研究

井中伟

（吉林大学边疆考古研究中心）

　　半环形铜钺是西周时期一类造型奇特的青铜兵器，整体近似不规则的半环形，上端弯曲下垂作浮雕的兽（虎或龙）首形，血口大张用以纳入柲杆的顶端，躯、尾部位则沿环形钺身的内侧平雕，呈屈体伏卧状，两面对称装饰，钺身下端弯曲下垂如同戈、戟的胡部，后侧设穿孔或环銴，与上端的兽首垂直对应，用以穿绳缚柲或直接贯穿柲杆。以往对这类兵器的名称叫法不一，或定名为"环形刀"[①]"长刀"[②]，或称作"半环形钺"[③]"耳形銎钺"[④]"兽首含銴钺"[⑤]或"扇形钺"[⑥]。然而由于发现数量不多，学者们对其讨论尚不够深入。近年来，在陕西韩城梁带村芮国墓地和湖北随州叶家山曾国墓地中又先后出土了4件这种形制的铜钺，开始引起学者们的关注。例如，张天恩先生以梁带村、长安张家坡和灵台白草坡三地出土的这类铜钺为线索，追溯芮国的故地可能在陕甘交界的芮水上游地区[⑦]。然而陈小三先生认为这类铜钺尽管数量很少，但分布地域广，沿用时间长，以此来论证芮国和汧河地区的联系缺乏说服力[⑧]。最近，张昌平先生又专门讨论了这类铜钺的年代、渊源及其文化背景等问题[⑨]，但对其形制演变的分析尚嫌不足。本文在以往研究的基础上，拟对其型式、年代及源流等问题再作探讨，希望有助于加深对这类兵器的认识。

一、型式与年代

　　据初步统计，目前考古出土和传世收藏的西周半环形铜钺有12件。根据钺身装饰

[①] The Staff of the Freer Gallery of Art. *A Descriptive and Illustrative Catalogue of Chinese Bronzes*. Washington, 1946: Pl. 46.

[②] 林巳奈夫：《中国殷周时代的武器》，京都大学人文科学研究所，1972年，第193～198页。

[③] 甘肃省博物馆文物队：《甘肃灵台白草坡西周墓》，《考古学报》1977年第2期。

[④] 沈融：《〈尚书·顾命〉所列兵器名考》，《文博》1992年第1期。

[⑤] 刘静：《先秦时期青铜钺的再研究》，《故宫博物院院刊》2007年第2期。

[⑥] 陈小三：《韩城梁带村M27出土卣、尊年代辨析——附论扇形钺与特殊的凤鸟纹饰》，《文博》2011年第1期。

[⑦] 张天恩：《芮国史事与考古发现的局部整合》，《文物》2010年第6期。

[⑧] 陈小三：《韩城梁带村M27出土卣、尊年代辨析——附论扇形钺与特殊的凤鸟纹饰》，《文博》2011年第1期。

[⑨] 张昌平：《论半环形钺及其文化背景》，《陕西韩城出土芮国文物暨周代封国考古学研究国际学术研讨会文稿》，陕西省考古研究院、上海博物馆，2012年。

风格可分二型。

A 型　3 件。钺身饰捕食状的猛虎纹，上端作浮雕的虎首形，桃形耳，瞋目，张口含（或作）套銎；中间两面均浅浮雕或线雕虎的躯体，拱背，踞肢，钩爪，长尾，尾尖上卷。根据钺身形状、虎纹造型以及胡部的固柲方式，可细分为三式。

Ⅰ式：钺身长，半环孔较窄，虎纹短身写实，饰于钺身顶部，长胡三穿用以穿绳缚柲。

标本濬县 34·4 钺①，据传 20 世纪 30 年代出自河南卫辉府濬县，现藏于美国华盛顿弗利尔美术馆。胡部较长，后侧有三个竖条形穿孔。器身虽锈蚀严重，但部分装饰仍依稀可辨。据 1946 年公布的图录与文字描述，钺身主要装饰的是一个双手托下颌、呈蹲伏状的半人形，类似于同组的 34·3 刀上的装饰。后来沈融先生介绍这组兵器时，指出这件钺"饰虎纹，虎头为立体浮雕，口衔銎冒，虎身平雕于上弯曲部"，并发表了素描图②。笔者细察 1946 年发表的图版，钺上端浮雕的虎首（如圆额、张口、利齿、瞋目、桃形耳）和平雕的躯体（拱背、屈肢、钩爪）是比较清晰的，虎口含一短銎，近銎口还有一对小圆穿孔。虎纹下面似乎还有其他纹饰，但具体是什么纹饰已锈蚀得无法分辨了。根据换算，此钺通高约 30.4 厘米，重约 1020.6 克（图一，1）。

据说 1931 年 6 月，与濬县 34·4 钺同组出土的还有 11 件青铜兵器，当年 10 月由古董商人褚德彝记录，后经端方收藏并著录，再后来辗转流入美国。另据郭宝钧先生记述，位于淇河北岸的濬县辛村因村民凿窑或河水冲刷，常有古墓暴露，1931 年春季此地又有大批古物出土，遂前往调查，并于 1932~1933 年先后进行四次发掘，清理西周墓葬 80 余座，确认这里是一处西周早期至两周之际的卫国公室墓地③。这组青铜兵器包括半环形钺、三环銎卷首刀、翘首曲刃刀、铁刃铜钺、铁援铜戈、十字形戟、管銎斧、小铜矛各 1 件以及有胡戈 4 件。沈融先生已指出它们的"形态距商末不远"，年代断为西周早期，根据三环銎卷首刀所铸铭文"康侯"二字，并结合濬县辛村 M2 随葬铜戟所铸的"卫""侯"铭文，认为这组兵器当是周武王同母少弟、就封卫国的"卫康叔"之遗物④。由此进一步推断，这组青铜兵器当时很可能就出自濬县辛村卫国墓地中首位国君"卫康叔"之墓，年代为西周初年。

Ⅱ式：钺身外弧，半环孔较宽，虎纹长身写意，饰于钺身上部过半，短胡二穿。

标本灵台白草坡 M1∶58 钺⑤，钺身刃部曲线较圆弧，虎口大张作銎以纳柲杆顶

---

① The Staff of the Freer Gallery of Art. *A Descriptive and Illustrative Catalogue of Chinese Bronzes*. Washington, 1946: Pl. 46.

② 沈融：《一组外流中国青铜兵器评述》，《中原文物》1995 年第 2 期。

③ 郭宝钧：《浚县辛村》，科学出版社，1964 年。

④ 沈融：《一组外流中国青铜兵器评述》，《中原文物》1995 年第 2 期。

⑤ a. 甘肃省博物馆文物组：《灵台白草坡西周墓》，《文物》1972 年第 12 期；b. 甘肃省博物馆文物队：《甘肃灵台白草坡西周墓》，《考古学报》1977 年第 2 期。

端，嘴角有横穿用以贯钉固柲，钺身中部加厚凸显虎身，内侧较薄，浅浮雕屈肢、利爪以及长尾。胡部较短，后侧有两个竖长方形穿孔。此钺通高23.1、刃身宽7、厚0.7厘米，重685克（图一，2）。

灵台白草坡M1受自然破坏，为近南北向的长方形土坑竖穴墓，长3.2、宽2.5、距地表深4.6米。墓主仰身直肢，葬具不明，墓底中间有一椭圆形腰坑。出土的青铜礼器有鼎7件、簋3件、卣3件、尊2件、斗2件、甗、觯、爵、角、斝、盉各1件，计23件，其中12件带有10种铭文，铭文内容多为族徽加日名，显示作器者来自不同的族氏，铜器时代亦有早晚之别，组合上似有拼凑之嫌。出土兵器有钺、戈、剑、啄锤、镞、胄、盾鍚等，计170件；其他还有少量的车马器、工具、玉器等，总计340余件。发掘者根据典型铜器形制判断该墓年代当在西周康王时期，所出一尊二卣均铸有"㳄伯作宝尊彝"铭文，由此推定M1墓主为㳄伯。也有学者指出，所谓"㳄"字应释作"泾"，白草坡M1墓主应为泾伯[①]。

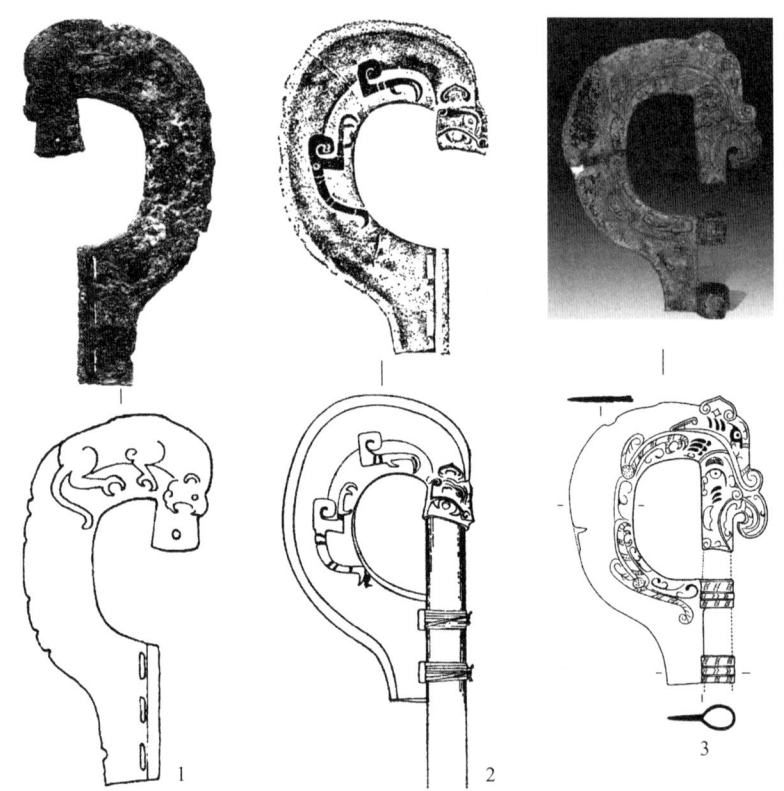

图一　半环形虎纹铜钺（A型）
1. 潢县34·4　2. 灵台白草坡M1:58　3. 随州叶家山M65:9

---

① 刘钊：《泾伯器正名》，《文物研究》1989年第5期。

Ⅲ式：钺身圆弧外凸，虎纹躯体简化，仅平雕出利爪和长尾，短胡后侧设置二环銎用以贯入木柲。

标本随州叶家山 M65∶9 钺①，钺身刃线呈半圆，虎纹躯体延长至胡部，仅线雕利爪和长尾，顶端浮雕的虎首立耳瞋目，血口大张作吞噬人首状，人的新月眉下有下垂的眼睑，其下为圆形凸目，左右分别有"C"形耳和鹰钩鼻，长脸颊上有纹面，张口龇牙，下颌有卷须，颈部作套銎，銎内含有朽柲，与胡部后侧的两个环銎上下对应。此钺通高26.7、横向最宽处 18、椭圆形銎内径 1.8～2.4 厘米，重 710 克（含朽柲）（图一，3）。

随州叶家山 M65 是一座东西向的长方形土坑竖穴墓，墓室口大底小，墓口四角各有一斜洞贯通至墓底，墓口长 5.02、宽 3.5～3.62、墓深 6 米，平底。墓主头朝东，仰身直肢，葬具为一椁两棺。随葬器物以青铜器为主，礼器有鼎 7 件、簋 4 件、壶 2 件、爵 2 件，甗、鬲、尊、卣、觯、盉、盘各 1 件，计 22 件；兵器有钺、戈、戟、盾鐊等，计 53 件；其他还有青铜车马器、工具以及玉器、原始瓷器、陶器、漆木骨器、（皮）器等，总计 160 件（组）。发掘者根据典型器物形制判断该墓年代当在西周早期偏晚阶段的康昭之际，所出二鼎一簋均带有"曾侯谏乍宝彝"铭文，推定该墓墓主即为曾侯谏。

B 型　9 件。钺身饰龙形纹，上端作浮雕的龙首形，龙口大张作套銎；沿钺身内侧两面线雕龙身，曲体，拱背，尾尖翘起。根据钺身形状、龙纹造型以及胡部的固柲方式，可细分为五式。

Ⅰ式：钺身长，半环孔较窄，龙纹短身写实，饰于钺身上部，长胡三穿用以穿绳缚柲。

标本上海博物馆藏半环形龙纹钺②，系 1975 年上海冶炼厂废铜中拣选所得。钺身刃线耸起，弯弧下俯的浮雕龙首耸立菌顶圆柱状双角，吻部突起，张口露出獠牙，龙的躯体沿钺身内侧线雕，由四组阳线勾连几何纹构成，主纹下填以粗疏的云雷纹作地，龙尾不及胡部。长胡三穿，与龙口套銎上下对应。通高 28.7、最宽处 18 厘米，重 710 克（图二，1）。

关于上海博物馆藏半环形龙纹钺的年代，学界存在不同的意见。陈佩芬先生将其定为西周早期③，陈小三先生则将其定为西周中期偏晚阶段④，张昌平先生推断约在西周早中期之际或西周中期⑤。与灵台白草坡 M1∶58 钺相比，此钺以胡上三穿固柲，似乎可以早到西周早期，但纹饰风格却显得晚些。如龙首上耸立的圆柱状角，应

---

① 湖北省文物考古研究所等：《湖北随州叶家山 M65 发掘简报》，《江汉考古》2011 年第 3 期。
② 上海博物馆：《中国博物馆丛书·第 8 卷·上海博物馆》，文物出版社，1985 年，第 188 页，图 61。
③ 陈佩芬：《夏商周青铜器研究》，上海博物馆藏品第二八八号，上海古籍出版社，2004 年。
④ 陈小三：《韩城梁带村 M27 出土卣、尊年代辨析——附论扇形钺与特殊的凤鸟纹饰》，《文博》2011 年第 1 期。
⑤ 张昌平：《论半环形钺及其文化背景》，《陕西韩城出土芮国文物暨周代封国考古学研究国际学术研讨会文稿》，陕西省考古研究院、上海博物馆，2012 年。

当晚于晚商至西周早期青铜器上常见的夔龙纹瓶状角[①]；龙身上的阳线勾连几何纹具有所谓"窃曲纹"的早期特征，衬底的云雷纹明显简化，这种纹饰始见于西周中期之初[②]。综合来看，将这件钺的年代定在西周中期早段比较妥当。

Ⅱ式：钺身外弧，半环孔较宽，龙纹身躯加长，龙尾及于胡部，中胡后侧上下各设一环銎，间距较宽。

长安张家坡M170出土2件标本[③]，其中M170：246钺身较宽，刃部顶端近平，下俯的浮雕龙首顶部长角，椭方形目鼓凸，张口作套銎，龙首的眉、鼻、口部皆有弧线状绿松石镶嵌，口角以绿松石镶嵌一涡纹。钺身内侧较厚，两面皆用八条平行弯曲的凹槽表示龙身，最里面的一条凹槽内镶嵌有许多小方块状绿松石。龙身外侧有三个圆涡纹，涡纹内镶嵌绿松石，龙尾及于胡上部。胡部后侧设两环銎，与龙口相对，连为一线。胡上銎有两周凹槽，下銎有三周凹槽，槽内镶嵌方块状绿松石。此钺通高27.5、最宽处17.5、身宽7.7、厚0.5厘米（图二，2）。另一件钺（M170：077）形状、大小与之完全相同，但已残缺。

长安张家坡M170是一座带一条南向墓道的"甲"字形大墓，西侧紧邻2座"甲"字形大墓和1座带两墓道的"中"字形大墓。该墓被严重盗掘，所幸墓葬形制保存较好。墓室口小底大呈覆斗形，底长8.76、宽5.6、墓口至底深7.8米，葬具为一椁两棺，椁室前设头厢，墓底有积炭。残留的随葬品中有1件青铜方彝，器、盖同铭"井叔乍旅彝"，其他还有铜鼎足、铜足漆案、铜钺、铜戈、铜"铠甲"、漆盾以及车马器、玉器、象牙器等，其中铜钺出于椁内东侧靠北的椁壁下，与戈、盾叠压在一起。根据墓地布局、墓葬规模以及随葬的带铭铜器，可以确认M170墓主应是一代井叔。发掘者根据出土器物形制特征与炭样测年数据，判定该墓的年代属于西周中期晚段，相当于懿孝时期。

Ⅲ式：浮雕龙首作回顾状，身躯纹饰简化，龙尾延长且翘起。

标本韩城梁带村M27：815钺[④]，钺刃上部呈圆角方形，下俯的浮雕龙首作回顾状，桃形尖角向后贴附，椭方形目，张口露出獠牙，口含套銎。钺身内侧两面皆用两组平行弯曲的凸弦纹表示龙身，里侧3道，外侧4道，两组弦纹带上接龙首，向下在胡部对接成上翘的龙尾，龙身中间的宽浅凹槽内均匀装饰4个凸起的涡纹。胡部后侧设两环銎，与龙口相对呈一直线。胡上銎有三周凹槽，下銎有四周凹槽。此钺通高23.5、宽13.2厘米（图二，3）。

韩城梁带村M27是一座保存完好、带两条墓道的南北向"中"字形大墓，西侧与2座"甲"字形大墓紧邻。墓室口大底小，口长9.3、宽7.1、距墓底深约12米。葬具

---

① 段勇：《商周青铜器幻想动物纹研究》，上海古籍出版社，2012年，第62～89页。
② 朱凤瀚：《中国青铜器综论》（上），上海古籍出版社，2009年，第579页。
③ 中国社会科学院考古研究所：《张家坡西周墓地》，中国大百科全书出版社，1999年，第168页。
④ 陕西省考古研究院等：《陕西韩城梁带村遗址M27发掘简报》，《考古与文物》2007年第6期。

为一椁两棺，人骨腐朽。随葬器物相当丰富，青铜礼器有鼎7件、簋7件、方壶2件，甗、盉、盘、盆、尊、卣、瓠、角各1件，计24件，其中7件鼎形制纹饰相同，大小相次；7件簋中有6件形制纹饰大小相同，应属于"七鼎六簋"的成套组合，簋铭"内（芮）公作为旅簋"。青铜乐器有编钟、錞于、钲等计10件，兵器有钺、戈、矛、镞等计36件，其他还有青铜车马器、金器、铁器、玉石器、料器、漆木器等。根据墓地布局、墓葬规模及其随葬的带铭铜器，有学者结合文献推定M27墓主应是春秋早期的芮国国君"芮桓公"[①]。该墓的年代虽为春秋早期，但随葬铜器却有早、晚之分，与属于B型Ⅱ式的长安张家坡M170:246钺和B型Ⅳ式的韩城梁带村M502:93钺相比，M27:815钺龙身线条简化，龙首上的桃形尖角已经出现，其年代应介于二者之间，定在西周晚期早段比较合适。

《西清古鉴》著录1件所谓"周龙首戚"，"长七寸二分，阔四寸二分，重一十九两"[②]，折算约长22.39、宽13.06厘米，重712.5克（图二，4）。该器纹饰造型与上述韩城梁带村M27:815钺几乎完全一致，年代应基本同时。

Ⅳ式：钺身宽短，龙纹身躯加长，龙尾及于胡部，龙身饰多组重环纹，短胡后侧的双环銎间距较窄。

韩城梁带村M502出土2件标本[③]，其中M502:93钺身刃部稍残，上端下俯的浅浮雕龙首张口含长套銎，圆目凸出，卷鼻，有翘起的桃形尖角。钺身与胡部两面的内侧饰六组长短相间的重环纹表示龙身，短胡后侧的两环銎间距较窄，銎口与龙口套銎相对，各均饰一周重环纹。残高18.5、最宽处13.5、刃宽2.5~4.7厘米（图二，5）。另1件M502:92钺与之形制相近，但体小而轻薄，两端均无銎，内侧饰重环纹带代表龙身，顶端下俯的龙首纹模糊不清，可辨微张的龙口，通体未见装柄痕迹，应为明器。

韩城梁带村M502是一座带一条墓道的南北向"甲"字形大墓，位于梁带村芮国墓地的北区西部。墓室为长方形土坑竖穴，长4.95~5.04、宽3.5、距墓底深约8.8米。葬具为一椁两棺，人骨腐朽。随葬青铜礼器有鼎3件、簋2件、方彝2件、盉、盘、爵、觯各1件，计11件，除毕伯鼎外，其余均属明器。青铜兵器有钺、戈、铠甲等，其他还有青铜车马器、玉石器、骨蚌器、漆木器、陶器等。发掘者推测该墓墓主可能是一代芮君或身份略低的贵族，下葬年代约在西周晚期。从青铜礼器组合及其明器化现象看，该墓的年代更可能在西周晚期晚段，即宣、幽时期。根据重环纹的装饰风格，所出铜钺的年代应属于这一时期。

---

① 张天恩：《芮国史事与考古发现的局部整合》，《文物》2010年第6期。
② a.（清）梁诗正、蒋溥等（撰）：《西清古鉴（外二种）》（第二册），上海古籍出版社，1991年，第842~296页；b.孟繁放（编译）：《西清古鉴疏》第九册卷三十七，北京工艺美术出版社，2011年。
③ a.陕西省考古研究院等：《陕西韩城梁带村墓地北区2007年发掘简报》，《文物》2010年第6期；b.陕西省考古研究院等：《梁带村芮国墓地——二〇〇七年度发掘报告》，文物出版社，2010年。

《中国殷周时代的武器》著录1件，出土地点不详，收藏于美国旧金山金门公园亚洲艺术文化中心[①]。该器龙口含套銎，套銎表面似雕出人面，龙身作重环纹带，龙尾延伸至胡部，短胡后侧的两环銎间距较窄，与龙口中的套銎正对以贯柲，通高17.1厘米（图二，6）。林巳奈夫先生认为其年代属于西周中、晚期，该器形体大小与装饰风格均与韩城梁带村M502∶93钺基本一致，年代应定在西周晚期晚段。

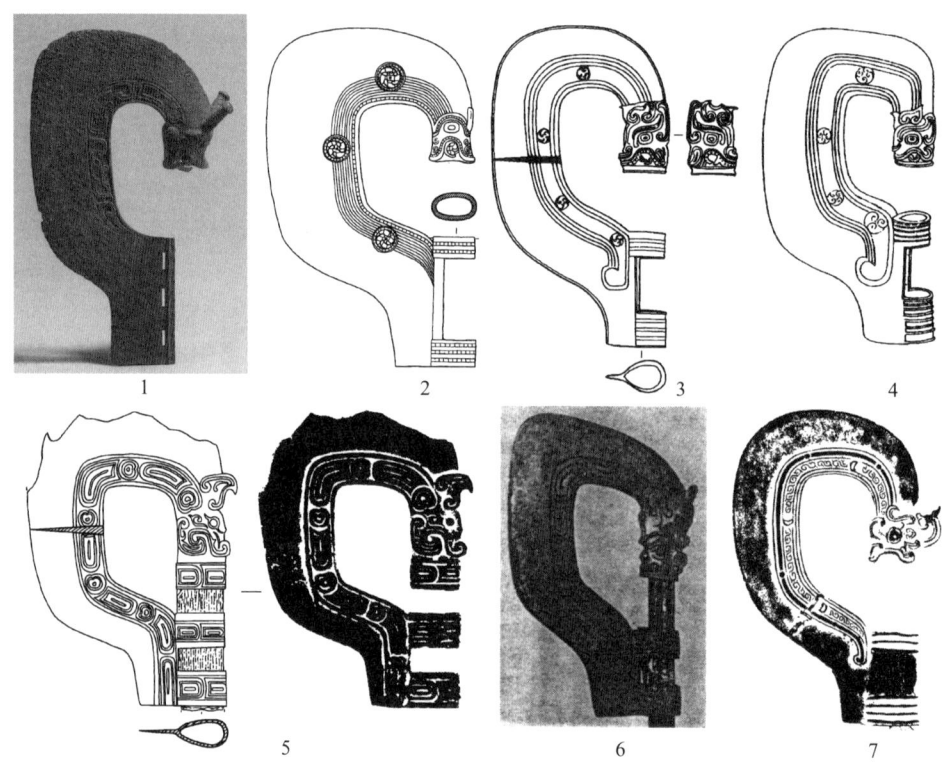

图二　半环形龙纹铜钺（B型）

1. 上海博物馆藏品　2. 长安张家坡M170∶246　3. 韩城梁带村M27∶815　4.《西清古鉴》著录　5. 韩城梁带村M502∶93　6.《中国殷周时代的武器》著录　7. 邹城小彦村"取子"钺

V式：龙纹简化，短胡后侧的双环銎连为一体作筒状銎。

《殷周金文集成》著录1件"取子"钺，1980年山东邹县（今邹城市）城南乡小彦村出土[②]。该器刃部圆转，俯视的浮雕龙首张口作銎，圆目卷鼻，桃形小耳，顶部还浮雕一小龙。沿钺身内侧用3条平行弯曲的凸弦纹表示龙身，外侧的1条较粗且中间由四个凸圆点分隔，里侧的2条较细，它们上接龙首，向下在胡部对接成上翘的龙尾，龙身中间的宽浅凹槽内装饰有4个新月纹相间隔的"S"形云纹带。胡部后侧设一筒状

[①] 林巳奈夫：《中国殷周时代的武器》，京都大学人文科学研究所，1972年，第196页。
[②] 中国社会科学院考古研究所：《殷周金文集成》（修订增补本）第八册第11757号，中华书局，2007年。

銎，与龙口相对呈一直线。筒状銎上部有三道凸箍，下部有四道凸箍，中间铸有3行9字铭文"于取（郰）子孜鼓铸鑵元乔"。此钺通高21.2、宽14.1、銎长6.1厘米，重525克[①]（图二，7）。

关于"取子"钺的年代，《殷周金文集成》笼统地将其定为"西周"，也有著录者将其具体定在"西周早期"[②]，还有研究者根据纹饰和铭文特征判定为西周晚期或稍晚[③]。与梁带村M502：93钺相比，"取子"钺的龙纹更加简化，龙首比较写意，且筒状銎也应是由双环銎发展而来的。因此，可将该钺的年代推定在两周之际或春秋早期。

综上所述，半环形铜钺尽管数量较少，但延续时间较长，跨整个西周一代。从形制演变来看，A型虎纹钺流行于西周早期，主要演变趋势表现为器身由高变矮，半环孔由窄变宽；胡部固柲方式由穿绳缚柲变为以銎贯柲；虎纹躯体由短变长，由具象写实变得抽象写意。B型龙纹钺自西周中期出现，延续至两周之际或春秋早期。尽管B型龙纹钺的出现年代晚于A型虎纹钺，但演变规律却大致相同，器身亦由高变矮，半环孔由窄变宽；胡部固柲方式也由穿绳缚柲变为以銎贯柲；龙纹躯体也由短变长，由具象写实变得抽象写意。从埋藏环境看，考古出土的半环形铜钺往往与其他兵器（如戈、矛、戟、盾等）共存于高等级的墓葬中，墓主既有武力驻边开疆拓土的畿外封国君主，也有在王朝供职的畿内封邑重臣。半环形铜钺虽然属于兵器，但其似乎不具有实战功能，而被更多地赋予了浓厚的礼仪色彩和军权象征涵义。

二、渊源与消亡

关于半环形铜钺的来源问题，目前学术界还存在着不同意见。1972年，林巳奈夫先生在《中国殷周时代的武器》一书中将其定名为"长刀"，并与西亚、埃及地区发现的公元前两、三千纪的青铜长刀做过简单对比，认为"两者之间的类似性很难说成偶然巧合"[④]。换句话说，他倾向于中国的半环形铜钺是来源于西方的。与其相似的观点，近年来王辉先生将灵台白草坡M1出土的半环形虎纹铜钺（M1：58，属于本文A型Ⅱ式）称作"镰形剑"，认为它是由古代近东地区传入的[⑤]。古代近东地区的所谓"镰形剑"在英文著作中被称作"sickle-blade sword"，这类兵器刃身与短柄连铸，刃身上段

[①] 山东省博物馆：《山东金文集成》（下册），齐鲁书社，2007年，第892页。
[②] a. 陈青荣、赵缊：《海岱古族古国吉金集》第五册140.1号，齐鲁书社，2011年；b. 吴镇烽：《商周青铜器铭文暨图像集成》第三十三卷第18248号，上海古籍出版社，2012年。
[③] a. 陈小三：《韩城梁带村M27出土卣、尊年代辨析——附论扇形钺与特殊的凤鸟纹饰》，《文博》2011年第1期；b. 张昌平：《论半环形钺及其文化背景》，《陕西韩城出土芮国文物暨周代封国考古学研究国际学术研讨会文稿》，陕西省考古研究院、上海博物馆，2012年。
[④] 林巳奈夫：《中国殷周时代的武器》，京都大学人文科学研究所，1972年，第197、198页，注释⑥。
[⑤] 王辉：《甘肃发现的两周时期的"胡人"形象》，《考古与文物》2013年第6期。

弯弧，仅外侧开双面刃，下段竖直不开刃，短柄周缘凸起，中间嵌入竹木或象牙质的薄片，与刃身连接的一端较宽可作护手，末端倾斜似鸟喙（图三）。由于这类兵器仅有单刃，定名为"刀"（knife）似乎更合理些。自 1917 年以来，西方学者曾对其进行过持续而热烈地讨论，一般认为大约在青铜时代中期 Ⅱ a 段（Middle Bronze Age Ⅱ a，公元前 2000~前 1750 年）此类兵器率先出现于地中海东岸的黎凡特（Levant）地区，一直流行至公元前 14 世纪末期才逐渐消亡，这期间还传播到了古埃及，并有新的发展[①]。与中国的半环形铜钺相比，除了弯弧形的器身具有相似性外，无论通长、装饰还是装柄方式等方面均有明显的差异，如近东地区的"镰形剑"通长大都在 50 厘米以上，器身有凸脊和血槽，短柄与身连铸且要嵌以薄片把手才能使用；而中国的半环形铜钺通长在 30 厘米以下，器身有典型的中原式龙、虎纹装饰，以胡上的穿孔或环銎加装较长的木柄。尤其要指出的是，二者在时间上存在着至少 300 年的缺环，空间上也相隔遥远且中间尚未发现同类器。所以，认为中国的西周半环形铜钺来源于古代近东地区的"镰形剑"是不可思议的。

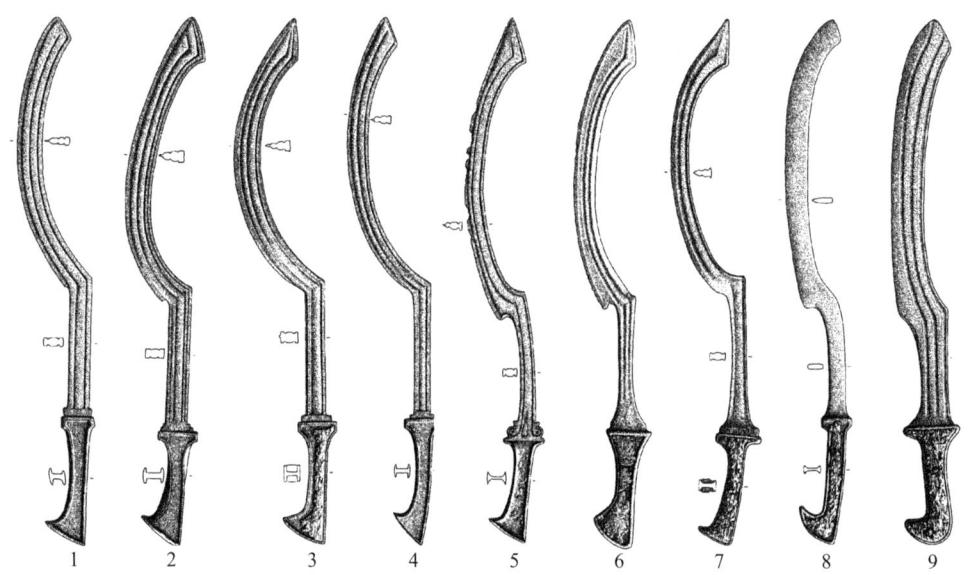

图三　迦南地区公元前 14 世纪的"镰形剑"

（采自 Sariel Shalev. *Swords and Daggers in Late Bronze Age Canaan.* Franz Steiner Verlag Stuttgart, 2004：Pl. 18-21. 具体出土地点省略）

另一种意见认为西周半环形铜钺可能是由商代的卷首刀演变而来。初仕宾先生指出灵台白草坡西周墓 M1 出土的半环形钺"似是殷商弯刀和周初康侯斤（按：即上文

---

① 西方学者各家观点参见：Sariel Shalev. *Swords and Daggers in Late Bronze Age Canaan.* Franz Steiner Verlag Stuttgart, 2004: 55.

提及20世纪30年代出自河南卫辉府濬县、现藏于美国华盛顿弗利尔美术馆的三环鋬卷首刀，环鋬上铸"康侯"二字铭文）一类兵器的演变"[1]（图五，1）。在此基础上，张昌平先生进一步分析推测半环形钺"来源的一个颇大的可能是卷头刀与钺形制的结合"，即为"卷头刀与斧形钺的混合体"[2]。目前所知商周时期青铜卷首刀的数量并不多，但由于它们多出土于高规格的铜器墓中，且常与象征军事权力的铜钺共存，因而很早就引起了学者们的注意，有的称为"有穿刀"[3]，有的称为"卷头刀"[4]，还有的称为"长体卷锋刀"[5]。根据已有的考古发现和研究成果，我们可以梳理出此类铜刀的主要特征：①卷首刀的形体长，全长多在30～40厘米，短者不少于23厘米，最长者达80厘米[6]。刀锋勾卷，刀背有穿或有鋬，需要加装较长的木柄才能使用，如黄陂盘龙城PYWM11所出卷首刀装柄复原长度约1.6米[7]，金文中也多有此类铜刀的象形字[8]。②卷首刀的年代明确，自商代二里岗上层时期出现，主要流行于晚商至西周早期，西周中期已基本不见。它们发展演变序列清楚，总体表现为刀身由窄变宽，勾卷的刀锋由圆转到方折；装柄方式由背上开穿到增设脊状内，再发展为以鋬代穿。具体来说，约殷墟文化二期时，卷首刀派生出翘首刀；为了更好地固柄，殷墟文化四期时刀背上出现脊状内；商末周初时，受北方系有鋬刀的影响出现以鋬代穿的卷首刀；大约与此同时，周人开始将翘首刀与直内有胡戈相结合，创制出具有军事仪仗功能的戈刀合体浑铸戟[9]（图四）。③从埋葬环境看，在高等级墓葬中，卷首刀常与铜钺伴出，尤其是相同形制者成组或成对地分列墓内两侧，如黄陂盘龙城PYWM11[10]、安阳花园庄M54[11]、郭家庄M160[12]、戚家庄M269[13]、殷墟西区M1713[14]、青州苏埠屯M8[15]以及

---

[1] 甘肃省博物馆文物队：《甘肃灵台白草坡西周墓》，《考古学报》1977年第2期。
[2] 张昌平：《论半环形钺及其文化背景》，《陕西韩城出土芮国文物暨周代封国考古学研究国际学术研讨会文稿》，陕西省考古研究院、上海博物馆，2012年。
[3] 李维明：《简论商代青铜刀》，《中原文物》1988年第2期。
[4] 刘一曼：《殷墟青铜刀》，《考古》1993年第2期。
[5] 高西省：《商周长体刀及相关问题》，《中原文物》2003年第6期。
[6] 韩金秋：《商周长体刀起源再研究》，《公元前2千纪的晋陕高原与燕山南北》，科学出版社，2008年。
[7] 井中伟：《盘龙城商代"铜饰件"辨析》，《江汉考古》，待刊。
[8] 吕学明：《中国北方地区出土的先秦时期铜刀研究》，科学出版社，2010年，第225页。
[9] 井中伟：《早期中国青铜戈·戟研究》，科学出版社，2011年，第319～334页。
[10] 湖北省文物考古研究所：《盘龙城——1963～1994年考古发掘报告》，文物出版社，2001年。
[11] 中国社会科学院考古研究所：《安阳殷墟花园庄东地商代墓葬》，科学出版社，2007年，第154页。
[12] 中国社会科学院考古研究所：《安阳殷墟郭家庄商代墓葬（1982年～1992年考古发掘报告）》，中国大百科全书出版社，1998年，第106页。
[13] 安阳市文物工作队：《殷墟戚家庄269号墓》，《考古学报》1991年第3期。
[14] 中国社会科学院考古研究所安阳队：《安阳殷墟西区一七一三号墓的发掘》，《考古》1986年第8期。
[15] 山东省文物考古研究所等：《青州市苏埠屯商代墓地发掘报告》，《海岱考古》（第一辑），山东大学出版社，1989年。

洛阳林校西周车马坑C3M230[①]等，其配属对象均为军事权贵，与铜钺一样是军权实力的标志。此外，安阳西北冈殷商王陵区祭祀坑M1355曾出土9件此类铜刀，与之共存有多具被斩首的人骨架[②]，说明它还是执行祭祀杀伐的刑具。

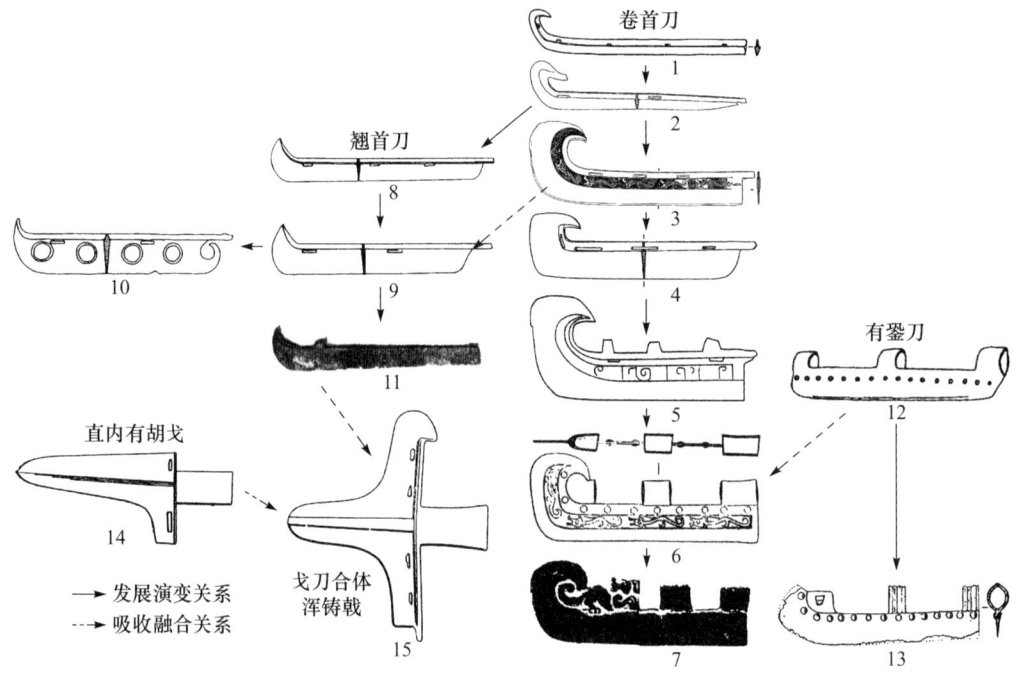

图四　卷首刀演变关系示意图

1. 黄陂盘龙城PYWM11∶7　2. 西安老牛坡临75·929　3. 安阳花园庄M54∶80　4. 安阳郭家庄M160∶59　5. 青州苏埠屯M8∶53　6. 安阳殷墟西区M1713∶94　7. 洛阳林校C3M230∶99　8. 淳化黑豆嘴M1　9、10. 淳化黑豆嘴M2　11. 麟游蔡家河出土　12. 延长张兰沟出土　13. 昌平白浮M2∶24　14、15. 宝鸡斗鸡台A8
（2采自刘士莪《老牛坡》，陕西人民出版社，2001年，第419页；8～10采自《考古与文物》1986年第5期；11采自《考古与文物》1991年第1期；12采自《考古与文物》1994年第2期；13采自《考古》1976年第4期；14、15采自苏秉琦《斗鸡台沟东区墓葬》，北平，1948年，第242页）

若将西周半环形铜钺各部位形制进行分解，我们就会发现其兽口大张含（或作）套銎用以纳入木柄的设计理念很可能源自商末周初的卷首刀，不仅如此，这种设计理念还见于西周初年的少量铜戈上（图五，2、5）。半环形的刃身乃是取材于传统斧形钺的半弧形阔刃，下垂部分与其说与卷首刀有关，倒不如认为更类似戈、戟之胡部，时代较早者仍以传统的条形穿穿绳缚柲，稍晚些则设环銎以贯柲（图五，6、7）。以銎贯柲属于北方系青铜兵器的典型特征之一，不同于中原系青铜兵器传统的以内嵌柲的装柄方式。中原引入以銎贯柲的装柄方式可以追溯到商代中期，当时是为了追求戈头与

---

① 洛阳市文物工作队：《洛阳林校西周车马坑》，《文物》1991年第3期。
② 郭宝钧：《殷周的青铜武器》，《考古》1961年第2期。

戈柲的牢固结合，以最大限度地发挥铜戈在实战中的杀伤力。商代晚期曾流行一时，但因其易脱柲且耗铜料的弊端而逐渐淡出实战型兵器[①]，转而被运用到少量的礼仪性兵器上（如上面提到的三环銎卷首刀）。及至周武克商，革故鼎新，具体到国之"戎"事，不仅大力开发实战型兵器，还创新礼仪性兵器（如翘角扇刃钺、戈与矛、翘首刀合体浑铸戟等），半环形铜钺应该就是在这种历史背景下出现的，它融合了多种兵器的设计理念于一身，以彰显其独具特色的军事威仪。作为西周初年青铜兵器中最突出的自主创新产品，半环形铜钺可视为商周更替、王权革新的最重要的物化形式之一。不过，随着西周的灭亡，象征着王权威仪的半环形铜钺也逐渐退出了历史舞台。

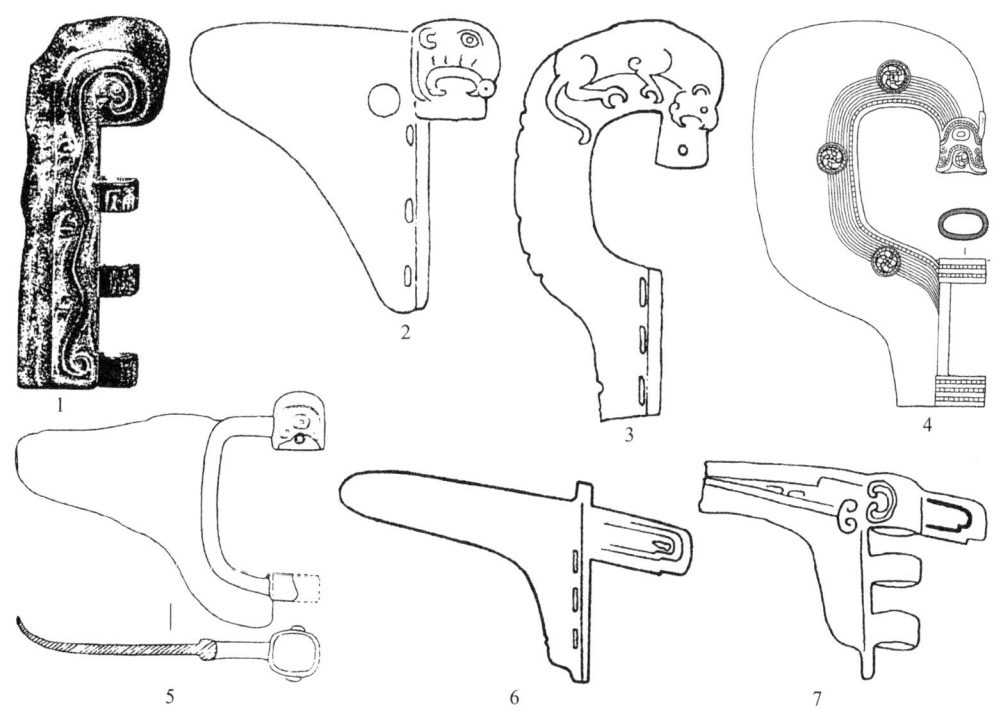

图五　西周半环形钺与卷首刀、有胡戈形制之比较
1. 濬县 34·6　2. 濬县 34·5　3. 濬县 34·4　4. 长安张家坡 M170：246　5. 泾阳高家堡 71M1：14
6. 岐山贺家村 78M53：1　7. 陇县曹家湾 73M6：11
［5 采自《高家堡戈国墓》，三秦出版社，1995 年；6 采自《陕西岐山贺家村西周墓发掘简报》，《文物参考资料》（8），1981 年；7 采自《陕西出土青铜器》（三），文物出版社，1980 年，图版一五二］

这里需要提及的是，河南叶县旧县春秋晚期许国灵公之墓出土 1 件青铜钺形兵器（M4：79），器身呈半环形，外侧圆角方形的刃部横出三个类似戈尖的齿锋，内侧有五行平行弯曲的浅凹槽，中部有两条纠缠呈"8"字形的蟠蛇将刃身与扁圆形长管銎相连接，銎顶端透雕伏虎、蟠蛇与凤鸟各一，銎身两侧均有以云雷纹为地的夔龙后爪

---

① 井中伟：《早期中国青铜戈·戟研究》，科学出版社，2011 年，第 64 页。

踩蟠蛇的浅浮雕图案，銎下端有三角形镂孔，通高 19.7、宽 18.5、銎径 2.8~3.4 厘米[①]（图六，4）。发掘者称其为"钺形戟"，笔者曾对其做过探讨，认为应定名为"我"（或依文献称之为"錡"），当时不仅关注其突出的特征在于刃部歧出三齿锋，也意识到其与西周半环形铜钺在形制上存在一定的相似性[②]。现在看来，这件齿刃钺形器其实是融合了西周半环形钺和波曲形"我"以及春秋晚期管銎戈的典型特征于一身的（图六，1~3）。除了造型奇特外，又因其出自诸侯国君墓中，当视为统治者刑罚权和军事统帅权的象征物，已属于西周半环形铜钺的孑遗了。

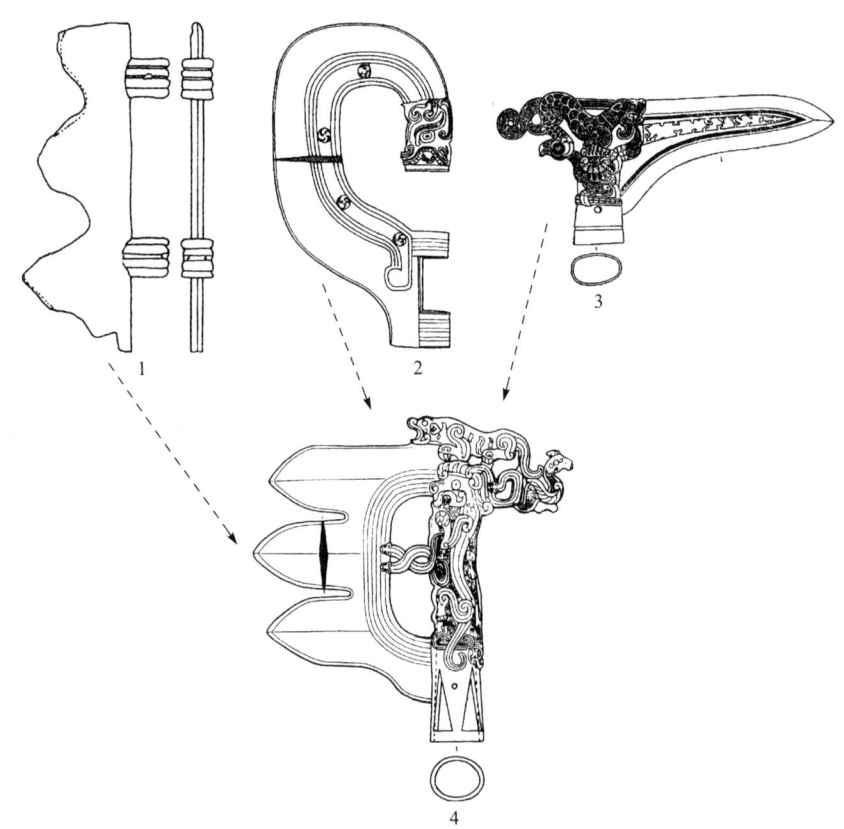

图六　叶县旧县春秋晚期墓所出青铜齿刃钺形器的来源推测
1. 扶风庄白村伯㦰墓出土铜"我"（采自《文物》1976 年第 6 期）　2. 韩城梁带村 M27 出土半环形铜钺（M27∶815）
3. 太原金胜村 M251 出土管銎戈　4. 叶县旧县春秋晚期墓出土青铜齿刃钺形器（M4∶79）
（M251∶287 采自山西省考古研究所：《太原晋国赵卿墓》，文物出版社，1996 年）

附记：吉林大学古籍研究所崎川隆博士为本文翻译了日文资料，特此致谢！

---

① 平顶山市文物管理局、叶县文化局：《河南叶县旧县四号春秋墓发掘简报》，《文物》2007 年第 9 期。
② 井中伟：《叶县旧县四号春秋墓出土青铜兵器研究》，《文物》2009 年第 11 期。

关于短内式铜戈的起源与年代问题*

成璟瑭¹ 高振海²

（1.吉林大学边疆考古研究中心；2.辽宁省文物考古研究所）

近年来，短内式铜戈问题事关战国秦汉之际东北亚古代文化的格局与交流问题，越来越受到学术界的重视，尤其是随着辽宁建昌于道沟墓地资料的发表[①]以及建昌东大杖子墓地资料的系统整理与公开[②]，讨论越来越深入，笔者也曾就相关问题从多个角度加以论证，提出了一些新的观点[③]，其中有关命名问题以及传播路线问题等，逐渐得到了学术界的认可[④]。

近日，读到李新全先生的文章（以下简称"李文"）[⑤]，涉及短内式铜戈的起源问题，该文与笔者2008年提出的观点[⑥]基本一致，由于拙文是在国外发表，有些细节问题，限于篇幅没有展开；李文应当是国内首次明确提出这种观点的，李文中有些观点本可以再深入一些，但可能也是缘于李文的讨论主题所限，笔者看来，有些观点还可有进一步展开讨论的必要，鉴于此，整理本文，专门讨论短内式铜戈的起源与年代问题。

---

* 本文得到国家社科基金重大项目《东大杖子墓地及相关遗址的发掘、资料的整理与研究》（12&ZD193）与国家社科基金青年项目《朝鲜半岛青铜武器的生产与流通研究》（13CKG007）的资助。

① 辽宁省文物考古研究所、葫芦岛市博物馆、建昌县文物管理所：《辽宁建昌于道沟战国墓地调查发掘简报》，《辽宁省博物馆馆刊》（第1辑），辽海出版社，2006年，第27～36页。

② a.辽宁省文物考古研究所、葫芦岛市博物馆、建昌县文物管理所：《辽宁建昌东大杖子墓地2001年发掘简报》，《考古》2014年第12期；b.辽宁省文物考古研究所、葫芦岛市博物馆、建昌县文物管理所：《辽宁建昌东大杖子墓地2002年发掘简报》，《考古》2014年第12期；c.辽宁省文物考古研究所、吉林大学边疆考古研究中心、葫芦岛市博物馆、建昌县文物管理所：《辽宁建昌东大杖子墓地M40发掘简报》，《考古》2014年第12期；d.辽宁省文物考古研究所、吉林大学边疆考古研究中心、葫芦岛市博物馆、建昌县文物管理所：《辽宁建昌东大杖子墓地M47发掘简报》，《考古》2014年第12期。

③ a.成璟瑭：《燕下都出土短内式铜戈小考》，《现代社会科学研究》，（韩）全南大学校社会科学研究所，2008年，第87～100页；b.成璟瑭：《关于燕下都短内式铜戈的几个问题》，《文物春秋》2009年第3期；c.成璟瑭：《关于道沟遗址出土的青铜武器》，《考古学探究》（5），（韩）考古学探究会，2009年，第97～108页；d.成璟瑭：《关于短内式铜戈相关问题的再检讨》，《边疆考古研究》（第11辑），科学出版社，2012年，第143～150页。

④ 井中伟：《早期中国青铜戈·戟研究》，科学出版社，2011年。

⑤ 李新全：《从考古发现看周秦汉唐对辽东地区的影响》，《庆祝张忠培先生八十岁论文集》，科学出版社，2014年，第322～342页。

⑥ 成璟瑭：《燕下都出土短内式铜戈小考》，《现代社会科学研究》，（韩）全南大学校社会科学研究所，2008年，第87～100页。

一、材料的梳理

目前，有关短内式铜戈的报导越来越多，计有葫芦岛连山区伞金沟[①]、建昌于道沟[②]、东大杖子[③]、凌源梁官营子[④]、宽甸双山子[⑤]、燕下都辛庄头30号墓[⑥]等，其中在东北地区，东大杖子共出土3件短内式铜戈，M20的铜戈是目前公开发表的唯一一件经过正式考古发掘出土的短内式铜戈，其余均为采集品或清理征集文物，此外，辽宁建昌东大杖子墓地还有同类遗物出土正在整理[⑦]，河北易县燕下都遗址也采集到其他同类遗物[⑧]。

由于以上遗址中，只有东大杖子墓地M20的短内式铜戈为考古发掘出土遗物，其出土遗迹、共生遗物组合比较明确，我们将着重考察这件铜戈。

M20为土坑积石墓（原简报为封土封石墓），位于整个墓地南部，表土较厚，其下为土石相间，积石范围上下不等，有由上而下逐渐缩小，石块体积逐渐变小，分布逐渐致密的趋势，墓圹上积石平面范围略大于墓圹，土石间可见少量马牙。墓圹开口于封石层下，圹内填土填石，石块体积较小，填土填石平面基本呈长方形，基本充满墓圹，墓向为65°，长约3.08、宽约2.18、深1.1米。墓圹内依稀可见残存的木棺痕迹，大体呈长方形，长2.2、宽0.5、高约0.4米，棺底残存少量棺板，厚约0.06米。墓圹与木棺之间为填土填石，大小不均，填石中发现砺石1块。棺内依稀可见人骨痕迹，头向、性别、年龄不详。棺内出土随葬品众多，计有青铜器、陶器、玉器等20余件（图一）。

短内式铜戈出土于该墓墓内东端，孤散于相对密集分布的其他遗物。该铜戈援部平直，柱脊粗壮，脊棱线明显，上下两翼基本等长，栏上两穿，矩形穿孔，内部呈矩

---

① a.郭大顺：《辽东地区出土青铜文化的新认识》，《东北亚考古学研究——中日合作研究报告书》，文物出版社，1997年，第237~246页；b.王成生：《辽宁出土铜戈及相关问题的研究》，《辽宁考古文集》，辽宁民族出版社，2003年，第217~241页；c.赵振新、吴玉林：《锦州文物志》，学苑出版社，2005年，第182页。
② 辽宁省文物考古研究所、葫芦岛市博物馆、建昌县文物管理所：《辽宁建昌于道沟战国墓地调查发掘简报》，《辽宁省博物馆馆刊》（第1辑），辽海出版社，2006年，第27~36页。
③ 辽宁省文物考古研究所、葫芦岛市博物馆、建昌县文物管理所：《辽宁建昌东大杖子墓地2001年发掘简报》，《考古》2014年第12期。
④ 王成生：《辽宁出土铜戈及相关问题的研究》，《辽宁考古文集》，辽宁民族出版社，2003年，第217~241页。
⑤ a.成璟瑭：《燕下都出土短内式铜戈小考》，《现代社会科学研究》，（韩）全南大学校社会科学研究所，2008年，第87~100页；b.成璟瑭：《关于燕下都短内式铜戈的几个问题》，《文物春秋》2009年第3期；c.王海、宁京鹏：《宽甸发现的战国青铜异形戈探考》，《辽宁省博物馆馆刊（2011）》，辽海出版社，2011年，第80~84页。
⑥ 河北省文物研究所：《燕下都》，文物出版社，1996年。
⑦ 笔者在辽宁省文物考古研究所整理室直接观摩，M11与M45的资料正在整理，不日刊布。
⑧ 2007年冬，据林沄老师相告，20世纪50年代，林老师在中国国家博物馆（原中国历史博物馆）实习时，曾观摩过一件短内式铜戈，形制基本同1977~1978年发掘的辛庄头30号墓出土品。

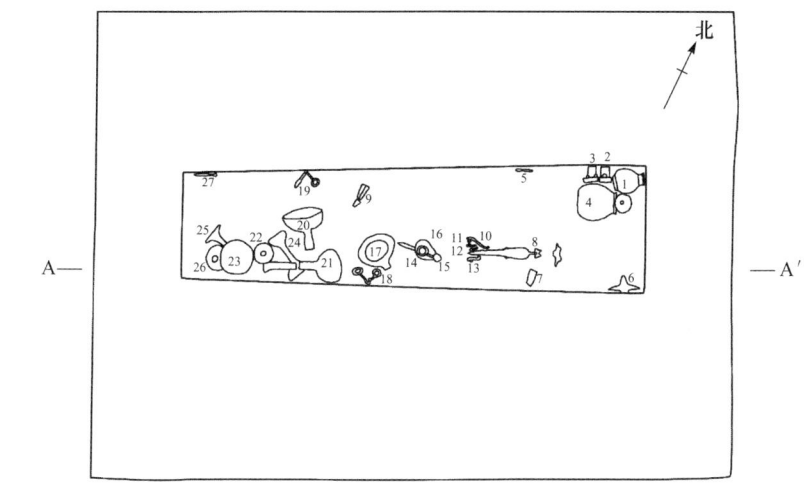

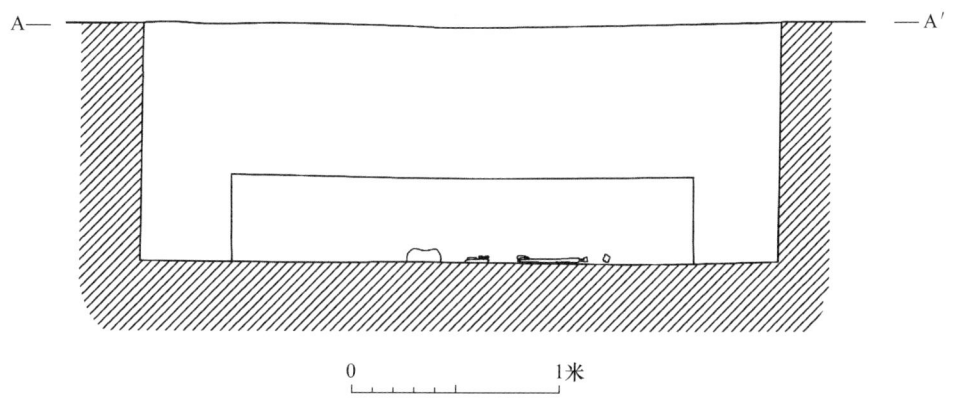

图一 东大杖子墓地 M20 平、剖面图

1、4.陶罐 2、3.铜辖軎 5.铜锥 6.短内式铜戈 7.铜斧 8.短茎式铜剑 9.铜凿 10~13.铜带钩 14.玛瑙环 15、27.铜刀 16.铜环 17.铜匜 18、19.铜马衔 20~26.陶豆

形,较短,内上无穿。锋部可观察到断续的开刃痕迹。通长17.9、援部长15.7、锋部长8.2、内部长2.2、脊棱线长12.6厘米。与铜戈共生的还有铜剑、铜斧、铜锥、铜凿、铜刀、铜辖軎、马衔、带钩、陶罐、陶豆以及玛瑙环等[①](图二)。

于道沟墓地出土的短内式铜戈等相关遗物,均为1990年向村民征集[②],有关墓葬位置以及结构、出土状况等信息已无从核验,该材料仅可参考,通过相关遗物对其作分析研究时应慎重。

伞金沟、梁官营子、双山子等地的短内式铜戈,均为工作人员事后征集,可知遗

---

① 辽宁省文物考古研究所、葫芦岛市博物馆、建昌县文物管理所:《辽宁建昌东大杖子墓地2001年发掘简报》,《考古》2014年第12期。

② 辽宁省文物考古研究所、葫芦岛市博物馆、建昌县文物管理所:《辽宁建昌于道沟战国墓地调查发掘简报》,《辽宁省博物馆馆刊》(第1辑),辽海出版社,2006年,第27~36页。

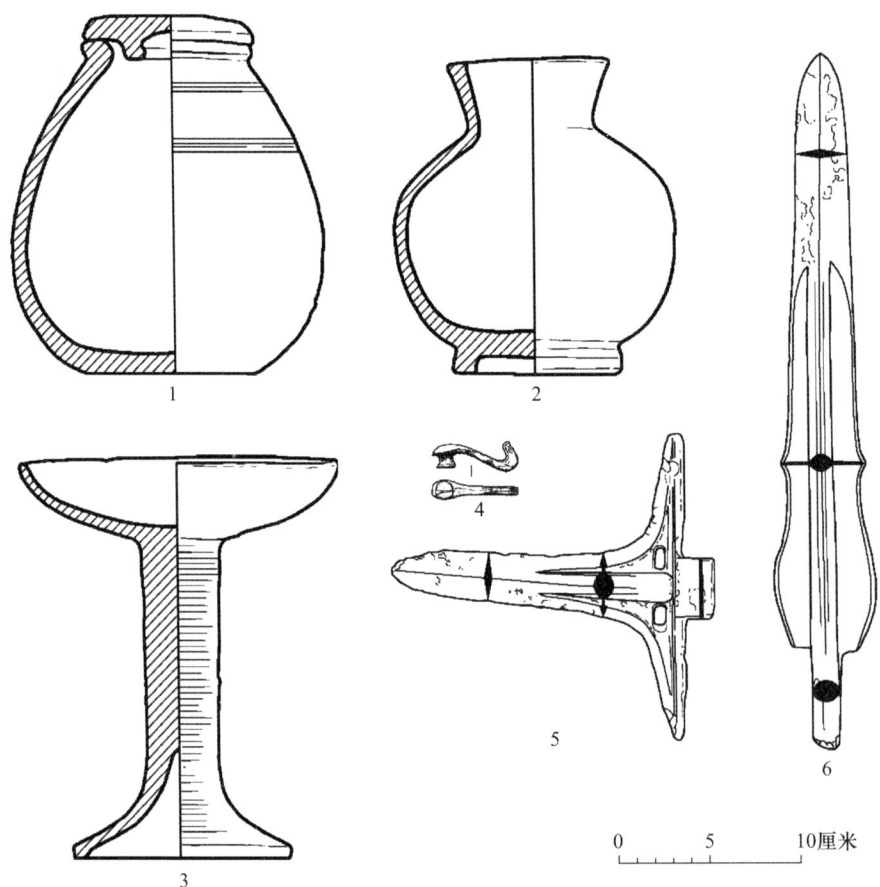

图二　东大杖子墓地 M20 出土部分遗物

1、2. 陶罐（M20：4、M20：1） 3. 陶豆（M20：22） 4. 铜带钩（M20：12） 5. 短内式铜戈（M20：6） 6. 短茎式铜剑（M20：8）

物出土的大体地点，但具体出土位置、遗迹性质以及共生遗物等信息无从查考，仅可从单纯的类型学角度对其铸造的大体年代作出推断。

燕下都辛庄头 30 号墓出土的短内式铜戈，虽出土遗迹、共生遗物明确，但目前学术界对该墓葬的年代、性质等仍有分歧[①]，尚不能达成共识，且因该铜戈为燕山以南地区的孤例，无论哪种观点都得不到太多的有力旁证，但就目前的资料，笔者还是主张该墓葬为战国晚期的燕国高等级墓葬[②]。

---

① a.（日）志贺和子：《洛阳金村出土金银器とその刻铭をめじて》，《中国考古学会会报》1996 年第 6 期；b.（日）冈内三真：《燕下都出土铜戈的启示》，《边疆考古研究》（第 1 辑），科学出版社，2002 年，第 63～66 页；c. 乔梁：《辛庄头 30 号墓的年代及其他》，《华夏考古》2004 年第 2 期。

② 成璟瑭：《关于燕下都短内戈的几个问题》，《文物春秋》2009 年第 3 期。

二、起源的探讨

以往我们在讨论朝鲜半岛以及燕下都遗址出土的短内式铜戈时，通过类型学的排比以及共生遗物的检讨，基本上可以明确判断这些铜戈的祖型应该是辽西地区采集的这些短内式铜戈，现在辽西地区又有明确的出土案例，更加印证了我们之前的判断，但随之而来的问题就是辽西地区短内式青铜戈的起源问题。

事实上，关于辽西地区短内式铜戈的起源问题，笔者在讨论燕下都辛庄头30号墓出土短内式铜戈的起源问题时，已有提及，但未述其详；井中伟先生对此也有讨论[①]，李新全先生也持类似观点，只是细节方面，还可以再明确一些。

我们认为，辽西地区短内式铜戈的起源应该与以包括该地区在内的东北亚地区盛行的短茎式铜剑文化以及以燕文化为代表的中原地区青铜武器文化有密切关系。这种观点应该得到相关器物形态学以及出土遗迹、共生器物组合等多方面的材料印证。

短内式铜戈显著的形态学特点有三个，一是内部相对较短，短而窄，内上无穿，在朝鲜半岛及日本列岛发展到中广型、广型短内式铜戈后，仍然为窄短型内部[②]；二是援部形成柱脊，并具有发达的血槽，这一形制特点与短茎式铜剑极为相似；第三是区别于胡内式铜戈发达的下垂式胡部，短内式铜戈多为上下伸展的双翼，尽管随着时代的推移，地域的变迁，型式的发展，双翼的长度逐渐发生变化，甚至这种铜戈传播到朝鲜半岛、日本列岛之后，形成大量的细型、中广型、广型铜戈后，双翼已基本完全退化，但始终区别于胡内式铜戈的下垂式胡部，也是这类铜戈形态学上的显著特点。

包括中国东北在内的东北亚地区，在西周晚期到秦汉之际广为流行短茎式铜剑文化，正如众多学者已经指出的那样，这种铜剑的特点是锋部形成柱状脊以及短小的茎部以与柄部单独组装的装柄方式，这种手持"逆刺"的短剑能够在如此辽阔的范围内流传甚久的原因值得我们深入研究，但至少有一点可以明确，这种铜剑的形态以及与柄部的组装方式，成为短内式铜戈形态的最初来源，也就是说，单考虑短内式铜戈的援部与短茎式铜剑的锋部，二者的亲缘关系显而易见，而出现年代较晚的短内式铜戈显然是受到其之前已经广为盛行短茎式铜剑的强烈影响。

但作为长兵器的铜戈，毕竟与以防守功能为主的铜剑存在使用方法上的差异，因此，也不能忽视胡内式铜戈在短内式铜戈形成过程中的重要影响，其中与东北地区邻近的燕文化因素体现最为明显。参照井中伟先生的研究成果，燕文化的铜戈是由中原三晋戈派生而来，最后形成相对固定的形制，并且胡中的孑刺虽为战国燕戈的典型特

[①] 井中伟：《早期中国青铜戈·戟研究》，科学出版社，2011年。
[②] 成璟瑭：《韩半岛青铜武器研究——与中国东北地区的比较》，韩国全南大学校大学院人类学科博士学位论文，2009年。

征，但究其来源，还是受到中原文化影响的产物①。这样看来，短内式铜戈所具有的援、栏、穿等构造，显然是保留胡内式铜戈，尤其是燕文化铜戈的基本特征而形成发展的，而喀左梁家营子收集的短内式铜戈上的孑刺，似乎也在强烈说明这种铜戈与燕文化铜戈的密切联系。

同时我们认为，可以作为辅助证据的材料还有燕下都遗址出土的援部带有柱脊血槽的胡内式铜戈。这种铜戈除了燕文化及其影响区域之外，尚无发现，而这种铜戈的产生，显然也是短茎式铜剑文化与燕文化胡内式铜戈共同影响的结果。值得一提的是，目前作为燕文化中心区域的燕下都遗址出土的这种带有柱脊血槽的胡内式铜戈，其年代均在战国时期前后②，因此我们可以大胆推测，这种铜戈与短内式铜戈都是短茎式铜剑文化与燕文化胡内式铜戈相互借鉴、因素融合后产生的两类不同形制的铜戈（图三），其中，短内式铜戈在以辽西地区为代表的东北地区继续发展，一直跨过鸭绿江传

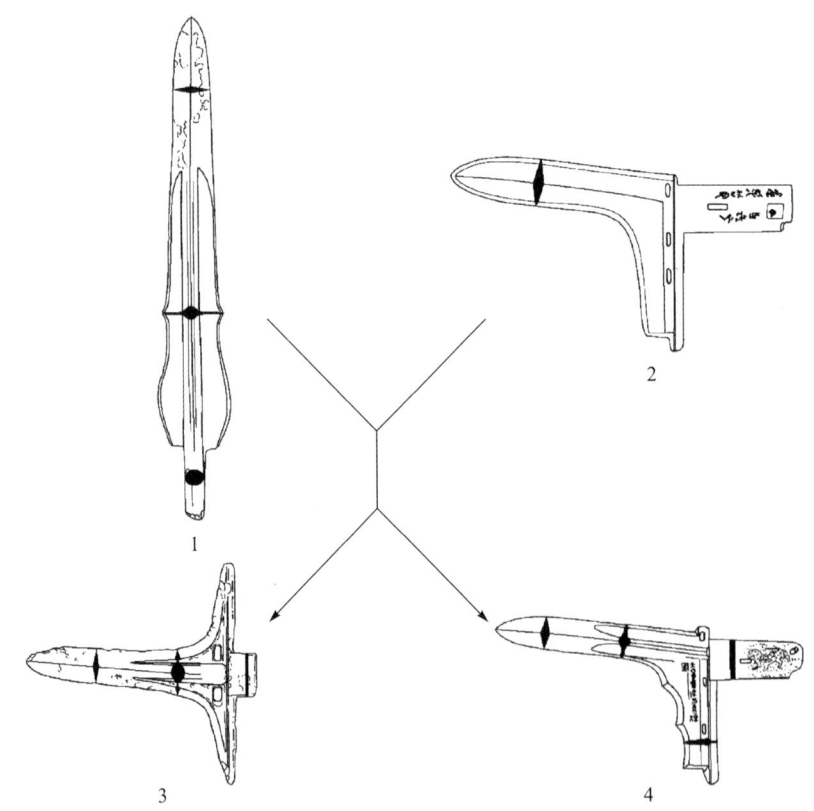

图三　短内式铜戈起源推示
1. 短茎式铜剑（东大杖子墓地 M20:8）　2. 胡内式铜戈（易县燕下都遗址武阳台 70W：053）　3. 短内式铜戈（东大杖子墓地 M20:6）　4. 带血槽的胡内式铜戈（易县燕下都遗址武阳台 Z1：58）

---

① 井中伟：《早期中国青铜戈·戟研究》，科学出版社，2011年。
② 河北省文物研究所：《燕下都》，文物出版社，1996年。

到朝鲜半岛、日本列岛，而带有柱脊血槽的胡内式铜戈则主要还在燕文化区域流传，直到被新的武器文化所取代。

以辽西地区为代表的东北地区与燕山以南地区的文化交流早在新石器时代就广泛存在，而在短茎式铜剑盛行的青铜器时代，这种交流更加频繁与活跃，在河北北部、山东北部等地发现的短茎式铜剑[①]，都能说明这种交流的广泛性与持久性。

综上所述，我们判断辽西地区短内式铜戈是在当地短茎式铜剑文化在与燕文化的交流碰撞中，融合产生的一种新的青铜武器型式，这种铜戈与燕下都遗址出土的带有柱脊血槽的铜戈一样，都是两种文化互相影响的结果，只不过，短内式铜戈又以辽西地区为据点，一直传播到朝鲜半岛及日本列岛，而时间也横跨整个战国时期，到了秦汉之初。

三、年代的推定

中国境内出土的短内式铜戈，考虑到锋部的长度与宽度，双翼的长度等形态学因素，大体可以分为三个类型，其中燕下都遗址辛庄头30号墓葬出土的为C型，宽甸双山子出土的为B型，其余的均可视作A型（图四），尽管A型中梁家营子那把铜戈存在孑刺，但也不影响对其整体形态的分类。

以往我们根据辛庄头30号墓葬的基本形制、出土陶器以及其他青铜器的特点等，判断其年代应在战国晚期的公元前250年前后[②]，现在看来，这种观点仍然具有很强的说服力。

A型与B型铜戈中，除东大杖子M20的出土品之外，其余均为采集品，出土遗迹及共生遗物信息有限，以往我们也曾结合类型学上的形态演进，并参考朝鲜半岛北部出土遗物的年代，初步判断A型铜戈的年代在战国早中期，B型铜戈的年代在战国中晚期，现在这种观点可以进一步通过东大杖子M20出土的短内式铜戈年代来进行检验。

东大杖子M20的墓葬结构为积石墓，这类墓葬区别于东大杖子墓地的典型土坑竖穴墓，其存续年代基本可以判断为战国早期或稍晚阶段[③]，积石墓中类似M20这种不设二层台的形制可能年代相对偏早一些，完全可以判断为战国早期。M20中共出土31件遗物，其中陶器有陶罐、陶壶和陶豆等，由于这2件陶罐分别为圈足罐与盖

---

① a. 邵会秋、熊增珑：《冀北地区东周时期北方文化青铜短剑研究》，《文物春秋》2005年第4期；b. 王青：《山东发现的几把东北系青铜短剑及相关问题》，《考古》2007年第8期。

② a. 成璟瑭：《燕下都出土短内式铜戈小考》，《现代社会科学研究》，（韩）全南大学校社会科学研究所，2008年，第87~100页；b. 成璟瑭：《关于燕下都短内戈的几个问题》，《文物春秋》2009年第3期。

③ 辽宁省文物考古研究所、葫芦岛市博物馆、建昌县文物管理所：《辽宁建昌东大杖子墓地2001年发掘简报》，《考古》2014年第12期。

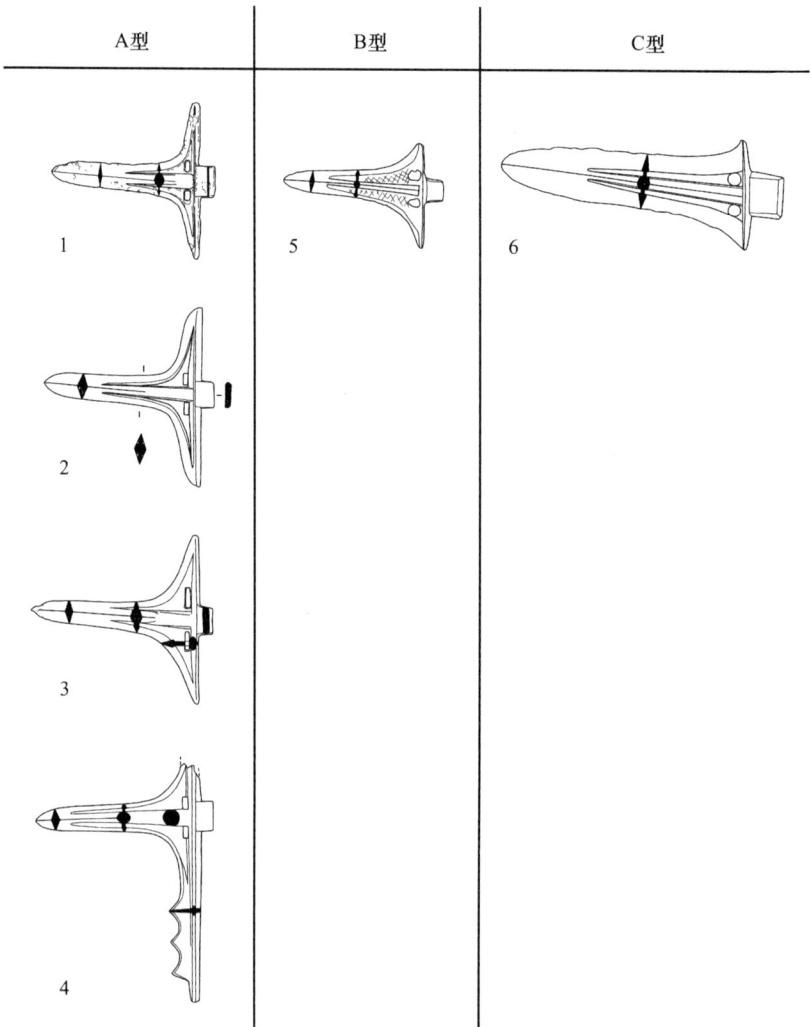

图四 中国境内短内式铜戈的类型
1.东大杖子墓地 M20∶8 2.于道沟墓地 90 年收集 3.葫芦岛伞金沟遗址采集 4.喀左梁家营子遗址采集 5.宽甸双山子遗址征集 6.燕下都遗址辛庄头 30 号墓 XZHM30∶51

罐,均为东大杖子墓地较为罕见的型式,东北地区其他战国墓葬中也不见同类遗物,我们在此暂且不论。陶壶为广口长颈壶型式,如果考虑到东大杖子墓地出土的其他长颈壶的类型,并结合沈阳郑家洼子等地出土的黑陶长颈壶等[1],我们初步判断该广口长颈壶也属于同类器中的较早型式,可以判断为战国早期。除此之外,结合已有成果,陶豆型式、青铜短剑型式等均区别于典型的战国中晚期遗物。

尽管建昌于道沟 M90 的短内式铜戈,是后期与其他遗物一并收集,缺乏可靠的

---

[1] 沈阳故宫博物馆、沈阳市文物管理办公室:《沈阳郑家洼子的两座青铜时代墓葬》,《考古学报》1975 年第 1 期。

遗迹与共生组合信息，井中伟仍然对这批遗物的整体年代作了分析与判断，认为其早不到春秋晚期，也晚不到战国中期①，与笔者对整个 A 型铜戈的年代判断，观点基本一致。

除此之外，伞金沟的短内式铜戈与梁官营子带有子刺的短内式铜戈，应都属于 A 型铜戈存续的战国早中期范围内，如单纯从形态学上考虑，可能伞金沟铜戈的年代接近于道沟与东大杖子 M20 铜戈的年代，梁官营子的铜戈年代稍晚一些，这一点，我们也在讨论于道沟墓地出土青铜武器时曾予以分析，也与井中伟的观点基本一致②，而不同于郭大顺关于梁官营子铜戈年代稍早的看法③。

四、今后的课题

由于短内式铜戈在东北亚古代文化交流中的重要意义以及近年来各地陆续报道的发现案例，逐渐成为一个重要的课题而引起学术界关注，但是，目前来讲，资料还是匮乏，尤其是缺乏具有明确出土地点，出土遗迹以及共生组合关系的短内式铜戈，单凭东大杖子墓地出土的铜戈，证据还是略显单薄。同时，还有一些问题，是目前的材料只能推测，而无法得到明确结论的。

第一，短内式铜戈从 A 型到 C 型，双翼逐渐变短，甚至消失的历史背景与技术支持。我们很难想象，在朝鲜半岛东南部以及日本列岛发现的中广型、广型短内式铜戈（按照笔者的分类标准，应分别为 D 型与 E 型短内式铜戈），宽肥且长的援部与狭窄短细的内部，以及不甚发达的栏部，是如何结绑在戈柲上的？从 M11 与 M45 的资料来看，这两件铜戈均出土于头厢位置，似无戈柲，应为非实用器，但即使不作为实用性武器，仅为仪礼用器，其牢固性也很令人担心。

第二，关于燕下都出土的短内式铜戈，不少韩国学者认为其应是短内式铜戈传播到朝鲜半岛后，又反传回燕文化地区的韩国式铜戈④。尽管我们已经从整个东北亚地区各型式短内式铜戈的存续年代上驳斥了这种观点⑤，但仍需要我们进一步研究短内式铜戈在辛庄头 30 号墓出土的历史背景以及传播路线，是否像我们之前的假设，从辽

---

① 井中伟：《早期中国青铜戈·戟研究》，科学出版社，2011 年。
② a. 成璟瑭：《关于于道沟遗址出土的青铜武器》，《考古学探究》（5），（韩）考古学探究会，2009 年；b. 井中伟：《早期中国青铜戈·戟研究》，科学出版社，2011 年。
③ 郭大顺：《异形戈寻踪——从文化发展大趋势看辽宁式铜剑的起源》，《辽宁省博物馆馆刊》（第 1 辑），辽海出版社，2006 年，第 14～26 页。
④ a.（韩）李阳洙：《通过韩国式铜戈看韩、中、日三国的交差编年》，《样式的考古学——第 32 届韩国考古学全国大会发表要旨》，韩国考古学会，2008 年，第 465～477 页；b.（韩）赵镇先：《韩国式铜戈的登场背景与辛庄头 30 号墓》，《湖南考古学报》2009 年第 32 期。
⑤ 成璟瑭：《韩半岛青铜武器研究——与中国东北地区的比较》，韩国全南大学校大学院人类学科博士学位论文，2009 年。

西地区到 A 型戈到燕下都辛庄头的 C 型戈之间，在冀北的秦皇岛、承德、唐山、京津及张家口、保定这个区域内，也存在类似于宽甸双山子那种 B 型短内式铜戈呢？当然，如井中伟所述，辛庄头的短内式铜戈作为墓主人征伐辽西的战利品而带到燕下都[①]，尽管笔者认为，从辽西的 A 型戈到辛庄头的 C 型戈直接传播的可能性虽然很小，但不能完全排除。

第三，以葫芦岛建昌的于道沟墓地、东大杖子墓地为代表的辽西地区文化遗存，出现短内式铜戈的历史背景也是我们今后考察的重点问题，也许，这些问题短期内不会得到大家公认的结果，但我们相信随着东大杖子墓地材料的系统整理与发表，解决这些问题的钥匙就在其中。

---

① 井中伟：《早期中国青铜戈·戟研究》，科学出版社，2011 年。

中国境内鸭绿江流域两汉时期遗址的文化性质与年代研究

金旭东

(吉林省文物局)

  鸭绿江位于吉林、辽宁两省东部，是中国与朝鲜的界河，发源于长白山南麓，沿中朝边界向西南流，在辽宁丹东东港市附近汇入黄海。鸭绿江干流全长 795 千米，流域面积约 6.4 万平方千米，中国境内的流域面积为 2.2 万平方千米。鸭绿江流域多属山地，上下落差较大，中国境内支流有浑江、叆河、八道沟河、三道沟河、红土崖河、大罗圈河、哈尼河、蝲蛄河、苇沙河、小新开河、富尔江、大雅河、半砬江、草柳林河，流经的区域包括吉林省长白朝鲜族自治县、临江市、江源县、白山市、集安市、通化市和辽宁省的桓仁满族自治县、宽甸满族自治县、丹东市。

  鸭绿江流域两汉时期遗址材料的发掘与研究相较于这一区域高句丽时期墓葬而言，是一个明显的薄弱环节。时至今日，经正式发掘的资料仅有通化王八脖子、桓仁王义沟、抽水洞三处遗址。而且，目前所知的遗址数量也与墓葬相差甚远。以集安为例，通过第三次全国文物普查，集安境内共发现高句丽古墓群（应含先高句丽时期和少量渤海墓葬）113 处，墓葬数量为 10033 座，而战国至高句丽晚期遗址的总量为 10 处。类似的情况在鸭绿江流域的其他区域也不同程度的存在。本文所讨论的 11 处遗址是目前这一区域两汉时期最具代表性的遗存。

1. 王八脖子遗址的年代分期与文化性质

  王八脖子遗址位于通化市金厂镇跃进村，北距通化市 3 千米。地处长白山地西缘，西南距桓仁高句丽五女山城遗址约 100 千米。金厂河从遗址南部流过，并注入鸭绿江的支流——浑江。遗址西部为隆起的矮丘，东部是连绵的丘陵，其中西部多见生活居址，东部则发现了相当多的墓葬。整个遗址东西长 750、南北宽 200 米，总面积 15 万平方米。

  1997 年 5 月至 1999 年 10 月，吉林省文物考古研究所对王八脖子遗址进行了发掘，发掘面积 6015 平方米。

  遗址内遗存分为六个时期，分别相当于新石器时代晚期、商周、春秋战国、西汉、魏晋和明代，包含了新石器、先高句丽、高句丽早期土著、高句丽中期、明晚期等五种遗存。遗迹主要有房址 22 座、墓葬 56 座、灰坑 160 个、灰沟 9 条。

房址属于三个时期。第一期（新石器时代）房址呈圆形半地穴式（如F6、F7），居住面不加处理，有椭圆形或方形灶。第三期（春秋战国）房址为圆形或长方形半地穴式，个别房址的地面经过火烤，火塘在房址中部。第五期（魏晋）房址在挖成浅穴后，用石块或石板在房址四周砌成两组烟道，形成长方形火炕，灶址位于火炕的北部。

墓葬分为土坑墓、土坑石椁墓、土坑石椁石棺墓、大盖石墓、大盖石积石墓、积石墓、阶坛积石墓等七种形制，其年代从春秋一直延续到魏晋时期，虽然中间略有缺环，但基本上建立了从土坑墓、大盖石积石墓到积石墓的发展序列。

土坑墓、土坑石椁墓均属先高句丽遗存，年代大致在春秋战国时期，包括单人仰身曲肢葬、多人合葬墓两大类。M21为多人合葬的土坑竖穴墓，平面略呈长方形，南北长2.3~2.5、东西宽16.5~16.7米。墓中共发现35具人骨，年龄在6个月至50岁不等（图一）。出土的随葬品近400件（图二~图四），以骨镞、石镞数量最多，每具成人个体一般随葬2~3件陶器。随葬器物最多的是两位30岁左右的女性，除习见的陶、石、骨器外，还葬有青铜泡、玉环等。其中一位女性的双臂上各带有13个蚌环，制作十分精美。

土坑石椁石棺墓的年代在战国中晚期，当时盛行多人、多次火葬。M36平面呈长方形，南北长3.4、东西宽2.32米。墓中6具人骨分三层埋葬，每层之间用河卵石相隔（图五）。

大盖石墓的年代在战国末至汉初，多分布于地势相对陡峭的山脊上。流行墓内火葬，人骨均经火烧，但焚化程度不高。M34平面为长方形，墓圹南北长2、东西宽0.8米。盖石略大于墓圹，用来封住墓口（图六）。大盖石积石墓介于大盖石墓与高句丽早期积石墓之间，属于过渡形态。其葬制与大盖石墓相似，只是在盖石上增加碎石封顶。

阶坛积石墓为高句丽时期的典型墓葬，其年代在魏晋时期。尽管此类墓与高句丽早期积石墓存在着缺环，但从葬制上仍可看出明显的传承关系。M29坛面近方形，长2.75、宽2.35米，有三级阶坛，高0.9米。墓中有多个个体，人骨经焚烧后多呈粉末状。这种墓应是一个家族的公共墓葬（图七）。

遗址中共出土文物6942件，有陶、石、骨、铜、银、瓷、铁器等。第一期（新石器时代）陶器以筒形罐为主，另有少量的陶钵。第二期（商周）陶器以罐、镂孔圈足豆、袋足鬲为基本组合，其中陶鬲是鸭绿江流域首次发现的陶三足器。第三期（春秋战国）陶器以罐类为主，并与陶壶、圈足碗、钵构成基本组合。骨器有卜骨、骨镞等。青铜器有短剑、矛、镜、环、斧等。遗址中还出土一批铸范，包括斧范、剑范、镞范等。青铜短剑和铸范的出土表明，该地区已有自己的青铜器铸造业。第四期（西汉）为高句丽早期的土著遗存，陶器以罐、豆、壶为基本组合。第五期（魏晋）属高句丽中晚期土著遗存，陶器分为泥质陶和细砂陶两大类，泥质陶为轮制；细砂陶手制，并经过轮修（图八、图九）。

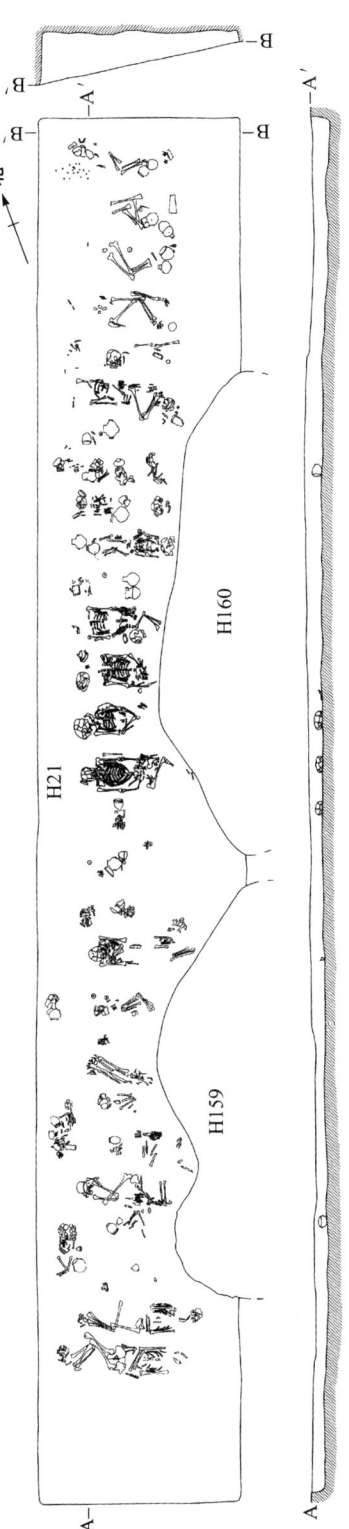

图一 王八脖子遗址 M21 平、剖面图

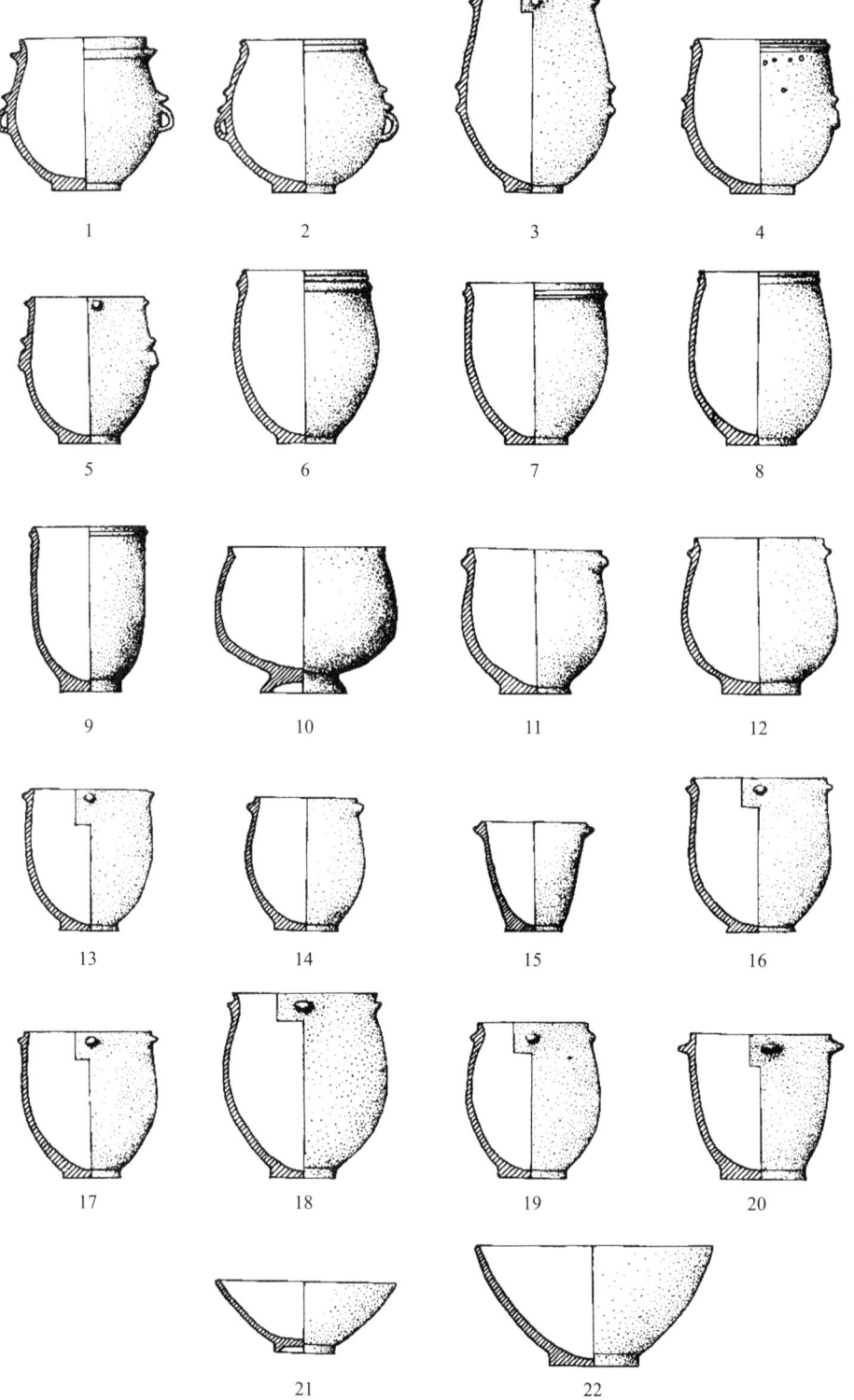

图二 王八脖子遗址 M21 出土陶器

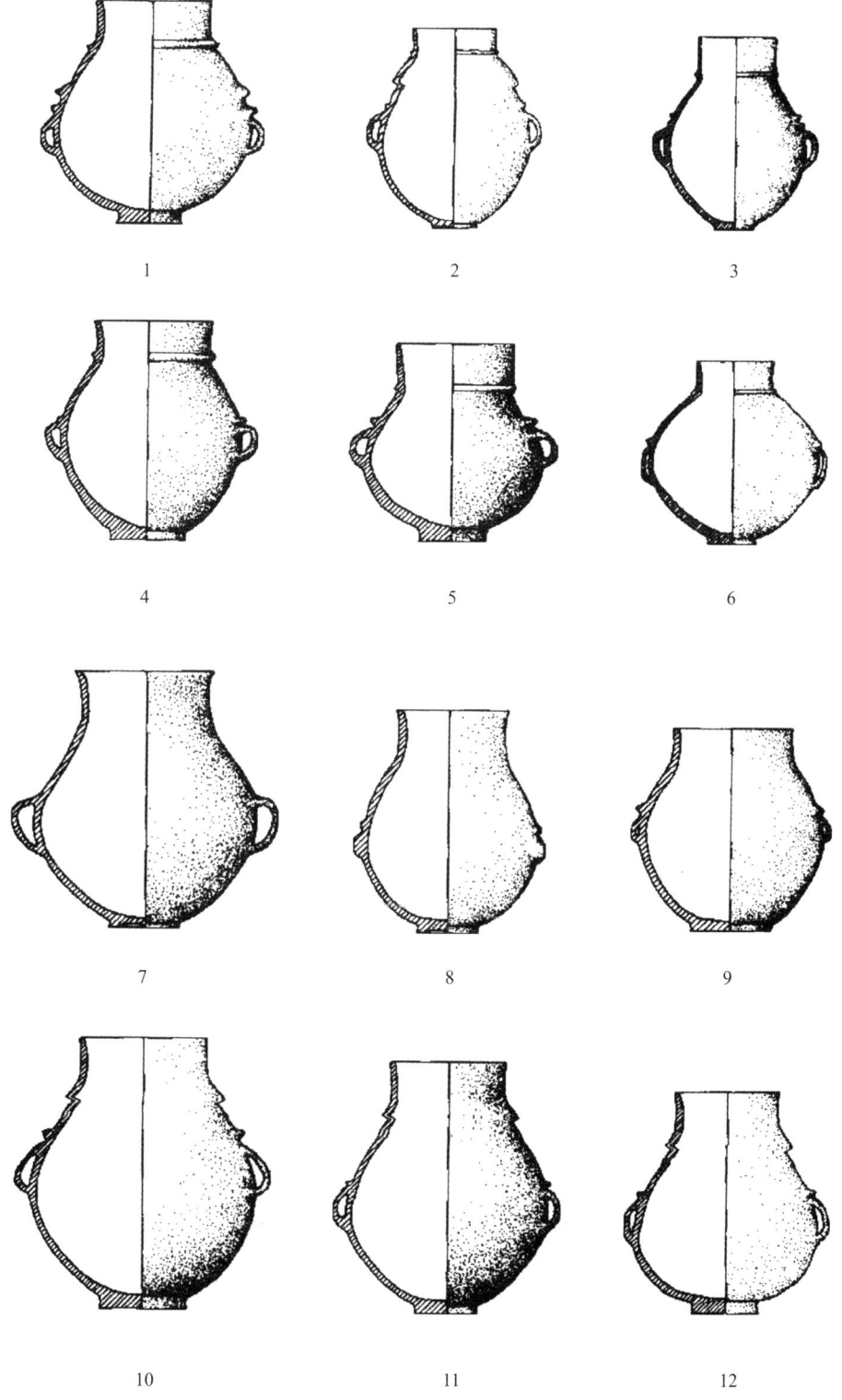

图三 王八脖子遗址 M21 出土陶壶

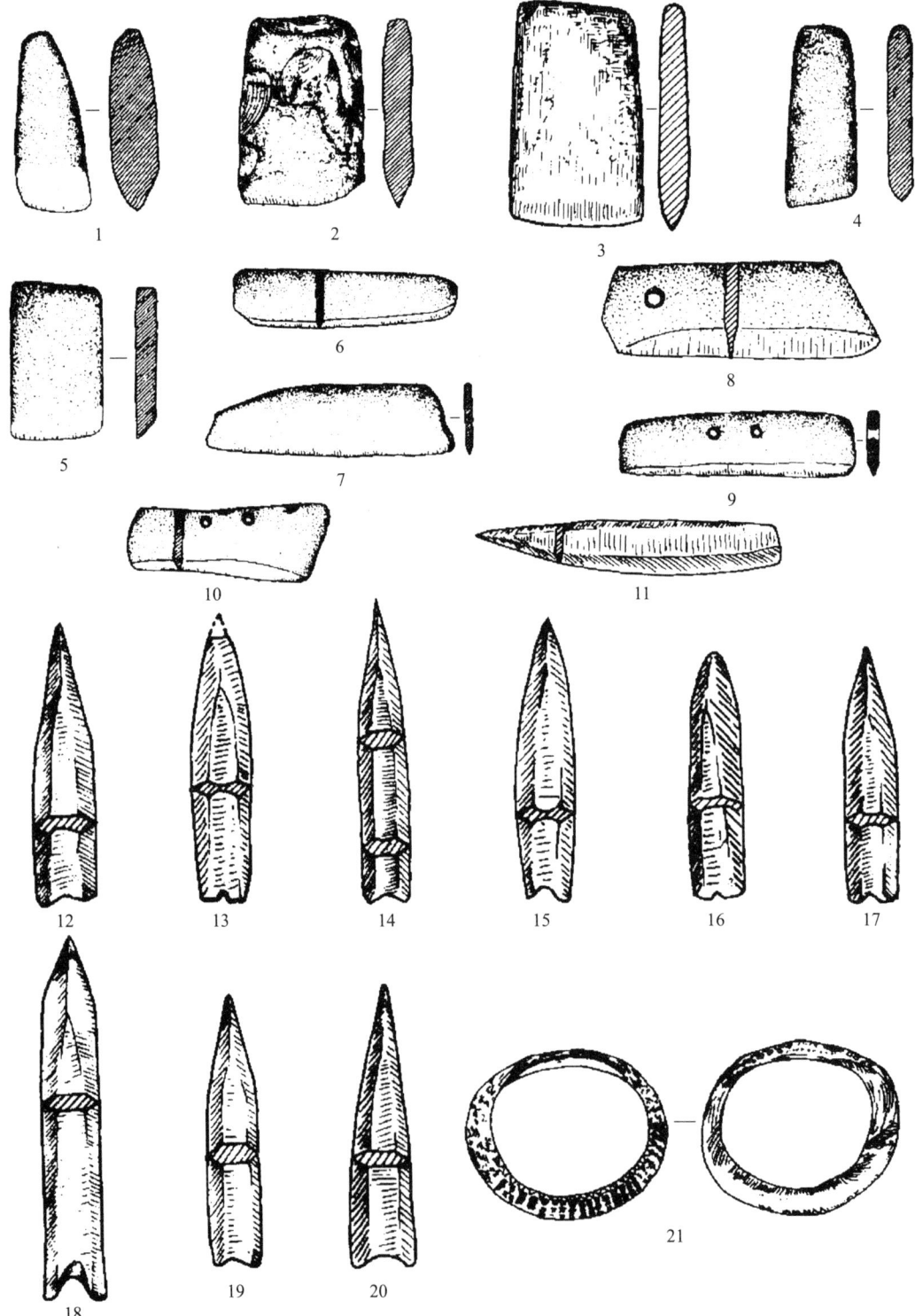

图四 王八脖子遗址 M21 出土其他遗物
1~4. 石斧　5. 石锛　6~11. 石刀　12~20. 石镞　21. 蚌环

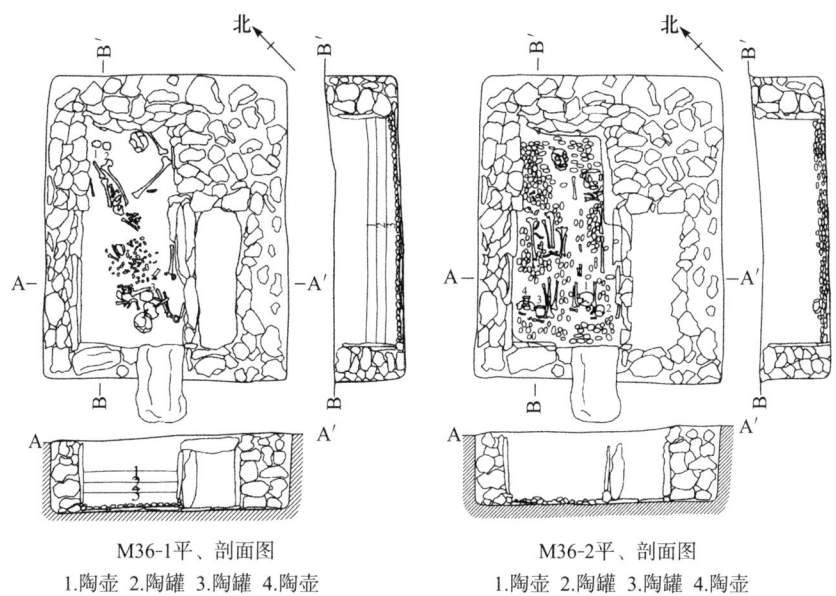

M36-1平、剖面图　　　　　　　　　　M36-2平、剖面图
1.陶壶 2.陶罐 3.陶罐 4.陶壶　　　　1.陶壶 2.陶罐 3.陶罐 4.陶壶

图五　王八脖子遗址 M36 平、剖面图

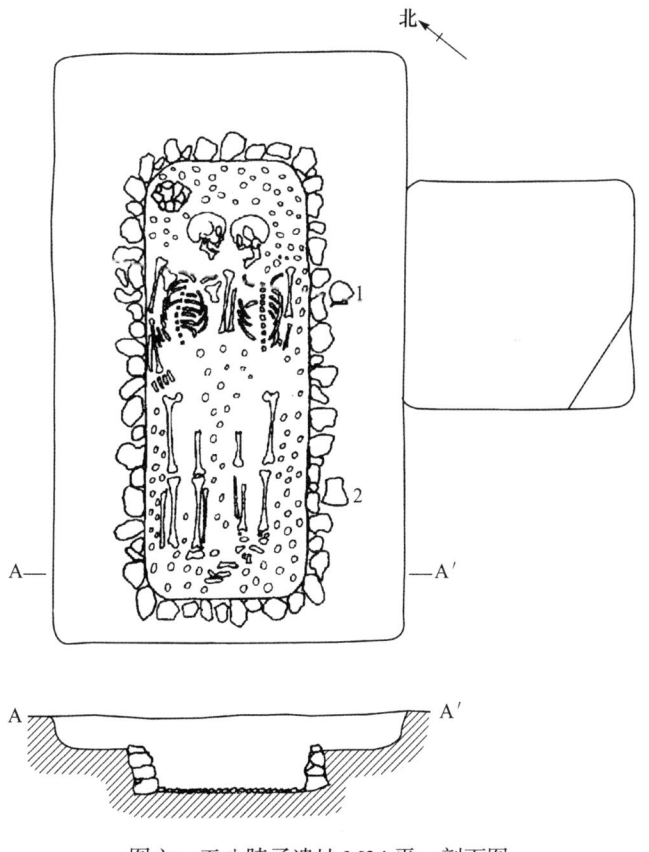

图六　王八脖子遗址 M34 平、剖面图
1. 陶器　2. 石镐

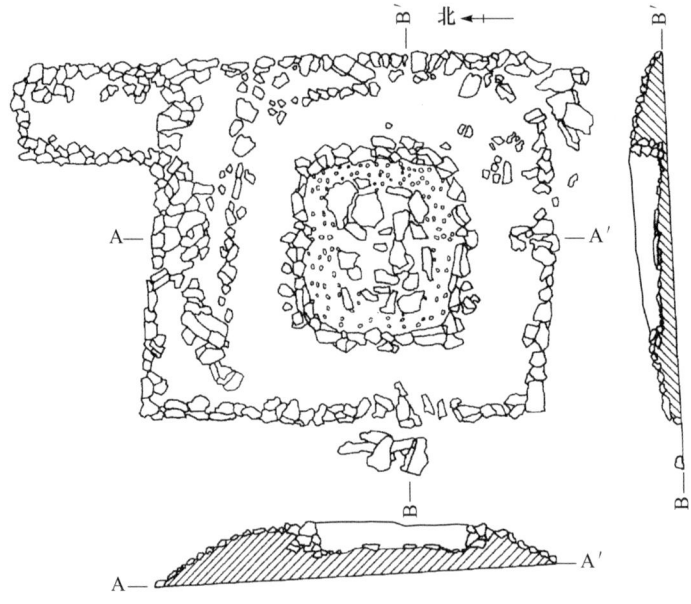

图七 王八脖子遗址 M29 平、剖面图

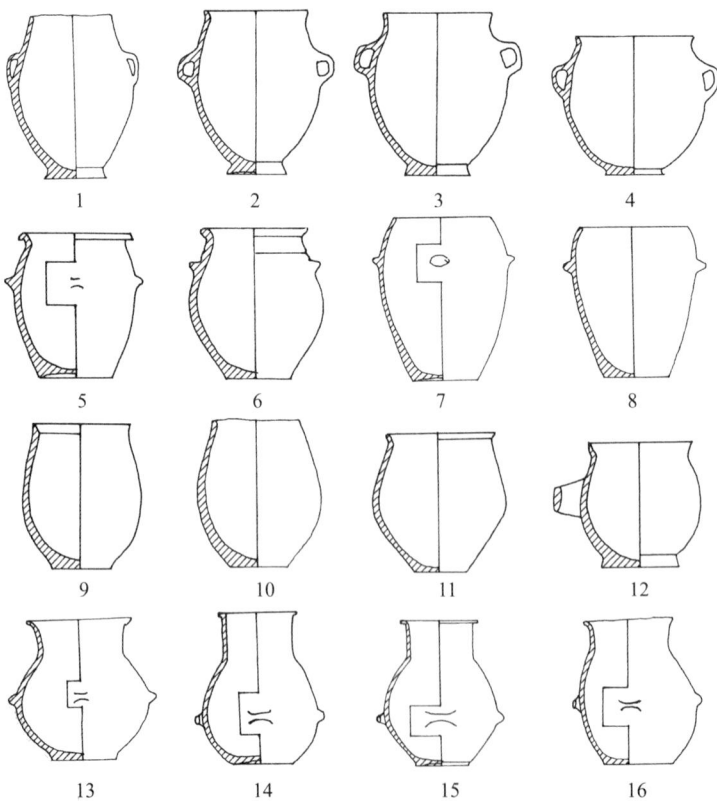

图八 王八脖子遗址出土跃进三期文化陶器
1~12. 陶罐 13~16. 陶壶

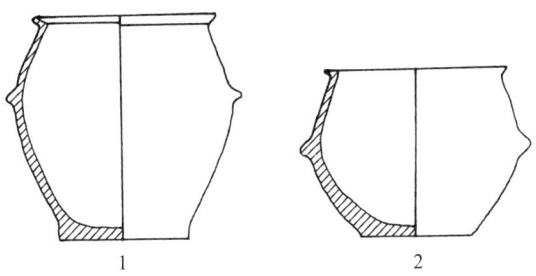

图九　王八脖子遗址出土跃进四期文化陶器（M37）

王八脖子遗址将高句丽文化与本地区的青铜文化联系起来，它为建立鸭绿江中上游考古学文化序列、研究东北亚青铜时代以及高句丽遗存提供了翔实的资料[①]。

2. 王义沟遗址的分期与王义沟类型的确立

王义沟遗址位于本溪市桓仁县北甸子乡北甸子村盛家街村民组西南约 1 千米处的一座小山岗上。小山岗呈东北—西南走向，由高逐渐变为低缓，遗址东北部紧邻一条冲沟，名王义沟。遗址的西面、北面为断崖，断崖下面就是浑江的一条重要支流——富尔江。2006 年 9 月，辽宁省文物考古研究所会同本溪市博物馆、桓仁县文物局对遗址进行了考古发掘。遗址地层堆积较薄，后期破坏较严重，整体保存的现状一般。

发掘共发现房址 14 座、灰坑 11 座。房址均为半地穴式，平面有长方形和圆形两种。F1 保存的相对较好，平面呈长方形。房址门道位于房屋的西南角，正对着富尔江。房屋的西北部发现有一条用黏土堆砌的烟道，烟道墙上用石板覆盖，烟道的西南端与地面灶相连，灶膛的四壁也是用黏土堆砌的。房址内出土了一件完整的夹砂红褐陶单耳杯，一件可以复原的夹砂黄褐陶甑，此外出土了一些陶网坠和纺轮及磨制石镞等。发现的 11 个灰坑大致可分为两种：一种为圆形，口径在 1 米以下，深度较浅，出土遗物较少；第二种为近椭圆形，灰坑的长径一般都在 1.5 米以上，深度均超过 0.5 米，坑内有生土二层台，出土遗物较多。

根据李新全在《高句丽早期遗存及其起源研究》所介绍的王义沟遗址的出土遗物特征判断，该遗址包含了两个时期的遗存。

早期，目前只可甄别出两件高圈足豆（见《高句丽早期遗存及其起源研究》图二六，14、18）。这类陶器的砂质应为夹细砂陶，喇叭状高圈足的特征与辉发河流域的

---

① a. 金旭东：《探寻高句丽早期遗存及起源——吉林通化万发拨子遗址发掘获重要收获》，《中国文物报》2000 年 3 月 19 日；b. 金旭东、安文荣、王志敏：《高句丽早期遗存及起源——吉林通化万发拨子遗址发掘》，《中国十年百大考古发现》（下册），文物出版社，2002 年；c. 金旭东、安文荣、王志敏：《高句丽早期遗存及起源——吉林通化万发拨子遗址发掘》，《1999 年中国重要考古发现》，文物出版社，1999 年；d. 吉林省文物考古研究所、通化市文物管理委员会办公室：《吉林通化市万发拨子遗址二十一号墓的发掘》，《考古》2003 年第 8 期。

宝山文化基本一致，年代估计在战国纪年之内。这也是发掘者将王义沟年代上限定在战国晚期的重要原因所在。

晚期遗存构成了王义沟遗址的主体内涵。陶器包括夹砂陶和泥质陶两类，以夹砂陶为主。泥质陶数量很少，仅零星发现了一些素面或绳纹灰陶片，绳纹大致又可分为粗细两种。夹砂陶器表颜色为黄褐色、红褐色、灰褐色三种，纹饰以素面为主，器形可辨的有罐、甑、碗、钵、杯、纺轮和网坠等。出土的铁器大多数已残缺不全，表面锈蚀严重。可辨器形有镰、钁、斧、鱼钩、镞（图一○）。

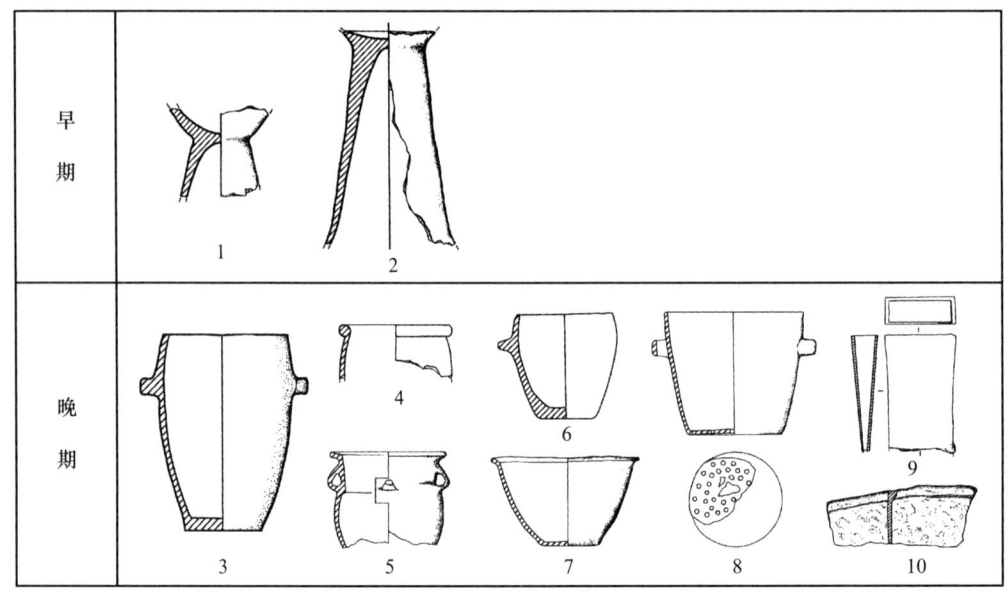

图一○　王义沟遗址出土遗物分期图
1、2.陶豆　3～5.陶罐　6.陶杯　7.陶盆　8.陶甑　9.铁斧　10.铁镰

目前王义沟出土的陶器至少包含了两种文化因素，以素面、绳纹灰陶为代表的汉文化和以折沿方唇双竖耳鼓腹罐、泥条圆叠唇筒形罐或鼓腹罐为代表的当地土著文化，土著文化在遗存中居主导地位。这类以折沿竖桥耳鼓腹罐为代表的遗存还见于桓仁五女山城三期[①]、下古城子古城H1[②]、抚顺清原任家堡石棺墓[③]和集安国内城早期[④]等遗存中，是一种具有一定分布地域和明确自身文化特色的高句丽早期遗存。我们建议将以王义沟晚期为代表的这类遗存命名为"王义沟类型"。

---

① 辽宁省文物考古研究所：《五女山城》，文物出版社，2004年。
② 辽宁省文物考古研究所：《五女山城》，文物出版社，2004年。
③ 佟达、张正岩：《辽宁抚顺大伙房水库石棺墓》，《考古》1989年第2期。
④ 吉林省文物考古研究所、集安市博物馆：《国内城——2000～2003年集安国内城与民主遗址试掘报告》，文物出版社，2004年；另参见该文国内城分期图。

综合分析王义沟类型的遗存,其主要文化特征可归纳如下:生活居住址与墓葬的出土遗物具有较强的趋同性。陶器以夹砂陶系为主,包含少量的泥质陶器。器表颜色多不纯正,有灰褐、红褐、黄褐色陶。以罐类为主,器物组合有罐、盆、杯、碗等。罐类形制多样,最具代表性的有折沿方唇双竖耳鼓肩平底罐、敞口方唇双竖耳溜肩平底罐、侈口方唇弧腹双横桥耳盆、筒形罐、泥条叠唇罐等。其中,两类竖耳罐以其出现频率最高、最富有地域性文化特色而成为王义沟类型的主要指征性器物(图一一)。

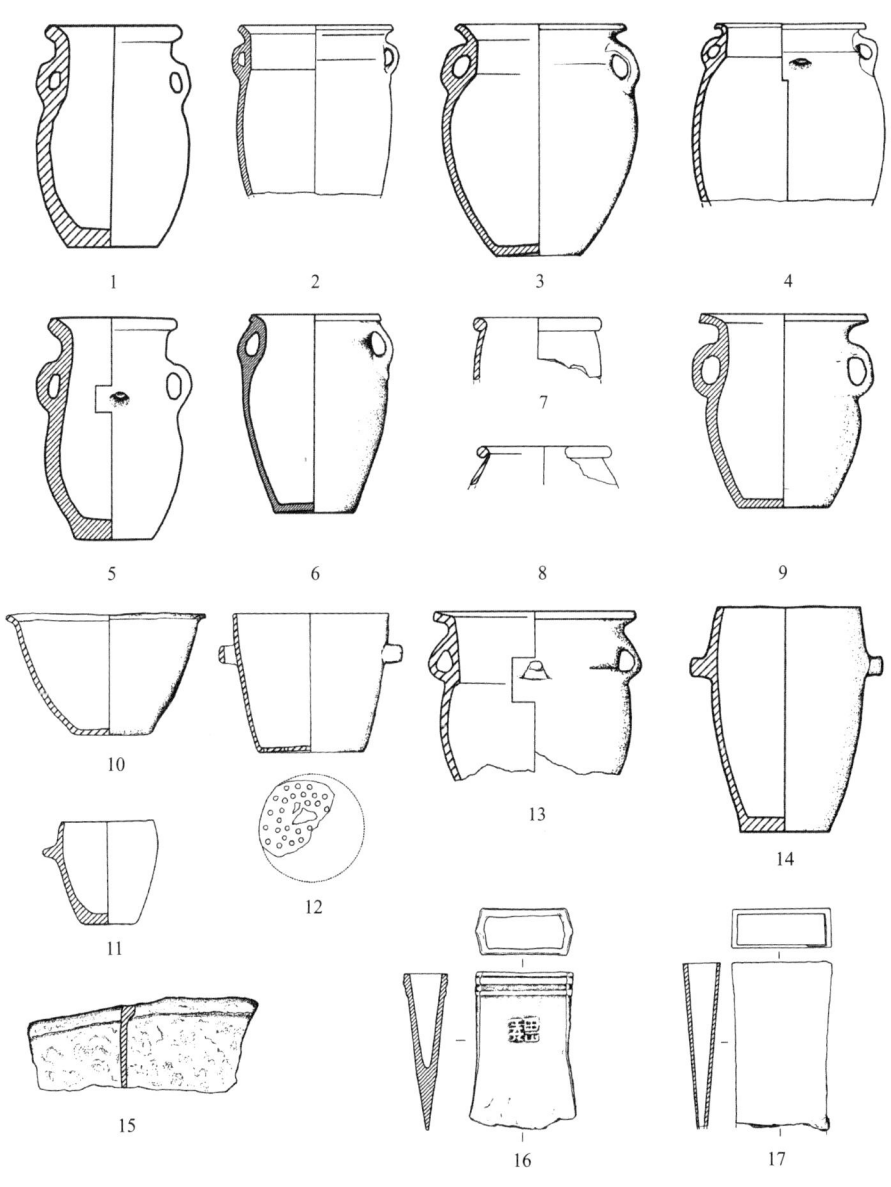

图一一 王义沟遗址类型器物图
(1出自人家堡石棺墓;2~4、6出自五女山城;5出自清源石棺墓;7~17出自王义沟遗址)

从不同遗址和同一遗址不同遗迹单位所表现出的某些差异分析，王义沟类型的年代跨度较长。以我们对五女山城三期的年代认识为基准推测，王义沟类型的年代在西汉中期至东汉初。

3. 抽水洞遗址的年代分析与文化性质

抽水洞遗址位于溪市桓仁县四道河子乡大甸子村北山的山腰处，山下相距50米即为浑江的支流六道河。改建后的本（溪）桓（仁）公路，在山腰中穿过遗址，遗址已遭到了一定程度的破坏。遗址东部为一隆起的高山，山上有一山城，墙体已不清，断续可见石筑的残垣，年代不详。遗址南部大甸子村的西北部曾出有大盖石墓及青铜短剑等[①]，现仍存有大批的高句丽封土石室墓。遗址面积约为3000平方米。1994年，辽宁省文物考古研究所对该遗址进行了发掘，发掘面积400平方米，发现房址2座、灰坑5个及灰沟、石墙等。

房址有圆形和方形两种，半地穴式。F1为圆形，直径3.2～3.3米。房子的地面用黄褐土铺垫，地面较坚硬，在房子的中心近南部有经火烧烤过的石块及红烧土硬地面。石块处为灶址，受到破坏后灶已不存，仅留几块烧过的灶石。在房址门外南部，有经人行走踏平的坚硬路面。共出有陶器盖、陶豆柄、陶纺轮、鸟形铁饰件、刀币、石磨盘、横桥状耳等。F2从坡上下挖为壁，并在壁的内侧贴砌石块，房基用石块垒砌，从所残存的石墙基看，房址近于方形。门开在东部，已毁。地面用黄土铺垫。房址中出土了铁钁、铁刀、布币、一化（刀）钱、明刀钱、秦半两钱、铜镞及大量的夹砂绳纹加弦纹陶片及灰陶片等。

根据《辽宁桓仁县抽水洞遗址发掘》介绍，遗址的地层堆积分为三层。其中第2层为文化层，遗物大多出土在此层。遗址内的房址、灰坑等遗迹均开口在此层下。从发表器物的特征及层位关系分析，抽水洞遗址可分为两个年代组。

第一组：以抽水洞F1为代表。房址中出土的喇叭状高柄圈足豆、横桥状耳的风格与宝山文化均显示出相同的时代特征，二者的年代应大体相当。宝山文化年代的总体跨度在春秋至西汉初期，参照F1共出遗物推测，抽水洞一组的年代在战国晚期。

第二组：以抽水洞2层为代表。出土陶器有夹砂褐陶和泥质灰陶两种。夹砂陶表面多见绳纹与弦纹组成的复合纹饰；泥质陶以绳纹装饰为主，部分素面。以罐、壶构成陶器的基本组合。陶罐有侈口圆唇鼓腹罐、敞口方唇短颈鼓腹罐两种；陶壶为敞口圆唇长直颈，陶壶的器耳发现有桥状环耳。根据夹砂绳纹陶片和泥质灰陶绳纹陶片与铁钁、明刀钱、安阳布、秦半两钱的共出关系，抽水洞第二组的年代在秦汉之际（图一二）。

---

① a. 曾昭藏、齐俊：《桓仁大甸子发现青铜短剑墓》，《辽宁文物》1981年第2期；b.《桓仁满族自治县文物志》第三章第二节，1990年；c. 梁志龙、王俊辉：《辽宁桓仁出土青铜遗物墓葬及相关问题》，《博物馆研究》1994年第2期。

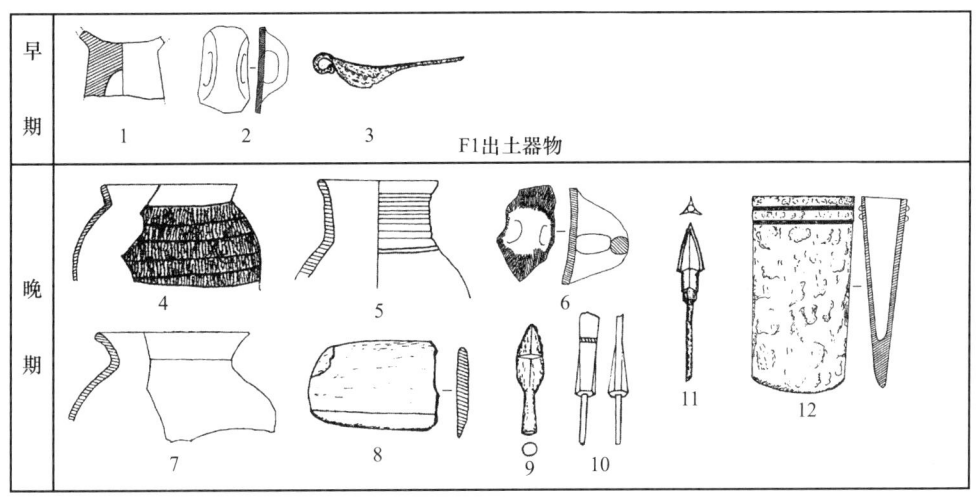

图一二 抽水洞遗址出土遗物分期图
1.陶豆柄 2、6.器耳 3.鸟形铁饰件 4、7.陶罐 5.陶壶 8.石刀 9~11.铁镞 12.铁钁

综上，抽水洞遗址的年代跨度在战国晚期至西汉初期，两个年代组衔接较为紧密。

需要指出的是，在鸭绿江流域和周边区域战国晚期至西汉中期的遗址或墓葬中，以夹砂陶为代表的土著遗存与燕、秦、汉货币和泥质绳纹灰陶器共存的现象较为常见，王义沟类型、大架山上层文化、跃进四期文化等均为如此。在清原任家堡石棺墓陶器中更发现有土著遗存的器型与汉文化的装饰风格与陶器制作工艺相互融合的迹象。但类似抽水洞遗址中原文化与土著文化如此彻底的相互交融的迹象，则极为少见。根据文化因素分析，抽水洞的晚期遗存可划分为三类：第一类是中原汉文化的泥质灰陶绳纹或素面陶器、铁器；第二类是土著文化的工具或小型武器，如陶纺轮、石刀、石斧等；第三类是土著文化与中原文化相互结合而形成的复合式陶器，如饰有绳纹的夹砂陶罐和环状器耳陶壶等。与其他遗址汉文化因素只占极小比例不同的是，抽水洞遗址的第一、第三类文化因素已居于主体地位。因此，这种遗存的文化性质也应该有别于这一地区的其他同时期遗存。有学者认为，这类遗址可能与貊族有关，似有一定道理[①]。

4. 南边石哈达遗址的分期与年代

南边石哈达遗址又称望江楼遗址，位于雅河乡南边石哈达村西北700余米的山冈上，东部冈下即为浑江，附近有一石台，当地群众称之为望江楼。遗址所在山冈较低，顶上地势呈慢坡状，由北向南渐次缓减，冈顶略平，现均为田地。遗址面积长约100、宽约50米，文化堆积状况目前尚不明确。

---

① 李新全：《高句丽早期遗存及其起源研究》，吉林大学博士学位论文，2008年。

1980年文物普查时发现这处遗址,采集了部分文物标本①。2006年在对望江楼墓群补充发掘时,在遗址上采集到一批石器,并从当地农民手中收集到种地时发现的罐、豆座等遗物。根据遗物所反映出的年代特征,南边石哈达遗址可分为两期。

第一期:包括高圈足柱把豆、直口罐、陶壶、石砍砸器、石锄、石斧等。陶片多为夹砂红陶,胎质细腻,火候较硬。陶壶圆唇侈口颈内收,应饰有横桥状耳;陶罐直口方唇鼓腹平底。砍砸器一件略近梯形,两面及上端利用自然砾石面,其他侧面均为打制;另一件呈长方形,极薄,周边皆打击出刃,刃多小缺口。打制石锄整体呈钺形,上略细瘦,斜肩,弧刃。石斧为圆柱状,横剖面为椭圆形。高圈足柱把豆呈喇叭状,整体风格与王义沟遗址早期同类器基本相同,年代应大体接近。故推定此类遗存的年代在战国时期(图一三)。

第二期:夹砂灰陶片,火候极硬,已近缸胎质。年代应在金代或以后。

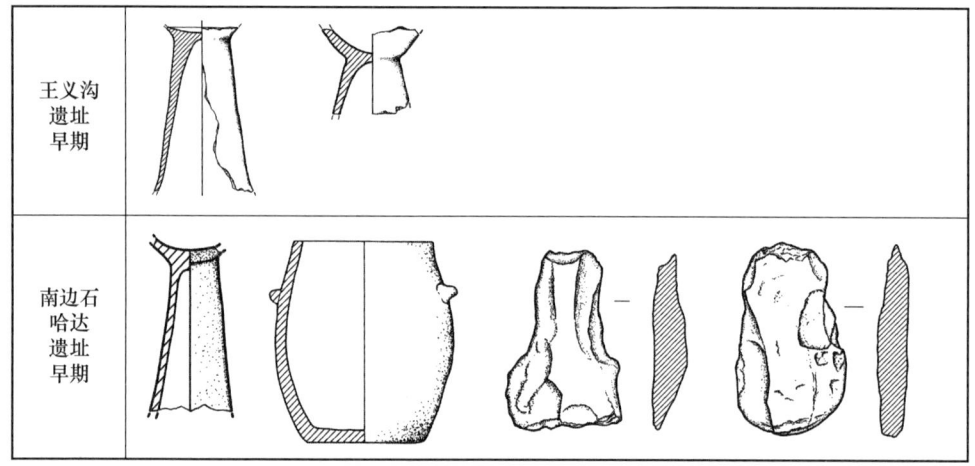

图一三　南边石哈达遗址早期与王义沟遗址早期器物的比较

5. 小荒沟遗址的年代讨论

小荒沟遗址位于拐磨子镇(现为古城镇)小荒沟村西南400米的一处山洼里。东、西、北三面皆是隆起的山峰或山脊,北部山峰稍高,相对高度约200余米。两侧山脊下延,形成东、西两条山梁,遗址就处在两处山梁间。南部坡下有一条山溪注入富尔江。遗址中部有一条较深的大沟,沟东侧遗物分布广泛,西侧较少。遗址现为梯田,从沟侧观察,文化堆积较厚,深达1.5米左右。

小荒沟遗址采集的器物较多,种类丰富。有石器、陶器、铁器、骨器等。石器可分打制石器、磨制石器两类。打制石器较少,石锄呈钺形,石铲上窄、刃宽,整体近

---

① 参见《桓仁满族自治县文物志》第二章第一节,1990年。

梯形。磨制石器有石斧、石凿、石刀、石矛、石镞等[①]。

陶器以夹砂红褐陶为大宗，次为夹砂灰陶、夹砂灰褐陶，还有少量夹砂黑陶，部分夹砂灰褐陶中含有滑石粉。陶器均为手制，素面者多，有的陶器表面抹光，仅在一件器耳上见有刺点纹。大部分陶器质地较硬，少量陶器质地疏松，火候不高。采集的器耳多为环耳，剖面呈椭圆形或圆形，此外，桥状横耳、长条状錾耳、瘤状耳数量也较多。多见平底，也有部分圈足器。器形主要有长颈壶、罐、豆、钵、碗、杯等。遗址内发现的完整器形或较完整陶器有碗、豆、纺轮。豆有两种，一种为碗状豆盘，喇叭状矮圈足；另一种为高圈足柱把豆。碗为敞口，方唇，深腹，小平底。

采集的铁器主要有鑺、镞等。铁鑺发现数量较多，多为长方形，侧视为楔形，上端有銎口，直刃或弧刃。铁镞一件，为扁铲式（图一四）。

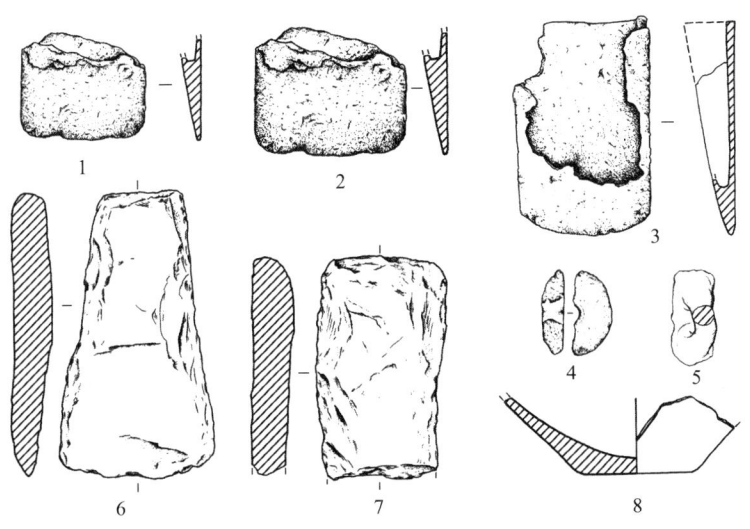

图一四　小荒沟遗址采集遗物
1～3.铁鑺　4.陶纺轮　5.陶器耳　6、7.石铲　8.陶器底

尽管《桓仁县文物志》只发表了部分铁器、石器和少量的陶器图，但从其环状耳、铁镢所表现出的年代特征分析，小荒沟遗址主要文化内涵与大架山上层文化表现出较多的共同年代特征，据此可以推测，这一遗址的年代主体在西汉时期。当然，也有部分遗存的年代可以早到战国时期的可能性。

6. 狍圈沟遗址的分期与年代

狍圈沟遗址位于本溪市桓仁县八里甸子镇西北约 1.6 千米的狍圈沟沟口西侧坡地上，沟口南约 1 千米为大雅河。南北长约 100、东西宽约 25 米，遗址面积 2500 平方米

---

① 参见《桓仁满族自治县文物志》第二章第一节，1990 年。

左右。该遗址 1985 年发现，并采集了大量的文物[①]。

陶器可分夹砂陶和含滑石粉夹细砂陶两类。夹砂陶有灰陶和夹砂红褐陶，夹砂红褐陶火候较高，质地坚硬。含滑石粉夹细砂红褐陶火候较低，陶质疏松。陶器均为手制，素面，无纹饰。据采集的陶器口沿观察，器型有壶、罐、碗、钵等，均为平底器。器耳有环状耳和横桥状耳两种。

石器有打制、磨制两种。打制石器形体较小，有打制石斧、刮削器、切割器、环状器等。磨制石器发现较多，有锛、刀、矛、镞、纺轮、环状器等。石斧平面呈梯形、柱状；凿为方柱形，直刃；石刀为直刃直背或略弧，对钻双孔；矛采集较多，矛身断面为菱形，茎剖面为椭圆形。根据目前的认识，狍圈沟遗址的遗存可初步划分为两期（图一五）。

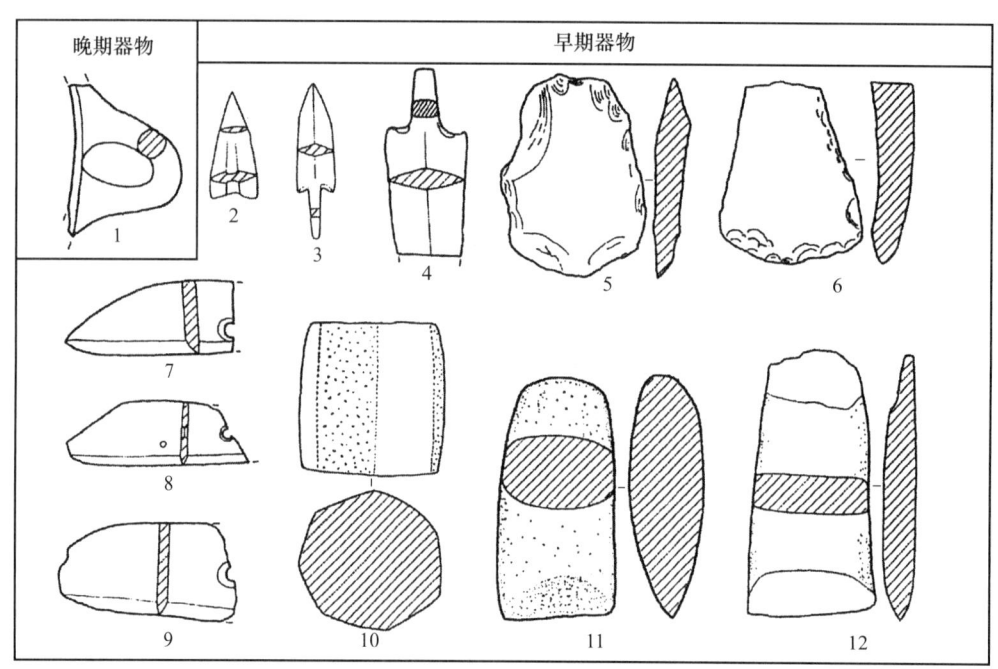

图一五　狍圈沟遗址分期
1.陶器耳　2、3.石镞　4.石矛　5、6、11、12.石斧　7～9.石刀　10.石锤

早期遗存：以含滑石粉夹细砂红褐陶器为代表的遗存，直背、直刃双孔石刀也属于这一阶段。其文化特征与跃进三期文化具有相同的年代作风，大体处于战国时期。

晚期遗存：目前仅可识别出加粗砂环状耳。其年代在西汉纪年之内。

---

①　参见《桓仁满族自治县文物志》第二章第一节，1990 年。

7. 西江遗址的分期与年代

西江遗址位于通化县江甸子乡西江村东平小学西侧的浑江二级台地上，南为约2.5千米宽的冲积平原，平原南侧即为浑江主流。1990年，吉林省文物考古研究在通化县南部地区进行了考古调查，并对西江遗址进行了小规模的发掘。根据发掘和地面采集的遗物，我们曾将这一区域的遗存划分为三期[①]。一期为新石器时代晚期遗存，年代在距今4500～5000年左右；二期以西江甲组为代表，年代在商周至春秋时期；三期以西江乙组（西江F1）为代表，遗存主体的年代在西汉中晚期，个别遗存的年代可能会早到战国晚期。以目前的考古资料看来，这种遗存分类是正确的。但在遗存年代的判定上存在一定的问题。

西江甲组的陶器中常见圈足和假圈足器，盛行附加堆纹和装饰性乳钉纹。陶器多掺杂相当数量的滑石粉或蚌壳粉，器形有罐、矮圈足豆等。石器以剖面呈长方形的板状石斧和整体近梯形的石刀最具特色。这些文化特征几乎与跃进三期文化完全一致，故西江甲组应归入跃进三期文化范畴。跃进三期文化的年代跨度在春秋战国时期，从西江甲组与王八脖子M21所表现出的共性推测[②]，这类遗存的年代在战国时期。

以西江遗址F1为代表的遗存，包括通化县黎明遗址和于家沟乙类遗存。这类遗存的陶器均为夹砂陶，陶质坚硬，陶胎较厚。器物均为手制，素面无纹饰，器表多经抹光处理。器物组合有罐、壶、豆、盆、碗等，不见三足器。其中以陶罐数量最多，叠唇口沿是其主要特征。器耳多见横錾耳及一定数量的桥状耳。壶、豆数量较少，陶壶以敞口曲颈壶最富特色；石器以磨制石器为主，有斧、刀、镞、剑等。石斧多为柱状，双锋、弧刃。石刀较厚重，鲜见钻孔者，形制大多为不甚规则的圆角梯形。石镞十分发达，种类较多。打制石器目前只见石铲一种；铁器只见铁钁一类，数量较少（图一六）。

以西江遗址F1为代表的遗存，与跃进四期文化的叠唇口沿罐表现出共同的年代特征。从总体看，这类遗存与辽宁新民县公主屯后山遗址F1在部分器物上存在着继承和发展关系[③]。如西江F1:2陶罐、F1:6陶罐与公主屯F1:1的Ⅰ式陶罐及F1:4的Ⅱ式陶罐形制十分接近，只是西江F1陶罐的叠唇口沿外卷程度更甚，且器身亦明显较公主屯的瘦长，而且器物组合亦较为接近（图一七）。根据与大架山上层和跃进四期文

---

① 何明、金旭东：《1990年吉林省通化县南部考古调查试掘的主要收获》，《北方文物》1994年第3期。
② 吉林省文物考古研究所、通化市文物管理委员会办公室：《吉林通化市万发拨子遗址二十一号墓的发掘》，《考古》2003年第8期。
③ 周阳生：《新民县公主屯后山青铜时代遗址调查》，《辽海文物学刊》1990年第2期。

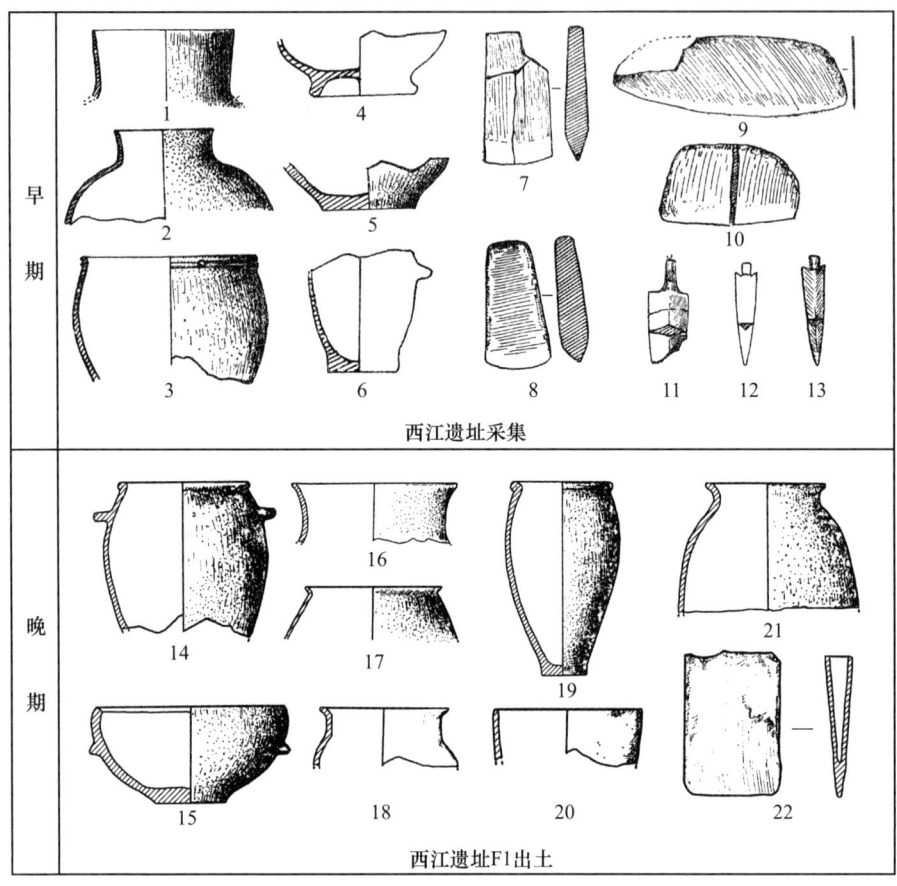

图一六 西江遗址分期图

1.陶壶 2~6、14、16~21.陶罐 7、8.石斧 9、10.石刀 11.石剑 12、13.石镞 15.陶盆 22.铁钁

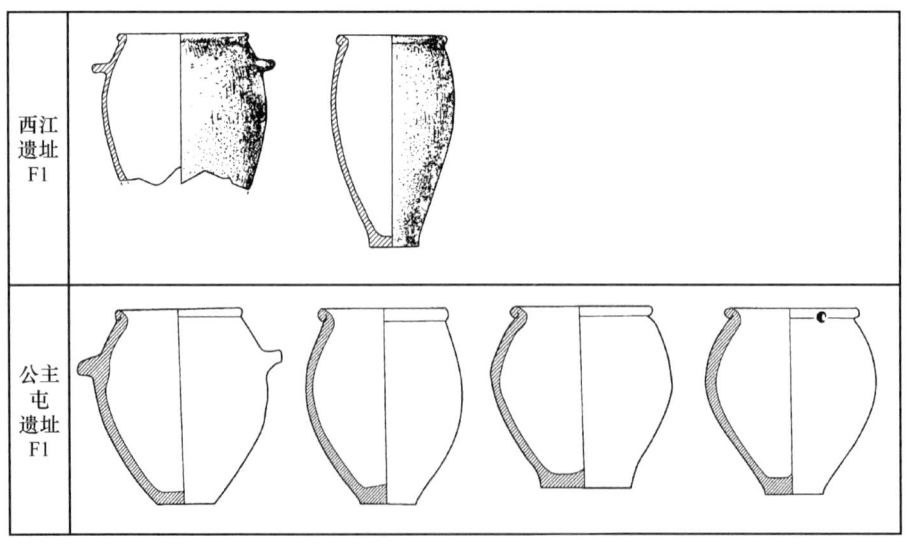

图一七 西江F1与公主屯F1出土陶器比较

化的比较，我们将以西江F1为代表遗存的年代推定在西汉早中期是合适，但原来认为部分遗存的年代可以早到战国晚期的看法则需予以修订。根据这一认识，考虑到公主屯F1与西江F1之间存在的较紧密的文化联系，公主屯F1年代定在春秋时期，似乎偏早，而应在战国时期为宜。

8. 大朱仙沟遗址年代的讨论

大朱仙沟遗址位于集安市榆林乡大朱仙村南部和北部的两片台地上。北部台地处于大朱仙沟沟口北山东麓，南北约300、东西约60米，面积约18000平方米。榆林河自北向南从台地东坡脚下流过注入鸭绿江；南部台地位于榆林河左岸，遗址长约1.5、宽约0.5千米，是一窄长的山坡台地。遗址地表为黄色风化沙土，土层很薄，厚度大约30厘米。在遗址地表采集遗物有打制石器15件、磨制石器7件及陶器的残片。

打制石器的器形主要是石镐，有亚腰形石镐和钺形石镐两种。磨制的石器有斧、刀、矛、环等。石斧呈扁长方形板状、刃部斜弧；石刀为梯形平刃，刀背对穿两个小孔。

遗址地表采集有黑灰色夹砂陶片和红色夹有白色石英粗砂陶片。1972年，遗址内曾出土一件陶罐，泥质灰黄陶，内胎灰色，火候低。器形不匀正，鼓腹，平底，唇微侈。口沿下部有一周高低不齐、疏密不匀的小孔，腹部饰以横向和竖向的细浅划纹（图一八，1）。这类陶器目前在已知的考古学遗存中尚未发现，但从其质地分析，这种陶罐的出现年代应在西汉时期或以后。遗址内发现柱状环耳年代特征明确，综合上述因素，我们将大朱仙沟遗址的年代推定在西汉时期[①]。

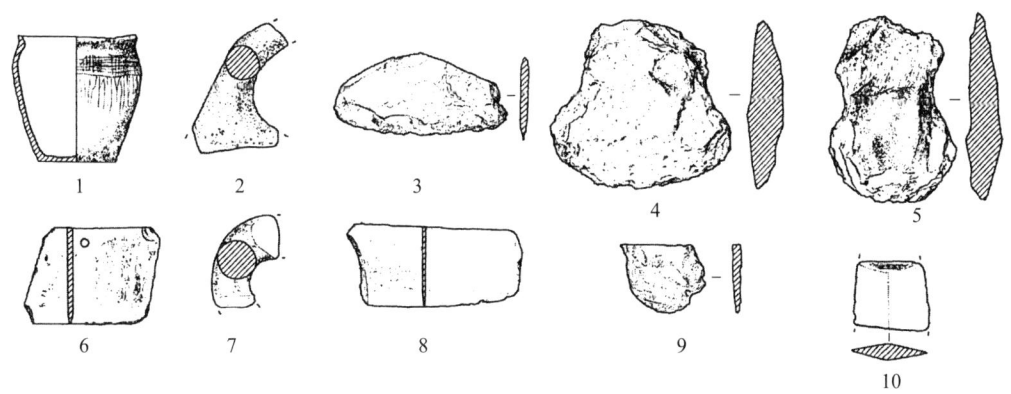

图一八　大朱仙沟遗址采集器物
1. 陶罐　2. 陶器耳　3、6、8. 石刀　4、5. 石镐　7. 石环　9. 刮削器　10. 石矛

---

① 集安县文物保管所：《集安岭前鸭绿江流域原始社会遗址》，《博物馆研究》1986年第2期。

9. 胜利遗址文化性质与年代的讨论

胜利遗址位于集安市郊胜利村水田大坝的东侧。遗址周围的地势两边高（南北）中间低洼。低洼处原是鸭绿江的古河道，由于河道的变迁，使得从遗址向南约 500 米远的鸭绿江岸边均成了黄褐色的细砂土地带。原来的大河床现在剩下水量不大的小河，当地民众称为后槽沟河。遗址紧靠后槽沟河的南岸，南北宽约 100 米，东西长约 1000 米。这一带文化内涵丰富，曾发现过汉代的铁锤以及高句丽和辽金时代的遗物。但多年来历经垦耕，地层多次被扰乱，形成了四级梯田式的台地。1977 年，集安县文管所对一处已遭受破坏的遗迹进行了清理。这处遗迹东西长 5.4、南北宽 3.1 米，从其范围看似为一处房址。出土有石刀，石斧，石镞及制作石器所剩的边角废料和半成品的石坯，还出有石质粗细不同的两种磨石。

陶器有夹砂、砂质和夹滑石粉陶。以黑陶和褐陶为主。器形有罐、壶、碗、钵。纹饰除按压附加堆纹外，均为素面，手制。大口罐平唇略外侈，在沿唇下有一周附加堆纹，器底为平底或假圈足；敛口罐饰有横桥状耳；陶壶为敞口，斜颈。

石器均为磨制，有石斧、石刀、石镞和环状器等。石斧呈长方形，板状，双锋、弧刃；石刀有直背直刃和弧背弧刃带孔两类；环状石器底平，上部略呈慢坡状，边缘薄而光滑。

这批房址所出遗物的文化内涵与通化县西江遗址甲组和通化王八脖子跃进三期文化基本一致，均可归入跃进三期文化范畴，年代在战国早中期。

《集安岭前鸭绿江流域原始社会遗址》还报道了在胜利遗址采集的三件陶器，有带板状耳侈口灰褐陶罐，泥质灰陶敞口罐，泥质褐陶方唇侈口罐等。其文化性质与年代同房址中出土的遗存具有较大的差别。从器物特征分析，这三件年代也有区别。带板状耳侈口灰褐陶罐、泥质褐陶方唇侈口罐与西江 F1 陶罐的形制与作风较为接近，年代应大体相当，在西汉早中期。泥质灰陶敞口罐则属高句丽时期（图一九）。

综合以上讨论结果，我们就可以将胜利遗址已发表的遗存分为三期。

第一期：年代在战国早中期，属跃进三期文化。

第二期：归于西江 F1 一类遗存，年代在西汉早中期。

第三期：高句丽时期遗存。

10. 长川遗址文化内涵与年代的讨论

长川遗址位于集安市城东约 23 千米处的黄柏乡长川村西部的台地上，东西长 400、南北宽约 100 米。遗址北距集安通往青石镇公路 50 米，南距鸭绿江约 150 米。历年来，群众曾多次在这里采集到陶片石刀等。据以往调查的结果，遗址东部为一高句丽时期的邑落，西部为早期生活居住址。

1962 年，吉林省博物馆对该遗址进行了调查，在遗址的东部发现一高句丽时期的

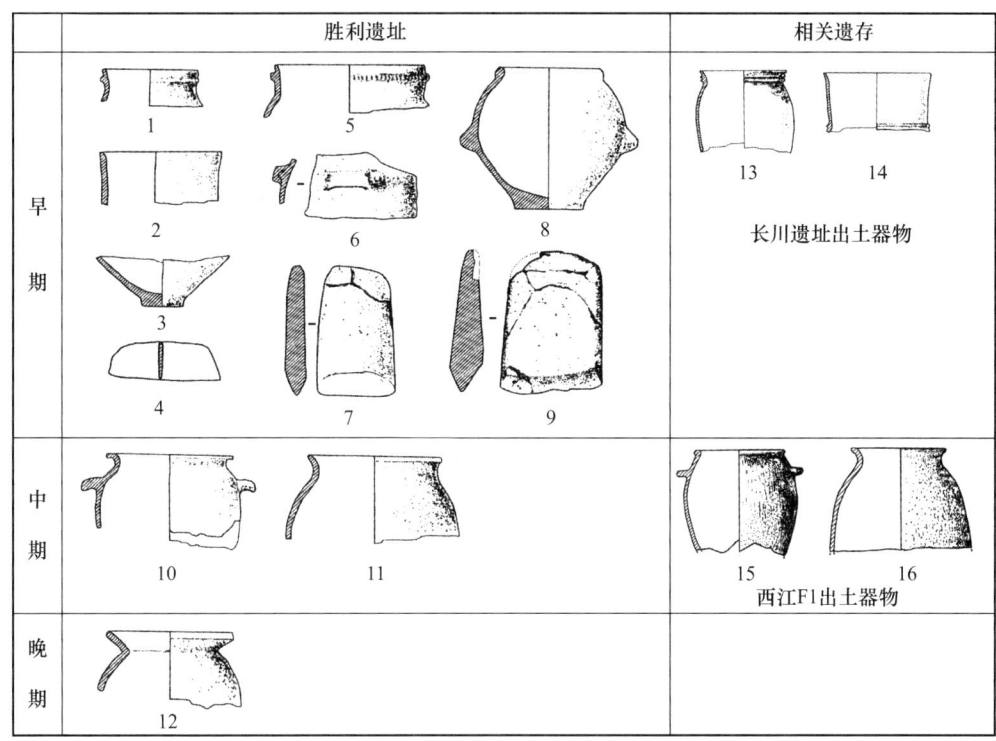

图一九 胜利遗址出土遗物分期
1、5、8、10～12.陶罐 2.陶壶 3.陶碗 4.石刀 6.陶器耳 7、9.石斧

村落址。当时尚有石垣的痕迹,经测量东长90.2、西长90、南宽93.8、北宽96米,应是村邑的院落围墙。在围墙中采集到一些黄色泥质陶片和夹砂陶片,其中有高句丽时期较典型的横桥耳残段[①]。

1980年,群众在西部取土时曾发现大量的陶片。遗物出土时较为集中,共出土24件,其中陶器18件,石器6件。陶器多为黄褐夹砂陶,有的为红褐、灰褐陶,黑陶次之。可辨认的器形有罐、壶、碗、钵。罐多夹粗砂,形体较大,器表被烟熏过,应是炊器。壶、碗、钵多夹细砂和石棉。纹饰除附加堆纹外多为素面,手制,火候低,质地粗松。

石器共出7件。石斧为长方形,圆柱状,双锋、直刃;石刀有弧背弧刃、直背弧刃、直背直刃双孔石刀。1972年在该遗址内还出土一件仿青铜器的石剑,做工精细,器表光滑,剑身中间起脊,略带血槽,刃部锋利(图二〇)。

根据前文我们对长川遗址的比较研究,这类遗存的年代在战国早中期,属跃进三期文化。

---

① 李殿福:《一九六二年春季吉林辑安考古调查报告》,《考古》1962年第11期。

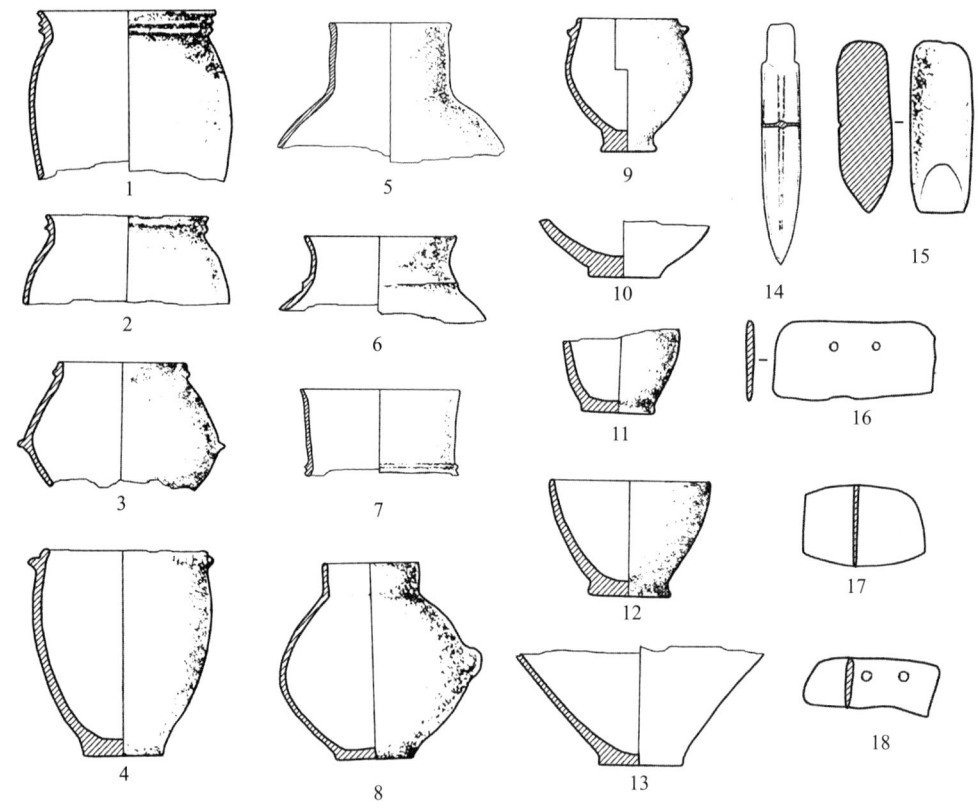

图二〇　长川遗址出土器物
1～4、9. 陶罐　5～8. 陶壶　10～13. 陶碗　14. 石剑　15. 石斧　16～18. 石刀

11. 二道崴子西沟遗址的分期与年代

二道崴子西沟遗址位于集安市头道镇二道崴子西沟门前台地上，台地略呈长条状，东北—西南走向。遗址面积约 30000 平方米，地属浑江流域。第二次全国文物普查时，在该遗址采集了一批陶、石器标本[①]。

采集到的陶器多为夹砂红褐陶和夹砂灰褐陶，分为夹粗砂和夹细砂两种。夹粗砂陶火候较低，器表颜色不一，较为粗糙；夹细砂陶火候略高，器表多做磨光处理。器物均为手制，素面，无纹饰。器形有鼓腹罐、喇叭状高柄圈足豆、矮圈足豆、环状桥耳、用残豆盘改制的陶钵等。石器包括打制石斧、磨制石斧、打制石镐、磨制石凿、石刀等。

从陶器所反映出的年代特征分析，二道崴子西沟遗址包含两个时期遗存（图二一）。

---

① 吉林省文物志编委会：《集安县文物志》，1984 年。

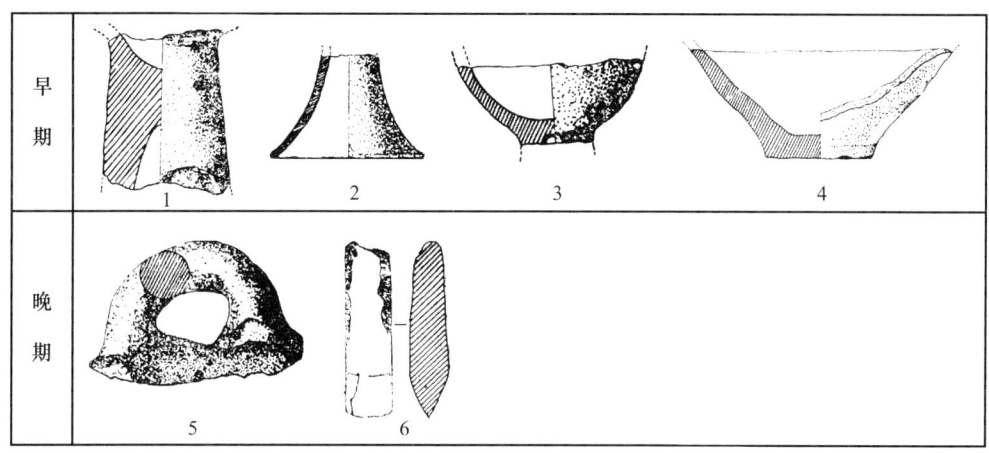

图二一 二道崴子西沟遗址出土遗物分期
1～3. 陶豆 4. 陶钵 5. 陶器耳 6. 石斧

早期：以鼓腹罐、喇叭状高柄圈足豆、矮圈足豆为代表，年代在战国时期。

晚期：以环状桥耳罐或壶为代表，年代在西汉时期。

综合上述分析，目前鸭绿江流域战国至两汉时期遗址资料可以辨识出跃进三期文化、跃进四期文化、以西江F1为代表的遗存、王义沟类型四种考古学文化遗存。

跃进三期文化：包括通化王八脖子三期、通化县西江遗址甲类遗存、集安长川、胜利遗址及临江墓F1。主要分布区域在浑江中游和鸭绿江中游地区。年代在战国时期。

跃进四期文化：目前仅见于王八脖子四期遗存。这类遗存主要发现于浑江中游的通化市周边区域。年代在西汉早中期。

以西江F1为代表的遗存：包括西江遗址乙类遗存、胜利遗址中期。目前所见分布区域在鸭绿江中游和浑江中下游的主要支流富尔江流域。年代在西汉初期。

王义沟类型：包括王义沟遗址、五女山城三期遗存、下古城子H1、国内城早期遗存等。主要分布区域在桓仁、集安及其周边区域，年代在西汉中晚期至东汉初。

还有部分遗址文化性质不明，目前尚无法归类，包括南边石哈达、狍圈沟、小荒沟、二道崴子西沟等四处。这类遗存分布在浑江下游区域，相关遗存未经正式发掘，文化性质不详。部分陶豆的出现可能与宝山文化有关；从调查所获陶器的年代特征看，遗址一般可分两期，早期的年代在战国，晚期为西汉。

略谈辽阳新发现三面铜镜

李龙彬[1]　王　宇[1]　马　鑫[2]

（1.辽宁省文物考古研究所；2.辽阳市文物保护中心）

辽阳市文物保护中心藏有铜镜三面，均为近年基建时发现。因其工艺精美，对探讨汉代铜镜及辽阳历史有所裨益，特撰写小文，以飨诸位同仁。

一、铜镜的概况

1. 星云纹镜

该镜于2009年在曙光家园建设施工时采集出土。青铜铸范。器表保存完好，通体有绿锈斑。圆形，镜面平整，附着有丝织物痕迹。七乳连峰六连弧形辐轮纽座，中部有孔。纽座居两周高低凸弦纹之中心，内周弦纹与纽座之间以三组笵印纹间隔。外弦纹外为一周外圆内十六连弧纹。主体纹饰位于两周短斜线纹之内，以四枚带圆瓣座的大乳钉分为四区，每区两两大乳钉之间均饰由并列三条"S"形曲线连接的五个小乳钉，其中一小乳钉位于曲线中部之上，另四个小乳钉两个为一组分别位于曲线两端的两侧。边缘亦为素面外圆内十六连弧纹，且镜缘内向与纽座外向大小十六连弧纹相对应。面径11.1、背径11、纽高1.1、缘宽0.9、边厚0.4厘米，重211克（图一）。

2. 昭明镜

该镜于2009年在曙光家园建设施工时采集出土。青铜铸范。器表通体有绿锈斑，稍残，可辨花纹和铭文。圆形，圆纽。纽外并蒂十二连珠纹，以四小草叶状纹饰间分，每一间分区间有三连珠，其又以双短直线间分。整个纽座与连珠及间分图案分布于一周凸弦纹内。凸弦纹外为外圆内八连弧素面纹环绕一周。连弧纹两两之间为分别以四个小涡

图一　星云纹镜

纹和四个背带三条短直线的月牙纹相间隔。外圆内八连弧与宽素缘之间为两周短斜线纹间有铭文带的主纹区，内略凹。铭文共二十三字，呈篆隶变体，内容顺时针识读如下："内清质以昭明，光象夫日月兮，心忽扬而忠，然雍塞而不泄。"面径11.2、背径11、缘宽0.8、边厚0.45厘米，重243克（图二，1）。

3. 夔凤纹镜

该镜于2011年11月在辽阳福利院建设施工M7中出土。青铜铸范。器表保存较好，通体呈银灰色，有零星绿锈斑。圆形，镜面外凸，半球形纽中部有穿。圆形纽座。宽平圆带状素缘内斜收。纽座两侧各有一身躯呈"S"形的夔纹，似凤。夔凤互为倒置，隔纽相望。纽座上下各有一双竖线，内书直行正字铭文"位至三公"四字，其中"位至"较模糊，"三公"两字清晰可见，字体方正紧连。夔凤纹外有两周凸弦纹和一周斜短线纹。面径8.5、背径8、缘宽0.8、边厚0.3厘米，重96克（图二，2）。

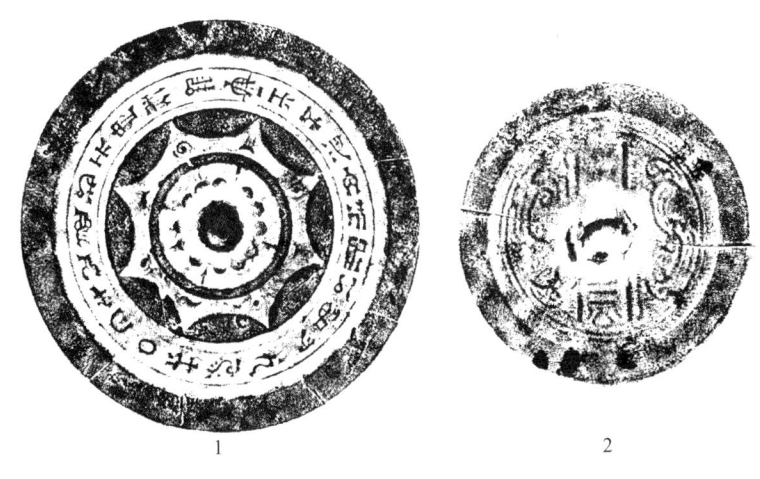

图二　铜镜拓片
1. 昭明镜　2. 夔凤纹镜

二、铜镜的时代

1. 关于星云纹镜的时代

星云纹镜依据纽的不同一般可分为两种，一种是圆纽，一种是博山炉纽。圆纽最早见于草叶纹镜，博山炉纽最早见于此类镜，纽座出现"连珠纹"，这也是前所未有的。这种镜的纽座外有四乳，两乳之间有一曲线，这种曲线很可能是"螭"的退化。在曲线两旁有小乳三个、四个。这类镜比四叶四螭镜要晚，比草叶纹镜也要晚一些。出这种镜的墓都只出武帝和昭帝五铢，大体可以确定这种镜的年代为武帝、昭帝时①。此类镜在洛阳烧沟汉墓中曾有发现，出土有6面，其镜纽可分两种：一种是博山炉式纽，一种是圆纽，均为圆纽座。座外有乳，乳之间有若干小乳，最少3个，最多7个，边为连弧形纹（图三，2、3）②。报告认为此类铜镜的年代为武帝、昭帝时期。此外秦汉广衍故城附近墓葬中曾出土一件博山炉纽的星云纹镜（图三，4）③，其与辽阳出土的星云纹镜两者纹饰与大小几乎相同，该墓年代为西汉中期④。所以我们推定辽阳出土的这面星云纹镜其时代约为西汉中期。

2. 关于昭明镜的时代

该类镜中原地区出土较多。完整铭文一般为"内清质以昭明，光辉象夫兮日月，心忽扬而愿忠，然雍塞而不泄"。其时代出现于西汉中期的晚段（昭帝、宣帝时期），流行于西汉晚期及王莽时期，东汉早期以后消失。镜铭在西汉中期以变篆体常见，但隶化已经相当明显。西汉晚期、新莽时期流行篆隶式变体，镜铭中亦多加"而"字。字体方正的"而"字镜大约从宣元时期开始出现，流行于西汉晚期、新莽时期，东汉早期以后消失。西汉中期的铭文字体结构较为紧凑，晚期到王莽时期字体结构渐趋宽松，简笔、连笔、掉字现象逐渐增多，"而"字镜的字体整体上讲是由方正向扁方正演变的（图三，6）⑤。查阅该类出土的诸多铜镜，纹饰多有相似者，但未见有铭文内容和字体完全相同者。此镜字体为篆隶式变体，结构较宽松，存在简笔、连笔、掉字和倒字现象，所以其时代应为西汉晚期。

3. 关于夔凤纹镜的时代

此类镜多见于东汉晚期的中原地区⑥，目前在东北地区未见有相同者。笔者查阅资料，陕西长安县206基建工地墓葬曾出土两面夔纹铜镜，两镜均弓纽、圆座、素缘。其中汉代晚期墓葬M15：2出土镜直行正字铭文"位至三公"，其径为8.5厘米。晋代墓葬M17：3出土镜直行反字铭文"位至三公"，其径为8厘米（图三，8、9）⑦。此外在西安海宏轴承厂柒号汉墓曾出土一件直行正字铭文"长宜子孙"的夔凤纹镜（M7：6）（图三，10），其时代为东汉晚期⑧；在西安韩森路东延线叁拾肆号墓中曾出土

---

① 中国社会科学院考古研究所洛阳区考古发掘队：《洛阳烧沟汉墓》，科学出版社，1959年，第174页。
② 中国社会科学院考古研究所洛阳区考古发掘队：《洛阳烧沟汉墓》，科学出版社，1959年，图六九，3；图版肆壹，3。
③ 内蒙古语文历史研究所：《秦汉广衍故城及其附近的墓葬》，《文物》1977年第5期。
④ 内蒙古语文历史研究所：《秦汉广衍故城及其附近的墓葬》，《文物》1977年第5期。
⑤ 参考程林泉、韩国河：《长安汉镜》，陕西人民出版社，2002。该镜年代大约为西汉晚期。
⑥ 杨平：《陕西出土汉镜研究》，《文博》1993年第10期。
⑦ 陕西省考古研究所配合基建考古队：《陕西长安县206基建工地汉、晋墓清理简报》，《考古与文物》1989年5期。
⑧ 西安市文物保护考古所：《西安东汉墓》，文物出版社，2009年，上册第213页，下册第1047页。

一件直行正字铭文"君宜高官"的夔凤纹镜（M34：19）（图三，11），其时代为曹魏时期[①]。以上镜的夔凤图案及布局均相似。直行铭文内容虽不同，但均为吉祥祝福语，其都应为同一体例的一类铜镜，流行时代约为东汉晚期至魏晋。辽阳出土此镜与陕西长安县206基建工地汉代晚期M15：2出土者大小、图案和正字铭文几乎完全相同，所以我们认为其时代应为东汉晚期。

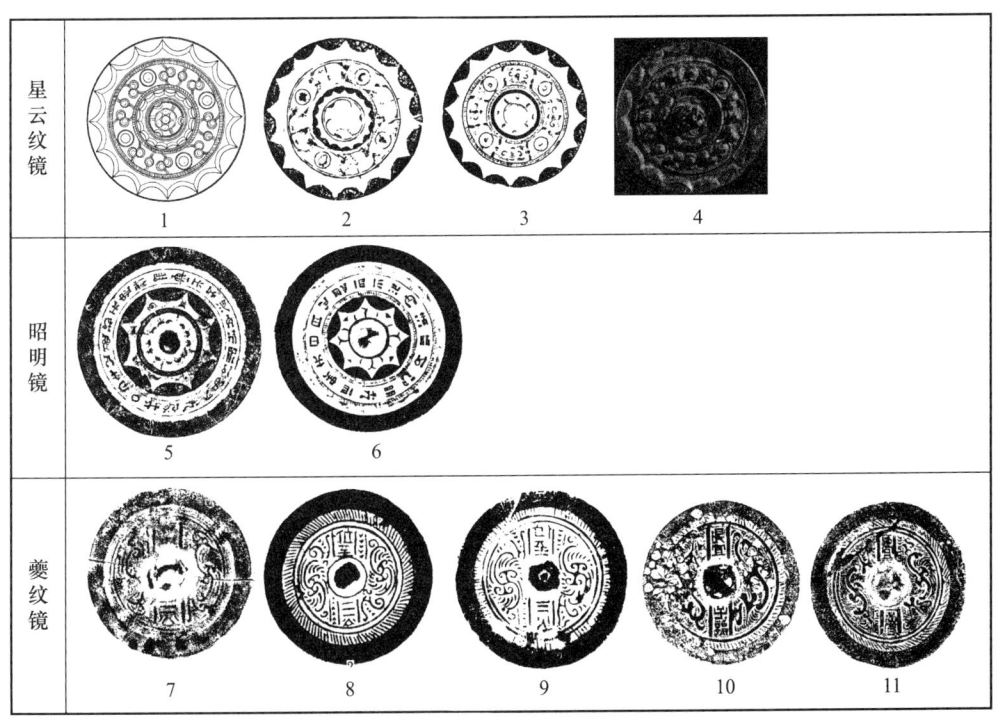

图三　各地出土铜镜比较
1.辽阳曙光家园采集　2.洛阳烧沟M73：5　3.洛阳烧沟M2：1　4.秦汉广衍故城附近墓葬出土　5.辽阳曙光家园采集　6.1997西安徐家湾M13：9　7.辽阳福利院M7：13　8.陕西长安县M15：2　9.陕西长安县M17：3　10.西安海宏轴承厂M7：6　11.西安韩森路东延线M34：19

辽阳是一座历史悠久的古城。公元前3～公元17世纪，这里一直是中国东北地区的政治、经济、文化中心和交通枢纽，也是军事重镇。汉武帝时设辽东郡，治襄平（今辽阳市），表明中央政权对东北地区实施了有效管理。辽阳地区曾出土多枚两汉时期铜镜。新发现三面汉镜的形制与以往多有所不同，其与汉代两京地区出土的同类铜镜形制却较为相似，反映了两汉时期中原文化对辽阳地区地域文化的影响。

---

① 西安市文物保护考古所：《西安东汉墓》，文物出版社，2009年，上册第362页，下册第1049页。

朱蒙之死与琉璃明王迁都

李新全

（辽宁省文物考古研究所）

近年来，关于高句丽始祖朱蒙之死与早期都城迁徙的一些问题，引起了学术界的广泛关注，诸如朱蒙是否就是被严尤诱杀的高句丽侯驺？高句丽都城第一次迁徙的原因、迁都时间、迁往何地等问题，学者们仁者见仁、智者见智，很多问题尚未取得一致意见。笔者多年来一直从事高句丽早期遗存的考古调查、发掘工作，对上述问题也曾作过一些思考，觉得应把不同的文献记载进行综合研究，再同考古发现进行整合研究，全面系统地考察这些问题，就有可能找到解决问题的正确途径。现将笔者对此问题的一些看法提出来，不当之处，希望批评指正。

一、朱蒙之死真相

关于朱蒙之死，学术界基本有两种看法：一种以刘子敏[①]、李大龙[②]、刘炬[③]等为代表，认为被王莽朝将领严尤所诱杀的高句丽侯"驺"即是高句丽第一代王邹牟，也就是朱蒙；一种以耿铁华[④]、王绵厚[⑤]、李乐营[⑥]等为代表，认为"驺"并不是高句丽王，更非高句丽开国始祖朱蒙。两种观点，孰是孰非，确实值得深入探讨。

首先，从文献上看，我认为以下几种文献记载了朱蒙之死的情况。

《汉书·王莽传》载："先是，莽发高句骊兵，当伐胡，不欲行，郡强迫之，皆亡出塞，因犯法为寇。辽西大尹田谭追击之，为所杀。州郡归咎于高句骊侯驺。严尤奏言：'貊人犯法，不从驺起，正有它心，宜令州郡且尉（慰）安之。今猥被以大罪，恐其遂畔，夫余之属必有和者。匈奴未克，夫余、秽貊复起，此大忧也。'莽不慰安，秽

---

① 刘子敏：《朱蒙之死新探——兼说高句丽迁都"国内"》，《北方文物》2002年第4期。
② 李大龙：《关于高句丽侯驺的几个问题》，《学习与探索》2003年第5期。
③ 刘炬、季天水：《"高句丽侯驺"考辨》，《社会科学战线》2007年第4期。
④ 耿铁华：《王莽征高句丽兵伐胡史料与高句丽王系问题——兼评〈朱蒙之死新探〉》，《北方文物》2005年2期。
⑤ 王绵厚：《〈汉书·王莽传〉中"高句丽侯驺"其人及其"沸流部"——关于高句丽早期历史文化的若干问题之七》，《东北史地》2009年第5期。
⑥ 李乐营、孙炜冉：《也谈高句丽"侯驺"的相关问题》，《社会科学战线》2014年第2期。

貉遂反，诏尤击之。尤诱高句骊侯驺至而斩焉。传首长安。莽大说，下书曰：'乃者，命遣猛将，共行天罚，诛灭虏知，分为十二部，或断其右臂，或斩其左腋，或溃其胸腹，或绁其两胁。今岁刑在东方，诛貉之部先纵焉，捕斩虏驺，平定东域，虏知殄灭，在于漏刻。此乃天地群神、社稷、宗庙佑助之福，公卿、大夫、士民同心将率虓虎之力也。予甚嘉之。其更名高句骊为下句骊，布告天下，令咸知焉。'于是貉人愈犯边，东北与西南夷皆乱云。"

《三国志·乌丸鲜卑东夷传·高句丽》："王莽初发高句丽兵以伐胡，不欲行，强迫遣之，皆亡出塞为寇盗。辽西大尹田谭追击之，为所杀。州郡县归咎于句丽侯驺，严尤奏言：'貊人犯法，罪不起于驺，且宜安慰。今猥被之大罪，恐其遂反。'莽不听，诏尤击之。尤诱期丽侯驺至而斩之，传送其首诣长安。莽大悦，布告天下，更名高句丽为下句丽。当此时为侯国，汉光武帝八年，高句丽王遣使朝贡，始见称王。"

《后汉书·东夷列传·高句丽》："王莽初，发句骊兵以伐匈奴，其人不欲行，强迫遣之，皆亡出塞为寇盗。辽西大尹田谭追击，战死。莽令其将严尤击之，诱句骊侯驺入塞，斩之，传首长安。莽大说，更名高句骊王为下句骊侯，于是貊人寇边愈甚。建武八年，高句骊遣使朝贡，光武复其王号。"

《三国史记·琉璃明王条》："三十一年，汉王莽发我兵伐胡。吾人不欲行，强迫遣之。皆亡出塞，因犯法为寇。辽西大尹田谭追击之，为所杀，州郡归咎于我。严尤奏言：'貊人犯法，宜令州郡，且慰安之。今猥被以大罪，恐其遂叛。扶余之属，必有和者，匈奴未克，扶余、秽貊复起，此大忧也。'王莽不听，诏尤击之。尤诱我将延丕斩之，传首京师（两汉书及南北史皆云诱句丽侯斩之）。莽悦之，更名吾王为下句丽侯，布告天下，令咸知焉，于是，寇汉边地愈甚"。

《好太王碑》："不乐世位，因遣黄龙来下迎王。王於忽本东冈，黄龙负升天。"

《三国史记·高句丽本纪·第　》"始祖东明圣王"条载，十九年"秋九月，王升遐，时年四十岁。葬龙山，号东明圣王"。

上引文献前三条是中国正史，它们都毫无例外地记载了王莽朝汉将严尤诱杀了高句丽侯驺并传首长安。第四条是朝鲜半岛史书《三国史记》，却记为"尤诱我将延丕斩之，传首京师"。

后两条史料记载了朱蒙之死，但未说明死因。而且把朱蒙之死说的很隐晦，或是"黄龙负升天"，或是"王升遐"。

升遐，汉张衡《思玄赋》："涉清霄而升遐兮，浮蔑蠓而上征。"《三国志·蜀志·先主传》："伏维大行皇帝迈仁树德，覆焘无疆，昊天不吊，寝疾弥留，今月二十四日奄忽升遐，臣妾号啕，若丧考妣。"

《墨子·节葬下》："秦之西有仪渠之国者，其亲戚死，聚柴薪而焚之，熏上，谓之登遐。"登遐谓死者升天而去。后因以"登遐"为对人死讳称。《诗·大雅·下武》"三后在天"，汉郑玄笺："此三后既没，登遐，精气在天矣。"

通过上引文献，无论是升遐，还是升天，都是对人死的讳称。

我们将上述几种文献记载综合考虑，认为高句丽侯驺就是高句丽的始祖朱蒙，理由如下：

第一，朱蒙据《三国史记·高句丽本纪·第一》"始祖东明圣王"条载，又名邹牟，《好太王碑》《集安麻线高句丽碑》亦为"邹牟"。我认为邹牟（朱蒙）是汉语记录高句丽语的缓读，而急读则为"驺"。这正如汉语记录东北地区战国秦汉时期的名山——医巫闾山一样，缓读则为"医巫闾"，急读则为"务禺""无虑"，到后来则径读为"闾"山。"尉那岩"急读为"丸"，缓读则为"尉那岩"，系汉语记音不同所致。再如，文献中称满族的前身为"女真""朱虑真"等都是汉字记录少数民族语音的繁简记法不同而已。

第二，王莽朝时的高句丽侯只能是当时高句丽政权的最高统治者，只能有一个人，也就是高句丽王。因为从中原史家的角度，王莽把当时僭称王号的许多边疆地方政权的最高首领都降为侯，这一点史书记载的很明确。而不会像有些学者所说，是指高句丽政权的其他人。中国正史中的前四史除司马迁著《史记》时高句丽政权尚未建立而没有记载外，其余三种史书毫无例外地记载了严尤诱杀高句丽侯驺的史实，那么，有些学者置这些史实于不顾，偏要相信比这些史书晚几百年甚至上千年的朝鲜半岛史书《三国史记》的记载，不知道理何在。其实只要将中国正史的记载同《三国史记》的记载稍加对比，正像有学者早已指出的那样，金富轼篡改史实的情况是非常明显的[①]。

第三，朱蒙之死据《好太王碑》记载是"不乐世位，因遣黄龙来下迎王，王于忽本东岗，黄龙负升天"。何谓"不乐世位"，对于"骨表英奇"，自称天地之子、雄才大略的朱蒙来说，逃离北夫余王室的迫害，正欲建一番宏图大业，岂有"不乐世位"之理，正如有的学者所言，分明是王莽的诛貊大军压境，而刚立国不久，羽翼尚未丰满的高句丽的创始者朱蒙深深地知道，以高句丽当时的军事实力与汉朝的压境大军相抗衡，无异于以卵击石。因此，朱蒙只有牺牲自己的性命，方可保全其开创的高句丽基业可以延续下去。《好太王碑》的撰写者不过是采用了汉人习以为常的"为尊者讳"的手法而已。

第四，《好太王碑》记载接替邹牟王即位的是"顾命世子孺留王，以道兴治"。何谓"顾命"，顾命是《尚书》的篇名。取临终授命、临终遗命之意。后因称帝王临终前的遗诏为顾命，顾命大臣是指帝王临终前托以治国重任的大臣。《尚书·顾命》："成王将崩，命召公、毕公率诸侯相康王，作《顾命》。"孔传："临终之命曰顾命。"孔颖达疏："顾是将去之意，此言临终之命曰顾命，言临将死去迴顾而为语也。"后因以"顾命"谓临终遗命，多用以称帝王遗诏。《后汉书·阴兴传》："帝风眩疾甚，后以兴领侍中，受顾命於云臺广室。"《南史·褚彦回传》："明帝崩，遗诏以为中书令、护军将军，

---

① 刘子敏：《谈金富轼对王莽朝记事的篡改——兼与耿铁华先生商榷》，《北方文物》2007年第1期。

与尚书令袁粲受顾命，辅幼主。"《东周列国志》第四回："晋文公有疾，召赵衰、先轸、狐射姑、阳处父诸臣，入受顾命，使辅世子骧为君，勿替伯业。"

根据上引文献，联系到《汉书·王莽传》关于高句丽侯驺被诱斩的记事和《好太王碑》关于邹牟王"不乐世位""顾命世子儒留王，以道兴治"的隐讳写法，难道二者仅仅是偶然的巧合吗？绝对不是，笔者认为这恰恰是中国史书的直书其事和高句丽史书的曲笔隐讳写法的暗合。

其次，从考古发现来看，目前在桓仁境内发现的高句丽早期墓葬望江楼墓群的随葬品在很多方面表现出了与夫余遗物的内在联系，如金丝扭环耳饰、玛瑙项饰等（图一）。有学者指出，望江楼墓地有可能是卒本夫余的遗存[①]。

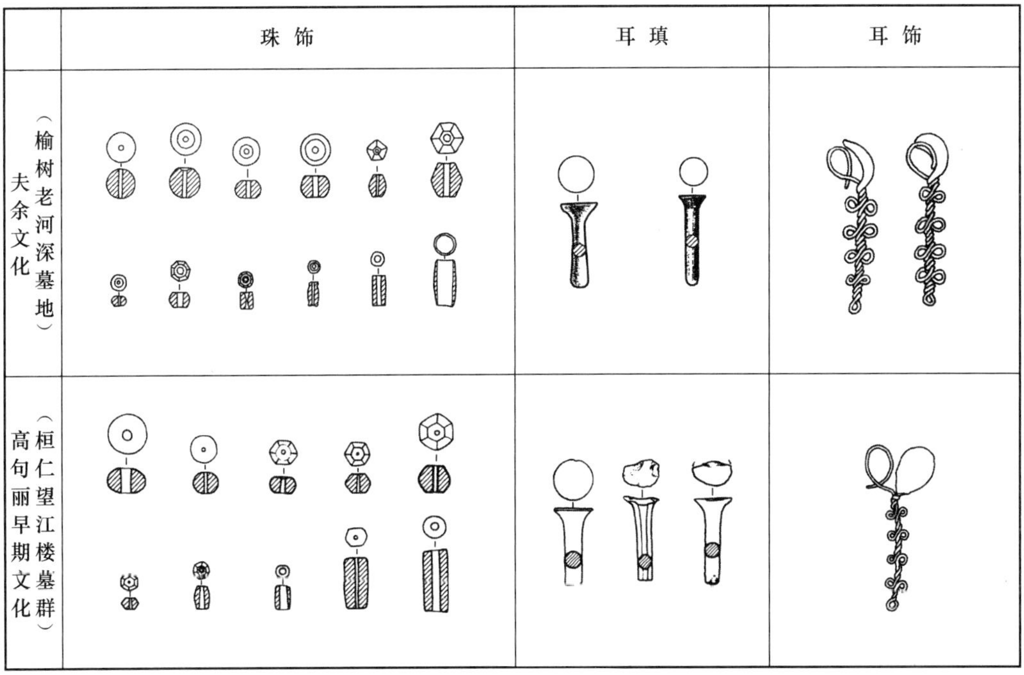

	珠 饰	耳 瑱	耳 饰
（榆树老河深墓地）夫余文化			
（桓仁望江楼墓群）高句丽早期文化			

图一 望江楼墓群出土器物与夫余器物渊源关系

在墓地所在的山冈下浑江岸边，考古工作者发现了高句丽早期的卷云纹瓦当，极可能与卒本地区的始祖庙有关（图二）。尤其引人注意的是，望江楼墓地的所有墓葬中皆未发现人骨（图三）。高句丽早期墓葬实行火葬，人骨火化后极易保留，甚至与封石熔结在一起的情况形成鲜明的对照，结合文献记载朱蒙被汉将诱杀、传首长安的历史背景，我们推测这处墓地很有可能是朱蒙的影葬墓。

---

① 王绵厚：《试论桓仁"望江楼积石墓"与"卒本夫余"——兼论高句丽起源和早期文化的内涵与分布》，《东北史地》2009年第6期。

图二　凤鸣遗址采集瓦当

二、琉璃明王迁都原因

据《三国史记·高句丽本纪·第一》琉璃明王二十一年记载："春三月，郊豕逸，王命掌牲薛支逐之。至国内尉那岩得之，拘于国内人家养之。返见王曰：'臣逐豕至国内尉那岩，见其山水深险，地宜五谷，又多麋鹿鱼鳖之产，王若移都，则不唯民利之无穷，又可免兵革之患也。'""九月，王如国内观地势。""二十二年（公元3年）冬十月，王迁都于国内（今集安市区），筑尉那岩城。"

从上述文献记载来看，琉璃明王迁都的原因很偶然，是因为郊豕逸而引起的。但若仔细分析，琉璃明王迁都有着更深层次的原因，试析如下。

1. 地理环境因素分析

据《三国史记·高句丽本纪·第一》"始祖东明圣王"条载，高句丽的第一个都城建在卒本（好太王碑作"忽本"）地区，卒本地区的自然环境是"土壤肥美，山河险固"。经学者们考证，今桓仁五女山城下的浑江谷地既是文献所载的卒本。经实地考察，桓仁县城附近五女山下的浑江谷地非常适于大量的人口居住、生活。浑江自吉林流入辽宁桓仁境内后，呈蜿蜒曲折、九曲回肠之势，在五女山附近，由于汇入了哈达河、六道河、雅河等较大的支流，在崇山峻岭中形成了相对面积较开阔的冲积平原。这些河谷冲积平原，土地肥沃，适于耕种；河道曲折，水流平缓，即适于鱼类生长，又为人们捕捞提供了便利条件。在"多大山深谷,无原泽"[①]的高句丽活动区域内可谓是"土壤肥美"，是一处宜农宜渔的鱼米之乡。笔者在五女山城发掘期间，曾访问桓仁水库修建前居住在五女山下的居民，他们告诉笔者，这里曾经有"千亩良田"之称（图四）。

我们再来看一看高句丽都城第一次迁往的国内地区，《三国史记·高句丽本纪·第一》"琉璃明王"条载，国内地区的自然环境是"山水深险，地宜五谷，又多麋鹿鱼鳖之产"。大多数学者认为国内地区既是今天的集安市所在的通沟平原及附近地区，这里有著名的高句丽早中期都城——国内城遗址，城址位于鸭绿江的右岸，坐落在通沟平原

---

① 《三国志·魏志·乌丸鲜卑东夷传》"高句丽"条，中华书局，1982年。

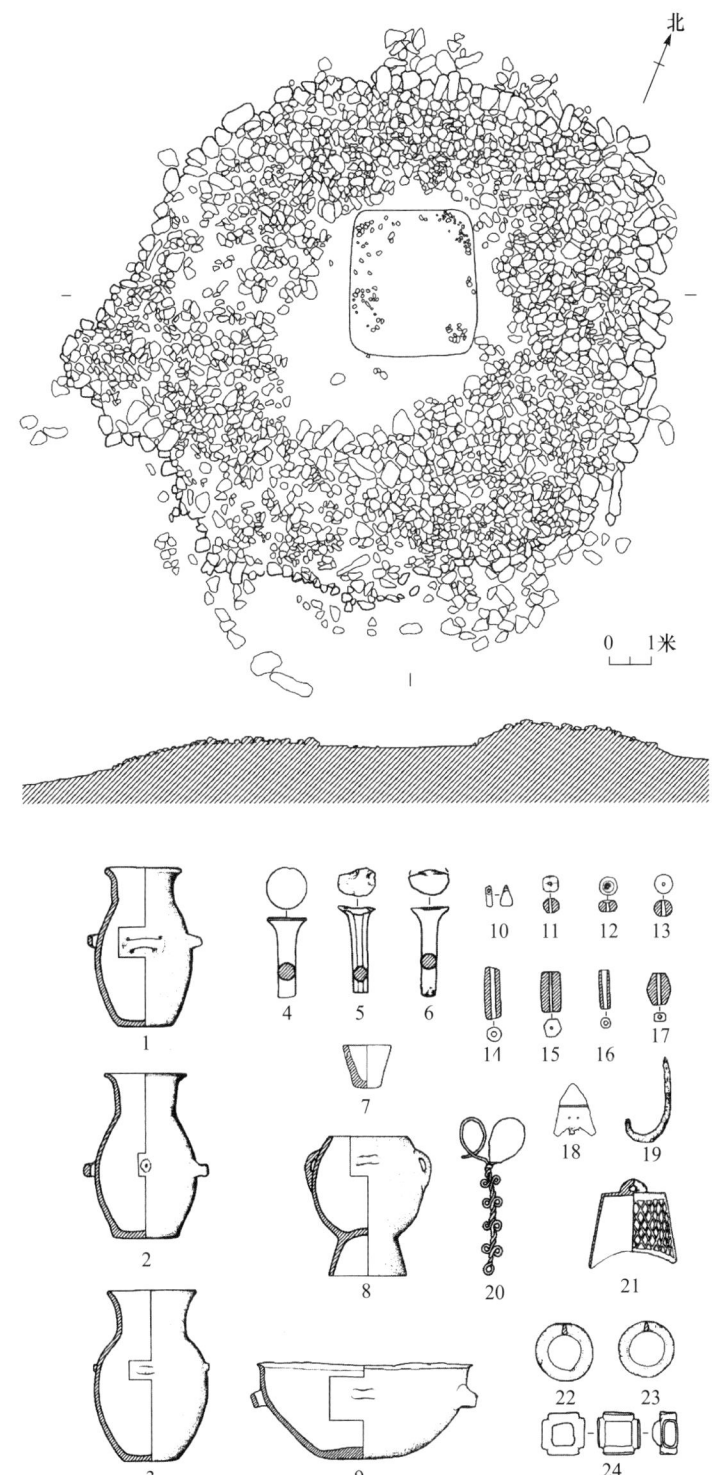

图三 望江楼 M4 及出土器物

1～3. 陶壶 4～6. 玻璃耳珰 7. 陶杯 8. 陶罐形豆 9. 陶盆 10～17. 珠饰 18. 铁镞 19. 铁鱼钩 20. 金绞丝扭环耳饰 21. 铜铃 22、23. 铜环 24. 铜节约

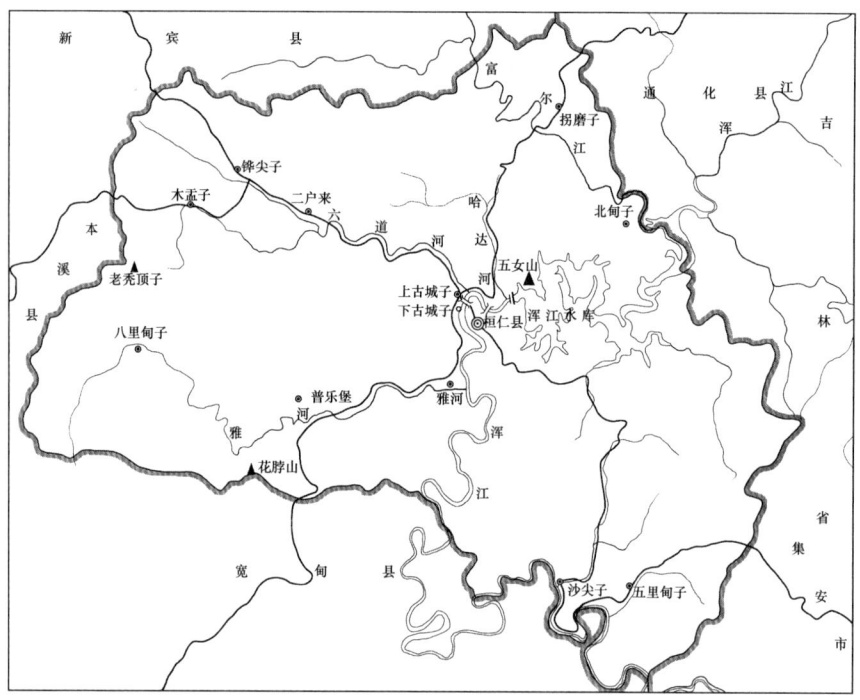

图四　五女山城地理位置示意图

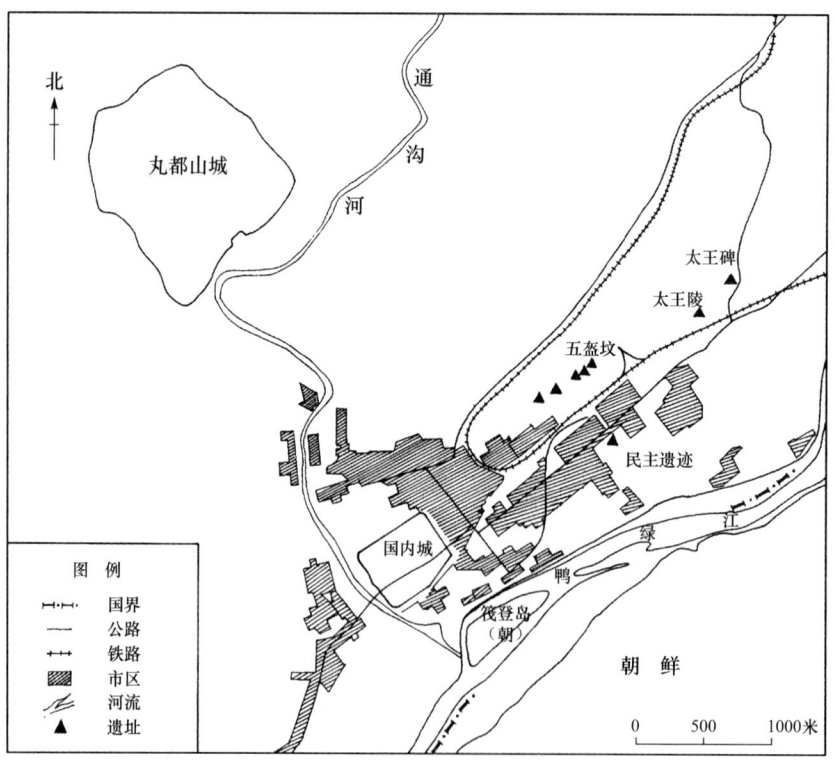

图五　集安国内城地理位置示意图

的西部。而通沟平原的范围是国内城东6千米到龙山为界,城北1千米为禹山,城西隔通沟河为七星山,城南500米既是鸭绿江(图五)。再加上国内城(国内城略呈方形,2003年实测北墙长730、西墙长702米)的面积,整个面积并不比五女山城附近的桓仁平原大,而且"山水深险"的国内地区交通也不如卒本所在的桓仁平原便利(图六)。

由此可见,地理环境并不是高句丽第一次迁都的主要原因。

图六 五女山城与国内城地理位置比较图

2. 政治因素分析

高句丽建国不久，即赶上西汉末年王莽篡汉，而此时汉朝北边的匈奴人不断寇边侵扰掳掠，王莽派数十万大军长驻北郡，由于供给不足，戍边士兵多有逃散，兵力不足。于是王莽便想到了实力不断增强的高句丽，据《汉书·王莽传》载："先是，莽发高句骊兵，当伐胡，不欲行，郡强迫之，皆亡出塞，因犯法为寇。"我分析王莽是想让高句丽人与匈奴人火拼，弄个两败俱伤，而王莽则坐山观虎斗，坐收渔利。但是，高句丽人似乎也看明白了这一点，故"不欲行"，遭到了边郡的强迫，于是高句丽兵"皆亡出塞，因犯法为寇"。分析到这里，笔者认为王莽政权在政治上的压迫也不是高句丽第一次迁都的真正原因。

3. 军事因素分析

王莽发派征匈奴的高句丽兵逃往出塞后，犯法为寇，"辽西大尹田谭追击之，为所杀。州郡归咎于高句骊侯骓。严尤奏言：'貊人犯法，不从骓起，正有它心，宜令州郡且尉（慰）安之。今猥被以大罪，恐其遂畔，夫余之属必有和者。匈奴未克，夫余、秽貊复起，此大忧也。'莽不慰安，秽貊遂反，诏尤击之。尤诱高句骊侯骓至而斩焉。传首长安。莽大说，下书曰：'……今岁刑在东方，诛貊之部先纵焉，捕斩虏骓，平定东域，……其更名高句骊为下句骊，布告天下，令咸知焉。'于是貊人愈犯边，东北与西南夷皆乱云"。从上引《汉书·王莽传》的记载可知，王莽征发高句丽兵伐匈奴一事，引发了一系列的事件，先是辽西大尹田谭被杀，州郡把罪过推倒了高句丽侯骓身上，接着王莽派严尤打击高句丽势力，严尤诱骗斩杀了高句丽侯骓，并传首长安，更名高句骊为下句骊，发布告示，让天下尽知。由此，更引发了高句丽人的大规模犯边，东北和西南都引发了骚乱。

笔者赞同高句丽侯骓既是高句丽的始祖邹牟（朱蒙）的观点，王莽的诛貊大军压境，高句丽侯骓被诱斩，来自于汉兵的军事威胁才是迫使高句丽政权迁都的真正原因。也即是《三国史记·高句丽本纪·第一》"琉璃明王"条所说的"王若移都，则不唯民利之无穷，又可免兵革之患也"。这是因为与国内地区相比，卒本地区更靠近西汉的玄菟郡第二治所（一般认为在今辽宁省新宾县永陵南城址），两地的距离不到80千米，莽汉大军来袭，高句丽侯几乎没有回旋的余地。而国内地区距离玄菟郡第二治所200多千米，其间不仅有沸流水作为天然的屏障相隔，而且有老岭山脉相阻，这无疑会给欲袭高句丽都城的汉兵带来很大的困难，相反，却使高句丽侯有了进可攻、退可守的回旋余地。

三、高句丽早期都城迁徙的时间

目前，学术界都以《三国史记·高句丽本纪·第一》"琉璃明王"条的记事为准，认为高句丽是在琉璃明王二十二年"冬十月，王迁都国内，筑尉那岩城"。按照《三国史记》的编年体系，琉璃明王二十二年相当于公元3年，而这明显与《汉书·王莽传》关于高句丽侯驺被诱斩的记事年代相矛盾,《汉书·王莽传》记载高句丽侯驺被诱斩的事件发生在王莽始建国四年,即公元12年。那么,为什么会出现这样的矛盾,笔者认为问题还是出在《三国史记》的编年体系上,理由如下:第一,《三国史记》的作者金富轼是朝鲜半岛王氏高丽时代的史学家,《三国史记》成书于公元1145年,距离高句丽第一次迁都的时间有1100多年,而《汉书》成书于公元1世纪末。如何对待这两种史料,诚如有的学者所言,"一般说来,如果没有特殊情况,对同一历史事件的记载,应以年代最早的史料为最可靠"[①]。第二,《三国史记》的编年体系本身存在着很多问题,有些且自相矛盾。如记太祖王宫在位时间为公元53~146年,在位94年,加上继位前的6年和逊位后又活了19年,享年119岁,比号称长寿王的巨琏(在位79年,享年98岁)还多活了21年。事实果真如此的话,那么,得长寿王之名的就不应该是巨琏,而是太祖王宫了。另据《后汉书·高句丽传》载,"是岁(建光元年,公元121年)宫死,子遂成立",这样,太祖王宫的在位时间是公元53~121年,在位68年,享年75岁。显然,《后汉书·高句丽传》的记载要比《三国史记》更为合理。《三国史记》在王系编年方面类似的问题还有很多,在此不一一列举。因此,笔者认为,琉璃明王的继位之年应在公元12年,即高句丽侯驺被严尤诱杀之年。那么,琉璃明王二十二年迁都国内之年就应是公元33年。

从考古发现来看,五女山城一号大型建筑址出土了五铢和大泉五十,大泉五十是王莽居摄二年(公元7年)开始铸造的,如果按照《三国史记》的说法,公元3年琉璃明王将都城迁到国内的话,那么五女山城一号大型建筑址就不会出土大泉五十。因为,正如大家所熟知的,五女山城不适合大量人口居住,只适合战时国王临时居住。从五女山城发现的高句丽早期遗存来看,时间也很短暂。因此,高句丽以此为都的时间并不长,出土的大泉五十也进一步证明高句丽迁都的时间应在王莽铸造大泉五十之后。何况中原的钱币流布到东北还需要一定的时日(图七)。

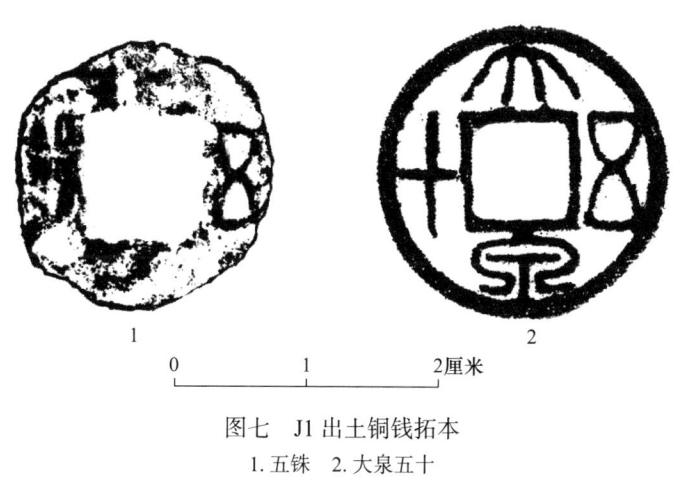

图七 J1 出土铜钱拓本
1. 五铢 2. 大泉五十

---

① 刘子敏:《朱蒙之死新探——兼说高句丽迁都"国内"》,《北方文物》2002年第4期。

四、高句丽早期都城迁徙的地点

1. 国内与国内城

《三国史记·高句丽本纪·第一》载琉璃明王"二十二年冬十月，王迁都国内，筑尉那岩城"。

《三国史记·地理志》："自朱蒙立都纥升骨城，历四十年。孺留王二十二年移都国内城。"

从上述《三国史记》的两处记载来看，本身既存在着矛盾。很显然，国内与国内城的关系密切，但二者又不能完全等同。

国内是指一个地区，这一点可由《三国史记》的琉璃明王二十一年的记事得到证明。"春三月，郊豕逸。王命掌牲薛支逐之。至国内尉那岩得之，拘于国内人家养之。"上述记载表明国内是一个地区，尉那岩属于国内地区，并且尉那岩无人居住，所以才将抓到的郊豕"拘于国内人家养之"，可见国内有人家的地方距尉那岩并不远。

国内城则是筑于国内地区的一座城，史书上有明确的记载。《新唐书·地理志》载："自鸭绿江口舟行百余里，乃小舫溯流东北三十里至泊汋口，得渤海之境。又溯流五百里，至丸都县城，故高句丽王都。"唐杜佑《通典》载："鸭绿江，水源出东北靺鞨白山，水色似鸭头，故俗名之。去辽东五百里，经国内城南，又西与一水合，即盐南水也。"由上述文献记载可知国内城在鸭绿江边，距泊汋口五百里，泊汋口既是指高句丽泊汋城附近的河口。高句丽的泊汋城近年考古工作者有所发现，既是位于丹东虎山明长城附近的虎山山城。那么，由这里上溯五百里，正是今天的集安县城。

那么，究竟是迁都国内，还是迁都国内城。下面我们做详细的探讨。

（1）国内地区在高句丽早期都城迁来之前并无汉代或汉代之前的土城址。

针对国内城遗址开展的正式考古发掘工作，开始于新中国成立以后。1975年5月～1979年5月，集安县文物保管所分别对国内城的南城墙、东城墙、北城墙、西城墙进行了局部解剖，揭露面积960平方米。报告者认为："从国内城遗址南、北两面城墙的探沟中均可看出，在国内城城垣底部有一道剖面呈弓形的土筑墙垣。这道土垣应是国内城建筑的最初基础，大致确定了后来国内城的规模。土垣中出土的石斧、石刀、环状石器等除个别为琢制外，大多磨制。其中石斧与吉林长蛇山遗址出土的Ⅰ式磨制石斧器形相同；环状石器亦与长蛇山出土的同类器物近似，唯中央不穿孔。这些石器还与旅大市长海县出土的有肩小石斧、石锤器形相似。吉林长蛇山和旅大长海县两处遗址年代均相当于中原地区的战国时期，再联系土垣叠压在高句丽墙垣下部的情况，可以推知该土垣的修筑年代应在战国——高句丽建国之前。汉武帝于元封四年（公元107年）增设四郡，其中玄菟郡属下有高句丽县。这个土垣是否即汉代的高句丽县治所，值得进一步研究。"①

一些学者根据这一发现认为国内城石墙下的土垣即是汉代的西盖马县治址②。笔者对此持异议③。下面我们结合国内城墙垣的试掘剖面及其出土遗物进行年代分析。

据试掘报告介绍，在国内城城墙的下部，发现一道坚硬的土垄。土陇宽7~8、高1.7~2米，断面呈弓形，土质为泥沙黄褐土，夹有少量卵石。从其坚硬程度看，似经过人工夯打，但不见夯窝。在土垄中还发现红烧土和灰坑（图八），出土有石斧、石刀、环状石器、夹砂灰陶罐、竖耳罐口沿（图九）。

从土垄中出土的遗物分析，一般石器比较耐用，延续时间较长，且不易变化，代表的年代刻度比较大；相对而言，陶器则易破碎，且形态变化较快，代表的时间刻度较小，可以较准确地断定遗存的年代。因此，断定国内城城墙下土垄的年代，若以出土石器为标准，显然不如陶器精确。国内城下出土的陶器，试掘报告发表了3件残器，其中两件为大口罐，一件为竖耳罐。按照目前笔者对高句丽陶器的断代认识水平，两件大口罐（T3④：4、T9④：4）与五女山城出土的大口罐相同④，年代在高句丽建国初期，试掘报告发表的4件石器，时代应与之相当。而竖耳罐（T2④：6）则与集安禹山墓区集锡公路墓葬出土的竖耳罐（JYM3241：2）略同⑤，JYM3241的年代，据发掘者研究，约在公元3世纪前后⑥。与国内城土垄中出土的相同的竖耳罐还在新宾永陵南城址和丹东叆河尖古城址发现过⑦，永陵南城址出土的竖耳罐的年代据房址内共出的陶器分析，年代在3世纪末至4世纪初，叆河尖古城址出土的竖耳罐的年代应不会早于美川王十二年（公元311年）高句丽占领西安平县之前⑧，时代在4世纪初。因此，国内城墙下土垄中出土的石器和大口罐一样应是高句丽早期的遗物，竖耳罐则要晚到3世纪末至4世纪初。试掘报告说它们是战国至高句丽建国前的遗物，年代明显有误。这样的话，即使国内城石墙下真的压着有土城垣，它的年代也绝不会早于高句丽初期。更不会是汉代的土城，至多是高句丽人模仿汉人所建的平原土城而已。高

---

① 集安县文物保管所：《集安高句丽国内城址的调查与试掘》，《文物》1984年第1期。
② a.孙进己、王绵厚：《东北历史地理·第一卷》，黑龙江人民出版社，1989年，第328页；b.刘子敏：《高句丽历史研究》，延边大学出版社，1996年，第35、60页；c.刘子敏：《高句丽五部新探》，《全国首届高句丽学术研讨会论文集》，1999年；d.刘子敏：《高句丽疆域沿革考辨》，《社会科学战线》2001年第4期；e.刘子敏：《关于高句丽历史研究的几个问题》，《东北史地》2004年第2期。
③ 李新全、梁志龙、王俊辉：《关于高句丽两座土城的一点看法》，《东北史地》2004年第1期。
④ 辽宁省文物考古研究所：《五女山城》，文物出版社，2004年。
⑤ 吉林省文物考古研究所、集安市文物保管所：《集安洞沟古墓群禹山墓区集锡公路墓葬发掘》，《高句丽研究文集》，延边大学出版社，1993年。
⑥ 孙仁杰：《高句丽串墓的考察与研究》，《高句丽研究文集》，延边大学出版社，1993年。
⑦ 永陵南城址出土的竖耳罐系笔者主持发掘所获，详细材料待刊，叆河尖古城址出土的竖耳罐现藏于丹东市博物馆。
⑧ 《三国史记·高句丽本纪第五》"美川王"条，吉林文史出版社，2003年。

句丽早期曾建造过平原土城，桓仁下古城子古城址既是明证[①]。

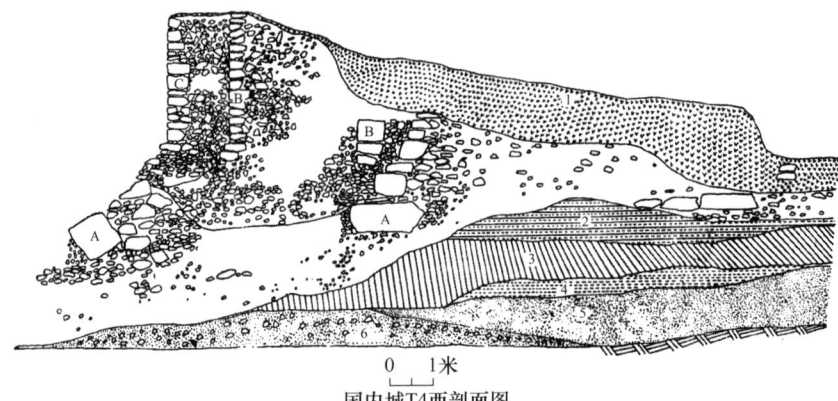

国内城T4西剖面图

1. 黑土、乱石近现代扰乱层　A.国内城第一次建筑　B.国内城第二次建筑　C.民国年间建筑
2. 黄褐土、细砂、土垣层　3. 黄土、细砂、淤积层　4. 黄细砂层　5. 褐土细砂层　6. 粗砂和卵石层

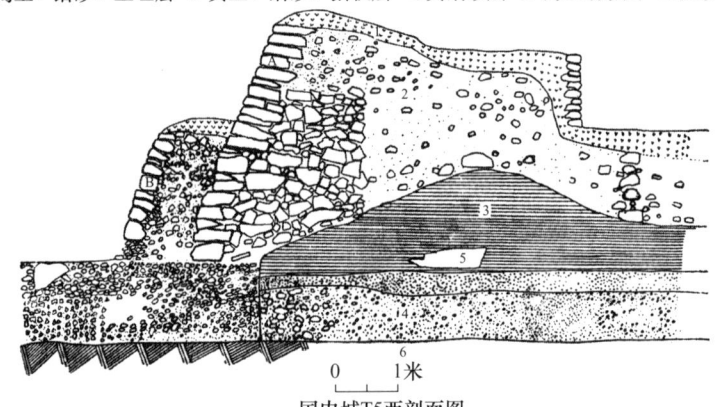

国内城T5西剖面图

1. 黑土、碎石近现代扰乱层　A.国内城第一次建筑　B.国内城第二次建筑
2. 黄褐土、细砂层　3. 新发现的土垣层　4. 粗砂、河卵石层　5. 红烧土　6. 生土层

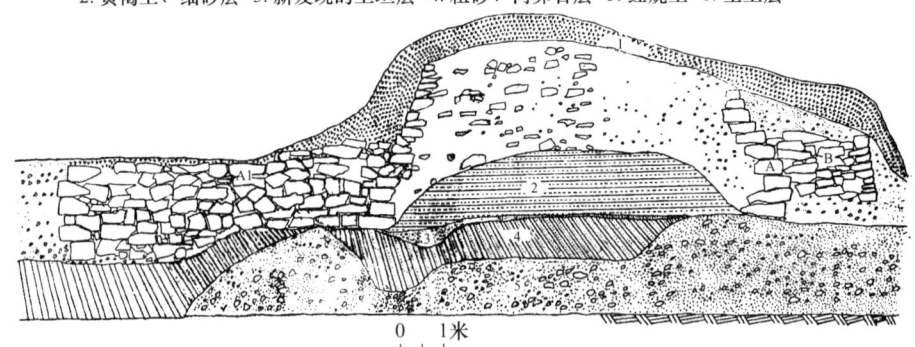

国内城T8东剖面图

1. 黑土碎石近现代扰乱层　A.国内城第一次建筑　A1.国内城第一次建筑的马面　B.国内城第二次建筑
2. 新发现的黄褐土土垣层　3. 细砂河卵石　4. 黄褐土河卵石　5. 河卵石及少量粗砂淤积层

图八　国内城（试掘）T4、T5、T8剖面图

---

① 李新全、梁志龙、王俊辉：《关于高句丽两座土城的一点看法》，《东北史地》2004年第1期。

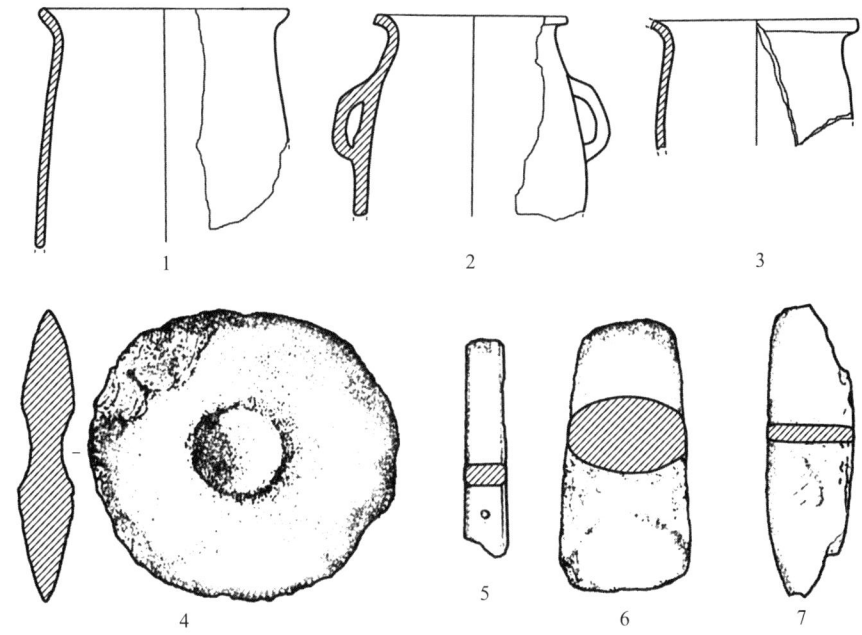

图九　集安国内城墙垣下土垄中出土遗物
1. 灰陶口沿（T3④：4）　2. 双耳灰陶口沿（T2④：6）　3. 灰陶口沿（T9④：4）　4. 石环状器（T9④：7）
5. 石器柄（T1④：15）　6. 石斧（T9④：8）　7. 石刀（T1④：14）

2000～2003年，吉林省文物考古研究所、集安市博物馆对国内城的多处地点进行了发掘。根据发表的正式报告，其中，国内城北城墙解剖地点出土的大口罐（2000JGBQD：1）、人大宿舍地点出土的竖耳罐（2000JGRT4③：10）、审计局职工宿舍地点出土的甑（2000JGSJT1③：31，原报告称为罐）、东市场地点石砌遗迹出土的竖耳罐（2001JGDSCY：18，原报告称为壶）[1]等陶器的年代均可早到高句丽建国初期。如国内城北城墙解剖地点出土的大口罐（2001JGDSCY：18）与五女山城三期文化出土的大口罐（T47②：3）相同，人大宿舍地点出土的竖耳罐（2000JGRT4③：10）与五女山城三期文化出土的竖耳罐（H5：1）相似，东市场地点石砌遗迹出土的竖耳罐（2000JGBQD：1）与五女山城三期文化出土的竖耳罐（T50③：1）别无二致（图一〇）。因此，那种认为国内城址未发现任何早于公元3世纪以前的遗存的观点是不足取的。

2009、2011年集安国内城的最新发掘成果表明，国内城石墙下发现的土筑部分，并非年代早于石墙的土筑城墙，而是石墙内部的土筑墙芯。土筑墙芯内出土陶片的年代应不早于公元4世纪初前后[2]。

---

[1] 吉林省文物考古研究所、集安市博物馆：《国内城——2000～2003年集安国内城与民主遗址试掘报告》，文物出版社，2004年。

[2] 王志刚、郭建刚等：《集安国内城东、南城垣考古清理收获》，《边疆考古研究》（第11辑），科学出版社，2012年。

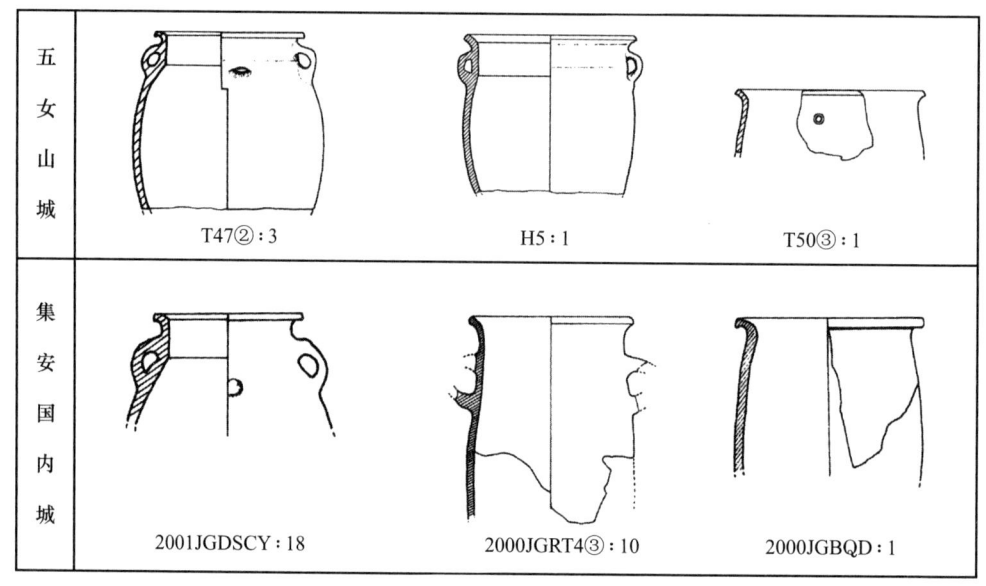

图一〇 竖耳罐比较图

从上述讨论我们可以知道,国内地区在高句丽迁都之前尚无城址,因此,琉璃明王迁都的地点只能是国内,而不可能是国内城。

(2)国内城石城下的土城不是西盖马县治址。

如果说高句丽五部在建国前就已形成,那么,朱蒙来到高句丽县时,在高句丽县周围尚有玄菟郡的上殷台、西盖马两县,我们找不到任何理由来证明这两县的居民也是句丽人。反之,如果这两县的居民也都是句丽族人的话,那么上殷台、西盖马两县还有必要设置吗?都交由高句丽县管辖岂不更为合适。相反,文献上记载的是在大武神王时期,方用武力征服了盖马国,并将盖马国王杀死,与盖马国毗邻的句荼国慑于高句丽的威力,主动投降了高句丽①。而西汉玄菟郡西盖马县就应当是因盖马国所设②,它与高句丽县同是玄菟郡下的属县,按照西汉玄菟郡设县的原则,郡内的民族均以县统辖之③,如沃沮、句丽、盖马等,很显然高句丽县与西盖马县所统辖的不是一个民族,那么,怎么能说在大武神王征服盖马国并使其与句丽融合为一个民族之前,两县的居民都是句丽族呢?再有,据《汉书·地理志》"玄菟郡"条下记"户四万五千六,

---

① 《三国史记·高句丽本纪第三》,吉林文史出版社,2003年。
② 刘子敏:a.《高句丽历史研究》,延边大学出版社,1996年,第59页;b.《高句丽五部新探》,《全国首届高句丽学术研讨会论文集》,1999年;c.《关于高句丽历史研究的几个问题》,《东北史地》2004年第2期。
③ 《三国志·魏书·乌丸鲜卑东夷传》:"东沃沮在高句丽盖马大山之东,滨大海而居。……汉武帝元封二年,伐朝鲜,杀满孙右渠,分其地为四郡,以沃沮城为玄菟郡。后为夷貊所侵,徙郡句丽西北,今所谓玄菟故府是也。沃沮还属乐浪。汉以土地广远,在单单大领之东,分置东部都尉,治不耐城,别主领东七县,时沃沮亦皆为县。"中华书局,1982年。

口二十二万一千八百四十五",而《三国志·乌丸鲜卑东夷传》"高句丽"条记"户三万"。《汉书·地理志》记载的是西汉时期玄菟郡下辖的高句丽、上殷台、西盖马三县的人口户数,《三国志·乌丸鲜卑东夷传》记载的是三国时期高句丽的人口户数,如果说西汉时期的玄菟郡三县所管辖的人都是高句丽的话,那么,高句丽建国后不断征服周边部落和民族,并有大量的异族人口归降到高句丽中。按理说,高句丽的总人口户数应该比四万五千六有所增加才对,怎么会反而不增而减呢?因此,那种认为高句丽五部在建国前即已形成的观点是根本站不住脚的(图一一)。

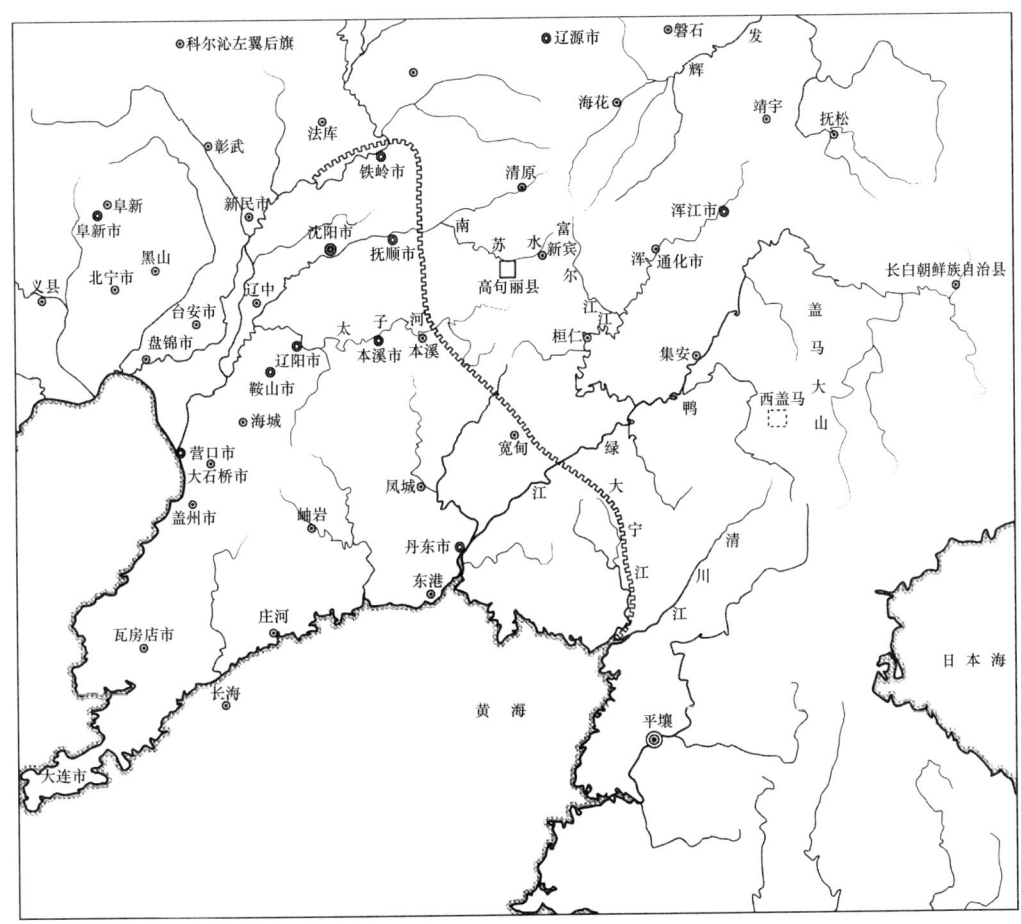

图一一 高句丽县与西盖马县地理位置示意图

有人认为西汉西盖马县县治在今集安国内城下的土城址①,似乎这样一来高句丽县

---

① a. 孙进己、王绵厚:《东北历史地理·第一卷》,黑龙江人民出版社,1989年,第328页;b. 刘子敏:《高句丽历史研究》,延边大学出版社,1996年,第60页;c. 刘子敏:《高句丽五部新探》,《全国首届高句丽学术研讨会论文集》,1999年;d. 刘子敏:《高句丽疆域沿革考辨》,《社会科学战线》2001年第4期;e. 刘子敏:《关于高句丽历史研究的几个问题》,《东北史地》2004年第2期。

与西盖马县所统辖的民族就都是句丽族了，因为高句丽第二代国王琉璃明王在建国后40年便将都城由纥升骨城迁到了国内（公元3年）。按照持这种观点的学者的思维逻辑，如果国内（西盖马县）的居民不是句丽族人，高句丽国怎么会在建国之初，立国根基未稳之时敢把都城迁到异族居住区呢？认为今集安国内城下有所谓"土城址"的学者所持的证据无非是以下两点。一是集安县文物保管所于1975～1977年对国内城城墙进行了解剖，发现在石城垣下有一道剖面呈弓形的土筑城垣，发掘者推测土垣的修筑年代应在战国——高句丽建国前[①]；二是集安曾出土过大量的燕汉金属货币，如明刀钱、方足布、圜钱、半两、五铢、大泉五十、货泉[②]，并曾出土过汉代白玉耳杯[③]。然而，据笔者的考证，集安国内城下的所谓"土城址"并非是汉城址[④]，并且，根据最新的考古发掘资料，尚不能证明国内城的石城墙下有所谓的战国至汉初的土城墙[⑤]。至于燕秦汉的金属货币，那不过是中原的汉人来到这里与当地的土著居民进行贸易往来的结果[⑥]，白玉耳杯或是来源于中原政权的赏赐，或是源于贸易交流，还可能是"喜寇抄"的高句丽人通过战争掠夺所获，并不能作为汉代曾在集安设县的依据。综观辽东地区和朝鲜半岛的汉城址，均有汉式的建筑构件泥质灰陶绳纹板瓦、筒瓦、瓦当和汉式的日用陶器等。迄今为止，集安没有一例这样的发现报道，怎么能说它是西汉玄菟郡下的一个县址呢？虽然有人可能会问：在考古学上现在没有发现并不等于将来一定不会发现，但是，考古学更是一门注重实证的科学，集安在20世纪50年代以来，尤其是改革开放以来的大规模城市建设中至今仍未发现任何有关汉代城址的蛛丝马迹，这一点不能不引起我们深思。因此，在笔者看来，集安根本就没有什么汉城址，说国内城的石垣下有战国至汉代的土城址拿不出任何证据，不过是一种猜测而已。

既然我们证明不了国内城下有汉代的土城，也就否定了它是西盖马县治址，从而说明国内地区并不一定归西盖马县管辖。而西盖马县从它的得名来看，应是位于盖马大山之西，盖马大山学术界一般认为就是今天朝鲜民主主义共和国北部的慈江道与咸

[①] a. 集安县文物保管所：《集安高句丽国内城址的调查与试掘》，《文物》1984年第1期；b. 吉林省考古研究室、集安县博物馆：《集安高句丽考古的新收获》，《文物》1984年第1期。

[②] a. 李莲：《辑安发现古钱》，《文物参考资料》1957年第8期；b. 古兵：《吉林辑安历年出土的古代钱币》，《考古》1964年第2期。

[③] a. 吉林省考古研究室、集安县博物馆：《集安高句丽考古的新收获》，《文物》1984年第1期；b.《集安县文物志》第四章第一节，1984年。

[④] 李新全、梁志龙、王俊辉：《关于高句丽两座土城的一点看法》，《东北史地》2004年第1期。

[⑤] 吉林省文物考古研究所、集安市博物馆：《国内城——2000～2003年集安国内城与民主遗址试掘报告》，文物出版社，2004年，第182页。

[⑥] a.《史记·货殖列传》："燕……北邻乌桓、夫余，东绾秽貊、朝鲜、真番之利。"b.《汉书·食货志》："彭吴穿秽貊、朝鲜，置苍海郡，燕齐间靡然发动。"中华书局，1962年。

镜南道、两江道的界山——狼林山脉[①]，该山脉以东，现在仍称盖马高原。因此，笔者认为将西盖马县比定于鸭绿江南的朝鲜北部的慈江道要比把它定在鸭绿江北的集安更为合适。一是由于这里正位于狼林山脉的西部，地势较高，翻过狼林山脉就是盖马高原，称西盖马名副其实；二是若把西盖马县治址定于鸭绿江北的集安县城，那么，高句丽第二代王琉璃明王在公元3年将都城由卒本（桓仁）迁到国内（集安），这本是建国初期实力弱小的高句丽政权迫于强大的汉政权势力的威胁和高句丽第一代国王朱蒙被诱杀所致，而此时西盖马县尚未内迁，琉璃明王此举岂不是自投罗网。再者，强大的汉政权势力又怎能容忍高句丽将都城迁到自己的区域政治中心地区。因此，那种将西盖马县治址定于鸭绿江北的集安县城的观点是即于文献与实物无征[②]，又与情理相悖的；三是若把西盖马县治址定于鸭绿江北，那么，对于西汉玄菟郡来讲，鸭绿江以南、盖马大山以西至沃沮城之间岂不成为一块无人管理的欧脱之地，由辽东郡治襄平经高句丽县至第一玄菟郡治沃沮城的交通道路便连接不起来，这有违汉武帝设郡县是为了有效管辖这一地区的初衷。并且，也与《汉书·地理志》"玄菟郡西盖马县"下的注"莽曰玄菟亭"不符。我们知道，汉武帝时设玄菟郡，最初是把郡治设在盖马大山以东的沃沮城，是为了有效地获取这一地区的丰富的物产。那么，在鸭绿江以南、盖马大山以西的西盖马县有往来翻越盖马大山的"玄菟亭"一类的驿站于情于理都是非常合适的。需要指出的是，由玄菟郡治的变迁所反映的从辽东通往朝鲜半岛东海岸的古代交通路线很早就已存在[③]，其中较重要的一条路线就是由沈阳（辽东郡的中部都尉治侯城）溯浑河至抚顺（第三玄菟郡治所在），转溯苏子河经新宾永陵南汉城址（第二玄菟郡治）至富尔江，顺流而下跨过浑江，溯新开河翻越小板岔岭至集安（高句丽的国内城和丸都城所在），渡鸭绿江溯秃鲁江至江界（第二玄菟郡西盖马县所在），自江界经前川南下，自雪寒岭（薛寒岭），越狼林山，出长津沿长津江南下，过黄草岭到咸兴这是一条唯一的自然通道[④]（图一二）。

[①] a.谭其骧：《中国历史地图集·释文汇编·东北卷》，中央民族学院出版社，1988年，第30页；b.孙进己、王绵厚：《东北历史地理·第一卷》，黑龙江人民出版社，1989年，第265页；c.金毓黻先生认为："满洲语称长白山为果勒敏珊延阿林。译义果勒敏长也，珊延白也，阿林山也。愚按：果勒敏为盖马之对音，古称长白山为盖马大山，汉玄菟郡有西盖马县，皆为果勒敏之异译。"参见金毓黻：《静晤室日记》，辽沈书社，1993年，第4863页。笔者对此看法持不同意见，说果勒敏为盖马之对音，而果勒敏的意译只是"长"的意思，那么，白山两字如何对音，金先生此种解释显然有误。

[②] 李新全、梁志龙、王俊辉：《关于高句丽两座土城的一点看法》，《东北史地》2004年第1期。

[③] a.《汉书·武帝纪》："元朔六年（公元前128年）秋，东夷薉君南闾率二十八万人降，为苍海郡。"b.《汉书·食货志》："彭吴穿秽貊、朝鲜，置苍海郡，燕齐间靡然发动。"中华书局，1962年。

[④] 田中俊明（著），姚义田（译）：《高句丽的兴起和玄菟郡》，《东北亚历史与考古信息》1996年第2期。

图一二 高句丽都城第一次迁徙路线图

2. 尉那岩城与丸都城

《三国史记·高句丽本纪·第一》载,琉璃明王"二十二年冬十月,王迁都国内,筑尉那岩城"。有学者提出尉那岩城是霸王朝山城[1],我们不同意这一看法。理由如下:第一,据《三国史记》的记载,很显然尉那岩是国内地区的城址,霸王朝山城位于新开河与浑江的交汇处,不在国内地区,它与国内地区中间还隔着老岭山脉,这正是高句丽琉璃明王为了躲避汉朝军事打击而迁都的主要原因。国内地区发现的诸多王陵亦证明国内仅指今吉林集安的通沟平原及其附近地区。第二,与五女山城太近——就30千米而言,迁与不迁意义不大。第三,霸王朝山城周围没有高句丽早期墓群等遗迹作为佐证。

五、结　　语

综上所述,我们认为朱蒙是死于王莽朝汉将严尤的诱杀,琉璃明王迁都的真正原因正是由于汉朝的军事压力,朱蒙之死与琉璃明王迁都之间隐含着内在的因果关系。换言之,琉璃明王迁都的原因正是由于朱蒙被诱杀。高句丽早期都城迁徙的时间是在朱蒙被杀之后,按照《三国史记》的说法是在琉璃明王二十二年,也就是公元33年。迁徙的地点是国内,而不是国内城。

---

[1] 刘子敏:《关于高句丽第一次迁都问题的探讨》,《东北史地》2006年第4期。

望江楼类型主要遗存及文化因素分析

梁志龙

（本溪市博物馆）

望江楼类型，是金旭东先生根据辽宁桓仁望江楼墓地为代表的考古遗存提出的一个新的考古学文化概念。金旭东先生认为，该类型分布的空间区域，主要集中在浑江及其支流富尔江一带，时间范畴大致相当于西汉初年至中期偏晚。较早阶段的文化属性为先高句丽文化遗存，稍晚阶段则为高句丽文化的早期遗存。这种遗存地域分布明确，文化特色鲜明，"可以作为高句丽文化区域性类型加以认识"[①]。

望江楼类型的提出，对于寻找高句丽早期中心部族的文化脉源、区分不同地域高句丽早期文化在共性中表现出的个性具有重要意义。

本文对目前发现和已经发掘的望江楼类型主要遗存，作以简单的综合介绍，然后对构成这一类型的诸多文化因素，进行初步分析。需要说明的是，我们认为望江楼类型的时间上限要早于金旭东先生所主张的西汉初年，应当始于战国晚期，在地域分布上，还当包括新宾县东部苏子河上游。关于望江楼类型不同文化因素的源自，李新全先生在其博士论文《高句丽早期遗存及其起源研究》[②]中亦曾论及，本文参考并借鉴了该文的有关资料及部分观点。

一、望江楼类型的主要遗存

经过多年考古调查和发掘，在浑江及其支流富尔江流域、苏子河上游，发现属于望江楼类型的遗址及墓葬有10余处。这些遗存多数未作发掘，但通过遗址采集的标本及墓葬形制观察，文化面貌大体清楚，具有作为类型归属的基本条件。因此本文对调查资料也一并介绍。

---

① a. 金旭东：《西流松花江、鸭绿江流域两汉时期考古学遗存研究》中"望江楼类型的确立与年代分期"，吉林大学博士学位论文，2011年，第42～50页；b. 金旭东：《望江楼类型研究》，《庆祝张忠培先生八十岁论文集》，科学出版社，2014年，第438～452页。

② 李新全：《高句丽早期遗存及其起源研究》，吉林大学博士学位论文，2008年，第89、90页。

（一）遗　　址

1. 王义沟遗址

位于桓仁县北甸子乡北甸子村盛家街西南 1 千米处的山岗上，山岗西、北两面断崖下即为浑江支流富尔江。2006～2007 年对遗址进行了发掘，揭露出房址 20 余座、灰坑 22 个。房址均为半地下式，平面呈长方形和圆形两种，有的室内设有烟道、火墙等取暖设施。灰坑平面多呈椭圆形，一般为直壁，平底，有的坑内设有二层台。出土石器以磨制为主，有斧、锛、刀等，陶器以夹砂陶为主，器形有罐、甑、碗、豆、钵、杯等，同时出土有泥质绳纹陶片，铁器分为铸造和锻造两种，有镢、锸、镰、带钩、镞、鱼钩等[①]。

2. 小荒沟遗址

位于桓仁县古城镇（原拐磨子镇）小荒沟村西南 400 米的山坡上，坡势北高南低，富尔江在遗址所在的山冈北麓流过。地表遗物较为丰富，采集的石器分打制和磨制两种，打制石器仅见石锄，余者皆为磨制，有斧、凿、刀、矛、镞等，陶器以夹砂灰陶和红陶为大宗，可辨器形有壶、罐、钵、碗、豆、杯等。铁器主要为镢、镞、削等，此外还采集有骨锥、龟甲等遗物[②]。

3. 龙家沟遗址

位于桓仁县桓仁镇凤鸣村龙家沟山坳里，遗址西部即为浑江。地表遗物不甚丰富，采集的石器有琢制棒状石斧、磨制石刀，陶器质地多为夹砂灰陶，可辨器形有圆叠唇罐、豆、算珠状网坠等，铁器仅见铁镢[③]。

4. 狍圈沟遗址

位于桓仁县八里甸子镇西北 1.6 千米狍圈沟沟口处，南约 1 千米为大雅河。地表遗物较为丰富，采集的石器分打制、琢制和磨制三种，磨制石器主要有斧、锛、刀、剑、镞等，陶器质地多为夹砂灰陶，可辨器形有罐、壶、碗、钵等，器耳有半环状耳、桥

---

① a. 李新全：《高句丽早期遗存及其起源研究》，吉林大学博士学位论文，2008 年，第 89、90 页；b. 该遗址的考古发掘资料。
② 《桓仁满族自治县文物志》，1990 年，第 21～24 页（内部出版）。
③ 李新全：《高句丽早期遗存及其起源研究》，吉林大学博士学位论文，2008 年，第 124、125 页。

状耳等。未采集到铁器①。

5. 抽水洞遗址

位于桓仁县四道河子乡大甸子村抽水洞山坡上，遗址北约 50 米即为浑江支流六道河，1994 年进行了发掘。揭露出房址 2 座，灰坑 3 个，灰沟 1 条，石墙 1 段。房址平面呈方形和圆形两种，均为半地下式。出土石器均为磨制，有斧、刀、剑、杵等，陶器质地分两类，一类是夹砂灰褐陶，另一类是泥质灰陶，可复原器形有罐、壶、豆等，其中泥质陶器多饰绳纹、弦纹等。值得注意的是，在出土的一些半环状器耳所贴附的器壁上饰有绳纹。铁器有镬、刀、镞、削、觿（原报告称为"鸟形铁饰件"）等，此外还出土有铁铤铜镞、燕刀币、布币、一化钱、秦半两等货币②。

6. 五女山二、三期文化遗存

位于桓仁县五女山上，二期文化主要遗迹有 4 座房址，均为半地下式建筑，平面呈圆形和长方形，出土石器有斧、刀、剑、镞等，陶器有壶、罐、钵、豆等。三期文化遗迹有 1 号大型建筑址及 4 座房址、3 个灰坑等，大型建筑址为柱础式建筑，平面呈长方形，4 座房址均为半地下式建筑，平面呈圆形或圆角长方形，出土遗物主要为陶器和铁器。陶器质地以夹砂陶为主，并见少量泥质陶，器形有罐、盆、杯等，竖耳罐最具特色，铁器有镬、锸等，货币有半两、五铢、货泉、大泉五十等③。

（二）墓　　葬

1. 冯家堡子墓地

位于桓仁县华来镇冯家堡子村，墓葬分布于河边的二级阶地及山坡上，约 50 余座，2006 年和 2007 年发掘墓葬 14 座。墓葬形制和年代不一，其中积石石盖墓及无坛积石墓应属望江楼类型较早阶段遗存。积石石盖墓形制一般为下面以河卵石或石块堆筑石堆，其内构筑简单的墓圹，墓圹内填充河卵石及石块，其上覆压大石盖。积石墓形制一般为以河卵石堆积石堆，其内以立支的石板和石块构筑简单的墓圹，墓圹内填充小鹅卵石。出土随葬品中的石器有棍棒头、剑、镞、坠饰等，陶器有罐、壶、钵、

---

① a. 齐俊、王俊辉：《辽宁桓仁㹻圈沟遗址》，《考古》1992 年第 6 期；b.《桓仁满族自治县文物志》，1990 年，第 11～13 页（内部出版）。
② 武家昌、王俊辉：《辽宁桓仁县抽水洞遗址发掘》，《北方文物》2003 年第 2 期。
③ 辽宁省文物考古研究所：《五女山城》，文物出版社，2004 年，第 53～82 页；本文所举货币包括 1986 年五女山发掘出土者。

纺轮及珠粒穿缀的项饰等[①]。

2. 光复石盖墓

位于桓仁县华来镇光复村龙头山突出的山包端头，2006年发掘。大石盖平面呈椭圆形，两侧具有人工凿出的凹槽，当是用来拴系绳索，便于拉动大石盖。墓室凿岩为圹，平面呈不规则圆角长方形，北窄南宽，墓内发现有烧骨、炭粒，出土随葬品有夹砂叠唇陶罐、陶杯、铜手镯残段等[②]。

3. 大甸子墓葬

位于桓仁县四河乡大甸子村湾沟子后山坡，1974年4月村民进行农田基本建设时发现并破坏。墓室位于地下，平面呈长方形，四壁以立支的石板构筑，由于墓顶覆压的大石盖过于厚重，村民因此以炸药崩碎了大石盖。出土遗物有石棍棒头、青铜短剑、铜镞、螺旋形耳环、铁削、项饰、燕刀币等[③]。

4. 龙头山石盖墓

位于新宾县旺清门镇旺清门村龙头山冈上，富尔江在墓地西部流过，发现石盖墓3座。M1破坏严重，圆形盖石尚在，M2保存较好，墓穴为土坑，平面呈长方形，一次性多人丛葬，遗骨及随葬品入葬后，墓内填土，然后再以石块覆盖墓顶，"形成一个大于墓圹的圆形封石层"，再后，则覆压加工较为规整的圆形盖石。M3与M2形制基本一致，但其封石密度及高度超过M2。所谓封石，其实就是史书上所说的"积石为封"。随葬品有石球（石棍棒头）、多种形制的陶罐、陶钵、陶釜、铜铎、铜螺旋状耳饰、铜柄铁剑、铁戈、铁镰等[④]。

5. 望江楼墓地

位于桓仁县雅河乡南边石哈达村北部的山冈上，浑江从山冈北麓由西向东流过。1971年被村民发现并遭到盗扰，据传，墓内曾掘出金镯、铜柄铁剑、铁车軎、珠饰、五铢等遗物，文物部门闻讯后前去制止，回收了从墓内掘出的部分遗物。此后，又进

---

① a. 李新全：《高句丽早期遗存及其起源研究》，吉林大学博士学位论文，2008年，第134～136页；b. 该遗址的考古发掘资料。
② 李新全：《高句丽早期遗存及其起源研究》，吉林大学博士学位论文，2008年，第136、137页。
③ a. 曾昭藏、齐俊：《桓仁大甸子发现青铜短剑墓》，《辽宁文物》1981年第2期；b.《桓仁满族自治县文物志》，1990年，第48、49页（内部出版）；c. 梁志龙、王俊辉：《辽宁桓仁出土青铜遗物墓葬及相关问题》，《博物馆研究》1994年第2期。
④ 萧景全：《新宾旺清门镇龙头山石盖墓》，《辽宁考古文集》（二），科学出版社，2010年，第143～164页。

行了多次调查,并采集到新的遗物①。2004年对墓地进行了抢救性发掘,2006年又进行了补充发掘。墓地共由6座独立的积石墓构成,墓葬大都坐落在山冈起伏稍大的端头,M1位于山冈最高处,M6居于墓地最低处。墓葬以河卵石或碎山石堆积而成,平面一般呈不规则椭圆形,外观如似隆起的石包。墓葬外围堆积的鹅卵石较大,其上堆积的鹅卵石较小。墓葬边缘一般筑有依护墙,其实就是墓葬的外坛。墓圹大多位于积石堆的中部,筑于地下或地上,形制近似长方形。所谓筑于地下,仅是将墓室所在范围内的山皮或山岩向下开掘出较浅的长方形墓圹,开掘的墓圹上口,似有接砌鹅卵石墓壁的现象,墓底平铺一层小鹅卵石。筑于地上的墓圹构筑方法是先筑出积石封堆,同时留出墓圹空地,四周摆砌较大的鹅卵石或山石,形成不太规则的圹壁,墓底平铺含有小鹅卵石的沙石。墓葬中发现的人骨均为火烧后的碎骨,墓底铺石亦有火烧迹象,墓内还发现了零星碳粒,出土的随葬品有的经火烧灼而炸裂或变形,据此可知,墓葬采用了火葬。出土和采集遗物丰富,石器有斧、砺石、网坠、滑石范等,陶器有壶、罐、钵、纺轮等,铜器有手镯、环、铃、节约、泡饰等,铁器有马衔镳、镞、削、鱼钩等,此外还出土有玉镯、玉环、玻璃手镯、玻璃耳珰、金扭丝耳环及由玻璃、玛瑙、水晶、绿松石等珠饰穿缀的项链②。

6. 王义沟墓葬

位于桓仁县北甸子乡北甸子村盛家街,发现墓葬3座,1座为积石石盖墓,另外2座为积石墓,分别位于山冈及山巅上,富尔江在附近流过,2007年进行了发掘。积石石盖墓为碎山石堆筑,平面呈椭圆形,大石盖坐落在积石堆西南侧,平面呈长方形,大石盖下即为圹室,极浅,四壁以碎山石砌筑,墓底铺有一层小河卵石,河卵石上面及缝隙中多见火葬后的碎骨,出有石镞、铁釜底、陶片等遗物。另外2座为积石墓,平面均近方形,四周外缘以大石围筑,形成简单的方坛,其内堆积碎山石。圹室筑于积石上部,圹壁参差不齐,无明显砌筑迹象,似在积石中扒出的浅坑,墓底平铺一层小河卵石或较小的碎山石,平面呈长方形,出土遗物有陶壶、铜手镯等③。

7. 彭家墓葬

位于新宾县榆树乡彭家村北约2千米的稻田地内,西200米有二道河流过,现存墓葬11座,大体沿着河水东岸排列。墓葬可分两种,一种为石盖墓(包括积石石盖

---

① 梁志龙、王俊辉:《辽宁桓仁出土青铜遗物墓葬及相关问题》,《博物馆研究》1994年第2期。

② a. 李新全:《高句丽早期遗存及其起源研究》,吉林大学博士学位论文,2008年,第96～103页;b. 该遗址的考古发掘资料。

③ 该墓葬发掘资料。

墓），另一种为积石墓。石盖大者长 1.8、宽 1.4、厚 0.2 米[①]。

8. 近年桓仁新发现的墓葬

近年通过第三次全国文物普查，在桓仁地区又发现多座望江楼类型的墓葬，保存较好的有：①上砬头大石盖墓，位于雅河乡米仓沟村燕子尾屯北约 1 千米自然砬头上，崖下浑江绕流。石盖平面呈不规则长方形，长 3.2、宽 2.6 米，其下有一个不太明显的圆丘，径长 9.5、高 0.5 米，局部有石块暴露，推测应为积石堆。②八道沟大石盖墓，位于业主沟乡八道沟村附近的一座山峰顶端，石盖平面呈长方形，其下隐约可见积石现象。③干沟子大石盖墓，位于沙尖子镇干沟子村一户村民家的房院内，石盖平面呈不规则长方形，长 2.9、宽 1.4 米，石盖下面，可以见到少量鹅卵石，似为积石。④砬头积石墓地，位于望江楼墓地附近的南部山冈上，目前发现 3 座，外部形态与望江楼墓葬相同，应为同一文化类型的人群，在不同地方构筑的墓地[②]。

综上，望江楼类型遗存，在浑江及其支流富尔江流域、苏子河上游，具有较为广泛的分布。其中大石盖墓、小荒沟遗址、五女山二期文化，应属早期阶段遗存，望江楼积石墓、王义沟积石墓、五女山三期文化，则属晚期阶段遗存。

二、望江楼类型的文化因素分析

望江楼类型文化因素的构成，既有原住民的土著文化，也包含着不同来源的外来文化，而外来文化的输入方向不一，既有自西方而来的中原燕汉文化，也有自北方而来的夫余、沃沮文化，其中北方草原文化的浸染也不可忽视。不同文化的汇聚，最终促成了高句丽民族经济的发展和政治的成熟。

（一）燕汉文化因素

1. 陶器

本地青铜时代陶器的特征主要有三点，一为夹砂（有的含滑石粉），二为素面，三为手制。望江楼类型的陶器在继承本地传统制陶特征之外，又有了发展，在陶质、器形、纹饰等方面发生了新的变化，出现了轮制的具有纹饰的泥质陶器，这种陶器属于燕汉文化制陶系统的产品。

出土和采集饰有泥质绳纹陶器（包括陶片）的遗址有王义沟、抽水洞、孤山、凤鸣等，冯家堡子、望江楼墓地也出有泥质陶器，但器表无纹饰。冯家堡子为望江楼类

[①] 新宾县第三次全国文物普查档案由萧景全先生提供，谨致谢意。
[②] 桓仁县第三次全国文物普查档案。

型早段遗存，由此可见，泥质陶器进入当地，时间应该在高句丽建国之前。目前，泥质陶器发现数量很少。王义沟遗址发掘面积约为1000平方米，而出土的泥质绳纹陶片仅有十余片，根据陶片面积观察，仅可复原1件中小型的陶器。这些陶器数量较少的原因，似乎表明生产地点不在当地，而是燕汉辖区内的输入品。

值得注意的是，此前本地夹砂陶的色泽以红色为主，而此时灰色陶却占据较大比重，由于燕汉陶器多为灰色，因此陶器主体颜色的突然改变极有可能是效仿燕汉陶器烧制技法的结果。

抽水洞遗址、王义沟遗址出土有一种陶器耳，泥质，半环状，剖面呈圆形，器耳贴附的器壁周围，饰有绳纹，据抽水洞发掘报告说，遗址中，"这种器耳多有发现"。这种器耳，本来常见于夹砂陶罐上，它与饰有绳纹的器壁结合，其背景应为土著文化与燕汉文化之间的相互融合与接纳。

2. 铁器

望江楼类型的遗址和墓葬普遍出有燕汉铁器，目前发现的数量远远多于燕汉陶器。铁器在生产上表现出的先进性势必受到原住民的青睐，因此战国晚期至汉代初期，燕汉势力东进本地，对原住民最有效的征服方法应该不是武力，而是大量的铁器输入。相对石器和铜器来说，铁器的使用，大大增强了劳动效率，提高了生产力，为私有财产的剩余积累和公用资本的储存创造了条件，为高句丽的建国准备了物质基础。

望江楼文化类型的初始阶段几乎与本地早期铁器时代的开端平行，换句话说，望江楼类型就是本地的早期铁器时代遗存。发现的铁器类型以农具为主，出土和采集数量最多的是燕汉系统的铁镬，其次为铁镰、铁锸、铁掐刀、铁削等。而本类型中所见的铁马衔镳、车軎、觿、镞等，当为另有文化源头的遗物。

3. 货币

望江楼类型出有燕汉货币，早期阶段见有燕刀币、布币、一化钱等，晚期见有秦半两、五铢、货泉、大泉五十等。望江楼类型早期阶段，燕刀币和一化钱出土数量最多，有的出于窖藏和遗址，有的则出于墓葬。大甸子墓葬出土燕刀币200余枚，这般数量的货币随葬墓内，应该是生者企望死者凭借这些随葬货币在另一个世界过上富裕生活，它说明望江楼类型的人们已将燕国货币视作财产，进而说明望江楼类型早期阶段已经进入了燕国货币的经济圈内。望江楼类型晚期阶段出土的秦汉货币数量较少，如抽水洞遗址出有1枚秦半两，五道河子积石墓出有五铢和货泉各1枚，五女山三期文化遗存一号大型建筑址出土五铢、大泉五十各1枚，数量微小的这些货币，很可能说明在这一时期，中原货币不为本地流通等价交换物，而其收藏和珍玩的性质更为突出。高句丽建国前后，似乎脱离了此前阶段进入的燕国货币经济圈，而重新开始了以金银作为一般等价物的贸易形态。

（二）北方文化因素

1. 车马具

望江楼类型后段，出现了车马具。这些车马具，均出于望江楼墓地，有铁车軎、铁马衔镳、铜节约、铜铃等，而这些车马具多与北方文化相关。

出土的铁车軎为铸造，圆筒状，内端略宽，中部有两周凸棱，近内端处有长方形穿辖孔。相似的车軎见于吉林榆树老河深墓地，报告称之为"二型铁軎"[①]。出土的铁马衔由两个套环组成，相同类型的马衔也见于老河深墓地，此外，蒙古伊里莫瓦匈奴墓地出土的马衔[②]也是这种形状。出土的马镳略呈"S"状，两端稍细，中部有双孔，在老河深墓地也见有这种形制的马镳，报告称为"一型镳"。出土的铜节约平面呈十字形，顶面圆隆，底平，有不规则方孔。这种类型的节约见于黑龙江泰来平洋墓地[③]，也见于蒙古德列斯堆墓地[④]。出土的铜铃形如编钟，器身饰菱形网格纹，顶有半圆形立纽，这种形制的铜铃与西丰西岔沟出土的铜铃[⑤]相近，亦与宁夏同心倒墩子西汉中晚期匈奴墓地出土的Ⅱ式铜铃[⑥]相近。当然，在汉代遗址和墓葬中也见有此类铜铃，如大连普兰店姜屯汉墓M194[⑦]出有25件铜铃，其中亦有与此相似者。

2. 饰件

望江楼墓地出土的饰件有金扭丝耳饰、项饰、玻璃手镯、玻璃耳珰等，这些饰件，几乎都可在老河深中层夫余墓地中找到相似或相同的例证。金扭丝耳饰，形制为由两根金线相互缠绕，拧出横列的4个"∞"形小环，同样的耳饰在老河深墓葬也有发现，相近的耳饰还见于泰来砖厂墓地、西丰西岔沟墓地等。望江楼墓地有5座墓葬出土了项饰，均由不同质地和形状的珠粒穿缀而成，其中有玛瑙、水晶、绿松石、玻璃等，形状有球状、管状、枣核状、多棱面状等，相似的珠粒在老河深、平洋、内蒙古完工[⑧]等墓葬中也有发现。墓地出土的玻璃耳珰也见于老河深墓葬。我们又注意到，在辽

---

① 吉林省文物考古研究所：《榆树老河深》，文物出版社，1987年。
② 乌恩岳斯图：《北方草原考古学文化比较研究——青铜时代至早期陶器时期》，科学出版社，2008年，第307页，图一八一，3。
③ 杨志军等：《平洋墓葬》，文物出版社，1990年，第81页，图五〇，8。
④ 乌恩岳斯图：《北方草原考古学文化比较研究——青铜时代至早期陶器时期》，科学出版社，2008年，第307页，图一八一，6。
⑤ 孙守道：《"匈奴西岔沟文化"古墓群的发现》，《文物》1960年第8、9期合刊。
⑥ 宁夏文物考古研究所等：《宁夏同心倒墩子匈奴墓地》，《考古学报》1988年第3期。
⑦ 辽宁省文物考古研究所：《姜屯汉墓》，文物出版社，2013年，第476～478页。
⑧ 内蒙古自治区文物工作队：《内蒙古陈巴尔虎旗完工古墓清理简报》，《考古》1965年第6期。

阳三道壕西汉村落遗址第三居住址①中出土有琉璃耳珰3件,其中有2件耳珰的形制与望江楼玻璃耳珰相似。此外,第三居住址还出土了琉璃珠,但报告未作描述,亦无图片发表,因此具体状况不明,或许与望江楼墓地出土的玻璃珠相似。出土的玻璃手镯残存四段,表面呈紫褐色,内为深蓝色,剖面近三角形,目前还未见到同类遗物的报道,它的来源尚不清楚。在沈阳八家子汉墓中也曾出土过2件项饰(原报告称"串珠")②,内有蓝色玻璃珠,与望江楼墓地出土者相似。此外,近年发掘的营口天瑞汉代墓地出土的项饰中有30余颗蓝色玻璃珠③,鞍山羊草庄汉代墓地也出有项饰,其中亦有20余颗蓝色玻璃珠④。

尽管三道壕遗址发现了琉璃耳珰、琉璃珠,但望江楼项饰中的其他珠粒,却不见于辽阳地区的燕汉墓葬,因此我们推测,望江楼墓葬出土的玻璃制品,来自北方的可能性极大。沈阳八家子墓地、鞍山羊草庄墓地、营口天瑞墓地出土项饰中的玻璃珠,亦有来自北方的可能。目前,我们尚无法准确掌握这些玻璃品的制作原料、方式及地点,但其传播路线推测似与北方草原之路有关。

在望江楼墓地出土的珠粒中发现数粒具有纹饰,或为白色波浪纹,或为黄色曲线纹,或为弦纹。据夏鼐先生研究,这种珠粒上的花纹为人工以土法腐蚀制成,称作蚀花石珠。早期的蚀花石珠见于伊拉克和印度河文化的遗存中,公元前3~前2世纪传入我国,在云南石寨山、新疆和阗、沙雅发现过6颗⑤。望江楼出土的这类珠饰为我们推测的传播路径提供了支持。

王义沟遗址出土了1件铜泡饰,椭圆形,内有两个梁,望江楼M6也出土了1件铜泡饰,圆帽状,内有一梁。这两种泡饰在老河深墓地出土较多,前者出土34件,后者出土283件,望江楼墓葬出土的滑石范,应该就是制作泡饰的范体,因此推论,望江楼墓葬出土的这种铜泡饰应为本地生产。但其形制依然具有北方文化因素。沈阳八家子汉墓M6、M8也各出土1件两个梁的泡饰⑥,亦应与北方文化有关。

在大甸子墓葬中出有螺旋形耳环1件,这是战国至汉代在北方民族中普遍流行的耳环样式,有的以金丝缠绕制作,曾见于平洋墓葬、铁岭永淳墓地⑦、龙头山石盖墓等。

---

① 东北博物馆:《辽阳三道壕西汉村落遗址》,《考古学报》1957年第1期,图版八、26、27。
② 沈阳市文物考古研究所:《沈阳八家子汉魏墓葬群发掘简报》,《北方文物》2004年第3期。
③ 辽宁省文物考古研究所:《辽海记忆——辽宁考古六十年重要发现》,辽宁人民出版社,2014年,第213页。
④ 辽宁省文物考古研究所:《辽海记忆——辽宁考古六十年重要发现》,辽宁人民出版社,2014年,第223页。
⑤ 夏鼐:《我国出土的蚀花的肉红石髓珠》,《考古》1974年第6期。
⑥ 沈阳市文物考古研究所:《沈阳八家子汉魏墓葬群发掘简报》,《北方文物》2004年第3期。
⑦ 李龙斌、徐政、梁振晶:《辽宁西丰永淳遗址及墓地发掘》,《考古》2011年第3期。

3. 陶器和铁镞

望江楼类型的陶器以及铁镞，很多种类可以在老河深、西岔沟墓地中找见相似者，对此，李新全先生曾作过比较研究①，这里不再赘述。

（三）沃沮文化因素

望江楼类型的王义沟遗址和五女山三期遗存中，曾出土一种陶罐，直腹或敛口，两侧上部对置圆柱状耳，这种陶器曾见于黑龙江东宁团结、大城子、吉林珲春一松亭、汪清百草沟新安间遗址②等，它是团结文化的典型器物之一。据林沄先生考证，团结文化即为沃沮文化③。这种陶器应来自沃沮文化。

（四）传统与变化

1. 墓葬形制

目前，桓仁地区所见青铜时代墓葬为石棺墓，这类墓葬发现数量不多，除已经发表资料的大梨树沟墓葬④之外，最近又在浑江岸边的大岭沟山坡发现了一处⑤。石棺墓在辽东地区的消失应该在汉代初期，或与汉武帝设四郡时强力涌入的汉文化有关。

望江楼类型墓葬没有完全承袭石棺墓的形制，仅在部分墓葬的墓室构筑上继续着板石立支或块石叠筑的石棺墓四壁的筑法，如冯家堡子M4、大甸子墓葬等，但这种墓壁的构筑已从规整滑向简陋，表明石棺墓在本地的衰败。

但在临近地区的太子河上游本溪、新宾两地，情况却不是这样，传统葬俗中的石棺墓依然作为主流形式而继续存在，如本溪县出有青铜短剑的刘家哨墓葬⑥、上堡墓葬⑦、朴堡墓葬⑧等，新宾县出有青铜短剑的马架子墓葬、大四平墓葬⑨等，这些墓葬的年代大体与望江楼类型早期阶段相当，即战国晚期至汉代初期。

望江楼类型的墓葬，目前见有三种，即大石盖墓、积石石盖墓、积石墓。

---

① 李新全：《高句丽早期遗存及其起源研究》，吉林大学博士学位论文，2008年。
② 以上遗址所出这类陶器，请参见林沄：《论团结文化》，《北方文物》1985年创刊号，图四"团结文化陶器群"。
③ 林沄：《论团结文化》，《北方文物》1985年创刊号。
④ 梁志龙：《桓仁大梨树沟青铜时代墓葬调查》，《辽海文物学刊》1991年第2期。
⑤ 田立坤、丁宗皓：《发现辽宁》，辽宁人民出版社，2012年，第244页。
⑥ 梁志龙：《辽宁本溪刘家哨发现青铜短剑墓》，《考古》1992年第4期。
⑦ 魏海波、梁志龙：《辽宁本溪县上堡青铜短剑墓》，《文物》1998年第6期。
⑧ 梁志龙、魏海波：《辽宁本溪朴堡发现青铜短剑墓》，《考古》2005年第10期。
⑨ 抚顺市博物馆考古队：《抚顺地区早晚两类青铜文化遗存》，《文物》1983年第9期。

这三种墓葬均非当地传统墓葬形式，其来源应与外来的移民有关。

目前，辽宁地区发现的年代较早的大石盖墓为西周遗存，主要集中在辽宁南部沿海一带，典型墓葬有普兰店市碧流河大石盖墓[①]、双房大石盖墓[②]等，辽东较早的该类墓葬则为凤城市东山大石盖墓[③]。战国晚期至汉初，大石盖墓开始出现在辽东地区的太子河上游、浑河、苏子河流域，如本溪县甘英子大石盖墓地、偏岭乡直沟大石盖墓[④]、抚顺县山龙墓地[⑤]，新宾县下夹河大石盖墓[⑥]、彭家墓葬等，这些石盖墓有的位于山冈，有的位于平地，有的在大石盖下，明显可见积石，应为积石石盖墓。

在辽北和吉林地区，也有这类墓葬的发现，如铁岭"三普"中发现的大石盖墓[⑦]、吉林南部赵秋沟、宝山东山石盖墓[⑧]，吉林桦甸西荒山屯青铜短剑墓[⑨]、吉林市骚达沟山顶大棺[⑩]等，这些墓葬的年代与望江楼类型较早阶段的石盖墓处于相同的时间框架内。

大石盖墓在总体年代上有由南向北渐传渐晚的趋势。

积石墓是这一时期桓仁地区出现的新的墓葬类型。

目前，东北地区发现的最早的积石冢为新石器时期红山文化积石冢[⑪]，其次则是辽南沿海地区新石器晚期老铁山[⑫]、将军山积石冢[⑬]，再后则为"公元前七八世纪"的岗上、"春秋中、晚期"的楼上积石墓[⑭]等。而在地域及时间上与望江楼类型积石墓更为接近者，则为鸭绿江流域吉林长白县干沟子战国晚期的积石墓[⑮]。

因此推测，望江楼类型的积石墓极有可能来自鸭绿江流域。

2. 石器制造业

望江楼类型的石器，制作方法可分四种，一是打制，二是磨制，三是打制兼磨制，

---

① 旅顺博物馆：《辽宁大连新金县碧流河大石盖墓》，《考古》1984年第8期。
② 许玉林、许明纲：《辽宁新金县双房石盖石棺墓》，《考古》1983年第4期。
③ 许玉林、崔玉宽：《凤城东山大石盖墓发掘简报》，《辽海文物学刊》1990年第2期。
④ 本溪县第三次全国文物普查档案。
⑤ 武家昌：《抚顺山龙石棚与积石墓》，《辽海文物学刊》1997年第1期。
⑥ 国家文物局：《2009年第三次全国文物普查重要新发现》，科学出版社，2010年，第32页。
⑦ 辽宁省第三次全国文物普查领导小组办公室：《辽宁省第三次全国文物普查工作报告》，2011年，第80页（内部出版）。
⑧ 金旭东：《1987年吉林东风南部盖石墓调查与清理》，《辽海文物学刊》1991年第2期。
⑨ 吉林省文物工作队等：《吉林桦甸西荒山屯青铜短剑墓》，《东北考古与历史》1982年第1期。
⑩ 吉林省博物馆等：《吉林市骚达沟山顶大棺整理报告》，《考古》1985年第10期。
⑪ 辽宁省文物考古研究所：《牛河梁——红山文化遗址发掘报告》，文物出版社，2012年。
⑫ 旅大市文物管理组：《旅顺老铁山积石墓》，《考古》1978年第2期。
⑬ 中国社会科学院考古研究所：《双砣子与岗上》，科学出版社，1996年。
⑭ 中国社会科学院考古研究所：《双砣子与岗上》，科学出版社，1996年。
⑮ 王洪峰、孙仁杰、迟勇：《吉林长白县干沟子墓地发掘简报》，《考古》2003年第8期。

四是琢制兼磨制。望江楼类型中的传统石器有打制石锄（石铲）、打制兼磨制石斧、磨制石斧、石刀等，制作方法及器形与青铜时期流行的同类器物差异不大。

值得关注的是石棍棒头，在太子河上游洞穴墓地遗存中出有多件这种器物，其中不乏精美制品。而望江楼类型早期石盖墓、积石石盖墓中，这种器物出现频率较高，如大甸子墓葬、冯家堡子M7、新宾龙头山M2等，到了望江楼类型晚期的积石墓阶段，随葬品中不再见有这种器物。这一现象似乎表明，由西周时期出现于辽东地区的石棍棒头，到了望江楼类型晚期阶段，退出了历史舞台。

琢制兼磨制石器较为常见，这类器形多为圆柱状石斧，斧身遍布敲琢出的麻点状凹坑，刃部则磨制精细。这种类型的石斧不见于此前本地文化遗存之中，是新出现的器物。这类石斧有的长30多厘米，作为礼器的可能性较大。

石剑是望江楼文化类型常见的器物，根据脊部形状大体分为两种，一种脊部为突起的棱线，另一种脊部为柱状，后者显然是战国晚期辽东地区流行的青铜短剑的仿制品。

3. 青铜短剑

属于望江楼类型的大甸子墓葬出有1件青铜短剑，被火烧灼后，残缺变形。龙头山M2出有1件铜柄铁剑，柄首为触角式，剑身较长。这些器物均可视作是望江楼类型对当地传统文化的继承。此外，1990年桓仁县四河乡大甸子村民在"地榾子"内发现青铜短剑和青铜矛各1件，亦属望江楼类型的遗物。林沄先生曾说："在主要分布区上同汉代的濊貊等族分布区有相当大的重合部分的东北系铜剑，应是濊貊（包括高句丽、夫余）、真番、朝鲜等族的祖先所共有的一种遗物。"[①]所言甚是得理。

三、小　结

（1）望江楼类型主要分布在浑江及其支流富尔江流域、苏子河上游，这一地带正是高句丽最初建立政权的地方，文献记载的高句丽初期王都卒本和纥升骨城均在这一地区。《三国志·高句丽传》说："本有五族，有涓奴部、绝奴部、顺奴部、灌奴部、桂娄部。本涓奴部为王，稍微弱，今桂娄部代之。"涓奴部又称西部，活动领域与望江楼类型空间分布大体一致。望江楼类型早期阶段应为高句丽建国前涓奴部文化遗存，晚段则应为高句丽建国初期文化遗存。望江楼类型的主人应是高句丽建国的主体族群。

（2）望江楼类型中的燕汉文化因素应与历史上的下列事件有关。

第一，战国晚期，燕将秦开"归而袭破走东胡，东胡却千余里"，燕国于是"亦筑长城，自造阳至襄平，置上谷、渔阳、右北平、辽西、辽东郡以拒胡"。

---

① 林沄：《中国东北系铜剑初论》，《考古学报》1980年第2期。

第二，公元前 228 年，秦在统一六国中，"兵临易水"，太子丹使荆轲刺杀秦王，未遂，于是发兵击燕，燕被迫将都城由蓟迁到辽东，其后秦兵穷追不舍，为了缓和燕秦矛盾，燕王喜斩杀了太子丹。《史记·王翦列传》："秦将李信者，年少壮勇，尝以兵数千逐燕太子丹至于衍水中，卒破得丹。"《刺客列传》："其后李信追丹，丹匿衍水中，燕王乃使使斩太子丹，欲献之秦。"衍水，即盐难水，今浑江[①]。

第三，西汉元封三至四年（公元前 108～前 107 年），汉武帝在东北地区和朝鲜半岛北部设乐浪、玄菟、临屯、真番四郡，将高句丽在内的有关北方民族直接纳入中原郡县管理体制之内。《汉书·地理志》："玄菟郡，武帝元封四年开。高句丽，莽曰下句丽，属幽州，应劭曰：'故真番、朝鲜胡国。'"

此外，不可忽视的是，高句丽与辽东郡地域相接，文化交往在所难免。而与第二玄菟郡更是相距密迩，来往迅捷，《三国志·高句丽传》说："汉时赐鼓吹技人，常从玄菟郡受朝服衣帻，高句丽令主其名籍，后稍骄恣，不复诣郡，于东界筑小城，置朝服衣帻其中，岁时来取之，今胡犹名此城为帻沟溇。"

（3）望江楼类型中的北方文化因素多与夫余相关。

《后汉书·高句丽传》说："东夷相传以为夫余别种，故言语法则多同。"《三国志·高句丽传》也说："东夷旧语以为夫余别种，言语诸事，多与夫余同。"《魏书·高句丽传》说："高句丽者，出于夫余。"《好太王碑》说："惟昔始祖邹牟王之创基也，出自北夫余。"老河深墓地为夫余遗存，望江楼类型出土器物多与老河深墓地出土器物相同或相似，应该即是对文献记载的诠释。

（4）沃沮臣属高句丽，因此望江楼类型中存在沃沮文化因素。

《后汉书·沃沮传》说："其土迫小，介于大国之间，遂臣属句丽。句丽复置其中大人为使者，以相监领，责其租税，貂布鱼盐，海中食物，发美女为婢妾焉。"《三国志·高句丽传》也说，沃沮、东秽皆臣属高句丽。魏正始五年（公元 244 年），幽州刺史毌丘俭率军讨伐高句丽，"句丽王宫奔沃沮，遂进师击之，沃沮邑落皆破之，斩获首虏三千余级。宫奔北沃沮，一名置沟娄，去南沃沮八百余里，其俗南北皆同。"由此可见，高句丽与沃沮关系有主仆之分。因此，望江楼类型中存在沃沮文化因素，也就容易理解了。

（5）望江楼类型存在的多种文化因素，表明高句丽建国前后对不同文化的容纳，也表明高句丽创国之初，人员构成复杂，并非单一族群。

（6）高句丽建国后，大石盖墓及积石石盖墓逐渐消失，而积石墓却单独延续下来，并且得到了很好的保留，直到封土墓的出现，它才从高句丽葬俗中渐次退出。大石盖墓和积石石盖墓消失的背景与民族融合有关，与高句丽的统治日渐强化也有关。

---

① 梁志龙：《太子河名称考实》，《北方文物》2006 年第 2 期。

安鹤宫年代考*

王飞峰

（中国社会科学院考古研究所）

安鹤宫遗址位于平壤市大城区域安鹤洞的大城山南麓平缓地带，是一处规模较大的宫殿建筑遗址，1945年以前日本学者曾对安鹤宫遗址做过调查，1945年以后朝鲜学者对大城山城及安鹤宫遗址进行了大规模的发掘，出土了陶器、瓦当、大型鸱吻（高2.1米）、玻璃器残件、鎏金铜佛及石函、纸质佛经和铁器等遗物。但是关于安鹤宫的时代却存在着两种截然不同的观点，即高句丽时代和高丽时代。本文通过对安鹤宫相关材料的分析，认为目前发掘的安鹤宫遗址是高句丽时代的王宫遗迹，其时代不早于6世纪中叶。

一、遗址概况

安鹤宫遗址平面为平行四边形（图一），坐北朝南，北高南低，宫墙边长均为622米，周长2488米，面积38万平方米[①]。东、西、北三面宫墙上均辟有一门，南宫墙上则有三座城门，分别为南西门、南中门和南东门，南中门最大应为安鹤宫的正门，现存南中门址宽37.5米，两侧门址各宽10米，南、北宫墙偏东位置各留有一个水口，东、西宫墙外均发现环壕遗迹。墙体采用土石混筑法砌成，即中间以夯土夯实，两侧以块石叠筑，逐层内收，现存高度约4米。从南宫墙中门到北宫墙宫门依次为南宫、中宫、北宫、东宫和西宫等宫殿建筑和池苑等遗迹。南中门、南宫、中宫、北宫的中轴线是整个宫殿区的中轴线，各个宫殿又有独立的中轴线。每个宫殿周围有排列整齐的础石，推测当时宫殿区周围应有回廊建筑。

---

* 本文系国家社科基金2010年度重大课题（10&ZD085）研究成果。
① 《조선유적유물도감》편찬위원회：《조선유적유물도감 3·고구려편 (1)》，외국문종합출판사，1989년.

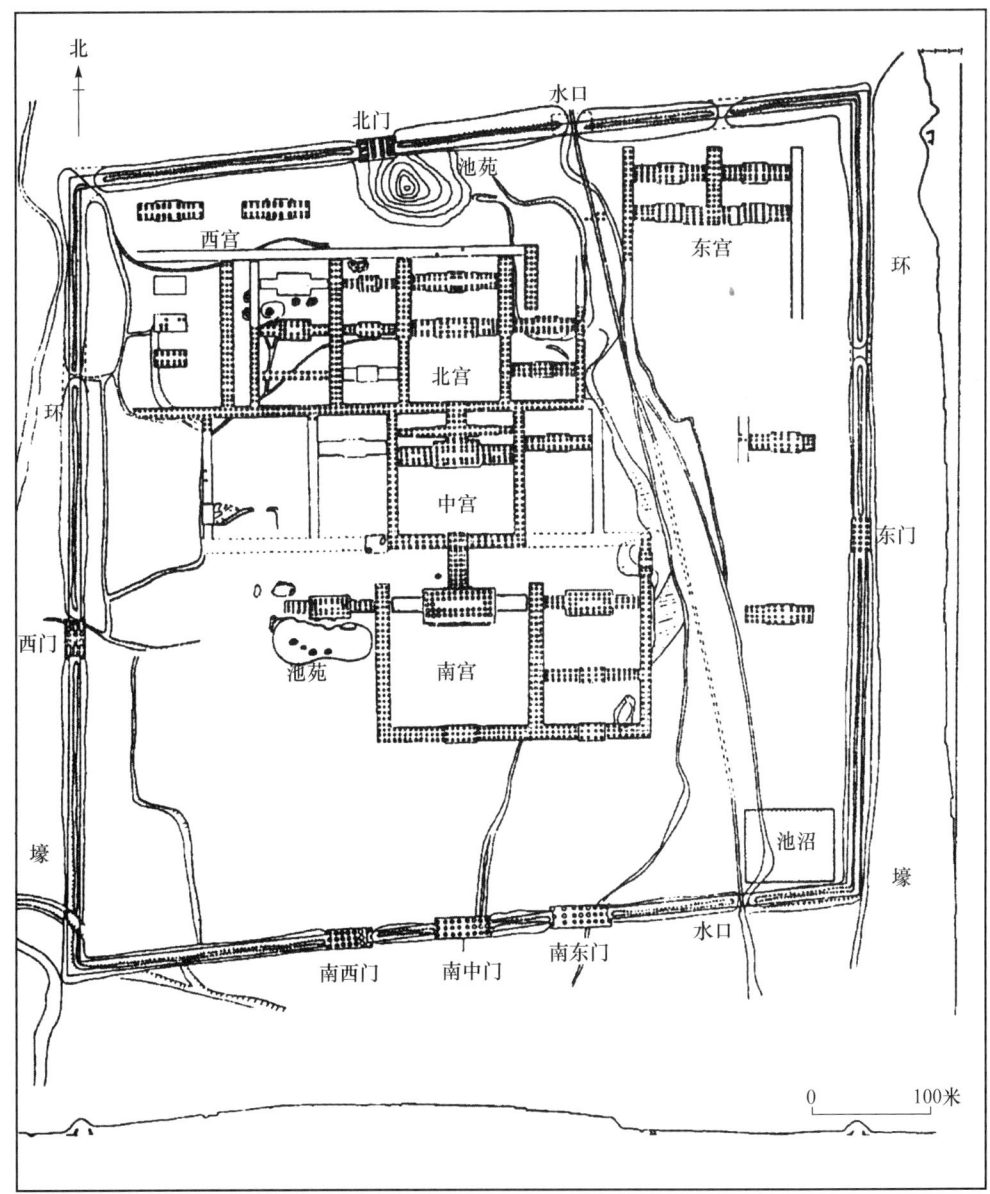

图一 安鹤宫遗址平面图

二、研究现状

1945 年以前,日本学者对包括安鹤宫在内的朝鲜高句丽遗迹进行了较为全面的调查,这一时期的日本学者认为安鹤宫是高句丽迁都平壤(公元 427 年)以后的王宫遗址[1]。1958~1973 年朝鲜学者对大城山城及安鹤宫遗迹进行了大规模的发掘,出土

---

① 關野貞:《高句麗の平壤城及び長安城に就いて》,《史學雜誌》,第三十九编第一號,1914 年。

了大量器物，基本搞清了大城山城及安鹤宫的布局，并出版了《关于大城山一带高句丽遗迹相关研究》和《大城山的高句丽遗迹》的报告[①]。通过对出土遗迹和相关文献的研究，朝鲜学者认为大城山城是高句丽迁都平壤之后，公元586年之前高句丽的山城性都城，安鹤宫是这一时期高句丽的王宫遗址。1945年以后，日本学界关于安鹤宫的年代问题主要有以下三种观点：第一，与朝鲜学者观点一致，认为安鹤宫遗址是公元427～586年这一时期的高句丽王宫遗址[②]；第二，认为目前发掘的安鹤宫遗址是高句丽晚期（6世纪以后）的别宫遗址[③]；第三，认为朝鲜学者发掘的安鹤宫遗址是高丽时代的王宫遗址，高句丽时代的王宫遗址位于目前发掘的安鹤宫遗址下层，而大城山城为高句丽迁都平壤初期的遗迹[④]。同时一些学者通过对《高丽史》中高丽宫阙建筑、安鹤宫及平壤城的相对位置等的检讨认为安鹤宫可能是高丽文宗三十五年（公元1081年）西京的左宫遗址[⑤]。中国学者魏存成先生认为安鹤宫是高句丽迁都平壤以后的王宫遗址，公元586年迁都平壤城（或称长安城）以后继续使用，安鹤宫的始建年代为高句丽长寿王时期，朝鲜学者发掘的安鹤宫大部分遗迹并不是安鹤宫的最初形态，而是建立后不断修缮的结果[⑥]。王绵厚先生认为目前发掘的安鹤宫是高句丽迁都平壤以后的王宫遗址，一直延续使用到高句丽灭亡[⑦]。韩国多数学者认为安鹤宫是高句丽时期的王宫遗迹，最近有学者通过对安鹤宫基址下3号墓出土的盘口壶、边轮上有连珠纹的莲花纹瓦当、滴水等的研究认为安鹤宫为高丽时代的王宫遗址，3号墓出土的盘口较为发达的盘口壶为高丽时代的陶器，最初作为高句丽墓葬的3号墓在高丽时代为后人再次使用，朝鲜半岛边轮上有连珠纹的莲花纹瓦当年代很难上溯到7世纪前半～中叶以前，朝鲜半岛的滴水也很难上溯到统一新罗之前[⑧]。以下我们将通过对安鹤宫地层关系、出土遗物（陶器、高丽青瓷、瓦当、滴水、墓葬）和相关文献的分析来探讨安鹤宫的年代。

---

① a.채희국：《대성산 일대의 고구려 유적에 관한 연구》，사회과학원출판사，1964년；b.김일성종합대학 고고학 및 민속학강좌：《대성산의 고구려유적》，김일성종합대학추판사，1973년。

② a.佐藤興治：《朝鮮の都城》，《日本考古学協会1990年度大会発表資料集》，日本考古学会，1990年；b.町田章：《中国都城との比較》，《季刊考古学》，第22号，1988年。

③ 田中俊明：《後期の王都》，《高句麗の歴史と遺跡》，中央公論社，1995年。

④ a.千田剛道：《高句麗・高麗の瓦 - 平壤地域を中心として -》，《朝鮮の古瓦を考える》（帝塚山考古学談話会第555回記念），帝塚山考古学研究所，1996年；b.千田剛道：《高句麗・百済都城における瓦の使用》，《文化財論叢Ⅲ》（奈良文化財研究所創立50周年記念論文集），2002年。

⑤ 田中俊明：《高句麗の平壤遷都》，《朝鮮學報》，第190輯，2004年。

⑥ 魏存成：a.《高句丽考古》，吉林大学出版社，1994年；b.《高句丽遗迹》，文物出版社，2002年。

⑦ 王绵厚：《高句丽古城研究》，文物出版社，2004年。

⑧ 朴淳發：《高句麗의 都城과 墓域》，《韓國古代史探索》，제12집，2012년。

三、安鹤宫的年代

　　安鹤宫遗址整个地层关系较为简单，文化层也比较单一。地层关系上最重要的发现是安鹤宫基址下面发现了3座高句丽墓葬（M1、M2、M3），墓葬形制均为封土石室墓，其中M1和M2没有发现任何器物，M3出土了3件陶器，分别是短颈壶、盘口壶和器盖（图二）。因此这一层位关系为安鹤宫的断代提供了极好的证据，即弄清这三座墓葬的年代，就会知道安鹤宫遗址的年代上限。封土石室墓作为高句丽中晚期的一种墓葬形制，出现于4世纪之后、一直使用到高句丽灭亡（公元668年）[1]，仅从这3座墓葬的形制和结构来看，很难得出较为准确的年代。另一方面，安鹤宫基址下面发现的3座高句丽墓葬，墓葬顶部均被宫殿基址破坏，说明安鹤宫宫殿建筑开始修建时，这3座墓葬并未完全废弃或被破坏，以此推测安鹤宫建筑的时代与墓葬的年代不会相差太远。因此安鹤宫遗址的年代、墓葬的年代只能依靠遗址内出土器物和M3出土器物的断代。

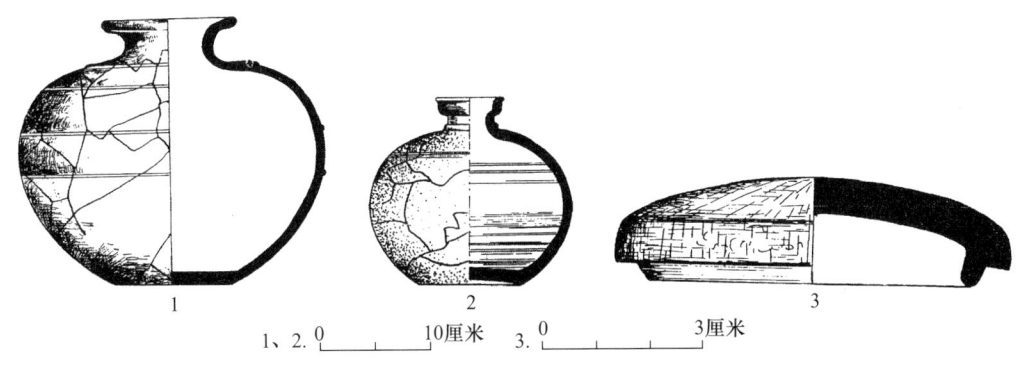

图二　安鹤宫3号墓出土陶器
1. 短颈壶　2. 盘口壶　3. 器盖

　　安鹤宫遗址出土大量陶片，从朝鲜学者复原的许多器形来看，不少陶器只是依靠一块或几块不能连接起来的口沿、腹片或器底残片复原了整个器形，复原的器形可能存在一定的问题，也难以窥探到器物的原貌，加之目前关于高句丽陶器的编年分期存在每期时间较长的问题[2]，从遗址出土的陶器来看很难确定安鹤宫的准确年代。安鹤宫基址下面发现3座高句丽墓葬特别是M3出土器物成为解决这一问题的关键，但是

---

[1] 魏存成：《高句丽遗迹》，文物出版社，2002年。
[2] 高句丽公元前37年建国，公元668年灭亡，共计705年。目前关于高句丽陶器分期主要有三期说和四期说，这样的分期结果导致每期的时间较长，涉及高句丽陶器的某个遗址具体断代时，陶器的编年难以提供较为准确的参考。

从目前关于 M3 出土陶器的编年结果来看学者们之间的差异仍然较大。郑元喆先生认为 M3 的 3 件陶器的年代在 500 年以后[①]，孙颢女士曾提及 M3 出土的短颈壶和器盖并认为其时代大体在 5 世纪[②]，东潮先生认为 M3 出土短颈壶的的形态与植物园 11 号墓（即高山洞 11 号墓，年代 5 世纪初）发现的同类器物形态接近，短颈壶的年代应该在 5 世纪初[③]。崔钟泽先生认为 M3 的 3 件器物的年代在 5 世纪末～6 世纪初[④]，朴淳发先生认为 M3 出土的短颈壶、器盖为高句丽器物，盘口壶为高丽时代器物。实际上从盘口壶（图三，左）的形态来看，与部分新罗陶器具有很大的相似性，类似的陶器在忠州下九岩里遗址[⑤]（图三，右）、昌宁桂城古墓群 B 地区 M42 出土的新罗陶器[⑥]中都可以看到。口部形态发达的盘口器物（如盘口壶、圈足长颈壶）6 世纪中叶～末叶在新罗和加耶地区出现较多，代表性的器物见于昌宁桂城新罗古墓群 Ⅱ 地区 M2、Ⅲ 地区 M3[⑦]、宜宁景山里古墓群 M50（6 世纪中叶）[⑧]等。下九岩里盘口壶的年代为 6 世纪后半，考虑到上述因素我们认为安鹤宫基址 M3 出土的盘口壶应是受到新罗陶器的影响而在高句丽地区出现的新罗系陶器。其年代上限为 6 世纪中叶，晚到 6 世纪末的可能性也是存在的。实际上平壤地区的高句丽生活遗址中也曾发现新罗系陶器，传东明王陵附近的定陵寺曾出土一件与新罗印花纹陶壶类似的长颈壶[⑨]（图四），关于这件陶器的编年有 5 世纪中叶以后说[⑩]、5 世纪以后说[⑪]、6 世纪初说[⑫]、新罗统一期（公元 660～676 年）说[⑬]等。但是参考韩国学者洪潽植先生对新罗后期陶器的编年[⑭]以及成载贤先生对清州地区出土新罗陶器的年代学研究[⑮]，定陵寺出土新罗系印花长颈壶的年代可能为 7 世纪初。就目前的考古资料而言，高句丽地区不但发现了上述与新罗地区有关的陶器，而且还发现了与新罗或加耶地区有一定联系的墓葬，如集锡公路墓区发现的与新罗墓葬结构类似的封土

---

① 郑元喆：《高句丽陶器研究》，吉林大学硕士学位论文，2005 年。
② 孙颢：《高句丽陶器研究》，吉林大学博士学位论文，2012 年。
③ 東潮：《高句麗考古学研究》，吉川弘文館，1997 年。
④ 崔鐘澤：《高句麗土器研究》，서울大學校大學院博士學位論文，1999 년。
⑤ 국립중원문화재연구원：《고대도시유적-중원경 (유물편)》，국립중원문화재연구소，2011 년。
⑥ 釜山大學校博物館：《昌寧桂城古墳群》，釜山大學校博物館，1995 년。
⑦ 慶南考古學研究所：《昌寧桂城新羅高塚群》，慶南考古學研究所，2001 년。
⑧ 趙榮濟、柳昌煥：《宜寧景山里古墳群》，慶尚大學校博物館，2004 년。
⑨ 김일성종합대학 고고학 및 민속학강좌：《대성산의 고구려유적》，김일성종합대학추판사，1973 년。
⑩ 孙颢：《高句丽陶器研究》，吉林大学博士学位论文，2012 年。
⑪ 郑元喆：《高句丽陶器研究》，吉林大学硕士学位论文，2005 年。
⑫ 崔鐘澤：《高句麗土器研究》，서울大學校大學院博士學位論文，1999 년。
⑬ 姜賢淑：《전 동면왕릉과 진파리 고분의 성석 검토》，《湖西考古學》，제 18 집，2008 년。
⑭ 洪潽植：《新羅後期古墳文化研究》，춘추각，2003 년。
⑮ 성재현：《청주지역 출토 신라토기의 편년과 성격》，《湖西考古學》，제 6·7 합집，2002 년。（此处人名为音译）

墓^①、桓仁将军坟封土中存在的"护石构造"可能受到了新罗或加耶地区墓葬封土中同类构造的影响^②。此外从安鹤宫出土的较为完整、能够复原的陶器来看,器物形态和陶质陶色与高句丽陶器较为相似或相同,和高丽陶器相比差距较大。

图三　安鹤宫 3 号墓出土陶壶(左)和忠州下九岩里遗址出土陶壶(右)

安鹤宫的发掘过程中虽然出土了大量器物,但是高丽时代的典型器物,如高丽青瓷及其碎片、高丽时代陶器和碎片、脊兽(朝、韩学界称之为"杂像")等均没有发现。高丽青瓷是在受到中国黄河流域北方系青瓷技术的影响于 10 世纪初出现的^③,黄海南道白川郡元山里 2 号青瓷窑址最上层出土的一件青瓷高杯上发现有阴刻的铭文:淳化三年壬辰太廟第四室享器匠王公佗托造^④(图五)。淳化三年为北宋太宗淳化三年,即公元 992 年,通过铭文内容我们可以知道这件青瓷高杯是为了太庙的祭祀而制作的,由此可以表明当时黄海南道白川郡元山里地区已经掌握了较高的青瓷烧造技术,那么上述地区高丽青瓷出现的时间应该更早。另一方面就目前的考古发现及其研究成果来看朝鲜半岛青瓷初次出现的时间大体在 10 世纪初前半^⑤,部分学者甚至认为高丽青瓷在 9 世纪中叶~9 世纪后叶已经出现,并称之为高丽青瓷的发生期^⑥。考虑到以上情

---

① 集锡公路发掘时曾在古墓群中发现一例类似新罗墓葬的封土墓,当时发掘者推测可能为在集安故去的新罗人墓葬,见吉林省文物考古研究所、集安市博物馆:《集安洞沟古墓群禹山墓区集锡公路墓葬发掘》,《高句丽研究文集》,延边大学出版社,1993 年。
② 王飞峰:《三燕高句丽考古札记》,《东北史地》2012 年第 4 期。
③ 崔淳雨:《高麗陶磁の編年》,《世界陶磁全集·18·高麗》,小学館。
④ 이종민:《고려, 삶과 연혼의 도자》,《한반도의 흙, 도자기로 태어나다》, 경인문화사, 2010 년。
⑤ 이종민:《고려, 삶과 연혼의 도자》,《한반도의 흙, 도자기로 태어나다》, 경인문화사, 2010 년。
⑥ 崔健:《高麗青磁の性格と展開》,《世界美術大全集·東洋篇 10·高句麗·百濟·新羅·高麗》,小学館, 1998 年。

况，如果安鹤宫是高丽时代的王宫遗址（部分学者认为是高丽文宗三十五年，即公元1081年西京的左宫遗址），那么安鹤宫出土遗物中没有发现任何高丽青瓷或青瓷碎片、高丽陶器或陶器碎片、高丽时代的脊兽是一个非常难以理解的现象①。

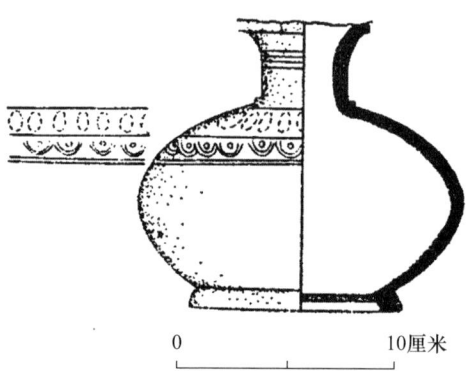

图四　定陵寺出土新罗系印花纹陶器

图五　黄海南道白山郡元山里2号窑址出土"淳化三年"青瓷高杯

安鹤宫出土的瓦当中有一种是边轮上有连珠纹的四瓣莲花纹瓦当（图六），类似

---

① 笔者在与韩国、日本学者就安鹤宫遗址的年代进行讨论时，部分学者认为朝鲜学者在编写安鹤宫的报告时，并没有发表全部材料，而是将出土的可能为高丽时代的材料全部剔除，专门挑选高句丽时代的材料发表。目前这种说法还只是停留在口头讨论阶段。

的莲花纹样在江西大墓的墓室壁画中也有发现①。安鹤宫大部分瓦当的连珠纹位于边轮上，丸都山城宫殿址出土兽面纹瓦当（图七）的连珠纹位于边轮内侧，东台子遗址发现部分莲花纹瓦当（图八）的连珠纹同样位于边轮内侧，丸都山城宫殿址及东台子遗址出土瓦当的下限应为高句丽迁都平壤（公元 427 年）之时②。安鹤宫、丸都山城宫殿址和东台子遗址瓦当连珠纹位置的变化反映了随着时间的变化高句丽瓦当发展演变一个特征，即连珠纹的位置从边轮内侧转移到边轮上面。

图六　安鹤宫出土莲花纹瓦当　　　　图七　丸都山城宫殿址出土兽面纹瓦当

以日本学者千田刚道和韩国学者朴淳发先生等为代表的部分学者在探讨安鹤宫的年代时对朝鲜半岛滴水的出现时间也进行了讨论，即朝鲜半岛滴水的出现时间在统一新罗时代，益山王宫里③和帝释寺④等遗址出土的滴水其年代应为统一新罗时代，因此有必要重新审视中国及朝鲜半岛滴水的出现和演变。中国到唐代为止都没有出现与明清时代三角形滴水形态相似的滴水，而是在很长时间内使用一种压印指头瓦（均为

---

① 关于江西大墓的年代学界的观点仍众说纷纭，笔者认为江西大墓的年代可能在 6 世纪中叶以后。目前为止关于江西大墓的年代主要有以下几种观点："6 世纪初～7 世纪初"说，见魏存成：《高句丽遗迹》，文物出版社，2002 年；"公元 550～600 年"说，见전호태：《고구려 고분벽화의 세계》，서울대학교출판사，2002 년；"6 世纪末后半～7 世纪初前半"说，见東潮：《高句麗考古學硏究》，吉川弘文館；"6 世纪末"说，见국립중앙박물관：《고구려 무덤벽화—국립중앙박물관 소장 모사도》，국립중앙박물관，2006 년；"6 世纪末～7 世纪初"说，见社团法人共同通信社：《高句麗古墳壁畫》，社团法人共同通信社，2006 年；"7 世纪初～7 世纪中叶"说，见耿铁华：《高句丽古墓壁画研究》，吉林大学出版社，2008 年；"7 世纪初"说，见《조선유적유물도감》편찬위원회：《조선유적유물도감 36·고구려편 (4)》，外国文综合出版社，1990 년；赵俊杰：《大同江流域高句丽封土石室墓等级与阶层——兼谈高句丽后期王陵的推定》，《高句麗渤海研究》，第 35 辑，學研文化社，2009 년；"7 世纪"说，见金基雄：《朝鮮半島の壁畫古墳》，六興出版，1980 年。
② 王飞峰：《丸都山城宫殿址研究》，《考古》2014 年第 4 期。
③ 國立扶余文化財研究所：《王宮里 VI》，國立扶余文化財研究所，2008 년。
④ 김선기、김종문외：《益山帝釋寺址試掘調查報告書》，圓光大學校馬韓·百濟文化研究所，1994 년。

为板瓦）或花边瓦（或称之为弧形滴水）摆放在滴水的位置。实际上中国和朝鲜半岛滴水的出现与变迁存在一定的差异：首先，朝鲜半岛南部弧形滴水最晚可能在百济泗沘时期（公元538～660年）晚期出现，三角形的滴水在开城高丽初期高丽宫城建筑中开始出现[①]，弧形滴水继续使用，高丽时代晚期弧形滴水消失。其次，中国滴水的三角形瓦当和板瓦的连接部随着时间的变迁逐渐增大，开始时连接部的角度约90°，至清代逐渐扩大到100°或

图八　东台子遗址出土莲花纹瓦当

图九　安鹤宫出土瓦件及相关遗物和纹样
1、2. 安鹤宫出土滴水　3. 铠马塚壁画　4. 平壤地区出土瓦当　5. 土城里出土瓦当
6、7. 永康七年（公元551年）鎏金铜佛背光及细部纹样

---

① 이상준외：《개성 고려궁성》，국립문화재연구소，2009년.

100°以上；朝鲜半岛弧形滴水连接部的角度大体为 90°，三角形滴水连接部的变化特征与中国相似，呈逐渐增大的趋势。安鹤宫和平壤地区出土部分滴水的纹样（图九，1、2）与铠马塚的壁画纹样（图九，3）、平壤土城里或平壤地区等发现的高句丽瓦当纹样（图九，4、5）、高句丽佛像背光纹样（图九，6、7）比较相似。最后，高丽时代滴水的典型纹样如龙纹、凤凰纹、日晖纹（或称鬼目纹）、唐草纹、梵字纹等在安鹤宫出土的滴水纹样均没有发现。此外安鹤宫出土的遗物中发现一种较为特殊的瓦件，平面大体为方形或长方形，前面的两个侧面均有与滴水相似的构件（图一〇），与此类似的瓦件在统一新罗时代的雁鸭池[①]出土遗物中曾有发现，但是目前出土的高丽时代遗物中还没有发现此类瓦件。安鹤宫出土的部分当沟、筒瓦、板瓦的颜色为红色、黄色或黄褐色等赤色系或黄色系，上述颜色为高句丽瓦的重要特征之一，而朝鲜半岛从三国时代到朝鲜时代其他文化中瓦的颜色基本以灰色系为主，特别是安鹤宫出土的部分瓦的红色与灰色和定陵寺出土瓦的颜色比较相似。

图一〇　安鹤宫出土瓦件

　　安鹤宫基址 M3 为高句丽封土石室墓（图一一），墓道位于墓室的南侧，形状大体为"刀形"，部分学者认为高句丽时代的墓葬 M3 在高丽时代被人再次使用。忠州地区新罗人使用以前高句丽墓葬、统一新罗时代人使用百济墓葬的例子也有发现。究其原因我们可以看到在当时战争频繁、伤亡率很高的情况下，利用前人墓葬作为亡者尸身临时安葬的场所实在是一种无奈之举，也未顾忌到当时的社会道德和伦理思想。而目前为止，朝鲜半岛发现数以千计的高丽时代墓葬中还没有确认一例高丽人利用三国时代或统一新罗时代墓葬的情况，可能与高丽时代传统儒教和伦理思想的强化有一定关系，尊重逝去的长辈或亲友应该与儒家强调"孝悌"以及社会的伦理思想有密切的关联，以至于利用前人墓葬安葬当代逝者的情况为社会所不容。M3 出土的盘口壶是受到

---

① 國立中央博物館：《雁鴨池》，國立中央博物館，1980 년。

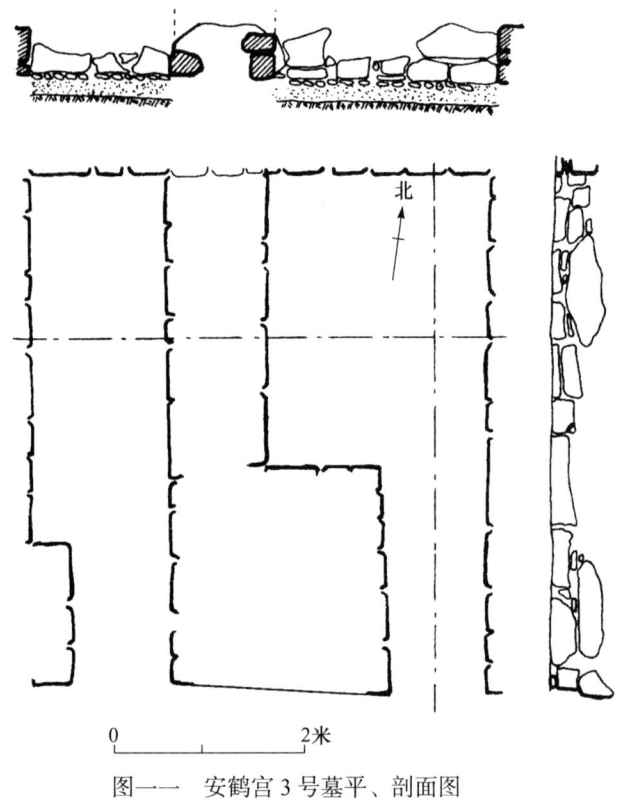

图一一　安鹤宫3号墓平、剖面图

新罗同类器物的影响而在高句丽地区出现的新罗系陶器，与其形态类似的陶器在新罗和加耶地区都可以看到。与M3盘口壶口部较为发达的盘口形态类似的器物在高丽青瓷中虽然可以看到，但是整体上看其形态与高丽时代的青瓷存在较大差异，二者之间应该没有直接的影响或继承关系。

此外我们从中国古代文献中也能够找到与安鹤宫相关的记录。《周书》卷49《高丽传》："高丽者，其先出于夫余。……治平壤城。其城，东西六里，南临浿水。城内唯积仓储器备，寇贼至日，方入固守。王则别为宅于其侧，不常居之。"[1]《北史》卷94《高丽传》："高句丽，其先出夫余。……其王好修宫室，都平壤城，亦曰长安城，东西六里，随山屈曲，南临浿水。城内唯积仓储器备，寇贼至日，方入固守。王别为宅于其侧，不常居之。"[2]《新唐书》卷220《高丽传》："高丽者，本扶余别种也。……其君居平壤城，亦谓长安城，汉乐浪郡也，去京师五千里而赢，随山屈缭为郛，南涯浿水，王筑宫其左。"[3]日本学者田中俊明先生通过对《高丽史》中关于高丽宫室建筑的相关纪录、安鹤宫和平壤城的相对位置等的检讨，认为目前发掘的安鹤宫遗址可能是高丽文宗

---

[1] 令狐德棻等（撰）：《周书》，中华书局，1971年，第884页。
[2] 李延寿（撰）：《北史》，中华书局，1974年，第3110～3115页。
[3] 欧阳修、宋祁（撰）：《新唐书》，中华书局，1975年，第6185页。

三十五年（1081年）修建的西京的左宫遗址。但是根据中国文献的纪录《周书》（王则别为宅于其侧，不常居之）、《北史》（王别为宅于其侧，不常居之）、《新唐书》（王筑宫其左）等的记载、加上对安鹤宫地层关系和出土器物的检讨，我们认为安鹤宫遗址为高句丽时代的王宫遗址。

四、结　　语

本文通过对安鹤宫地层关系、出土遗物和相关文献等的检讨，特别是对安鹤宫基址M3出土盘口壶分析，认为这件器物是受到新罗同类器物的影响而在高句丽地区出现的新罗系陶器，参考新罗和加耶地区此类陶器的编年，我们认为这件盘口壶的年代上限为6世纪中叶、年代为6世纪晚期的可能性也是存在的。其他2件陶器短颈壶和器盖的年代也大体在这一时期。M1和M2这两座墓葬没有发现遗物，从墓葬形制和墓室结构来看其年代与M3应该在同一时期。安鹤宫出土遗物中没有发现高丽时代的典型器物，部分瓦当的纹样与高句丽江西大墓的墓葬壁画纹样、高句丽佛像背光纹样也较为相似。结合中国古代文献关于平壤时期高句丽宫室建筑的记载，我们认为安鹤宫遗址是高句丽迁都平壤以后的一处宫殿建筑遗迹，其年代上限为6世纪中叶，一直使用到高句丽灭亡，安鹤宫遗址出土的陶器、瓦当和滴水等器物均为高句丽时代的遗物。

四、五世纪之交带方故地汉人集团的动向新证*
——好太王碑碑文"十四年甲辰"条纪事考释

赵俊杰

(吉林大学边疆考古研究中心)

公元 313 年前后,乐浪、带方二郡在高句丽的强大压力下相继覆亡,中原王朝旋即丧失了对于朝鲜半岛西北部地区实际控制与管理权。异族的入侵与地方管理体系的瓦解给当地汉人社会造成了巨大震动,引发了汉人集团大规模的迁移与逃亡。汉人除回流内地与南下至朝鲜半岛南部外,仍有相当数量以集团形式聚众自保,并在黄海南道信川郡一带的带方郡故地逐渐形成了聚居区。由于公元 342 年前燕慕容皝攻破丸都,使得高句丽遭受重创而自顾不暇,再加上新的内地移民不断到来,汉人聚居区在 4 世纪中叶出现了短暂的繁荣[1]。然而这种繁荣只是昙花一现,随着外部环境的恶化,不久此地重又陷入动荡,汉人砖室墓与纪年铭砖的数量在 4 世纪后叶急剧下降,汉人又一次群体性流亡。韩昇通过日本史料文献与考古发现的研究,已经揭示了此时期包括带方故地汉人集团在内的半岛移民流向日本的经过[2],而好太王碑碑文"十四年甲辰"条纪事则可能为考证带方汉人前往日本的经过提供新的线索和证据。

一

好太王碑位于吉林省集安市太王乡,是高句丽第十九代王——广开土王的墓碑,立于东晋安帝义熙十年(公元 414 年)。碑文虽有部分漫漶剥落,但大体保存完好,主要记载了高句丽的建国神话、好太王的勋绩与好太王制定的守墓制度,其内容不仅是探索高句丽历史与社会的贵重史料,对于考察当时东亚世界国际关系的基本框架及

---

* 基金项目:国家社会科学基金青年项目(11CKG005);国家社会科学基金重大招标项目(10 & ZD085)。

[1] 赵俊杰:《乐浪、带方二郡覆亡前后当地汉人集团的动向与势力发展》,《吉林大学社会科学学报》2012 年第 1 期。

[2] 韩昇:《日本古代的大陆移民研究》,文津出版社,1995 年。

变化也具有极其重要的意义。好太王碑自被发现以来,已有诸多相关研究成果问世①,但学界对于"十四年甲辰"条碑文无甚争议,因而论者不多。

"十四年甲辰"条纪事起于碑文第三面第三行第7字,止于第四行第20字,共55字,代表性释文②如下:

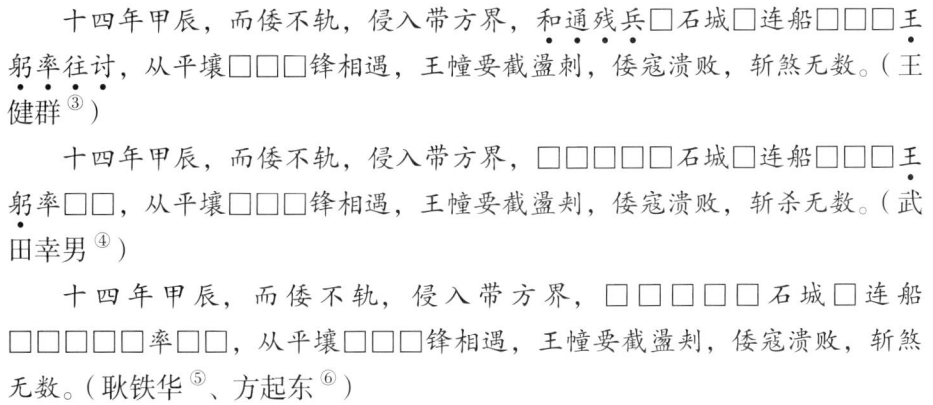

可以看出,各家的释文大体相同。不同之处在于,王健群与武田幸男均将第三行第36字"率"前的第34、35两字释为"王躬",王健群还将其后的第37、38两字释为"往讨",合并后为"王躬率往讨"。我们注意到,碑文第一面第六行、第七行与第九行分别有"廿年庚戌,东夫余旧是邹牟王属民,中叛不贡,王躬率往讨","永乐五年,岁在乙未,王以稗丽不□□人,躬率往讨"与"以六年丙申,王躬率□军讨伐残国"的纪事,而下文的"王幢"意为王的旌旗⑦,表明此次讨伐为广开土王亲征,那么至少从文脉上看,这一释文是较为合理通顺的。此外,王健群还将以往各家均未释出

---

① 各国学者研究好太王碑的成果众多,兹列举有代表性的著作如下:a.朴时亨:《广开土王陵碑》,社会科学出版社,1966 年;b.李进熙:《广开土王陵碑の研究》,吉川弘文馆,1972 年;c.佐伯有清:《研究史——广开土王碑》,吉川弘文馆,1974 年;d.王健群:《好太王碑研究》,吉林人民出版社,1984 年;e.武田幸男:《高句丽史と东アジア—广开土王碑研究序说》,岩波书店,1989 年;f.朴真奭:《高句丽好太王碑研究》,延边大学出版社,1999 年;g.耿铁华:《好太王碑新考》,吉林人民出版社,1999 年;h.武田幸男:《广开土王碑墨本の研究》,吉川弘文馆,2009 年。
② 由于近年来品质上乘的拓本与墨本不断被发现,故本文采用的释文为20世纪80年代以后学者的释文。
③ 王健群:《好太王碑研究》,吉林人民出版社,1984 年。
④ 武田幸男:《广开土王碑墨本の研究》,吉川弘文馆,2009 年。
⑤ 耿铁华:《好太王碑新考》,吉林人民出版社,1999 年。
⑥ 方起东:《好太王碑——中国著名碑帖选集》,吉林文史出版社,1999 年。
⑦ 王健群曾提出将"王幢"释为地名的见解,我们认为并不妥当。若"王幢"为地名,则必须将其系于"□锋相遇"之后,表示两军交战的地点,但是"□锋相遇王幢"似缺少介词,语义欠通,而同时后一句"要截盪刺(刺)"又显得缺少主语,因此将"王幢"比喻为高句丽军队的解释是比较稳妥的。

的"侵入带方界"后四字（第三行第21字至24字）释为"和通残兵"。笔者细察搨拓较为清晰的《周云台拓本》后发现，"和"字无法辨认，"通"字较为明确，"残"字左边部首清晰，"兵"字亦依稀可辨①，可见王健群的释文是有一定依据的。"残"为碑文中记载的"百残"，即百济，这样一来，入侵带方界的主体是倭，百济则作为倭联合的对象出现，考虑到下文的"十七年丁未条"为征伐百济的纪事②，文脉上是"十四年甲辰条"纪事的接续，姑从之。但是，从"十四年甲辰"条纪事中"倭寇溃败"可以看出，是年广开土王交战的对象只有倭，并无关于百济的记述，因此百济是否真正出兵尚未可知，所谓的"合通残兵"也可能仅仅表明当时倭与百济的军事同盟关系。至于第四行第12字释为"刺"或"剌"，第18字释作"杀"或"煞"，均不会对文意的理解产生大的影响，故不再作细辨。综合以上认识，"十四年甲辰"条纪事的大意为：广开土王十四年（公元404年），倭（联合百济）从水路入侵带方郡故地，广开土王自平壤率兵亲征，大败倭军。

二

关于带方郡故地的所在，学术界长期存在不同认识。在之前的研究中，笔者在分析各家见解的基础上，结合考古发现，倾向于支持带方郡故地位于现今朝鲜民主主义人民共和国黄海南、北道一带的观点③，此不赘言。在论及倭人入侵带方故地的目的时，王健群认为，"十四年甲辰"条纪事说明了三个问题：第一，倭人的侵扰时来时去；第二，倭人侵入带方界，目的就是掠夺，侵扰朝鲜半岛之倭，只能是一种海盗集团，而不是什么统一国家的军队，倭的侵扰并不是国家间的征服；第三，倭人目的是为了满足物质上的要求，因此掠夺地点的选择较为随机④（以下简称"掠夺说"）。耿铁华对上述观点提出了批评，认为倭人侵入带方界为直接针对高句丽的军事行动，是倭人对于"十年庚子"好太王救新罗、退倭兵的一种报复，二者有着内在联系；倭人的目的若是在于掠夺，新罗、百济及诸小国距离更近，更便于得手，何必舍近而求远；好太王亲帅水军征讨，倭军被高句丽打得惨败，元气大伤，这也是之后倭人不再敢轻举妄动，终好太王之世再不见有侵扰的重要原因⑤（以下简称"军事报复说"）。"掠夺说"的主要立论依据为好太王碑碑文以及《三国史记》中记载的当时倭人频繁侵扰朝鲜半岛南部的史实，因此将倭人入侵带方故地视为相对独立的历史事件。客观地说，

---

① 王健群：《好太王碑研究》附录五（七），吉林人民出版社，1984年。
② 碑文为："十七年丁未，教遣步骑五万□□□□□□□□王师四方合战，斩煞荡尽，所获铠甲一万余领，军资器械不可称数。还破沙沟城、娄城、牛由城、□城、□□□□□城。"（王健群释文）
③ 赵俊杰：《乐浪、带方二郡的兴亡与带方郡故地汉人聚居区的形成》，《史学集刊》2012年第3期。
④ 王健群：《好太王碑研究》，吉林人民出版社，1984年，第186页。
⑤ 耿铁华：《好太王碑新考》，吉林人民出版社，1999年。

历史上异民族入侵的目的本质上都可以归入"掠夺"的范畴，因此该说本身并无不妥。然而该说没有充分考虑带方故地的位置及其与倭地的距离关系，是其招致诟病的症结所在。与之不同的是，"军事报复说"则试图通过把握碑文纪事间的内在联系来展开解释，但结论多由未经考实的见解出发，推测之处过多，缺乏有力的证据支持，难以令人信服。

《三国志·魏志·倭人传》[1]中对于自带方到倭地的水路里程与途经有详细记载：

> 倭人在带方东南大海之中，依山岛为国邑。旧有百国，汉时有朝见者，今使译所通者三十国。从郡至倭，循海岸水行，历韩国，乍东乍南，到其北岸狗邪韩国，七千余里，始渡一海，千余里至对马国……又南渡一海千余里，名曰瀚海，至一大国……又渡一海，千余里至末卢国……东南陆行五百里，到伊都国……世有王，皆统属女王国，郡使往来常所驻。东南至奴国百里……东行至不弥国百里……南至投马国，水行二十日……南至邪马壹（台）国，女王之所都，水行十日，陆行一月……自郡至女王国万二千余里。

由上文可知，当时倭与带方郡之间存在朝贡关系，使节来回的里程虽可能不甚准确，但路线是毋庸置疑的。一般认为，邪马台国是当时日本列岛上生产力最发达，人口最多的一个国家，因此以邪马台国作为文献中"倭"的实体应当没有太大问题。当时的航海技术尚未成熟，从带方出发后，"乍东乍南"，一路沿着朝鲜半岛西部曲折的海岸线南下前行，历七千余里到达狗邪韩国，即后来的金官加耶（今韩国庆尚南道金海市一带），而后横渡对马海峡去往日本列岛。尽管学术界对于邪马台国的位置还有争议，但按当时里数计算，仅从日本列岛最西端的对马岛到带方故地的海路里程就已经超过八千里，这种航行不但所需时间长，耗费庞大，而且碑文中的"连船"字样表明倭人是以船队的形式到达带方故地，"连船"后不可辨识的三字或许是对船队规模的描述。因此这显然不可能是随机的寇抄行为，而是有计划的，不惜付出巨大代价的集团行动。那么，公元404年倭人入侵带方故地的真正目的到底是什么呢？笔者以为，分析4世纪后叶以来带方故地各民族集团的动向及由此引发的社会变动，将会提供解决问题的契机。

三

4世纪60年代以后，高句丽国力有所恢复，在向前燕称臣纳贡，积极修复关系[2]

---

[1] 《三国志》卷30《倭人传》，中华书局，1959年。
[2] 《三国史记》卷18《高句丽本纪》第六，故国原王二十五年："冬十二月，王遣使诣燕，纳质修贡，以请其母。燕王儁许之，遣殿中将军刁龛送王母周氏归国，以王为征东大将军、营州刺史，封乐浪王、公如故。"

的同时,开始重新着手对朝鲜半岛西北部地区的经略。与此同时,百济也在积极谋求北进扩张,军事交锋自然难以避免。起初高句丽在与百济的战事中处于下风,故国原王也在平壤保卫战中身亡[1]。370 年前秦灭前燕,高句丽将前燕太傅慕容评执送于秦[2],遂与前秦建立了友好关系。西线威胁的解除,使高句丽得以免去后顾之忧,专注于南线对百济的作战,此后战局逐渐向着对高句丽有利的方向发展。

日本殖民地时期调查者曾于黄海北道黄州郡收集到一批百济陶器,包括高杯、盖、盘、甑、长卵形陶器等五大类 13 件,均为生活用器,形制与朝鲜半岛南部汉江流域发现的典型百济陶器相同,时代约为 4 世纪中叶前后[3],反映出当时黄州地区或许已有百济人居住[4]。与之相关的是,在平壤之战的第二年,即公元 372 年,百济首次遣使入东晋朝贡,并获封"镇东将军、领乐浪太守"之职[5]。"乐浪太守"当为百济主动要求册封的官职,而"领"字更耐人寻味,表明此时双方战争的目标已不仅仅是为了劫掠人口,百济对于乐浪地区的渴望已昭然若揭。反过来看,封号与实际领地有着直接的联系,也不能排除当时百济势力已渗透至黄州地区,或是更北的乐浪故地,距平壤仅咫尺之遥的可能,那么 4 世纪 70 年代高句丽南进的一度受挫便有了考古学和文献的依据。黄州距平壤约 35 千米,距黄海南道信川郡也仅数十千米,此处若成为高句丽与百济交战的前沿,必定对信川郡一带的汉人聚居区造成极大的震动与影响。

二郡覆亡后,残留在故土的汉人集团已然失去了中央政府的庇护,但聚居区范围内出土的铭文墓砖中却不乏"太宁"(公元 323~326 年)、"咸和"(公元 326~334 年)、"建元"(公元 343~344 年)、"永和"(公元 345~356 年)等东晋年号[6]的发现。其间虽有年代上的缺环,也存在江南新帝登基改元而当地未及得知,依然沿用先帝年号的例子,但足见当地仍与偏安江南地区的东晋政权保持着断续联系。出土多例铭文墓砖的黄海南道信川郡福隅里墓群为乐浪汉人大姓之一的韩氏家族墓地,墓地中的墓葬在 4 世纪前叶呈现稳定延续的状态,田村晃一的研究已经揭示了墓葬的长幼排序与布局关系[7]。家族墓地选址的重新固定和延续性的维持,正是此时期汉人聚

---

① 《三国史记》卷 18《高句丽本纪》第六,故国原王三十九年,"秋九月,王以兵二万,南伐百济,战于稚壤,败绩";故国原王四十一年,"冬十月,百济王率兵三万来攻平壤城,王出师拒之,为流矢所中,是月二十三日薨"。此平壤城为此后高句丽移都之平壤,学界已有共识。

② 《三国史记》卷 18《高句丽本纪》第六,故国原王四十年:"秦王猛伐燕,破之,燕太傅慕容评来奔,王执送于秦。"

③ 崔钟泽:《黄州出土百济陶器例》,《韩国上古史学报》第 4 辑,1990 年,第 334 页。

④ 崔钟泽:《从考古学看高句丽的汉江流域进出与百济》,《百济研究》第 28 辑,1998 年,第 157 页。

⑤ 《晋书》卷 9《简文帝纪》:"咸安二年春正月辛丑,百济、林邑王各遣使贡方物……六月,遣使拜百济王余句为镇东将军,领乐浪太守。"

⑥ 梅原末治:《乐浪·带方郡时代纪年铭砖集录》,《昭和七年度古迹调查报告》,朝鲜总督府,1933 年。

⑦ 田村晃一:《乐浪北部的砖室墓》,《乐浪与高句丽的考古学》,东京同成社,2001 年。

居区内部秩序安定的缩影。然而，自冬寿墓①"永和十三年"（公元357年）墨书纪年之后，朝鲜半岛西北部地区晚于该年的东晋年号纪年文字材料仅见黄海南道信川郡西湖里发现的"元兴三年"（公元404年）铭砖一例，数量急剧下降，这也是墓砖的载体——砖室墓数量锐减的集中体现。砖室墓作为东汉以来二郡汉人的代表性墓葬形态，二郡覆亡后依然在汉人聚居区流行，但目前可确认时代晚于4世纪中叶的墓葬寥寥无几，其修造也止于5世纪初②。福隅里墓群最外侧，时代最晚的八号墓出土有后赵"建武十六年"铭文砖，亦明确表明该墓地的修筑终于公元350年。以上种种迹象显示，4世纪后叶以后，汉人聚居区社会发生了巨变，二郡遗民开始大规模出逃，而高句丽与百济的激烈战事所导致的周边局势的恶化，正是引发社会动荡的直接原因。

笔者认为，带方郡故地的汉人聚居区实质上是由多个汉人势力集团构成的共同利益联合体，这种联合体本身的联盟性质决定了其组织结构较为松散，缺乏统一的领导核心，在孤立无援的处境下，稍有风吹草动，便会各自寻求自保。从人口上看，3世纪后叶乐浪、带方二郡户数总和仅为8600户③，又历经4世纪初的兵乱与民众的流亡潮，彼时黄海南道信川郡附近的汉人聚居区人口数应当大不如前，纵然经历几十年的和平时期，人口有恢复性的增长，但仍然无法抵御大规模的军事入侵。因此，为躲避战乱，当地的汉人集团不得不再次选择迁徙与逃亡。

四

自古以来，大陆人们迁徙到日本列岛的脚步从未曾间断，《后汉书》中就已经出现有关"徐福东渡"与"澶州"的记载④。徐福东渡的传说虽然是后人附会之词，不足为信，但也反映出早在公元前后，就已经有大陆居民渡海到达日本列岛定居。韩昇曾将4～10世纪的日本大陆移民分为三个阶段，其中第一阶段大约从4世纪后叶至5世纪初叶，移民的记载主要集中于《日本书纪·应神天皇纪》⑤。其中有如下记载：

---

① 科学院考古学与民俗学研究所：《遗迹发掘报告第3集——安岳第三号墓发掘报告》，科学院出版社，1958年。

② 高久健二：《乐浪砖室墓の研究——砖室墓の分期、编年および诸问题の考察》，《第33回韩国上古史学会学术发表大会——乐浪的考古学》，韩国上古史学会，2005年。

③ 《后汉书志第二十三郡国》五，第3529页，中华书局，1965年。

④ 文见《后汉书》卷85《倭传》第2822页。

⑤ 目前日本学界对《日本书纪》的研究已经取得了一些共识性的认识，其中即包括谥"神"者（第一代的神武天皇、第十代的崇神天皇、第十五代的应神天皇）可能代表新时代的开创者。而第一代至第十四代天皇的记载神话色彩浓厚，真实性颇为可疑，因此根据对王号称谓、世系继承关系的分析与批判，日本学者大都认为大和朝廷始于应神时代（约在4世纪末、5世纪初）。《日本书纪》从应神天皇起的记载也渐有规范，其中有关朝鲜国家的记载，若把年代往后推移一百二十年，则颇与朝鲜的记载相符。所以从此时间开始的记载，略可信。参见韩昇：《日本古代的大陆移民研究》，文津出版社，1995年，第19、20页。

廿年秋九月，汉倭直祖阿知使主，其子都家使主并帅己之党类十七县而来归焉。

而《续日本纪》延历四年六月癸酉条有着更为详细的叙述：

右卫士督从三位兼下总守坂上大忌寸苅田麻吕等上表言："臣等本是后汉灵帝之曾孙阿智王之后也。汉祚迁魏，阿智王因神牛教，出行带方，忽得宝带瑞，其像似宫城，爰建国邑，育其人庶。后召父兄告曰：'吾闻东国有圣主，何不从归乎。若久居此处，恐取覆灭。'即携母弟迁兴德及七姓民规划来朝……于是阿智王奏请曰：'臣旧居在于带方，人民男女皆有才艺，近者寓于百济、高丽之间，心怀犹豫，未知去就。伏愿天恩遣使追召之。'乃敕遣臣八腹氏，分头发遣，其人民男女，举落随使尽来，永为公民。

同一事《新撰姓氏录》逸文《坂上系图》则云：

阿智王，誉田天皇（谥应神）御世，避本国乱，率母并妻子、母弟迁兴德、七姓汉人等归化……天皇矜其来志，号阿智王为使主，仍赐大和图桧隈郡乡居之焉。于时阿智使主奏言：'臣入朝之时，本乡人民往离散，今闻遍在高丽、百济、新罗等国，望请遣使唤来。'天皇即遣使唤之。大鹪鹩天皇（谥仁德）御世，举落随来。

抛开三条纪事的神话因素可以发现，阿智王本是自大陆迁徙到带方一带的汉人移民，因其身份背景特殊而成为当地汉人集团的首领，汉人的"七姓"则大概代表了当地大的汉人集团的数量。带方故地的地理位置恰好位于高句丽与百济之间，是二者激烈争夺的地区，上文所述乐浪、带方二郡覆亡后考古材料所反映的当地局势，与这里援引的文献内容基本相吻合，那么将此纪事的时间推定在4世纪后叶至5世纪初应当不会有太大问题。在面临覆灭的危险下，汉人集团出现或举家逃亡，或一个氏族分为数支，一支暂留故土等待消息，其他几支奔向不同目的地，积极寻找退路的情况[①]。阿智王集团与其他七姓汉人集团的部分人即是自带方故地出发，率先抵达日本列岛的流亡者，与此同时，剩余的大量集团成员仍滞留在故土等候召唤。对于当时普遍刚刚完成政权构建的东亚各国而言，人口的增加是扩充自身实力极其重要的基础条件，而带方故地大批"皆有才艺"（掌握先进生产力），却又"未知去就"的汉人是倭政权所无法抗拒的。历史已经证明，来自朝鲜半岛的汉人移民所带去的涵盖生产技术、文化、

---

① 韩昇：《日本古代的大陆移民研究》，文津出版社，1995年，第19、20页。

政治等各个方面的先进文明，对于倭人社会的发展进步起到了极其重要的作用。因此笔者认为，公元404年倭人"连船"入侵带方的真正意图，在于根据先期到达日本的汉人集团首领提供的情报，将带方故地剩余的汉人集团成员接送回国。倭政权虽然为此次行动耗费了大量人力物力，甚至遭受到军事上的打击，但若与日后汉人"渡来人"对促进日本社会生产力进步所作的巨大贡献相比，这些损失可谓不值一提。

好太王碑碑文中，新罗与百济均出现七次，而倭出现达九次之多[①]，反映出高句丽对于倭动向的强烈关注。通过由碑文构筑的当时高句丽政权眼中的东亚各国关系框架可知，新罗为臣属国，百济敌对多过臣属，而倭则为觊觎朝鲜半岛的敌对国。那么以高句丽的立场而言，倭人公然在自己的势力范围内劫走如此众多的本应为其所用的汉人，显然是种无法容忍的挑衅行为。加之这一事件将可能对高句丽造成不可估量的潜在损失，广开土王亲自率军讨伐自然也在情理之中。在倭人的此次行动之前，百济与倭结成同盟关系，但百济在其中所扮演的角色尚不可知，联系碑文的叙述，百济派出军队协同倭军作战的可能性不大。那么开放西部海域，为倭人船队自由通行提供便利，或许才是百济在三年后遭到高句丽军事打击的原因所在。

---

① 参见武田幸男：《高句丽史と东アジア—广开土王碑研究序说》，岩波书店，1989年，第205页。这一次数是根据字迹清晰的铭文所作的统计，比较稳妥。而王健群的释文中倭出现十一次，耿铁华则释出十二次，参见：a. 王健群：《好太王碑研究》，吉林人民出版社，1984年；b. 耿铁华：《好太王碑新考》，吉林人民出版社，1999年。后二者的统计中均包含新释出的"倭"字，正确与否还有待进一步的研究，但无论如何，当时高句丽对于倭的强烈关注毋庸置疑。

辽东汉至魏晋南北朝墓葬壁画源流初探

孙力楠

（东北师范大学历史文化学院）

汉代壁画墓首先出现在当时经济、文化最发达的关中、豫西和晋南，以后逐渐扩张，西到陇中和河西，东到山东，北到河北、山西、内蒙古东部、辽宁和吉林等地[①]。画像石与画像砖出现的时间与墓葬壁画大体相近。中原地区壁画墓、画像石与画像砖兴起于西汉早期[②]，流行于东汉时期。辽东地区汉壁画墓出现的时间最早是在东汉中期，虽然辽东汉至魏晋南北朝壁画墓比中原壁画墓有一定的滞后性，但在壁画题材、内容及其表现形式上与中原地区却有密不可分的联系。

一、辽东墓葬壁画以及与周边地区墓葬壁画的渊源关系

辽东汉至魏晋南北朝墓葬壁画内容大体上可以分为墓主升天图、宴居图、庖厨图、仓廪图、楼阁宅第图、杂技乐舞图、门卒、门犬、属吏图、车骑出行图、日月星云装饰图案以及其他。

1. 墓主升天图

经学者考证，以洛阳卜千秋墓为代表的中原地区早期墓葬壁画内容与长沙马王堆1号汉墓和3号汉墓出土的"T"字形非衣帛画的图像都是表现天上世界和墓主升仙的题材，三者之间的惊人相似绝非偶然，它证明了汉壁画墓乃至汉画像石墓和汉画像砖墓的画像题材及其艺术表现形式，是继承了早期的非衣帛画发展而来的……汉画像石墓中的主要画像题材，几乎都可以从马王堆1号墓、3号墓的帛画和漆棺画以及山东临沂9号墓的非衣帛画中找到其原初的表现形式[③]。

[①] 俞伟超：《中国古墓壁画内容变化的阶段性——在"河北古代墓葬壁画精粹展"座谈会上的发言提纲》，《文物》1996年第9期，第63、64页。

[②] 阎道衡：《永城邙山柿园发现梁国国王壁画墓》，《中原文物》1990年第1期，第32页。

[③] a.信立祥：《汉代画像石综合研究》，文物出版社，2000年，第195页；b.湖南省博物馆、中国社会科学院考古研究所：《长沙马王堆一号汉墓》，文物出版社，1973年；c.临沂金雀山汉墓发掘组：《山东临沂金雀山九号汉墓发掘简报》，《文物》1977年第11期，第24～27页。

坐落在辽东半岛营城子2号墓[①]的壁画内容与布局显然也是承袭早期的非衣帛画。但由于时间和空间的距离都比较远，它不可能是直接继承长沙马王堆汉墓的非衣帛画，而河南早期壁画墓和山东、湖北北部、河南东部、南阳、江苏北部的早期汉画像石墓画像题材内容也继承沿袭了西汉中期以前木椁墓中的帛画和漆棺画。因此营城子2号墓的壁画与上述地区关系密切。

营城子2号墓墓室北壁画面实际上也可以划分为两个层次，中间的部分表示墓主人到达仙界，有身生长毛的羽人，脚踏涡云，手持赤草（灵芝）前来迎接，一老者来到墓主人面前，引导墓主人升天，羽人前方和老者后方有一只展翅飞翔的朱雀，墓主人的后上方有一苍龙飞舞。画面下方人间部分绘有三人在祭祀墓主人。这种层次关系相当于马王堆汉墓1号墓中帛画的第二层和第三层（图一）。

图一　营城子2号墓

墓主升天图作为中原地区早期壁画的主要内容，卜千秋墓、烧沟61号墓、浅井头西汉壁画墓都有此类题材，营城子2号墓中的羽人与卜千秋墓[②]中的持麾羽人都站在云气中，披发、身生羽翼，须发飘飘，似在仙境中一样（图二）。

---

① 内藤宽、森修：《营城子》，刀江书社，1934年。
② 洛阳博物馆：《洛阳西汉卜千秋壁画墓发掘简报》，《文物》1977年第6期，第1～12页。

图二　墓主升天图（一）
1. 营城子 2 号墓　2. 洛阳卜千秋墓

营城子 2 号墓主室南壁门内左右门卒中间的上方一个圆头圆眼，张口，身上生毛，两只胳膊左右伸展的怪物形象可以在洛阳偃师县新莽壁画墓[①]看到相似的画面。该墓分为前室、中室和后室三部分，前室与中室之间有一勾栏门式建筑，即紧贴东西两壁各砌一块窗棂式隔栏，中间留出一个门道，门道上方有一两块空心砖组成的横额，其迎前室一面绘有壁画，中间为一虎头形方相图，所以，营城子 2 号墓中的也应该是虎头形方相士（图三）。

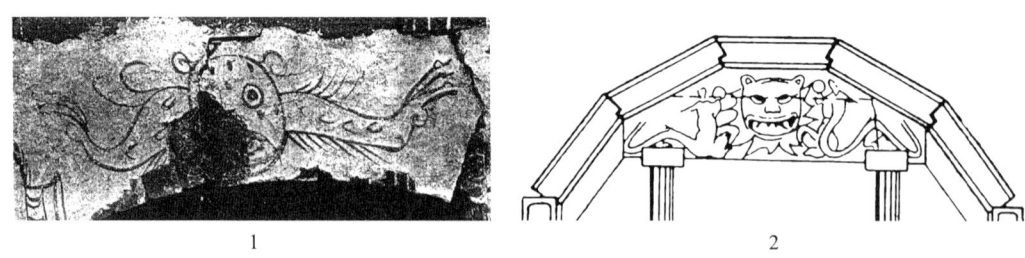

图三　墓主升天图（二）
1. 营城子 2 号墓　2. 偃师新莽壁画墓

---

① 洛阳市第二文物工作队：《洛阳偃师县新莽壁画墓清理简报》，《文物》1992 年第 12 期，第 1～8 页。

营城子 2 号墓墓门内上方头戴三山冠，重眉圆眼睛，张口露齿，胡须伸展，左手握蛇，右手持旗的半身怪神像是辟邪的魌头[①]。魌头是古代驱疫时扮神的人所蒙的面具，形状很丑。这种操蛇神怪是河南、湖北、湖南、江苏等地战国楚墓中的造型，东汉晚期在四川成都、重庆、绵阳等地集中出现，此外在云南呈贡七步场、广东东郊和山东安丘的东汉墓葬中均有相似或有所变异的造型[②]。这种操蛇神怪形象是经东南沿海地区传入的南方地区的文化因素[③]（图四）。

图四　营城子 2 号墓

由于营城子 2 号墓的地理位置与辽阳地区尚有一定距离，其壁画面貌还是存在一定的差异，2 号墓中以墓主升天为主要表现内容的图像不见于辽阳地区，而辽阳地区自出现墓葬壁画就以墓主人的家居生活和车马出行等为主要题材，其中墓主宴居图一直贯穿始终。

2. 宴居图

宴居图画在棺室的多为单棺室墓葬，也是年代较早的墓葬，即早期简单的墓葬形式制约着壁画的绘制位置；当墓葬出现耳室以后，宴居图多数都绘在左右耳室壁上，尤其时代较晚的墓葬比较有规律，基本都画在右耳室壁上，介于中间阶段的墓葬宴居图绘制位置比较复杂，有左右耳室都画的，有画在后小室的，有画在左右廊或后廊的。

根据墓主人坐像的不同，可以将宴居图分为四种类型。

A 类以男性墓主人为中心，周围环列侍从，墓主人为侧面形象。其中棒台子

---

① 汤池：《汉魏南北朝墓室壁画》，《中国美术全集·绘画编 12·墓室壁画》，文物出版社，1989 年。
② 吴荣增：《战国汉代的操蛇神怪及有关神话迷信的变异》，《先秦两汉史研究》，中华书局，1995 年。
③ 郑君雷：《中国东北地区汉墓研究》，吉林大学博士学位论文，1997 年。

1号墓①墓主形象与洛阳机车工厂东汉壁画墓②墓主人画像、洛阳新安县铁塔山汉墓③墓主人像都比较接近；北园1号墓④壁画中的墓主人坐在堂下，面对宾客，周围环列仆从，与岗子1号墓⑤和山东诸城汉墓画像石⑥中的墓主人像都比较相近。而且北园1号墓主人手执的便面与河北安平壁画墓⑦中墓主人手中的便面是一样的（图五）。

图五　A类宴居图
1.棒台子1号墓　2.洛阳机车工厂东汉壁画墓　3.北园1号墓　4.岗子1号墓　5.安平壁画墓

从考古发现的实物及图像来看，执便面及执金吾之风尚肇自西汉，盛于东汉，魏晋南北朝已属尾声。在各地发现的东汉画像石和墓室壁画里，于车骑出行、拜谒、讲经、宴饮庖厨、乐舞百戏、西王母等画面上，执便面与执金吾的形象屡见不鲜⑧。

B类为男女墓主人并坐两方榻上（图六）。其中棒台子2号墓⑨墓主夫妇并排端坐榻上，这与洛阳朱村壁画墓⑩和西工壁画墓⑪中的墓主夫妇坐像相同。朱村壁画墓中的墓

---

① 东北博物馆：《辽阳三道壕两座壁画墓的清理工作简报》，《文物参考资料》1955年第12期，第49～58页。
② 洛阳市文物工作队：《洛阳机车工厂东汉壁画墓》，《文物》1992年第3期，第27～34页。
③ 洛阳市文物工作队：《洛阳新安县铁塔厂汉墓发掘报告》，《文物》2002年第5期，第33～38页。
④ 李文信：《辽阳北园画壁古墓记略》，《沈阳博物院筹备委员会汇刊》1947年第1期，第122～163页。
⑤ 江苏省文物管理委员会、南京博物院：《江苏徐州、铜山五座汉墓清理简报》，《考古》1964年第10期，第504～519页。
⑥ 任日新：《山东诸城汉墓画像石》，《文物》1981年第10期，第14～20页。
⑦ 河北省文物研究所：《安平东汉壁画墓》，文物出版社，1990年。
⑧ 汤池：《孔望山造像的汉画风格》，《考古》1987年第11期，第1011～1020页。
⑨ 王增新：《辽阳市棒台子二号壁画墓》，《考古》1960年第1期，第20～23页。
⑩ 洛阳市第二文物工作队：《洛阳市朱村东汉壁画墓发掘简报》，《文物》1992年第12期，第15～20页。
⑪ 洛阳市文物工作队：《洛阳西工东汉墓》，《中原文物》1982年第3期，第15～21页。

人坐在床榻上，男主人居左，头戴进贤冠；身穿黑色大袍，右衽，双手拢于袖中。女主人居右，头戴黑帽，身穿红袍，双手拢于袖中。榻前有长几，几上置有盛食物的食器。这三幅墓主夫妇宴居图中人物布局以及器具摆设都很相似。山西夏县王村墓[①]据原报告推测在男主人左边的地方残存一穿朱红袍服的图像，可能是墓主人之妻。

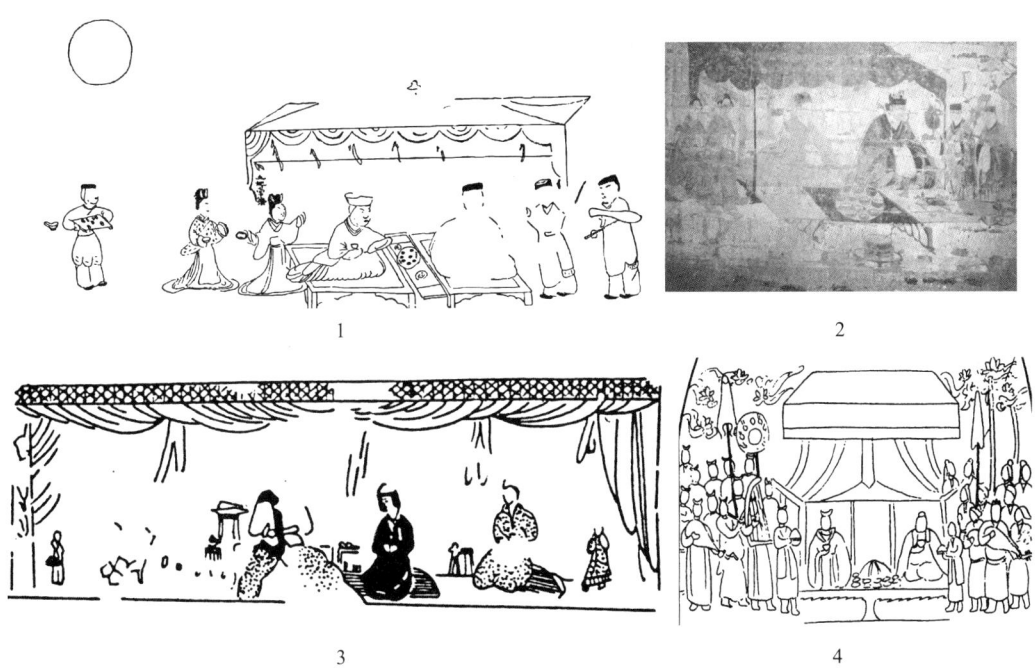

图六　B类宴居图
1.棒台子2号墓　2.朱村东汉壁画墓　3.角觝墓　4.徐显秀墓

C类为墓主人对坐两方榻上，墓主人形象都比较高大，侍者形象相对较小。其中三道壕1、2、3号[②]，车骑墓，令支令张等墓[③]男女墓主人对坐的形象在中原地区壁画墓和画像墓中尚未发现，但都有与该类壁画部分图像相似的实例。车骑墓中女主人头插发笄的图像与密县打虎亭汉墓[④]和安平壁画墓[⑤]以及山东沂南汉墓出土画像石墓[⑥]中女性头上发笄是一样的（图七）。

---

① 山西省考古所、运城地区文化局、夏县文化局博物馆：《山西夏县王村东汉壁画墓》，《文物》1994年第8期，第34～46页。
② 东北博物馆：《辽阳三道壕两座壁画墓的清理工作简报》，《文物参考资料》1955年第12期，第49～58页。
③ 李文信：《辽阳发现的三座壁画古墓》，《文物参考资料》1955年第5期，第15～42页。
④ 河南省文物研究所：《密县打虎亭汉墓》，文物出版社，1993年。
⑤ 河北文物研究所：《安平东汉壁画墓》，文物出版社，1990年。
⑥ 转引自高春明：《中国服饰名物考》，上海文化出版社，2001年，第174页。

图七　C 类宴居图
1. 车骑墓　2. 密县打虎亭汉墓　3. 山东沂南汉墓

D 类男墓主以正面形象出现，且形象高大。这个类型的上王家墓[①]，在右耳室右壁绘墓主及侍者，堂上朱幕高悬，下垂朱帷四结，男主人端坐于方榻上，头戴冠蓄须，红唇，右手执麈尾，面前置红方案，背后有朱色屏障，榻右侍立一人，黑帻长袍束腰，捧笏面向主人，头部墨题"书佐"字样，屏后侍立三人，均黑帻长袍束腰，捧笏面向主人，榻左一侍者手举耳杯似向主人进食。类似的图像出现在北京石景山区八角村魏晋墓[②]中（图八）。

图八　D 类宴居图
1. 上王家墓　2. 北京八角村石椁壁画　3. 朝阳袁台子壁画墓

3. 出行图

出行图一般都画在棺室、耳室和回廊壁上，个别的画在后廊壁上。一般是与宴居图相对，个别的与宴居图在同一个耳室壁上，而大型墓葬如棒台子 1 号墓和北园 1 号墓的出行图都在左右廊壁上，这种大型壁画墓的出行图应该是墓主身份的象征。其他

---

① 李庆发：《辽阳上王家村晋代壁画墓清理简报》，《文物》1959 年第 7 期，第 60～62 页。
② 石景山区文管所：《北京市石景山区八角村魏晋墓》，《文物》2001 年第 4 期，第 54～59 页。

类型墓葬的出行图都在左或右耳室。

根据出行场面中不同画面组合分为五种类型。

A类出行场面是骑吏和軿车（牛车）的组合。以东门里墓为例。出行图分布在棺室右壁，二骑马男子，应为导骑，导骑后部是一辆牛车，朱蓬黑轮，轴头饰红色，双辕驾一黄牛。下面画两道平行的黑线，以表示地面。目前在其他地区的墓葬壁画出行图中未见有相似的图像。

B类出行图组合为骑吏、軿车（马车）和车列（仪仗车列）。其中北园1号墓主车形象与山西夏县王村墓①、山西离石画像石墓②、洛阳朱村壁画墓③、河北安平壁画墓④、山东长清孝堂山祠堂⑤画像均较类似。山西离石画像石墓等墓主的出行图中，基本都是在主车前有人数不等的骑吏和軺车为前导，主车后面根据墓主等级的高低跟从若干骑吏（图九）。

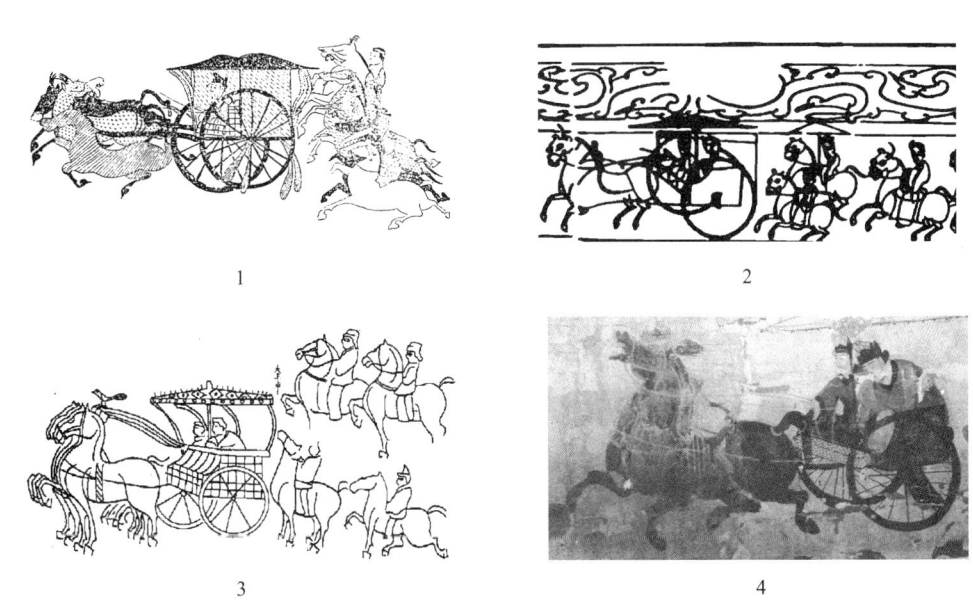

图九　B类出行图（一）
1.北园1号墓　2.山西离石画像石墓　3.山东长清孝堂山祠堂　4.洛阳朱村壁画墓

---

① 山西省考古所、运城地区文化局、夏县文化局博物馆：《山西夏县王村东汉壁画墓》，《文物》1994年第8期，第34～46页。
② 山西省考古研究所、吕梁地区文物管理所、离石县文物管理所：《山西离石再次发现东汉画像石墓》，《文物》1996年第4期，第13～27页。
③ 洛阳市第二文物工作队：《洛阳市朱村东汉壁画墓发掘简报》，《文物》1992年第12期，第15～20页。
④ 河北省文物研究所，《安平东汉壁画墓》，文物出版社，1990年。
⑤ 转引自信立祥：《汉代画像石综合研究》，文物出版社，2000年，第51页。

北园 1 号墓中黑盖车与和林格尔壁画墓①、山东章丘市黄土崖画像石墓②中的同类车图像非常接近；棒台子 1 号墓中的斧车与河南荥阳苌村汉代壁画墓③出行图中的斧车接近；鼓车与山东长清孝堂山祠堂④壁画出行图中的鼓车相似（图一〇）。

图一〇　B 类出行图（二）
1.北园 1 号墓　2.山东章丘市黄土崖画像石墓　3.棒台子 1 号墓　4.河南荥阳苌村壁画墓
5.棒台子 1 号墓　6.山东长清孝堂山祠堂

---

① 盖山林：《和林格尔汉墓壁画》，内蒙古人民出版社，1978 年。
② 章丘市博物馆：《山东章丘黄土崖东汉画像石墓》，《考古》1996 年第 10 期，第 43～53 页。
③ 郑州市文物考古研究所、荥阳市文物保护管理所：《河南荥阳苌村汉代壁画墓调查》，《文物》1996 年第 3 期，第 18～27 页。
④ 转引自信立祥：《汉代画像石综合研究》，文物出版社，2000 年，第 51 页。

C 类出行组合为骑吏、軿车（马车）和车列。棒台子2号墓的軿车与密县打虎亭汉墓壁画、山西离石画像墓以及安平壁画墓中的同类车图像类似（图一一）。

图一一　C 类出行图
1. 棒台子 2 号墓　2. 山西离石画象砖墓　3. 密县打虎亭汉墓

D 类出行组合为骑吏、軿车（牛车）和车列。车骑墓的骑吏图与偃师杏园东汉壁画墓的骑吏图相似[①]（图一二）。

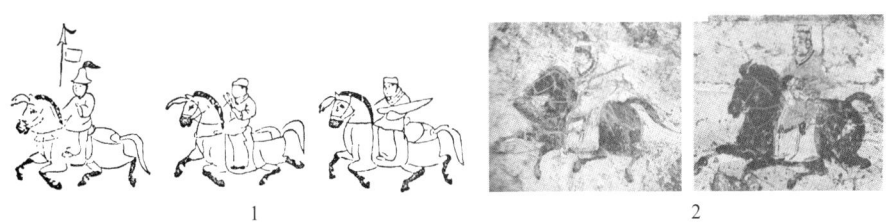

图一二　D 类出行图
1. 车骑墓　2. 偃师杏园壁画墓

E 类出行以骑吏、軿车（牛车）组合为特征。上王家墓中的牛拉軿车图与北京八角村魏晋墓石棺画上的軿车一样（图一三）。

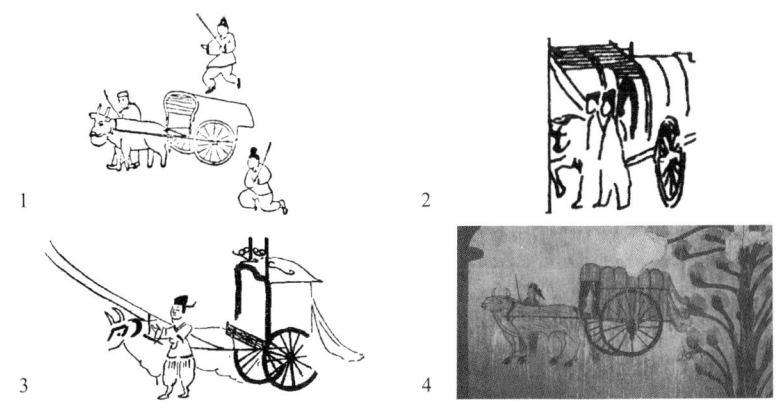

图一三　E 类出行图
1. 上王家墓　2. 北京八角村墓　3. 朝阳袁台子壁画墓　4. 舞踊墓

---

① 徐殿魁：《河南偃师杏园村东汉壁画墓》，《考古》1985 年第 11 期，第 18～22 页。

4. 庖厨图

在表现墓主家居生活的题材中，庖厨图是一个重要内容，这类题材在中原地区壁画墓和画像石墓中是比较常见的。

棒台子1号墓中的庖厨场面与山东诸城前凉台画像石和密县打虎亭汉墓、东汉江苏彭城相缪宇墓[①]同类题材画面有相似之处，其中在横杆上悬挂食物、屠宰牲畜、在案板的操作、摆放的器具等比较相似。彭城相缪宇墓庖厨图比较简单，在南壁横额上格左端为庖厨图，有灶、釜，灶前蹲一人，其后一人穿圆领短衣，双手上扬，上方悬挂一鹅、二豚腿等物。车骑墓中的二人抬一黑色容器的画面与甘肃酒泉西沟村魏晋墓[②]中的一样（图一四）。

图一四　庖厨图
1.棒台子1号墓　2.山东诸城前凉台画像石墓　3.密县打虎亭汉墓　4.甘肃酒泉西沟村魏晋墓　5.车骑墓

---

① 南京博物院，邳县文化馆：《东汉彭城相廖宇墓》，《文物》1984年第8期，第22～29页。
② 甘肃省文物考古研究所：《甘肃酒泉西沟村魏晋墓发掘报告》，《文物》1996年第7期，第4～38页。

5. 乐舞图

棒台子 1 号墓和北园 1 号墓的乐舞图中乐队、建鼓、跳剑、丸、倒立、舞袖等表演项目与和林格尔汉墓[①]、山东诸城汉画像石、河南南阳军帐营汉画像石墓[②]中的同类图像比较类似（图一五）。这些乐舞表演画面的基本构成是乐队、舞蹈、杂技等。

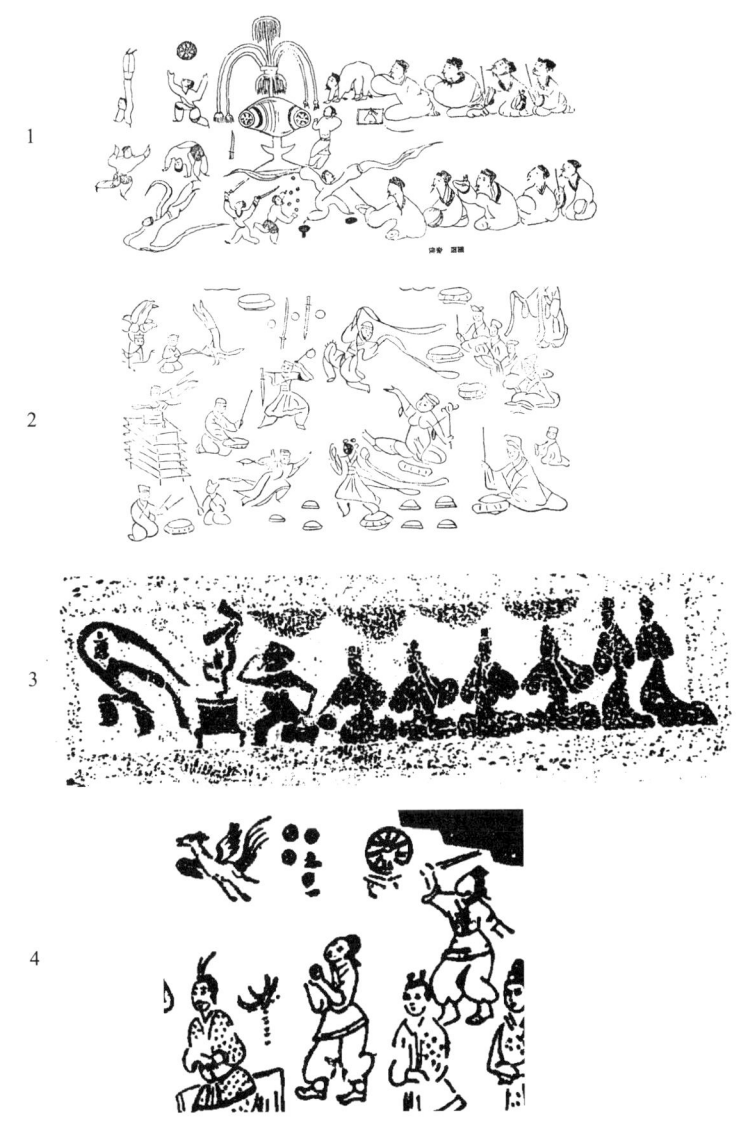

图一五　乐舞图
1.北园 1 号墓　2.山东诸城汉画像石　3.河南南阳军帐营画像石　4.长川 1 号墓

---

① 内蒙古文物工作队、内蒙古博物馆：《和林格尔发现一座重要的东汉壁画墓》，《文物》1974 年第 1 期，第 8～20 页。
② 南阳博物馆：《河南南阳军帐营汉画像石墓》，《考古与文物》1982 年第 1 期，第 40～43 页。

6. 楼阁图

楼阁图也是壁画和画像石中比较常见的题材，棒台子2号墓的楼阁图和山西离石马茂庄东汉2号画像石墓的楼阁图都是在廊院中有一楼阁，廊院的建筑形式也是一样的，楼阁都是建在台阶之上，并有围栏。棒台2号墓楼阁顶部画面残缺，但据下半部楼阁画面推断，楼高三层，四阿式顶。离石马茂庄东汉2号画像石墓的楼阁为庑殿顶建筑，廊院外隐约有人像，应该是迎送宾客人。北园1号墓中附着在楼阁上的装饰图案也能找到与之相似的画面，安平东汉壁画墓中右侧室的一个院落中瞭望楼最上一层楼，四角有柱，周围画有栏杆，西后角处树一旗，旗杆为黑色，杆顶有一黑色长尾，头向着风的方向的鸟形物。旗杆的位置大大高出屋脊，为红、黄、灰三色，成束腰的长条形，在上部和中部的两侧共有四条灰色的飘带，正在随风飘扬。旗帜的前端裹着一个横杆，横杆的两端和中部连在鸟的身上，这样就可以风吹旗飘，鸟随风转。这种鸟形物据考证是"相风鸟"，辨示方向的，其旗即是"测风旗"，用来测风力。据此推断北园1号墓楼阁图上的高大凤鸟以及其左右的赤色有游长旗就是相风鸟和测风旗（图一六）。

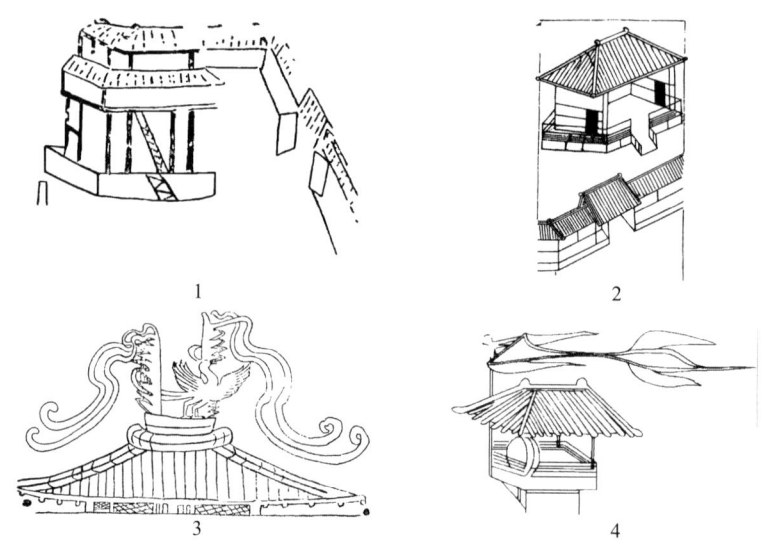

图一六　楼阁图
1. 棒台子2号墓　2. 山西离石马茂庄画像石墓　3. 北园1号墓　4. 安平壁画墓

7. 门卒属吏图

辽东地区壁画墓中，门卒和属吏图一直贯穿始终。东门里墓[①]与洛阳烧沟61号墓[②]的

---

① 辽宁省博物馆、辽阳博物馆：《辽宁旧城东门里东汉壁画墓发掘报告》，《文物》1985年第6期，第25～42页。
② 河南省文化局文物工作队：《洛阳西汉壁画墓发掘报告》，《考古学报》1964年第2期，第107～125页。

门卒从神态到身体的姿势都很相似，手中持刀，瞠目髭须；棒台子 1 号墓与洛阳机车工厂的门卒都有浓重的胡须；营城子 2 号墓门卒分立墓门左右，与河南方城东关画像石墓[①]和山西离石马茂庄门卒都比较接近，根据安徽亳县董园村 2 号墓画像石[②]典型的武官形象，以及门卒手中持有不同的物品判断，分立墓门两侧的门卒为一文一武，武者执盾或刀，文者握棨戟或彗（图一七）。

图一七　门卒属吏图
1. 东门里墓　2. 洛阳烧沟 61 号墓　3. 朝阳袁台子壁画墓　4. 洛阳西工机车厂壁画墓　5. 棒台子 1 号墓　6. 河南方城东关汉画像石墓　7. 营城子 2 号墓　8. 山西离石马茂庄 M3　9. 安徽亳县董园村 2 号墓画像石

---

① 魏仁华、刘玉生：《河南方城东关画像石墓》，《文物》1981 年第 3 期，第 69～92 页。
② 转引自郭晓川：《苏鲁豫皖区汉画像石视觉形式演变的分期研究》，《考古学报》1997 年第 2 期，第 171～194 页。

虽然辽东地区壁画墓从年代上晚于中原地区，但无论是壁画的题材还是内容布局都体现了辽东地区与中原汉文化保持着高度的一致，说明辽东地区与中原地区汉文化一脉相承，辽东汉魏晋墓葬壁画是中原汉文化体系中的一个重要组成部分，融合了中原画像石墓和壁画墓等多方面的文化因素。

同样是辽东地区的壁画墓，由于有各自相对独立的分布范围，大连营城2号墓与辽阳地区壁画墓在接受来自中原壁画墓和画像石墓的影响时也是有区别的，营城子2号墓的壁画内容更多地反映了中原早期墓葬壁画和画像石的特点，主要表现墓主升仙场景、仙人、奇禽瑞兽、祭拜场面等，随葬品则更多地体现了沿海地区的器物特征，这也或许说明地处辽东半岛的营城子2号墓与中原地区的联系主要是通过水路；辽阳地区壁画自东汉中期出现后，壁画题材即以墓主家居生活为主，以宴居图、庖厨图、车马出行图、乐舞杂技、门卒属吏、日月天象等为主要表现方面，这些是与中原墓葬壁画以及画像石一致的方面，但是辽东墓葬壁画一直没有出现狩猎图和历史故事，这也是辽东墓葬壁画与中原不同之处。所以说，辽东作为汉文化的一个分布区是毫无疑义的，同时文化发达程度与文化面貌的差异也是存在的。

二、辽东地区墓葬壁画的传播

辽东汉魏晋墓葬壁画在本地区发展延续的200年间，对其周边地区产生了一定的影响，在这个过程中它的传播方向有三个：辽西地区三燕壁画墓、高句丽壁画墓、中原北朝壁画墓。

辽阳上王家壁画墓右耳室右壁绘墓主人及侍者，男主人端坐于方榻上，头戴冠蓄须，右手执麈尾，面前置红方案，与袁台子壁画墓[1]墓主人右手执麈尾于右肩前的画面布局、内容、表现手法均一致（图八，3）。其他如庖厨图、门卒图（图一七，3）、出行图中的牛车、楼阁图等辽东地区与辽西地区都比较接近。辽西三燕墓葬壁画题材除了具有辽阳地区汉魏晋墓葬壁画的文化因素外，同时具有多种文化因素交融的特征，而且应该肯定的是三燕墓葬壁画的自身特征也是非常显著的，如反映鲜卑习俗的黑犬形象出现在北庙1号墓[2]墓主夫妇所站立的窗前。冯素弗妻属墓[3]西壁一座高大的门楼式建筑物，檐下两端各立侍女二人。门柱前有4只黑犬。这种黑犬出现在墓主人周围，与辽东地区仅在墓门位置画守门犬有所不同，印证了文献记载"肥养一犬，……使护死者神灵归赤山"[4]（图一八）。

---

[1] 辽宁省博物馆文物队、朝阳地区博物馆文物队、朝阳县文化馆：《朝阳袁台子东晋壁画墓》，《文物》1984年第6期，第29～45页。

[2] 朝阳地区博物馆、朝阳县文化馆：《辽宁朝阳发现北燕、北魏墓》，《考古》1985年第10期，第921～926页。

[3] 黎瑶渤：《辽宁北票县西官营子北燕冯素弗墓》，《文物》1973年第3期，第2～28页。

[4] 《后汉书·乌桓鲜卑列传》卷120。

图一八 北庙村1号墓

高句丽表现现实生活题材的壁画也多受辽阳壁画墓的影响，形成具有高句丽特色的墓主人夫妇对坐图（图六，3），同时出现了牛车图（图一三，4）。高句丽长川1号墓[①]百戏图中的舞轮、跳丸也应该是受北园1号墓和棒台子1号墓百戏图的影响（图一五，4）。而攻城战斗、角觚、舞蹈以及画面中人物服饰造型则体现出其本民族的特色。

中原地区北朝墓葬壁画的来源有学者作过专门的探讨[②]，认为北朝墓壁画的内容几乎都可在汉墓壁画中找到"前身"，但考虑到二者在时间上的跨度，以及存在着魏晋时期这样一个大的缺环，汉墓壁画不可能是北朝墓壁画的直接来源。郑岩提出来有三种可能：一是绘画粉本的流传；二是早期墓葬的偶然发现甚至是重新被利用；三是中原传统文化在边远地区保存下来并再次回流中原。韩晓囡认为前两种都具有一定的偶然性，通过对东北、河西地区魏晋十六国墓葬壁画内容的分析以及对特殊的葬俗分析认为河西、东北地区魏晋十六国墓壁画是北朝墓壁画的直接渊源，东北地区与当时的中原地区联系更为密切，这一地区的文化对北朝初期的影响似乎也更直接。北朝墓壁画中墓主（夫妇）画像多绘于墓室后壁中央，表现墓主端坐或宴饮观乐舞等，周围有侍者；车马出行一般是牛车与鞍马相配出现在墓室东西壁。北齐徐显秀墓[③]墓室四壁及墓道均有壁画，其中墓室北壁墓正中帷帐高悬，墓主夫妇手捧漆杯并排坐在床榻之上，后有屏风，前有放置食品的食器，旁有表演者和侍者环立（图六，4）。这种画面布局在棒台子2号墓即已出现。

---

① 吉林省文物工作队、集安县文物保管所：《集安长川一号壁画墓》，《东北考古与历史》1982年第1期，第154～173页。

② a. 韩晓囡：《北朝墓壁画渊源探讨》，《东岳论丛》2007年第4期，第120～123页；b. 郑岩：《魏晋南北朝壁画墓研究》，文物出版社，2002年。

③ 山西省考古研究所：《太原北齐徐显秀墓发掘简报》，《文物》2003年第10期，第4～40页。

辽阳沈阳地区汉魏晋墓葬类型与分期研究

张永珍

（长沙市文物考古研究所）

汉魏晋时期是汉民族开发东北的重要历史时期，辽阳、沈阳地区作为这一时期中原与海东诸国交流的中介地带，其历史地位不容忽视。辽阳、沈阳地区汉魏晋墓葬的调查发掘，新中国成立前就已经开始，至今仍有陆续发现并见诸报道。根据公开发表的报告和论文统计，迄今为止，这一地区已调查发掘了上千座两汉魏晋墓葬。墓葬分布以辽阳、沈阳为中心，包括其周边的抚顺、本溪、鞍山等在内（图一）。

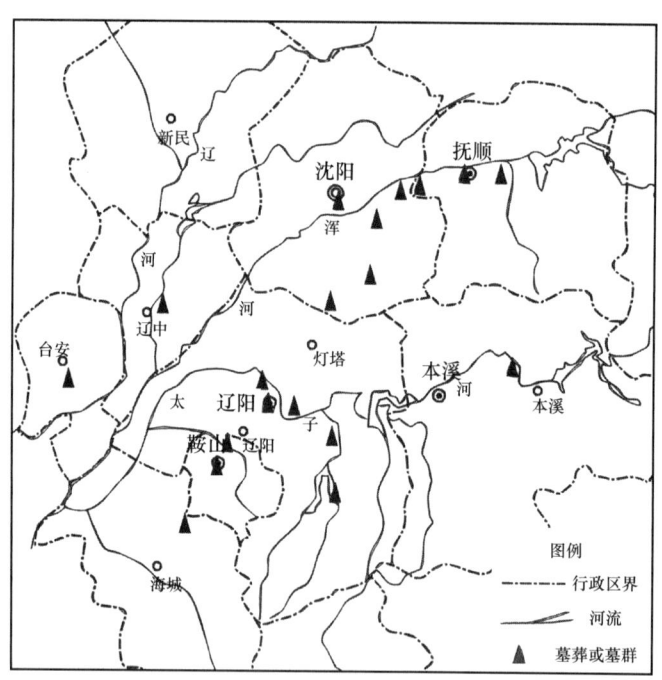

图一 墓葬分布示意图

辽阳、沈阳地区汉魏晋墓葬发掘数量虽多，但大多墓葬未能及时并完整地发表出来。本文收集了部分已发表的墓葬材料，对这一地区的汉魏晋墓葬进行类型和分期研究，分析总结各期墓葬的整体特征，从而为了解汉魏晋时期汉民族及汉文化在这一地区的发展状况提供有力证据。

一、墓葬形制

辽阳、沈阳地区汉魏晋墓葬可分为土坑墓、砖室墓、石室墓三类。

1. 土坑墓

发现数量较少，详细发表的资料更少。据已发表的资料显示，发现土坑墓的地点有抚顺刘尔屯[①]、鞍山沙河东地、辽阳三道壕、鹅房[②]等。

土坑墓的特点是在土坑内直接埋入尸体或埋入敛尸的棺椁（图二）。土坑墓的随葬器物以鼎、盒、壶、罐为主，有的土坑墓还出土有井、灶、甑、釜、盆等明器。根据葬具使用情况，土坑墓分使用棺椁和不使用棺椁两类。

辽阳鹅房发现一椁双棺的土坑墓。右棺男性，腰部出有铜带钩和五铢。左棺推测为女性。出土时在左棺下面发现随葬器物，因此推测椁内可能分为上下两层，上层放木棺，下层置随葬品。此墓出土随葬品种类丰富，数量达一百余件。

土坑墓发现的棺椁除了木质棺椁，还有一类瓮棺，在这一地区发掘数量很大[③]。瓮棺墓多用2～5个陶锅或用陶锅与其他陶器相互套接而成，内部打通，置尸骨和随葬品。根据目前发现来看，瓮棺墓应是专门用来埋葬小孩的。

2. 砖室墓

辽阳、沈阳地区发现的砖室墓数量很大，多成群分布，如鞍山沙河东地墓群、辽阳三道壕墓群、沈阳伯官屯[④]等，但经详细发表的墓例却很有限。砖室墓可分为三型。

A 型　长方形单室墓。发现数量最多，多用灰色绳纹长方砖或方砖砌筑墓室，楔形砖券顶，顶部多遭破坏。有的墓室内砌有尸床、明器台。根据砌筑墓室用砖的不同，可分二式。

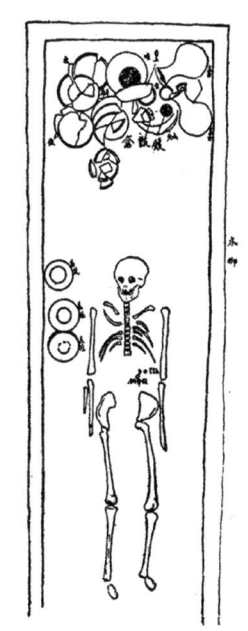

图二　土坑墓（辽阳鹅房 M6）

---

① 抚顺市博物馆：《辽宁抚顺县刘尔屯西汉墓》，《考古》1983 第 11 期。
② a.《东北文物工作队一九五四年工作简报》，《文物参考资料》1955 年第 3 期；b. 孙守道：《论辽南汉魏晋墓葬制之发展演变》，《辽海文物学刊》1989 年第 1 期。
③ 陈大为：《辽阳三道壕儿童瓮棺墓群发掘简报》，《考古通讯》1956 年第 2 期。
④ a.《东北文物工作队一九五四年工作简报》，《文物参考资料》1955 年第 3 期；b. 孙守道：《论辽南汉魏晋墓葬制之发展演变》，《辽海文物学刊》1989 年第 1 期。

Ⅰ式：砌筑墓室使用子母砖。子母砖一般用来砌壁，也有铺底的；墓底砖多横铺。以单人葬或双人葬居多，多数无葬具[①]（图三，1）。

Ⅱ式：砌筑墓室不使用子母砖。墓壁和墓底均用长方砖，一般墓底砖横铺或斜铺，斜铺多铺成"人"字形；墓壁为两横一竖相间叠砌。单人葬、双人葬或多人合葬，个别的有木质葬具[②]（图三，2）。

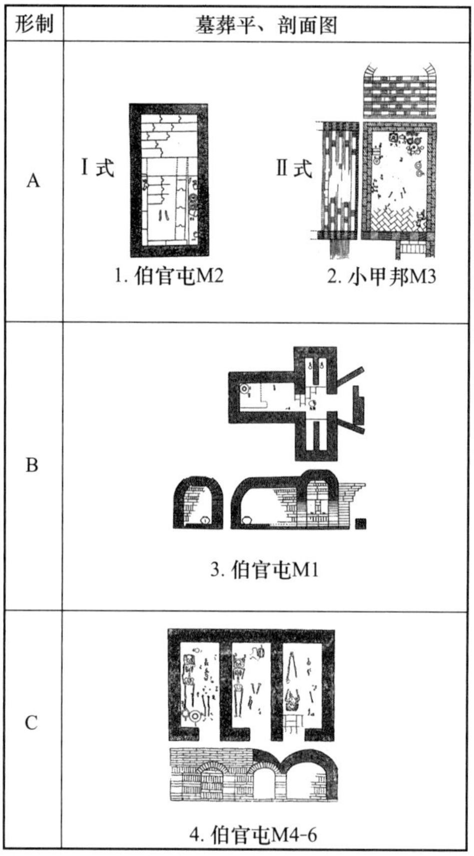

形制	墓葬平、剖面图	
A	Ⅰ式 1.伯官屯M2	Ⅱ式 2.小甲邦M3
B	3.伯官屯M1	
C	4.伯官屯M4-6	

图三　砖室墓

[①] a.肖景全、郭振安：《辽宁抚顺市刘尔屯村发现两座汉墓》，《考古》1991第2期；b.佟俊岩：《沈阳上伯官汉墓清理报告》，《辽海文物学刊》1991年第2期；c.抚顺市博物馆：《抚顺小甲邦东汉墓》，《辽海文物学刊》1992年第1期；d.沈阳市文物工作组：《沈阳伯官屯汉魏墓葬》，《考古》1964年第11期。

[②] a.郑辰：《抚顺市中央路东汉墓发掘简报》，《辽海文物学刊》1991年第2期；b.王来柱：《辽阳青年大街发现的两座汉墓》，《辽宁考古文集》，辽宁民族出版社，2003年；c.沈阳市文物考古研究所：《辽宁沈阳沈州路东汉墓发掘简报》，《北方文物》2004年第3期；d.沈阳市文物考古研究所：《辽宁沈阳八家子汉魏墓葬群发掘简报》，《北方文物》2004年第3期；e.林茂雨：《沈阳大南益文小区汉墓清理简报》，《沈阳文物》1992创刊号；f.刘长江、佟俊岩、林茂雨：《红宝山汉墓群清理简报》，《沈阳文物》1993年第1期；g.刘景玉、苏威：《北陶汉墓发掘简报》，《鞍山文物汇编》1992年第5期；h.辽宁省文物考古研究所：《辽宁省辽阳市肖夹河墓地发掘简报》，《北方文物》2010年第1期。

B型　"T"字形双室墓。横前室、竖后室，有的墓室内砌有尸床[①]（图三，3）。

C型　长方形多室墓。为几个长方形单室墓并连而成，室与室之间用一道砖壁隔开，多人合葬[②]（图三，4）。

3. 石室墓

辽阳、沈阳地区发现的石室墓数量较大，如辽阳唐户屯、桑园子、三道壕等地点，均有大量石室墓成群分布[③]。石室墓多用淡青色南芬页岩大石板支筑而成，上下盖铺石板，石灰勾缝，也有用石块叠砌墓壁的。有单室墓、双室墓、多室墓几种。一般墓门在前壁，并有门楣、门框、门槛等，有的墓有斜达地面的斜坡墓道。墓室内多有石板尸床，并有高起的明器台。大型多室墓则包含数目不等的棺室、小室和前、后室或回廊等部分。埋葬人骨数目不等，绝大多数为仰身直肢葬，尸体摆放多足前头后。有的墓葬绘有壁画。

石室墓可以分为四型。

A型　平面呈长方形。单室或双室墓，墓室前部放置尸体，后部置随葬品。可分二式。

Ⅰ式：墓室内有石板尸床或明器台。单室或双室墓，多无木质葬具，尸骨直接放在尸床或地面上。单室一般长2～3、宽1.5～2米，长、宽在3、4米以上的很少[④]（图四，1）。

Ⅱ式：墓室内无石板尸床和明器台。一般为小型单室墓，多有木质葬具，长2～3、宽1米左右[⑤]（图四，2）。

B型　平面呈"T"字形。主室为并列的棺室，墓室前部或后部为横长的前室或后室。可分三式。

[①]　a. 沈阳市文物工作组：《沈阳伯官屯汉魏墓葬》，《考古》1964年第11期；b. 沈阳市文物考古研究所：《辽宁沈阳八家子汉魏墓葬群发掘简报》，《北方文物》2004年第3期。

[②]　a. 沈阳市文物工作组：《沈阳伯官屯汉魏墓葬》，《考古》1964年第11期；b. 刘长江、佴俊岩、林茂雨：《红宝山汉墓群清理简报》，《沈阳文物》1993年第1期。

[③]　a.《东北文物工作队一九五四年工作简报》，《文物参考资料》1955年第3期；b. 孙守道：《论辽南汉魏晋墓葬制之发展演变》，《辽海文物学刊》1989年第1期。

[④]　a.《东北文物工作队一九五四年工作简报》，《文物参考资料》1955年第3期；b. 沈欣：《辽阳唐户屯一带的汉墓》，《考古通讯》1955年第4期；c. 刘俊勇：《辽宁汉墓述论》，《辽宁师范大学学报（社科版）》1990年第6期。

[⑤]　a. 王增新：《辽阳三道壕发现的晋代墓葬》，《文物参考资料》1955年第11期；b. 辽宁省文物考古研究所：《辽宁省辽阳市肖夹河墓地发掘简报》，《北方文物》2010年第1期。

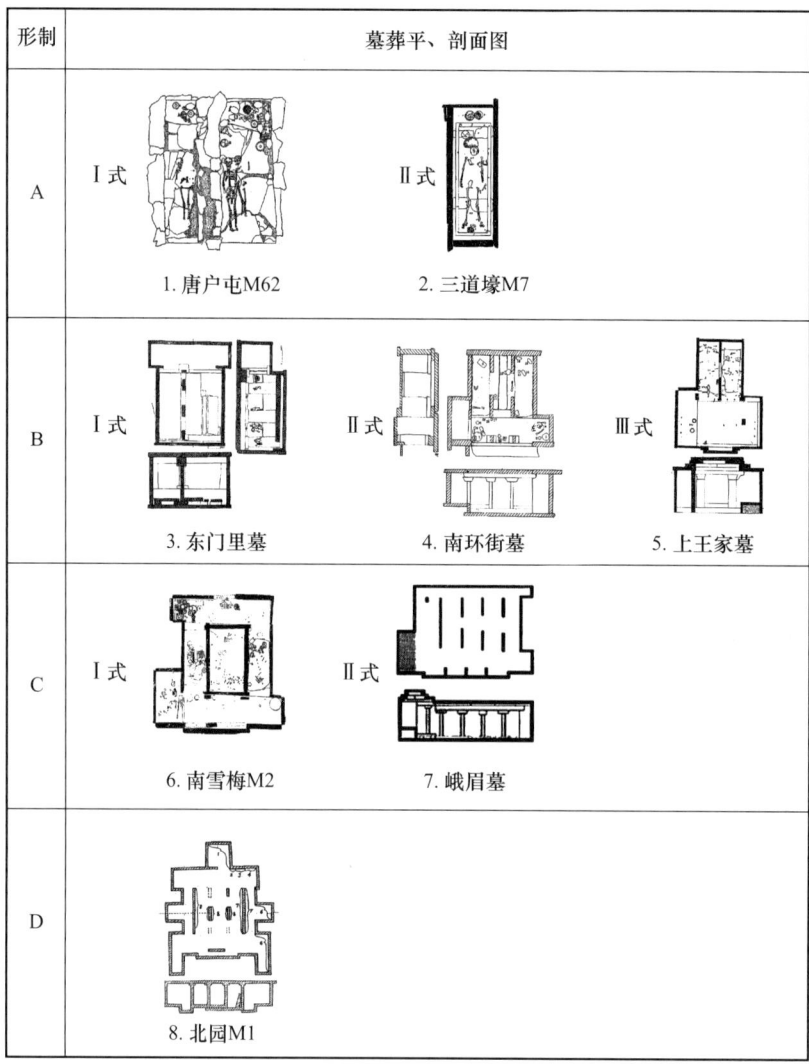

图四 石室墓

Ⅰ式：平顶，棺室后部相通，设明器台或明器室，多放置随葬品[①]（图四，3）。

Ⅱ式：平顶，棺室各自独立。前室多有左右两耳室，大小不等，设置明器台，一般右耳室较左耳室长[②]（图四，4）。

---

① a.辽宁省博物馆、辽阳博物馆：《辽阳旧城东门里东汉壁画墓发掘报告》，《文物》1985年第6期；b.《东北文物工作队一九五四年工作简报》，《文物参考资料》1955年第3期；c.辽宁省文物考古研究所：《辽宁辽阳南郊街东汉壁画墓》，《文物》2008年第10期。

② a.李文信：《辽阳发现的三座壁画古墓》，《文物参考资料》1955年第5期；b.辽宁省文物考古研究所：《辽宁辽阳南环街壁画墓》，《北方文物》1998年第3期；c.东北博物馆：《辽阳三道壕两座壁画墓的清理工作简报》，《文物参考资料》1955年第12期；d.周阳生：《沈阳陈相屯魏晋石椁墓清理》，《辽海文物学刊》1993年第1期。

Ⅲ式：顶部为抹角叠涩顶，棺室各自独立。前室多有左右两耳室，大小不等，放置随葬品①（图四，5）。

C型　平面呈"工"字形。墓室中部为并列的棺室，有前室、后室。前室或后室两端多有大小不等的耳室。可分二式。

Ⅰ式：墓顶为平顶②（图四，6）。

Ⅱ式：墓顶为抹角叠涩顶③（图四，7）。

D型　平面呈"回"字形。由回廊和数目不等的棺室、小室组成，一般规模较大，长宽均在6～8米④（图四，8）。

二、随葬品类型

辽阳、沈阳地区汉魏晋墓葬所出随葬器物中，陶器占最大比重，此外还有部分釉陶器、铜器、铁器、金银器、漆器、石器、钱币及琉璃饰品等。由于墓葬多遭破坏，随葬品很不齐全，部分已发掘的器物也未见详细发表，没有足够的资料进行器物类型学研究。本文所述随葬品类型仅指示器物某些形态特征出现的早晚关系，并不具有成序列的先后演变关系。

鼎　方形双耳，蹄足粗壮→环形双耳，蹄足纤细。

A型　辽阳鹅房LOM13∶8朱绘盖鼎，双耳略向外折伸，耳根与足根接近，盖与器身均朱绘卷云纹（图五，1）。

B型　东门里墓M∶9，双耳直上，耳根处腹部凸折，最大腹径在折腹处。口径16.7、腹径24.8、通高14.3厘米（图五，2）。

盒　圆形→长方形。

A型　辽阳二道壕LSM1∶15朱绘扣盒，平面为圆形，盖与身均作圜底盆形，对扣在一起，器身朱绘卷云纹（图五，3）。

B型　青年大街M8∶20盒，平面为长方形，盖上部为盝顶，下部直壁。盒身几乎全部被套入盖里，直口，直壁，平底。通高16、盖长36.8、宽19.6、盒身长34、宽16.4厘米（图五，4）。

盆　弧腹，平底→折腹，圈足。

---

① 李庆发：《辽阳上王家村晋代壁画墓清理简报》，《文物》1959年第7期。
② a.王增新：《辽宁辽阳县南雪梅村壁画墓及石室墓》，《考古》1960年第1期；b.王增新：《辽阳市棒台子二号壁画墓》，《考古》1960年第1期；c.辽阳市文物管理所：《辽阳发现三座壁画墓》，《考古》1980年第1期。
③ 刘未：《辽阳汉魏晋壁画墓研究》，《边疆考古研究》（第2辑），科学出版社，2003年。
④ a.李文信：《辽阳北园壁画古墓记略》，《李文信考古文集》，辽宁人民出版社，1992年；b.李文信：《辽阳发现的三座壁画古墓》，《文物参考资料》1955年第5期；c.辽宁省文物考古研究所：《辽宁辽阳南郊街东汉壁画墓》，《文物》2008年第10期。

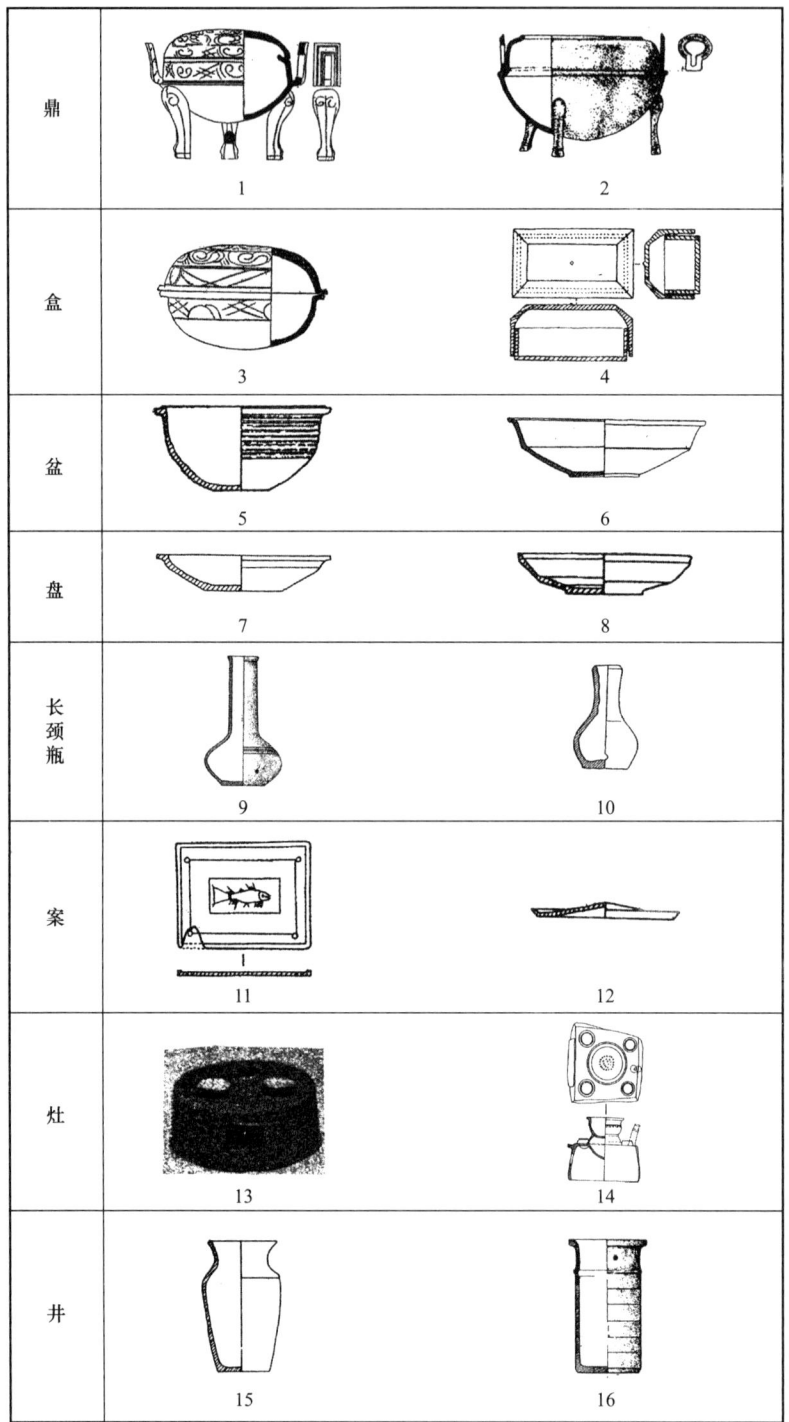

图五 器物类型图

1. 鹅房 LOM13：8 2. 东门口 M：9 3. 三道壕 LMS1：15 4. 青年大街 M8：20 5. 刘尔屯 82FLM2：7 6. 南雪梅 M1 所出 7. 青年大街 M11：5 8. 南环街 M：4 9. 东门里 M：13 10. 伯官屯 M2 所出 11. 青年大街 M8：27 12. 南环街 M：1 13. 唐户屯 M62 所出 14. 小甲邦 M3：4 15. 小甲邦 M1：8 16. 东门里 M：28

A 型　抚顺刘尔屯 82FLM2：7，敞口，沿上饰凹弦纹一周，斜弧腹，腹部饰 10 道弦纹。口径 21、腹径 20.5、底径 7、高 10.8 厘米（图五，5）。

B 型　辽阳南雪梅 M1 所出，敞口，折沿，折腹，圈足（图五，6）。

盘　折沿，平底→无折沿，圈足。

A 型　辽阳青年大街 M11：5，敞口折沿，弧腹，平底，口径 17.4、底径 7.6、高 3.4 厘米（图五，7）。

B 型　南环街墓 M：4，敞口无折沿，折腹，假圈足。口径 18.4、底径 8、高 4 厘米（图五，8）。

长颈瓶　瓶颈细长，造型细高→瓶颈短粗，造型矮而厚重。

A 型　辽阳东门里墓 M：13，瓶口外有唇，细长颈，肩部饰弦纹两道，鼓腹略扁，底部中心有一孔，腹壁上亦有孔。高 25.5、口径 5.8、腹径 15、底径 9 厘米（图五，9）。

B 型　沈阳伯官屯 M2 所出，瓶底部中心穿一孔，腹部穿三孔。高 17.2、颈长 9.5、口径 5.3、腹径 11.3 厘米（图五，10）。

案　长方形→圆形。

A 型　辽阳青年大街 M8：27 方案，案面中心刻划鱼纹，其外围刻划两周弦纹，四角各有一圆孔。案面四边缘凸起。长 40、宽 29、厚 1.2 厘米，边缘凸棱宽 0.8、圆孔径 1.2 厘米（图五，11）。

B 型　南环街墓 M：1，案面中心高起，案边缘凸起，浅腹。口径 30.8、底径 28、高 2.8 厘米（图五，12）。

灶　圆形→方形。

A 型　辽阳唐户屯 M62 陶灶，前面有长方形灶门，灶面有三个釜孔。高 6.8、直径 16.6 厘米（图五，13）。

B 型　抚顺小甲邦 M3：4，灶面呈梯形，较宽的一面有长方形灶门，其上有遮檐。灶面 5 个釜孔，正中 1 个大孔，四角各 1 个小孔。灶面后部有向后倾斜的烟囱。前宽 30、后宽 23、长 26.5、通高 14.5 厘米（图五，14）。

井　束颈，折肩，圆筒腹→整个井身呈圆直筒形，肩部凸起。

A 型，抚顺小甲邦 M1：8，腹壁斜直下收，口径 10、底径 9.5、高 18 厘米（图五，15）。

B 型，辽阳东门里墓 M：28，颈部镂三孔，肩部有凸棱，直腹，腹壁刻五道凹弦纹。口径 13.6、底径 11、高 22.5 厘米（图五，16）。

三、墓葬分期

辽阳、沈阳地区汉魏晋墓葬出土的陶器可分为三类：①陶礼器，包括鼎、盒、壶，西汉以后发展为日用器；②日用陶器，包括罐、盆、盘、钵、瓶、奁、炉、耳杯、案等；③模型明器，包括灶、井、仓、房、俎等。对墓葬进行分期研究，主要依据墓葬形制、陶器类型及组合，兼顾出土钱币和其他随葬品，并参考壁画墓的壁画内容，与其他地区同时期墓葬出土随葬品进行比对，可分为六期（表一）。

表一　墓葬形制与分期

期别	土坑墓	砖室墓				石室墓							
		A		B	C	A		B			C		D
		Ⅰ	Ⅱ			Ⅰ	Ⅱ	BⅠ	BⅡ	BⅢ	CⅠ	CⅡ	
一	√	√											
二	√	√	√			√							
三		√	√			√	√						
四			√		√				√		√		√
五			√	√	√		√		√		√	√	
六									√				

第一期，墓葬年代应是西汉时期。包括辽阳三道壕 LSM1、鹅房 LOM13、抚顺刘尔屯 77 年 M2 和 M3、刘尔屯 82FLM1 和 82FLM2 等。墓葬结构简单，以土坑墓为主，晚期出现砖室墓。本期墓葬随葬品数量都不大，早期仍有少数墓葬沿袭战国葬制，随葬战国以来墓葬中经常出现的陶礼器组合——鼎、盒、壶，有的器表朱绘卷云纹，样式简化。陶鼎方耳、蹄足，是战国燕墓陶鼎的典型特点[①]。不难看出这一时期随葬陶礼器数量较少，已日趋衰落，多数墓葬随葬品主要是日用陶器，以罐、盆最为常见，器类简单。刘尔屯 82FLM1 出土耳杯，耳杯在洛阳烧沟墓地最早出现于西汉晚期[②]。本期墓葬出土钱币有半两和五铢两种，五铢均为西汉五铢。82FLM1、82FLM2 两墓出土西汉昭、宣五铢，没有更晚些的发现。

第二期，墓葬年代约为新莽至东汉早期。包括辽阳鹅房 M6，肖夹河 M1，沈阳上伯官 M1、M2、M3，抚顺中央路 M4，小甲邦 M1，辽阳唐户屯 M62 等。墓葬以砖室墓为主，仍有土坑墓存在，并已出现形制简单的石室墓。一般为单人葬或双人合葬，随葬陶器种类较前期增加。鼎、盒、壶的礼器组合变得松散，不见陶鼎，盒和壶的数量也很少，且器形趋于日用化。日用陶器种类增加，新出现瓮、瓶、长颈瓶、樽、灯、熏炉，耳杯的数量也增多，几乎各墓都有耳杯出土。以灶、井、仓为代表的模型明器也已出现。出土钱币有五铢、大泉五十和货泉三种，五铢大多具有东汉五铢的特点。唐户屯 M62 出土 61 枚货泉，货泉于新莽地皇元年（公元 20 年）始铸。新莽钱的出

---

① a. 北京市文物工作队：《北京怀柔城北东周两汉墓葬》，《考古》1962 年第 5 期；b. 河北省文化局文物工作队：《1964～1965 年燕下都墓葬发掘报告》，《考古》1965 年第 11 期。

② 洛阳区考古发掘队：《洛阳烧沟汉墓》，科学出版社，1959 年，第 138、143 页。

现，为本期墓葬年代推断提供了依据，但新莽钱的使用并不仅限于新莽时期，在东汉早期仍有不少新莽钱出土，"大约在东汉中叶这一阶段，王莽钱才逐渐减少，但并没有全部消灭"[①]。中央路 M1 出土昭明镜，铭文特点与烧沟 M1028（西汉晚期到新莽及其稍后）所出昭明镜相似，为墓葬年代的推断提供了辅证。

第三期，墓葬年代大概在东汉中晚期。包括沈阳伯官屯 M2、M3，大南益文墓，沈州路 M1、M2，抚顺小甲邦 M2、M3，鞍山沙河东地 M264，辽阳青年大街 M8、M11，肖夹河 M2，三道壕 M27，三道壕 M14，玉皇庙 M3，东门里墓，南郊街 M2、M3、"满洲棉花会社"墓等。未见土坑墓，砖室墓和石室墓数量都很大。砖室墓以东汉时期常见的墓底铺成"人"字形图案的居多，单人葬或双人合葬较多，已出现多人葬。石室墓形制较为简单，开始出现壁画，但未见结构复杂的大型壁画石室墓。这一期墓葬随葬品种类极为丰富。陶礼器衰亡，发展成为日用陶器。日用陶器种类大增，新增加盘、勺、长方案、把杯、盅、炉、魁、盂、盉、扁壶，并出现一种瓶颈短粗、造型厚重的长颈瓶。陶质模型明器基本组合为灶、井、房、俎，不见仓。井内一般出有水斗，灶除圆灶外还出现方形灶。新出现方形盒、方形案、方形灶，代表了一种与前期不同的时代特征，在山西朔县 3M99（东汉中晚期）中有方形盒、方形案、方形灶同出[②]现象。青年大街 M8 与沈州路 M1 都出土内底印鸟纹或鸟蛇纹、外底印"田"字的耳杯，做法如出一辙。三道壕 M27、青年大街 M8 出土长方案案面刻划鱼纹，同期的东门里墓、三道壕 M14 也出土饰鱼纹图案的俎。三道壕 M27 出土"永元十七年"（东汉和帝年号，公元 105 年）铭文长方案，为本期墓葬年代的推定提供了重要依据。东门里所出高圈足壶、耳杯、圆形奁，与山东梁山东汉晚期纪年墓（永康元年，公元 167 年）所出相似[③]。本期墓葬出土钱币包括半两、五铢、大泉五十三种，五铢不见剪轮五铢或綖环五铢。墓葬中还出土少量铜镜、装饰品等其他随葬品。从壁画内容来看，本期壁画墓以男主人宴居图为主的，辅以日月星云图案。东门里壁画墓有卒吏、出行图，内容也极为简单，画风质朴。

第四期，墓葬年代当为公孙氏割据时期。包括沈阳红宝山 M1、M4、M6、M11，辽阳车骑墓，南环街墓，南雪梅 M1、M2，棒台子 M1、M2，北园 M1、M2，鹅房 M1，南郊街 M1 等。墓葬多为砖室墓和石室墓，出现了结构复杂的大型石室墓。石室墓多为家族合葬墓，墓室内多有壁画，壁画内容丰富，场面宏大。这一时期墓葬随葬品大多承袭东汉中晚期，种类极为丰富，形制更为多样。炉的形制发展为前圆后方形。模型明器中不见圆形灶，所出均为方形灶。新出现圆形案，并且从出土情况和壁画来看，有圆案与方案共出的现象。红宝山墓地、棒台子 M2、南郊街 M1 所出井凸肩、束

---

① 洛阳区考古发掘队：《洛阳烧沟汉墓》，科学出版社，1959 年，第 138、143 页。
② 平朔考古队：《山西朔县秦汉墓发掘简报》，《文物》1987 年第 6 期。
③ 菏泽地区博物馆、梁山县文化馆：《山东梁山东汉纪年墓》，《考古》1988 年第 11 期。

腰的特点也异于东门里墓。出土钱币包括半两、五铢、货泉三种，数量较多，五铢中有部分为剪轮五铢。此外还出土不少铜镜和金、银、铜饰品、珠饰等。本期石室墓多在墓壁绘有壁画，包括车骑墓，南环街墓，南雪梅M1，棒台子M2，北园M1、M2，鹅房M1，南郊街M1，各墓壁画内容都较为丰富。宴居图的内容主要有三种：一种为以男主人为主的，男主人坐受饮食或男主人与宾客宴饮，与第三期壁画墓宴居图的内容相似；一种为多人宴饮，多为男女主人与宾客，分坐在左右两边，对坐宴饮；一种为男女主人对坐宴饮，与下期壁画墓宴居图的内容相同（见下文）。这三种内容或许有时间早晚之差别，本文不予详论。本期壁画墓的车骑出行图多场面宏大，有众多骑吏与车列，北园M1、棒台子M1还见有大幅的杂技舞乐图，应与公孙氏割据时期辽东社会经济文化大繁荣密切相关。此外还有庖厨、属吏、门卒、门犬、楼宅及日月云气等壁画内容。

第五期，墓葬年代可能是公孙氏灭亡后的曹魏中期到西晋时期。包括沈阳八家子墓群，伯官屯M1、M4-6，陈相屯墓，辽阳三道壕M7、M8、M9，令支令墓，三道壕M1、M2、M3，峨眉墓，"太康十年"墓等。墓葬均为砖室墓和石室墓，形制多样，多延续前期墓葬的特点，并有所发展。未见前期存在的带回廊的大型石室墓。峨眉墓右耳室顶部抹角叠涩，可能受到山东、苏北等地东汉画像石墓的影响。墓葬流行多人合葬。墓葬随葬品种类与数量剧减，几乎不见模型明器，日用陶器主要是罐和钵，其他的还见有瓮、盆、盘、奁、樽、灯，但出土数量都极少，有的墓内还有一两件釉陶器。出土钱币有半两、五铢、货泉、大泉五十，数量都不多。这一期墓葬随葬铜镜和装饰品仍然较多。伯官屯M1出土铜叉，与洛阳发现的西晋早期墓葬所出叉形器相似[1]。三道壕M7出土一件铭文"太康二年八月造"（晋武帝年号，公元281年）的瓦当，"太康十年"墓墓壁题"太康七年""太康九年""太康十年"等，都为判断本期墓葬的年代提供了可靠的证据。本期壁画墓壁画多保存较差。宴居图内容均为男女对坐宴饮，没有前期所见的男主人宴饮或多人宴饮图。保存下来的车骑出行图很少，不见有大型出行场景，所见车骑车列数量很少，其中多有牛车一辆，可能为女主人所乘坐。此外还有少量庖厨、门犬、楼宅、人马图等。

第六期，墓葬的年代约在两晋之交，仅见辽阳上王家墓一座。石室墓，前室顶部抹角叠涩，后部并列两棺室，随葬品有陶盘、青瓷虎子、铁镜及钱币等。青瓷虎子虎头、蛇尾、腰侧有双翼，与东晋咸和二年（公元327年）浙江黄岩秀岭水库M20所出虎子相似，这种形制的虎子为西晋时期的典型器物[2]。抹角叠涩顶在前期峨眉墓已出现，只是位置由耳室顶部变为前室顶部。从墓壁壁画来看，宴居图为男主人正坐，

---

[1] 洛阳市第二文物工作队：《洛阳新发现的两座西晋墓发掘简报》，《文物》2009年第3期。
[2] a.浙江省文物管理委员会：《黄岩秀岭水库古墓清理报告》，《考古学报》1958年第1期；b.罗宗真：《六朝考古》，南京大学出版社，1994年，第201、212页。

不同于前期。这种宴居图还见于朝鲜东晋永和十三年（公元357年）冬寿墓、辽宁朝阳袁台子东晋墓、云南昭通后海子东晋太元十□年（公元386～394年）墓等[①]，只是上王家墓宴居图在构图上较以上三墓简单，线条粗豪。

四、结　　语

辽阳、沈阳地区汉魏晋墓葬在总体上与中原地区保持一致，但发展上明显落后于中原，并有较强的地方性特征。自燕置辽东郡，到秦汉大一统，汉文化随着汉王朝对东北的政治统治而进入东北，为东北文化的繁荣发展起了重要作用。辽阳、沈阳地区作为东接高句丽、南通乐浪的枢纽，两汉时期政治、经济、文化得以迅速地发展。汉末公孙氏割据辽东，政治稳定、经济繁荣，大型壁画石室墓的发现，壁画中场面宏大的车骑出行图、杂技舞乐图正是从侧面反映了这一时期辽东地区经济文化繁荣昌盛的局面。曹魏两晋时期大型墓葬减少、随葬品急剧衰落，则与公孙氏灭亡后辽东社会经济的衰落和曹魏西晋推行薄葬密切相关。辽阳、沈阳地区汉魏晋墓葬的发展演变，在很大程度上反映了两汉魏晋时期汉民族及汉族文化在东北地区的发展状况。

[①] a.洪晴玉：《关于冬寿墓的发现和研究》，《考古》1959年第1期；b.辽宁省博物馆文物队等：《朝阳袁台子东晋壁画墓》，《文物》1984年第6期；c.云南省文物工作队：《云南省昭通后海子东晋壁画墓清理简报》，《文物》1963年第12期。

集安地区墓葬出土高句丽陶器研究

孙 颢

（北华大学历史文化学院）

　　高句丽是汉唐时期建立于我国东北地区的少数民族政权。高句丽政权始建于公元前37年，公元668年为唐和新罗联军所灭，共经七百余年。高句丽都城三治两迁，其中以集安为都的时间最长，达四百余年，占高句丽政权存续时间的一半以上。目前，集安地区仍留存着大量的高句丽遗存，其中墓葬出土的陶器数量较多、种类丰富，尤为引人注目。

　　高句丽陶器研究始于20世纪80年代。1984年，耿铁华和林至德发表了《集安高句丽陶器的初步研究》[①]，这是我国第一篇综合研究高句丽陶器的文章。作者以编年较清晰的高句丽墓葬为依据，通过与墓葬出土陶器特征的对比，将高句丽墓葬与遗址出土的陶器分为前期（高句丽建国之前至3世纪末）、中期（公元4世纪初至5世纪末）、晚期（公元6世纪之后）。1985年，魏存成先生发表了《高句丽四耳展沿壶的演变及有关的几个问题》[②]，文章对高句丽的典型陶器——四耳展沿壶进行了系统研究，指出四耳展沿壶整体的器形变化由矮圆向瘦高发展，纹饰从无到有、从简单到复杂，流行的绝对年代在5世纪前后。1985年，绪方泉对高句丽四耳壶进行类型式的划分，通过与其他共出遗物的比较，推定四耳壶的年代，进而对其所属墓葬年代进行推定[③]。1995年，东潮在《高句丽文物编年》中以魏存成、绪方泉对四耳展沿壶的编年为依据，并结合与同时期东北地区其他陶器器形之比较对高句丽陶器进行分期与编年的研究[④]。1995年，东潮和田中俊明在《高句丽的历史与遗迹》中对包括陶器在内的高句丽遗物进行了详细的分期与编年。1999年，乔梁发表《高句丽陶器的编年与分期》，文章根据遗物的排比以及相关地区的研究成果确定了高句丽墓葬年代在时间标尺中的相对顺序，以此为基础对高句丽陶器进行排序，结合相关遗存的年代，梳理出典型高句丽陶器的发展、演化轨迹，进而将高句丽陶器分为两汉（不排除个别单位的年代在高句丽建国之前的可能）、曹魏至西晋时期、东晋时期、北朝时期至高句丽

[①] 耿铁华、林至德：《集安高句丽陶器的初步研究》，《文物》1984年第1期。
[②] 魏存成：《高句丽四耳展沿壶的演变及有关的几个问题》，《文物》1985年第5期。
[③] 绪方泉：《高句丽古坟群——以中国集安县发掘调查为中心》，《古代文化》1985年第3期。
[④] 东潮（著），姚义田（译）：《高句丽文物的编年学》，《辽海文物学刊》1995年第2期。

末期[①]。1994年和2002年，魏存成先生先后出版《高句丽考古》[②]和《高句丽遗迹》[③]两本专著，书中有专门章节对高句丽陶器进行研究，对高句丽陶器各个时期的特征，以及其发展演变规律进行了深入探讨。以上的研究虽然没有对墓葬出土高句丽陶器进行专项研究，但由于高句丽墓葬类型、编年比较清晰，研究还是以墓葬出土高句丽陶器为基础。所以，在高句丽陶器研究中集安地区墓葬出土高句丽陶器的分期与编年问题相对清晰。近年来，考古发掘工作不断深入，集安地区墓葬出土高句丽陶器的资料更加丰富，我们有必要在已有研究基础之上对集安地区墓葬出土高句丽陶器进行再探讨。

截至2012年，集安地区出土高句丽陶器的墓葬共80座，共计出土陶器225件，其中普通陶器151件、釉陶器74件。高句丽墓葬可以分为积石墓、封土墓两大类，总体看来积石墓的年代早于封土墓。积石墓可以分为几种不同的类型，但多年来不同学者的分类不尽相同，本文采取魏存成先生的分类方法，以墓葬的外部形状和内部结构为分类标准，将积石墓分为六大类：无坛石圹墓、方坛石圹墓、方坛阶梯石圹墓、无坛石室墓、方坛石室墓、方坛阶梯石室墓。其中无坛、方坛、方阶梯虽有先后顺序，但体现的是等级差别，石圹、石室反应的是时代差别，石圹墓年代晚于石室墓。高句丽积石石圹墓从高句丽政权建立之前开始，一直延续到公元5世纪。其间，在公元3世纪末、4世纪初又出现了积石石室墓，而它们结束的年代基本是同时的，大概为公元5世纪末。公元5世纪末以后，高句丽的墓葬完全是封土石室墓[④]。

由于高句丽墓葬的分期与编年大致清晰，为研究其内出土陶器的分期与编年提供了线索，本文以主要陶器的类型学分析为依据，结合陶器所属墓葬的特征，以及与陶器共出的其他遗物，对集安地区墓葬出土的高句丽陶器进行分期与编年，并探讨各期陶器的特征等问题。

一、主要陶器的类型学分析

1. 罐

根据耳的有无分为无耳罐和有耳罐两类。

甲类：无耳罐，根据整体形态分为鼓腹罐、深腹罐、小罐。

甲a类：无耳鼓腹罐，根据口部、颈部特征将无耳鼓腹罐分为三型。

A型　斜直口罐，折沿，根据腹部形态分为三亚型。

Aa型　腹部略弧。标本：JYM3296：14（图一，1）、JYM3296：13。JYM3296是

[①] 乔梁：《高句丽陶器的编年与分期》，《北方文物》1999年第4期。
[②] 魏存成：《高句丽考古》，吉林大学出版社，1994年。
[③] 魏存成：《高句丽遗迹》，文物出版社，2002年。
[④] 魏存成：《高句丽遗迹》，文物出版社，2002年，第144～159页。

由三座墓串联而成的方坛阶梯石圹墓，其中JYM3296∶16、JYM3296∶17出自三座墓中较早的两座墓——JYM3296∶①、JYM3296∶②，但两件标本具体属于哪座墓，报告没有提及。

Ab型　腹部圆鼓。标本：JYM3296∶16（图一，2）、JYM3296∶17。

Ac型　腹部略方折，斜直口。标本：JYM3161∶1（图一，3）；JYM3161是由3座以上墓葬串联的方坛石圹墓或方坛阶梯石圹墓。

B型　侈口，束颈，根据腹部特征分为三型。

Ba型　腹部圆鼓，根据最大径位置分为二式。

Ⅰ式：标本：JYM3241∶1（图一，5）。JYM3241是由三座墓葬串联而成的方坛石圹墓，可复原的陶器出土于编号为JYM3241∶1∶①的圹室中。

Ⅱ式：标本：JMM940出土（图一，4），JMM940为方坛或方坛阶梯封土石室墓。

Ⅰ式到Ⅱ式的变化趋势：最大径上移，肩部特征逐渐明显，口部逐渐外敞。

Bb型　腹部方折。标本：JYM3161∶2（图一，6）。JYM3161是由3座以上墓葬串联的方坛石圹墓或方坛阶梯石圹墓。

Bc型　垂腹。标本：JYM3296∶19（图一，7）。JYM3296是由三座墓串联而成的方坛阶梯石圹墓（阶坛圹室），JYM3296∶19出自相对年代最晚的JYM3296∶③。

甲b类：无耳深腹罐。

根据口部、颈部特征，分为三型。

A型　敛口，短颈，鼓肩，最大径位于肩部。标本：JSM250出土（图一，8）。JSM250为洞室墓（封土石室墓或积石石室墓）[①]。

B型　侈口，折沿，微束颈，根据腹部特征分为二亚型。

Ba型　腹部微鼓，根据最大径的位置分为二式。

Ⅰ式：标本：82JSM2∶1[②]（图一，10），82JSM2为方坛石圹墓。

Ⅱ式：标本：JYM3296∶22（图一，9）、JYM3232∶6。JYM3232由四座方坛阶梯和方坛积石墓串联而成石圹墓，陶器均出土于编号为JYM3232∶2的圹室内。

Ⅰ式到Ⅱ式的发展规律：最大径轻微上移，器形趋于成熟。

Bb型　弧腹，略瘦，根据最大径位置分为四式。

Ⅰ式：标本：M152∶3（图一，14）。M152为方坛阶梯石圹墓，M152出土的铜质鎏金带饰与洛阳西晋M24出土的鎏金铜扣形制基本一致，推测M152年代在西晋时期。

Ⅱ式：标本：JYM3283∶16（图一，13）。JYM3283为方坛阶梯石圹墓。

---

① 《集安高句丽陶器初步研究》中并没有对JSM250墓葬形制做具体介绍，查《洞沟古墓群1997年调查测绘报告》后知JSM250为洞室墓，1968年秋清理，结合《集安高句丽陶器初步研究》的分组情况，分析JSM250为封土石室墓。

② 82JSM代表1982年发掘的集安麻线墓区发掘的下活龙墓群墓葬。

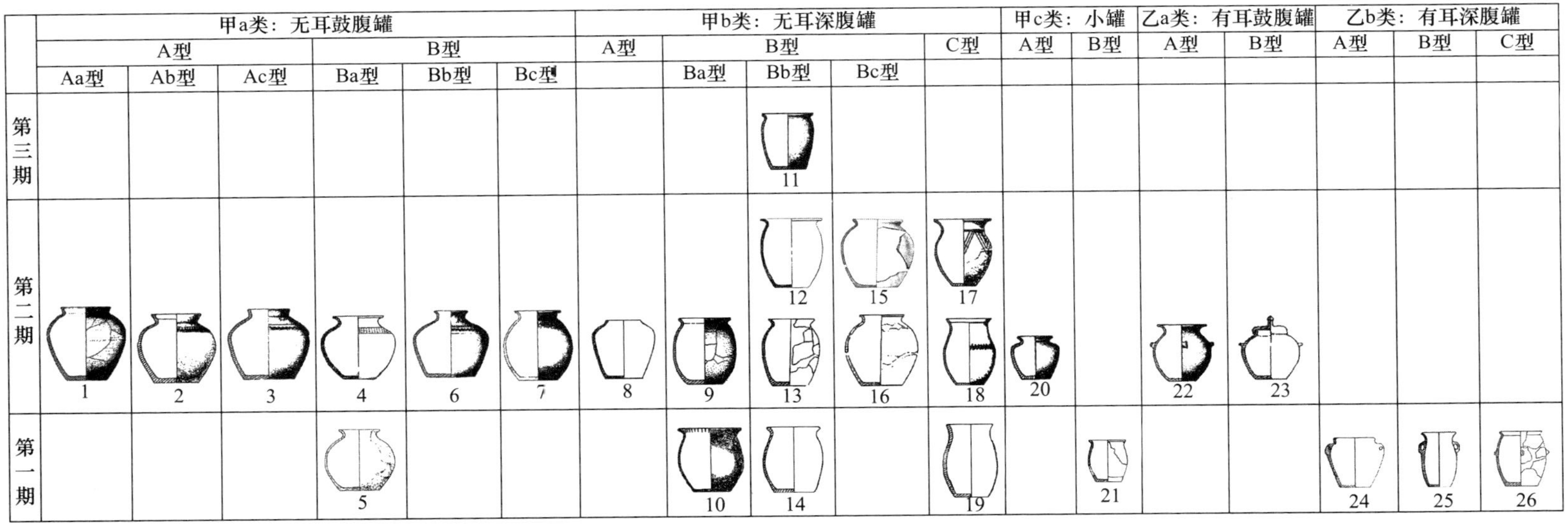

图一　集安地区墓葬出土高句丽陶器分期图（一）

1.JYM3296:14 2.JYM3296:16 3.JYM3161:1 4.JMM940 5.JYM3241:1 6.JYM3161:2 7.JYM3296:19 8.JSM250 9.JYM3305:4
10.82JSM2:1 11.JYM326:1 12.JQM96 13.JYM3283:16 14.M152:3 15.03JYM992:77 16.JYM3296:23 17.JYM3296:22
18.JYM3560:2 19.M196:8 20.JYM326:2 21.JYM3105:④:1 22.JYM3161:3 23.JYM1340:1 24.JWM242:2 25.JWM242:1 26.JYM3232:1

Ⅲ式：标本：JQM96 出土（图一，12）。JQM96 是一座方坛阶梯石室墓。

Ⅳ式：标本：JYM326∶1（图一，11）。JYM326 为单室封土墓，墓顶为平行叠涩顶。

Ⅰ式至Ⅳ式演变规律：最大径逐渐上移，器身逐渐瘦长。

Bc 型　弧腹，略鼓，肩部明显根据最大径位置分为二式。

Ⅰ式：标本：JYM3296∶23（图一，16）。

Ⅱ式：标本：03JYM992∶77（图一，15）。JYM992 是一座方坛阶梯石圹墓。

Ⅰ式至Ⅱ式演化规律：最大径逐渐上移，器身变瘦长。

C 型　侈口，腹部弧鼓，颈部略长，根据最大径位置分为三式。

Ⅰ式：标本：M196∶8（图一，19）。M196 为方坛阶梯石圹墓。

Ⅱ式：标本：JYM3560∶2（图一，18）。JYM3560 是由 3 座以上墓葬串联而成的方坛石圹墓或方坛阶梯石圹墓（基坛或阶坛圹室串墓）。

Ⅲ式：标本：JYM3305∶4（图一，17）。JYM3305 是由 5 座墓葬串联而成的方坛石圹墓。

Ⅰ式至Ⅲ式演化规律：最大径逐渐上移，侈口外敞程度加大，肩部逐渐变鼓，器身变瘦长。

甲 c 类　小罐，本文将高小于 10 厘米的罐统称为小罐。根据整体形态分为二型。

A 型　侈口，束颈，肩部略方折。标本：JYM326∶2（图一，20）。JYM326 为单室封土墓，墓顶为平行叠涩顶。

B 型　侈口，弧腹，溜肩。标本：JYM3161∶3（图一，21）。JYM3161 是由 3 座以上墓葬串联的方坛石圹墓或方坛阶梯石圹墓（阶坛或基坛圹室墓）。

乙类：有耳罐，根据腹部特征分为有耳鼓腹罐和有耳深腹罐。

乙 a 类：有耳鼓腹罐，根据耳部特征，将鼓腹罐分为二型。

A 型　肩称设置四个对称的横桥状耳。标本：JYM3105∶④∶1（图一，22）。JYM3105 是由 3 座方坛阶梯石圹墓串联而成，在第三级阶坛上构筑有 4 个圹室，其中 JYM3105∶①较早，JYM3105∶②、JYM3105∶③同时，JYM3105∶④略晚。另一件标本为 JYM3160∶1，JYM3160 为 3 座以上墓葬串联的方坛石圹墓或方坛阶梯石圹墓。

B 型　肩部设置两个对称的双錾耳。标本：JYM1340∶1（图一，23），黄绿色釉施于器盖，JYM1340 为方坛阶梯石圹墓。

乙 b 类：有耳深腹罐。

根据耳部特征，将深腹罐分为三型。

A 型　肩部对称设置双系耳。标本：JWM242∶2（图一，24）。JWM242 是一座由四座方坛阶梯积石墓组成的串墓，采用阶墙构筑法。

B 型　肩颈部对称设置双竖耳。标本：JWM242∶1（图一，25）。JWM242 是 1

座由四座方坛阶梯积石墓组成的串墓，采用阶墙构筑法；另一件标本为JYM3241：2。JYM3241是由3座墓葬串联而成的方坛石圹墓，可复原的陶器出土于编号为JYM3241：①的圹室中；另外2件标本分别出土于良民墓群M948、石湖墓群M32。良民墓群M948与石湖墓群M32的墓葬形制发掘者并未提及。4件标本有一定差异，这与手制技法有较大关系。

C型　腹部对称设置瘤状耳。标本：JYM3232：1（图一，26）。JYM3232由四座方坛阶梯和方坛积石墓串联而成石圹墓，陶器均出土于编号为JYM3232：②的圹室内。

2. 壶

甲类：展沿壶。

敞口，斜颈，腹部较深且弧鼓，根据耳的有无分为四耳展沿壶和无耳展沿壶。

甲a类：四耳展沿壶，器身上对称设置四个横桥状耳，依据颈部特征将其分为二型。

A型　颈从肩部直接斜向口沿，根据最大腹径位置分为四式。

Ⅰ式：标本：JMM1出土（图二，1）。JMM1是一座封土石室壁画墓。

Ⅱ式：标本：JSM332出土（图二，2）。JSM332为封土石室壁画墓。

Ⅲ式：标本：JYM0540：65（图二，3）。JYM0540为积石墓。

Ⅳ式：标本：禹山下M41（图二，4）。禹山下M41为积石壁画墓。

Ⅰ式至Ⅳ式演变规律：颈部由长变短，器身逐渐瘦长。

B型　在肩部之上出现一段直颈，再斜伸向口沿。

Ⅰ式：标本：JYM0540：66（图二，5）。JYM0540为积石墓。

Ⅱ式：标本：长川M2出土（图二，6）。长川M2为封土壁画墓。

Ⅲ式：标本：三室墓出土（图二，7）。三室墓为封土石室壁画墓。

Ⅳ式：标本：长川M4出土（图二，8）。墓葬形制不清楚[①]。另一件标本也出土于长川M4[②]。

Ⅰ式至Ⅳ式发展规律：颈部逐渐变长，器身逐渐变瘦，肩部不再明显。

甲b类：无耳展沿壶，器形与四耳展沿壶型相似，无耳，依据口部形态分为二型。

A型　口沿外展，腹部弧鼓，根据最大径位置分为二式。

Ⅰ式：标本：JYM3105：③：15C（图二，9）。JYM3105是四座墓葬组成的方坛阶梯石圹墓，其中JYM3105：②、JYM3105：③为同期建筑，相对年代较JYM3105：①晚，较JYM3105：④早。

[①]　转引自耿铁华、林至德：《集安高句丽陶器的初步研究》，《文物》1984年第1期。
[②]　转引自耿铁华：《高句丽釉陶器类型与分期》，《考古与文物》2003年第3期。

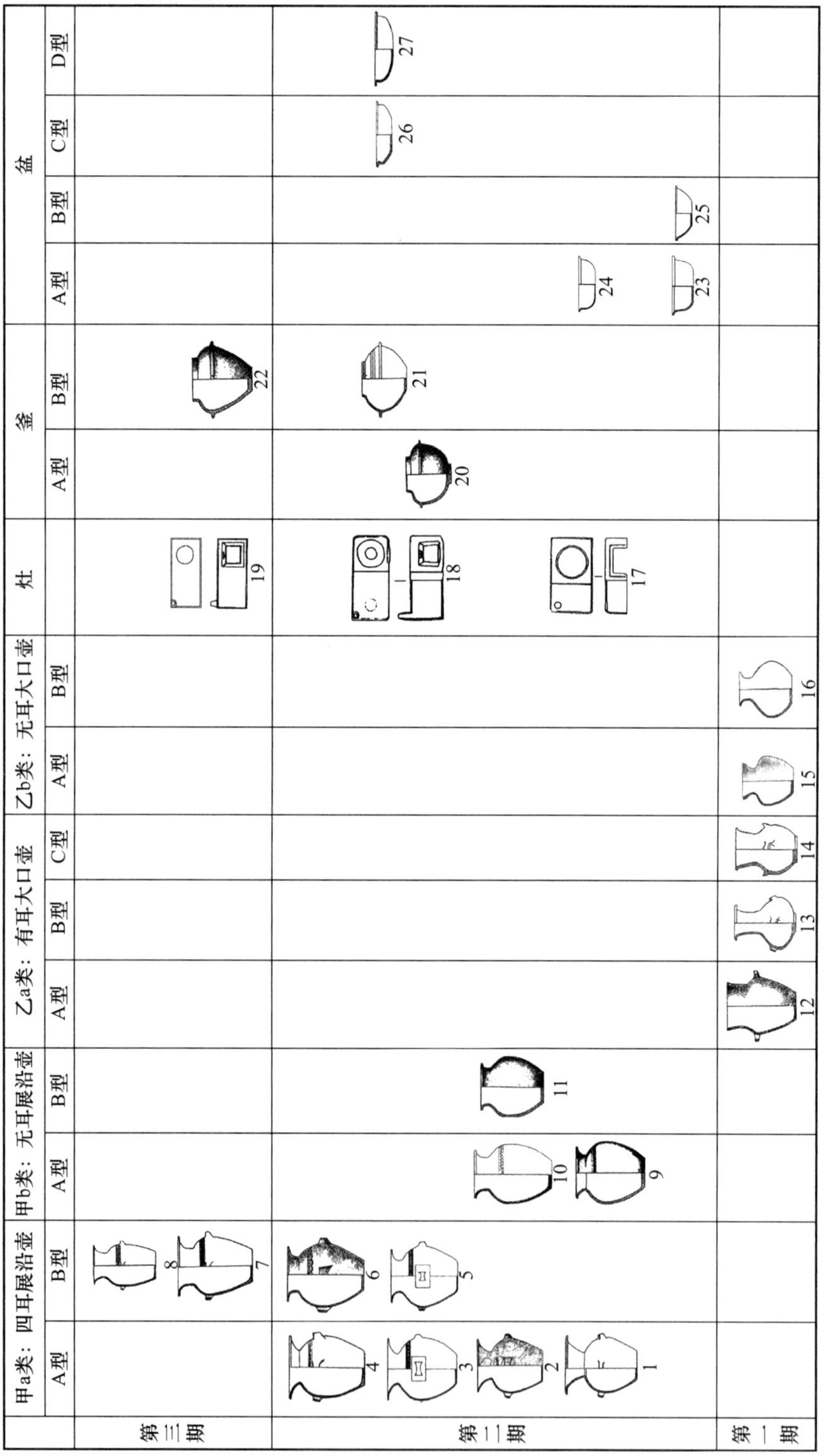

图二 集安地区墓葬出土高句丽陶器分期图（二）

1. JMM1 2. JSM332 3. JYM0540:65 4. 禹山下M41 5. JYM0540:66 6. 长川IM2 7. 三室墓 8. 长川IM4 9. JYM3105:③:15C 10. JQM96 11. JYM3560:1 12. 82JXM8:7 13. M196:18 14. M196:15 15. 03JYM43J:1 16. M195:33 17. JMM1 18. 长川IM2 19. 三室墓 20. JYM3105:③:16 21. JYM1897 22. JYM1443:1 23. JYM3319:7 24. JMM1 25. JYM3319:6 26. JYM1897 27. JYM1815

Ⅱ式：标本：JQM96 出土（图二，10）。

Ⅰ式至Ⅱ式演变规律：最大腹径逐渐上移，器身变瘦长。

B型　口部外展程度较小。标本：JYM3560：1（图二，11），夹砂黄褐陶，高 27、口径 20、腹径 26、底径 13.2 厘米。JYM3560 是由 3 座以上墓葬串联而成的方坛石圹墓或方坛阶梯石圹墓。

乙类：大口壶。

根据耳的有无分为乙 a、乙 b 两类。

乙 a 类：有耳大口壶，根据耳部特征分为三型。

A型　双耳大口壶，器身对称设置双横桥耳。标本：82JXM8：7（图二，12）；另一件标本为 JYM2891：1，夹砂灰陶，器表磨光，底径 8、腹径 14 厘米，腹中部以上残缺，推测可能是双耳大口壶。

B型　四耳大口壶，器身对称设置四个横桥状耳。标本：M196：18（图二，13）；另一件标本出土于石湖墓群。

C型　双耳双鋬壶，器身对称设置横桥状耳和鋬耳。标本：M196：15（图二，14）。

乙 b 类：无耳大口壶，根据口部特征分为二型。

A型　敞口，斜直颈，最大腹径位于肩部。标本：03JYM43J：1（图二，15）。

B型　侈口，束颈，最大腹径位于器身中部。标本：M195：33（图二，16）。

3. 灶

灶身呈长方形，分为三式。

Ⅰ式：灶体下部不封闭。标本：JMM1 出土（图二，17），JMM1 为封土石室壁画墓。

Ⅱ式：灶体下部开始封闭。标本：长川 M2（图二，18），长川 M2 为封土石室壁画墓；另一件标本早年出土于集安，现藏于京都大学博物馆，形制与长川 M2 出土灶相近，泥质灰陶，长 67 厘米。

Ⅲ式：灶门位置较高，烟囱变小。标本：三室墓出土（图二，19），三室墓为封土石室壁画墓；另一件标本出土于长川 M4，长川 M4 为封土石室壁画墓。

Ⅰ式灶与太王陵出土石灶形态形似，虽然学界关于太王陵的主人问题有争论，但不论墓主人是好太王还是长寿王，太王陵的年代范围都在 4 世纪末至 5 世纪初，而三室墓的年代在 6 世纪左右。所以灶的发展规律为：由早至晚，灶门逐渐变高，器形逐渐变小。

4. 釜

根据有无圈足分为二型。

A型　有圈足，鼓腹。标本：JYM3105：③：16（图二，20）、JYM3105：②：4。

JYM3105 是四座墓葬组成的方坛阶梯石圹墓，其中 JYM3105：②、JYM3105：③为同期建筑，相对年代较 JYM3105：①晚，较 JYM3105：④早。标本：JYM3501：2，JYM3501 为方坛石圹墓或方坛阶梯石圹墓。

B 型　无圈足，根据腹部特征分为二式。

Ⅰ式：最大径位于腹部中央，腹部较圆。标本：JYM1897（图二，21；原报告记"底已残，但从共存的相同类型的铜釜看应为平底"，从图片看，底部完整，所以原报告所载图片应为发掘者复原图，且原报告记录尺寸错误，据比例尺测量为口径 16.4、腹径 24、残高 16.4 厘米）。

Ⅱ式：最大径位于器身上部，腹部较斜直。标本：JYM1443：1（图二，22）。JYM1443 为单室封土石室墓。

Ⅰ式至Ⅱ式发展规律：腹部逐渐斜直。

5. 盆

根据腹部特征分为四型。

A 型　垂腹，侈口，根据腹部弧曲程度的变化分为二式。

Ⅰ式：标本：JYM3319：7（图二，23）。JYM3319 是一座方坛阶梯石室墓，年代在公元 4 世纪中叶。

Ⅱ式：标本：JMM1 出土（图二，24）。JMM1 是一座封土石室壁画墓，年代约相当于公元 5 世纪。

Ⅰ式至Ⅱ式演变规律：腹部逐渐变圆润。

B 型　腹部近斜直，侈口，折沿。标本：JYM3319：6（图二，25）。JYM3319 为方坛阶梯石室墓，年代在公元 4 世纪中叶。

C 型　腹部方折，侈口，束颈。标本：JYM1897 出土（图二，26）。JYM1897 为同坟异穴封土石室墓。

D 型　腹部弧曲，底部近圜底。标本：JYM1815 出土（图二，27）。JYM1815 为封土石室墓；标本：京都大学藏釉陶盆。

二、陶器的分期与年代

集安地区墓葬出土陶器所属墓葬之间没有叠压或打破关系，各类型陶器中发展序列清楚的材料较少，但部分陶器所属墓葬的相对年代或绝对年代已经被学界认可，部分陶器及与陶器共存的遗物时代特征明显，所以本文结合墓葬形制演变的相对早晚及年代推测、个别墓葬年代推测的研究成果、陶器的共同特征与共存关系、与周邻地区陶器特征的比较、陶器本身的时代特征，将集安地区墓葬出土高句丽陶器分为三期（见图一、图二）。

1. 第一期陶器

A 型、B 型有耳深腹罐与"S"形铁衔镳共存于 JWM242,"S"形铁衔镳与榆树老河深墓地中层出土的同类器形态相似(图三,1、2),榆树老河深中层的年代在西汉末年至东汉初年①,但 A 型有耳深腹罐烧制火候较高,有轮制弦纹痕迹,结合这一特点,本文认为 A 型、C 型有耳深腹罐年代应在 3 世纪末左右。

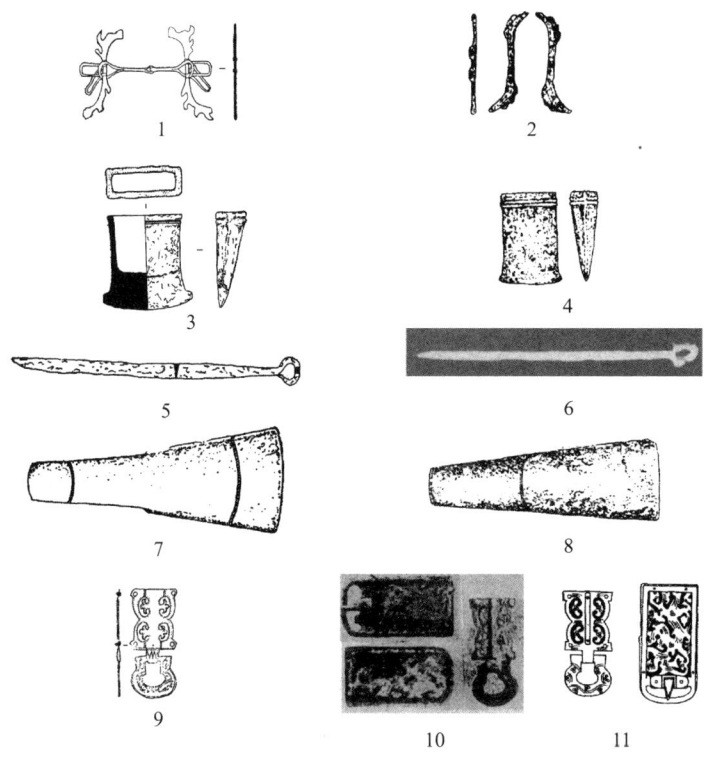

图三 集安地区墓葬出土金属器与其他地区同类器比较图
1. JWM242:2　2、4、8.榆树老河深中层　3.82JXM8:3　5.82JXM8:1　6.新安铁门镇 M2:4
7. 82JXM8:5　9. JSM152　10.宜兴周处墓　11.洛阳西晋 M24

Ba 型 I 式无耳鼓腹罐与 A 型有耳深腹罐另一件标本共出于 JYM3241,JYM3241 是一座方坛石圹串墓,本文认为 Ba 型 I 式无耳鼓腹罐年代也应与 A 型有耳深腹罐年代相当,在 3 世纪末左右。

A 型有耳大口壶出土于 82JXM8,82JXM8 为方坛石圹墓,其内与 A 型有耳大口壶共出的遗物有铁刀、铁镰刀、铁箭囊附件。其中铁刀与河南西汉铁门镇西汉墓出土的同类器形态相似(图三,5、6),铁镰、铁箭囊附件形制与榆树老河深中层出土同类器

---

① 吉林省文物工作队:《榆树老河深》,文物出版社,1987 年,第 116 页。

形态相似（图三，3 与 4，7 与 8），铁门镇西汉墓年代在西汉初期—东汉初期[①]，榆树老河深中层的年代在西汉末年至东汉初年，结合墓葬出土铁器的年代，推测 A 型有耳大口壶年代在高句丽建国至两汉之际。

Bb 型 I 式无耳深腹罐与鎏金带饰共存于 M152，M152 出土的鎏金带饰与江苏宜兴西晋周处墓银带饰、洛阳西晋墓 M24 出土鎏金铜带饰形态相似（图三，9 与 10、11），江苏宜兴西晋周处墓年代约在元康七年（公元 297 年）[②]，洛阳西晋墓 M24 年代在 3 世纪末至 4 世纪初[③]，此类型带饰应是中原文化向高句丽传播的产物，由于高句丽带饰受中原文化影响之后，有自身的发展演变序列，所以本文认为高句丽墓葬出土的此类带饰年代不会与中原同类遗物相距太远，年代应在 3 世纪末至 4 世纪初，与之共存的 Bb 型 I 式无耳深腹罐，年代也应在此范围之内。

M195 内 B 型无耳大口壶与半两钱、剪轮五铢、五铢共出，剪轮五铢约在东汉出现，B 型无耳大口壶年代约在 3 世纪初。

M196、M195、M152 均为阶墙石圹墓，构筑风格一致，而且 M196 出土的 C 型 I 式无耳深腹罐与 M152 出土 Bb 型 I 式无耳深腹罐形态略相近，推测三座墓年代应相差不远，均在 3 世纪，M196 内出土的 B 型、C 型有耳大口壶年代也在此范围之内。

C 型有耳深腹罐腹部对称设置瘤状耳，桓仁地区年代在两汉之际的陶器多施瘤状耳，瘤状耳应是高句丽早期陶器的特点之一，推测 C 型有耳深腹罐年代应在两汉之际。

A 型无耳大口壶出土于临江墓祭台，临江墓处于从阶墙石圹墓向阶坛石圹墓演进的变化期，再结合祭台出土的细绳纹瓦、带卡的特征，推测临江墓年代最晚不会超过 3 世纪末，A 型无耳大口壶的年代也不会超过 3 世纪末。

综上所述，第一期墓葬出土陶器的年代在高句丽建国至 3 世纪末 4 世纪初。

2. 第二期陶器

JYM992 内 Bc 型无耳深腹罐与带有"戊戌"的纪年瓦当同出，发掘者结合墓上出土瓦当风格、墓葬形制，推测年代在公元 338 年，B 型无耳鼓腹罐年代也与之相差不远。

Ab 型、B 型盆与东晋青瓷器、有"丁巳"铭文的纪年瓦当共出于 JYM3319，发掘者推测 JYM3319 年代在公元 357 年，其内出土陶器年代也应在 4 世纪中叶。

[①] 贺官保：《河南新安铁门镇西汉墓葬发掘简报》，《考古学报》1959 年第 2 期。
[②] 罗宗真：《江苏宜兴晋墓发掘报告——兼论出土青瓷器》，《考古学报》1957 年第 4 期。
[③] 河南省文物局文物工作队第二队：《洛阳晋墓的发掘》，《考古学报》1957 年第 1 期。带饰图片转引自杨泓：《吴、东晋、南朝的文化及其对海东的影响》，《考古》1984 年第 6 期。

Ab 型、Ac 型、Bb 型无耳鼓腹罐的肩部均装饰有垂幔纹，垂幔纹在高句丽流行的时间是 5 世纪左右，同时 Ab 型、Ac 型、Bb 型无耳鼓腹罐分别出土于 JYM3161、JYM3296，这两座墓均为串联的方坛石圹墓或方坛阶梯石圹墓，此种形制墓葬的年代下限在 5 世纪，所以 Ab 型、Ac 型、Bb 型无耳鼓腹罐的年代应在 5 世纪左右。

A 型 I 式四耳展沿壶、I 式灶、A 型 I 式盆出土于 JMM1，JMM1 为封土壁画墓，耳室出现了两重抹角叠涩，壁绘有莲花纹，并出土有游环式耳环、釉陶、鎏金带卡、鎏金杏叶、圆角方形带卡等。高句丽圆角方形带卡的年代在 5 世纪，东潮先生认为高句丽游环式耳环的年代在 4 世纪后半叶到 5 世纪后半叶[1]。莲花纹图案与 4 世纪后半叶以后佛教在高句丽的出现有关，魏存成先生认为："墓葬壁画中佛教题材的出现不能早于佛教传入高句丽的时间，麻线一号墓年代应在 5 世纪。"[2] 结合以上年代证据麻线沟一号墓年代应在 5 世纪，其内出土的遗物的年代也应在 5 世纪。

JQM96 内出土 A 型 II 式无耳展沿壶、Bb 型 III 式无耳深腹罐、鎏金铜马镫 1 副（2 件）、带有圆形马镳的马衔 1 件、桃形杏叶 1 件，"东晋时期，中原出现圆形马镳，高句丽出土镳与此演变相符。"[3] 马镫与北燕冯素弗墓出土马镫相似，冯素弗墓年代在公元 415 年，所以结合出土圆形马镳，推测 JQM96 年代在 5 世纪初。其内出土 A 型 II 式无耳展沿壶、Bb 型 III 式无耳深腹罐年代也在 5 世纪初。由此推测 Bb 型 II 式无耳深腹罐的年代可能略早于此。

A 型 I 式无耳展沿壶相对年代早于 A 型 II 式无耳展沿壶，A 型 II 式无耳展沿壶年代在 5 世纪初，Aa 型 I 式无耳展沿壶年代应早于 5 世纪初。A 型 I 式无耳展沿壶与 A 型釜的另一件标本共出于 JYM3105：③，二者年代应相当。A 型有耳鼓腹罐出土于 JYM3105：④年代应略晚于 JYM3105：③。JYM3015 内出土的鎏金杏叶与麻线沟一号墓出土同类器形态相似，推测 JYM3105 的年代在 4 世纪末至 5 世纪初。

Aa 型、Ab 型、Bc 型无耳鼓腹罐，Ba 型 II 式、Bc 型 I 式无耳深腹罐出土于 JYM3296，JYM3296 为方坛阶梯石圹墓串墓，年代下限在 5 世纪，JYM3296：①、JYM3296：②内出土陶器肩部饰有垂幔纹，垂幔纹于 5 世纪左右在高句丽流行，所以虽然 JYM3296：③略晚于 JYM3296：①、JYM3296：②，JYM3296 年代也大约在 5 世纪，其内出土陶器也应在 5 世纪。

Ba 型 I 式无耳深腹罐与肩部饰有垂幔纹的甑同出，高句丽垂幔纹出现的年代在 5 世纪左右，82JSM2 是一座无坛石圹墓，年代下限在 5 世纪，结合 Ba 型 II 式无耳深腹罐的年代推测 Ba 型 I 式无耳深腹罐年代大致在 5 世纪初前后。

JMM940 出土了 Ba 型 II 式无耳鼓腹罐、盖碗，"JMM940 出土盖碗器形与新罗壶

---

[1] 东潮（著），姚义田（译）：《高句丽文物的编年学》，《辽海文物学刊》1995 年第 2 期。
[2] 魏存成：《高句丽遗迹》，文物出版社，2002 年，第 198 页。
[3] 魏存成：《高句丽遗迹》，文物出版社，2002 年，第 222 页。

杆冢出土的铜壶杆相似，铜壶杆底部有铭文'乙卯年国罡上广开土地好太王壶杆十'，根据推算当公元415年，可知二者年代相去不远"①，推知Ba型Ⅱ式无耳鼓腹罐的年代也在5世纪初。

JSM332墓室四壁绘满云纹和"王"字组合成的图案，在藻井第一层下绘有侧视莲花。长川M2耳室绘满"王"字云纹，墓室四壁与藻井上满绘图案式彩色莲花。壁画墓内莲花纹的出现与4世纪后半叶佛教在高句丽出现有关，魏存成先生认为："墓葬壁画中佛教题材的出现不能早于佛教传入高句丽的时间，JSM332、长川M2的年代应在5世纪。"两座墓葬内出土的A型Ⅱ式、B型Ⅱ式四耳展沿壶年代在5世纪。

从A型、B型四耳展沿壶的发展演变序列看，JYM0504出土的A型Ⅲ式四耳展沿壶在A型Ⅰ式、A型Ⅱ式四耳展沿壶之后，B型Ⅰ式四耳展沿壶位于B型Ⅱ式四耳展沿壶之前，由此认为JYM0540的年代早于JSM332，晚于长川M2。公元5世纪末以后，高句丽已经完全是封土石室墓，而JYM0540是一座方坛阶梯圹室墓，结合以上几点本文认为JYM0540的年代可能在5世纪中叶，其内出土遗物年代大致与此相同。

JYM3560是方坛阶梯积石墓串墓，高句丽积石墓年代的下限是5世纪末②，而其内出土1件年代在隋唐时期的栱形带銙，结合JYM3560内出土的2件鎏金带饰和陶器上的垂帐纹看，栱形带銙可能是混入的晚期遗物，JYM3560及其内出土的B型无耳展沿壶、C型Ⅱ式无耳深腹罐年代大约在5世纪。

综上，墓葬出土陶器第二期年代在4世纪初至5世纪末。

3. 第三期陶器

Ⅲ式灶、B型Ⅲ式四耳展沿壶与耳杯、碗共出土于三室墓，三室墓是一座封土石室壁画墓，室外不存在耳室，魏存成先生根据墓葬结构及壁画内容，推定其年代在5世纪末至6世纪中叶，其内出土的碗与北魏高雅墓出土酱釉瓷碗③形态相似，后者的年代为公元537年，所以三室墓出土陶器年代大约在6世纪前半叶。

B型Ⅰ式釜出土于JYM1897，从墓葬结构看JYM1897属于在5世纪末至6世纪中叶之间的封土壁画墓，墓葬所包含陶器的年代也应与之相近。

从陶器形态看，B型Ⅳ式四耳展沿壶晚于B型Ⅲ式四耳展沿壶，B型Ⅲ式四耳展沿壶出土于三室墓，年代在6世纪前半叶左右，B型Ⅳ式四耳展沿壶应属于第三期，B型Ⅳ式四耳展沿壶另一件标本出土于长川M4，长川M4是一座封土石室壁画墓，同坟

---

① 乔梁：《高句丽陶器的编年与分期》，《北方文物》1999年第4期。
② 魏存成：《高句丽遗迹》，文物出版社，2002年，第159页。
③ 何直刚：《河北景县北魏高氏墓发掘报告》，《文物》1979年第3期。

异穴，没有耳室，壁画中有莲花纹样，年代在 5 世纪末至 6 世纪中叶[①]，其内出土陶器年代也应与此相近。

Bb 型 IV 式无耳深腹罐、B 型 II 式釜整体形态与 B 型 IV 式展沿壶相近，均为腹部瘦长，略直，推测其年代在 5 世纪末以后。

综上，墓葬出土陶器第三期年代在 5 世纪末至 7 世纪初。

三、余　论

第一期（高句丽建国至 3 世纪末、4 世纪初）发现陶器数量及种类较少，陶器所属墓葬均为积石墓。高句丽建国至公元 3 世纪末、4 世纪初是高句丽发展的初期，此时，高句丽虽时常寇抄中原边郡，但始终没有动摇中原对边郡的控制。汉四郡建立，高句丽一直属于玄菟郡管辖，直至东汉这种册封关系一直持续下去。曹魏正始年间由于高句丽数次侵叛，魏将毌丘俭将万人攻打高句丽，束马悬车，以登丸都，屠丽所都。这一时期高句丽陶器组合中汉文化因素的成分较明显，比如是第一期的典型陶器——无耳深腹罐、大口壶与汉文化的同类器存在较多相似之处。

第二期（4 世纪初至 5 世纪末）发现陶器数量最多、种类最丰富，新出现器形有耳杯、盖碗、四耳展沿壶、无耳展沿壶、釜、甑、盆、盘、瓮等，陶器所属墓葬有积石墓、封土石室墓。这一时期集安墓葬发现的陶器数量多、种类丰富与高句丽势力的发展有较大关系。4 世纪初至 5 世纪末是高句丽发展的重要时期。公元 4 世纪初，高句丽占领乐浪、带方二郡，其势力逐渐向南发展至大同江、载宁江流域，开始与朝鲜半岛南部的百济、新罗争雄。公元 5 世纪初，中原动荡、慕容鲜卑势力衰微，高句丽最终占领辽东之地。公元 475 年，长寿王率兵攻破百济都城汉城，迫使百济迁都，高句丽的势力到达汉江流域，至此，高句丽的区域范围达到了极限[②]。公元 4 世纪，高句丽势力虽有发展，但在西线战事中却处于被动挨打的劣势，屡屡败于慕容鲜卑。进入公元 5 世纪，中原、慕容鲜卑势力日趋衰落，高句丽趁势而起，最终在 5 世纪末实现了势力范围的最大化。高句丽政治势力的发展对其文化的发展也产生了重要的影响，在与中原、慕容鲜卑、百济、新罗的较量过程中，也实现了文化的交流，这一时期的高句丽陶器除自身因素外，还表现出慕容鲜卑文化因素、汉文化因素，百济、新罗的陶器也有诸多器形与这一时期的高句丽陶器相似。

第三期（5 世纪末、6 世纪初至 7 世纪初）出土陶器数量较少，种类不多，均出土于封土石室墓。本期墓葬出土高句丽陶器数量较少，推测有两个原因：①与积石墓相比，封土石室保存较好，其内遗物容易被盗，墓内遗物所剩无几；②高句丽

---

① 魏存成：《高句丽遗迹》，文物出版社，2002 年，第 190～194 页。
② 魏存成：《高句丽遗迹》，文物出版社，2002 年，第 4 页。

迁都至平壤，政治中心转移后遗留下的遗迹、遗物相对减少。本期长颈瓶、无耳展沿壶与北魏陶器在器形上的相似，是高句丽与北朝文化交流、融合的结果。5世纪末以后，高句丽与北魏的关系极为密切，高句丽接受北魏册封之后，向北魏称臣，从此，二者之间虽然也有矛盾，但关系基本良好，形成北魏与高句丽为一方的东亚外交阵营[①]。

---

① 韩昇：《东北亚世界形成史论》，复旦大学出版社，2009年，第96页。

抚松大方顶子积石堆遗迹的初步研究*

冯恩学[1]　梁　娜[2]　谢　浩[2]

（1.吉林大学边疆考古研究中心；2.大庆市博物馆）

抚松县万良镇大方村西南的大方（荒）顶子积石堆遗迹的性质与年代问题是长白文化史最近几年的学术争论的焦点之一。大方顶子积石堆遗迹没有开展考古工作，在被密集树木杂草遮盖下遗迹现象模糊不清，踏查者有盲人摸象之感，人们对他的解读分歧很大，加之参加讨论者的学术背景多样，有东北史学者、萨满文化学者、长白文化学者、考古学者。2011年6月和9月吉林大学师生对石堆遗迹群进行了考古调查，基本摸清分布与形状等特点，认定是积石墓群，年代在高句丽建国前后或更早。考古报告按照学术惯例对发现的遗迹进行了客观描述，没有展开论述，现从考古学研究视角对其做对比分析，供研究者和关心者参考。

一、大方顶子的积石堆遗迹基本特点

根据调查可以确定大方顶子积石堆是人工垒砌的古代遗迹群。积石堆现保存6个，另有民间传说的3个积石堆没有找到可确认的遗迹。现存的6个积石堆基本特点是：

（1）位于高山之顶梁、沿着山的脊梁成串状分布。

（2）边缘形状不规整，能够确定的平面形状大体呈圆形、长椭圆形、或不规矩的方形。

（3）依地势垒砌，外侧面的表层经过细致垒砌，或呈规整的斜面，或垒成台阶。内里石块堆砌，没有层次，也不咬合。底部外边形状不规整，随意性大，不是精心规划严格施工的建筑物。

（4）有的底层外边还有依护石和支撑石，与高句丽积石墓常有依护石传统相同。

（5）顶部都有洼坑。3号积石堆（J3）洼坑被盗坑破坏，探查得到迹象是开口在顶部的墓圹，墓底铺碎小石块层，小石块层表面积土中夹杂很多木炭块，其上用中等石块填封，与高句丽石圹积石墓特点相同。

（6）石堆的底部没有发现阶梯石坛迹象。对村民"土坛上驮石坛"中土坛有无我

---

* 本文系吉林省社会科学基金项目研究成果（项目编号：2011B410）。

们也做了重点调查。根据探查，积石直接压在生土层上，没有人工垫土层。积石堆选择自然地势高起的地方修建，或位于高端，或依靠高端修建，从低处一侧观察就有土坛驼石坛的感觉（图一）。

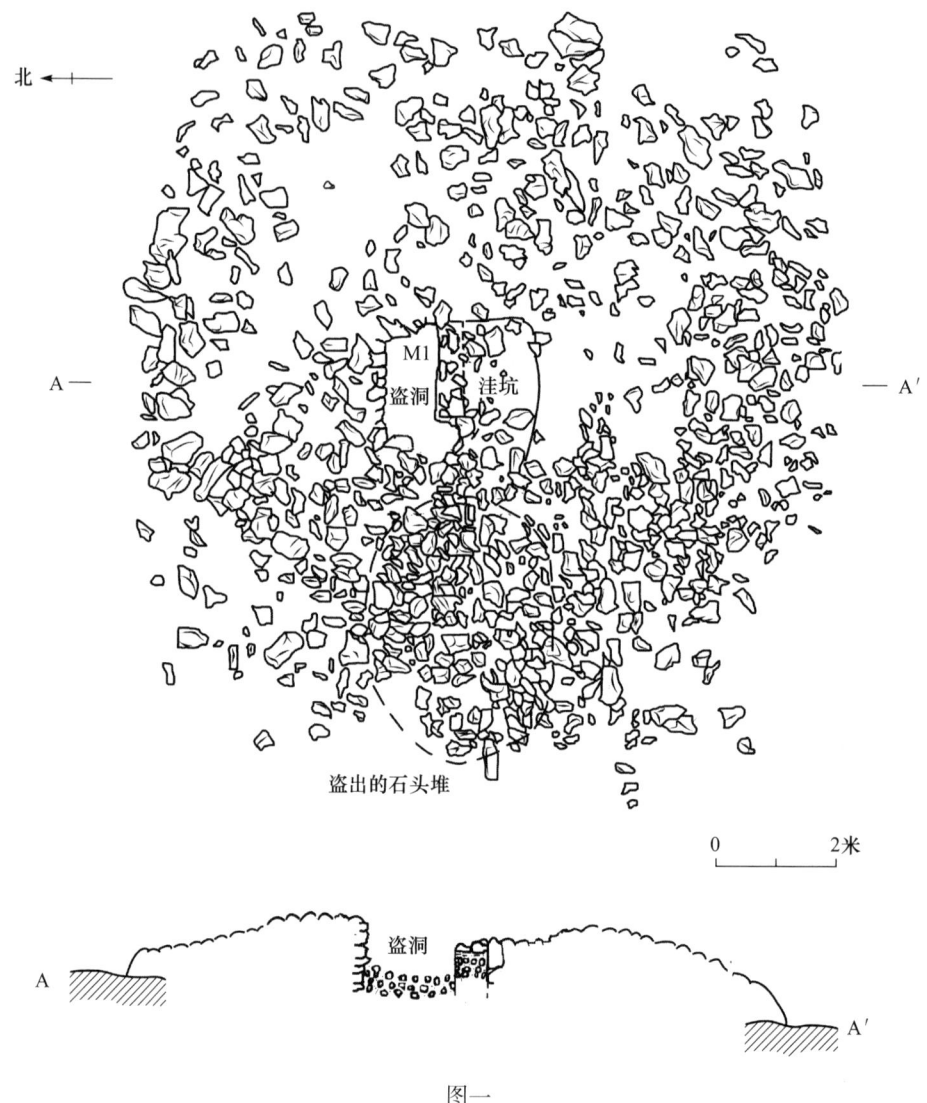

图一

二、抚松大方顶子积石堆的性质先后有3种基本观点

1. 高句丽山城说

《抚松县文物志》记载，1960年调查提出是古城，调查记录表中还写到发现的遗迹有"炮台、古城、古井、石板"。所以很可能当时认为石堆可能是城内的炮台。在1986

年复查时根据有石墙带提出"很可能是高句丽时期的一座城址所在"。认为6个积石堆为人工垒砌，已非原貌，推测是否为修筑城墙的石料堆还不能确定[①]。2008年抚松文物管理所"三普"调查时，50米的"石带"已经被破坏掉，普查队没有找到石墙遗迹，认为积石堆遗迹的性质和年代待定。

2. 祭坛说

2008年5月陈景河先生在乡土文化学者朱明春的带领下踏查了大方顶子北部的几个石堆，认为高句丽人没有在这里生活，不是高句丽遗迹，可能是金朝女真皇族祭拜长白山的祭坛。在他的积极倡导下，林业局组织了多次学者考察论证，并走访大方村村民收集口碑和民间文物资料。在这期间朱明春提出他认为大方顶子山脊小路就是渤海朝贡道的道路所在，理由主要是根据以前老人行走山路的讲述，山坡沟岔多倒木，很难长途行走。朝贡道观点提出后，引出祭坛是否是渤海修建的新问题。到2010年9月先后经过三次以上的会议论证，会上多数学者认为大方顶子上积石堆非古城，而是祭拜长白山的祭坛，但对于时代又提出多种看法，有人主张是金代的，有人主张是渤海的，有人主张渤海先建、明代苏完部沿袭，有人主张是秦汉时勿吉人设祭，辽金时女真人沿用的祭祀长白山的古代祭坛遗址，等等。会后有的学者发表文章，对"祭坛说"进行了详细论证，加之媒体的报道，"祭坛说"成为主流[②③]。

3. 积石墓说

我们查阅2008年10月"三普"调查后的档案资料，普查队虽然没有最后认定性质和年代，但是有一份表格内已经把积石堆登记为高句丽积石墓，并按照考古学墓葬编号方法编为M1～M6，逐一登记卫星定位坐标。2010年9月的考察论证会上，吉林大学考古系王培新先生在会议讨论时提出可能为高句丽积石墓。2011年6月吉林大学对积石堆遗迹群进行了考古调查，在三号积石堆（J3）找到了残破的墓圹（图一）。经过整理分析资料，得出是高句丽早期或更早的积石墓的认识[④]。

三、与旅大地区积石墓的比较

类似的遗迹是山顶型积石墓群，吉林省境内以往还没有发现，但是在比邻的辽宁

---

① 吉林省文物志编委会：《抚松县文物志》，1988年。
② a. 陈景河等：《大方顶子古祭坛遗址的考察报告》，《协商新报》2008年12月19日；b. 陈景河：《长白山古祭坛发现经过和初步考研》，http://www.xinhuanet.com/chinanews/2008-07/21/content_13878514.html
③ 张璇如：《长白山祭坛探源》，《东北史地》2009年第5期。
④ 冯恩学、马天夫：《抚松大方（荒）顶子积石堆调查报告》，《边疆考古研究》（第11辑），科学出版社，2012年。

南部却是常见的积石遗迹类型之一。其中以旅顺大连地区出现最早，年代从新石器时代晚期的郭家村上层文化开始，延续到青铜时代。如老铁山积石墓、将军山积石墓、四平山积石墓、牛群山积石墓、柏岚子积石墓、大台山积石墓、大岭山积石墓等[1]。现将老铁山积石墓、四平山积石墓、牛群山积石墓群特点简要介绍如下。

老铁山积石墓　铁山位于旅顺口区铁山公社郭家村东，西距渤海海岸约 5 千米。从老铁山北部第一峰向西北与将军山，刁家村北山相连，大约有 3 千米的起伏山脊上有积石墓 40 余座。将军山有 20 多座。这些积石墓是按山脉走向，依山脊坡度起伏修筑的。一般是略微修正一下被选择的地表面，然后就地把自然山坡的石块搬到山顶，用压缝交叠的方法筑成长方形或近长方形的积石墓。根据 1973 年和 1975 年发掘的几个积石堆，墓一般长 7～20 米。墓内分筑数量不等的石圹型墓室。墓室长方形，长 1.3～2.2、宽 0.7～1.46 米。墓室顶用不规则的方形大石块覆盖。随葬品以陶器为主，并有生产工具和装饰品。陶器以龙山文化风格的磨光黑陶为主，器形有单耳杯、三环足盘、豆等，与相距 1 千米的郭家村遗址的郭家村上层文化陶器相同，文化属性为新石器时代郭家村上层文化。发掘者认为是郭家村遗址的墓地[2]。

四平山积石墓　延伸到渤海中的四平山主脉有两个主峰，1941 年调查在南主峰山脊有 12 个积石墓，北主峰的山脊上分布 10 个积石墓。积石墓内有多个墓室，出土陶器有袋足鬲、豆、壶、杯、罐等，具有山东龙山文化因素，时间大约距今 4500 年[3]。

牛群山积石墓群　青铜时代。大连旅游商务网报导 2005 年牛群山青铜时代积石墓群的发现经过："旅顺口区的文物管理人员曾 3 次到官家屯山域寻找，前两次都一无所获。今年 6 月份，他们又一次走访了官家屯村民。62 岁的王太殿告诉他们，石线山没有石堆，而在它西边的牛群山上倒是有些莫名其妙、大小不一的石堆。在老人的带领下，文物管理人员在牛群山山脊发现了大小不一的积石墓 10 余座。最大的在山顶，约 1.5 米高，由大小不一的不规则石块堆成，占地近百平方米，在它的周围分布着大大小小的积石墓，最小的占地仅几平方米。墓与墓之间相距 5～30 米，都有石块布成的石脉相连。几座较大的墓都向东南方向伸出近 10 米的石脉。据王太殿老人介绍，顺山脊向南 500 米的山脊上也有这样的积石墓地，20 世纪 70 年代当地青年队曾用积石墓的石头盖了 20 多间房子，那时谁也不知道那些石堆是墓。"[4]旅大地区的积石墓还有山冈型积石墓，位于遗址附近低矮的台地或坨头上。如旅顺口于家坨头积石墓、大连甘井子区岗上积石墓，积石墓内的墓室密布，呈蜂窝状分布，属于"接续墓"类型，年代在青

---

[1] 许玉林：《辽东石棚》，辽宁科学技术出版社，1994 年，第 85 页。
[2] 旅大市文物管理组：《旅顺老铁山积石墓》，《考古》1987 年第 3 期。
[3] 许玉林：《辽东石棚》，辽宁科学技术出版社，1994 年，第 85 页。
[4] 旅顺发现青铜时代积石墓，http://www.fx120.net/scribble/ly/20051229104124 7235.html

铜时代晚期（即春秋战国时期）。山顶型"串墓"出现的时间很早，但是到青铜时代仍然沿用，与蜂窝状"接续墓"类型并存发展。

大方顶子积石堆的分布特点与旅大山顶型积石墓类似，与山冈型积石墓相差较大。

四、与鸭绿江流域高句丽积石墓的比较

我国境内高句丽积石墓主要分布在鸭绿江流域（包括其支流浑江等）。辽宁的高句丽墓以桓仁县为最多，吉林省的高句丽积石墓集中发现在集安附近的鸭绿江沿岸地区，主要分布在河边阶地、台地、和小山岗上，在分布规律上与抚松大方顶子墓有很大不同，但是山顶型积石墓在抚松与旅大地区的中间地带的桓仁也有少量的积石墓位于小山包的顶部，如陈大为在《桓仁县考古调查发掘简报》中言积石墓多分布在山坡或是山脚下，少数在山腰和山顶上[1]。桓仁望江楼墓地位于桓仁县雅河乡南边石哈达村北部的一条临河的山冈的冈脊上。墓地共由6座独立的接近圆形积石墓构成，墓葬并大都坐落在山冈起伏稍大的端头。墓葬外缘垒筑的石头较大，内侧较小，并有层层内收的迹象，积石外侧立支或平放大型河卵石进行倚护。石圹开口在积石堆顶部，墓底平铺小河卵石（图二），并有明显火烧痕迹，有零星炭块和碳粒发现，出土遗物有陶器、铁器和玉石器等。望江楼墓地是高句丽建国前后的遗存[2]。

高句丽墓是以王陵为代表的方坛阶梯积石石室墓，以其独特性广为人知，把方坛阶梯积石石室墓与大方顶子墓相比形状差别很明显。但是，众所周知高句丽积石墓的数量巨大，仅集安通沟的积石墓就有6千多座，墓葬形态丰富多样，供旅游参观的积石墓仅是高句丽墓葬中很少的一部分[3]。禹山JYM3232是4座阶坛积石墓串联在一起，其墓圹圹室为长方形竖穴，圹室上部封石石块多为20～30厘米的自然石块，圹室底部铺直径5厘米的小碎石块，小碎石块层厚15厘米（图三）。

辽宁、吉林的考古学者通过多年的调查、发掘和研究分析，基本掌握了高句丽墓葬主体类型的演变规律。魏存成先生在《高句丽积石墓的类型和演变》中总结说，高句丽早期墓葬的类型有无坛石圹积石墓和方坛积石墓两种类型。无坛石圹积石墓是目前所知高句丽最早的墓葬形制，按平面形状可分为圆形或椭圆形和长方形两种。圆形无坛石圹积石墓一般修筑在沿河的山冈上，其特点是以较大的河卵石或山石平摆垒砌出圆形或椭圆形的外框，向上层层内收，为了防止外框石的塌落，在最底层的外框的周围还用较大的河卵石或山石立砌一圈倚护石，在倚护石的底部外侧摆放一些小的河

---

[1] 陈大为：《桓仁县考古调查发掘简报》，《考古》1960年第1期。
[2] 李新全：《高句丽早期遗存及其起源研究》，吉林大学博士学位论文，2008年。
[3] 吉林省文物考古研究所：《集安洞沟古墓群禹山墓区集锡公路墓葬发掘报告》，《吉林集安高句丽考古报告集》，科学出版社，2009年，第194页。

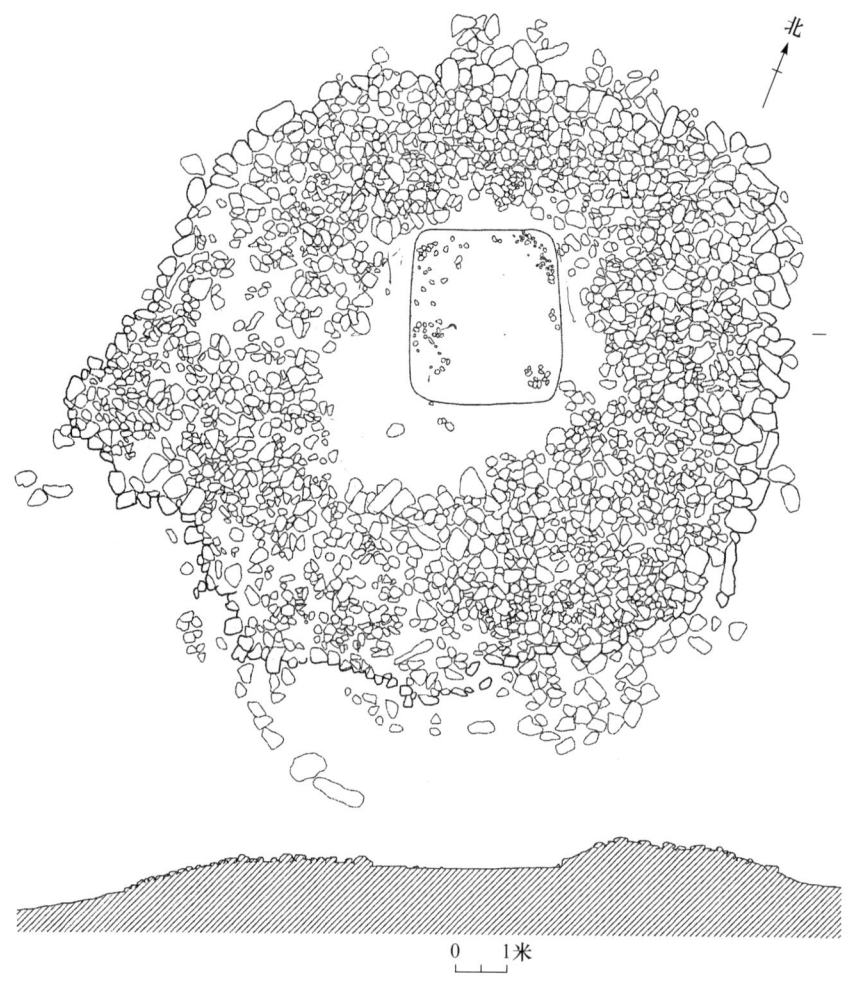

图二　桓仁望江楼积石墓（M4）平、剖面图

卵石或山石加固。在墓葬的中部构筑石圹（即竖穴墓室），石圹的底部有的是向下凿岩取平，然后铺垫一层夹杂小河卵石的河沙；有的直接铺垫夹杂小河卵石的河沙取平。再用较大的河卵石和山石垒砌不十分规整的圹壁，火葬尸体后，用稍小的河卵石和山石填封墓顶[1]。大方顶子积石墓位于高山之上，附近没有河床，所以没有使用河卵石，而是利用山上裸露的山石修建，建筑技术方法则与此相同。李新全先生认为："方形和长方形的无坛石圹积石墓的构筑方法与特点大体与圆形和椭圆形的无坛石圹积石墓相同。从墓葬发展演变的角度分析，方形和长方形无坛石圹积石墓的构筑方法较为复杂，因而，我们有理由认为圆形或椭圆形的无坛石圹积石墓的出现年代要比方形和长方形的无坛石圹积石墓早。"[2]

---

[1] 魏存成：《高句丽积石墓的类型和演变》，《考古学报》1987 年第 3 期。
[2] 李新全：《辽东地区积石墓的演变》，《东北史地》2009 年第 1 期。

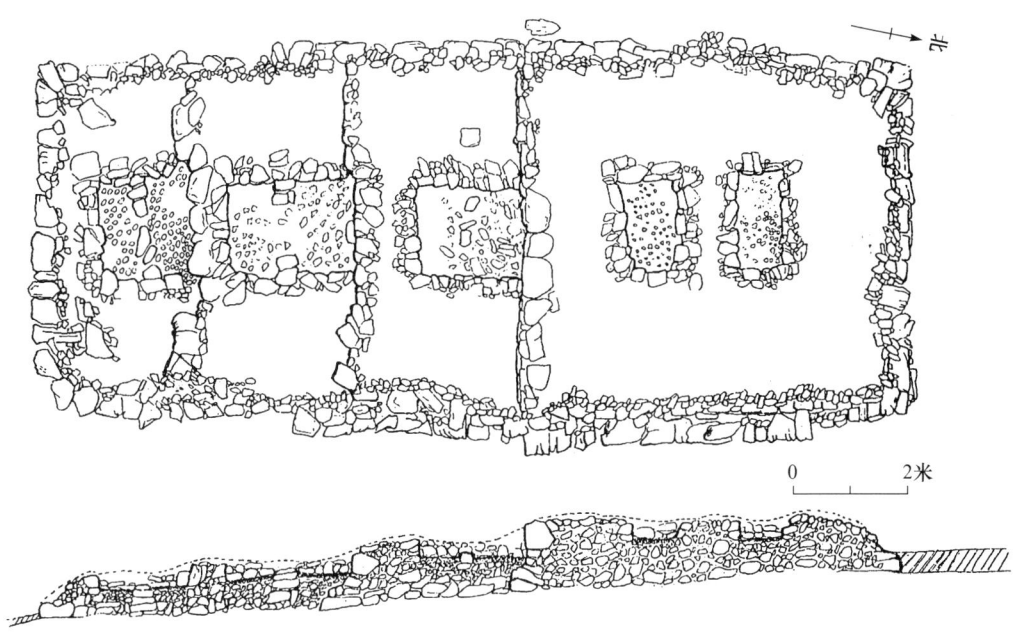

图三　禹山 JYM3232 平、剖面图

抚松大方顶子的积石墓以圆形和椭圆形为主，形状与高句丽早期积石墓相同，只是分布在高耸的山顶，而集安地区和桓仁地区的高句丽墓都发现了高句丽墓葬是从高处向低处发展的规律。根据以上所述规律，我们可以推测大方顶子积石堆应该是积石墓群，其年代可能要比集安高句丽墓早。

集安墓葬依护石很多，王陵的依护石巨大，十分醒目。但是集安也有形体小的依护石，属于高丽前期的集安万宝汀墓区242号墓。阶梯墙的外面倾斜撑护墙石，排列护墙石，排列非常整齐。护墙石多数呈长方形，大小不规则，最大的长80、宽27厘米[①]。桓仁望江楼积石墓的也有长70、宽35、厚20厘米左右的依护石。大方顶子的依护石虽然小，但也能起到支撑依护积石堆墙不流塌的作用。大方顶子的积石墓也具有串墓特点，高句丽串墓可能是由山脊串墓发展而来，大方顶子的积石墓为此提供了重要线索。

鸭绿江流域与旅大地区地域毗邻，同属于长白山山脉西段，旅大地区的积石墓对鸭绿江流域的高句丽积石墓有重要影响，李新全先生在其博士论文《高句丽早期遗存及其起源研究》和《辽东地区积石墓的演变》中对此做过详细论证。抚松大方顶子距离高句丽早期国都所在地桓仁180千米，距离鸭绿江边最短距离60千米，相似点很多，特别是与望江楼墓地最近似，我们认为抚松大方顶子积石墓群也是旅大山顶型积石墓向东传播的结果。

---

① 赵书勤、周云台：《集安万宝汀墓区242号墓清理简报》，《考古与文物》1982年第6期。

五、与鸭绿江上游长白县积石墓和积石祭坛的比较

在集安之东的长白县，近年也发现了大量的积石堆遗迹，其中经过发掘清理的有十四道沟镇的干沟子墓地和十二道沟的积石祭坛。

干沟子墓地位于长白县十四道沟镇干沟子村东西两侧的河谷冲击台地上，东、西、南三面被连绵高山环抱，南邻鸭绿江。墓葬集中分布在东干沟河北侧的近山台地和西干沟河两岸，遗址均位于墓地西、南两侧山上。干沟子墓地的墓葬是一种由几个或是十几个墓坛不断接续而形成的积石墓。墓坛以大块河卵石垒砌，外墙弧线整齐，顶部构筑墓圹，墓坛下均建有基础，用稍小的河卵石砌筑墓坛和墓圹。墓坛墙之外都有立置的石条或大石块作为倚护，倚石下部堆有更大的石块，从而使墓坛更加牢固。墓圹呈长方形或是椭圆形，周围砌石一两层，底部普遍铺垫一层细小河卵石子使之平整，焚烧后的人骨直接置于圹内，入葬后以碎石封盖。有少数墓圹中出现木炭，随葬器物有陶器、玉器、石器和铜器等。干沟子墓地时代为战国晚期至西汉[①]。干沟子墓地属于蜂窝型积石墓，位于河边台地，其特点与旅大地区岗上、楼上等蜂窝型积石墓类似，应该是旅大地区蜂窝型积石墓东传的结果。抚松大方顶子积石墓与其不属于一个类型。

2004年长白县十二道沟注入鸭绿江的前林子河口台地上发现很多积石堆，其中二级台地有13个截面为圆锥形的大型积石堆（直径15～20米，呈东北—西南向排列），有30余个圆形小石堆（直径3～8米）。对2个大的积石堆做了考古清理，经发掘得知，积石堆被火山灰覆盖，没有被后期破坏，保留了原始状态。考古清理时，曾经对一个石堆挖掘3米宽的探沟，没有找到墓圹，所以发掘者推测可能不具有墓葬性质，同时有根据石堆表面有火烧的痕迹，没有完整随葬品，只有毁器的青铜器残片等特征推测是祭祀的坛，根据发现的青铜器等遗物推断是战国时期[②]。大方顶子积石堆分布在山顶上，堆顶都有凹坑，有开口在积石堆顶面的石圹，都与十二道沟不同。

六、对村民回忆资料的看法

村民回忆的口碑资料也是重要的研究资料，但是由于时间间隔久远，会出现很多错误，真假难辨。根据考古调查结果，有些回忆是与调查现象吻合的，如有人回忆说，"石坛长20米，宽6米""高2米，顶部高低不平，不是直壁"等。据大方村老者和其他人讲述，在大方顶山曾经得到过石斧、石刀、石桌、石碗、钢剑、铁腰铃，又有传言得到马镫、瓷器、玉牌等，均未见实物，不知真伪。这些器物显然不是一个历史时

---

① 吉林省文物考古研究所：《吉林长白县干沟子墓地发掘简报》，《考古》2003年第8期。
② 张福友、孙仁杰、迟勇：《长白山南麓积坛调查与考证》，《东北史地》2007年第1期。

代遗物。大方村老者回忆录资料中有人说捡拾到石斧、石刀，值得重视。石斧和石刀是新石器时代和青铜时代遗址常见之物。但是具体出土在积石堆内，还是出在山麓的新石器时代遗址中则无法得知。山腰遗址被定为新石器时代遗址，主要依据是在人参地地面上采集到黑曜石石片和薄胎夹砂黄褐陶、夹砂黑陶的陶片、口下附加一周棍状泥条堆纹陶片、假圈足器底。积石墓群附近常伴有遗址发现，所以这个重要线索不能忽视，二者关系有待今后深入工作。

原住大方顶村的多位老者和朱明春先生的回忆资料有火祭、发现萨满铁腰铃等，有可能是清朝伪满时期当地的萨满利用了北端的一个积石堆进行了祭祀活动。石桌、石碗、石筷子、钢剑等都可能和萨满祭祀有关。朱明春先生回忆台子顶部平坦如炕，石块对缝拼接等现象，应该是萨满利用时还做了修整改筑，成为符合萨满跳神需要的祭坛。该台子已经毁无，今天已经没有实证材料，考古调查也无法证实。还有一种可能是后来所建一石台，与现存的6个积石堆无关。

至于渤海和金朝是否利用或修建了积石堆，山脊小路是否是渤海朝贡道，目前都没有发现任何考古证据。

七、结　　论

通过以上分析，初步判定大方顶子的积石墓应该是山顶型积石墓群，不排除有祭坛的可能，因为这类开口在表面的浅穴墓坑型积石堆墓本身就有祭坛性质，耗费大量人力堆积石头堆的主要目的并不是保护墓主尸体不被破坏，实际上很多情况是在下葬时墓主尸体已经变成凌乱的残缺的骨殖，那是在漫长停丧期间发上的变化，还经过了火烧等原始宗教的祭祀仪式。把骨殖放在模拟圣山的积石堆顶部的墓穴内，达到灵魂送入理想天国的目的，这和悬棺葬异曲同工，依靠的内在的精神信仰动力相同。

大方顶子的积石墓时代大致在青铜时代晚期到高句丽早期的时段内，考虑到辽东半岛是在新石器时代晚期开始流行山顶型积石墓，而大方顶子山半腰也有新石器时代遗址，所以不排除有早到新石器时代晚期的可能，但基本可以排除年代晚于高句丽时期的可能。其年代需要考古发掘才能最后定论。其文化起源与辽东半岛的新石器时代到青铜时代的山顶型积石墓有联系，但是其族属不能确定。长白县和抚松县都在集安之东，这些地域先后发现了蜂窝状积石墓和山顶型积石墓，意味着旅大的积石墓习俗早在高句丽建国之前已经传播到鸭绿江上游及以北地区。抚松大方顶子积石墓群的确认对研究高句丽积石墓的起源具有重要意义。

北魏洛阳外郭城复原研究的初步检讨

郑君雷

（中山大学历史人类学研究中心）

北魏洛阳城的考古勘查始于1954年[①]，不过既往复原研究主要是根据《洛阳伽蓝记》[②]等文献进行，涉及营建规划、形制以及城门、道路、里坊、市场、寺院、水道等诸多方面，周祖谟[③]、宿白[④]、王仲殊[⑤]、杨宽[⑥]、孟凡人[⑦]、贺业钜[⑧]等先生还绘制出复原示意图。仅就外郭城考古工作而言，20 世纪80 年代对北郭、东郭和西郭城垣和周围水道进行了勘探试掘[⑨]，1985年以来对西郭城进行了钻探和发掘[⑩]。根据外郭城和水道的考古勘查材料，可以对既往复原研究作些检讨。

一、文献复原与考古勘查

北魏洛阳三城环套，其中外郭城范围为"京师东西二十里，南北十五里"，内城（汉魏洛阳城）"亦曰九六城"。[⑪]曾经有学者否认外郭城的存在，不过代表性的观点以为，"外郭城城墙，史籍无明文记载。城东因《洛阳伽蓝记》提到有郭门，估计会有城墙。其他三面，西有张方桥，北依邙山，南临洛水和伊水，这三面是凭借山水以代城墙，还是另筑城墙，只好待将来考古勘查或发掘时来定"[⑫]。

[①] 阎文儒:《洛阳汉魏隋唐城址勘查记》,《考古学报》1955 年第 9 期。
[②] 以下简称《伽蓝记》,以下引用史料不另注者均引自周祖谟:《洛阳伽蓝记校释》,上海书店出版社, 2000 年。
[③] 周祖谟:《洛阳伽蓝记校释》,中华书局, 1963 年;上海书店出版社, 2000 年。
[④] 宿白:《北魏洛阳城和北邙陵墓——鲜卑遗迹辑录之三》,《文物》1978 年第 7 期。
[⑤] 王仲殊:《中国古代都城概说》,《考古》1982 年第 5 期。
[⑥] 杨宽:《中国都城制度史研究》,上海古籍出版社, 1993 年,第 143 页。
[⑦] 孟凡人:《北魏洛阳外郭城形制初探》,《中国历史博物馆馆刊》1982 年第 4 期。
[⑧] 贺业钜:《北魏洛都规划分析》,《中国古代城市规划史论丛》,中国建筑工业出版社, 1986 年。
[⑨] 中国社会科学院考古研究所洛阳汉魏城工作队:《北魏洛阳城外廓城和水道的勘查》,《考古》1993 年第 7 期。以下引用外郭城考古勘查数据均出自该文。
[⑩] 中国社会科学院考古研究所洛阳汉魏城工作队:《北魏洛阳城内出土的瓷器与釉陶器》,《考古》1991 年第 12 期。
[⑪] （元）《河南志》。
[⑫] 孟凡人:《北魏洛阳外郭城形制初探》,《中国历史博物馆馆刊》1982 年第 4 期。

根据考古勘查，北魏洛阳外郭城至少北、东、西三面有城墙。邙山南坡的北郭城墙20世纪60年代尚存1300余米；西郭城墙依北南流向壕沟（"长分沟"）走向，在其东侧"略呈西北至东南方向的折拐修筑"，"城垣夯土残存长度为4400米，按直线距离计算长度应为3800米"；"东廓城垣基本与内城东垣平行，呈直线形。残存夯土城垣断续连接，长度约1800米"；但是"在洛河故道南面、伊水北面的地带内"尚未发现南郭城墙的迹象。

北郭城后据邙山，地形局促；且《伽蓝记》对"城北"记述不多，并称凝玄寺"地形高显，下临城阙"，因此多数学者认为北郭城与内城北城墙之间为"二里之地"或"两列里坊"（南北方向）。考古勘查表明北郭城墙"与现存地面上的内城北垣基本平行，两城垣最近距离为850米"，说明既往依据文献对于北郭城的复原是正确的。争论较大的是相对于内城而言，东、西郭城是否基本对称布局，以及南郭城的范围、南郭城是否有城墙。

关于东、西郭城，多数学者根据《伽蓝记》建春门外"七里桥"和"出阊阖门城外七里长分桥"两条，认为范围大致相若，加内城东西六里之数合为"京师东西二十里"。孟凡人先生则认为东郭城宽约五里，西郭城宽约九里。就史料分析而言，孟文对于东、西郭城范围的考察显然更加周全。但是考古勘查表明，"西廓城距离内城西垣，短者3500米，相距最长处为4250米"，东廓城墙"位于内城东城垣东3500米"，东、西郭城墙整体上大致与内城对称布局。虽然西郭城墙较曲折，但是东、西郭城的范围不至于偏差到"九里"与"五里"之大，这个矛盾如何解释？

南郭城处在今洛河和洛河故道范围，考古勘查难度较大，对于南郭城范围以及是否存在南郭城墙，争论最多。据"宣阳门外四里"的"永桥"条，多数学者认为南郭城主体在洛河以北，以此南郭四里、北郭二里、内城九里相合，适为"南北十五里"的京师范围；但是同意洛河南岸"永桥以南，圜丘以北，伊洛之间，夹御道"两侧的四夷馆、四夷里等处仍然属于南郭城范围。由于里坊数量记载不一，有些学者认为洛河南岸的郭城建设并未完成，"御道"两侧还应当预留有建设用地。

二、坊里、道里与营建里

作为北魏洛阳城复原的基础史料，《伽蓝记》等文献中与数字连用的"里"字，有时用为道里之"里"（长度计量单位），如"京师东西二十里，南北十五里"；有时用为里坊之"里"（行政区划单位），如"合有二百二十里"。不同语境中的"里"字究竟指代什么，以及作为长度单位的"里"与今天长度单位的换算比值，需要认真讨论。

（元）《河南志》称汉魏洛阳（即北魏洛阳内城）"俗传东西六里，南北九里，亦曰九六城"。《后汉书·郡国志》注引《帝王世纪》记为"城东西六里十一步，南北九里一百步"，《晋元康地道记》记为"城内南北九里七十步，东西六里十步"，精确到只能用作长度计量单位的"步"，反证元《河南志》的"里"也是长度单位。劳干先生否认北魏洛阳外郭城的存在，认为北魏洛阳城仍魏晋旧制，因此误以为"京师东西二十里，南北十五里"是指闾里①。

"出青阳门外三里，御道北有孝义里""出闾阖门城外七里，有长分桥""（白马）寺在西阳门外三里御道南"这类记述中的"里"字首先应该理解为长度单位。"出建春门外一里余，至东石桥"显然更是长度单位；"七里桥东一里，郭门开三道"也是在讲距离，因为七里桥以西的东郭范围只有建阳里、绥民里和崇义里三个里坊，而且城门不能开在里坊内。而寿丘里"其间东西二里，南北十五里"则是指里坊，因为在实测图上，洛河故道在处郭城西南处（西石桥村至孙家岗村西北）明显向北弯曲，"南临洛水，北达邙山"之间的距离显然不足"十五里"。

考古勘查材料发表以后，有学者注意到"京师东西二十里，南北十五里"与实测数据的矛盾，指出"根据考古勘察确定的外郭城范围，可见其东西距离在二十里以上，南北距离应古洛河的曲折而有变化。若以洛河浮桥或浮桥以东的南界计算尚不足十五里，而浮桥以西地区则可能超过十五里"②（按：根据对洛河古道的勘查，此句的"浮桥以东、以西"方位似是讲反了）。这个问题需要从古今长度单位的计量换算比值、《伽蓝记》等文献记述的精确度、南郭城的范围，以及郭墙并不规整等方面一并考虑。

北魏洛阳城复原和研究中，有些学者以1里300步、1步5尺、1尺为29.6厘米（北魏后尺）推算北魏1里约合444米。实测图上，闾阖门至建春门延长线上的东、西郭城距离约为10300米（依道路，略有曲折），合北魏23里余，超出"东西二十里"。在南北方向，北郭城墙至故洛河北岸大郊寨（村庄北侧，永桥附近）不足6200米，约合北魏14里；至王圪垱村南（一般认为圜丘在此位置）距离约9200米，约合北魏近21里，均与"南北十五里"有出入。还有学者以1里300步、1晋步为6尺、1晋尺为0.24米，合每里为432米③；甚至"以每步一米计"④，差距会更悬殊。

陈连洛先生根据方山永固陵的文献记载和考古实测数据，推算北魏"营造尺"为32厘米、"营造里"为576米⑤。以此折合，则北魏洛阳外郭城墙东西距离（闾阖门至建春门延长线）约合北魏"营造里"不足18里，数值出入程度与前种换算方法近似。在南北方向（北郭城墙至永桥附近）约合北魏"营造里"将近11里，与文献记载差距太大（南北方向如果延长至王圪垱村南，约合北魏"营造里"16里，稍超出"南北十五里"）。陈文的尺、步数值换算还可以讨论⑥，但是"营造里"的概念确实有启发性。

---

① 劳干：《北魏洛阳城图的复原》，《中央研究院历史语言所集刊》第20本上册，1948年。
② 李久昌：《北魏洛阳里坊制度及其特点》，《学术交流》2007年第7期。
③ 王铎：《北魏洛阳城规划及其城史地位》，《华中建筑》1992年第2期。
④ 张金龙：《北魏洛阳里坊制度探微》，《历史研究》1999年第6期。
⑤ 陈连洛：《从大同北魏永固陵制看古代的长度单位一里》，《山西大同大学学报》第23卷第3期，2009年。
⑥ 陈文以方山永固陵"室中可二丈"折算尺长0.32米；但是以封土"广为六十步"（实测为117米），以六尺为步折算尺长为0.325米似有问题。旧时"营造尺"皆以五尺为步，而且封土流失只能使尺值变小，而非变大。

堪可注意的是,《隋书·律历志》记有"东后魏尺"(或作"东魏后尺""东魏尺"①),陈梦家先生认为此"山东民间大尺"②即东魏、北齐以来"山东"地区的长尺,"比隋开皇、唐大尺(29.5厘米)约为一尺二寸,比汉尺约为一倍半",推算长度有约34.7厘米和35.4厘米两个数值③。取中间约数35厘米/尺,以1步6尺计,则1里合630米。以此换算,北魏洛阳城外郭城墙东西距离约合当时16里余,南北距离约合当时14.6里(至王圪垱村南),略与"南北十五里"相当。

以上三种换算方法或在南北方向、或在东西方向,与文献记载比较均有未妥之处,因此需要考虑是否还有其他换算方法。一般认为,中国古代长度计量单位以"六尺为步"和以"五尺为步"的变化发生在唐代,但是1里为1800尺的基础比值一直不变(即1步为6尺时,1里300步;1步为5尺时,1里360步;变化的只是步数和尺值)。陈连洛先生即是以六尺为步推算"营造里"长度,但是,唐代以后历代"营造里"却均以五尺为步。

北魏是中国度量衡史上单位量值增长最剧烈的时期,孝文帝改革后不久风行"长尺、大斗、重秤"④。东魏、北齐的山东长尺也许渊源自北魏,或者杨衒之(时为东魏抚军府司马)写作《伽蓝记》时使用东魏尺度,皆合乎情理。能否认为,东魏的"营造里"虽然是1里300步,不过仍然是1步5尺(尺值约35厘米,山东长尺),则东魏"营建里"折合525米。以此检验北魏洛阳外郭城墙东西距离(阊阖门至建春门延长线),适为近似20里,与《伽蓝记》记载最为符合。依此换算比值,则圜丘宜推定在大郊寨与王圪垱村之间,大致在倪家庄以南位置,合当时15里。

古代里、步、尺的换算关系和尺值较复杂,同时也有演变、稳定、沿用的过程。明乎此,验之考古实测数据,我们发现《伽蓝记》等文献的记述实际使用了不同里程尺度标准。

第一,以东魏"营造里"折算的525米/里(换算方法为1里300步、1步5尺、1尺为35厘米)检验,并且将圜丘推定在倪家庄以南,与《伽蓝记》对外郭城四至里程的记述最相符合;但是与《伽蓝记》对内城、郭城的其他记述差距颇大。

第二,以北魏"营造里"折算的576米/里(假设数值准确,换算方法为1里300步、1步6尺、1尺为32厘米)检验,只有"出阊阖门城外七里长分桥"条较合文献,阊阖门至张方沟实测约4250米,合当时7.4里不足。但是与《伽蓝记》的其他记述差距甚大,如从建春门至"七里桥东一里"的"郭门"实测距离不足3600米,仅合北魏

---

① 《隋书·律历志》记"东后魏尺实比晋前尺一尺五寸八豪……齐朝因而用之"。"东后魏尺",《宋史·律历志》及《玉海》记为"东魏后尺",武英殿本《隋书》作"东魏尺"。
② 《旧唐书·食货志》,"山东诸州以一尺二寸为大尺,人间行用之"。
③ 陈梦家:《亩制与里制》,《中国古代度量衡论文集》,中州古籍出版社,1990年。
④ 王云:《魏晋南北朝时期的度量衡》,《中国古代度量衡论文集》,中州古籍出版社,1990年。

"营造里" 6 里余。

第三，以通行方法折算的 444 米 / 里（换算方法为 1 里 300 步、1 步 5 尺、1 尺为 29.6 厘米）检验内城范围，闾阖门至建春门一线实测距离为 2680 米，折算后适为 6 里稍奇，合"九六城"之数；再如实测图上白马寺至西阳门一线不足 1200 米，只有以 444 米 / 里换算，方大致符合"三里御道南"之位置。但是这种折算方法与文献记载的郭城四至范围不符；验之"长分桥"条，却折合当时约 9.6 里，恰为孟凡人先生复原的西郭城里程。

杨衒之记述北魏洛阳时或许掺杂使用了几种里程尺度，记述京师范围似乎用的是东魏营造里制，记述内城和郭城内部时主要是北魏里制，其实都不严格。这恰恰是北魏洛阳城有一个营建发展过程的反映。杨衒之"重览洛阳"，感"黍离之悲"而成书，没有必要刻意记述，也未必知道精确里程，而且还可能有以"里坊"不严格地借指"里程"的情况。

作为行政区划的"里"本自长度单位，理论上两者长度等同，事实上里坊却大小不一。北魏洛阳城里坊的标准面积为"方三百步为一里"的 444 米见方，实际差异悬殊。"京邑诸坊，大者或千户，五百户……"①，暂不论寿丘里，景明寺"东西南北方五百步"、归正里"三千余家"，都是例子，这些情况与隋唐长安城是相似的。但是这并不排除有些排列较为整齐的标准"里坊"与"道里"存在某种对应关系。

"青阳门外三里"云云，多数是习惯上的经验表述，况且北魏洛阳的外郭城墙并不规整。仅依据"七里桥"和"长分桥"两条记载，认为东、西郭城范围各自七里，实际上是将"里程"完全混同于"里坊"；而将城东复原为五里、城西九里，就里坊数目而言可能正确，但这并不是距离内城的实际里程。

三、东郭城以及建春门外诸石桥

孟凡人先生根据《伽蓝记》关于东郭城的记载，"以'方三百步为一里'推算，并考虑里坊间以及里坊与桥的间距"，认为大致"崇义里距建春门约三里余；七里桥近四里，郭门约为五里"。在此不能将建阳里、绥民里和崇义里均以"方三百步为一里"来推算里程，至少"方三百步"的建阳里无论如何也不可能盛置"璎珞等十寺"再加上"二千余户士庶"②。

多数学者认为《伽蓝记》东郭城的"七里桥"即是《水经注》七里涧上的"旅

---

① 《魏书·甄琛传》。
② 《洛阳伽蓝记》卷2："（建阳）里内有璎珞、慈善、晖和、通觉、晖玄、宗圣、魏昌、熙平、崇真、因果等十寺。里内士庶，二千余户。"

人桥"[1]，孟凡人先生认为"七里桥的'七里'是指对洛阳宫的距离而言。洛阳宫与内城东城墙的距离，依考古勘查实测图观察，约为三里。这样，七里桥距内城东城墙的距离约为四里，……以此为准，大致可以推断七里桥在今大石桥村西附近，郭门则在七里桥东一里"。我们认为，七里桥的位置，以及该桥是否为旅人桥，需要结合东郭城的水道一并考虑。谷水环绕洛阳城内外的流段一般称为阳渠或渠水，在建春门外大道阳渠（上谷水东流）一线，《伽蓝记》和《水经注》共记载了4座石桥，实际至少有5座。

考古勘查"建春门外的阳渠水道，一条南流环城而行；另一条则向东流去。这条东流的水道位于建春门外大道的北侧，二者并行，相距约15米左右。……距离建春门约800米的位置处，水道向南拐折，其东西宽度为30米，建春门外大路在此处架桥而通行。……水道过建春门外大路后，复折拐向东略偏南方向延伸，穿过外廓城东城垣继续向东"。此与《水经注》"谷水又东屈，南经建春门石桥下……又自乐里道屈而东出阳渠"相符。

"谷水周围绕城，至建春门外，东入阳渠石桥，桥有四石柱，……出建春门外一里余，至东石桥。南北而行，晋太康元年造。桥南有魏朝时马市，刑嵇康之所也。……魏昌尼寺，……在里东南角。……东临石桥。此桥南北行，晋太康元年中朝时市南桥也。……崇义里东有七里桥，以石为之"。这段记述明确讲到阳渠石桥、东石桥、市南桥和七里桥4座石桥。

《伽蓝记》记述"东石桥"至"市南桥"一段辞意混乱，因此周祖谟先生在"魏昌尼寺"条"即中朝牛马市处也，刑嵇康之所"校释"此与上文重复"，并将"市南桥"误为《水经注》中的"马市桥"；熊会贞也误将"东石桥"和"市南桥"混为一桥，称为"马市石桥"。《伽蓝记》自建春门依向东记述，揣度文意，魏昌尼寺当在绥民里而非建阳里，东临"市南桥"。东石桥"桥南有魏朝时马市"，更东石桥称为"市南桥"，很明显是两座桥。

建春门外的"阳渠石桥"和"东石桥"，应当即是《水经注疏》熊按"建春门外二桥，一纵一横"[2]。但是熊会贞以纵者为"建春门石桥"、横者为"马市石桥"又误。无论"马市石桥"是东石桥还是市南桥，皆已明言"南北而行"或"南北行（纵）"。而"阳渠石桥"（即"建春门石桥"）建筑在"南流环城而行"的阳渠之上，直建春门外大道，当为东西向（横）。东石桥则建筑在东流阳渠上，即《水经注》中的"马市石桥"（亦可称为"魏时马市"以北的"市北桥"）；东流阳渠与建春门外大道交叉处当有

---

① 《水经注·谷水》："出自城池也。其水又东，左合七里涧。……涧有石梁，即旅人桥也。"《水经注疏》杨守敬按："《寰宇记》引陆机《洛阳记》，城东有石桥以跨七里涧。"

② 《水经注疏》熊会贞按："《御览》七十五引戴延之《西征记》，建春门外二桥，一纵，一横。所谓纵者，指此，所谓横者，指下马市石桥也。"

第 3 座石桥，距建春门 800 米，只能是东西通向，不会与"南北行"的"市南桥"混淆。第 4 座"市南桥"已在道南；第 5 座为"七里桥"，因为阳渠东流，只能是南北通向。

朱超石《与兄书》云："（旅人）桥去洛阳宫六七里，悉用大石，下圆以通水，可受大舫过也，奇制作。"①考察这几座石桥，只有第 4 座"市南桥"最接近此里程数。第 3 座石桥实测距离宫城东墙约 1750 米，以 444 米/里折算，近似当时 4 里；第 5 座"七里桥东一里"即是郭门，实测宫城东墙至郭城东墙距离（建春门东西延长线）约为 4600 米，扣除 1 里 444 米之数，约合当时 9 里余。《水经注》称旅人桥"题其上云：太康三年十一月初就功，日用七万五千人，至四月末止。此桥经破落，复更修补，今无复文字"②，所以《伽蓝记》强调"澄之等盖见此桥（市南桥）铭，因而以桥为太康初造也"③。至于七里桥的方位，当在大石桥村东南。

北魏洛阳城的水道系统建设颇具规划。"谷水周围绕城"并引入城内，自建春门外东流一支《水经注》以为的七里涧，局部河段亦谓九曲渎、洛阳沟。七里涧这条漕运通道始自巩县西的洛口，至建春门外沿内城东墙外侧阳渠通至太仓。北魏洛阳内城十二门"皆有双阙石桥，桥跨阳渠水"④，东郭的旅人桥是中国最早的石拱桥，南郭的永桥是浮桥，西郭的"长分桥"则是分水桥。

四、南郭城兼及北魏洛阳里坊数目

北魏洛阳城在洛河以南有四夷里等建筑，而且文献中对里坊数量记载不同，加之考古勘查暂未发现南郭城墙遗迹，因此南郭城的情况对于北魏洛阳城复原，以及了解洛城的营建规划和里坊数量至为关键。

关于郭城南界和郭城南墙。有些学者认为洛河就是郭城南界，以此复原方案，外郭城略呈横长方形，南郭城墙当建筑于洛河北岸；或者认为当时洛水即是天然防线，没有必要沿洛水北岸建筑南郭城墙。有些学者认为永桥至圜丘之间南北约 5 里，东西约 4、5 里的区域亦是南郭范围，则外郭范围略呈"凸"字形。还有些学者认为永桥至圜丘之间洛南里坊的东西两侧有待扩建，甚至认为外郭城南北规划距离亦是"二十里"。

首先指出，宣阳门至永桥距离不是通常认为的 4 里，而是 3 里。《伽蓝记》此条宜句逗为"宣阳门外四里，至洛水上，作浮桥，所谓永桥也"⑤，即第 4 里之地已经是洛水

---

① 《水经注·谷水》。
② 《水经注·谷水》。
③ 《伽蓝记》称市南桥建于"晋太康元年"似有误，原因大概也是将"东石桥"和"市南桥"混为一桥。
④ 《太平寰宇记》引《晋书》。
⑤ 周祖谟：《洛阳伽蓝记校释》，上海书店出版社，2000 年。

之上的永桥；而非"宣阳门外四里，至洛水，上作浮桥"。根据实测图，宣阳门（大致复原位置）至故洛河北岸（大郊寨）不足1300米，依444米/里折算勉强合3里之地。有文献记为"城南五里，洛水浮桥"①，似是为在宣阳门一线补足"南北十五里"之数。宣阳门一线的考古实测，说明所谓"南北十五里"是指北郭城墙至圜丘而非至永桥的距离。

还需要说明，依据前面里程换算的讨论，圜丘位置宜推定在大郊寨与王圪垱村之间的倪家庄以南，而非通常认为的王圪垱村南。《水经注》仅言及"伊水又东北至洛阳县南，迳圜丘东"②，并未说"迳圜丘南"，圜丘不一定邻靠伊河北岸。因此"永桥以南，圜丘以北，伊洛之间，夹御道"的诸里坊，范围应当小于通常认为的南北约5里，东西方向（尤其是西侧）或可相应地扩大一些。

另外，《伽蓝记》记述寿丘里已经"南临洛水"，津阳门以南仅言及"门外三里御道西"的高阳王寺，开阳门以南仅言及"门外三里"的报德寺及附近的"汉国子学堂"，宣阳门以南"3里之外"有永桥，因此洛河以北的南郭建筑范围可能止于内城诸南门"外三里"的东西连线（即永桥的东西延长线），在此连线以南至洛河北岸的区域（基本是永桥以东）尚有待于建设。

既往有些复原方案大致以南郭一带的故洛河为东西平直走向，以为邙山至洛河间已经达"南北十五里"之数，显然错误。由于洛河故道弯曲，南郭一带河道整体呈西北—东南走向，有些学者认为大致以宣阳门至永桥连线为界，以西区域不足"南北十五里"，以东区域基本为"南北十五里"，仍然不尽妥帖。现在已经明确，京师"南北十五里"已经到圜丘，显然洛南里坊也是外郭城的组成部分，洛河故道当穿城而过（在营建理念上对北魏洛阳有所继承的隋唐洛阳城即是"洛水贯其中"③）。考虑到"凸"字形的城市布局与邺城以后中古城市的发展线索扞格不通，因此永桥至圜丘之间洛南里坊的东西两侧确实有待于扩建。

南郭洛南部分既然有待扩建，南郭城墙大概暂时未筑，洛河北岸城墙当然也就不存在。其实《伽蓝记》太上公东、西二寺"并门邻洛水"、灵台南"了无人家"和"高岸对水，渌波东倾"等记述已经说明洛河北岸没有城墙。不过南郭城墙建筑之前，确实有可能依洛河之险或洛河堤坝护卫洛北主体城区。永桥"南北两岸有（四）华表，举高二十丈"，与城北大夏门"造三层楼，去地二十丈"神形兼通，相当于临时城门。

北魏洛阳南郭的范围还与里坊数量有关。《伽蓝记》言二百二十里，《魏书》记

---

① 《文选·闲居赋》李善注引《河南郡县境界薄》。
② 《水经注·伊水》。
③ 《新唐书·地理志》。

为三百二十坊①或三百二十三坊②。对此里坊数目之正误与矛盾，解释颇多，我们认为 220 里与 320 坊（323 坊）两个记载不宜相互否定。暂以每个里坊 500 米见方（包括里坊间道路）计，根据考古实测，外郭城四至以内东西方向上约可容纳 20 余个里坊，南北方向（至圜丘，倪家庄）可容纳近 16 个里坊，总数略超出 320。但是要注意这 320 个里坊是指跨越洛河两岸的数字，而且洛河以南有些里坊并未建成（洛北也有）。320 为规划里坊数字、220 为洛河南北实有里坊数字（只是指居民区，而且大小不一）的解释似乎较合理。当然，张金龙先生认为 323 坊包括洛阳县下辖其他地区的里坊，有些可能距城较远③，也值得考虑。

附记：魏存成先生是我的硕士研究生导师，当年为本科生讲授"魏晋—隋唐考古"；后来我接替先生主讲这门课程，因此对北魏洛阳城复原一直感兴趣。欣逢先生七十寿辰，遂成此文为贺。另，文中许多数据是笔者根据考古实测图折算出来的，误差在所难免，但是不影响说明问题，提请读者注意。

---

① 《魏书·广阳王嘉传》。
② 《魏书·世宗纪》。
③ 张金龙：《北魏洛阳里坊制度探微》，《历史研究》1999 年第 6 期。张金龙认为《隋书·百官志》记载东魏北齐京师三县（邺、临漳、成安）里坊总数为 323，而北齐邺都规划建筑模仿北魏洛阳，"反证北魏洛阳县（包括后来分出之河阴县）也确实存在 323 里"。

七郎山墓主人为北魏镇民论*

吴松岩

（内蒙古大学历史与旅游文化学院）

七郎山墓地位于内蒙古乌兰察布市察右中旗，发现于1995年，发表于2004年出版的《内蒙古地区鲜卑墓葬的发现与研究》一书中。七郎山墓地共发掘了20座墓葬，与拓跋鲜卑遗存有较大差别，发掘者也意识到该墓地的特殊性，认为其中墓葬形制、葬式等方面的习俗应源自于西部，墓地的墓主人们与西北部族或方族之间在考古学文化上存在亲缘关系。但最终还是认为该墓地占主导地位的文化因素是来自于扎赉诺尔一类的早期拓跋鲜卑遗存，推定七郎山墓地所包含的主体文化因素与目前已知的拓跋鲜卑文化密切相关，并进一步认为，七郎山墓地是拓跋鲜卑遗存，年代在"定都平城"前后，即公元4世纪末～5世纪初[①]。

笔者认为七郎山墓地的年代和属性都值得商榷，本文试就其族属及年代再作深入的分析，进而推断七郎山墓主人的身份。

一、七郎山墓地的族属

人们埋葬习俗的变化，往往滞后于文化的演进，因此一般情况下，葬俗是一种遗存诸文化因素中最稳定的因素之一。但是七郎山墓地表现出的葬俗与已知的拓跋鲜卑差异较大，主要体现在墓葬形制、葬式、葬具以及随葬习俗。

1. 墓葬形制

七郎山墓地共发现20座墓葬，其中土坑侧穴墓18座，土洞墓2座。土坑侧穴墓显然占据了主导位置。土坑侧穴墓，即先挖一长方形竖穴，再在竖穴的长边横挖一侧穴，其平面呈"日"字形。横穴与竖穴的长度相近或略小，横穴平面呈长方形或梯形，横穴里壁从下往上收拢成弧形拱顶，两穴底部有的在同一平面上，有的横穴底部稍低于竖穴。两穴之间用不规则石块封堵，少数墓葬在竖穴一边留有生土二层台（图一，1）。

---

* 基金项目：国家社会科学基金青年项目（编号11CKG006）。
① 魏坚：《内蒙古地区鲜卑墓葬的发现与研究》，科学出版社，2004年。

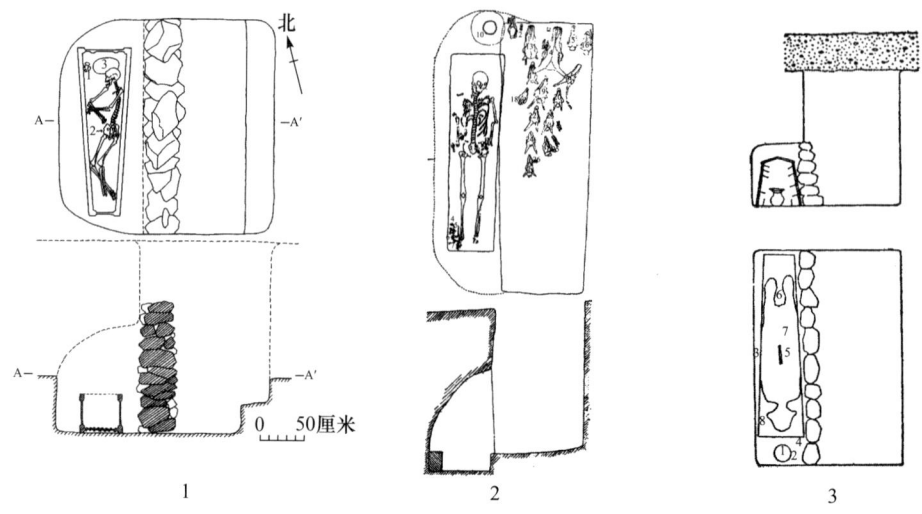

图一　土坑侧穴墓比较图
1. 七郎山 ZQM2　2. 宁夏同心倒墩子 M6　3. 阿斯塔那－哈拉和卓古墓群 66TAM62

  由于嘎仙洞祝文石刻的发现，内蒙古东北部地区被认为是拓跋鲜卑早期活动的区域，在该地区发现的扎赉诺尔、拉布达林等古墓群被认定为早期拓跋鲜卑遗存。这些墓葬无一例外的都是梯形或长方形土坑竖穴墓，即使随着时代的发展，鲜卑不断南下与其他民族融合，墓葬形制逐渐多元，但多为受到魏晋汉文化影响的方形或弧方形土洞墓、砖室墓。除七郎山墓地外，仅发现大同南郊北魏墓群 M157 一例为此类侧穴墓①。

  这种墓葬形制在鲜卑墓葬中实属罕见，但在其他考古发现中却不乏见，只是称谓不一，有称之为偏洞室墓、横穴洞室墓、竖井侧穴墓，以及"日"字形土洞墓等。而且这种墓葬类型有着悠久的使用历史，自新石器时代便出现于我国西北地区，尤其在甘肃青海及陕西等地发现较多，例如属于半山－马厂文化的兰州土谷台墓地②，有学者指出土洞墓最早是在黄河上游及其支流湟水等地区首先发源的，然后再向其他地区发展；此类形制墓葬的发达时期是在火烧沟文化、卡约文化、沙井文化等时期，延续的时间较长，直至西周或更晚时期③，如扶风刘家姜戎墓葬④；至战国时期，这种形制的墓葬主要见于关中地区的秦墓，战国中期之后随着秦统一六国的进程，逐渐出现在中原地区，甚至达到中原腹地，如洛阳烧沟战国墓 650 号墓⑤；西汉中期之后，在中原

---

① 山西大学历史文化学院、山西省考古研究所、大同市博物馆：《大同南郊北魏墓群》，科学出版社，2006 年。
② 甘肃博物馆、兰州市文化馆：《兰州土谷台半山－马厂文化墓地》，《考古学报》1983 年第 2 期。
③ 谢端琚：《试论我国早期土洞墓》，《考古》1987 年第 12 期。
④ 陕西周原考古队：《扶风刘家姜戎墓葬发掘简报》，《文物》1984 年第 2 期。
⑤ 王仲殊：《洛阳烧沟附近的战国墓葬》，《考古学报》1954 年第 8 期。

地区逐渐消失。值得关注的是宁夏同心倒墩子西汉中晚期的匈奴墓地，共发现27座墓葬，其中6座为土坑侧穴墓（图一，2），发掘者认为这种墓形较为罕见，大概是受了西北地区其他少数民族葬俗的影响，根据地望及史书记载进一步分析，认为倒墩子墓地所在地区是属于西汉时期安置匈奴降人的属国都尉管辖的范围，根据《汉书·武帝纪》记载，元狩二年（公元前121年），匈奴居西方的昆邪王（即混邪王）杀休屠王而并其众降汉，而他们原来的分地是在河西走廊的武威、张掖一带[①]。匈奴在汉代形成了一个庞大的草原帝国，"匈奴"已不单纯代表一个民族，而成为民族联盟的名称。而这一墓地所反映同一人群中保留不同的习俗传统，应该与他们包含着不同的族群有关，正如原发掘简报作者的推测，是受到西北地区少数民族的影响。

另一方面在与甘肃、青海相邻的新疆东部地区和天山之中或南北两侧山麓地带，陆续出现此类型墓葬，但出现的时间较晚，最早为西汉时期，大概一直可流传至唐代，据考证亦是从甘、青地区传入[②]。如位于新疆哈密地区的阿斯塔那–哈拉和卓古墓群，墓地时间最早的为晋泰始九年（公元273年）、最晚可至唐大历七年（公元772年），土坑侧穴墓主要存在于晋、十六国至南北朝中期[③]（图一，3）。

综上，土坑侧穴墓源自我国甘、青地区，在西北地区广泛流传并向外发展，其流传范围既广，时间又长。七郎山墓地所见土坑侧穴墓形制，追其源头应来自西北地区。

墓地中另一类墓葬形制为长斜坡墓道的土洞墓，洞室呈梯形或方形，洞壁自底而上弧形内收，洞顶略作拱形，洞口处亦用不规则石块封堵（图二，1）。这种墓葬形制在内蒙古东北部的早期鲜卑墓葬中没有发现，而在内蒙古中部及大同地区北魏墓葬中多有发现，如呼和浩特和林格尔西沟子墓地（图二，2）[④]，大同南郊北魏墓群亦有一定数量此类墓葬（图二，3）[⑤]，这种墓葬形制在汉魏时期即在中原汉地普遍流行，应是受到汉文化影响[⑥]。

---

① 宁夏文物考古研究所、中国社会科学院考古所宁夏考古组、同心县文物管理所：《宁夏同心倒墩子匈奴墓地》，《考古学报》1988年第3期。

② 陈戈：《新疆发现的竖穴洞室墓》，《中国考古学论丛——中国社会科学院考古研究所建所40周年纪念》，科学出版社，1995年。

③ a.新疆维吾尔自治区博物馆：《新疆吐鲁番阿斯塔那北区墓葬发掘简报》，《文物》1960年第6期；b.新疆维吾尔自治区博物馆：《吐鲁番县阿斯塔那–哈拉和卓古墓群发掘简报（1963—1965）》，《文物》，1973年第10期；c.新疆维吾尔自治区博物馆：《吐鲁番县阿斯塔那–哈拉和卓古墓群发掘简报（1966—1969）》，《文物》1972年第1期；d.新疆维吾尔自治区博物馆、西北大学历史系考古专业：《1973年吐鲁番阿斯塔那古墓群发掘简报》，《文物》1975年第7期；e.新疆博物馆考古队：《吐鲁番哈喇和卓墓群发掘简报》，《文物》1978年第6期。

④ 乌兰察布盟文物工作站、和林格尔县文物管理所：《内蒙古和林格尔西沟子村北魏墓》，《文物》1992年第8期。

⑤ 山西大学历史文化学院、山西省考古研究所、大同市博物馆：《大同南郊北魏墓群》，科学出版社，2006年。

⑥ a.魏坚：《内蒙古地区鲜卑墓葬的发现与研究》，科学出版社，2004年；b.山西大学历史文化学院、山西省考古研究所、大同市博物馆：《大同南郊北魏墓群》，科学出版社，2006年。

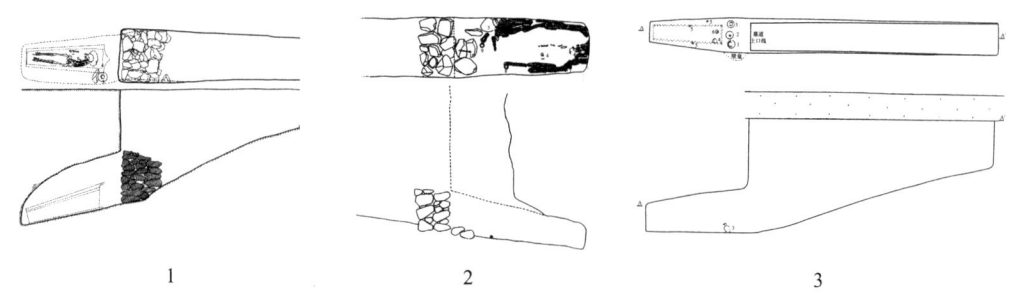

图二　土洞墓比较图
1. 七郎山 ZQM6　2. 和林格尔西沟子 M1　3. 大同南郊北魏墓群 M20

因此，就墓葬形制而言，七郎山墓地并没有直接继承鲜卑传统的因素。

2. 葬式

七郎山墓地，除两座墓葬未见尸骨，一座墓葬由于早期盗扰，尸骨葬式不详外，共 17 具人骨。所见葬式共计 5 种，即侧身屈肢 11、仰身屈肢 1、俯身屈肢 1、侧身直肢 2 及仰身直肢 2。如此多样的葬式出现在同一墓地，且以侧身屈肢葬为主，也与鲜卑葬式差异甚大。在所发现的鲜卑墓葬中，绝大多数为仰身直肢，根据目前资料显示，仅三道湾 M113、东大井 SDM14 为仰身屈肢，而侧身屈肢葬仅有北玛尼吐 M2 一例。很明显，屈肢葬式尤其是侧身屈肢不是源自早期鲜卑的丧葬习俗。

屈肢葬式，从大的方面可概括为两种——蹲式和卧式，其中卧式又有侧卧、仰卧和俯卧之分。卧式的屈曲程度主要视胫骨与股骨之间的角度而定，上肢骨的放置有的交叉于胸腹前，有的平放两侧。

七郎山墓地屈肢葬式为双臂相交或相叠于胸前，双腿稍蜷曲；其中侧身屈肢，除 ZQM12 侧向东边外，其余均侧向西边（图三，1），显然这属于卧式屈肢（以下探讨的屈肢葬式，均为卧式屈肢）。

屈肢葬是发达于甘青地区的新石器时代至青铜时代的一种葬俗①。据研究，半山－马厂类型中流行侧身屈肢葬的区域，从宁夏的固原、海原一带，延伸到甘青交界的永登、民和一线②；至春秋时期大量出现在关中地区的秦墓中，

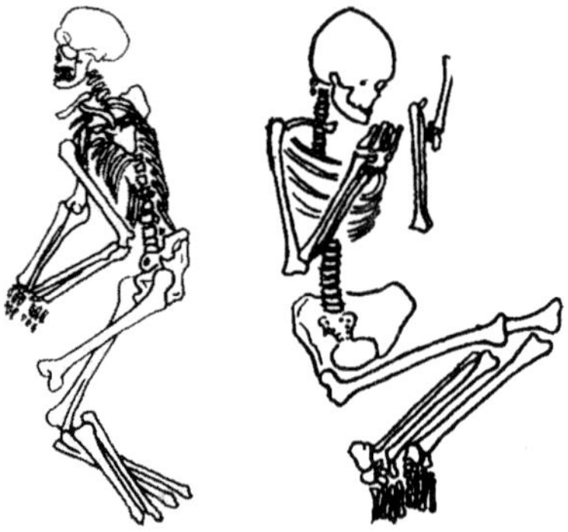

图三　葬式比较图
1. 七郎山 ZQM15　2. 哈密焉不拉克墓地 M31

---

① 俞伟超：《古代"西戎"和"羌"、"胡"考古学文化归属问题的探讨》，《先秦两汉考古学论集》，文物出版社，1985 年。
② 陈洪梅：《甘青地区史前墓葬中的葬式分析》，《古代文明》（第 2 卷），文物出版社，2003 年；转引自韩建业：《中国古代屈肢葬谱系梳理》，《文物》2006 年第 1 期。

随着秦文化的大规模对外扩张，屈肢葬式逐渐向东扩展到三晋两周、巴蜀和江陵地区[①]，但至西汉中期在中原等地便逐渐消失。

另一方面，在新疆地区的青铜时代和早期铁器时代盛行屈肢葬。虽然这些屈肢葬又有仰身、侧身、俯身的区别，但多数下肢屈曲，股骨既不贴近腹部，胫骨又不与股骨压在一起，显得更加"自然"一些[②]（图三，2）。而且在新疆流传的时间可能更长，例如年代定在西汉迄唐代之间的克尔木齐古墓群，葬式就以屈肢葬为主[③]。

此外新疆地区这类墓葬，"地表常有土石堆（圈）标志"[④]。而七郎山墓地中有6座墓存在地表堆石和放置陶器现象，原报告将这种现象追溯至扎赉诺尔1986年发掘的M3014，认为两者仅方式有所区别，即扎赉诺尔M3014是植以木桩，而七郎山是摆放石块。扎赉诺尔M3014填土中发现一段直立的圆木，填埋于墓穴头端一侧，估计原应露出地表一截，充作墓葬的地面标示，"当然，墓位标记不一定只限于立木一种，或者还有别种形式，但由于年代久远，俱已湮灭，发掘中未能观察到"[⑤]。由此推测，扎赉诺尔一类的早期鲜卑墓葬，即使存在地表标记也是不易保留至今的材料。

目前不论是内蒙古东北部还是辽西地区的鲜卑墓葬，抑或是拓跋鲜卑建立北魏之后的鲜卑墓葬，其葬式绝大多数是仰身直肢葬；而且未发现墓上堆石的现象。

七郎山有6座存在堆石现象的墓葬，又全部为屈肢葬式（见表一），综合考察这两种现象，与其说是"秉承了扎赉诺尔一类的早期遗存的传统"[⑥]，倒不如说是与我国西北地区所发现的墓葬更有相似之处。

表一　七郎山墓葬形制与葬式

墓号	墓葬形制	葬式
ZQM12	土坑侧穴墓	俯身屈肢
ZQM13	土坑侧穴墓	侧身屈肢
ZQM15	土坑侧穴墓	侧身屈肢
ZQM16	土坑侧穴墓	侧身屈肢
ZQM17	土坑侧穴墓	侧身屈肢
ZQM18	土坑侧穴墓	侧身屈肢

---

① 滕铭予：《秦文化：从封国到帝国的考古学观察》，学苑出版社，2002年，第126～134页。
② 韩建业：《中国古代屈肢葬谱系梳理》，《文物》2006年第1期。
③ 新疆社会科学院考古研究所：《新疆克尔木齐古墓群发掘简报》，《文物》1981年第1期。
④ 韩建业：《中国古代屈肢葬谱系梳理》，《文物》2006年第1期。
⑤ 内蒙古文物考古研究所：《扎赉诺尔古墓群1986年清理发掘报告》，《内蒙古文物考古文集》（一），中国大百科全书出版社，1994年。
⑥ 魏坚：《内蒙古地区鲜卑墓葬的发现与研究》，科学出版社，2004年。

3. 葬具

七郎山墓地有 14 座墓葬使用葬具，均为木棺。原报告中根据木棺结构的特点分二型——A 型为框架内镶插薄板，制作工艺较为粗糙（图四，1）；B 型为长板拼接，此型中又可根据规模的大小和结构的繁简不同划分亚型，即 Ba "豪华型"（图四，3）和 Bb "普通型"（图四，4），但无论哪一型木棺，其共同的特点是棺体头端高阔、足端低窄。

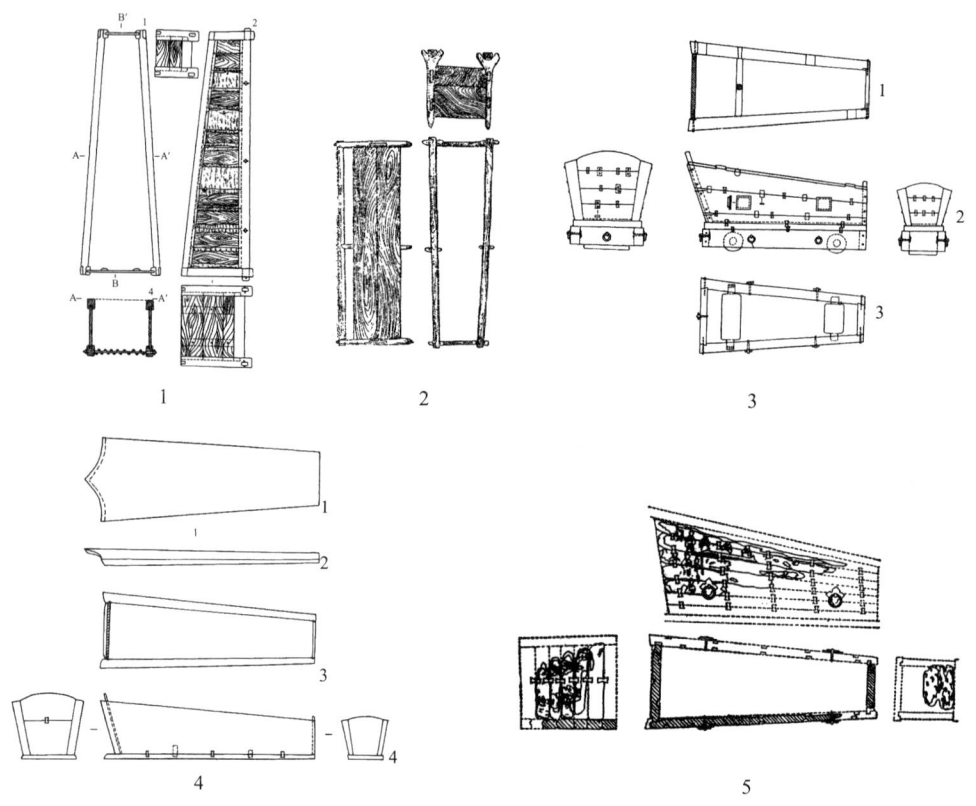

图四　木棺比较图

1. 七朗山 ZQM2 木棺复原图　2. 扎赉诺尔 M27（1960 年发掘）　3. 七郎山 ZQM7 木棺复原图
4. 七郎山 ZQM6 木棺复原图　5. 西官营子 M1 木棺结构图

目前已经得到学界公认的鲜卑墓葬特点之一，即葬具呈"头宽尾窄"的梯形棺[①]，早期鲜卑墓葬中的木棺，形制较为简单，棺框四角有柱，插入墓底生土中，每个木柱上挖有卯眼，棺板与立柱卯榫相接；多数木棺有盖无底，头宽尾窄，头尾高度在同

---

① a. 乔梁：《鲜卑遗存的认定与研究》，《中国考古学的跨世纪反思（下）》，商务印书馆，1999 年；b. 许永杰：《鲜卑遗存的考古学观察》，《北方文物》1993 年第 4 期。

一平面上，木棺外无装饰（图四，2）①。七郎山木棺尤其是 A 型棺，与扎赉诺尔一类早期木棺极为相似，不同之处仅为早期木棺没有表现出头端高、尾端低的形态。木棺发展至前高宽、后低窄的阶段，尤其是 Ba 型棺，较集中于辽西地区的慕容鲜卑墓葬中，如冯素弗墓②（图四，5）；北魏时期依旧流行，如大同南郊北魏墓群 M238③、元淑墓④等。

七郎山墓地木棺的形制，追溯其渊源应该是扎赉诺尔一类早期遗存，只是随着时代迁移，形制演变的更加复杂。但是这种形制木棺对后世各族影响都较大⑤，所以不能排除在北魏建国后，其他民族受到这种葬具的影响。

而且七郎山墓地还存在一种特殊的葬具，即多具尸骨周身附着毛毡朽痕，说明尸体在入殓时，多用毛毡包裹或着毡质服装，有的还在头部垫有毡枕。而其他鲜卑墓葬中，并未发现此类葬具；但在新疆地区的阿斯塔那-哈拉和卓古墓群，时代属于晋十六国至南北朝中期，使用土坑侧穴的墓葬中尸体用破毡、柴草裹捆入葬⑥。两者的相似应该带给我们一些启发。

4. 随葬品

七郎山墓地随葬品数量很少，20 座墓中仅 7 座出有陶器，共 8 件，而且其中 2 座墓的陶器不是随葬在墓内而是放置在墓口北侧原地表上；其余随葬器物均为随身的饰物，如耳坠、带扣等。当然七郎山墓地中有早期被盗及洪水冲毁的现象，但排除这些墓葬，仅统计保存完整的墓葬，一个墓内的随葬品多则 5 件（套），少则 1 件，个别墓葬还没有随葬品（见表二）。早期鲜卑墓葬的随葬器物大致可分陶器类、武器工具类（如骨镞、弓弭等）、饰品类（如带扣、牌饰等）三类，至北魏时期武器工具类、饰品类数量减少，但陶器的数量却逐渐增多，如大同南郊北魏墓群，除一座空墓、三座墓无随葬品外，其余墓葬均出陶壶、陶罐，几乎成为随葬器物中很稳定的组合，一般墓葬中少则 2 件，多则 10 余件陶器。而七郎山墓地却是并不流行随葬器物，这一点又与新疆地区的阿斯塔那-哈拉和卓古墓群相似，在阿斯塔那-哈拉和卓古墓群中使用土坑侧穴墓的墓葬中"除死者衣着外，几乎没有其他器物随葬，个别有一两件陶碗、罐、

---

① 内蒙古文物工作队：《内蒙古扎赉诺尔古墓群发掘简报》，《考古》1961 年第 12 期。
② 黎瑶渤：《辽宁北票县西官营子北燕冯素弗墓》，《文物》1973 年第 3 期。
③ 山西大学历史文化学院、山西省考古研究所、大同市博物馆：《大同南郊北魏墓群》，科学出版社，2006 年。
④ 大同市博物馆：《大同东郊北魏元淑墓》，《文物》1989 年第 8 期。
⑤ 赵越：《拓跋鲜卑文化初探》，《内蒙古文物考古》1994 年第 2 期。
⑥ 新疆维吾尔自治区博物馆：《吐鲁番县阿斯塔那-哈拉和卓古墓群发掘简报（1966—1969）》，《文物》1972 年第 1 期。

盘之类"①。

表二 保存完整墓葬随葬品统计表

序号	墓号	随葬品及数量
1	ZQM6	陶壶1、珠饰1、铜指环1
2	ZQM8	珠饰10、铜指环2
3	ZQM10	无
4	ZQM11	铁器残片1
5	ZQM13	无
6	ZQM14	铜耳环1、珠饰1、铁带环1
7	ZQM15	陶罐1（表土层下墓口北侧）
8	ZQM16	珠饰18、铜饰牌1
9	ZQM18	耳坠2、木梳1、铜带扣1、皮囊2、桦树皮块1
10	ZQM19	铜耳坠2、铁带扣1、碎皮块

通过对葬俗的综合分析，七郎山墓地与拓跋鲜卑遗存有着巨大差异，应该不是拓跋鲜卑遗存。

二、七郎山墓地的年代

七郎山墓地年代主要是通过与其他墓葬中同类陶器对比得出的。

七郎山墓地发掘者将陶器与大同北魏墓群及其他墓地陶器作比较，将其年代推定为"定都平城"前后，即4世纪末至5世纪初。但当时大同北魏墓群仅发表了简报，不能全面了解陶器型式的演变。

《大同南郊北魏墓群》对随葬陶器做了详尽、细致的类型学分析。七郎山陶器共8件，皆可在大同南郊北魏墓群中找到相近的同类器（详见表三、图五），这些陶器在报告中的分期属于三、四段。七郎山原报告认为，其陶器与大同南郊北魏墓群M157、M187、M222中的器物接近，而这三座墓在最新的发掘报告中也分别属于三、四段。三、四段对应年代为太武帝统一黄河流域之后（公元439年）至迁都洛阳（公元496年）之前②。那么七郎山墓地的年代应该在5世纪中叶～5世纪末。

---

① 新疆维吾尔自治区博物馆：《吐鲁番县阿斯塔那－哈拉和卓古墓群发掘简报（1966—1969）》，《文物》1972年第1期。

② 山西大学历史文化学院、山西省考古研究所、大同市博物馆：《大同南郊北魏墓群》，科学出版社，2006年。

表三 两处墓地陶器对应表

七郎山墓地	大同南郊北魏墓群	期段
A 型壶	A Ⅳ 壶	三、四
B 型壶	A Ⅱ 大型罐	三、四、五
A 型罐	A Ⅱ 平沿罐	二、三、四
B 型罐	B Ⅱ 夹砂戳刺纹罐	三、四、五

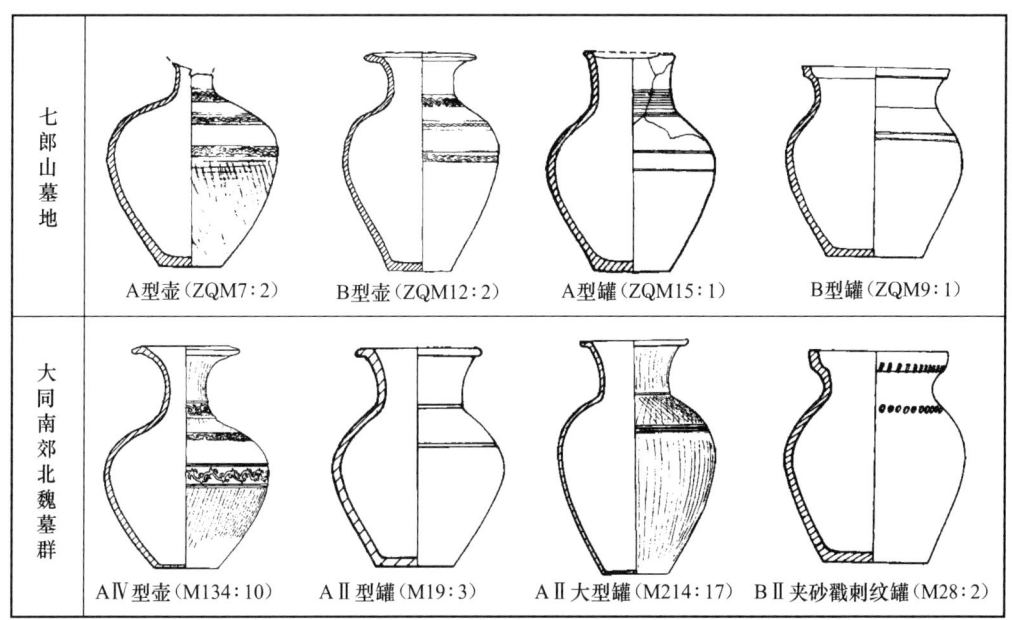

图五 陶器比较图

三、七郎山墓地附近的北魏遗存

在七郎山墓地周边存在着几处比较重要的北魏遗存，分别是北魏长城，北魏六镇之抚冥镇、柔玄镇，以及库伦图城卜子古城、克里孟古城、元山子古城。通过对这几处遗存性质的了解，有助于进一步了解七郎山墓主人的身份。

1. 北魏长城

北魏曾三次修筑长城，分别是泰常八年（公元423年）长城、太平真君七年（公元446年）畿上塞围和太和长堑。对北魏长城的研究，主要有艾冲、李逸友两位先生[①]。根据前人研究可知，内蒙古境内的北魏长城自西向东分布于锡林郭勒、乌兰察布、呼

---

① a. 艾冲：《北朝诸国长城新考》，《长城国际学术研讨会论文集》，吉林人民出版社，1995年；b. 李逸友：《中国北方长城考述》，《内蒙古文物考古》2001年第1期。

和浩特和包头市。在 2007～2010 年，国家文物局开展全国长城资源调查工作，内蒙古文物考古研究所对内蒙古地区的长城进行了全面细致的实地调查，使内蒙古地区北魏长城的分布、走向更加清晰。最新的调查、研究成果显示，内蒙古境内北魏长城为南、北两条墙体，两段墙体有一部分重合，略呈"X"形分布于乌兰察布草原上。南线整体作外向弧线分布，东端起点在今商都县玻璃忽镜乡，经察右后旗、察右中旗北部进入四子王旗，其弧顶部分分布在四子王旗吉生太镇前点力素忽洞村，这一部分也被长城北线沿用，出四子王旗进入达茂旗。北线分布在南线的西北部，北线东端起点在四子王旗白音朝克图镇，向西南方延伸，与南墙交汇后，继续向西行经达茂旗进入武川县[1]。

其中经过察右中旗境内的北魏长城南线，南距七郎山墓地约 22.5 千米[2]。

2. 北魏六镇之抚冥镇、柔玄镇

北魏为了防止北方柔然的侵袭，在边疆依次设立六处军镇，自西向东分别为沃野镇（今内蒙古五原县北）、怀朔镇（今内蒙古固阳县西南）、武川镇（今内蒙古武川西）、抚冥镇（今内蒙古四子王旗东南）、柔玄镇（今内蒙古兴和县附近）、怀荒镇（今河北省张北县北）。关于六镇的具体位置虽尚有争议，但大体的方位还是取得了共识。而七郎山墓地所处的位置，正在抚冥镇、柔玄镇之间，尤其与抚冥镇的距离更近。而且目前抚冥镇、柔玄镇的位置已取得了比较一致的认识，今四子王旗境内的乌兰花土城子即为抚冥镇遗址[3]，河北省尚义县的哈拉沟古城（又名土城子古城）为柔玄镇故址[4]。

乌兰花土城子，位于四子王旗乌兰花镇土城子村西南侧，西北距乌兰花镇 6 千米，北距北魏长城南线 42 千米。该城址东北距七郎山墓地约 50 千米。

哈拉沟古城，位于河北省尚义县三工地镇土城子村，该城址西北距七郎山墓地约 145 千米。

3. 其他北魏古城址

在北魏长城沿线，抚冥镇与柔玄镇之间，还分布着三座北魏古城，分别是库伦图城卜子古城[5]、元山子古城[6]和克里孟古城[7]。

---

[1] 内蒙古自治区文化厅（文物局）、内蒙古自治区文物考古研究所：《内蒙古自治区长城资源调查报告·北魏长城卷》，文物出版社，2014 年。
[2] 本文遗址的位置示意图，各遗址与七郎山墓地间的距离，通过谷歌地球标注并测量。
[3] 李兴盛、赵杰：《四子王旗土城子、城卜子古城再调查》，《内蒙古文物考古》1998 年第 1 期。
[4] 魏隽如、张智海：《北魏柔玄镇地望考述》，《北方文物》2009 年第 1 期。
[5] 李兴盛、赵杰：《四子王旗土城子、城卜子古城再调查》，《内蒙古文物考古》1998 年第 1 期。
[6] 张郁：《内蒙古察右中旗元山子唐代古城》，《考古》1962 年第 11 期。
[7] 乌兰察布盟文物工作站：《察右后旗克里孟古城调查简报》，《乌兰察布文物》1989 年第 3 期。

库伦图城卜子古城，位于四子王旗库伦图乡库伦图村，乡政府所在地东南约 1 千米处，地处大青山北部。该城址西南距七郎山墓地约 29.5 千米。

元山子古城，位于察右中旗土城子乡土城子村西南 1 千米，元山子村西北 1.5 千米处，在最新的长城调查中被确认为北魏时期城址。该城址西南距七郎山墓地约 10 千米。

克里孟古城，位于察右后旗韩勿拉苏木克里孟村北 0.4 千米，北距北魏长城南线的直线距离为 13 千米。该城址西南距七郎山墓地约 42 千米。

这三座城址分布在抚冥镇与柔玄镇之间，应该属于戍堡性质的城址，戍是低于镇的一级军事建制，与北部的长城以及抚冥镇、柔玄镇共同构成了防御北方柔然的军事防御体系。

四、七郎山墓主人的身份

七郎山墓地则正处于这条防御线的沿线（图六），尤其与元山子古城的距离最近。墓地表现出的与拓跋鲜卑遗存极大的差异，一定不是文化演变的结果，最大的可能是与人群的迁徙有关。而根据史料记载镇守北魏边境的六镇镇民，其主要来源于鲜卑贵族、汉族豪族、徙边罪犯、高车和柔然等部落降民，可以认为六镇的镇民多是由外迁徙而来。

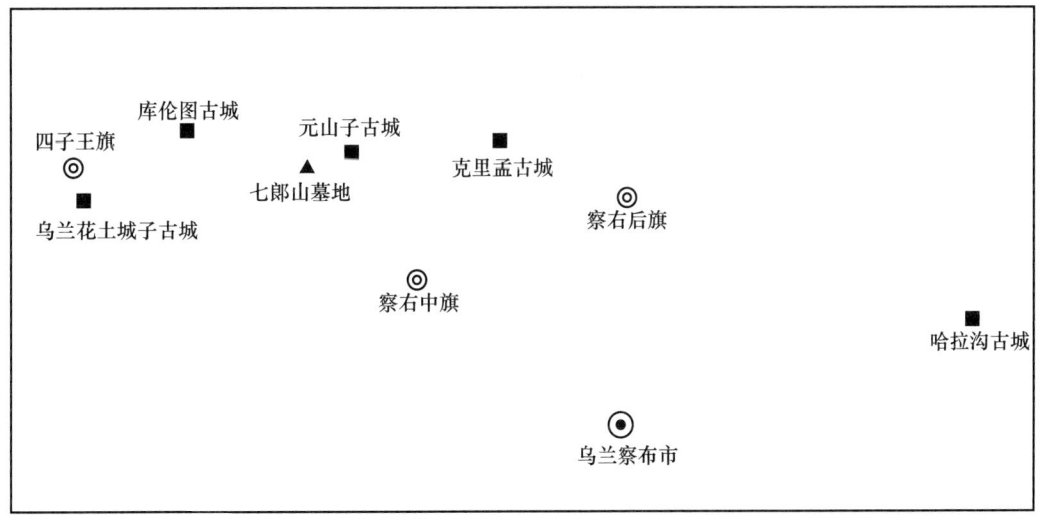

图六　七郎山墓地及周边北魏遗存位置示意图

综上所述，七郎山墓主人可能就是镇守北魏边境的镇民，极有可能就是镇守位于抚冥镇、怀荒镇之间的这座元山子古城。那么这些镇民究竟来自何方呢？

七郎山墓地的主要葬俗为土坑侧穴墓和屈肢葬式，两者往往互有联系，流行区域也大致重合①，在新石器时代就流行于甘青地区，并且盛行至春秋战国时期，之后向周边传播发展，但向东发展的进程由于汉文化强大的同一性而被淹没，至西汉中期戛然而止；在西方流传的时间却很长，如新疆哈密地区的阿斯塔那－哈拉和卓古墓群在葬俗方面与七郎山极为相似，而该墓地最晚的墓葬可至唐代②。学者们一直将这种特殊的葬俗与先秦时期的"羌戎"相联系，如俞伟超先生认为屈肢葬、洞室墓文化因素都是源自羌戎③；田广金、郭素新两位先生认为以陇山为中心的甘宁地区的青铜文化为"西戎文化"，普遍流行竖穴偏洞墓，在墓中发现少量屈肢葬和二次葬④。

《魏书·世祖纪上》载："癸亥，诏兼太常李顺，持节拜河西王沮渠蒙逊为假节，加侍中，都督凉州及西域羌戎诸军事、行征西大将军、太傅、凉州牧、凉王。"（沮渠蒙逊于公元401年建立北凉政权，公元439年为北魏所灭。）其官衔中的"都督凉州及西域羌戎诸军事"，表明在十六国至南北朝时期，被称为"羌戎"的人群广泛分布在北凉统治地域即河西地区及新疆东部地区⑤。

这些都提示我们要追溯七郎山墓主人的来源，应该将目光放到西部地区。在北魏灭北凉之后，世祖拓跋焘曾"徙凉州民三万余家于京师"⑥，七郎山墓主人的来源也许与这次人群迁徙有关，那么他们很有可能是自西北而来的羌戎降民部落，后被安置于北魏边境，成为镇守边境的"镇兵"。

附记：攻读博士学位期间，在魏存成老师的指导下我曾写过《七郎山墓地再认识》一文，发表于《内蒙古文物考古》2009年第1期。当时魏老师就指出，我既然否定了原发掘者关于该墓地族属的观点，那么就应该给出更恰当的解释。但是碍于视野的局限、学识的浅薄，当时没有对墓主人身份做进一步的分析。这篇文章是在原有文章基础上作的补充和完善，算是交给老师的一份迟到的作业。同时，感谢内蒙古文物考古研究所张文平老师在北魏长城、城址方面给予我的启发。

---

① 陈洪梅：《宗日遗存研究》，北京大学博士学位论文，2002年。
② 新疆维吾尔自治区博物馆：《吐鲁番县阿斯塔那－哈拉和卓古墓群发掘简报（1966—1969）》，《文物》1972年第1期。
③ 俞伟超：《古代"西戎"和"羌"、"胡"考古学文化归属问题的探讨》，《先秦两汉考古学论集》，文物出版社，1985年。
④ 田广金、郭素新：《北方文化与匈奴文明》，江苏教育出版社，2005年。
⑤ 谭其骧：《中国历史地图集·东晋十六国·南北朝时期》（第四册），中国地图出版社，1991年。
⑥ （北齐）魏收：《魏书·世祖纪上》，中华书局，1974年。

东北亚三至六世纪的黄金制品

田立坤

（辽宁省文物保护中心）

三至六世纪的魏晋十六国时期，活跃于东北亚历史舞台上的慕容鲜卑及诸燕、高句丽、新罗、百济、伽耶、倭，由于历史的、地缘的原因，在文化上保持着或直接或间接的联系。如考古发现与研究已经表明，三、四世纪之际逐渐成熟于辽西地区的以高桥鞍、双镫为代表的功能齐备的马具、甲骑具装，很快就影响到辽东地区的高句丽，再通过高句丽传到朝鲜半岛南部的新罗、百济、加耶，最后又影响到日本。除马具之外，流行于上层社会的各类装饰品，也大体经历了与马具相同的传播路线。本文根据目前发表的考古资料，以三燕文化金器为中心，对东北亚地区三至六世纪黄金制品的共性做一初步考察[1]。

一、三燕文化金器

三燕文化金器1956年最先发现于辽宁北票房身墓地[2]，随后又相继在义县保安寺[3]、北票西官营子[4]、朝阳十二台子[5]、甜草沟[6]、北票喇嘛洞[7]、本溪小市[8]等地有三燕文化金器出土，其中绝大多数都为首饰、服饰类装饰品。

---

[1] 内蒙古通辽地区也有与鲜卑有关的金器出土，但是时代与性质都不确定，所以没纳入本文讨论范围之内。
[2] 陈大为：《辽宁北票房身村晋墓发掘简报》，《考古》1960年第1期。
[3] 刘谦：《辽宁义县保安寺发现的古代墓葬》，《考古》1963年第1期。
[4] 黎瑶渤：《辽宁北票县西官营子北燕冯素弗墓》，《文物》1973年第3期。
[5] a. 孙国平：《试论鲜卑族的步摇冠饰》，《辽宁省考古、博物馆学会成立大会会刊》，1981年；b. 辽宁省文物考古研究所等：《朝阳王子坟山墓群1987、1990年度考古发掘的主要收获》，《文物》1997年第11期；c. 辽宁省文物考古研究所：《朝阳十二台子乡砖厂88M1发掘简报》，《文物》1997年第11期。
[6] 辽宁省文物考古研究所等：《辽宁朝阳田草沟晋墓》，《文物》1997年第11期。
[7] a. 辽宁省文物考古研究所：《三燕文物精粹》，辽宁美术出版社，2002年；b. 辽宁省文物考古研究所等：《辽宁北票喇嘛洞墓地1998年发掘简报》，《考古学报》2004年第2期。
[8] 辽宁省博物馆：《辽宁本溪晋墓》，《考古》1984年第8期。

1. 步摇

步摇，专指穿系若干活动的叶片，有"步则摇动"特征的首饰，是三燕文化金器中最具代表性的器物，目前有北票房身M2、M8，西官营子冯素弗墓，喇嘛洞ⅠM7，朝阳甜草沟M1、M2，王坟山M8713，王坟山1号墓，袁台子3号墓，砖厂88M1，西团山墓地11座墓共出土18例。根据形制结构差异，可分三型：

A型 整体似枝叶伸展的树木，制法是首先用薄金片剪切出近似于魏晋时期流行的金珰形基部和条形枝干，再将条形枝干拉成圆丝，然后穿叶、绕环，叶穿环内。每枝上穿1～6叶不等。

Aa型 珰形基部顶上伸出塔形主干，上有若干组二列对生的枝条呈扇形放射成灌木形，为了表现树的层次，再将塔形主干中间镂空出来部分向前伸展，拉成枝杈。朝阳王坟山M8713出土1件（图一，1）、袁台子3号墓出土2件、甜草沟M1出土2件（图一，2）、二其营子西团山出土1件，北票房身M2出土2件（图一，3）、M8出土2件、喇嘛洞东区M7出土2件（图一，4）。

西团山出土的一件还在珰形基部的两肩上钻孔，内穿枝条（图一，5）。北票房身M8出土的一件基部不是珰形，而呈牛（马）首形，且与主干并非一体，用铆钉铆接在一起（图一，6）[①]。

Ab型 似一棵高大的乔木，主干上有二列对生的四组分枝，底下两组分枝再各分出两支杈，每杈再生出两或三杈，杈上绕环穿叶。仅朝阳甜草沟M2出土1件（图一，7）。

B型 将数根枝条集为一束，固定于一仰钵的口沿上。北燕冯素弗墓出土1件，六根枝条，每枝穿3叶（图一，8）。朝阳王坟山1号墓出土1件，八根枝条，每根枝条穿2叶。

C型 长条金片上钻若干孔，穿金丝拧成竖环，再用金丝贯穿，贯穿之金丝上也绕若干个环，内穿金叶，很似藤科植物的茎蔓。北票房身M2出土1件（图一，9），朝阳袁台子3号墓出土1件。

十二台子乡砖厂88M1出土1件，"残存部分是用金丝拧成十字形，其底下固定在长条形银片上，伸向两侧的均衔一个桃形金叶，构成一组，每组间距约2.5厘米，每组顶上再用金丝串连起来，中间亦缀一桃形金叶。"

A型不仅出土数量最多，而且出现的也最早，如朝阳王坟山M8713的时代为3世纪中叶。B型仅见朝阳王坟山M1和北燕冯素弗墓两例。C型两例都与Aa型共存。

根据出土位置判断，上述步摇都与冠和头饰有关，应该是《晋书》慕容廆载记所说的"步摇冠"上的步摇。

---

① 尚晓波：《龙城宝笈》（下），辽宁人民出版社，2011年，第41、42页。

图一　三燕文化金步摇类型

1～6. Aa 型　7. Ab 型　8. B 型　9. C 型

（1. 王坟山 M8713　2. 甜草沟 M1　3、9. 房身 M2　4. 喇嘛洞Ⅰ M7　5. 西团山　6. 房身 M8　7. 甜草沟 M2　8. 冯素弗墓）

2. 珰

冠前正中之饰件，根据形制结构可分三型。

A 型　上丰而尖隆、下敛而平直，圆肩。

冯素弗墓出土 3 件，2 件用焊接的金珠构成变形蝉纹和边框，嵌石喻目，减地镂空

(图二,1);1件周边捶揲锯齿纹和忍冬纹,主题为一佛二胁侍像,火焰纹背光。通体穿丝系叶(图二,2)。

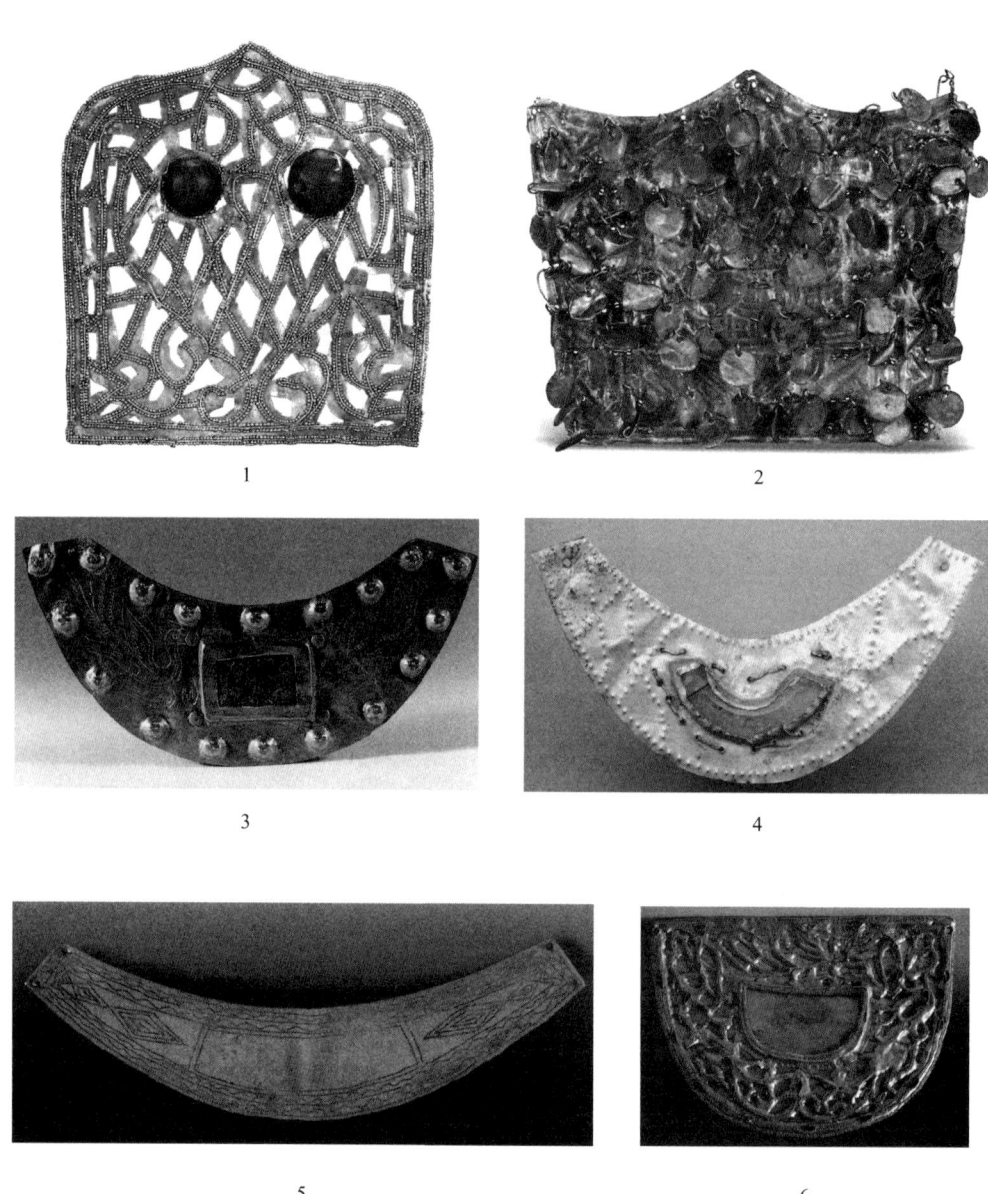

图二 三燕文化金珰类型
1、2.A型 3～5.B型 6.C型
(1、2.冯素弗墓 3.房身M2 4.房身M8 5.袁台子M3 6.甜草沟M1)

姚金沟2号墓出土1件,单层金片,周边施粟粒纹,四角有穿孔。

B型 两端截尖平齐的月牙形。

房身M2出土1件,中间嵌块形玉块,两侧錾刻对称飞凤,周边施粟粒纹,四角各钻一孔（图二，3）；M8 出土 1 件，中间亦嵌块形玉块，施粟粒纹，两端各钻一孔（图二，4）。王坟山 6 号墓、王坟山 M8713、袁台子 3 号墓各出土 1 件，施粟粒纹、水波纹、几何纹（图二，5）。

C 型　半圆形。

甜草沟 M1 出土 1 件，采用捶揲、镶嵌、金珠焊接、掐丝等多项工艺制成（图二，6）。

3. 锁形坠

用两个有裙沿的半圆泡扣合而成，顶上铆接 2 个穿纽，裙沿上钻孔，穿丝系叶。仅见于甜草沟墓地，M1 出土 2 件，通体施粟粒纹，裙沿上等距布列 9 个钻孔（图三）；M2 出土 2 件，通体平素无纹饰，裙沿上等距布列 7 个钻孔。

根据出土位置判断，发掘者推测该锁形坠是步摇冠上的饰件。

4. 钗

房身 M2 出土 1 件，已在钗头中部折断，据残存部分判断，钗头略扁，系将一根金丝中部略经砸扁，然后居中弯回而成（图四，1）。喇嘛洞 II M266 出土 1 件，钗头弯折近圆角方形，扁平宽直（图四，2）。喇嘛洞 I M10 出土 1 件，钗头弯弧似新月，扁而宽，中间竖排两小孔，一只飞翔的小鸟双爪穿在孔内（图四，3），此即文献中所说的"金雀钗"。

图三　甜草沟 M1 出土三燕文化金锁形坠

5. 步摇耳坠

三燕文化的金耳坠根据形制结构差异，可分二型。

A 型　由耳环和连缀的圆形或条形叶片组成。

Aa 型　义县保安寺石椁墓出土 2 件，半圆形金片的弧顶上凸起一穿纽，内穿一小环与耳环连接，底下直边穿 7 条连环金链，每链下再穿一长条金片（图五，1）。北票喇嘛洞 II M198 出土 1 件，与保安寺出土者基本相同，区别仅是耳环直接穿在半圆形金片弧顶上的孔内（图五，2）。

Ab 型　喇嘛洞 II M71 出土 1 件，耳环上穿一连环链，连环链末端穿一圆形叶片（图五，3）。

B 型　用金丝拧成，主干上有一至三层若干根平出的枝杈，主干根部贯石珠，梢

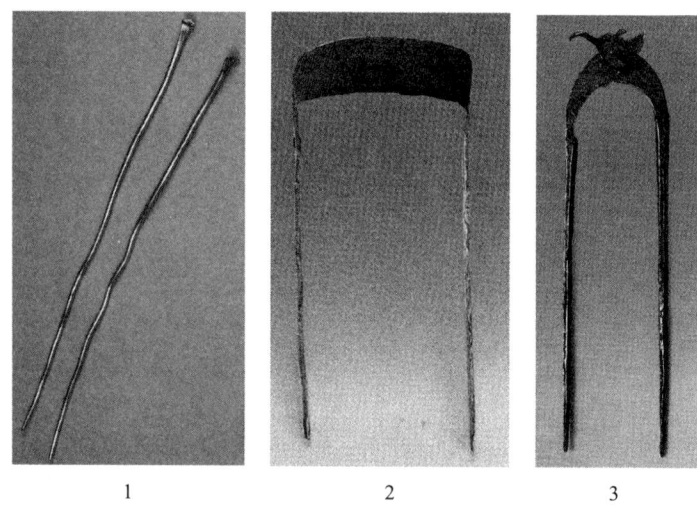

图四 三燕文化金钗举例
1. 房身村 M2 2. 喇嘛洞Ⅱ M266 3. 喇嘛洞Ⅰ M10

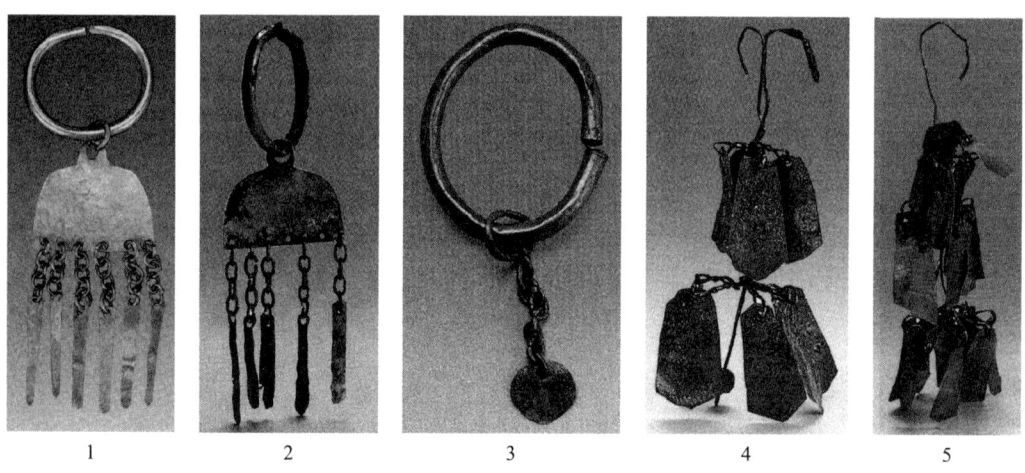

图五 三燕文化金耳坠类型
1～3. A 型 4、5. B 型
（1. 保安寺墓 2. 喇嘛洞Ⅱ M198 3. 喇嘛洞Ⅱ M71 4. 喇嘛洞Ⅱ M266 5. 喇嘛洞Ⅰ M17）

弯成钩，枝杈端的环内穿系圭形叶片。喇嘛洞Ⅱ M266 出土 2 件，两层枝杈（图五，4）。喇嘛洞Ⅰ M7 出土 2 件，三层枝杈（图五，5）。

这类由耳环、连环链、枝干、叶片构成的耳坠，也都具有"步则摇动"的特征，所以可名为"步摇耳坠"。

6. 金珠

房身 M2 出土 2 件，一件为棱形六面体，由两个截顶空腔六面锥体焊接而成，表面镶嵌绿松石、焊金珠（图六，1）。一件为六面体，用六个等大的圆环相互外切焊接而成（图六，2）。

甜草沟 M1 出土 1 件，中空圆柱体，器表有四组等距排列的玉石镶嵌，每组之间施一组焊接金珠和掐丝（图六，3）。

1　　　　　　2　　　　　　3　　　　　　4

图六　三燕文化金珠和嵌石戒指
1～3. 金珠　4. 嵌石戒指
（1、2、4. 房身 M2　3. 甜草沟 M1）

7. 嵌石戒指

房身 M2 出土 1 件，戒面镶嵌三组绿松石和蓝色宝石，周边布列金珠（图六，4）。

8. 饰牌

皆用薄金片剪切而成，可分二型。

A 型　减地镂空龙凤纹。房身 M2 出土大小各 1 件，以两条对角线为纵横方向，减地镂空，布列左右对称的上下两组纹样，大的一件为对凤纹；小的一件上为对龙纹，下为对凤纹。小的一件还在边框和对角线上穿金丝系圆形叶片若干（图七，1）。甜草沟 M1 出土 2 件，一件镂空纹样不清，穿系若干圆形叶片（图七，2）；一件与上述房身 M2 出土的相同，减地镂空对龙、对凤纹（图七，3）。甜草沟 M1 出土 1 件，锤揲出凸起的边框和对角线，平素无纹。

B 型　锤揲动物纹。王坟山 M8713 出土 1 件，锤揲三鹿纹，上缘两端各有一穿孔（图八，1）。义县保安寺出土 1 件，锤揲三鹿纹，边框施粟粒纹，上缘两端各有两个穿孔（图八，2）。喇嘛洞 I M13 出土 1 件，锤揲对鹿纹，边框施粟粒纹，上缘有四个穿孔（图八，3）。喇嘛洞 II M192 出土 1 件，锤揲三鹿纹，上缘有四个穿孔（图八，4）。

图七 三燕文化 A 型金饰牌
1. 房身 M2　2、3. 甜草沟 M1

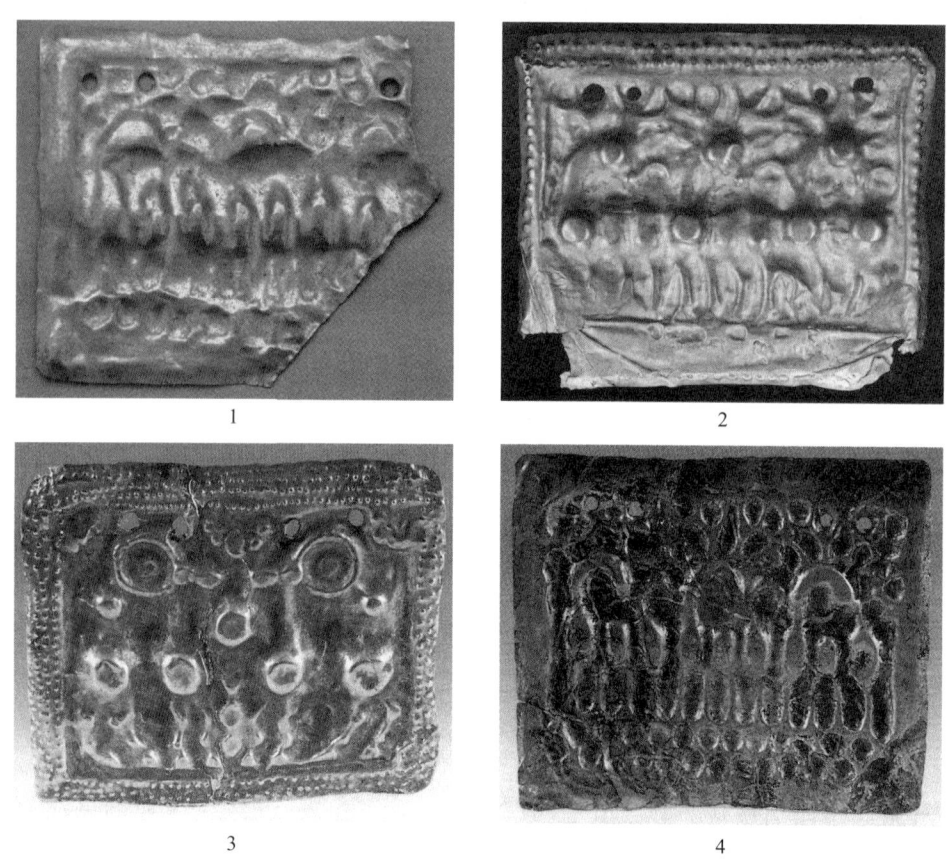

图八 三燕文化 B 型金饰牌
1. 王坟山 M8713　2. 保安寺墓　3. 喇嘛洞Ⅰ M13　4. 喇嘛洞Ⅱ M192

9. 銮铃

仅见于房身 M2，直径 2 厘米的 13 件，直径 1.1～1.3 厘米的 8 件。均为捶揲的两半圆扣合而成，顶上有穿纽，底下有一字口，内有铁丸，摆动作响（图九，1）。响器在北方草原很早就已经流行了，多作为马具，但是这种銮铃体量小，且为金质，不会是马具，应为人所佩戴的饰物。

10. 顶针

仅房身M2出土1件，器表密布均匀的圆窝（图九，2）。

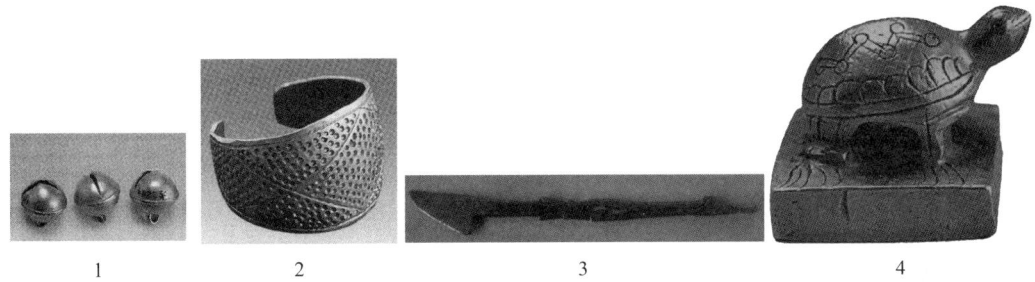

图九　三燕文化金器
1. 銮铃　2. 顶针　3. 压刀　4. 范阳公章
（1～3. 房身M2　4. 冯素弗墓）

11. 压刀

仅房身M2出土1件，三角形刀身，直柄从龙口中伸出，龙尾卷曲成环，长8.7厘米（图九，3），与前面的顶针一样，都是女工用具。

12. 印

仅见冯素弗墓出土一方，龟纽方座，龟背刻北斗星。凿刻"范阳公章"四字篆书，有边栏。此印龟纽做工精细，但是笔画生硬、粗细不匀，布局失衡，很可能是原印文被磨去后重新急就而成（图九，4）。

三燕文化金器还有镯子、耳环、圆泡等，不一一列举，参见三燕文化墓葬出土金器统计表。

三燕文化金器的来源，大体有北方草原、东北腹地、中原三方面的因素，典型代表遗物分别是步摇、步摇耳坠、金雀钗。以步摇为代表包括采用镶嵌、掐丝、金珠焊接等工艺制作、装饰粟粒纹的房身墓地、甜草沟墓地出土的金制品属从北方草原南下的慕容鲜卑文化因素，以步摇耳坠为代表的喇嘛洞墓地出土的金制品属东北腹地的夫余文化因素，金雀钗则代表中原汉文化因素[①]。其他如镯子（钏）、指环、耳环、捶揲兽纹牌子等可能属当时长城地带和北方草原共有的因素。步摇在上述几种因素中占

---

① 田立坤：《步摇考》，《4～6世纪的北中国与欧亚大陆》，科学出版社，2009年。

据主导地位。需要说明的是，代表夫余文化因素的步摇耳坠，是夫余接受匈奴文化因素影响的产物，与慕容鲜卑的步摇一样，都来自于北方草原。

二、高句丽金器

高句丽金器集中发现于吉林省集安市，以步摇叶片占大宗，尤以太王陵为最，不仅数量多，而且结构样式繁多，有圆形、桃形（图一〇，1）两种叶片，有的叶面还呈弧形（图一〇，2）。结构都是用金丝将叶片与圆泡连接起来，多是一泡一叶组合（图一〇，3），偶见三叶组合（图一〇，4），也有叶片、金珠、石珠串连组合（图一〇，5、6），不一而足。还有带头、铆钉、金线[1]。除太王陵之外，麻线沟一号壁画墓[2]，JYM3105、JYM3283、JYM3296[3]，麻线安子沟M401[4]，禹山墓区2112号墓[5]，临江墓[6]，禹山墓区992号墓[7]，麻线墓区2100号墓（图一〇，7、8）[8]，以及千秋墓[9]也出有步摇叶片、指环，板岔岭出有镯子（图一〇，9）[10]。征集的有七星山墓区、山城下墓区的耳坠，分耳环系挂叶片和耳环上再连接一个宽厚的包金耳环两种（图一〇，10～12）；禹山墓区的指环，中间有一周菱形的嵌槽，原来应该有镶嵌，两侧施类似粟粒纹带（图一〇，13）；城后村出土的簪的簪头为一捶揲成的圆片，周边施粟粒纹（图一〇，14）[11]。

---

[1] 吉林省文物考古研究所、集安市博物馆：《集安高句丽王陵》，文物出版社，2004年，第284页，图二一六、图二一七。

[2] a.吉林省博物馆集安考古队：《吉林集安麻线沟一号壁画墓》，《考古》1964年第5期；b.吉林省文物考古研究所：《吉林集安高句丽墓葬报告集》（以下简称《高句丽墓葬报告集》），科学出版社，2009年，第33页，图六。

[3] 吉林省文物考古研究所、集安市文物保管所：《集安洞沟古墓群禹山墓区集锡公路墓葬发掘》，《高句丽研究文集》，延边大学出版社，1993年；《高句丽墓葬报告集》，第228页，图二七。

[4] 吉林省文物考古研究所、集安市文物保管所：《集安麻线安子沟高句丽墓葬调查与清理》，《北方文物》2002年2期；《高句丽墓葬报告集》，第247页，图四，4。

[5] 集安市博物馆：《集安洞沟古墓群禹山墓区2112号墓》，《北方文物》2004年第2期；《高句丽墓葬报告集》，第256页，图四，11、12。

[6] 吉林省文物考古研究所、集安市博物馆：《集安高句丽王陵》，文物出版社，2004年，第59页，图四〇，2。

[7] 吉林省文物考古研究所、集安市博物馆：《集安高句丽王陵》，文物出版社，2004年，第127页，图一〇二，22～25。

[8] 吉林省文物考古研究所、集安市博物馆：《集安高句丽王陵》，文物出版社，2004年，第147页，图一一九。

[9] 吉林省文物考古研究所、集安市博物馆：《集安高句丽王陵》，文物出版社，2004年，第182页，图一六，12、13。

[10] 吉林省文物考古研究所、集安市博物馆、吉林省博物院：《集安出土高句丽文物集粹》，科学出版社，2010年，第93页。

[11] 吉林省文物考古研究所、集安市博物馆：《集安高句丽王陵》，文物出版社，2004年，第93页。

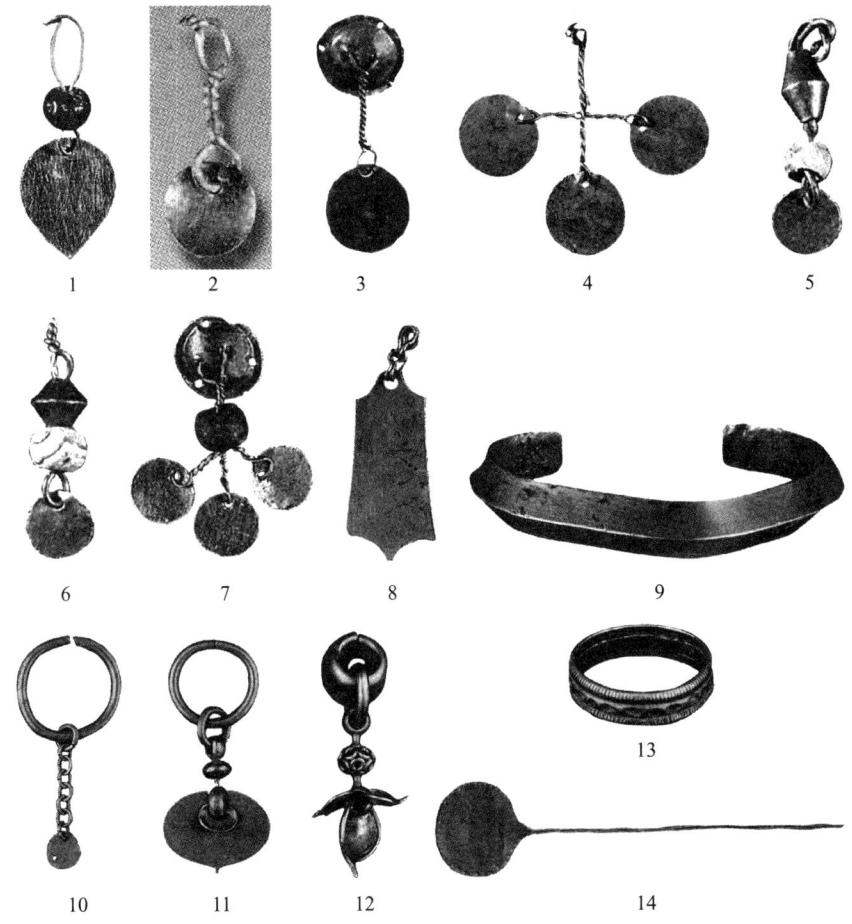

图一〇　高句丽金器举例
1~8.摇叶　9.镯子　10~12.耳坠　13.指环　14.簪
(1~6.太王陵　7、8.麻线墓区2100　9.板岔岭　10.七星山墓区　11.山城下　12.麻线墓区　13.禹山墓区　14.城后村)

集安出土金器的高句丽墓葬以不晚于3世纪末的临江墓时代最早,其他的时代多为4、5世纪之际,晚于三燕文化。高句丽金器也是以步摇叶片为其主要特征,但是三燕文化房身和甜草沟等墓地出土的花树状步摇却不见于高句丽,高句丽的弧形叶片以及叶片与金珠、石珠串连的形式则不见于三燕文化。

三、新罗、百济、加耶金器

朝鲜半岛南部的新罗、百济、加耶金器以新罗墓葬出土最多。著名的有庆州皇南大塚北坟、皇南大塚南坟、金冠塚、瑞凤塚、金铃塚、天马塚、夫妇塚、金鸟塚等。种类有步摇冠(图一一)、便帽(图一二,1~3)、翅(角)形冠饰件(图一二,4~7)、耳坠(图一三,1~5)、步摇坠(图一三,6~9)、项链(图一三,10、

11）、镯子（图一四，1~3）、指环（图一四，4~7）、带具（图一五）等①。

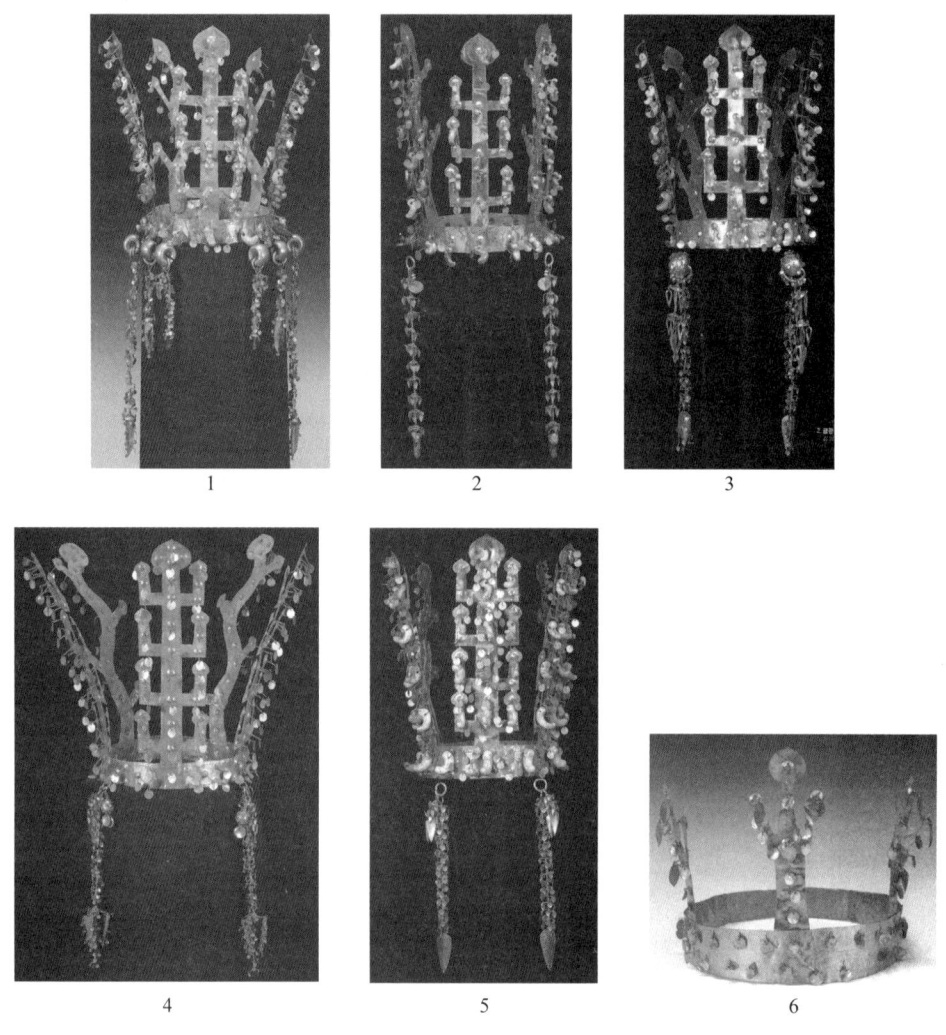

图一一　新罗的金步摇冠
1.皇南大塚　2.金冠塚　3.瑞凤塚　4.金铃塚　5.天马塚　6.校洞

百济出土金器的墓葬主要有武宁王陵，石村洞 3 号墓、天安龙院里 9 号石椁、44 号墓、129 号墓，原州法泉里 1 号墓，益山笠店里 1 号墓，公州校村里，扶余陵山里 32 号墓，扶余东南里等②，其中以武宁王陵出土最多，种类有花村步摇、耳坠、钗、项链、镯子、焊接金珠、带具、勾玉帽、各式花叶（图一六）③。

---

① 〔韩〕《新罗黄金》，2001 年。
② 〔韩〕《新罗黄金》，2001 年，百济装身具。
③ 国立公州博物馆：《武宁王陵基础资料集》

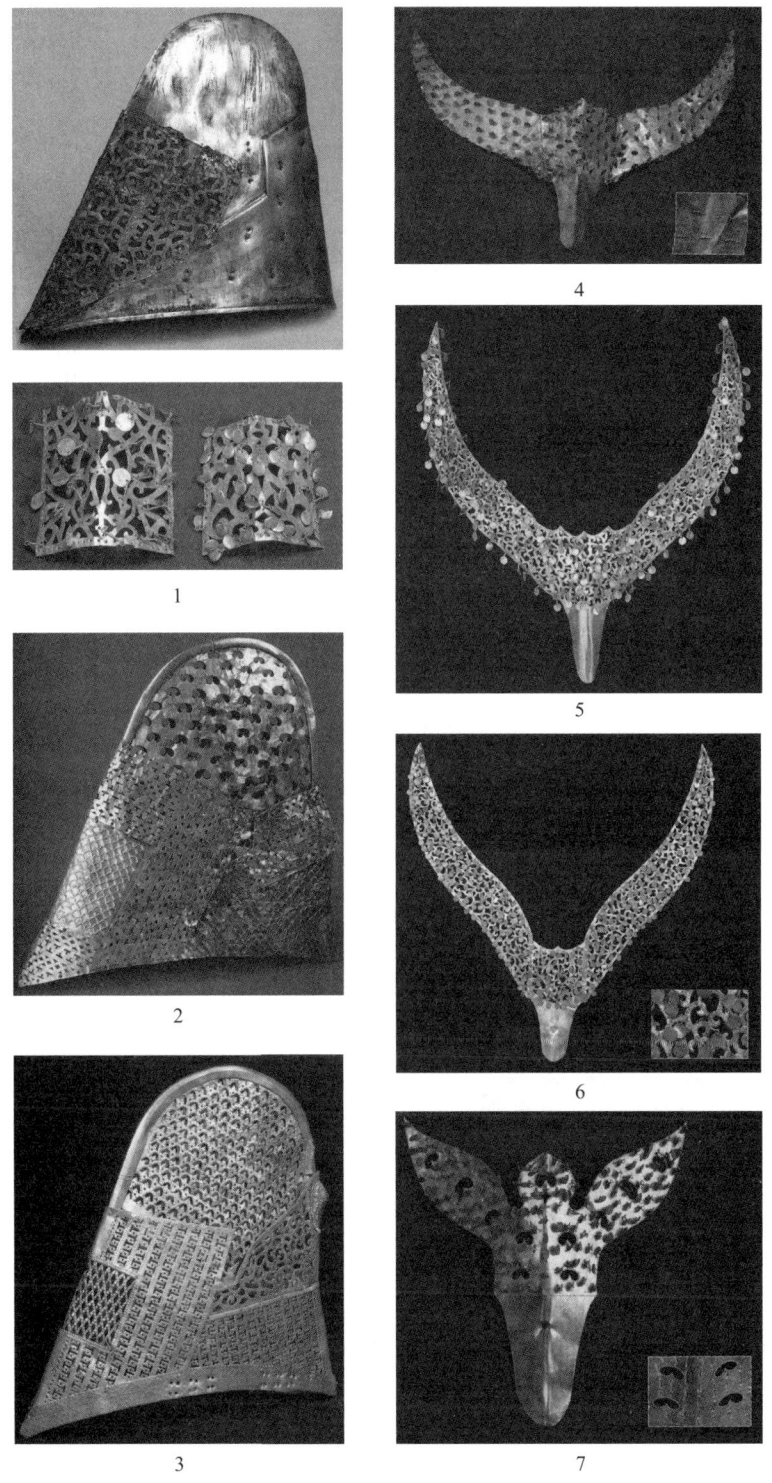

图一二　新罗的金便帽、帽翅
1～3.便帽　4～7.帽翅
(1、4.皇南大塚　2、5.金冠塚　3、6、7.天马塚)

图一三 新罗的金耳坠、步摇坠和项链
1～5.耳坠 6～9.步摇坠 10、11.项链
(1.鸡林路47号墓 2.皇南洞110号墓 3.皇吾里34号墓 4.金冠塚 5.夫妇塚 6.皇南大塚北坟
7、9.月城路13号 8.校洞64番地 10.金鸟塚 11.庆州路西里215番地)

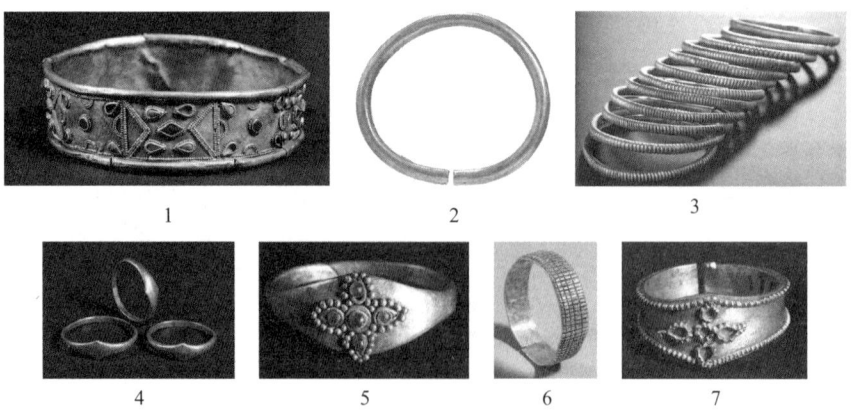

图一四 新罗的金镯子和指环
1～3.镯子 4～7.指环
(1、2.皇南大塚北坟 3、6.金冠塚 4.天马塚 5.皇南大塚南坟 7.庆州路西里215番地)

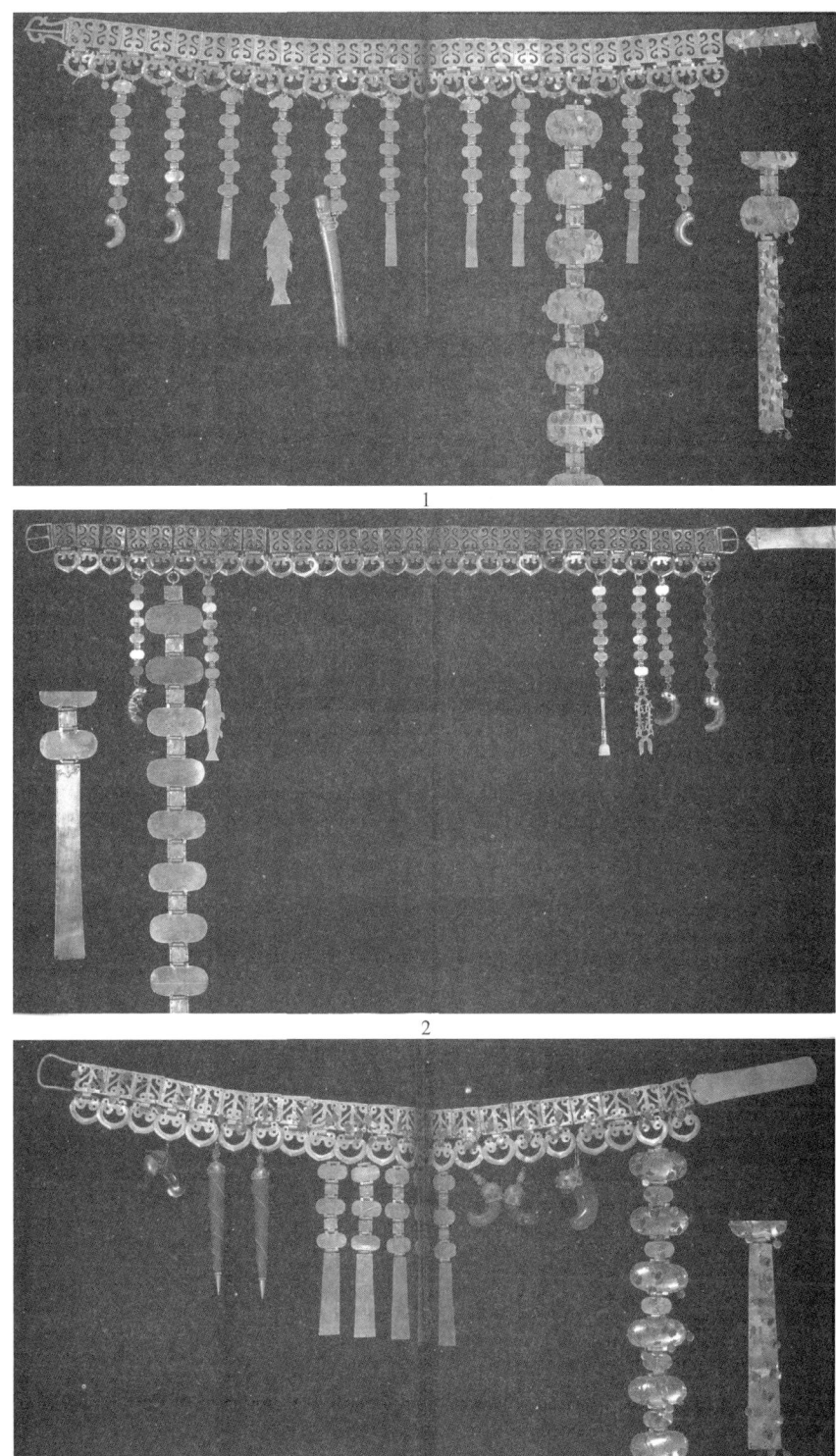

图一五 新罗的金带具
1. 皇南大塚北坟 2. 皇南大塚南坟 3. 金铃塚

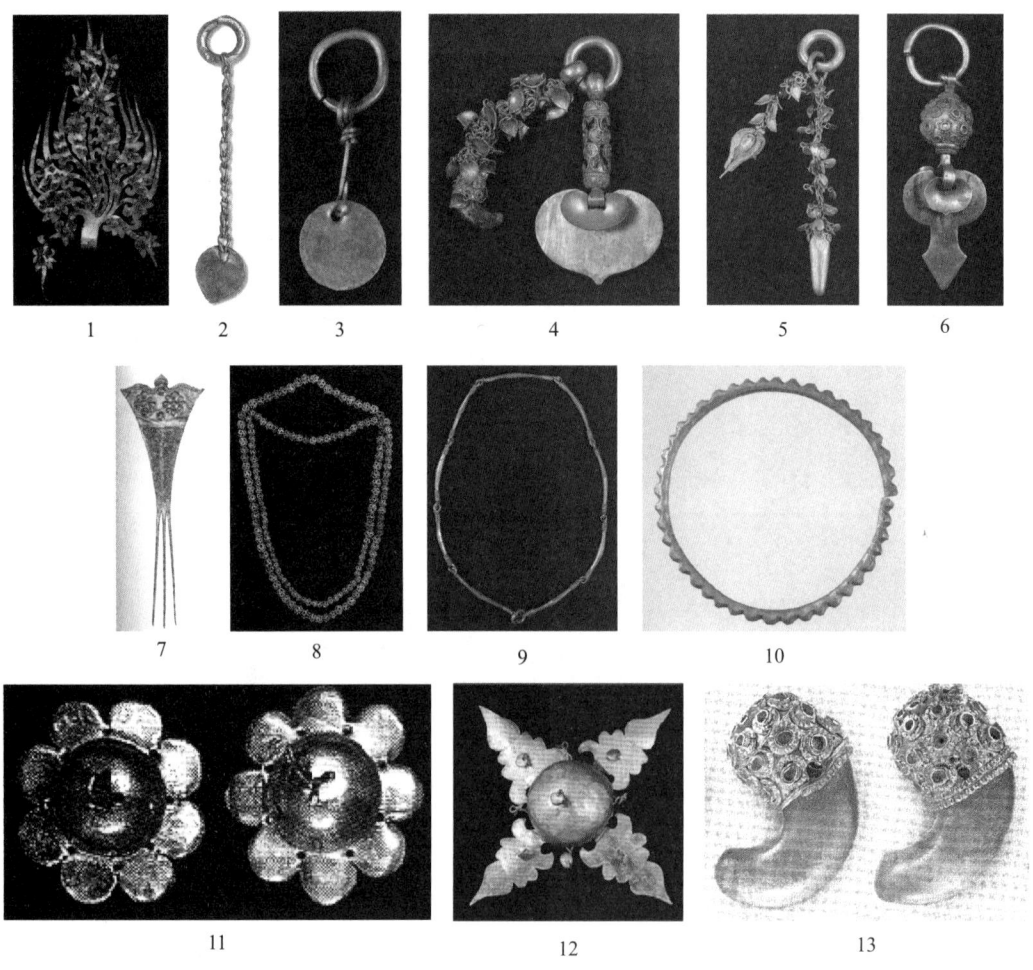

图一六 百济的金器举例
1. 花树步摇 2~6. 耳坠 7. 钗 8、9. 项链 10. 镯子 11. 花泡 12. 四叶花 13. 勾玉帽
（1、3~5、7~13. 武宁王陵 2. 石村洞3号坟附近 6. 公州校村里）

加耶金器以陕川玉田等地区墓葬出土数量最多，种类与新罗、百济大同小异（图一七）[①]。

朝鲜半岛南部发现的新罗、百济、加耶黄金制品的时代没有早于5世纪初的，以首饰和服饰为主，用步摇叶片做装饰为主要特征。新罗金器出土数量最多，已有比较固定的组合，如金冠塚、天马塚都出有步摇冠、便帽、翅（角）形冠饰件、带具，表明金制品不仅代表财富，还可能是王权的象征。

新罗、百济、加耶的黄金制品也有差异，如百济武宁王陵没有新罗的步摇冠、便帽、金带，而有用金片剪成的系挂步摇叶片的花树、三股金钗，以及形式多样的花叶。

---

① 〔韩〕《新罗黄金》，2001年。

图一七　加耶的金器举例
1. 步摇冠　2～4. 耳坠　5. 镯子
（1. 传高灵出土　2. 陕川玉田 M4　3. 陕川玉田 M75　4. 陕川玉田 M11　5. 陕川玉田 M2）

四、倭国金器

日本奈良橿原新沢 126 号古坟以出土金器和玻璃器而著名。减地镂空变形龙凤纹、周边系挂圆形步摇叶片的方形金饰牌，与三燕文化房身 M2、甜草沟 M1 出土的减地镂空对龙凤纹方形金饰牌；步摇坠与新罗皇南大塚北坟、校洞出土的步摇坠的制法、装饰、纹样几乎完全相同，加之玻璃器也非本土所产，所以被认为是从朝鲜半岛"渡来人"的遗存，时代在 5 世纪后半（图一八）[1]。

---

[1] 〔日〕奈良县立橿原考古学研究所附属博物馆：《新沢千塚的遗宝及其源流》，1992 年。

图一八　日本新沢 126 号古坟遗物
1. 透雕金饰牌　2. 金步摇　3. 金步摇坠　4. 镶嵌金戒指　5. 金指环　6. 玻璃钵　7. 玻璃盘

五、结　语

综上所述，从年代上看，东北亚地区 3～6 世纪的黄金制品以三燕文化的年代最早，在 3 世纪初至 5 世纪初；3 世纪末至 5 世纪的高句丽次之，5、6 世纪的新罗、百济、加耶、倭国再次之；从种类、特征上看，都以首饰、服饰为主，系挂步摇叶片的装饰手法特别流行，可谓一脉相承。据此可以认为，东北亚地区 3～6 世纪的黄金制品经历了一个从辽西向辽东、朝鲜半岛、日本的依次传播过程。

但是，就高句丽的金器来源而言，还不能简单地说是受到三燕文化的影响就解决问题了，因为考古还有一个不容忽视的重要发现，即属于高句丽建国前后的辽宁桓仁望江楼墓地 M4 曾经出土一件用金丝拧成的耳坠架（图一九，1）[①]，与早年在西丰西岔沟（图一九，2）[②]、榆树老河深（图一九，3）[③] 墓地出土的步摇耳坠的金丝拧架完全相同，也就是说，在三燕文化还没有形成之前，高句丽即已经使用黄金制品了。而且这种用金丝拧成的步摇耳坠，都出于与两汉时期的夫余有密切关系的遗存中，如西丰西岔沟、榆树老河深等墓地，直至3世纪末、4世纪初被慕容鲜卑掠至辽西的夫余人仍然保持使用这种步摇耳坠的传统[④]。这种步摇耳坠与属于慕容鲜卑文化因素的房身和甜草沟等墓地出土的花树状步摇各有自己的来源。由此再联想到高句丽王族源于夫余的传说，以及史载高句丽境内不产黄金，高句丽每年向北魏进贡的黄金都产自于夫余，所以后来夫余为勿吉所逐，致使高句丽向北魏无金可贡的史实[⑤]。我们认为，高句丽最初对黄金的认识来自于夫余，三燕文化金器对于高句丽金器来说，只是一种不同文化之间制作工艺技术的影响，而非源头。

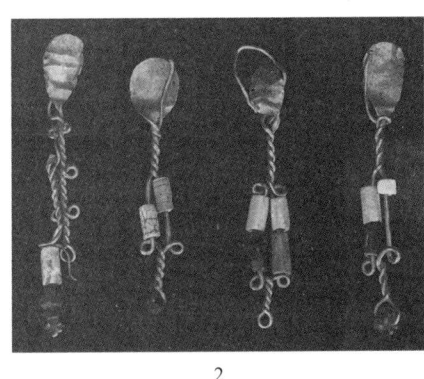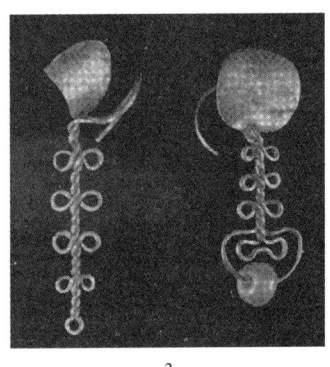

图一九　扶余的金耳坠举例
1. 望江楼 M4　2. 西岔沟墓地　3. 老河深中层墓地

---

① 李新全：《高句丽早期遗存及其起源研究》，吉林大学博士学位论文，第355页，图一二四，2008年。
② 辽宁省博物馆、辽宁省文物考古研究所：《辽河文明展文物集萃》，2006年，第106页，金丝扭环穿珠耳饰。
③ 吉林省文物考古研究所：《榆树老河深》，文物出版社，1987年，第59页，图五三，图版四一。
④ 这种步摇耳坠在辽宁仅见于喇嘛洞三燕文化墓地，该墓地的主体是被慕容鲜卑掠至辽西臣服于慕容鲜卑的夫余人，参见田立坤：《关于北票喇嘛洞三燕文化墓地的几个问题》，《辽宁考古文集》，辽宁人民出版社，2003年。
⑤ 《魏书》卷100《高句丽传》："世祖时，钊曾孙琏始遣使者安东奉表贡方物，并请国讳。世祖嘉其诚款，诏下帝系名讳于其国，遣员外散骑侍郎李敖拜琏为都督辽海诸军事、征东将军、领护东夷中郎将、辽东郡开国公、高句丽王。（略）后贡使相寻，岁至黄金二百斤、白银四百斤。（略）正始中，世宗于东堂引见其使芮悉弗，悉弗进曰：'高丽系诚天极，累叶纯诚，地产土毛，无愆王贡。但黄金出自夫余，珂则涉罗所产。今夫余为勿吉所逐，涉罗为百济所并，国王臣云惟继绝之意，悉迁于境内。二者所以不登王府，实两贼是为。'"

在东北亚地区黄金制品的传播过程中,中介是居于辽东的高句丽,而大量北燕遗民流入高句丽则起到了推波助澜的作用。北魏太延二年(公元436年),"四月,魏娥清、古弼攻燕白狼城,克之。高丽遣将葛卢孟光将众数万随阳伊至和龙迎燕王。燕尚书令郭生因民之惮迁,开城门纳魏兵,魏人疑之,不入。生遂勒兵攻燕王,王引高丽兵入自东门,与生战于阙下,生中流矢死。葛卢孟光入城,命军士脱弊褐,取燕武库精仗以给之,大掠城中。五月乙卯,燕王帅龙城见户东徙,焚宫殿,火一旬不灭;令妇人被甲居中,阳伊等勒精兵居外,葛卢孟光帅骑殿后,方轨而进,前后八十余里"①。随冯弘逃亡高句丽的北燕遗民数量虽然史无明文,但是推想其规模不会少于几万人,由此产生的影响是多方面的,其中有两点可以肯定,一是北燕遗民的加入,使高句丽的势力很快发展壮大起来,改变了朝鲜半岛原来的势力格局,并长时间影响着朝鲜半岛的形势②,一是大量北燕遗民流入朝鲜半岛,使三燕文化因素在三燕文化结束之后得以在朝鲜半岛继续传播,完成慕容鲜卑步摇与扶余步摇耳坠的融合,成为新罗、百济、加倻王权的象征,金步摇成为贵族社会追求的时尚。

日本新沢126号古坟除出土有与三燕文化相同的减地镂空变形龙凤纹方形饰牌和大量的圆形步摇叶片外,还有来自西域的玻璃器,被认为是从朝鲜半岛"渡来人"的遗存。我们认为,该"渡来人"或许就是北燕遗民。

---

① 《资治通鉴》卷123,宋元嘉十三年。《魏书》卷97《冯跋传附文通》较《通鉴》简略:"高丽遣将葛卢等率众迎之,入和龙城,脱其弊褐,取文通精仗以赋其众。文通乃拥其城内士女入于高丽。"

② 延兴二年百济王余庆遣使上北魏表中讲到与高句丽关系,并希望北魏出兵半岛共击高句丽时称:"自冯氏数终,余烬奔窜,丑类渐盛,遂见陵逼,构怨连祸,三十余载,财殚力竭,转自孱蹙。(略)今琏有罪,国自鱼肉,大臣强族,杀戮无已,罪盈恶积,民庶崩离。是灭亡之期,假手之秋也。且冯族士马,有鸟畜之恋,乐浪诸郡,怀首丘之心。天威一举,有征无战。"见《魏书》卷100《百济传》。

附表　三燕文化墓葬出土金器统计表

出土单位	步摇	金珰	金坠	金钗	耳坠	金珠	指环	饰牌	銮铃	顶针	压刀	印章	镯子	耳环	圆泡	金环	刀柄
王坟山M8713	Aa1	B1					1	B1						4	23		
房身M1																2	
房身M2	Aa2、C1	B1		1		2	1	A2	21	1	1		4				
房身M8	Aa2	B1															
甜草沟M1	Aa2	C1	2			1		A2							67		
甜草沟M2	Ab1		2				19	A1					7		68		
王坟山M1	B1	B1															
王坟山M6																	
袁台子M3	Aa2、C1	B1															
砖厂88M1	C1																
姚金沟M2	Aa1	A1															
西团山墓																	
义县保安寺	Aa2				Aa2			B1							1		
喇嘛洞ⅠM7																	
喇嘛洞ⅠM10				1													
喇嘛洞ⅠM13					B2			B1									
喇嘛洞ⅠM17					Ab1												
喇嘛洞ⅠM71					Aa			B1									
喇嘛洞ⅡM192				1	2												
喇嘛洞ⅡM198												1					
喇嘛洞ⅡM266	B1	A3											2	4			
冯素弗墓																	
本溪小市晋墓																	2

北朝墓葬出土瓷器的编年

刘 未

（中国人民大学历史学院考古文博系）

一、引 言

北方瓷器生产始于何时，这是中国陶瓷史上的重要问题。1948年景县封氏墓群出土一批以莲花尊为代表的青瓷，随即被陈万里、冯先铭等认作北朝青瓷的代表[①]。以此为出发点，参照新出北朝墓葬材料，1982年出版的《中国陶瓷史》将北方青瓷产生时间上推至北魏晚期[②]。1985年以降，中国社会科学院考古研究所（下简称"社科院考古所"）在北魏洛阳城大市等遗址发掘获得一批青瓷和黑瓷，1991年简报定其时代为北魏[③]。1994年，谢明良将北朝墓葬出土瓷器与南方材料进行了对比，指出某些器物之间的相似之处，但对于产地的认定仍持审慎态度[④]。1997年，郭学雷、张小兰始对《中国陶瓷史》的观点提出质疑，将北魏墓出土瓷器与江浙地区墓葬材料相对比，认为均属南方产品，而将东魏北齐墓出土瓷器认定为北方所产[⑤]，稍后亦有类似观点文章[⑥]。2007年巩义白河窑的考古发现引发了对北方早期瓷器新的讨论，发掘者引此前

[①] a. 陈万里：《中国青瓷史略》，上海人民出版社，1956年，第33页；b. 冯先铭：《略谈北方青瓷》，《故宫博物院院刊》1958年第1期，第59、60页。

[②] 中国硅酸盐学会：《中国陶瓷史》，文物出版社，1982年，第162～166页。

[③] 中国社会科学院考古研究所洛阳汉魏城队：《北魏洛阳城内出土的瓷器与釉陶器》，《考古》1991年第12期，第1090～1095页。

[④] a. 谢明良：《鸡头壶的变迁——兼谈两广地区两座西晋纪年墓的时代问题》，《艺术学》1992年第7期，后收入《六朝陶瓷论集》，台湾大学出版中心，2006年，第331页；b. 谢明良：《魏晋十六国北朝墓出土陶瓷试探》，《台湾大学美术史研究集刊》1994年第1期，后收入《六朝陶瓷论集》，台湾大学出版中心，2006年，第203～207页。谢氏前文认为北方地区北魏晚期已经开始烧造青瓷，后文则认为北魏东魏时期是否已有北方青瓷还缺乏确凿证据。

[⑤] 郭学雷、张小兰：《北朝纪年墓出土瓷器研究》，《文物季刊》1997年第1期，第85～94、84页。

[⑥] 刘毅、袁胜文：《北方早期青瓷初论》，《中原文物》1999年第2期，第82～87页。

北魏洛阳城材料为据，将窑址所出青瓷、白瓷的年代推定为北魏①。与此相呼应，社科院考古所学者亦认同此前大市等遗址出土瓷器北魏说，新补充了津阳门大道遗址出土资料，将瓷器年代断为北朝晚期，并认为"在北朝晚期的洛阳地区已经有了较为完善的白瓷烧造技术，白瓷制作作为一个独立的技术系统已经与青瓷制作有所区别"②。然而，关于白河窑的年代，学界并未达成共识。森达也很快提出异议，从分析北魏洛阳城出土品出发，参照墓葬资料，将其区分为北魏和隋代两组，比定白河窑为隋代，否定了早至北魏的可能，但他并未就洛阳城北魏组瓷器的产地发表意见③。与这些论争大体同时，临漳曹村窑的发现又为北朝瓷器研究提供了新的线索④，并引发了对所谓北齐"铅釉瓷"的探讨⑤，更加使得北朝瓷器生产问题需要重新审视。

以上有关北朝瓷器的讨论涉及两个尚未论定的关键问题，一是窑址、遗址出土品的年代，二是遗址、墓葬出土品的产地。为此，本文一方面细化北朝墓葬出土瓷器的编年序列，另一方面将其与南方地区尤其是长江中游地区洪州窑、岳州窑产品相对比以推定产地，由此对北朝瓷器的产生及南北朝瓷器交流问题提出一些新的认识。

二、瓷 器 编 年

为便于讨论，先将北朝墓葬出土瓷器资料列为一表，再分北魏、东魏西魏、北齐北周三个时段具体讨论。

---

① a. 赵志文、刘兰华：《河南巩义白河窑址》，《2007 中国重要考古发现》，文物出版社，2008 年，第 108～111 页；b. 河南省文物考古研究所、中国文化遗产研究院：《河南巩义市白河窑遗址发掘简报》，《华夏考古》2011 年第 1 期，第 26～57、86 页。

② a. 中国社会科学院考古研究所洛阳汉魏故城队：《河南洛阳市北魏洛阳城津阳门内大道遗址发掘简报》，《考古》2009 年第 10 期，第 49～58 页；b. 刘涛、钱国祥：《北朝的釉陶、青瓷和白瓷——兼论白瓷起源》，《中国古陶瓷研究》（第 15 辑），紫禁城出版社，2009 年，第 41～59 页。案：津阳门大道所出 A 型白瓷杯似应为北齐瓷胎铅釉陶，其余瓷器应为河南窑场隋代产品。

③ a. 森达也（著），王淑津（译）：《白釉陶与白瓷的出现年代》，《中国古陶瓷研究》（第 15 辑），紫禁城出版社，2009 年，第 79～95 页；b. 森達也：《北朝後期陶瓷編年の再檢討—北魏洛陽城大市遺跡と鞏義市白河窯出土陶瓷の年代をめぐって—》，《中国考古学》（第 11 号），2011 年，第 171～185 页。

④ a. 王建保：《磁州窑窑址考察与初步研究》，《中国古陶瓷研究》（第 16 辑），紫禁城出版社，2010 年，第 7～16 页；b. 李江：《河北省临漳曹村窑址初探与试掘简报》，《中国古陶瓷研究》（第 16 辑），紫禁城出版社，2010 年，第 43～52 页；c. 李国霞等：《新发现曹村窑三种釉陶瓷的初步分析》，《中国古陶瓷研究》（第 16 辑），紫禁城出版社，2010 年，第 525～532 页；d. 陈岳等：《河北临漳曹村窑址青釉器物工艺特征研究》，《岩矿测试》第 32 卷第 1 号，2013 年，第 64～69 页；e. 王建保等：《河北临漳县曹村窑址考察报告》，《华夏考古》2014 年第 1 期，第 24～29 页。

⑤ 小林仁：《北齐铅釉器的定位和意义》，《故宫博物院院刊》2012 年第 5 期，第 104～111 页。

（一）北魏时期

器类以碗、盏、鸡首壶、唾壶较为常见，也有盏托、盘、钵、盘口壶、五管插器、砚等。

1. 碗盏

碗之口径大者13～14厘米，小者11～12厘米，盏之口径7～8厘米。根据形制及工艺特征可区分为甲、乙两类。

甲类（图一）在北方出现时间稍早，至少可至5世纪末期，基本特征为敞口、斜弧腹、假圈足、足径大、足壁直、足底平，施釉至下腹或足部，有的内底可见三个支烧泥钉、外底也多有泥钉痕迹。见于雁北师院M1、司马悦墓、元岊墓、崔猷墓、元睿墓、李弼墓、南蔡庄墓、吴桥M1。类似者在长江下、中、上游地区墓葬中均较常见，如南京尧化门墓[①]、童家山墓[②]、白龙山墓[③]、花神庙M1[④]、隐龙山M1[⑤]、当涂青山M24[⑥]、赣州官村营M4[⑦]、鄂城六朝墓[⑧]、江夏龙泉M2、龙泉M3[⑨]、长沙烂泥冲墓[⑩]、忠县土地岩BM15[⑪]、昭化宝轮镇M1[⑫]等，韩国武宁王陵[⑬]也有发现。南蔡庄墓所出者外壁浮雕莲瓣纹，每瓣均划两道平行中线，类似者见洛阳出土品[⑭]、南京殷巷M1[⑮]、江夏龙泉M2、吉安齐永明十一年（公元493年）墓[⑯]等。根据窑

---

① 南京博物院：《南京尧化门南朝梁墓发掘简报》，《文物》1981年第12期，第14～23页。
② 南京博物院：《南京童家山南朝墓清理简报》，《考古》1985年第1期，第26页。
③ 南京市博物馆、栖霞区文物管理委员会：《江苏南京市白龙山南朝墓》，《考古》1998年第8期，第46～52页。
④ 南京市博物馆、南京市雨花台区文物管理委员会：《江苏南京市花神庙南朝墓发掘简报》，《考古》1998年第8期，第53～59页。
⑤ 南京市博物馆、江宁区博物馆：《南京隐龙山南朝墓》，《文物》2002年第7期，第49～50页。
⑥ 安徽省文物考古研究所：《安徽当涂青山六朝墓发掘简报》，《文物》2011年第4期，第29页。
⑦ 赣州市博物馆：《江西赣县南齐墓》，《考古》1984年第4期，第347页。
⑧ 南京大学历史系考古专业：《鄂城六朝墓》，科学出版社，2007年，第183、188页。
⑨ 武汉市文物考古研究所、武汉市江夏区博物馆：《武汉江夏龙泉南朝墓发掘报告》，《江汉考古》2010年第1期，第35页，彩版2。
⑩ 湖南省文物管理委员会：《长沙烂泥冲齐代砖室墓清理简报》，《文物参考资料》1957年第12期。
⑪ 重庆市文物局、重庆市移民局：《忠县仙人洞与土地岩墓地》，科学出版社，2008年，第141页。
⑫ 沈仲常：《四川昭化宝轮镇南北朝时期的崖墓》，《考古学报》1959年第2期，图版6。
⑬ 大韓民国文化财管理局：《武寧王陵》，學生社，1974年，第42页，图版73。
⑭ 洛阳市文物局、洛阳市文物钻探管理办公室：《洛阳出土瓷器》，河南美术出版社，2005年，第22页。
⑮ 南京市博物馆、江宁县文物管理委员会：《南京殷巷东晋、南朝墓》，《东南文化》1993年第2期，第72～78页。
⑯ 平江、许智范：《江西吉安县南朝齐墓》，《文物》1980年第2期，图版6-4。

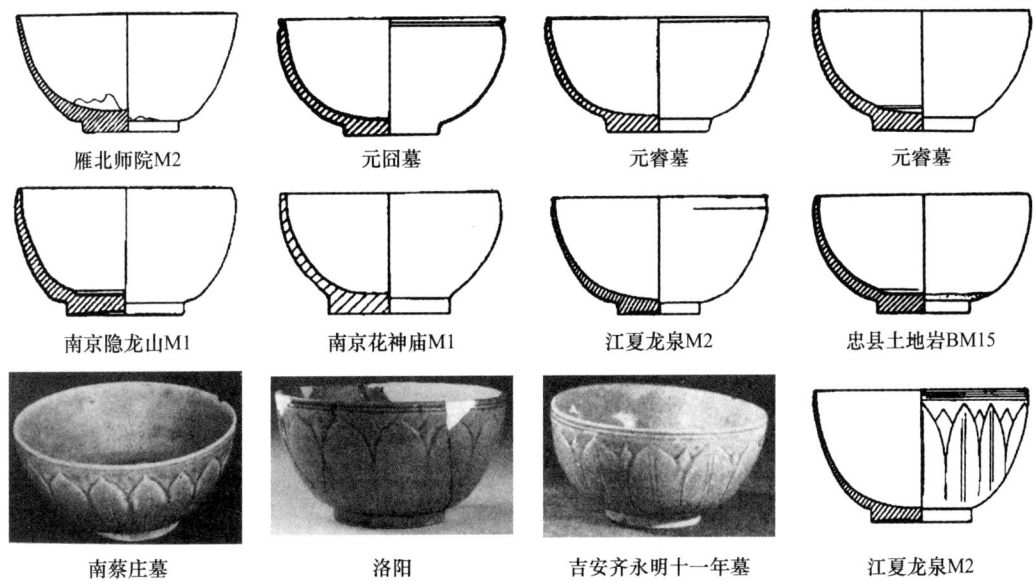

图一　北魏墓葬出土甲类碗盏及参考图

址调查发掘成果，甲类碗盏可推定为江西丰城洪州窑产品[①]。

乙类（图二）在北方出现时间稍晚，约6世纪早期，基本特征为圆弧腹、假圈足、足径小、足壁斜、足底凹，施釉至腹部，有的足底挖出一周凹槽，又可分为敞口、侈口二型。敞口者见于辛祥墓、元遵墓、染华墓、李弼墓、赵府君墓、吴桥M1、杨机墓，类似者见洛阳大市出土品、鄂城六朝墓[②]、长沙烂泥冲墓、丰都汇南M8[③]等。侈口者见于贾思伯墓、西向墓、杨机墓，类似者见丰都汇南M8、忠县大坟坝M3[④]等。其中李弼墓、赵府君墓、西向墓所出者内壁刻划莲瓣纹、中有莲蓬。根据窑址调查发掘成果，乙类碗盏可推定为湖南湘阴岳州窑产品[⑤]。

---

① 洪州窑正式考古发掘报告尚未出版，资料可参考 a. 江西省历史博物馆、丰城县文物陈列室：《江西丰城罗湖窑发掘简报》，《中国古代窑址调查发掘报告集》，文物出版社，1984年，第73～93页；b. 江西省文物考古研究所等：《江西丰城洪州窑遗址调查报告》，《南方文物》1995年第2期，第1～29页；c. 权奎山：《陆羽〈茶经〉与洪州窑瓷器》，《文物》1995年第2期，第73～79页；d. 权奎山：《论洪州窑的装烧工艺》，《考古学研究》（四），科学出版社，2000年，第300～320页；e. 权奎山：《洪州窑瓷器流布初探》，《中国历史文物》2008年第3期，第4～10页；f. 权奎山：《江西丰城洪州窑瓷器的装饰技法与内容》，《陈昌蔚纪念论文集》（第5辑），台北财团法人陈昌蔚文教基金会，2011年，第17～49页；权奎山以上文章均收入《说陶论瓷——权奎山陶瓷考古论文集》，文物出版社，2014年。

② 南京大学历史系考古专业：《鄂城六朝墓》，科学出版社，2007年，第183、188页。

③ 四川省文物考古研究所、丰都县文物管理所：《丰都汇南墓群发掘简报》，《重庆库区考古报告集（1997卷）》，科学出版社，2001年，第705、707页。

④ 北京大学考古文博学院：《重庆忠县大坟坝六朝墓葬发掘报告》，《东南文化》2005年第4期，第55页。

⑤ 岳州窑正式考古发掘报告尚未出版，资料可参考周世荣：《从湘阴古窑址的发掘看岳州窑的发展变化》，《文物》1978年第1期，第69～81页；b. 周世荣、周晓赤：《岳州窑》，湖南美术出版社，2011年。

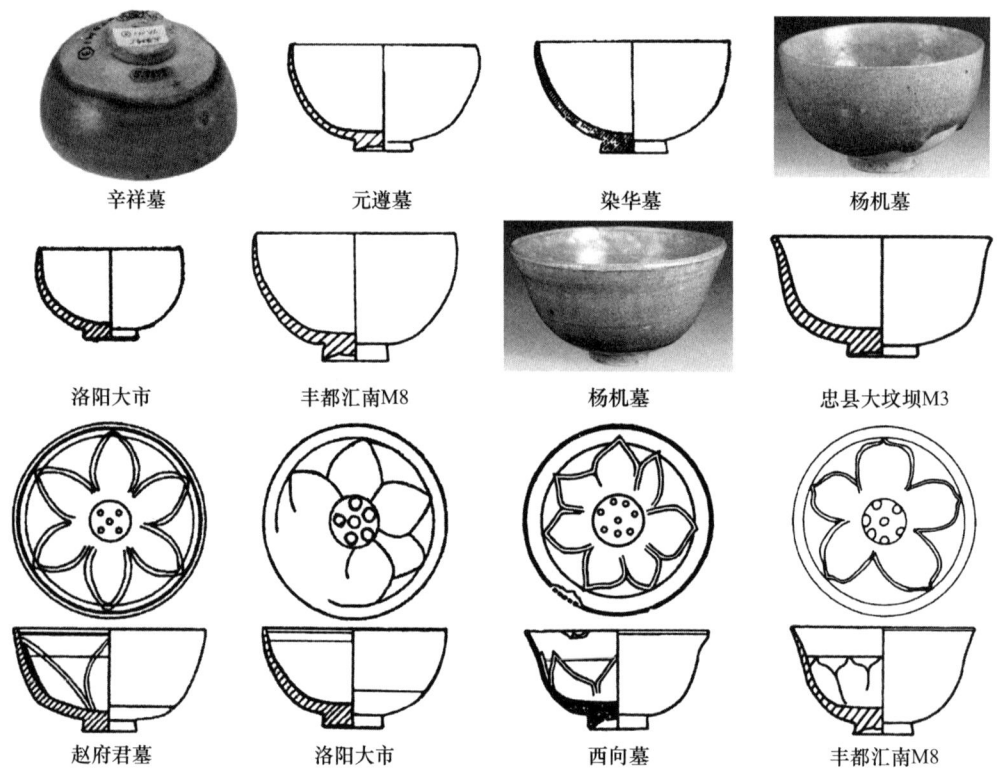

图二 北魏墓葬出土乙类碗盏及参考图

2. 鸡首壶（图三）

盘口、长颈、鼓肩、斜腹、平底、肩部一侧出鸡首、上下喙张开、一侧有龙首柄、另两侧各一组双桥形系。分三式。

Ⅰ式：器形稍矮、颈部较曲、鸡首低矮、系近梯形、腹部较短、下腹稍外撇，施釉至底，见于李元茂墓，此式还见于南京大浦塘M1[①]、嵊县文物管理委员会藏品[②]，年代在公元490年前后。

Ⅱ式：器形稍高、颈部较曲、鸡首稍高、系近梯形、腹部较长、下腹稍外撇，施釉至底，见于宣武帝景陵、辛祥墓、李弼墓、南蔡庄墓，日本出光美术馆、大阪市立东洋美术馆、MOA美术馆均有同式藏品[③]，年代在公元510年前后。

[①] 李翔：《南京市栖霞区灵山大浦塘村南朝墓》，《南京考古工作报告2012》，南京市博物馆，第24～27页。案：此墓所出石门制制及叉手样式均与丹阳胡桥吴家村齐墓相类，年代当在5世纪末左右。吴家村墓简报见南京博物院：《江苏丹阳县胡桥、建山两座南朝墓葬》，《文物》1980年第2期，第1～17页。

[②] 朱伯谦：《中国陶瓷全集》（4）三国两晋南北朝，上海人民美术出版社，2000年，图版184。

[③] a. 弓场纪知：《出光美术馆藏品图录·中国陶磁》，出光美术馆，图版14；b. 大阪市立东洋陶磁美术馆：《东洋陶磁の展开》，大阪市立东洋陶磁美术馆，1990年，第27页；c. 小山富士夫：《中国陶磁》（上），出光美术馆，1970年，第20页。

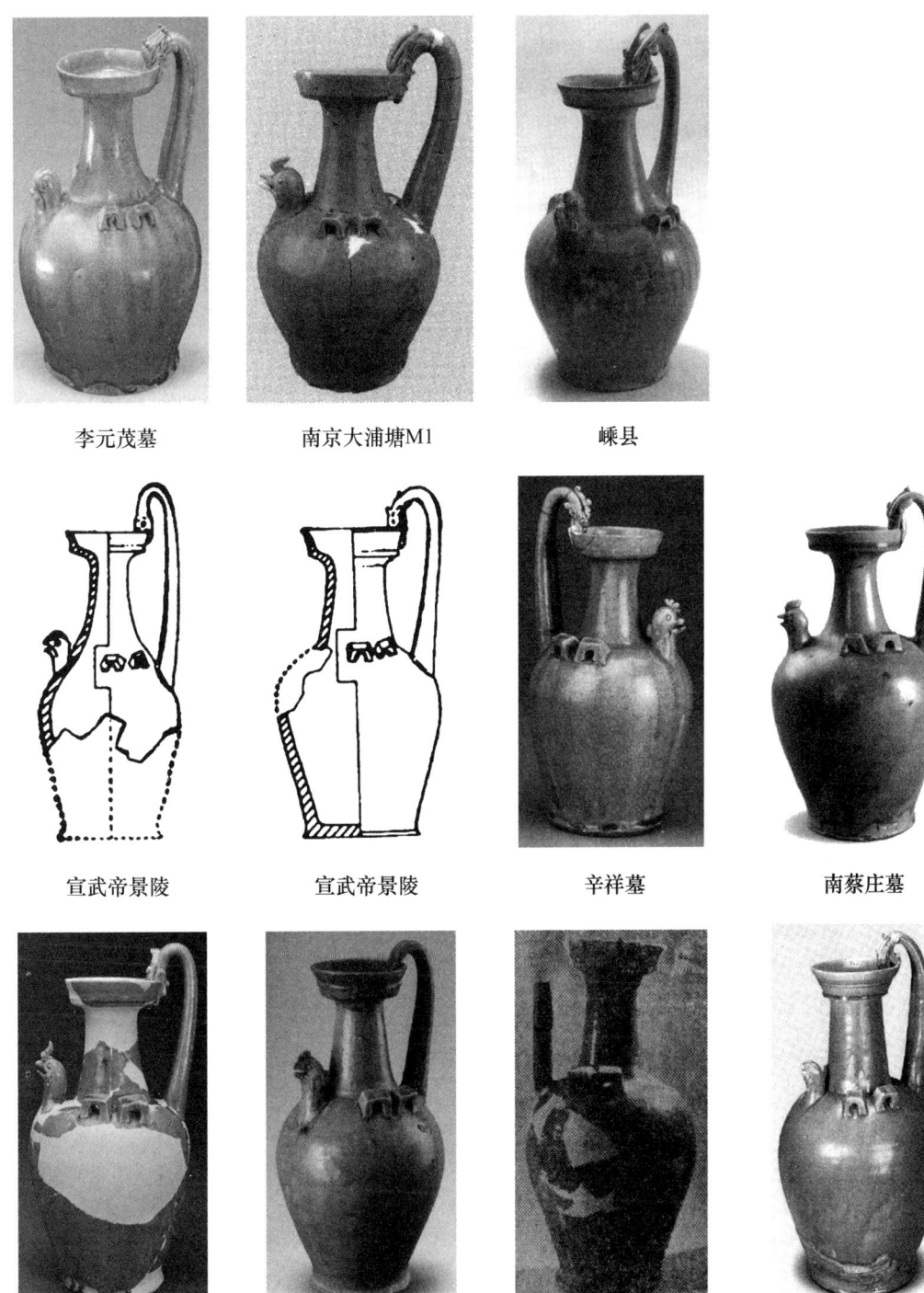

图三 北魏墓葬出土鸡首壶及参考图

Ⅲ式：器形较高、颈部较直、鸡首较高、系近方形、腹部较长、下腹稍外撇，施釉至底，见于衡山路墓、韦辉和墓、韦乾墓、崔氏M16，年代在公元530年前后。

以上三式鸡首壶自成发展序列，张喙鸡首、双桥形系都是比较突出的特征，与江浙地区窑场常见的管喙鸡首、单桥形系迥然有别，目前仅在湘阴马王塝发现类似残件[①]，故可推定为岳州窑产品。

3. 唾壶（图四）

见于司马金龙墓、司马悦墓、宣武帝景陵、杨舒墓、吕达墓、李子云墓、李㷍墓、韦辉和墓。司马金龙墓自为一类，盘口、长颈、鼓腹、假圈足、施釉至底，当属南方产品，惟具体窑场尚难推定。其余各例器形相似，均盘口、短颈、扁腹、假圈足、施釉至下腹，底部多挖一周凹槽、露胎处刷紫褐色胎衣，类似者见封氏墓群出土品[②]、洛阳出土品[③]、南京殷巷M1、马家店M1[④]、仙鹤门墓[⑤]、长沙齐永元元年（公元499年）墓[⑥]、56长烂M3[⑦]、资兴M413[⑧]等，可推定为岳州窑产品[⑨]。

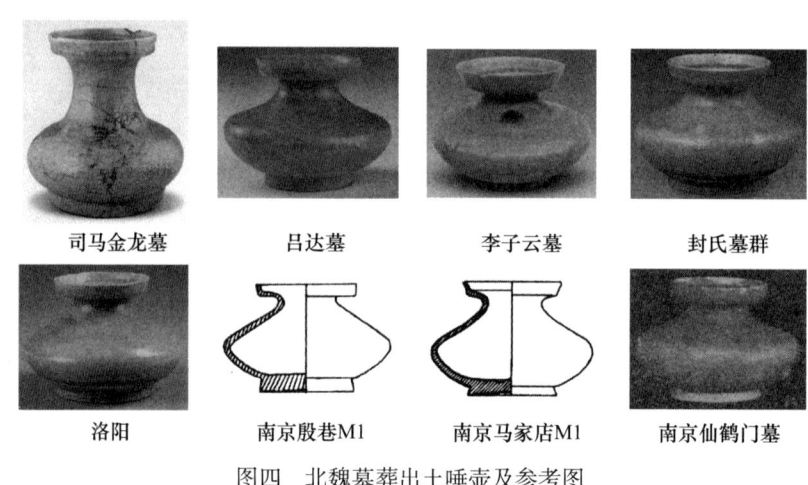

图四 北魏墓葬出土唾壶及参考图

---

① 周世荣、周晓赤：《岳州窑》，湖南美术出版社，2011年，第112页。
② a. 张季：《河北景县封氏墓群调查记》，《考古通讯》1957年第3期，图版9；b. 中国国家博物馆：《中国国家博物馆馆藏文物研究丛书·瓷器卷（商—五代）》，上海古籍出版社，2014年，第105页。
③ 洛阳市文物局、洛阳市文物钻探管理办公室：《洛阳出土瓷器》，河南美术出版社，2005年，第24页。
④ 南京市博物馆、雨花台区文化局：《南京铁心桥镇马家店村南朝墓清理简报》，《南京文物考古新发现》，江苏人民出版社，2006年，第105～111页。
⑤ 南京市博物馆：《南京郊区两座南朝墓》，《考古》1983年第4期，第328～333页。
⑥ 湖南省文物管理委员会：《长沙烂泥冲齐代砖室墓清理简报》，《文物参考资料》1957年第12期，第45～46、51页。
⑦ 湖南省博物馆：《长沙两晋南朝隋墓发掘报告》，《考古学报》1959年第3期，图版16。
⑧ 湖南省博物馆：《湖南资兴晋南朝墓》，《考古学报》1984年第3期，第352页，图版16。
⑨ 类似者见周世荣、周晓赤：《岳州窑》，湖南美术出版社，2011年，第109页。

4. 盘口壶（图五）

见于宣武帝景陵、韦乾墓，形制不同。前者器形较矮、颈部较曲、有两周平行凸棱、肩部较鼓、四面各有一桥形系，类似者见孝昌齐永明九年（公元491年）墓[①]、荆门斗笠岗M12[②]、忠县土地岩BM15、忠县大坟坝M1[③]、丰都汇南JM3[④]、昭化宝轮镇M1等。后者器形较高、颈部较直、有两周平行凸棱、颈肩结合处四面有两单两双纵向泥条系、肩部较鼓、刻有一周莲瓣纹及一道弦纹、下腹外撇、近足斜削、施釉至腹部，类似者有桐城藏品[⑤]。两类盘口壶均可推定为岳州窑产品[⑥]，但韦乾墓所出者下腹外撇、纵向泥条系、刻划莲瓣纹、施釉至腹等特征多见于岳州窑6世纪中、晚期器物，江山隋大业三年（公元607年）墓[⑦]所出亦相类似，该器是纪年材料中所见最早者，尚属孤例，按此存疑。

5. 盏托（图六）

见于辛祥墓、李弼墓。前者内壁无纹饰、外壁施釉至腹部，考虑到与同出的乙类盏胎釉特征相同，暂可推定为岳州窑产品。后者内壁浮雕带有中线的莲瓣纹、外壁施釉至足，类似者见洛阳大市出土品、吉安齐永明十一年墓等，与乙类莲瓣纹碗相同，均可断定为洪州窑产品。

6. 盘（图七）

见于李弼墓、李翼墓、南蔡庄墓、杨机墓。李氏墓所出形制相同，均侈口、浅弧腹、假圈足、内底中心压印莲蓬纹、周围压印草叶纹、外壁施釉至腹部，类似者见于句容西斛村墓[⑧]等，因其独特的纹饰，可推定为岳州窑产品[⑨]。南蔡庄墓、杨机墓所出形制相同，均敞口、浅弧腹、圜底、素面、外壁施釉至腹部，类似者见丰都汇南

---

① 湖北省文物考古研究所：《孝昌古坟岗墓地的发掘》，《江汉考古》1999年第3期，第24～38页。
② 荆门市博物馆：《荆门市麻城镇斗笠岗南朝墓发掘简报》，《江汉考古》2006年第2期，第35页。
③ 北京大学考古文博学院：《重庆忠县大坟坝六朝墓葬发掘报告》，《东南文化》2005年第4期，第56页。
④ 四川省文物考古研究院等：《重庆市丰都县汇南墓群2002年度发掘简报》，《四川文物》2012年第6期，第11～27、78页。
⑤ 桐城市博物馆、桐城市文物管理所：《桐城文物精华·陶瓷铜器玉器杂项》，安徽美术出版社，2009年，第213页。
⑥ 周世荣：《从湘阴古窑址的发掘看岳州窑的发展变化》，《文物》1978年第1期，第78页。
⑦ 江山县文物管理委员会：《浙江江山隋唐墓清理简报》，《考古学集刊》（3），中国社会科学出版社，1983年，第164页。
⑧ 江苏省文物管理委员会：《江苏句容陈家村西晋南朝墓》，《考古》1966年第3期，图版10。
⑨ 案：此类压印草叶纹器物目前岳州窑遗址所出多属隋代。

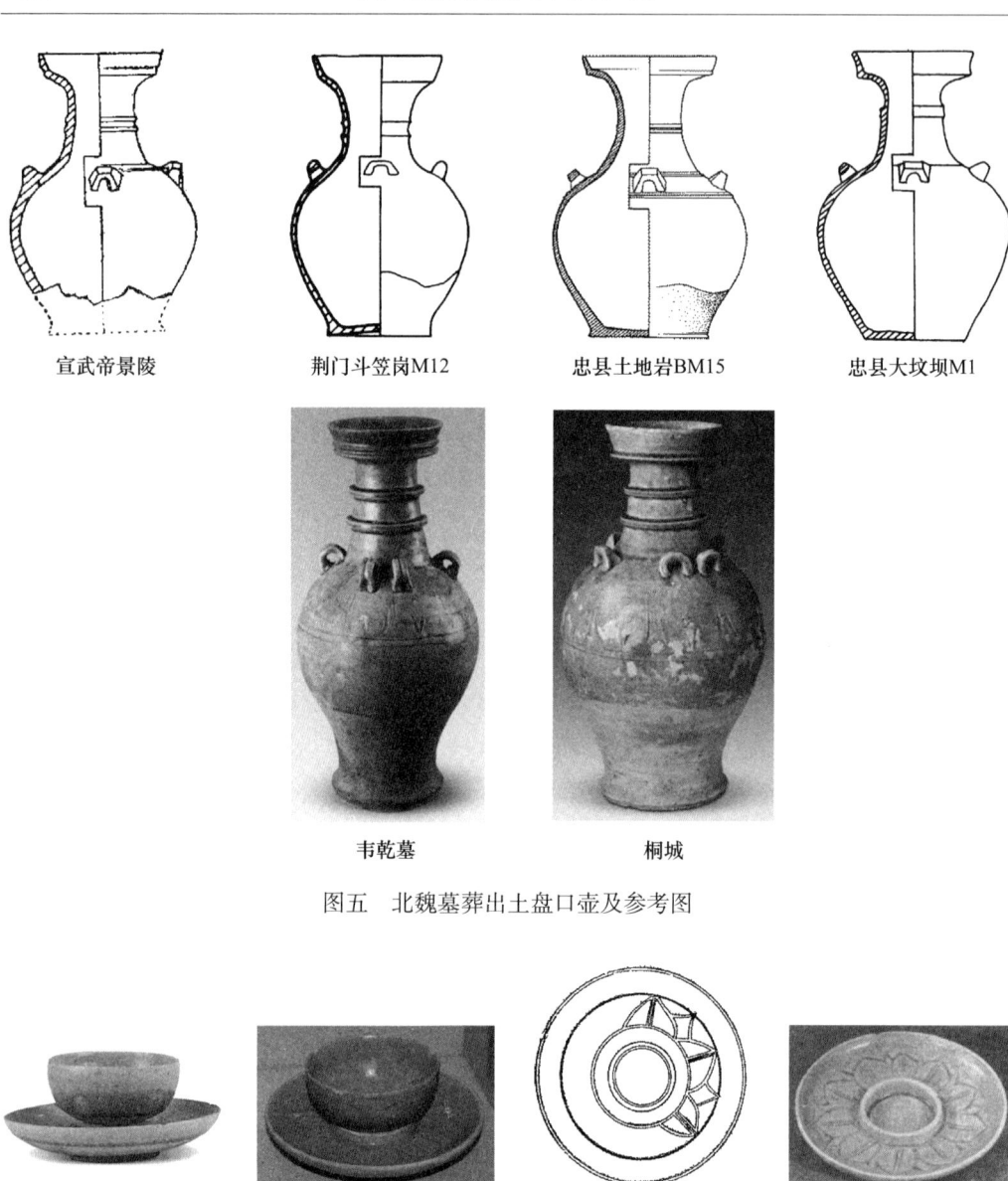

图五　北魏墓葬出土盘口壶及参考图

图六　北魏墓葬出土盏托及参考图

M12[①]、忠县大坟坝 M1 等，这种形制洪州窑、岳州窑均有之，考虑到与杨机墓同出的乙类碗胎釉特征相同，故暂推定为岳州窑产品。

---

① 四川省文物考古研究所、丰都县文物管理所：《丰都汇南墓群发掘简报》，《重庆库区考古报告集（1997卷）》，科学出版社，2001年，第707页。

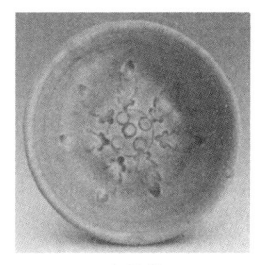 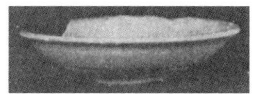 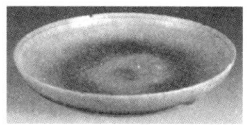 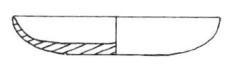

李翼墓　　　　　句容西斛村墓　　　　杨机墓　　　　丰都汇南M12

图七　北魏墓葬出土盘及参考图

7. 钵（图八）

见于宣武帝景陵，敛口、圆弧腹、圜底、外壁施釉至腹部，可推定为岳州窑产品①。

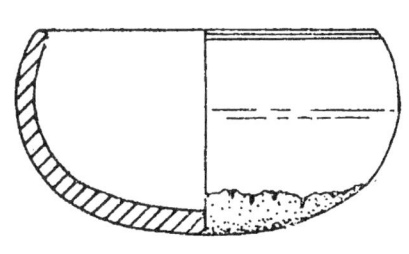 

宣武帝景陵　　　　　　　　　　湘阴马王塴

图八　北魏墓葬出土钵及参考图

8. 五管插器（图九）

见于染华墓、李弼墓。前者蟾蜍座，类似者见江夏龙泉 M2②；后者莲花座，类似者出自湘阴马王塴窑址③，日本出光美术馆也有相同藏品④。

除上述器类外，还有两件较为特殊者，崔猷墓狮形器，为江浙地区西晋产品，贾思伯墓四系罐，系两广地区南朝产品，谢明良已有简要讨论⑤。

---

① 形制类似但外壁刻莲瓣者年代稍晚，见周世荣、周晓赤：《岳州窑》，湖南美术出版社，2011年，第119页。
② 武汉市文物考古研究所、武汉市江夏区博物馆：《武汉江夏龙泉南朝墓发掘报告》，《江汉考古》2010年第1期，第34页，图5，彩版一，1、2。
③ 周世荣、周晓赤：《岳州窑》，湖南美术出版社，2011年，第146页。
④ 弓場紀知：《出光美術館藏品図錄・中国陶磁》，出光美術館，図版15。
⑤ 谢明良：《魏晋十六国北朝墓出土陶瓷试探》，《台湾大学美术史研究集刊》（第1期），1994年，后收入《六朝陶瓷论集》，台湾大学出版中心，2006年，第201、206页。

染华墓　　　　　江夏龙泉M2　　　　李弼墓　　　　湘阴马王塥

图九　北魏墓葬出土五管插器及参考图

（二）东魏西魏时期

器类有所减少，除碗、盏外，还有鸡首壶、盘口壶、带系罐，伴出较多酱釉陶器、青黄釉陶器。

1. 碗盏（图一〇）

见于元祐墓、房悦墓、李希宗墓、景高 M1，口沿外侧多见一道凹弦纹，类似者见句容西斛村墓、南京萧象墓[①]、长沙 52 龙洞坡 M833[②]，均为前述乙类岳州窑产品。

元祐墓　　　　李希宗墓　　　　景高M1　　　　南京萧象墓

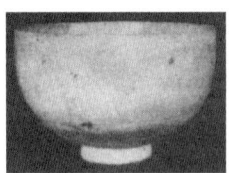 

句容西斛村墓　　　长沙52龙洞坡M833

图一〇　东魏西魏墓葬出土碗盏及参考图

---

① 南京博物院：《梁朝桂阳王萧象墓》，《文物》1990 年第 8 期，第 29、33～40 页。
② 湖南省博物馆：《长沙两晋南朝隋墓发掘报告》，《考古学报》1959 年第 3 期，图版 17。

2. 鸡首壶

见于沙窝村墓，属前述Ⅲ式，为岳州窑产品。

3. 盘口壶（图一一）

见于封柔墓，类似者见镇江梦溪广场出土品[①]、当涂龙居村出土品[②]、淮南博物馆藏品[③]，均应为岳州窑产品。

封柔墓

镇江梦溪广场

当涂龙居村

图一一　东魏西魏墓葬出土盘口壶及参考图

4. 带系罐（图一二）

见于封柔墓、茹茹公主墓。封柔墓所出者六桥形系、素面、施釉近底，类似者见池州团湖村出土品[④]。茹茹公主墓所出者六泥条系、腹部浮雕莲瓣、施釉至下腹，类似者见镇江出土品[⑤]、句容西斛村墓[⑥]、长沙52龙洞坡M833，日本东京国立博物馆也有同类藏品[⑦]。参照湘阴马王墈窑址出土品[⑧]，可推断为岳州窑产品。

---

① 杨正宏等：《镇江出土陶瓷器》，文物出版社，2010年，第98页。
② 张柏：《中国出土瓷器全集》（8）安徽，科学出版社，2008年，第52页。
③ 沈汗青：《淮南市博物馆文物集珍》，文物出版社，2010年，第77页。
④ 张柏：《中国出土瓷器全集》（8）安徽，科学出版社，2008年，第45页。
⑤ 杨正宏等：《镇江出土陶瓷器》，文物出版社，2010年，第99页。
⑥ 徐湖平：《六朝青瓷》，上海古籍出版社，1999年，第47页。
⑦ 冈崎敬：《世界陶磁全集》（10）中国古代，小学馆，1982年，第230页。
⑧ a. 湖南省文物考古研究所：《湖南考古漫步》，湖南美术出版社，1999年，第85页；b. 周世荣、周晓赤：《岳州窑》，湖南美术出版社，2011年，第113页。

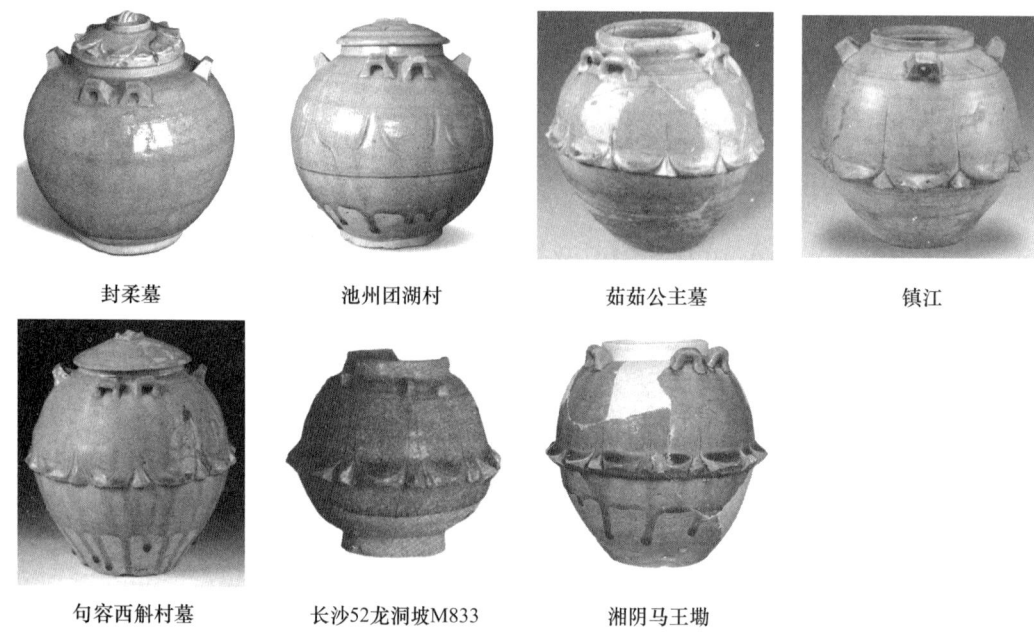

| 封柔墓 | 池州团湖村 | 茹茹公主墓 | 镇江 |

| 句容西斛村墓 | 长沙52龙洞坡M833 | 湘阴马王塬 |

图一二 东魏西魏墓葬出土带系罐及参考图

（三）北齐北周时期

出土器物面貌较为复杂，主体部分可分为3组。

甲组：岳州青瓷，数量不多，有碗、盏、带系罐、鸡首壶、高足盘、盘口壶、盂、莲花尊。

1. 碗盏（图一三）

见于崔芬墓、文宣帝武宁陵、独孤宾墓、王德衡墓，类似者见南京西善桥墓[①]、湖南博物馆藏"大官"款碗[②]、南京太平北路出土"大官"款碗[③]等，与东西魏时期几无差别，均属岳州窑产品。

---

① 南京市博物馆：《南京西善桥南朝墓》，《文物》1993年第11期，第19～23页。报告将墓主推定为卒于陈太建八年（公元576年）的黄法氍。
② 张柏：《中国出土瓷器全集》(13)湖北湖南，科学出版社，2008年，第147页。
③ 贺云翱：《南朝"贡瓷"考——兼论早期"官窑"问题》，《东南文化》2012年第1期，第92页。

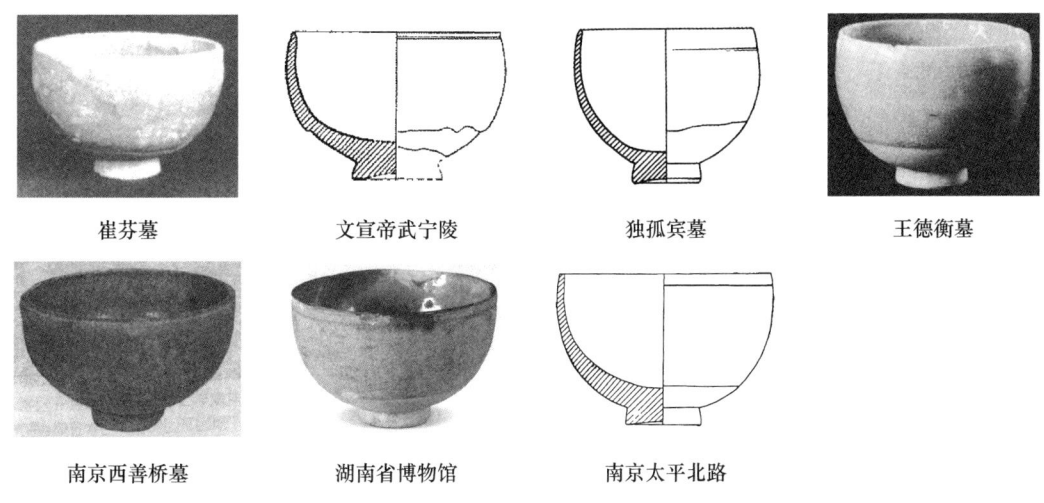

崔芬墓　　　文宣帝武宁陵　　　独孤宾墓　　　王德衡墓

南京西善桥墓　　　湖南省博物馆　　　南京太平北路

图一三　北齐北周墓葬出土甲组碗盏及参考图

2. 带系罐（图一四）

见于崔芬墓、石桥M1（公元551年）。前者四泥条系加两组泥条复系、腹部刻划莲瓣纹及卷草纹、施釉近底，类似者见洛阳出土品[①]、泰州苏北电机厂窖藏[②]、韩国武宁王陵[③]、上海博物馆藏品[④]等，年代应可早至6世纪早期。后者二桥形系加两组桥形复系及四泥条系、腹部刻划莲瓣纹、施釉至下腹，湘阴马王墈窑址有同类器物出土。另有泰州鲁庄墓[⑤]所出十系罐，莲瓣纹改刻为划并压印团花纹，年代约在6世纪末期，应是石桥M1十系罐的后续形式。

[①] 洛阳市文物局、洛阳市文物钻探管理办公室：《洛阳出土瓷器》，河南美术出版社，2005年，第20页。

[②] a. 叶定一：《江苏泰州出土一组南朝青瓷器》，《文物》1996年第11期，第38页；b. 张柏：《中国出土瓷器全集》（7）江苏上海，科学出版社，2008年，第62页。

[③] 大韩民国文化财管理局：《武宁王陵》，學生社，1974年，第41~42页，图版8、72。

[④] 朱伯谦：《中国陶瓷全集》（4）三国两晋南北朝，上海人民美术出版社，2000年，图版228。

[⑤] a. 黄炳煜：《南朝青瓷十系罐》，《文物》1986年第1期，第96页；b. 张柏：《中国出土瓷器全集》（7）江苏上海，科学出版社，2008年，第63页。

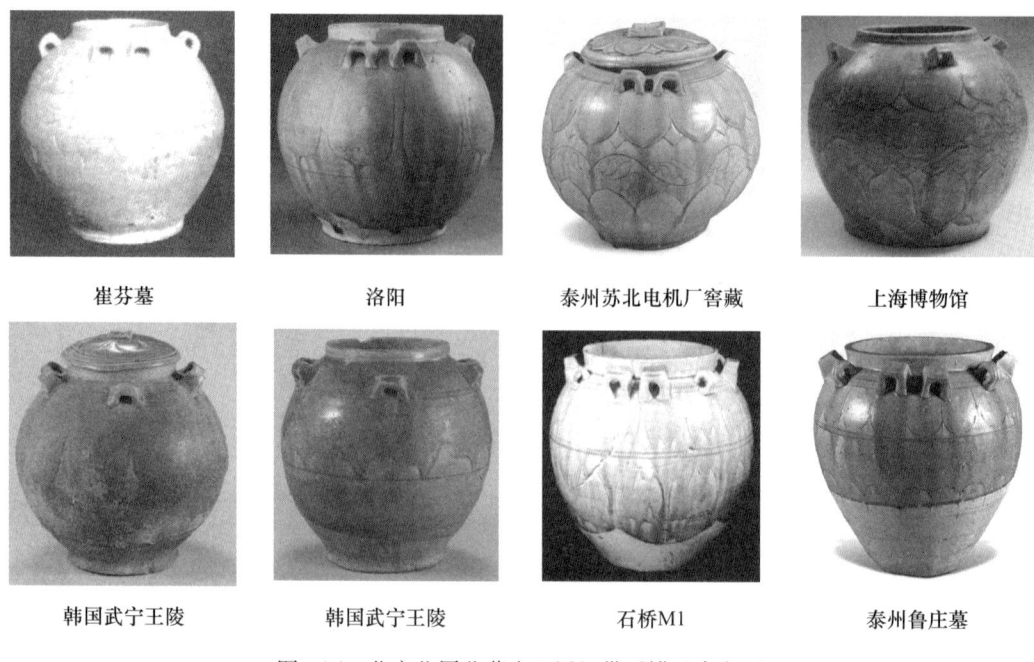

图一四 北齐北周墓葬出土甲组带系罐及参考图

3. 鸡首壶（图一五）

见于崔芬墓，与前述Ⅲ式又有所不同，盘口、颈部斜直、两道平行凹弦纹、鸡首高昂、喙部大张、系近方形、下腹外撇、施釉至腹，可列为Ⅳ式。此式还见于南京蔡家塘M1[①]、南京尧化公社墓[②]、余杭小横山M49[③]，亦属岳州窑产品，约公元550年前后。

4. 高足盘（图一六）

见于崔芬墓，敞口、浅弧腹、高圈足外撇、足径较大、施釉至足，这种器形洪州窑、岳州窑均有之。

[①] a. 金琦：《南京甘家巷和童家山六朝墓》，《考古》1963年第6期，第303～307、318页；b. 南京市博物馆：《六朝风采》，文物出版社，2004年，第65页。

[②] 南京市博物馆、国立公州博物馆：《中国六朝瓷器》，国立公州博物馆，2011年，第53页。

[③] 杭州市文物考古研究所、余杭博物馆：《余杭小横山东晋南朝墓》，文物出版社，2013年，第274页，图版263。

  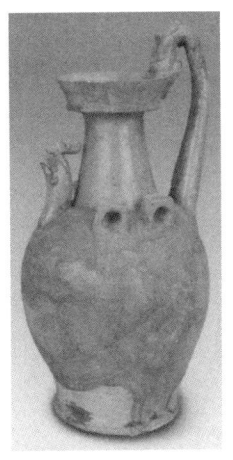 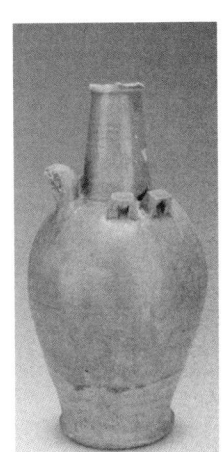

崔芬墓　　　　南京蔡家塘M1　　　南京尧化公社墓　　　余杭小衡山M49

图一五　北齐北周墓葬出土甲组鸡首壶及参考图

  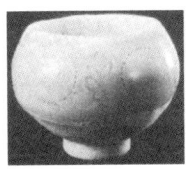 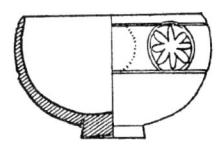

崔芬墓　　　　长孙绍远墓　　　　尉迟运墓　　　　湘阴城关

 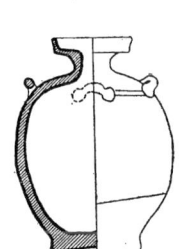 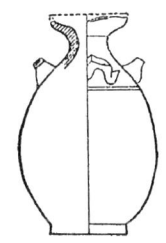

长孙绍远墓　　　长沙57长南新M1　　　湘阴城关

图一六　北齐北周墓葬出土甲组高足盘、盂、盘口壶及参考图

5. 盘口壶（图一六）

见于长孙绍远墓，类似者见荆门斗笠岗M13[①]、长沙57长南新M1[②]及湘阴城关窑址[③]所出。

---

① 荆门市博物馆：《荆门市麻城镇斗笠岗南朝墓发掘简报》，《江汉考古》2006年第2期，第35页。
② 湖南省博物馆：《长沙两晋南朝隋墓发掘报告》，《考古学报》1959年第3期，第92页，图版16、17。
③ a. 周世荣：《从湘阴古窑址的发掘看岳州窑的发展变化》，《文物》1978年第1期，第73、80页；b. 周世荣、周晓赤：《岳州窑》，湖南美术出版社，2011年，第121、136页。

6. 盂（图一六）

见于长孙绍远墓、尉迟运墓，外壁交错印圈点纹和草叶纹，这类器物多见于隋代，纹饰也改为交错印竖线纹和草叶纹，如长沙 55 长丝营 M6[①]及湘阴城关窑址[②]所出。

7. 莲花尊（图一七）

见于传封子绘墓、传祖氏墓。莲花尊自发现以来产地问题争议颇多，迄今未能论定。除封氏墓群出土 4 件[③]和传上蔡出土 1 件[④]之外，南朝墓葬共出土 9 件[⑤]，依年代早晚可分为三组：①武昌何家大湾齐永明三年墓（M193）1 件[⑥]、南京宋家埂墓 1 件[⑦]、南京对门山墓 1 件[⑧]，刻莲瓣纹及划卷草纹、也有浮雕莲瓣，约 5 世纪末期。②武昌何家垅墓 1 件[⑨]，浮雕莲瓣及划卷草纹、也有贴塑，约 6 世纪早中期。③武昌钵盂山墓（M335）1 件[⑩]、武昌钵盂山墓（M392）2 件[⑪]、南京灵山墓 2 件[⑫]，浮雕莲瓣及贴塑、也有压印草叶纹，约 6 世纪中晚期。这些莲花尊演变有序，颈部凸弦纹、浮雕莲瓣纹、刻划卷草纹、压印草叶纹等装饰技法均为岳州窑产

[①] 湖南省博物馆：《长沙两晋南朝隋墓发掘报告》，《考古学报》1959 年第 3 期，第 92 页，图版 16、17。

[②] a. 周世荣：《从湘阴古窑址的发掘看岳州窑的发展变化》，《文物》1978 年第 1 期，第 71、73、79 页；b. 周世荣、周晓赤：《岳州窑》，湖南美术出版社，2011 年，第 111 页。

[③] 国家博物馆藏 1 件，见中国历史博物馆：《中国历史博物馆》，文物出版社，1984 年，图版 129。故宫博物院藏 2 件，河北博物院藏 1 件，见张柏：《中国出土瓷器全集》（3）河北，科学出版社，2008 年，第 8～10 页。

[④] 中国国家博物馆：《中华文明·古代中国文物陈列精萃》，中国社会科学出版社，2010 年，第 432～433 页。

[⑤] 淄博和庄墓亦出土莲花尊 1 件，时代多被认作北朝，其实同出 2 件青瓷碗均具典型隋代特征，该件莲花尊应属隋代北方地区窑场产品。a. 淄博市博物馆、淄川区文化局：《淄博和庄北朝墓葬出土青釉莲花瓷尊》，《文物》1984 年第 12 期，第 65～67 页；b. 朱伯谦：《中国陶瓷全集》（第 4 卷）三国两晋南北朝，上海人民出版社，1999 年，图版二三三。武昌瓦屋垄墓（M526）出土 1 件莲花盘口壶多被认作莲花尊，因其年代稍早，且与其他莲花尊的形制、纹饰差别较大，本文不作讨论；c. 宿白：《三国—宋元考古（上）》，北京大学历史系考古教研室，1974 年，第 58 页。

[⑥] a. 湖北省博物馆：《武汉地区四座南朝纪年墓》，《文物》1965 年第 4 期，图版 3-3；b. 宿白：《三国—宋元考古（上）》，北京大学历史系考古教研室，1974 年，第 58 页；c. 朱伯谦：《中国陶瓷全集》（4）三国两晋南北朝，上海人民美术出版社，2000 年，图版 232。

[⑦] 南京博物院：《江苏六朝青瓷》，文物出版社，1980 年，图 107。

[⑧] 南京文物保管委员会：《南京郊区两座南朝墓清理简报》，《文物》1980 年第 2 期，第 26 页。

[⑨] 况红梅：《武汉地区出土的三件瓷器》，《文物》1993 年第 2 期，第 93 页；《武汉古代历史陈列》，《武汉文博》2003 年增刊，第 23 页。

[⑩] 宿白：《三国—宋元考古（上）》，北京大学历史系考古教研室，1974 年，第 58 页。

[⑪] a. 湖北省文物管理处：《湖北地区古墓葬的主要特点》，《考古》1959 年第 11 期，图版 6-2；b. 宿白：《三国—宋元考古（上）》，北京大学历史系考古教研室，1974 年，第 58 页；c. 朱伯谦：《中国陶瓷全集》（第 4 卷）三国两晋南北朝，上海人民出版社，1999 年，图版 232；d. 冯先铭：《略谈北方青瓷》，《故宫博物院院刊》1958 年第 1 期，图 3。

[⑫] 南京市博物馆：《六朝风采》，文物出版社，2004 年，第 216～217 页。

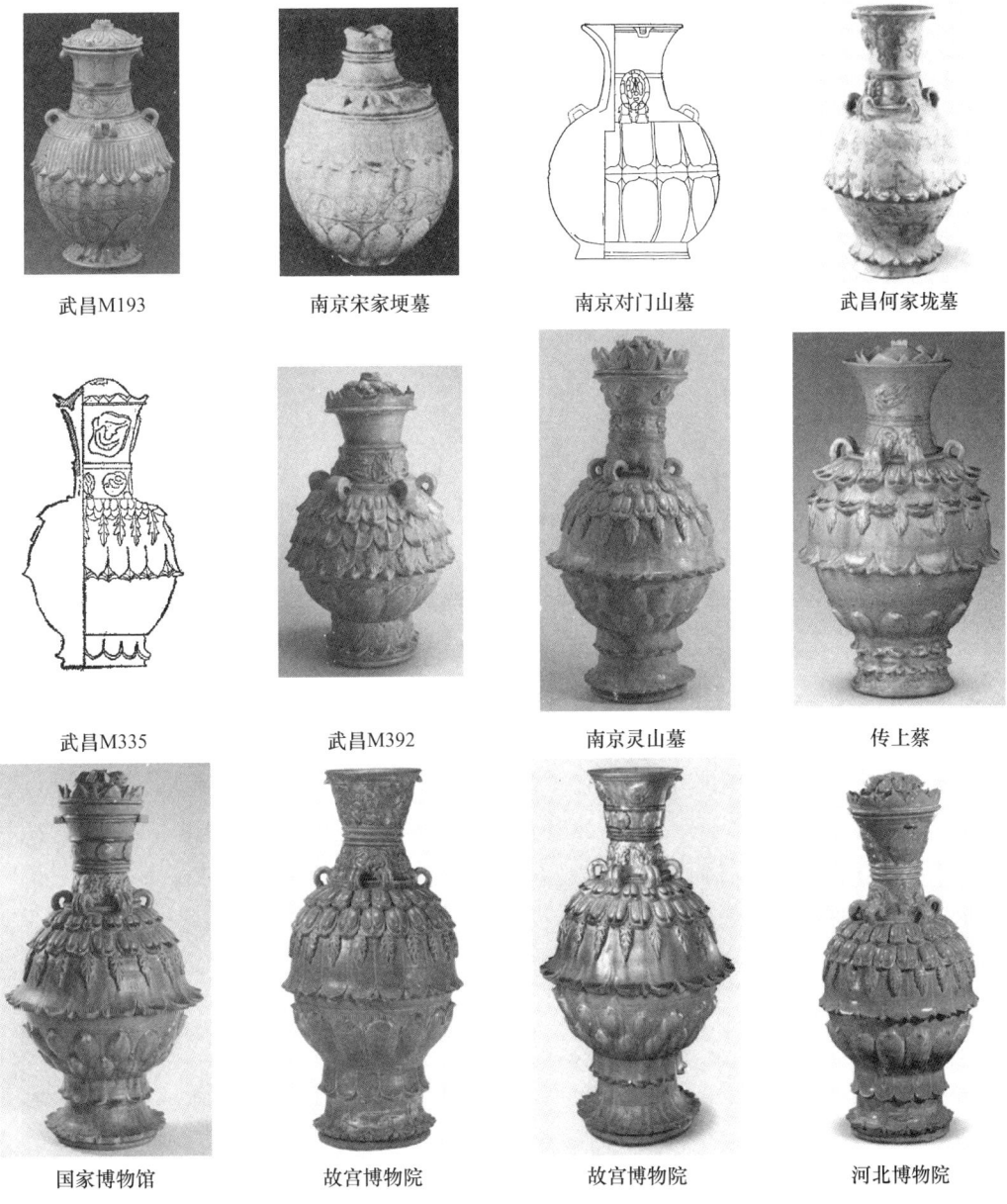

图一七　北齐北周墓葬出土甲组莲花尊及参考图

品特点，湘阴即曾发现颈部残片[①]。韩国益山王宫里遗址所出残片[②]亦应为岳州窑产品，自南朝输入。

乙组：北方青瓷，数量较少、器类亦少，有碗、带系罐、高足盘等，多施半釉、

---

① 周世荣、周晓赤：《岳州窑》，湖南美术出版社，2011年，第131页。
② a. 國立扶餘文化財研究所：《王宮里遺蹟發掘中間報告》，國立扶餘文化財研究所，1992年，第231、302页；b. 國立扶餘文化財研究所：《王宮里發掘中間報告Ⅵ》，國立扶餘文化財研究所，2008年，第201、202、440页。

流釉较为普遍、积釉作青黑色（图一八）。

1. 碗

分为敞口、敛口两类，后者口沿外侧有一道凹弦纹，斜弧腹，假圈足底内凹，外壁施半釉，内底多见三或四个支钉痕。敞口者见于道贵墓、崔博墓、山大东区 M2、东甸子 M1 及年代稍晚的崔混墓、崔昂墓，此类碗在山东及苏北淄博寨里[①]、枣庄中陈郝[②]、徐州户部山[③]等窑址均有发现。敛口者见于高润墓及年代稍晚的高潭墓，此类碗在冀南豫北临漳曹村[④]、安阳灵芝[⑤]、安阳桥南[⑥]、磁县贾壁[⑦]等处窑址均有发现。

2. 带系罐

见于李云墓、李亨墓。形体均较肥胖，前者近乎素面，纹饰刻划草率，类似者有高潭墓及枣庄出土品[⑧]；后者外壁浮雕莲瓣，与岳州窑意匠相仿，类似者有日本 MOA 美术馆藏品[⑨]、平邑于村出土品[⑩]。

丙组：北方青黄釉陶，数量较多，器类丰富，有碗、盏、耳杯、托杯、盘、碟、高足盘、高足大盘、四系罐、三系壶、罐、鸡首壶、盘口壶、唾壶、虎子、瓶、尊、盒、钵、盆、插器、砚、镳斗、灯、薰炉等。以瓷土作胎，但绝大多数胎质仍然偏软，施铅釉，普遍至底，釉色不甚稳定，从淡青色至青黄色，采用三岔支钉支烧。此类器物大多出自邺城与太原附近，面貌有所不同。前者如固岸 M23、元良墓、尧峻墓、贾进墓、贾宝墓、范粹墓、李云墓、李华墓、高润墓、赵明度墓、固岸 M2，后者如库狄迴洛墓、张海翼墓、韩裔墓、库狄业墓、娄叡墓、徐显秀墓、金胜村墓、水泉梁墓。河北、山东地区颇少见，仅李秀之墓、崔昂墓、崔德墓数例，与邺城附近所出者类同。

---

① 山东淄博陶瓷史编写组、山东省博物馆：《山东淄博寨里北朝青瓷窑址调查纪要》，《中国古代窑址调查发掘报告集》，文物出版社，1984年，第352～359页。

② 山东大学历史系考古专业、枣庄市博物馆：《山东枣庄中陈郝瓷窑址》，《考古学报》1989年第3期，第363～387页。

③ 徐州博物馆：《江苏徐州市户部山青瓷窑址调查简报》，《华夏考古》2003年第3期，第33～40页。

④ 需要说明的是，曹村窑址所出青瓷碗年代虽可早至北齐，但伴出窑具却均为烧制釉陶者，目前尚无充分证据表明该处窑址可以烧制青瓷。

⑤ 杨春棠：《河南出土陶瓷》，香港大学美术博物馆，1997年，第35页。

⑥ a. 河南省博物馆、安阳地区文化局：《河南安阳隋代瓷窑址的试掘》，《文物》1977年第2期，第54、55页；
b. 赵文军：《安阳相州窑的考古发掘与研究》，《中国古陶瓷研究》（第15辑），紫禁城出版社，2009年，第97～109页。

⑦ 冯先铭：《河北磁县贾壁村隋青瓷窑址初探》，《考古》1959年第10期，第546～548页。

⑧ 枣庄市文物管理站：《山东枣庄古窑址调查》，《中国古代窑址调查发掘报告集》，文物出版社，1984年，第377页。

⑨ 冈崎敬：《世界陶磁全集》（10）中国古代，小学馆，1982年，第230页。

⑩ 吕常凌：《山东文物精萃》，山东美术出版社，1996年，第74页。

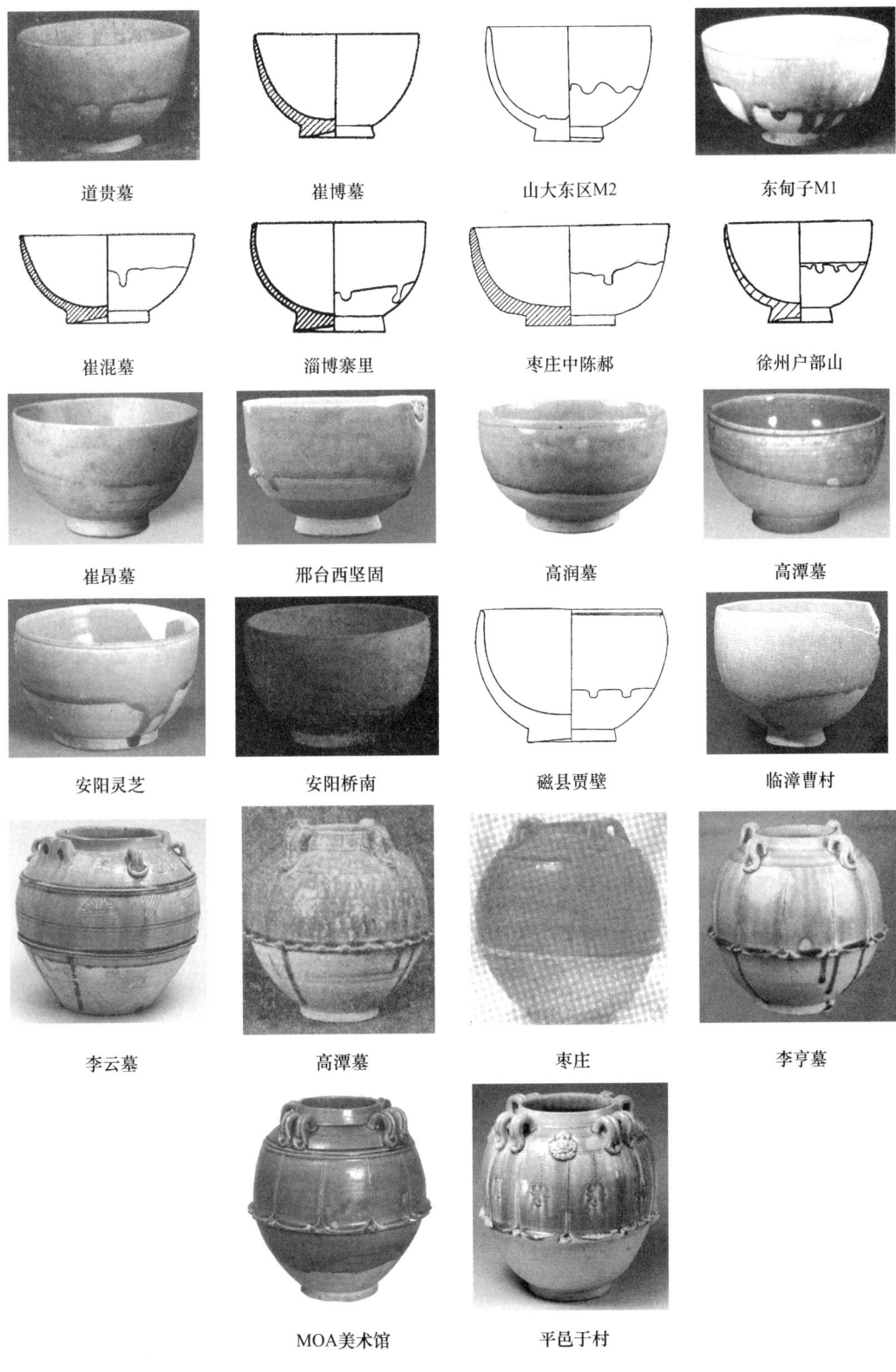

图一八 北齐北周墓葬出土乙组碗、带系罐及参考图

三、结　语

陶瓷考古研究材料主要来源于窑址、墓葬和遗址。窑址出土物反映手工业生产环节，且仅限于单一窑场产品，材料自身较少具备纪年信息，需要参考墓葬材料确定绝对年代。墓葬、遗址出土物反映商品消费环节，往往涵盖同时期多个窑场产品，需要参考窑址材料确定瓷器产地。

墓葬出土瓷器虽然丰富，但在以年代学为中心的墓葬考古学研究中，局限通常有二：一是方法上注重类型排比，强调器物形态早晚关系，忽略不同窑场生产传统差异；二是结论上注重分期视角，强调器物阶段性横向变化，对于不同类别产品纵向传承脉络缺乏分析。

基于以上考虑，本文先利用丰富的纪年信息确立北朝墓葬的编年序列，再将所出瓷器与南方地区墓葬、窑址材料相对比，根据形制、装饰、胎釉、支烧等工艺特征区分生产系统，并推断所属窑场，借以获得关于南北朝瓷器生产与流通方面的新认识。

以往学界对于北朝瓷器生产时间推断偏早、水平估计过高。北朝墓葬出土青瓷实际上绝大部分为长江中游地区洪州窑、岳州窑产品。其中洪州窑产品出现稍早，约在北魏迁洛之前，但岳州窑产品从迁洛之后开始迅速涌入，无论是种类、数量、质量与洪州窑产品相比都占据优势，并在东西魏、北齐周时期独步北方。北齐大量生产瓷土作胎的低温铅釉陶，施釉与支烧方式均承袭北方釉陶技术传统而来，但很多该类器物在此前论著中被误认作北方青瓷。关于北朝瓷器生产问题长期以来所形成的错误判断多是由于对瓷胎釉陶及南方青瓷辨识不清所致。真正意义上北方青瓷的出现，目前仅能落实至北齐晚期。齐隋之际，瓷器特征类同难分。作为北方青瓷的创烧阶段，窑业技术还处于探索之中，对釉的色泽与流动性控制不佳，但分岔支钉支烧技术确立了隋唐时期北方窑场具有特色的技术传统。

附记：本文资料搜集过程中先后承北京大学考古文博学院韦正、湖南省文物考古研究所高成林、重庆市文化遗产研究院袁东山、南京市考古研究所苏舒、河北省文物研究所黄信等先生提供帮助，谨此致谢！

附表一　北朝墓葬出土瓷器编年表

附表二 北朝墓葬出土瓷器资料表

墓葬	地点	时代（公元/年）	器物	参考文献
司马金龙墓	山西大同	太和八年 484	青瓷唾壶 1	1
雁北师院 M1	山西大同	北魏迁洛前	洪州青瓷碗 1	2
李元茂墓	河北赞皇	太和二十年 496+	岳州青瓷鸡首壶等	3
司马悦墓	河南孟县	永平四年 511	洪州青瓷碗 3、洪州青瓷小碗 4、洪州青瓷盏 3、岳州青瓷唾壶 1	4
元昭墓	河南孟津	永平四年 511	洪州青瓷碗 2	5
崔猷墓	山东临淄	延昌元年 512	洪州青瓷盏 7；江浙青瓷狮形器 1（西晋）	6
宣武帝景陵	河南洛阳	延昌四年 515	岳州青瓷鸡首壶 3、岳州青瓷盘口壶 6、岳州青瓷唾壶 2、岳州青瓷钵 1	7
邢伟墓	河北河间	延昌四年 515	青瓷碗 1、青瓷唾壶 1	8
元睿墓	河南偃师	熙平元年 516	洪州青瓷碗 4	9
杨舒墓	陕西华阴	熙平二年 517	岳州青瓷唾壶 1、黑釉盘口壶 1	10
辛祥墓	山西太原	神龟三年 520	岳州青瓷鸡首壶 1、岳州青瓷盏 3、岳州青瓷盏托 1	11
吕达墓	河南洛阳	正光五年 524	岳州青瓷唾壶 2	12
元遵墓	河南洛阳	孝昌元年 525	岳州青瓷碗 1	13
贾思伯墓	山东寿光	孝昌元年 525	岳州青瓷小碗 1、两广青瓷四系罐 1	14
李子云墓	河北赞皇	孝昌元年 525	岳州青瓷唾壶等	15
韦彧墓	陕西西安	孝昌二年 526 大统十六年 550	青瓷砚 1、青瓷砚滴 1	16
李弼墓	河北赞皇	孝昌二年 526 永熙三年 534	洪州青瓷碗盏、洪州青瓷盏托、岳州青瓷碗、岳州青瓷盘、岳州青瓷鸡首壶、岳州青瓷唾壶、岳州青瓷五管插器、岳州青瓷砚等	17
染华墓	河南偃师	孝昌二年 526	岳州青瓷碗 1、岳州青瓷盏 1、岳州青瓷五管插器 1	18
南蔡庄墓	河南偃师	近染华墓	岳州青瓷鸡首壶 1、岳州青瓷盘 5、洪州青瓷碗 4、洪州青瓷盏 3	19
李翼墓	河北赞皇	孝昌三年 527 永熙三年 534	岳州青瓷盘等	20
吕仁墓	河南洛阳	普泰二年 532	岳州青瓷盘口壶 1	21
衡山路墓	河南洛阳	疑太昌元年 532	岳州青瓷鸡首壶等	22
韦辉和墓	陕西西安	永熙二年 533	岳州青瓷鸡首壶 1、岳州青瓷唾壶 1	23
韦乾墓	陕西西安	永熙二年 533	岳州青瓷鸡首壶 1、岳州青瓷盘口壶 1、青瓷罐 1	24
赵府君墓	河南孟津	北魏晚期	岳州青瓷碗 1	25
吴桥 M1	河北吴桥	北魏晚期	洪州青瓷碗 1、岳州青瓷碗 1	26
崔氏 M16	山东临淄	北魏东魏之际	岳州青瓷鸡首壶 1	27
西向墓	河南沁阳	北魏东魏之际	岳州青瓷碗 2、岳州青瓷盏 3、青黄釉陶鸡首壶 1	28

续表

墓葬	地点	时代（公元/年）	器物	参考文献
杨机墓	河南洛阳	天平二年 535	岳州青瓷碗盏 9、岳州青瓷盘 2	29
元祐墓	河北磁县	天平四年 537	岳州青瓷碗等	30
高雅墓	河北景县	天平四年 537	黄褐釉陶盘口壶 1、青黄釉陶罐 1、酱釉陶罐 1、酱釉陶碗 7	31
崔混墓	山东临淄	元象元年 538	北方青瓷碗 1、北方青瓷四系罐 1（隋）	32
房悦墓	山东高唐	兴和三年 541	岳州青瓷碗盏 6、青黄釉陶盘口壶 1、青黄釉陶盒 2、酱釉陶虎子 1、酱釉陶龙首三足器架 2、酱釉陶镰斗 2、酱釉陶唾壶 2、酱釉陶灯 2	33
李希宗墓	河北赞皇	武定二年 544	岳州青瓷碗 16、青瓷带系罐 2	34
封柔墓	河北吴桥	武定四年 546	岳州青瓷盘口壶 1、岳州青瓷六系盖罐 1、青瓷碗 4	35
赵胡仁墓	河北磁县	武定五年 547	青瓷瓶 1、酱釉陶四系罐 2、酱釉陶双耳瓶 1、酱釉陶双系瓶 1、酱釉陶长颈瓶 1、酱釉陶壶 2	36
吴桥 M2	河北吴桥	近赵胡仁墓	青瓷碗 1	37
景高 M1	河北景县	疑武定五年 548	岳州青瓷碗 5	38
茹茹公主墓	河北磁县	武定八年 550	岳州青瓷六系盖罐 1	39
沙窝村墓	河北河间	疑东魏	岳州青瓷鸡首壶 1	40
磁县 M72	河北磁县	疑东魏	岳州青瓷碗	41
崔芬墓	山东临朐	天保二年 551	岳州青瓷小碗 1、岳州青瓷鸡首壶 1、岳州青瓷八系罐 1、青瓷高足盘 2	42
固岸 M23	河南安阳	东魏北齐之际	青黄釉陶碗、青黄釉陶耳杯、青黄釉陶盘口壶、青黄釉陶唾壶、青黄釉陶高足盘、青黄釉陶盆、青黄釉陶熏炉等	43
李秀之墓	河北赞皇	天保三年 552	青黄釉陶唾壶、青黄釉陶镰斗、青黄釉陶灯、青黄釉陶插器、青黄釉陶砚、青黄釉陶虎子等	44
元良墓	河北磁县	天保四年 553	青黄釉陶碗 1、青黄釉陶盏 2、青黄釉陶高足盘 1、青黄釉陶高足大盘 1、青黄釉陶罐 2、青黄釉陶虎子 1	45
文宣帝武宁陵	河北磁县	乾明元年 560	岳州青瓷小碗 1、青黄釉陶瓶 2	46
库狄迴洛墓	山西寿阳	河清元年 562	青黄釉陶尊 7、青黄釉陶盘 7、青黄釉陶碗 8、青黄釉陶盏 8、青黄釉陶盒 4	47
传封子绘墓	河北景县	河清四年 565	岳州青瓷莲花尊 2	48
传祖氏墓	河北景县	近封子绘墓	岳州青瓷莲花尊 2	49
崔德墓	山东临淄	天统元年 565	青黄釉陶碗 3、青黄釉陶盏 1、青黄釉陶高足盘 4	50
张海翼墓	山西太原	天统元年 565	青黄釉陶碗 3、青黄釉陶盏 2	51
王士良墓	陕西咸阳	保定五年 565 开皇三年 583	青瓷四系罐 1、唾壶 1	52
长孙绍远	陕西西安	保定五年 565	岳州青瓷盘口壶 1、岳州青瓷盂 1	53

续表

墓葬	地点	时代（公元/年）	器物	参考文献
崔昂墓	河北平山	天统二年 566 开皇八年 588	青黄釉陶碗、青黄釉陶四系罐1、青黄釉陶高足盘1、酱釉陶四系罐1、北方青瓷碗、北方青瓷四系罐1、青瓷唾壶2（隋？）	54
尧峻墓	河北磁县	天统三年 567	青黄釉陶高足盘1、青黄釉陶三系壶1、青黄釉陶罐3	55
韩裔墓	山西祁县	天统三年 567	青黄釉陶鸡首壶3、青黄釉陶盘4、青黄釉陶盒3	56
库狄业墓	山西太原	天统三年 567	青黄釉陶鸡首壶1、青黄釉陶唾壶1、青黄釉陶高领瓶1、青黄釉陶灯1、青黄釉陶盘1、青黄釉陶碟1、青黄釉陶盒2	57
和绍隆墓	河南安阳	天统四年 568	青瓷唾壶1	58
娄叡墓	山西太原	武平元年 570	青黄釉陶灯4、青黄釉陶鸡首壶5、青黄釉陶罐2、青黄釉陶壶2、青黄釉陶盘10、青黄釉陶托杯2、青黄釉陶盒11、青黄釉陶小碗24、青黄釉陶盏15、黄绿彩陶盂1	59
徐显秀墓	山西太原	武平二年 571	青黄釉陶鸡首壶7、青黄釉陶尊1、青黄釉陶灯4、青黄釉陶盘8、青黄釉陶碗110、青黄釉陶盖罐2、青黄釉陶盒30+、青黄釉陶灯2、青黄釉陶罐1、青黄釉陶唾壶1	60
金胜村墓	山西太原	近韩裔墓	青黄釉陶鸡首壶1	61
水泉梁墓	山西朔州	近库狄业墓	青黄釉陶鸡首壶2、青黄釉陶钵1、青黄釉陶盒5、青黄釉陶灯2、青黄釉陶盏2	62
道贵墓	山东济南	武平二年 571	北方青瓷碗6	63
常文贵墓	河北黄骅	武平二年 571	青瓷碗5	64
独孤宾墓	陕西咸阳	建德元年 572	岳州青瓷小碗2、岳州青瓷盏4	65
贾进墓	河南安阳	武平三年 572	青黄釉陶小碗8、青黄釉陶盏2、青黄釉陶高足大盘1、青黄釉陶罐4、青黄釉陶砚1、青黄釉陶唾壶1、绿釉陶薰炉	66
崔博墓	山东临淄	武平四年 573	北方青瓷碗1、北方青瓷高足盘1	67
贾宝墓	河南安阳	武平四年 573	北方黑瓷罐4、青黄釉陶小碗5、青黄釉陶盏4、青黄釉陶高足盘2、青黄釉陶高足大盘1	68
范粹墓	河南安阳	武平六年 575	青黄釉陶小碗1、青黄釉陶盏1、青黄釉陶罐1、青黄釉陶长颈瓶3、青黄陶四系罐2、青黄釉陶三系罐2、黄釉陶扁壶4	69
李云墓	河南濮阳	武平七年 576	北方青瓷六系罐2，青黄釉陶四系罐2	70
李亨墓	河南濮阳	武平七年 576	北方青瓷四系罐1、青黄釉陶碗15、青黄釉陶四系罐1等	71
李华墓	河南安阳	武平七年 576	青黄釉陶碗1	72
高润墓	河北磁县	武平七年 576	北方青瓷碗4，青黄釉陶鸡首壶1、青黄釉陶盖罐2、青黄釉陶罐6、青黄釉陶灯3	73
王德衡墓	陕西咸阳	建德五年 576	岳州青瓷小碗4、岳州青瓷盏10、青瓷盘口壶1	74
独孤藏墓	陕西咸阳	宣政元年 578 隋	青瓷碗4、青瓷小碗5、青瓷盘口壶1、青瓷洗1，北方白瓷唾壶1、黑釉陶唾壶1、酱釉陶盘口壶1（隋）	75

续表

墓葬	地点	时代（公元/年）	器物	参考文献
若干云墓	陕西咸阳	宣政元年 578	青瓷唾壶 1	76
尉迟运墓	陕西咸阳	大成元年 579 仁寿元年 601	岳州青瓷盂 1、北方白瓷深腹碗 1、北方白瓷薰炉 1、北方白瓷烛台 1、北方白瓷瓶 1（隋）	77
赵明度墓	河南安阳	北齐 天平四年 537	青黄釉陶碗 6、青黄釉陶四系罐 4、青黄釉陶罐 1	78
固岸 M2	河南安阳	北齐	青黄釉陶碗 2、青黄釉陶盏 3、青黄釉陶罐 3、青黄釉陶高足盘 3、青黄釉陶罐 1、酱釉陶唾壶 1	79
吴桥 M3	河北吴桥	北齐	青黄釉陶碗 3	80
石桥 M1	江苏徐州	北齐	青瓷碗 1、岳州青瓷十系罐 1	81
东甸子 M2	江苏徐州	北齐	青瓷碗 3、青瓷鸡首壶 1	82
楚岳山庄墓	江苏徐州	北齐	青瓷碗 1	83
东甸子 M1	江苏徐州	齐隋之际	北方青瓷碗 5、北方青瓷小碗 1、北方青瓷盏 5、北方青瓷高足碗 1、北方青瓷鸡首壶 1、北方青瓷瓶 1、北方青瓷盖 1、北方青瓷唾壶 1、北方青瓷虎子 1、北方青瓷洗 1	84
山大新区 M2	山东济南	齐隋之际	北方青瓷碗 4	85
高潭墓	河北景县	开皇二年 582	北方青瓷碗 7、北方青瓷四系罐 2	86

参 考 文 献

［1］ 山西省大同市博物馆、山西省文物工作委员会：《山西大同石家寨北魏司马金龙墓》，《文物》1972 年第 3 期，第 20～29、64 页；出土文物展览工作组：《文化大革命期间出土文物》（第 1 辑），文物出版社，1972 年，第 147 页；张柏：《中国出土瓷器全集》（5）山西，科学出版社，2008 年，第 8 页。

［2］ 大同市考古研究所：《大同雁北师院北魏墓群》，文物出版社，2008 年，第 23 页，彩版 6-1。

［3］ 河北博物院：《河北博物院基本陈列 —名窑名瓷》，文物出版社，2014 年，第 65 页。

［4］ 孟县人民文化馆：《河南省孟县出土北魏司马悦墓志》，《考古》1983 年第 3 期，第 279～281 页；张柏：《中国出土瓷器全集》（12）河南，科学出版社，2008 年，第 15 页。

［5］ 310 国道孟津考古队：《洛阳孟津邙山西晋北魏墓发掘报告》，《华夏考古》1993 年第 1 期，第 42～51 页。

［6］ 淄博市博物馆、临淄区文物管理所：《临淄北朝崔氏墓地第二次清理简报》，《考古》1985 年第 3 期，第 216～221 页。

［7］ 中国社会科学院考古研究所洛阳汉魏城队、洛阳古墓博物馆：《北魏宣武帝景陵发掘报告》，《考古》1994 年第 9 期，第 801～814 页。

［8］ 孟昭林：《记后魏邢伟墓出土物及邢峦墓的发现》，《考古》1959 年第 4 期，第 209、210 页。

［9］ 中国社会科学院考古研究所河南二队：《河南偃师县杏园村的四座北魏墓》，《考古》1991 年第 9 期，第 818～831 页。

［10］ 崔汉林、夏振英：《陕西华阴北魏杨舒墓发掘简报》，《文博》1985 年第 2 期，第 4～11 页。

[11] 代尊德:《太原北魏辛祥墓》,《考古学集刊》(1),中国社会科学出版社,1981年,第197～202页;夏路、刘永生:《山西省博物馆馆藏文物精华》,山西人民出版社,1999年,第99页;张柏:《中国出土瓷器全集》(5)山西,科学出版社,2008年,第9页。

[12] 洛阳市文物工作队:《河南洛阳市吉利区两座北魏墓的发掘》,《考古》2011年第9期,第44～57页。

[13] 洛阳市文物考古研究院:《北魏淮南王元遵墓发掘简报》,《洛阳考古》2013年第2期,第33～37页。

[14] 寿光县博物馆:《山东寿光北魏贾思伯墓》,《文物》1992年第8期,第15～19页。

[15] 赞皇西高墓地联合考古队:《河北赞皇北朝赵郡李氏家族墓地》,《2010中国重要考古发现》,文物出版社,2011年,第120～126页。

[16] 田小利等:《长安发现北朝韦彧夫妇墓》,《中国文物报》1999年11月14日;西安市文物保护考古所:《西安文物精华·瓷器》,世界图书出版西安公司,2008年,第10～11页。

[17] 韦正:《魏晋南北朝考古》,北京大学出版社,2013年,第312页;河北博物院:《河北博物院基本陈列——名窑名瓷》,文物出版社,2014年,第62、63页。

[18] 偃师商城博物馆:《河南偃师两座北魏墓发掘简报》,《考古》1993年第5期,第414～425页;张柏:《中国出土瓷器全集》(12)河南,科学出版社,2008年,第16、19页。

[19] 偃师商城博物馆:《河南偃师两座北魏墓发掘简报》,《考古》1993年第5期,第414～425页;张柏:《中国出土瓷器全集》(12)河南,科学出版社,2008年,第19页。

[20] 赞皇西高墓地联合考古队:《河北赞皇北朝赵郡李氏家族墓地》,《2010中国重要考古发现》,文物出版社,2011年,第120～126页。

[21] 洛阳市文物工作队:《河南洛阳市吉利区两座北魏墓的发掘》,《考古》2011年第9期,第44～57页。

[22] 《洛阳衡山路北魏大墓》,《2013中国重要考古发现》,文物出版社,2014年。

[23] 西安市文物保护考古所:《西安南郊北魏北周墓发掘简报》,《文物》2009年第5期,第21～49页。

[24] 西安市文物保护考古所:《西安南郊北魏北周墓发掘简报》,《文物》2009年第5期,第21～49页。

[25] 洛阳市文物考古研究院:《洛阳孟津朱仓北魏墓》,《文物》2012年第12期,第38～51页。

[26] 河北省沧州地区文化馆:《河北省吴桥四座北朝墓葬》,《文物》1984年第9期,第23～38页。

[27] 淄博市博物馆、临淄区文物管理所:《临淄北朝崔氏墓地第二次清理简报》,《考古》1985年第3期,第216～221页。

[28] 邓宏里、蔡全法:《沁阳县西向发现北朝墓及画像石棺床》,《中原文物》1983年第1期,第4～13页。

[29] 洛阳博物馆:《洛阳北魏杨机墓出土文物》,《文物》2007年第11期,第56～69页。

[30] 朱岩石等:《河北磁县北朝墓群发现东魏元祜墓》,《2007中国重要考古发现》,文物出版社,2008年,第99～103页。

[31] 河北省文物管理处:《河北景县北魏高氏墓发掘简报》,《文物》1979年第3期,第17～

31页。

[32] 山东省文物考古研究所：《临淄北朝崔氏墓》，《考古学报》1984年第2期，第221～244页。

[33] 山东省博物馆文物组：《山东高唐东魏房悦墓清理纪要》，《文物资料丛刊》(2)，文物出版社，1978年，第105～109页。

[34] 石家庄地区革委会文化局文物发掘组：《河北赞皇东魏李希宗墓》，《考古》1977年第6期，第382～390、372页；河北省文物研究所：《河北考古重要发现：1949～2009》，科学出版社，2009年，第239页。

[35] 张平一：《河北吴桥县发现东魏墓》，《考古通讯》1956年第6期，第42～43页；张柏：《中国出土瓷器全集》(3)河北，科学出版社，2008年，第6～7页。

[36] 磁县文化馆：《河北磁县东陈村东魏墓》，《考古》1977年第6期，第391～400、428页。

[37] 河北省沧州地区文化馆：《河北省吴桥四座北朝墓葬》，《文物》1984年第9期，第23～38页。

[38] 河北省文物管理处：《河北景县北魏高氏墓发掘简报》，《文物》1979年第3期，第17～31页。

[39] 磁县文化馆：《河北磁县东魏茹茹公主墓发掘简报》，《文物》1984年第4期，第1～9页；河北省文物研究所：《河北考古重要发现：1949～2009》，科学出版社，2009年，第225页。

[40] 张柏：《中国出土瓷器全集》(3)河北，科学出版社，2008年，第15页。

[41] 河北省文物研究所：《河北考古重要发现：1949～2009》，科学出版社，2009年，第229页。

[42] 山东省文物考古研究所、临朐县博物馆：《山东临朐北齐崔芬壁画墓》，《文物》2002年第4期，第4～25页。

[43] 河南省文物局：《河南省南水北调工程考古发掘出土文物集萃》(一)，文物出版社，2009年，第18～25页。

[44] 河北博物院：《河北博物院基本陈列——名窑名瓷》，文物出版社，2014年，第64、66～70页。

[45] 磁县文物保管所：《河北磁县北齐元良墓》，《考古》1997年第3期，第33～39、85页。

[46] 中国社会科学院考古研究所、河北省文物研究所：《磁县湾漳北朝壁画墓》，科学出版社，2003年，第137页，彩版33-1。

[47] 王克林：《北齐库狄迴洛墓》，《考古学报》1979年第3期，第377～402页。

[48] 张季：《河北景县封氏墓群调查记》，《考古通讯》1957年第3期，第28～37页。

[49] 张季：《河北景县封氏墓群调查记》，《考古通讯》1957年第3期，第28～37页。

[50] 山东省文物考古研究所：《临淄北朝崔氏墓》，《考古学报》1984年第2期，第221～244页。

[51] 李爱国：《太原北齐张海翼墓》，《文物》2003年第10期，第41～49页。

[52] 贠安志：《中国北周珍贵文物》，陕西人民美术出版社，1992年，第116页，图版245、246。

[53] 张全民等：《陕西西安长安韦曲高望堆西魏北周长孙家族墓》，《2011中国重要考古发现》，文物出版社，2012年，第118～123页。

[54] 河北省博物馆、河北省文物管理处：《河北平山北齐崔昂墓调查报告》，《文物》1973年第11期，第27～38页；河北省文物研究所：《河北考古重要发现：1949～2009》，科学出版社，2009年，第240～241页。

[55] 磁县文化馆：《河北磁县东陈村北齐尧峻墓》，《文物》1984年第4期，第16～22页。

[56] 陶正刚：《山西祁县白圭北齐韩裔墓》，《文物》1975年第4期，第64～73页。

[57] 太原市文物考古研究所：《太原北齐库狄业墓》，《文物》2003年第3期，第26～36页。

[58] 河南省文物研究所、安阳县文物管理委员会：《安阳北齐和绍隆夫妇合葬墓清理简报》，《中原文物》1987年第1期，第8～16页；张柏：《中国出土瓷器全集》（12）河南，科学出版社，2008年，第26页。

[59] 山西省考古研究所、太原市文物考古研究所：《北齐东安王娄睿墓》，文物出版社，2006年，第133～146页，彩版137～146。

[60] 山西省考古研究所、太原市文物考古研究所：《太原北齐徐显秀墓发掘简报》，《文物》2003年第10期，第4～40页。

[61] 山西省考古研究所、太原市文物管理委员会：《太原南郊北齐壁画墓》，《文物》1990年第12期，第1～10页。

[62] 山西省考古研究所等：《山西朔州水泉梁北齐壁画墓发掘简报》，《文物》2010年第12期，第26～42页。

[63] 济南市博物馆：《济南市马家庄北齐墓》，《文物》1985年第10期，第42～48、66页。

[64] 王敏之：《黄骅县北齐常文贵墓清理简报》，《文物》1984年第9期，第39～42页。

[65] 陕西省考古研究院：《北周独孤宾墓发掘简报》，《考古与文物》2011年第5期，第30～37页。

[66] 河南省文物局：《安阳北朝墓葬》，科学出版社，2013年，第53～55页，彩版60～62。

[67] 山东省文物考古研究所：《临淄北朝崔氏墓》，《考古学报》1984年第2期，第221～244页。

[68] 河南省文物局：《安阳北朝墓葬》，科学出版社，2013年，第82～84页，彩版109～112。

[69] 河南省博物馆：《河南安阳北齐范粹墓发掘简报》，《文物》1972年1期，47～51、86页；朱伯谦：《中国陶瓷全集》（第4卷）三国两晋南北朝，上海人民出版社，1999年，图版243、246；张柏：《中国出土瓷器全集》（12）河南，北京：科学出版社，2008年，20～23页。

[70] 周到：《河南濮阳北齐李云墓出土的瓷器和墓志》，《考古》1964年第9期，第482～484页；朱伯谦：《中国陶瓷全集》（第4卷）三国两晋南北朝，上海人民出版社，1999年，图版247、249；张柏：《中国出土瓷器全集》（12）河南，科学出版社，2008年，第24、25页。

[71] 张文彦、王显智：《濮阳县这河寨北齐李亨墓发掘报告》，《濮阳考古发现与研究》，中国科学技术出版社，2005年，第53～63页。

[72] 河南省文物局：《安阳北朝墓葬》，科学出版社，2013年，彩版96。

[73] 磁县文化馆：《河北磁县北齐高润墓》，《考古》1979年第3期，第235～243、234页；河北省文物研究所：《河北考古重要发现：1949～2009》，科学出版社，2009年，第222页。

[74] 负安志：《中国北周珍贵文物》，陕西人民美术出版社，1992年，第48～49页，图版118～123。

[75] 负安志：《中国北周珍贵文物》，陕西人民美术出版社，1992年，第85～88页，图版206～213。案：图版211为岳州青瓷碗，与报告前文不符，疑非此墓所出。张柏：《中国出土瓷器全集》（15）陕西，科学出版社，2008年，第11～12页。案：图11文字描述称王德衡墓所出，与报告不符，疑为独孤藏墓所出。中国文物精华编辑委员会：《中国文物精华1997》，

文物出版社，1997年，图版11。
[76] 负安志：《中国北周珍贵文物》，陕西人民美术出版社，1992年，第69页，图版172。
[77] 负安志：《中国北周珍贵文物》，陕西人民美术出版社，1992年，第99～100页，图版224～227。
[78] 河南省文物局：《安阳北朝墓葬》，科学出版社，2013年，第44～45页，彩版53～58。
[79] 河南省文物考古研究所：《河南安阳县固岸墓地2号墓发掘简报》，《华夏考古》2007年第2期，第30～38、51页。
[80] 河北省沧州地区文化馆：《河北省吴桥四座北朝墓葬》，《文物》1984年第9期，第23～38页。
[81] 徐州博物馆：《江苏徐州市北齐墓清理简报》，《考古学集刊》(13)，中国大百科全书出版社，2000年，第222～237页。
[82] 徐州博物馆：《江苏徐州市北齐墓清理简报》，《考古学集刊》(13)，中国大百科全书出版社，2000年，第222～237页。
[83] 徐州博物馆：《江苏徐州市楚岳山庄北齐墓发掘简报》，《中原文物》2010年第3期，第4～8页。
[84] 徐州博物馆：《江苏徐州市北齐墓清理简报》，《考古学集刊》(13)，中国大百科全书出版社，2000年，第222～237页。
[85] 宋百川、刘凤君：《山东大学基建工地出土古代陶瓷器》，《山东大学文科论文集刊》1980年第2期，第178～182页；山东大学考古学系、山东大学博物馆：《山东大学文物精品选》，齐鲁书社，第96页。
[86] 河北省文物管理处：《河北景县北魏高氏墓发掘简报》，《文物》1979年第3期，第17～31页；河北省文物研究所：《河北考古重要发现：1949～2009》，科学出版社，2009年，第237页。

靺鞨考古学遗存时空分布的探讨

刘晓东
(黑龙江省文物考古研究所)

靺鞨是南北朝—隋唐时期生活在我国东北地区的重要民族，主要活动于今吉林、黑龙江东部及俄罗斯远东的黑龙江中下游沿岸和滨海地区，靺鞨民族及其后裔对中国、东北亚地区的历史产生了重要的影响。

作为历史时期的民族，史料中关于靺鞨人有相当数量的记载，它们反映了靺鞨人的活动区域、生存环境、风俗习惯及民族特性，这些都会在靺鞨考古学文化遗存中有所体现，是辨识靺鞨考古学文化遗存的主要依据，也是对靺鞨考古学文化遗存进行分析和认识的重要参考。

本文拟在对靺鞨民族相关记载进行梳理的基础上，结合考古学方面的认识，对靺鞨考古学文化遗存的时空分布及特点进行讨论。

一、关于靺鞨民族主体的认识

(一) 挹娄、勿吉、靺鞨

关于靺鞨，文献对其人群范围的记载并不清晰，这也给靺鞨考古学的研究带来了许多困扰。同时，也不断有学者对文献及考古资料进行梳理，试图对靺鞨民族做出较为清晰的界定。然而，时至今日，学界对靺鞨民族的起讫年代及包含人群的范围仍然处于争论之中。本文不辞浅薄，拟通过对文献的梳理，对靺鞨与文献所述同靺鞨存在渊源的民族之间的关系进行讨论，对靺鞨民族主体做出一些粗浅的认识，以供学界参考，并作为本文的研究基础。

挹娄—勿吉—靺鞨的亲缘关系及发展序列，从传统的文献研究上看是难以质疑的，也基本取得了学界的认可。所有争论主要是关于其发展演变过程的，这不是文献史料研究所能解决的问题，而是考古学的任务。

通过对考古学材料的梳理，乔梁先生认为"考古学的发现无法证明中原文献体系构建的靺鞨族群来源的脉络。至少在挹娄、勿吉和靺鞨这三个环节都没有能够丝丝入扣的迹象"①。王乐文则认为"文献把汉唐时期三江地区诸考古学文化的居民看成一个整体，而实际上，这里存在南、北两个大的文化系统，其背后反映的是两个对立的族群。北区为南区所遮挡，不为中原人所了解，他们之间的矛盾与战争也不为中原人所知。即使是南区的族群，中原人也知之甚少，以至南北混淆。因此，传统所说的挹娄—勿吉—靺鞨一脉相承的观点或许应该重新认识"②。

本文认为，讨论挹娄、勿吉和靺鞨的演变关系，首先要对下面直接关系靺鞨的两个问题作出认识。

1. 关于"靺鞨"

目前所见年代最早关于靺鞨的史料是《北史》中所记河清二年（公元 563 年）"是岁，室韦、库莫奚、靺鞨、契丹并遣使朝贡"③。此事在《北齐书》中则为"是岁，室韦、库莫奚、靺羯、契丹并遣使朝贡"④。这样的情况还出现在二书对于河清三年（公元 564 年）的记事上，"是岁，高丽、靺鞨（靺羯）、新罗并遣使朝贡"⑤。《北史》是在魏、齐、周、隋四书基础上，参考了当时所见的其他材料删订改编和增补而成，成书年代晚于上述四书，所记这两条史料明显来源于《北齐书》，将"靺羯"改成"靺鞨"则反映了当时对"靺羯＝靺鞨"的一种认识。《旧唐书》和《新唐书》中都记载了唐先天年间对渤海大祚荣册封事⑥，据《旧唐书·渤海靺鞨传》，"睿宗先天二年（公元 712 年），遣郎将崔䜣往册拜祚荣为左骁卫员外大将军、渤海郡王，仍以其所统为忽汗州，加授忽汗州都督，自是每岁遣使朝贡"。开元二年（公元 713 年），崔䜣归途中于旅顺黄金山凿井刻碑记此事，留下了"勅持节宣劳靺羯使鸿胪卿崔忻井两口永为记验开元二年五月十八日"⑦的文字，这是目前可见关于靺鞨族称谓的唯一实物资料，也说明文献中"靺羯""靺鞨"所说为同一民族。另外，《北齐书·高保宁传》记武平（公元 570～576 年）末北周攻邺事，有"保宁率骁锐并契丹、靺羯万余骑将赴救"语，这是"靺羯"一词在文献史料中出现的最后时间，之后《北齐书》记此族事则均以"靺鞨"名之。《北齐书》"靺羯"的称呼，或可认为最早，也就是在 6 世纪后半叶，"靺鞨"曾有一个短暂的时期被称为"靺羯"。佐以旅顺黄金山刻石，亦可理解为直至唐开元年间，二者依然是可以互相替代的称谓，真相已无可考，可确定

---

① 乔梁：《关于靺鞨族源的考古学观察与思考》，《吉林大学社会科学学报》2014 年第 2 期，第 129～137 页。
② 王乐文：《挹娄、勿吉、靺鞨三族关系的考古学观察》，《民族研究》2009 年第 4 期，第 70～77 页。
③ （唐）李延寿：《北史》，中华书局，1974 年，第 284 页。
④ （唐）李百药：《北齐书》，中华书局，1972 年，第 92 页。
⑤ a.（唐）李延寿：《北史》，中华书局，1974 年，第 285 页；b.（唐）李百药：《北齐书》，中华书局，1972 年，第 93 页。
⑥ a.（五代）刘昫等：《旧唐书》，中华书局，1975 年，第 5360 页；b.（宋）欧阳修、宋祁：《新唐书》，中华书局，1975 年，第 6180 页。
⑦ 此碑刻于 1908 年为当时日本侵略军驻旅顺海军司令富冈定恭盗往日本，现藏于日本东京皇宫的庭院内。

的是"靺羯"即是"靺鞨",二者为同一民族。

2. 靺鞨与勿吉

唐时,史家认为靺鞨与勿吉为同一民族不同时期的称谓。《北史》谓"勿吉国在高句丽北,一曰靺鞨"[①];《通典》记勿吉事与《北史》无大差异,很可能取材于此,看法也基本相同[②]。

至五代和宋,这种观点依然广泛流行。《旧唐书》"靺鞨,盖肃慎之地,后魏谓之勿吉"[③];《新唐书》"黑水靺鞨居肃慎地,亦曰挹娄,元魏时曰勿吉"[④]。《通志》中"勿吉,后魏通焉,在高句丽北,一曰靺鞨"[⑤];《太平治迹统类》"女真国本肃慎氏,东汉谓之挹娄,元魏谓之勿吉,隋唐谓之靺鞨"[⑥];《金史》"金之先出靺鞨氏,靺鞨本号勿吉,古肃慎地也"[⑦];《三朝北盟会编》"女真,古肃慎国也……三国志所谓挹娄、元魏所谓勿吉、隋谓之黑水部、唐谓之黑水靺鞨皆其地也"[⑧];《太平寰宇记》"勿吉国后汉通焉,亦谓之靺鞨,在高句丽北,亦古肃慎国地"[⑨];《建炎以来朝野杂记》在女真南徙和鞑靼款塞两篇中都表述了靺鞨在南北朝称勿吉、隋唐称靺鞨的看法[⑩]。

这样的看法被之后的史家所继承。清代的《满洲源流考》中,"按勿吉始见于北魏,亦谓之靺鞨,故《魏书》为勿吉传,《随(隋)书》为靺鞨传,而《北史》云勿吉一名靺鞨,其事实为一国,盖南北音殊译对互异,并不得谓一国而二名也。第自唐武德以前则勿吉与靺鞨互称,武德以后则黑水一部独强,分为十六部,始专称靺鞨。而粟末部自万岁通天以后改称震国,又称渤海,无复目为勿吉者亦"[⑪]。

新中国建立以后,对勿吉、靺鞨民族的发展有了进一步的认识。《黑龙江古代民族史纲》中,根据《北史》所载勿吉七部与《隋书》靺鞨七部悉同,以旅顺黄金山麓井栏崔忻题名石刻中"靺羯"为切入点,并通过靺鞨的词义、古音韵等方面的考证,认为勿吉到靺鞨的称谓转换有"勿吉"—"靺羯"—"靺鞨"的过程[⑫]。目前学术界基本达成共识,认为勿吉与靺鞨为音转关系,即同音异写,但对于二者是不同部族名显

---

① (唐)李延寿:《北史》,中华书局,1974年,第3123页。
② (唐)杜佑:《通典》,中华书局,1988年,第5022~5023页。
③ (五代)刘昫等:《旧唐书》,中华书局,1975年,第5358页。
④ (宋)欧阳修、宋祁:《新唐书》,中华书局,1975年,第6177页。
⑤ (宋)郑樵:《通志》,中华书局据万有文库十通本影印本,1987年,第3115页。
⑥ (宋)彭百川:《太平治迹统类》卷26,契丹女真用兵始末,校玉玲珑阁钞本,第10页。
⑦ (元)脱脱:《金史》,中华书局,1975年,第1~2页。
⑧ (宋)徐梦莘:《三朝北盟汇编》,上海古籍出版社据1908许涵度刻本影印本,1987年,第16页。
⑨ (宋)乐史:《太平寰宇记》,中华书局,2007年,第3342页。
⑩ (宋)李心传:《建炎以来朝野杂记》,中华书局,2006年,第839~852页。
⑪ (清)阿桂等:《满洲源流考》,辽宁民族出版社,1988年,第20页。
⑫ 干志耿、孙秀仁:《黑龙江古代民族史纲》,黑龙江人民出版社,1987年,第229页。

于不同时期还是同一部族不同时期的改称尚存争议。

王乐文在《挹娄、勿吉、靺鞨三族关系的考古学观察》[①]中认为"很可能的情况是，文献中的勿吉在早期是南区文化系统（凤林文化）先民，晚期却是北区文化系统（河口四期类型、同仁一期文化等）先民，而作为凤林文化创造者的早期勿吉则可能是被来自北方的勿吉（实际是后来的靺鞨）所灭。这正如挹娄到勿吉的变化一样，'不知其（即挹娄——笔者按）北所及'的中原汉人对三江平原地区缺乏了解，不知道这里族群间的变故，从而把靺鞨人混同于已经消亡的勿吉了"。他把凤林文化辨识为勿吉遗存，靺鞨文化则包括同仁一期和河口四期类型等遗存，提出勿吉与靺鞨为对立的两个族群的看法。对于王乐文的观点，勿吉遗存的判定是一个关键问题，他只是提出一种推测，未在文中提供更有利的证据，这个推断是否准确，尚须更多的考古学探索和文献研究。

《魏书》载正始（公元504～508年）中世宗接见高句丽史芮悉弗事，"悉弗进曰：'高丽系诚天极，累叶纯诚，地产土毛，无愆王贡。但黄金出自夫余，珂则涉罗所产。今夫余为勿吉所逐，涉罗为百济所并，国王臣云惟继绝之义，悉迁于境内。二品所以不登王府，实两贼是为'"[②]；高丽人金富轼的《三国史》记高句丽文咨明王三年（公元494年）"二月，扶余王及妻孥以国来降"[③]。从这两条史料记事发生时间看，前者所说"今夫余为勿吉所逐"与后者之"以国来降"应有因果关系，也就是说勿吉完全占领夫余应该是在公元494年。文献中所见最早"靺鞨"之称是《北史》所记北齐河清二年（公元563年）靺鞨朝贡北齐事，《北齐书》作"靺羯"。《旧唐书·地理志》说慎州"武德初置，隶营州，领涑沫靺鞨乌素固部落"、说黎州"载初二年，析慎州置，处浮渝靺鞨乌素固部落"[④]，这两条史料说明粟末靺鞨也被称为浮渝靺鞨，无论是因靺鞨占据夫余故地、还是因与夫余民族融合而造成的这种现象，都可说明粟末靺鞨生活的区域是原夫余居地。一般研究认为，夫余在以今天的吉林市为中心的松花江上游（第二松花江）流域[⑤]，松花江上游史称粟末水，文献中所载勿吉和靺鞨七部中的"粟末部"就是以此江为名的。《北史》所载勿吉七部[⑥]与《隋书》所载靺鞨七部[⑦]均同，皆有"粟末部"，虽《北史》记勿吉有采《隋书》中靺鞨史料之

---

① 王乐文：《挹娄、勿吉、靺鞨三族关系的考古学观察》，《民族研究》2009年第4期，第70～77页。
② （北齐）魏收：《魏书》，中华书局，1974年，第2216页。
③ （高丽）金富轼：《三国史》（四），韩国首尔大学奎章阁藏书。
④ （五代）刘昫等：《旧唐书》，中华书局，1975年，第1522～1524页。
⑤ a.李建才：《夫余的疆域和王城》，《社会科学战线》1982年第4期，第170～173页；b.干志耿、孙秀仁：《黑龙江古代民族史纲》，黑龙江人民出版社，1987年，第158～160页；c.林沄：《夫余史地再探讨》，《北方文物》1999年第4期，第52～64页。
⑥ （唐）李延寿：《北史》，中华书局，1974年，第3123～3124页。
⑦ （唐）魏征：《隋书》，中华书局，1973年，第1821～1822页。

嫌，但统观二书，却可看出唐代史家对"约在公元 5 世纪末，勿吉进入松花江上游流域，并形成称为'粟末部'的族群，公元 6 世纪中叶，勿吉改称靺鞨，粟末部也被称为靺鞨'粟末部'"的勿吉-靺鞨发展演变及七部形成过程的认知。亦可说明在唐宋史家"勿吉，一曰靺鞨""靺鞨……，后魏谓之勿吉"等将二者视为同一民族的说法是基本可信的。

依据现有的研究，本文赞同干志耿和孙秀仁先生在《黑龙江古代民族史纲》中提出的关于勿吉-靺鞨演变关系的看法，勿吉与靺鞨为同族的不同发展阶段。相对于当时的勿吉-靺鞨人群来说，"勿吉"到"靺鞨"的变化可能仅仅是一种发音习惯的自然变化，而反映到中原史书的记载中则显示为标识符号的变化，"勿吉"成为"靺羯"继而成为"靺鞨"，到研究者对文献使用时，则产生了不同民族、不同族群、不同部族、同族的不同部落等多种认识。

通过对上面两个问题的讨论，挹娄、勿吉和靺鞨的演变关系问题可以简化为挹娄、勿吉（靺鞨）的演变关系。拙著《挹娄-靺鞨关系的考古学讨论》[①]通过对相关考古学遗存的梳理，认为文献所称两汉时期的"挹娄"留下了多种考古学遗存，应该分属于挹娄的不同部族或者根本就是不同的民族。挹娄和靺鞨（勿吉）关系更可能是同一族系不同部落之名显于不同时期或不同时期活动于同一地区的两个民族。但即便如后者，也依然无法以此作为否定文献关于挹娄—勿吉—靺鞨发展序列的认识。

本文认为，文献所记挹娄当包括勿吉人群，而勿吉至南北朝时强大起来，中原史者以其名取代挹娄记述当地人群，而其后来通过战争向南扩张，并逐渐分化成不同的部族，最起码应在占领第二松花江流域后，即 5 世纪末，才完全形成文献所载七部，并分别以山水称之。其南扩前势力并未到达诸如松花江上游（第二松花江）地区，也不会有"粟末部"等称谓。故勿吉与靺鞨应为同一人群不同时期称谓，而非不同部族名显于不同时期，更不应该是两个完全对立的族群。

（二）靺鞨与渤海

《旧唐书》说靺鞨，"其国凡为数十部，各有酋帅，或附于高丽，或臣于突厥……其白山部，素附于高丽，因收平壤之后，部众多入中国。汨咄、安居骨、号室等部，亦因高丽破后奔散微弱，后无闻焉。纵有遗人，并为渤海编户。唯黑水部全盛，分为十六部，部又以南北为称。开元十三年（公元 726 年），安东都护薛泰请于黑水靺鞨内置黑水军。续更以最大部落为黑水府……"；说渤海靺鞨，"渤海靺鞨大祚荣者，本高丽别种也……祚荣骁勇善用兵，靺鞨之众及高丽余烬，稍稍归之。圣历中，自立为振国王，遣使通于突厥。……睿宗先天二年，遣郎将崔䜣往册拜祚荣为左骁卫员外大将

---

① 刘晓东：《挹娄、靺鞨关系的考古学讨论》，《北方文物》2013 年第 1 期，第 32～38 页。

军、渤海郡王，仍以其所统为忽汗州，加授忽汗州都督，自是每岁遣使朝贡"[1]。

《新唐书》说黑水靺鞨，"黑水靺鞨居肃慎地，亦曰挹娄，元魏时曰勿吉……离为数十部，酋各自治。其著者曰粟末部，居最南，……；稍东北曰汩咄部；又次曰安居骨部；益东曰拂涅部；居骨之西北曰黑水部；粟末之东曰白山部。……白山本臣高丽，王师取平壤，其众多入唐，汩咄、安居骨等皆奔散，浸微无闻焉，遗人迸入渤海。唯黑水完强，分十六落，以南北称，盖其居最北方者也。开元十年（公元723年），其酋倪属利稽来朝，玄宗即拜勃利州刺史。于是安东都护薛泰请置黑水府……"。说渤海，"渤海，本粟末靺鞨附高丽者，姓大氏。高丽灭，率众保挹娄之东牟山，……万岁通天中，契丹尽忠杀营州都督赵翙反，有舍利乞乞仲象者，与靺鞨酋乞四比羽及高丽馀种东走，……武后封乞四比羽为许国公，乞乞仲象为震国公，赦其罪。比羽不受命，后诏玉钤卫大将军李楷固、中郎将索仇击斩之。是时仲象已死，其子祚荣引残痍遁去，……祚荣即并比羽之众，恃荒远，乃建国，自号震国王，……睿宗先天中，遣使拜祚荣为左骁卫大将军、渤海郡王，以所统为忽汗州，领忽汗州都督。自是始去靺鞨号，专称渤海"[2]。

二书记载近似，惟《新唐书》将"靺鞨"作"黑水靺鞨"，"渤海靺鞨大祚荣者，本高丽别种也"作"渤海，本粟末靺鞨附高丽者"，另外，在记述大祚荣在先天二年接受唐册封之事的后面，有"自是，始去靺鞨号，专称渤海"的说法。

史料表明，渤海国是靺鞨人建立的政权，《旧唐书》称为"渤海靺鞨"，说其建立者大祚荣为"高丽别种"，这也是在一些研究中引起歧义的地方。其实结合《新唐书》的记载，对"高丽别种"可以有很明确的释义，即"粟末靺鞨附高丽者"，是指曾经依附于高句丽的粟末靺鞨人。可以看出，在当时"粟末靺鞨"分成了两部分，一部分依附于高句丽，一部分在其本来的活动区域。观《新唐书》所记黑水靺鞨，其内仍包含有"粟末部"，说明当渤海建国时，可能并不是所有的粟末部人都参与其中，留在其本来活动区域而未曾附高丽的部分可能曾经在唐所置的黑水都督府辖境生活。

综上，渤海国的建立过程应该是这样的：一部分粟末靺鞨人曾经依附于高丽，其中包括乞乞仲象和他的儿子大祚荣。高丽灭亡之后，这些人迁至营州居住。万岁通天年间（公元696～697年），契丹人李尽忠反叛，这一部分粟末靺鞨人参与了叛乱，失败后逃到长白山东北的"桂娄故地"，凭奥娄河之险据守，在东牟山筑城居住，并于圣历中（公元698～770年）建立振（震）国，大祚荣为国王。唐睿宗先天二年（公元713年），唐王朝册封大祚荣为"渤海郡王"，于是"自是，始去靺鞨号，专称渤海"。

《旧唐书》是将渤海靺鞨作为整个靺鞨的局部来叙述，而《新唐书》则是将黑水靺鞨与渤海作为靺鞨的两个部分分别记述，对渤海建国的经过较前者略为详细。这应是

---

[1]（五代）刘昫等：《旧唐书》，中华书局，1975年，第5358～5360页。
[2]（宋）欧阳修、宋祁：《新唐书》，中华书局，1975年，第6177～6180页。

二书作者参考了不同的史料,而且可能是不同时期形成的史料,造成对靺鞨历史认识有差别的反映。

渤海国为粟末靺鞨人所建立的政权,但渤海并不等于靺鞨。从上述史料可以分析渤海国的民族构成主要是靺鞨粟末部的一部分、高句丽灭亡后汩咄、安居骨、号室等部族遗人以及部分高句丽遗人,而并非只有靺鞨人。随着渤海国的发展,渤海的居民构成、宗教信仰以及文化面貌等方面发生了较大的变化。有学者提出,在渤海国时期,形成了一个新的民族——渤海族[①]。现在学术界仍然存在着关于"历史上是否形成了渤海族"的争论。

从目前考古学的研究成果看,渤海建国后形成了新的考古学文化。虽包含着众多的靺鞨文化因素,但已经与原本的靺鞨文化及当时依然存在于其北部的其他靺鞨部族文化有了较大的区别。

所以,本文认为,在靺鞨文化研究中,还是不宜把渤海文化纳入其中,而是应该将其作为靺鞨文化的流向之一。但是,在渤海文化中,尤其是渤海前期文化中,仍然存在着大量的靺鞨文化因素,这也是靺鞨研究的重要参考资料。

(三)靺鞨与女真

关于女真,学界看法基本一致,认为是靺鞨后裔。至于这里将女真拿出来与靺鞨相辨识,主要是由于《金史》中对靺鞨民族演变这样的记载,"……五代时,契丹尽取渤海地,而黑水靺鞨附属于契丹。其在南者籍契丹,号熟女直;其在北者不在契丹籍,号生女直"[②]。从这样的记载看,女真应是靺鞨族的延续,是靺鞨族的不同发展阶段。但在李心传《建炎以来朝野杂记》的"鞑靼款赛"篇中说,"鞑靼之先,与女真同种,盖皆靺鞨之后也"[③]。说明渤海灭亡后,靺鞨人不止是被称为女真的部分,还有被称为鞑靼的部分。因此,认为女真和鞑靼是靺鞨后裔而不作为靺鞨民族的一部分是合适的。

二、靺鞨考古学文化的时空分布

如前文所说,勿吉与靺鞨是同一民族不同时期称谓,勿吉应该属于靺鞨民族的一个发展阶段。勿吉最早出现在文献中是《魏书》关于北魏平文皇帝时的一段记载,

---

① a.孙秀仁、干志耿:《论渤海族的形成与归向》,《学习与探索》1982年第4期,第129~134页;b.孙倩:《论渤海族的形成——中华民族多元一体论的个案解析》,《长春师范学院学报(社会科学版)》2011年第9期,第32~35页。
② (元)脱脱:《金史》,中华书局,1975年,第1~2页。
③ (宋)李心传:《建炎以来朝野杂记》,中华书局,2006年,第847页。

"平文皇帝讳郁律立，思帝之子也……二年，刘虎据朔方，来侵西部。帝逆击，大破之……西兼乌孙故地，东吞勿吉以西，控弦上马将有百万……是年，司马睿僭称大位于江南"①。《北史》中有大致相同的记述，"平文皇帝讳郁律，姿质雄壮，甚有威略……二年，刘武据朔方，来侵西部，帝大破之。西兼乌孙故地，东吞勿吉以西，控弦上马将百万。是岁，晋元帝即位于江南，刘曜僭帝位。"②二者说的是同一件事，发生在公元318年，正值东晋初建，北方是十六国时期。

之后关于勿吉的情况在文献中出现了大段空白，再次出现是在北魏太和二年（公元478年），"八月，……丁亥，勿吉国遣使朝贡"③。自此，勿吉与中原王朝接触比较频繁，但相关记载多是朝贡的记录。至北魏武定五年（公元547年），其到北魏朝贡计25次，北齐武平三年（公元572年），到北齐朝贡一次。唯一一次关于勿吉其他活动的记载就是《魏书》中正始年间世宗接见高句丽史芮悉弗时，芮悉弗提到的"夫余为勿吉所逐"的事，也就是约5世纪末，勿吉人进入松花江上游流域。虽然文献记载较简，但勿吉对松花江上游地区的占领不应该是孤立的行为，它反映了这一时期勿吉对外关系的活跃及其战争和扩张的活动。从《魏书》中"勿吉国……其人劲悍，于东夷最强。言语独异。常轻豆莫娄等国，诸国亦患之"的记载可以窥得勿吉经常对周边地区进行攻伐的端倪。自北魏太和年间开始，勿吉开始频频出现于中原王朝眼中，且在5世纪末占据松花江上游地区，反映了这短短的数十年时间应该是勿吉急剧扩张和活跃时期，其活动范围迅速变大。同时，勿吉进入松花江上游地区是文献中所记"粟末部"形成的先决条件，所谓的"靺鞨七部"大概也是这一时期成型的。

据《北齐书》，武平三年（公元572年）"是岁，新罗、百济、勿吉、突厥并遣使朝贡。于周为建德元年"④，这是文献中勿吉作为民族称谓出现的最后时间，也是《北齐书》中出现的唯一一次。在此之前，"靺羯"和"靺鞨"的称谓在《北齐书》中皆已出现，记作"靺羯"的共有河清二年（公元563年）和河清三年的两次朝贡，余者皆作"靺鞨"。这段时间的记载对民族称谓的使用颇为混乱，有可能是使用了不同来源的史料，也可能是史家对勿吉-靺鞨民族的认识造成的。自此后，文献对靺鞨民族的记载都是使用"靺鞨"的称谓。所以，也就是经过这段时间，此民族的称谓由"勿吉"改称为"靺鞨"，最起码是中原王朝或史家对这一民族的称呼产生了变化。

依据《旧唐书》和《新唐书》的记载，至圣历年间（公元698～700年），粟末靺鞨人大祚荣建立振（震）国，后于先天二年（公元713年）接受唐的册封，并去

---

① （北齐）魏收：《魏书》，中华书局，1974年，第9页。
② （唐）李延寿：《北史》，中华书局，1974年，第6页。
③ （北齐）魏收：《魏书》，中华书局，1974年，第146页。
④ （北齐）魏收：《魏书》，中华书局，1974年，第106页。

靺鞨号专称渤海。从此，靺鞨走上了分化的道路，一部分靺鞨人成为渤海人。《旧唐书》载开元十四年（公元727年），"黑水靺鞨遣使来朝，诏以其地为黑水州，仍置长史，遣使镇押。武艺谓其属曰：'黑水途经我境，始与唐家相通。旧请突厥吐屯，皆先告我同去。今不计会，即请汉官，必是与唐家通谋，腹背攻我也。'遣母弟大门艺及其舅任雅发兵以击黑水"①。《新唐书》也有此事的记载②。自此，渤海开始攻击黑水靺鞨，渤海与黑水靺鞨形成对立的关系。

《新唐书》载，"拂涅，亦称大拂涅，开元、天宝间八来，献鲸睛、貂鼠、白兔皮；铁利，开元中六来；越喜，七来，贞元中一来；虞娄，贞观间再来，贞元一来。后渤海盛，靺鞨皆役属之，不复与王会矣"③。贞元是唐德宗李适的年号，指公元785～805年。说明约在8世纪末～9世纪初，渤海将靺鞨其余诸部置于辖下。

《辽史》载会同元年（公元938年），"八月戊子，女直来贡。庚子，吐谷浑、乌孙、靺鞨皆来贡"④。这是文献中关于靺鞨有确切纪年的最晚记事。此后，靺鞨之名再现于史册，已是作为"金之先"出现在《金史》之中了。

上述史料中，有几个重要的时间点，构成了靺鞨民族发展的时间坐标。

①北魏平文皇帝二年（公元318年）勿吉第一次出现在文献记载中。②北魏正始年间（公元504～508年），勿吉强盛而向南扩张，驱逐了夫余，其分布区域在文献上也有了较为明确的记载。③北齐清河二年（公元563年）。此是靺鞨（靺羯）称谓首次出现在文献的时间。另北齐武平三年（公元572年），《北齐书》又记载了勿吉朝贡的事，这是勿吉于文献中出现的最晚年分，之后只见靺鞨不见勿吉，可以想见，勿吉于6世纪六七十年代改称靺鞨。④7世纪末～8世纪初。圣历中（公元698～700）粟末靺鞨大祚荣建振（震）国，先天二年（公元713年）去靺鞨号专称渤海。开元十四年（公元727年），渤海攻黑水靺鞨。这一时期，靺鞨逐渐分化成渤海和黑水靺鞨两大集团，并形成对立关系。⑤辽会同元年（公元938年），文献中关于靺鞨记事有确切纪年的最晚时间。

依据靺鞨民族发展的几个关键节点，其进程大致可分为3个时期，各个时期活动区域有较明显的变化。

（1）4世纪初～5世纪末，勿吉出现和发展时期。

《魏书·勿吉传》⑤所记大致应为此时情况。这时勿吉的分布区域，在文献中并虽无明确记载，但也可据其推断西为鲜卑拓跋氏之地、其西南为夫余、其南为高句丽、其北为室韦和豆莫娄，其具体分布需要靠遗存发现与考古学分期来研究；

---

① （五代）刘昫等：《旧唐书》，中华书局，1975年，第5361页。
② （宋）欧阳修、宋祁：《新唐书》，中华书局，1975年，第6180页。
③ （宋）欧阳修、宋祁：《新唐书》，中华书局，1975年，第6179页。
④ （元）脱脱等：《辽史》，中华书局，1974年，第44页。
⑤ （北齐）魏收：《魏书》，中华书局，1974年，第2219～2221页。

（2）5世纪末～7世纪末，靺鞨的强大、扩张时期。

这一时期又有2个阶段。

第一阶段为5世纪末～6世纪下半叶，《北史·勿吉传》①中的记载，大约就是此一阶段的情况，勿吉扩张，占领了原属夫余的松花江上游流域，向南到达了长白山一带，形成了文献中所说的较强大的七个部落，也正因为占领了这些区域，才有了诸如"粟末""白山"等部族的称谓。

第二阶段是6世纪下半叶～7世纪末，《隋书·靺鞨传》②所记之事大致应当此时，勿吉改称靺鞨。

这一时期前后两个阶段的活动区域变化不大，根据前述两书对靺鞨七部分布的记载，可推知靺鞨西界大致在松花江上游一带，向南可达长白山，向北至黑龙江北岸，东部界限不明，但按《旧唐书·靺鞨传》③载，其分布东至于海，西接突厥，南界高丽，北邻室韦，说明此所记靺鞨分布是高丽尚存时期，其东已至大海。

（3）7世纪末～1千纪，靺鞨分化消亡时期。

《旧唐书·靺鞨传》《新唐书·黑水靺鞨传》④及《辽史》中关于会同元年靺鞨朝贡的记载大致应是此时之事。此时期，渤海建国，靺鞨分化成渤海、黑水两大集团。渤海国去靺鞨号专称渤海，在物质文化面貌上逐渐形成了包含靺鞨文化因素的渤海文化，黑水部仍称靺鞨并传承至公元1千纪。按《新唐书》，在8世纪末～9世纪初，渤海强盛，靺鞨皆役属之。

在这一时期，黑水靺鞨的分布也是随着渤海国的逐渐强盛而不断发生变化的。

《新唐书·黑水靺鞨传》载，"初，黑水西北又有思慕部，益北行十日得郡利部，东北行十日得窟说部，亦号屈设，稍东南行十日得莫曳皆部，又有拂涅、虞娄、越喜、铁利等部。其地南距渤海，北、东际于海，西抵室韦，南北袤二千里，东西千里"。此处说的应该是渤海建国时期黑水靺鞨的疆域，其相对于室韦位置关系已从《旧唐书》的"北邻室韦"变至"西抵室韦"。这样的变化有两种可能，即靺鞨北上和室韦南下。结合"北、东际于海"的说法，应该是靺鞨向北有所拓展。关于此时靺鞨的西界，有研究表明，可能已达结雅河流域⑤。黑水靺鞨的南界与渤海相接，其具体的位置也曾随着渤海强盛扩张而北移。此时渤海北界按陈显昌的说法，大致在牡丹江中下游、兴凯湖一带⑥。而当渤海第二世王大武艺立后，曾斥大土宇，但当时黑水还曾

---

① （唐）李延寿：《北史》，中华书局，1974年，第3123～3126页。
② （唐）魏征等：《隋书》，中华书局，1973年，第1821～1822页。
③ （五代）刘昫等：《旧唐书》，中华书局，1975年，第5358～5363页。
④ （宋）欧阳修、宋祁：《新唐书》，中华书局，1975年，第6177～6183页。
⑤ a. 冯恩学：《黑龙江中游地区靺鞨文化的区域性及族属探讨》，《吉林大学社会科学学报》2005年第3期，第99～103页；b. 冯恩学：《黑水靺鞨思慕部探索》，《中国边疆史地研究》2006年第2期，第82～87页。
⑥ 陈显昌：《论渤海国的疆域》，《学习与探索》1985年第2期，第127～133页。

假道渤海通唐，与渤海同请突厥土屯，说明当时渤海与黑水的关系尚未对立，故渤海应该还没有侵吞黑水靺鞨的疆域。

到9世纪上半叶，渤海大仁秀"颇能讨伐海北诸部，开大境宇"[①]。此时渤海疆域扩大，而前述拂涅、虞娄、越喜、铁利等部则不再出现在朝贡中原的行列中，渤海在其故地设置诸如"东平府""定理府""铁利府""怀远府"等行政区域，这说明渤海疆域向北、向东推进，北部疆界达到了牡丹江、松花江的汇合口及穆棱河一线，向东则吞并了越喜等部，达到了俄罗斯滨海地区。"靺鞨皆役属之"大约也应该在这一段时间。据《辽史》对于五代时黑水靺鞨演变为女真的记载，似乎此时黑水靺鞨依然保存着相对的民族独立，并未融于渤海。渤海向北的扩张，标示着这一时期靺鞨南界的北退。

考古学文化遗存的形成与其所代表人群的活动是密切相关的。属于靺鞨民族的考古学文化遗存的时空分布就应该可以反映其发展历程，反之，也可以依据文献对其民族发展历程的记述，去寻找靺鞨民族的考古学文化遗存。

靺鞨考古学文化遗存是靺鞨人活动形成的物质遗留，它的分布必然要与靺鞨民族的活动时空范围相吻合。前文已对靺鞨民族活动的时空范围进行了总结。

靺鞨民族最晚从4世纪初已经出现在历史舞台，时称"勿吉"。之后，则发生了"占据夫余故地""形成以'七部'为著者的数十部""部分部族消散""部分曾依附高句丽后迁居营州的粟末靺鞨人占据桂娄故地，建立以大祚荣为王的振（震）国，后去靺鞨号专称渤海""渤海攻黑水靺鞨，二者开始形成对立关系""渤海强盛，靺鞨诸部皆役属之""渤海灭亡，黑水靺鞨分解"等一系列发展和变化，至公元938年后，靺鞨之事不再见于文献。其消亡时间应不早于公元938年。

所以，形成年代在这个时间段内，应该是靺鞨考古学文化遗存的必然判定条件。当然，由于文献记载是以"史家认识"作为前提的，也许并不能完全符合历史真实，故而在考古学研究中更合理的做法应该是放大遗存判定的宽容度。可以在对以此为条件所辨识出的靺鞨考古学文化遗存文化特征作出系统总结之后，将符合靺鞨文化特征，但年代超出这个范围的遗存纳入靺鞨考古学文化系统中。

如前文所述，在靺鞨的发展进程中，其活动地域是不断发生变化的。从西为鲜卑拓跋氏、西南接夫余、南至高句丽、北为室韦和豆莫娄的一隅之地，到逐夫余，向西南进入松花江上游地区、南抵长白山，北到黑龙江北岸、东滨海，再到西邻室韦、北至鄂霍次克海，其活动范围最大时占据了西至松花江上游、向北至结雅河一线、南至长白山一带、北至鄂霍次克海、东至日本海的这一广大区域。

---

① （宋）欧阳修、宋祁：《新唐书》，中华书局，1975年，第6181页。

三、研究的局限

　　文献中主要是对历史上发生的重要事件及人群活动的大略记述，并不可能涉及更多细节。而考古学研究却是具体而微的，一处考古学文化遗存是某些人或某人在某时段、某地发生某些事或进行某些活动而形成的物质遗留。故依据文献推论出的靺鞨人活动的时空范围与靺鞨考古学文化遗存的时空分布完全重合也只能是理论上存在可能。事实上，并无法依据文献，按照靺鞨人的活动给出不同时段的靺鞨考古学文化遗存分布的精确范围。

　　而考古学文化遗存的年代学研究通常使用两种方法：一种是以堆积单位的层位学叠压打破关系和遗迹遗物的类型学演变谱系为依据的相对年代研究。这样的研究并不能精确到历史上的某个时间节点，它所侧重的更多是同类考古学遗存之间的早晚关系。另一种是使用 ^{14}C、热释光等自然科学手段进行的绝对年代的测定，但由于种种原因形成的误差，使得这种方法依旧不能做到精确到历史上的某个时间节点，只能作为考古学文化遗存形成大致的绝对年代的参考。

　　由于不能精确指出靺鞨考古学文化遗存的时空分布，研究中只能将靺鞨民族活动的最大时空范围作为靺鞨文化分布区，对其内的所有考古学文化遗存进行系统的甄别和考察，以探索靺鞨考古学文化的真实面貌。

渤海考古研究的几点思考

王培新

(吉林大学边疆考古研究中心)

由于古籍记载相对简略，渤海史研究者大都赞同考古学研究对深入探讨渤海国历史具有积极作用。迄今为止，在我国东北地区、朝鲜半岛北部和俄罗斯滨海州等地发现了大量可能与渤海国有关的文化遗存，相关研究也取得了丰富的成果。1996年宿白先生在"渤海文化研讨会"上的发言就曾指出："过去主要依靠文献或以文献为主的时代已经过去了，这就要求我们考古工作者从田野考古的布局、计划到室内资料的整理都要思考得更全面，工作也要更细致。"①

目前的渤海考古还处在对文化遗存认识的拓展和个案研究逐步深入的阶段，随着田野考古的进展，考古资料的积累，构建渤海考古学文化体系，界定文化内涵，探讨文化特征及演变，已是渤海考古研究者所面临的课题。

一

在一定意义上可以认为考古学文化是考古学研究的对象②。因此渤海考古研究首先要对渤海考古学文化有一个明确的界定（下文的"渤海文化"即"渤海考古学文化"）。

考古学研究通常将考古学文化定义为"分布于一定区域、存在于一定时间、具有共同特征的人类活动遗存"③。我国新石器以至于青铜器时代考古，通常是以首次发现地点或典型遗址命名考古学文化的，而历史时期考古也将古籍中记载的某一族群、国家或王朝命名为相应的考古学文化。按照界定考古学文化的基本原则和命名通则，渤海文化可以解释为与古籍记载的渤海国有关并具有自身特征的古代文化遗存。

由于渤海国族群构成的多元性，因此渤海文化与目前已经确定的以古籍中记载的族群或国别命名的考古学文化在内涵与结构上都有所区别，如"楚文化""秦文化"

---

* 本文为2015年度国家社会科学基金特别委托项目"渤海都城规划布局与京府建制研究"（15@ZH007）阶段性成果。

① 宿白：《在"渤海文化研讨会"上的发言》，《北方文物》1997年第1期。
② 张忠培：《关于考古学的几个问题》，《文物》1990年第12期。
③ 张忠培：《关于考古学的几个问题》，《文物》1990年第12期。

等。俞伟超将楚文化的概念解释为"考古学上的楚文化，就是中国古代楚人所创造的一种有自身特征的文化遗存。讲的再具体一点，就是这种文化遗存有一定的时间范围、一定的空间范围、一定的族属范围、一定的文化特征内涵"①。滕铭予对于秦文化的界定更为具体："就秦文化的概念而言，其时间上限可以早到商代晚期，下限亦应进入西汉初年，即在这800多年的历史阶段中，早于秦国存在的嬴秦族，作为秦国、秦王朝主体族群的嬴秦族，在其生息、活动所致范围里，创造、使用、遗留至今并已被科学的考古工作所发现的古代遗存。那些在秦的发展过程中由于各种原因被纳入秦国或秦王朝统治范围的、与嬴秦族有密切关系，并基本接受秦文化的其他人群，在同样的时期，同样的地域里所使用的，与秦文化面貌相同或相近的古代遗存，亦应属于秦文化范畴。"②

上述对于"楚文化"和"秦文化"的界定，实际上包括了与古籍记载的某一族群、由这一族群建立的国家及王朝有关的考古学遗存。渤海文化与楚文化和秦文化相比，虽然都具有"一定的时间范围、一定的空间范围、一定的文化特征"等考古学文化的基本特征，但在"一定的族属范围"这一条件上存在着差异。

渤海国的人群构成较为复杂，两唐书对参与渤海建国的族群及建国过程有如下记载。

《旧唐书·渤海靺鞨传》：渤海靺鞨大祚荣者，本高丽别种也。高丽既灭，祚荣率家属徙居营州。万岁通天年，契丹李尽忠反叛，祚荣与靺鞨乞四比羽各领亡命东奔，保阻以自固。尽忠既死，则天命右玉钤卫李楷固率兵讨其馀党，先破斩乞四比羽，又度天门岭以迫祚荣。祚荣合高丽、靺鞨之众以拒楷固，王师大败，楷固脱身而还。属契丹及奚尽降突厥，道路阻绝，则天不能讨，祚荣遂率其众东保桂娄之故地，据东牟山，筑城以居之。

祚荣骁勇善用兵，靺鞨之众及高丽馀烬，稍稍归之。圣历中，自立为振国王，遣使通于突厥。其地在营州之东二千里，南与新罗相接。越熹靺鞨东北至黑水靺鞨，地方二千里，编户十馀万，胜兵数万人。

《新唐书·渤海传》：渤海，本粟末靺鞨附高丽者，姓大氏。高丽灭，率众保挹娄之东牟山，地直营州东二千里，南比新罗，以泥河为境，东穷海，西契丹。筑城郭以居，高丽逋残稍归之。

万岁通天中，契丹尽忠杀营州都督赵翙反，有舍利乞乞仲象者，与靺鞨酋乞四比羽及高丽馀种东走，度辽水，保太白山之东北，阻奥娄河，树壁自固。武后封乞四比羽为许国公，乞乞仲象为震国公，赦其罪。比羽不受命，

---

① 俞伟超：《关于楚文化的概念问题》，《考古学是什么》，中国社会科学出版社，1996年。
② 滕铭予：《秦文化——从封国到帝国的考古学观察》，学苑出版社，2002年。

后诏玉铃卫大将军李楷固、中郎将索仇击斩之。是时仲象已死,其子祚荣引
残痍遁去,楷固穷蹙,度天门岭,祚荣因高丽、靺鞨兵拒楷固,楷固败还。
于是契丹附突厥,王师道绝,不克讨。祚荣即并比羽之众,恃荒远,乃建国,
自号震国王,遣使交突厥,地方五千里,户十余万,胜兵数万,颇知书契,
尽得扶馀、沃沮、弁韩、朝鲜海北诸国。

按上述文献记载,参与渤海建国过程的人群集团包括从营州亡命东奔的大祚荣部、靺鞨乞四比羽部,以及渡天门岭后参与抵御唐军的"高丽、靺鞨之众"[①]。这几部分人群当中"高丽之众""高丽逋残"与高句丽有关族属清楚,而与靺鞨有关的人群集团成分复杂。乞四比羽部为徙居营州的靺鞨,大祚荣部与靺鞨有关亦居营州,但又和乞四比羽部有别。此外"靺鞨之众"除了乞四比羽残部以外还应包含其他靺鞨,这些靺鞨人群显然各有血缘传承和文化传统。高丽(高句丽)遗民的加入,以及渤海"尽得扶馀、沃沮、弁韩、朝鲜海北诸国",更使其族群构成多元化。实际上渤海文化是由多种文化元素组合,并在发展过程中形成的历史文化共同体。

二

考古学文化的研究,往往和民族史的研究联系在一起,特别是边疆地区历史时代考古这种联系就更为密切。

有关渤海文化族属的研究,我国学者大都认为渤海国的主体民族是靺鞨,而且多数研究者主张是粟末靺鞨,也有是白山靺鞨或者其他靺鞨部落的观点;朝、韩学者则主张渤海为高句丽的继承国或强调其文化的高句丽属性。

考古学文化族属的研究,是一个相当复杂的问题。除了古籍所记族人是否等同一考古学文化外,还存在文献记载、疏、注及考证和考古学遗存的认识问题[②]。因此结论往往各执己见,其中很重要的一个原因就是概念理解的不一致,比如文献记载中人群集团在"族"的意义上的历史真实[③]。通常在讨论这类问题时,所使用的"族"这一词,本来是一个非常不确定的概念。可以用它来泛指一切古代文献的有某种统一专名的人群,只要人群的规模不小于原始社会的部落或部落联盟。这种种人群的历史背景和实际性质是有非常大的差别的。比如,"陶唐氏""有虞氏"可算是族,"晋人""楚

---

① 杨军认为:大祚荣"合高丽、靺鞨之众靺鞨之众以拒楷固"是越过天门岭之后的事情,没有证据表明,大祚荣等自营州出奔时其队伍中就包括相当数量的高句丽人。(参见杨军:《渤海国民族构成与分布研究》,吉林人民出版社,2007年。)
② 张忠培:《民族学与考古学的关系》,《中国考古学:走近历史真实之道》,科学出版社,1999年。
③ 郑君雷:《文化人类学的族群认同与考古学文化的族属研究——汉末魏晋河套地区北方民族遗存族属研究的个案思考》,《思想战线》2007年第4期。

人"也可算作族。"华夏""诸夏"是族，单称的"夏人"也是族。这些族的范围大小差别很大[①]。

古籍中记载的"靺鞨"是个相当庞杂的族群概念，其分布地域广阔、部落众多、不相统一。实际上可以将"靺鞨"理解为隋唐—北宋时期官方文献对这一自然生态区域内社会结构、生业形态、文化习俗等相近的若干人群的泛指，况且靺鞨部落在族群不断构建过程中，也始终未能形成统一的人群集团。

> 《隋书·靺鞨传》：靺鞨，在高丽之北，邑落俱有酋长，不相总一。
>
> 《旧唐书·靺鞨传》：靺鞨，盖肃慎之地，后魏谓之勿吉，在京师东北六千馀里。东至于海，西接突厥，南界高丽，北邻室韦。其国凡为数十部，各有酋帅，或附于高丽，或臣于突厥。

《隋书》记载的靺鞨七部，相互位置还较为清楚。

> 《隋书·靺鞨传》：凡有七种：其一号粟末部，与高丽接，胜兵数千，多骁武，每寇高丽中。其二曰伯咄部，在粟末之北，胜兵七千。其三曰安车骨部，在伯咄东北。其四曰拂涅部，在伯咄东。其五曰号室部，在拂涅东。其六曰黑水部，在安车骨西北。其七曰白山部，在粟末东南。

《旧唐书》记载的靺鞨部落，较《隋书》中的靺鞨七部已有所变化，由七部发展为数十部，或附于高丽，或臣于突厥。高句丽灭亡后，位于南部区域的靺鞨部落解体，而北部的黑水靺鞨迅速崛起，分为十六部。

> 《旧唐书·靺鞨传》：其国凡为数十部，各有酋帅，或附于高丽，或臣于突厥。而黑水靺鞨最处北方，尤称劲健，每恃其勇，恒为邻境之患。其白山部，素附于高丽，因收平壤之后，部众多入中国。汨咄、安居骨、号室等部，亦因高丽破后奔散微弱，后无闻焉，纵有遗人，并为渤海编户。唯黑水部全盛，分为十六部，部又以南北为称。

《旧唐书》已出现"黑水靺鞨"之名称，《新唐书》更以"黑水靺鞨"立传，概括之前古籍中的"靺鞨"，并将地处黑水靺鞨北方的思慕、郡利、窟说等部纳入靺鞨的范畴。位于黑水靺鞨南部的靺鞨部落，除了拂涅为《隋书》记载的靺鞨七部之一以外，虞娄、越喜、铁利等都是新出现的。

[①] 林沄：《考古学文化研究的回顾与展望》，《林沄学术文集》，中国大百科全书出版社，1998年。

《新唐书·黑水靺鞨传》：初，黑水西北又有思慕部，益北行十日得郡利部，东北行十日得窟说部，亦号屈设，稍东南行十日得莫曳皆部，又有拂涅、虞娄、越喜、铁利等部。

靺鞨部落自隋末开始分化重组，并有靺鞨首领率部内附。

《隋书·靺鞨传》：炀帝初与高丽战，频败其众，渠帅度地稽帅其部来降。拜为右光禄大夫，居之柳城，与边人来往。悦中国风俗，请被冠带，帝嘉之，赐以锦绮而褒宠之。

唐灭高句丽后，靺鞨的格局发生了改变。附于高句丽的靺鞨部落或"后无闻焉"或"遗人并为渤海编户"，此时"靺鞨"已专指"黑水靺鞨"。这一变化正是两唐书分别为靺鞨与渤海立传（《旧唐书》为《渤海靺鞨传》）的历史背景，因此隋唐时期靺鞨之名称在不同时段有着不同的族群内涵。

考古学文化族属研究有两个操作前提。其一是文献记载的人群集团在"族"的意义上的历史真实；其二是相关考古学文化内涵的界定。然后才可以考虑考古学文化与"族"的共同体是否基本一致，才谈得上将文献记载的人群集团与考古学文化挂钩，而第一点实为问题所在[1]。渤海建立者大祚荣部已在营州居住数十年，文化习俗、社会结构等都已发生了改变。以大祚荣部为核心，并乞四比羽部，合高丽、靺鞨之众建立的渤海国，在血缘传承和文化传统等元素上已不可与古籍记载的靺鞨或靺鞨某部相对应了。

渤海国的族群结构符合文化人类学的"情境族群"特征，渤海国人群集团实际上是一种出自政治利益和依附关系的联合体。郑君雷认为，渤海国的主体民族集团与其称为"靺鞨"，不如称为"渤海"，"渤海"就是一个以"靺鞨"为基础而逐渐形成的"情境族群"，入辽以后渤海遗民多称为"渤海人"正反映出这层含义[2]。

三

渤海文化既是多种文化元素构成的历史文化共同体，其文化结构首先表现为多元性，特别是在渤海文化的前期这种多元结构特征就更为明显。

---

[1] 郑君雷：《文化人类学的族群认同与考古学文化的族属研究——汉末魏晋河套地区北方民族遗存族属研究的个案思考》，《思想战线》2007年第4期。

[2] 郑君雷：《关于渤海国的"高丽"标识》，《高句丽、渤海文化学术研讨会论文集》，待刊。

目前的考古发现已使我们意识到，分布于牡丹江流域、图们江流域、朝鲜东海岸一带的渤海墓葬的文化特征存在着差异。牡丹江流域的敦化六顶山墓地和宁安虹鳟鱼场墓地，墓葬类型有土坑墓、石椁墓、圹室墓、石室墓，在六顶山墓地土坑墓所占比例超过了半数。出土陶器中重唇口沿（齿形花边口沿）深腹罐所占比例较高。随葬带具包括铜带扣、带銙和铜牌饰两类[①]；图们江流域的和龙北大墓地，墓葬类型为石椁墓和石室墓，不见土坑墓。出土陶器包括双系釉陶罐、鼎、盘口壶、盘口罐、砚等，其中一座墓葬还出土了三彩陶瓶和三彩绞胎瓷碗，两次发掘只出土一件重唇口沿深腹罐。随葬带具较为普遍，但不见铜牌饰。其他遗物还有菱花形宝相纹铜镜、鎏金鱼形饰、鎏金莲瓣铜棺环等[②]；朝鲜咸镜北道富居里一带的渤海墓葬以石室墓为主，只有少量的石棺墓，不见其他墓葬类型。石室墓墓室平面呈圆角方形、圆角长方形以及墓内修筑石棺等特点未见于牡丹江、图们江流域的渤海墓葬。出土陶器多为鼓腹罐、钵、盆、盘、器盖等，随葬马具较为普遍[③]。

重唇口沿深腹罐和铜牌饰通常被认为与靺鞨的活动关系密切，土圹墓也是榆树老河深上层墓葬、永吉查理巴靺鞨墓地、永吉杨屯上层墓葬等渤海建立之前牡丹江流域邻近地区靺鞨墓葬最为流行的类型[④]。据此，牡丹江流域渤海墓葬表现出了一定程度的靺鞨文化因素传承。

图们江流域的渤海墓葬，在墓葬形制方面虽然主要表现为渤海文化的自身特点，但随葬品中往往存在更多的唐文化因素。位于这一区域的和龙西古城遗址虽然存在渤海国中京显德府故址、中京显德府显州故址、渤海王城等遗存性质的学术争鸣，但其曾为渤海王城已是研究者的共识[⑤]。目前的考古发掘调查成果表明，西古城一带是渤海遗迹分布最为密集的地区之一。在河南屯渤海墓葬以及包括渤海国贞孝公主、顺穆皇后、孝懿皇后墓葬在内的龙头山渤海王室贵族墓地的高等级墓葬中，也表现出了较多

---

① a. 中国社会科学院考古研究所：《六顶山与渤海镇——唐代渤海国的贵族墓地与都城遗址》，中国大百科全书出版社，1997年；b. 吉林省文物考古研究所、敦化市文物管理所：《六顶山渤海墓葬——2004～2009年清理发掘报告》，文物出版社，2012年；c. 黑龙江省文物考古研究所：《宁安虹鳟鱼场——1992～1995年度渤海墓地考古发掘报告》，文物出版社，2009年。

② a. 延边朝鲜族自治州博物馆、和龙县文化馆：《和龙北大渤海墓葬清理简报》，《东北考古与历史》（第1辑），文物出版社，1982；b. 延边博物馆、和龙县文物管理所：《吉林省和龙县北大渤海墓葬》，《文物》1994年第1期。

③ 郑永振：《富居里一带的渤海遗迹》，香港亚洲出版社，2011年。

④ a. 刘晓东：《靺鞨遗存浅析》，《北方文物》2009年第4期；b. 王培新：《靺鞨—女真系铜带饰及相关问题》，《北方文物》1997年第1期；c. 吉林省文物考古研究所：《榆树老河深》，文物出版社，1987年；d. 吉林省文物考古研究所：《吉林永吉查理巴靺鞨墓地》，《文物》1995年第9期；e. 吉林省文物工作队等：《吉林永吉杨屯遗址第三次发掘》，《考古学集刊》（7），科学出版社，1991年。

⑤ 李强、白淼：《西古城性质研究——以考古资料获取的城址形制和功能为切入点》，《北方文物》2014年第4期。

的唐文化因素①。如按《新唐书》中"显州天宝中王所都""天宝末钦茂徙上京直旧国三百里"的记载推论,西古城遗址应为"显州",即徙上京之前的"旧国",是文献记载中最早的渤海王城,地理位置与《新唐书》渤海传记载的"保太白山之东北筑城郭以居"的地理位置相符②。因此图们江流域渤海墓葬的唐文化因素,似应与久居营州,文化习俗、社会结构已发生变化的大祚荣部等渤海建国集团核心人群有关。

朝鲜东海岸一带原为高句丽势力范围,无论这里是否为高句丽族的活动范围,但这一区域的考古学文化一定会受到高句丽的影响。富居里一带渤海墓葬的文化特征,应更多地反映了本区域历史文化传承和高句丽文化因素。

多元文化因素在考古遗存中表现的文化特征的差异,需要运用考古学文化因素分析(谱系研究)的方法区别其系谱,再分别与前后左右诸考古学文化进行类比,明晰其源流③。乔梁通过陶器组合及形制演变考察靺鞨族源的研究,许永杰关于鲜卑遗存的谱系分析,对渤海文化多元结构的探讨都是很有启发性的④。

其次,渤海国各族群的社会发展阶段不尽相同。位居统治集团核心的大祚荣所部,受唐文化的影响,"颇知书契",社会形态进入了较高的发展阶段。而在渤海建立后"并为渤海编户"的靺鞨诸部,社会形态还处于部落或部落联盟的阶段。因此渤海文化还表现为强烈的阶层性。张忠培先生早已注意到渤海文化存在这一结构性特征,并建议考古研究也当探讨一下渤海国时期城乡或"国""郊""野"和其阶层的差别与社会结构⑤。宋玉彬通过对渤海遗迹出土瓦当的研究,注意到渤海建筑的阶层性,提出了瓦当主要用于宫殿、官衙、高等级墓葬和佛寺建筑,佛寺则有官控寺院和民间寺院差别,瓦当纹样的演变存在等级制度约束下的规范化官式建筑样式和区域性的个性化发展两种模式的观点⑥。

另一方面,由于渤海国自然条件及各族群生业形态的差异,渤海文化还呈现出区域性特征。宿白先生指出:"渤海建国之后,疆域内因山水之隔,地势差异很大,崇山纵横,平原、半平原地区分散,地理形势的差异,导致了经济生活的差异,物质文化方面自然有些不同。渤海建国后的分区,可能还要细些。渤海五京十五府的建制,我

---

① a. 延边朝鲜族自治州博物馆:《渤海贞孝公主墓发掘清理简报》,《社会科学战线》1982年第2期;b. 吉林省文物考古研究所、延边朝鲜族自治州文物管理委员会办公室:《吉林和龙市龙海渤海王室墓葬发掘简报》,《考古》2009年第6期;c. 郭文魁:《和龙渤海古墓出土的几件金饰》,《文物》1973年第8期。
② 王培新:《渤海早期王城研究中的几个问题》,《中国边疆史地研究》2013年第2期。
③ 张忠培:《研究考古学文化需要探索的几个问题》,《中国考古学:实践理论方法》,中州古籍出版社,1994年。
④ a. 乔梁:《关于靺鞨族源的考古学观察与思考》,《吉林大学社会科学学报》2014年第2期;b. 许永杰:《鲜卑遗存的考古学考察》,《北方文物》1993年第4期。
⑤ 张忠培:《渤海文化研究:以考古发现为视角·序》,《渤海文化研究——以考古发现为视角》,黑龙江人民出版社,2006年。
⑥ 宋玉彬:《渤海瓦当研究》,吉林大学博士学位论文,2011年。

想也是考虑了诸多差异来安排的。因此就渤海本身来讲，也得从分区考虑，在分区的基础上再考虑分期、分类型。"①

目前发现的可能与渤海国有关的文化遗存，形成了图们江中下游、牡丹江上中游、牡丹江下游、绥芬河流域（包括俄罗斯滨海边疆州南部）、松花江上游和鸭绿江上游、朝鲜东海岸等几个集中分布区。其中图们江中下游、牡丹江上中游区域是南部靺鞨部落的分布范围，渤海建立后这两个区域成为其统治的中心，分布有上京、中京（显州）、东京三座王城及龙头山、三灵坟等渤海王室贵族墓地，规模较大的渤海墓群、佛寺遗址也比其他区域分布密集，为渤海文化的核心区。当然这两个区域的渤海遗存也存在某种程度的自身特点，还需通过遗存的共时性和历时性分析对比，才能够明确哪些差异是文化属性的因素，哪些是属于时间截面上的距离。

松花江上游和鸭绿江上游区域原为高句丽势力范围。渤海建立后由于高句丽遗民的加入，原高句丽的部分地区纳入了渤海，正如《新唐书》渤海传所记"高丽故地为西京"。这个区域的渤海遗存亦表现出某种程度的高句丽文化因素，如在安图东清渤海墓群发现了有基坛的石室墓和方坛石圹墓②。朝鲜东海岸一带与松花江上游和鸭绿江上游区域情况类似，都是渤海国继收的地区。这两个区域的文化遗存应更多地表现为多元文化因素和地理区域性特征。

牡丹江下游及绥芬河流域，为北部靺鞨诸部的分布区。在这两区域发现的渤海遗存，靺鞨文化因素比其他区域都更为强烈。《新唐书》渤海传记载的渤海国北部府州，也都是因靺鞨某部故地而设，如"挹娄故地为定理府""率宾故地为率宾府""拂涅故地为东平府""铁利故地为铁利府""越喜故地为怀远府"。渤海第十世王大仁秀"颇能讨伐海北诸部，开大境宇"，这两个区域是渤海后期拓展的领域，文化遗存所表现的区域性特征，除了地理环境因素以外，还与靺鞨部落的社会发展阶段密切相关。

---

① 宿白：《在"渤海文化研讨会"上的发言》，《北方文物》1997年第1期。
② 延边博物馆：《东清渤海墓葬发掘报告》，参见郑永振、严长录：《渤海墓葬研究》附录一，吉林人民出版社，2000年。

渤海都城故址的辨识标准与西古城城址的性质认定*

宋玉彬

(吉林大学边疆考古研究中心)

虽然渤海都城考古已经走过近百年的学术历程，但学术认知的提升过程进展缓慢，现有的学术成果尚不足以解读文献中留存的都城线索。具体而言，都城故址的身份确认还没有达成学术共识，受此影响，学术视角刚刚触及到都城间的历时性特征问题。究其原因，一方面，存在史料信息零散、考古研究薄弱等客观因素的制约；另一方面，则缘于概念混乱、理念偏差等主观因素的困扰。综观渤海都城研究所积淀的学术成果，由于可资利用的史料信息十分有限，每一层面的认知提升均与考古发现密切相关。随着西古城[①]、渤海上京城[②]、八连城[③]全新考古资料的整理出版，学术界迎来了渤海都城研究新的学术契机。然而，通过《渤海都城故址研究》[④]与《近期关于渤海都城研究的动向与课题》[⑤]之间的学术对话可以看出，面对全新的资料，由于研究理念的不同，国际学术界形成了不同的学术认识。基于此，本文的研究将围绕渤海都城故址的辨识标准而展开，同时，重点讨论颇具争议的西古城城址的都城属性问题。

一

史料线索、文物遗存是确保渤海都城研究命题成立的前提条件，二者缺一不可。依据文献记载，渤海存国期间，显州、东京曾经短暂为都，上京则有两次为都经历。其中，从二次定都上京直至亡国，在长达130年的时间里，渤海未再发生过都城

---

* 本文系国家社科基金2010年度重大课题（10&ZD085）、2013年度一般课题（13BKG011）的阶段性研究成果。

① 吉林省文物考古研究所等：《西古城——2000～2005年度渤海国中京显德府故址田野考古报告》，文物出版社，2007年。

② 黑龙江省文物考古研究所：《渤海上京城——1998～2007年度考古发掘调查报告》，文物出版社，2009年。

③ 吉林省文物考古研究所等：《八连城——2004～2009年度渤海国东京故址田野考古报告》，文物出版社，2014年。

④ 宋玉彬：《渤海都城故址研究》，《考古》2009年第6期。

⑤ 田村晃一：《近期关于渤海都城研究的动向与课题》，《青山考古》(29)，青山学院大学史学研究室，2013年。

迁徙变化。学术界留意到，在表述都城迁徙过程时，文献使用了基于渤海五京制度而出现的"上京""东京"称谓。对此，倾向性的学术意见是，虽然史料中缺少渤海五京制度确立时间的具体记载，但在天宝、贞元年间发生都城迁徙之时，渤海国还没有形成"上京""东京"的行政建置，因此，文献记述的都城地点变化，除了显州，"上京""东京"的表述方式均为借用了五京制度确立之后的行政建置称谓。基于上述学术共识，可以明确的是，渤海都城的迁徙过程均发生在五京制度确立之前，渤海都城建制的形成与发展均与五京制度无关。因此，文献中留存的都城迁徙信息应该是渤海都城研究的主要史料依据。

明晰了文献中可资利用的都城线索，我们回顾一下结合考古发现而形成的渤海都城的认知历程。

20世纪20～40年代，借助主导中国境内渤海城址田野考古的便利条件，日本学者将"东京城"、八连城、西古城分别指认为渤海的上京龙泉府故址[1]、东京龙原府故址[2]、中京显德府故址[3]。同时，基于三座城址之遗迹、遗物与府州级治所不相称的学术认识，进而推断它们均是渤海"旧日国都、昔日王城"故址[4]。不难看出，在日本学者的渤海都城研究理念中，存在五京治所与"王城遗构"的双重认知标准。不过，通过鸟山喜一的《渤海东京考》《渤海中京考》可以看出，五京治所的认知标准占据其都城研究的主导地位。因此，虽然三座城址被赋予渤海国都、王城的身份地位，但该方面的学术认识浅尝辄止，没有依托文献线索进一步开展城址间历时性特征的深化研究。由于日本学者没有意识到文献中都城的表述方式存在借用后世称谓问题，从而导致其研究理念偏离了都城问题的认知轨迹，因此，此期日本学者所开展的城址身份指认，只能称之为渤海五京故址研究。

20世纪80年代，以贞孝公主墓的发现为契机，中国学者提出了"天宝中王所都"的显州与中京显德府同治于西古城城址的学术主张[5]。结合文献中留存的都城线索，中国学术界开始按照都城的研究理念判断相关城址的城市功能。然而，新的学术主张意味着西古城城址的始建年代应该早于渤海上京城、八连城。遗憾的是，由于没有提供必要的年代学论证依据，没有形成具体的认知标准，中国学者的研究理念未能成为国际性的渤海都城研究的主导思想。

21世纪伊始，以瓦当类型学考察为学术视角，日本学者田村晃一指出，作为中京显德府故址的西古城城址，其始建年代晚于渤海上京城[6]。客观而言，虽然田村晃一的学

---

[1] 东亚考古学会：《东京城——渤海上京龙泉府址的发掘调查》，东方考古学丛刊甲种第五典，1939年。
[2] 鸟山喜一：《渤海东京考》，《史学论丛》（第7辑），京都帝国大学文学会论纂，岩波书店，1938年。
[3] 鸟山喜一：《渤海中京考》，《考古学杂志》第34卷第1号，1944年。
[4] 鸟山喜一：《渤海中京考》，《考古学杂志》第34卷第1号，1944年。
[5] 李健才、陈相伟：《渤海的中京和朝贡道》，《北方论丛》1982年第1期。
[6] 田村晃一：《关于渤海瓦当花纹的若干考察》，《青山史学》（19），青山学院大学史学研究室，2001年。

术认识属于日本学术界所倡导的渤海都城研究传统主张的延续与深化，其所得出的类型学结论也有待于商榷，但不可否认的是，通过田村晃一的研究，学术界开始意识到，获取遗存类型学研究的年代学实证数据是指认都城故址身份、辨识都城历时性特征的基本途径。就此意义而言，田村晃一的研究方法是渤海都城认知进程中的一种学术进步。

综上，20世纪所开展的渤海都城研究，基本上是按照渤海五京的认知标准而得出的学术认识。由于命题概念模糊、认知标准错位，在选择"王城遗构"的身份归属对象时，曾经为都的显州没有进入候选名单，具有"王城遗构"客观属性的"东京城"、八连城、西古城分别被指认为上京、东京、中京治所故址。由于缺少显州故址的具体指认，不仅人为地限制了西古城城址身份确认的认知空间，而且阻碍了渤海都城认知进程的合理推进，进而导致20世纪的渤海都城研究始终无法跨越都城故址身份确认的门槛。按照逻辑学研究原理，"明确概念是判断与推理的前提和基础，如果没有清晰的概念的界定，由此而来的判断和推理也就很难保证其正确性"[①]。为此，除了需要明确渤海都城研究的基本概念，在具体研究过程中应该遵循以下原则。首先，根据文献线索制定辨识都城故址的学术标准；其次，按照都城的迁徙线索梳理都城故址间的历时性特征；最后，借助文献解读与遗存辨析的有机融合形成渤海都城发展规律的学术阐释。

二

依据文献记载，渤海确立五京制度以后，曾经为都的显州的政治地位明显下降，即使是在中京显德府的行政建置中，其也仅仅位居次席。对于文献记载的信息，学术界曾经产生过疑问，并论证过卢州、显州在中京显德府中的行政排序是否有误。虽然讨论无果，但显州曾经做过渤海的都城属于不争的史实。因此，在讨论渤海都城问题时，不能对曾经为都的显州视而不见。

长期以来，学术界始终存在一种声音，认为鸟山喜一调查发现的河南屯古城是"天宝中王所都"的显州故址。不过，饶有意思的是，以毁损严重为由，谁也说不清楚河南屯古城的遗存特点。对于注重实证依据的考古学研究而言，主张河南屯古城是显州故址的学者，显然只是为显州故址虚拟了一座"空中楼阁"。2014年，为了寻找河南屯古城的城址证据，针对该城址开展了专题性考古调查[②]。考古工作者按图索骥，对日本学者认定的该城址保存最好的城墙区段进行了解剖，清理结果令人失望，无论是其现今地表之上的隆起部分，还是在现今地表之下，均未发现任何人工构筑迹象。最重

---

① 宋怀常：《中国人的思维危机》，天津人民出版社，2010年。
② 吉林省文物考古研究所等：《吉林省和龙市"河南屯古城"复查报告》，待刊。

要的城垣墙体遗存属于主观误判,显然,所谓的"河南屯古城"已经无法继续介入渤海城址问题的学术讨论。这一变故无疑将促使学术界重新思考显州故址所在,重新审视西古城城址的遗存性质。

朝鲜境内青海城址的研究成果表明,作为渤海五京之南京南海府治所故址,该城址并没有按照都城标准进行城市规划[①]。因此,在城市建制方面,渤海都城与五京治所存在区别。随着渤海都城认知空间的拓展,同时,结合都城考古的新发现,学术界明确了界定渤海都城的三项标准:城市设施的中轴线布局、大型宫殿建筑、釉陶建筑饰件[②]。然而,具体到西古城城址的身份辨识问题,则情况略显复杂。虽然西古城城址符合渤海都城所应具备的三项标准。不过,由于该城址坐落在渤海文化的核心区域,不排除渤海五京治所的城市建制存在地域性差异的可能性。因此,鉴于开展渤海都城研究所面临的文献、遗存双方面的复杂因素,为了慎重起见,城市建制不宜作为推断西古城城址性质的唯一实证依据,需要更多地借助年代学数据完成对其身份的指认。

随着考古发现的不断丰富、学术视野的不断拓展,渤海文化研究的学术视角已经触及到渤海社会的各个层面。都城作为政治、经济、文化、宗教中心,其对社会发展所肩负的时代引领作用不言自明。按照田村晃一的学术主张,作为中京显德府故址的西古城城址,其始建年代晚于渤海上京城。相反,如能确认西古城是"天宝中王所都"的显州故址,则意味着该城址的始建年代早于渤海上京城。如此,在西古城城址性质认定问题上,不同的学术主张将会勾勒出截然相反的渤海文化发展轨迹。地处图们江流域的西古城城址,其所出土的遗物具有鲜明的地域性文化因素特点。图们江流域不仅是渤海遗存最为密集的分布区域,同时,也是遗存种类最为齐全的地区。就此意义而言,该流域渤海遗存的研究成果直接关系到渤海文化时段性发展进程的具体把握。因此,明确西古城城址的性质,其学术意义已经不仅仅局限于都城研究本身,而且事关渤海文化的学术阐释。

三

基于西古城发掘收获而形成的《渤海都城故址研究》一文,根据文献线索、遗存特点将西古城城址指认为天宝中王所都的显州故址。同时,该文对田村晃一的瓦当研究提出了学术质疑。对此,通过《近期关于渤海都城研究的动向与课题》一文,田村晃一予以了回应。简而言之,西古城城址的始建年代是导致中日学者认识分歧的症结所在。为此,基于学术对话中获得的启迪以及新的学术思考,本文旧话重拾,将从遗

---

① 金宗赫:《我国东海岸一带调查发掘的渤海遗迹与遗物》,《渤海史研究论文集》(2),科学百科辞典综合出版社,1997年。

② 宋玉彬、魏轶莉:《渤海的五京制度与都城》,《东北史地》2008年第6期。

迹、遗物两个方面进一步讨论西古城城址的年代问题。

在遗迹、遗物方面，存在5条判断城址间相对早晚关系的具体线索。其中3条为遗迹线索，2条为遗物线索。

（1）1943年，李文信主持清理了西古城外城南门址。据其在日记中披露，该城门设施没有发现任何用瓦迹象①。笔者认为，西古城有别于渤海上京城、八连城的无瓦城门，可以作为判断该城址始建年代的实证线索之一。理由在于，如果西古城的始建年代晚于渤海上京城，那么，作为中京显德府治所而营建的西古城，应该与东京龙原府治所故址八连城城址一样，营建有瓦构的外城南门。结合西古城外城北门的清理结果判断，该城址无瓦的城门设施体现的应该是渤海早期都城的形制特点②。

（2）2009年，为了配合文物本体保护工程的具体实施，对西古城城址进行了补充考古清理。据此，东西向横贯西古城内城的排水设施得以全面揭露③。令清理者感到不解的是，该排水设施虽然横贯一号宫殿、二号宫殿之间的南北向廊道，但以该廊道为界，其东西两侧的流水槽铺垫层分别使用了不同的建筑材料。其中，廊道以西区段铺垫的是精心挑选过的大小相近的河卵石，廊道以东区段铺垫的则是废弃的碎瓦。根据垫层中使用的瓦当碎片判断，这些碎瓦残片属于西古城城内建筑的废弃物。清理出来的迹象表明，排水设施是按照规划一次性建成。并且，利用地势落差，内城的废水属于一次性由西向东排至外城，排水设施不存在分区段利用的可能。不同区段呈现的材料反差，意味着该排水设施曾经进行过修缮处理。并且，修缮时降低了维修材料的品位标准，精心挑选的河卵石被大小不一的碎瓦残片所替代。那么，什么原因会导致降低材料标准的情况发生呢？显然，这种情况不会发生在西古城鼎盛时期，即为都时期。如果在文献中寻找线索，最大的可能是西古城政治地位下降之时，即，修缮工作应该发生在显州沦为中京显德府管辖的次州之时。

（3）在城市建筑布局方面，八连城内城南门至外城南门之间营建的封闭式隔墙设施表明，西古城城址的始建年代早于八连城城址。理由在于，西古城内城区域的宫殿建筑格局与渤海上京城宫城三号、四号、五号宫殿区域的建筑格局一致，两者是按照相同的都城规划理念营建而成，这与文献记载的显州、上京为都时序有关。作为贞元时的渤海都城，八连城的城市建筑布局发生了局部调整，其内城建筑由三进宫殿格局减为二进宫殿格局，保留下来的一号、二号宫殿区域的建筑格局则遵循了西古城（一

---

① 李文信：《1943年和龙县西古城子调查日记》，《李文信考古文集》（增订本），辽宁人民出版社，2009年。

② 2007年，吉林省文物考古研究所等单位在清理西古城外城北门址时，也没有发现用瓦痕迹，请参考吉林省文物考古研究所等：《吉林省和龙市西古城城址外城北门、内城南门及内城排水遗迹清理简报》，待刊；需要指出的是，1943年，日本学者曾对该门址进行过清理，但没有对清理结果进行报道，请参考三宅俊成：《在满二十六年遗跡探查とわが人生の回想》，三宅中国古代文化调查室，1985年。

③ 吉林省文物考古研究所等：《吉林省和龙市西古城城址外城北门、内城南门及内城排水遗迹清理简报》，待刊。

号、二号宫殿区域)、渤海上京城(三号、四号宫殿区域)的传统规划理念。八连城内城南门至外城南门区域新出现的封闭式隔墙设施则影响了二次为都的渤海上京城一号、二号宫殿区域的规划理念。两者之间的不同点在于,八连城内城南门至外城南门区域的封闭式空间递次变小,渤海上京城则恰恰相反,区间渐次变大。虽然在渤海上京城一号、二号宫殿始建年代问题上还存在认识分歧,但其作为体现国力、国威的礼仪建筑,如果在上京初次为都之时便已存在,贞元时的都城只能予以发扬,不会在国力逐步提升之时降低都城的营建标准。同为都城,西古城不存在类似格局的原因,只能视其为营建时间早于渤海上京城、八连城。

如果单项列举上述例证,恐怕难以成为令人信服的推断城址年代的唯一线索。3条线索叠加起来,应该不是偶然的巧合现象。

在遗物方面,瓦当的类型学研究既是形成学术认识的基础条件,也是导致认识分歧的主要原因。在渤海瓦当的宏观学术视野下审视《西古城》的瓦当类型,该城址出土的瓦当可以分为三类:一是渤海文化标志性的"倒心形"花瓣莲纹瓦当(A、B、C型);二是赋予图们江流域地域性类型的单枝花草纹(F型)、侧视莲纹(D型)瓦当;三是仅见于西古城、八连城的复瓣莲纹瓦当(E型)。在编写《西古城》报告时,未能明确各型瓦当的相对年代问题,当时忽略了一个重要的学术信息:2002年清理的排水设施流水槽垫层出土的瓦当可以作为判断不同瓦当相对年代的层位学证据。下面,结合新的考古发现进行补充说明。

(4)2009年清理排水设施时,在碎瓦铺就的流水槽垫层中,出土了1件"六枝侧视五叶花草纹"瓦当,这是西古城新发现的瓦当类型,但对于渤海瓦当而言,其并不属于首次发现。此前,同型瓦当曾见于珲春市八连城城址[①]、和龙市河南屯墓葬[②]、和龙市龙头山墓地龙海墓区M13和M14[③]。此外,垫层中再次出土了"八朵单体连枝莲纹"瓦当(D型瓦当)[④],此类瓦当另见于八连城城址、龙头山墓地龙海墓区M13和M14、龙河南山遗址[⑤]、台岩遗址[⑥]。至此,笔者意识到,作为废弃物而被再次利用的瓦当残片,表明它们在西古城初始应用的时间较早。关于图们江流域地域性瓦当类型不见于渤海上京城的原因,笔者曾经从等级制度的视角予以阐述,大钦茂执政时期,渤海的等级制度尚处于不断规范、完善阶段,都城建筑更多地借用了寺庙建筑的瓦当类

---

① 吉林省文物考古研究所等:《八连城——2004~2009年度渤海国东京故址田野考古报告》,文物出版社,2013年。

② 吉林省博物院藏品,藏品号:2205。

③ 吉林省文物考古研究所等:《吉林和龙市龙海渤海王室墓葬发掘简报》,《考古》2009年第6期。

④ 2002年,在流水槽垫层中曾有出土。请参考吉林省文物考古研究所等:《西古城——2000~2005年度渤海国中京显德府故址田野考古报告》,文物出版社,2007年。

⑤ 吉林省文物志编委会:《延吉市文物志》,内部资料,1985年。

⑥ 吉林省文物志编委会:《延吉市文物志》,内部资料,1985年。

型，还没有形成固定纹样的瓦当类型①。同时，依托上述认识，同田村晃一进行了学术对话。《渤海都城故址研究》发表不久，在清理西古城城址排水设施时，发现了新的判断不同瓦当相对早晚关系的重要线索。

（5）田村晃一的瓦当研究，主要是围绕"倒心形"花瓣莲纹瓦当的类型学考察而展开。有意思的是，针对同一命题对象，韩国学者金希燦进行了不同视角的类型学考察。田村晃一的学术切入点是"倒心形"花瓣花肉的形态变化，金希燦关注的则是当心纹饰的不同组合关系，然而，两人的学术结论并未殊途同归，其各自所建立的瓦当早晚序列正好倒置②。用中国的学术标准予以评介，他们所得出的不同瓦当相对早晚关系的学术结论均缺少考古层位学的学术支撑，同时，没有对同一城址不同纹样瓦当"共存"的原因以及城址之间存在的瓦当类型差异给予必要的说明。就目前所掌握的资料而言，仅仅开展单一标准的类型学考察，显然尚难以在同型瓦当内部建立起令人信服的"式"的编年序列。值得一提的是，日本学者向井佑介所开展的瓦当研究的新视角③。他将学术切入点从单纯的瓦当纹样考察拓展到檐头筒瓦的整体形制研究，认为"瓦唇的形态差异应该也能反映年代的早晚"。在开展檐头筒瓦的类型学考察时，基于没有横向凹槽的瓦唇类型（直节型瓦唇——《西古城》）早于存在横向凹槽的瓦唇类型（曲节型瓦唇——《西古城》）的形制变化，同时，结合不同瓦唇与各种纹样瓦当的组合关系，向井佑介指出，"西古城出土的忍冬纹瓦当（F型瓦当——《西古城》）、复瓣莲花纹瓦当（E型瓦当——《西古城》），是渤海迁都上京龙泉府以前使用的瓦当纹样，从瓦的年代也可以体现出来此地为显州"。在如何审视西古城城址出土的体现图们江流域地域性类型瓦当的年代问题上，相对于《渤海瓦当研究》的主观分析而言，显然，向井佑介的实证研究更具说服力。为此，本文不再进行更多的解读。

四

综上所述，不同视角下的渤海都城故址研究均与考古发现密切相关，至于学术认识正确与否，则取决于实证线索与文献信息是否做到了合理衔接。为此，面对史料匮乏的先天性不足，学术解读首先需要明确渤海都城与渤海五京之概念异同，在此基础上，按照不同的辨识标准去指认都城、五京故址的具体遗存。作为都城故址的西古城、渤海上京城、八连城，显然，它们是按照都城的规划理念营建而成，与中京、上京、东京的城市建置无关。至于三座城址与渤海五京的对应关系，则可以参考中国学者刘晓东的表述方式："西古城为渤海文王大钦茂于天宝中营建的都城（渤海厘定京

---

① 宋玉彬：《渤海瓦当研究》，吉林大学博士学位论文，2011年。
② 金希燦：《渤海莲花纹瓦当的纹样变化与时代变迁》，《白山学报》（87），白山学会，2010年。
③ 向井佑介：《契丹的移民政策和渤海系瓦当》，《辽文化·庆陵一带调查报告书》，京都大学，2011年。

府后称之为中京)、八连城是大钦茂于贞元时营建的都城(渤海厘定京府后称之为东京)。"① 由于存在"显州天宝中王所都"的记载,天宝中的都城只能是显州,至于天宝末的都城是不是龙州、贞元时的都城是不是庆州,笔者不便推测。

针对中京未做过都城的学术质疑,田村晃一认为,"中京也是作为都城而营建,只是营建的目的不同"。为此,他所列举的理由是:公元762年,大钦茂被册封为渤海国王后,营建西古城作为副都、离宫——"西古城虽是王的居所,但只是应对王族的临时需要,并不是处理日常政务的地方"。同时,西古城"兼具守护、祭祀龙头山王族墓葬群的职责"②。笔者认为,田村晃一的上述主张已经游离于文献线索之外。其一,中京显德府是渤海的行政建置,肩负着处理行政事务的职责;其二,守陵之说则完全属于主观发挥。

关于古代城址的城市功能,需要借助相关的遗存迹象加以确认,这一点无人否认,关键是如何指认。西古城城址虽然经历了2000～2009年度大规模的考古清理,但有关该城址的学术认识仅仅局限于外城城门、内城主要宫殿建筑格局,整个外城以及部分内城尚属于认知盲点区域。需要加以说明的是,2008年以前,西古城城内曾经存在一个由62户农户聚居而成的自然村落。实施文物保护工程以后,该村落被整体外迁至城外。目前,西古城内城已经整治成遗迹展示区,外城区域则复耕为基本农田,几年前尚且生机盎然的当代村落现已荡然无存、无踪可循。因此,在开展新的考古勘探、清理发掘之前,讨论西古城是否存在行政设施、是否具备行政功能等方面的问题,均有主观臆测之嫌。况且,依据现有文献信息尚难以推测西古城为都之时的行政模式。

最近,《西古城性质研究》一文提出了一些全新的思考,虽然不乏新意,但其对西古城性质的表述方式,笔者难以苟同。首先,该文认为,"西古城只能是唐天宝年间的渤海王城(宫城),与显州治所无涉"③。令笔者感到不解的是,既然认为西古城与显州治所无涉,又何来西古城是天宝年间渤海王城之说呢?其次,该文在论述西古城性质时,曾三次出现"显州时的王城"的表述方式。并且,该文在结语中要求学术界重新思考《新唐书》"显州天宝中王所都"记载之解读方式。在笔者看来,如果"显州时的王城"的表述方式不是笔误,则意味着其所理解的文献中的显州不是地名概念,而是表示年份的时间名词。果真如此的话,学术讨论只能到此为止。

最后,借用刘晓东的一段话结束本文:"期待能有更多的学界同仁,珍视《西古城》、《渤海上京城》、《八连城》等考古报告提供的最新资料,从而开展……渤海文化的诸多层面的研讨和思考,不断取得新的进展、新的突破。"④

---

① 刘晓东:《渤海文字瓦模印文字内容、性质含义的再思考》,《北方文物》2015年第1期。
② 田村晃一:《近期关于渤海都城研究的动向与课题》,《青山考古》(29),青山学院大学史学研究室2013年。
③ 李强、白淼:《西古城性质研究》,《北方文物》2014年第4期。
④ 刘晓东:《渤海文字瓦模印文字内容、性质含义的再思考》,《北方文物》2015年第1期。

渤海上京城建筑遗物研究

赵虹光[1] 赵 越[2]

（1.黑龙江省文物考古研究所；2.科学出版社文物考古分社）

渤海国作为唐代东北以粟末靺鞨族为主体而建立的地方政权，所辖的地域在我国东北大部分地区及朝鲜半岛东北部和俄罗斯滨海边疆地区。渤海上京城遗址位于黑龙江省宁安市东京城盆地之中，其四面山环、三面水绕，远山为屏，近水成堑，山河险固。渤海建国229年间，上京城前后两次为都共约160年，占该国历史半数以上。

渤海上京城是唐代边疆地域的藩属国都，该城被辽灭亡废弃后，后世再没有于此地筑城而居，因此城内废弃的宫殿等建筑遗迹和遗物大部分保存较为完整。上京城除了承袭唐代城市建筑布局的遗风之外，其设计规划和建筑遗存中还展现出粗犷豪迈的民族风格。

上京城历经几次大规模的发掘，清理了宫殿等重要建筑遗迹，出土大量的建筑遗物。上京城考古发掘出土的建筑瓦件和构件，作为宫殿等建筑屋顶的重要组成部分，不仅有着实用价值，而且在装饰上也起着美观的作用。在当时严格等级制度中，它们的使用位置、规格也有着具体的界定。

本文主要是对遗物中的建筑瓦件和饰件等进行类型划分，并对其制作方法、使用功能、烧制工艺等方面进行多角度探讨与研究。

一、建筑瓦件

建筑瓦件的质地有陶和釉陶两种。

（一）陶　　瓦

陶瓦分板瓦、筒瓦、当沟、压当条等。

1. 板瓦

板瓦亦称仰瓦，是覆盖屋顶面的建筑构件，横剖面约呈四分之一圆形。西周时即有板瓦，由于施用建筑的规模大小不同，所以瓦的规格亦有所区别。（宋）《营造法式》中列举了7种不同规格的板瓦，分别用于不同规格不同等级的建筑。

上京城板瓦的制法是把泥坯放在内衬麻布的木质模具上经拍打后成型，为确保产品规格的一致，板瓦模具由四瓣拼对而成，相互衔接的缝隙形成内侧的四个切割点。瓦在模具上成型后，用施纹工具或其他方式在其下端檐头做出装饰性纹饰，再用利器在切割点处对瓦进行适度切割。待瓦晾半干时再与模具同时掰开分离，完全晒干后去瓦窑完成烧制。

用施纹工具在其下端檐头做出装饰性纹饰的瓦，应该施用于宫殿等建筑屋面瓦垄的檐头处。用手指在其下端檐头按压做出纹饰的瓦，应该施用于宫殿等建筑屋面除檐头处以外的全部。按建筑规模大小使用部位不同，将板瓦制作成宽窄、长短各不相同的规格。

板瓦分檐头板瓦和屋面板瓦。

檐头板瓦用于屋面瓦垄的前端，多数素背，少数背中部有戳刺纹。瓦下端檐头的花纹比较复杂，是由上下两组压印出的斜线纹之间插入一排用圆钝工具戳印出的圆点纹构成，有直檐、斜檐两种类型（图一）。

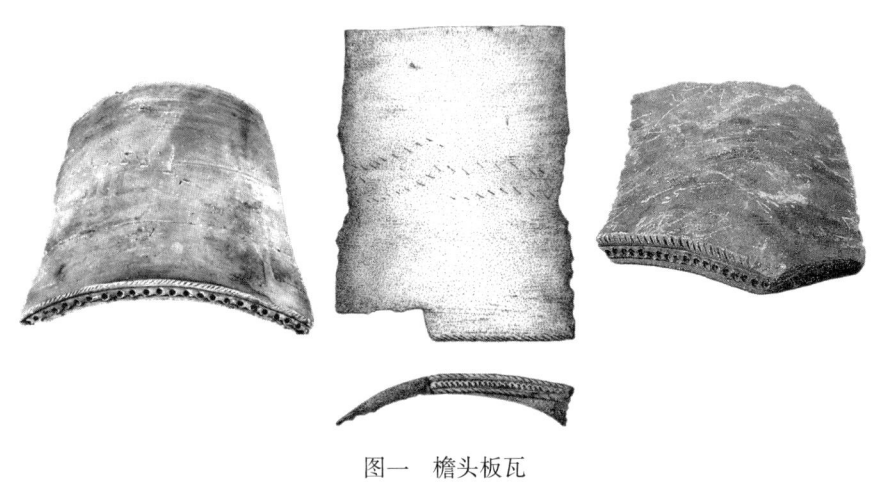

图一　檐头板瓦

屋面板瓦用于屋面瓦垄檐头瓦后的全部。瓦背面多数无纹饰，少数瓦背有用工具戳出的麻点。下端檐头多数有深浅不一的指压纹，少数下端檐头平圆（图二）。

2. 筒瓦

筒瓦亦分檐头筒瓦和屋面筒瓦。

檐头筒瓦是将单独制作的瓦当和经特殊制作的筒瓦黏接而成，瓦当内侧与筒瓦连接部分有剥离的痕迹。这种筒瓦切割方法是用丝线之类的东西整体切割，然后把粗糙的割面修抹平整，制作过程是把瓦当内侧抹平、晾到半干后刻划放射状的线条，掺和少量的黏土把瓦当和筒瓦部分黏接到一起。在与瓦当黏接处用利器戳出空隙使其连接紧密不易脱落。

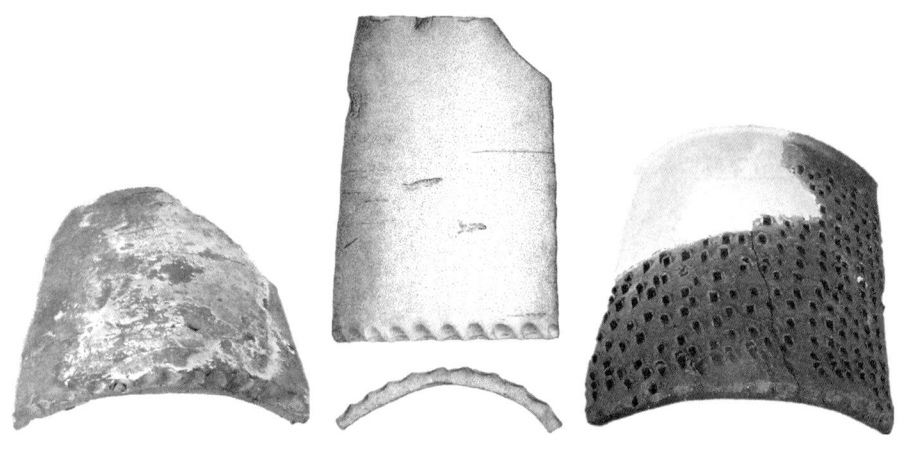

图二　屋面板瓦

檐头筒瓦分直背檐头筒瓦和曲背檐头筒瓦。直背的用于屋面板瓦瓦垄相互衔接处的前端，曲背安放于垂脊或戗脊侧面的瓦垅的前端（图三）。

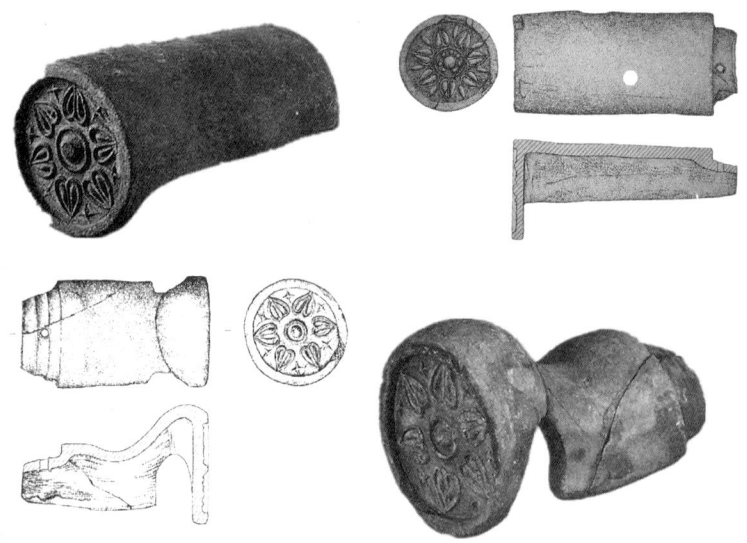

图三　直背、曲背檐头筒瓦

瓦当是檐头筒瓦顶端下垂的特定部分。"当，底也，瓦覆檐际者，正当众瓦之底，又节比于檐端，瓦瓦相盾，故有当名。"瓦当的主要功能是防水、排水，在实用上既便于屋顶泄水，又起着保护木檐头的作用，还可增加建筑檐面的美观。

瓦当面饰浅浮雕莲花纹，莲瓣外轮廓线呈凸起心形，瓣尖朝外，内填莲肉。莲瓣之间饰有不同形制的花纹（图四）。

屋面筒瓦，用于檐头筒瓦之后，屋面瓦垄的全部。屋面筒瓦的制作方法是先在垫有麻布的木模上用泥圈成圆筒或半筒状的泥坯，拍打成型，唇沿经轮修，晾置半干后从内部用利器进行分割。筒瓦按其宽窄、长短可以分成三型。瓦唇上有凹槽，其作用是筒瓦瓦垄之间的接缝处可能有少量雨水渗漏，该凹槽能有效的分流并阻止浸入的雨水，进而确保屋面瓦垄的防水功能（图五）。

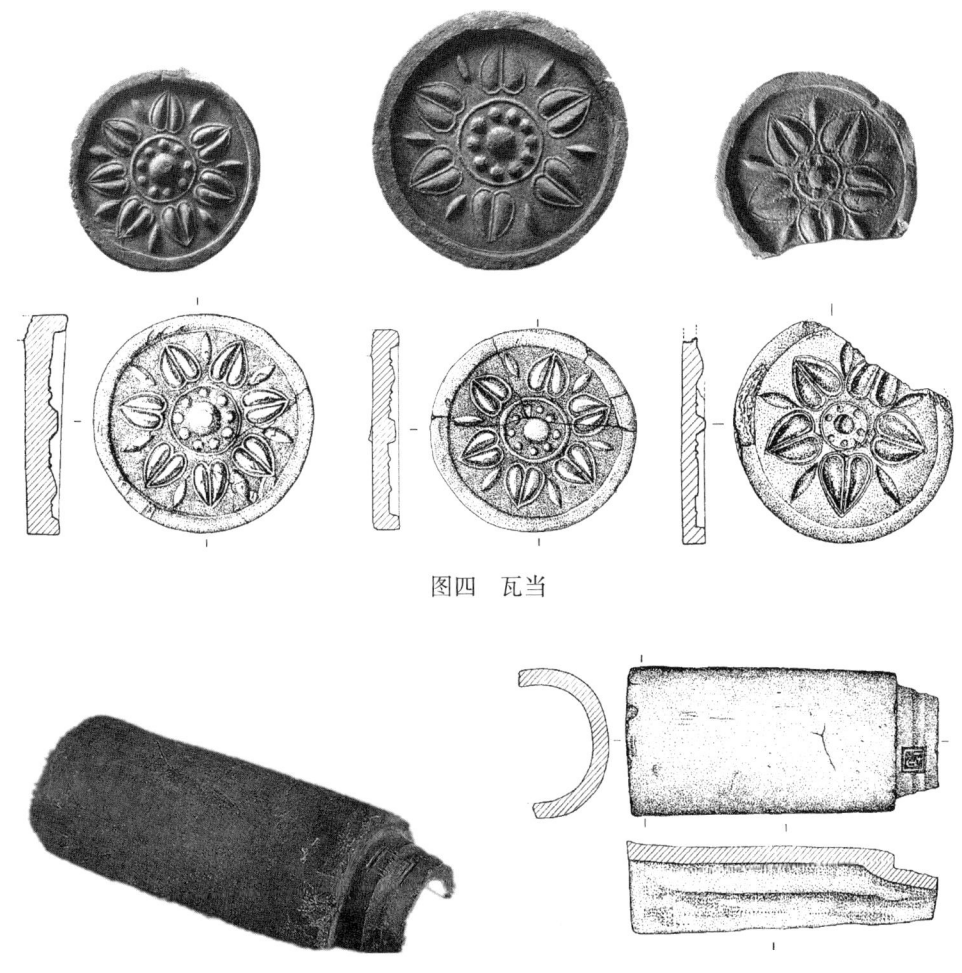

图四　瓦当

图五　屋面筒瓦

3. 当沟、压当条

当沟，屋面防水构件。当沟有正当沟、斜当沟和托泥当沟三种。正当沟安放于正脊的瓦垄之间，斜当沟安放于垂脊或戗脊侧面的瓦垄之间，托泥当沟仅用于垂脊前端与瓦垄相触的部分。当沟作为一种特殊形制的瓦件，恰当填充了瓦垄与屋脊之间所留下的空位，有效地保护了屋脊，防止雨水侵蚀（图六，1、2）。

压当条又称压代条。用于大型建筑的正脊、垂脊、戗脊、角脊等的正或斜当沟之上，是增加各种脊线条的瓦件（图六，3）。

图六 当沟、压当条
1、2.正当沟 3.压当条

（二）釉 陶 瓦

釉陶瓦身施绿或黄、绿、橙色相间的釉，黄、绿色又有深浅之分，故釉色又有赭黄、黄褐、浅绿、深绿等。瓦胎呈红褐色，火候较高，陶质较硬。釉陶瓦包括檐头板瓦、屋面板瓦、檐头筒瓦、屋面筒瓦、瓦当、压当条等。

檐头板瓦的坯成型后，用施纹工具在其宽边顶端戳压出装饰性纹饰，中间一组为戳印的圆圈纹，上下是对应压印的斜线纹。檐头板瓦有直檐和斜檐两类，直檐前端戳刺圆点纹略凸起，瓦露明部分施黄绿釉（图七，1）。斜檐前端施斜线纹和戳刺圆点纹之间的凹槽较浅，瓦通体施黄绿釉（图七，2）。

屋面板瓦有两种，一种是在瓦坯成型后宽边利用手指在瓦体的宽边顶端按压出疏密深浅不同的指印纹，后端圆钝，瓦凹面施黄绿釉。另一种为宽边顶端无指印纹，后端圆钝，瓦凹面施全浅绿釉（图七，3）。

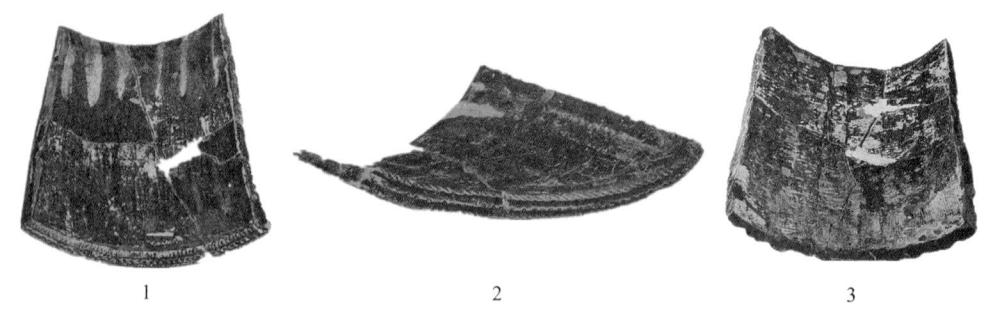

图七 釉陶板瓦
1.檐头 2.斜檐头 3.屋面板瓦

檐头筒瓦是将单独成型的瓦当和筒瓦坯体黏接后烧制而成，有平当面和斜当面两种。平当面檐头筒瓦，瓦背形状亦有直、曲背之分，直背的用于檐面（图八，1）。曲背瓦当后部隆起，两侧有与隆起顶部对应的豁口，用于斜脊的挑檐部。斜当面檐头筒瓦又称半正半斜扭脖子勾头，是用于不规则斜形屋顶檐头部位的一种斜形勾、头，其背及瓦当面均着釉（图八，2）。

屋面筒瓦，形制与普通筒瓦相同，只是施釉而已（图八，3）。

图八　釉陶筒瓦
1.平当面檐头筒瓦　2.斜当面檐头筒瓦　3.屋面筒瓦

瓦当是檐头筒瓦的当与筒瓦断裂分离后形成的。浅浮雕瓦当中心的小莲实外绕同心圆，莲花瓣轮廓线呈心形，瓣尖朝外，内填莲肉，莲瓣之间饰有不同形制的花纹。按直径不同可分二型。大瓦当内饰莲花六瓣，莲瓣外轮廓线较粗，形状规整，莲肉稍丰满隆起，莲瓣之间有十字星形纹，当面施绿釉。小瓦当的莲瓣有五瓣、六瓣之分；五瓣莲花瓦当，莲瓣外轮廓线细浅，莲肉丰满隆起，莲瓣之间饰有萼形纹、弯月纹和小莲珠（图九）。

图九　瓦当

正当沟为屋面防水构件。当沟作为一种特殊形制的瓦件，恰当填充了瓦垄与屋脊之间所留下的空位，有效地保护了屋脊，防止雨水侵蚀。

压当条又称压代条。用于大型建筑的正脊、垂脊、戗脊、角脊等的正或斜当沟之上，是增加各种脊线条的构件。压当条露明面满施釉色。压当条有三种类型：第一种为定型制作的，形状窄长，露明饰黄绿色釉，施于正脊、垂脊、戗脊、角脊的中部；第二种为板瓦分割一半而成，露明饰深绿色釉，瓦头饰指按纹；第三种为筒瓦分割一半而成，露明饰浅绿色釉。后两种施于正脊、垂脊、戗脊、角脊的两侧。

二、建筑构件

建筑构件的质地有陶和釉陶两种，陶建筑构建出土数量和个体较少，故本文未做收录。

釉陶构件有鸱吻、套兽、兽头等。

鸱吻是屋顶防水构件，饰于宫殿正脊的两端，形如鱼尾，鳍部较宽，刺明显，鳍部内侧有一排圆孔，插入连珠状装饰。鸱吻系分片分段塑制，白胎绿釉。

独体鸱吻形体较高，背部折曲较剧，基部前端伸出较长，釉色深绿，主要部分质朴无纹饰（图一〇，1）。分体鸱吻含鸱吻和底座两部分，鸱较矮，背部折曲较缓，基部前端不作明显地伸出，主要部分饰浮雕式卷草纹，釉色浅绿。底座的一侧黏对成型，其纹饰与鸱吻纹饰相吻合（图一〇，2、3）。亦发现过鸱吻底座残片，系兽的吻部和鬃毛部分（图一〇，4）。

图一〇　鸱吻
1. 独体　2. 分体上部　3. 分体下部　4. 残片

套兽是套在子角梁的预留榫上的兽头形陶制装饰构件，其中部掏空，套在梁头上，起防水作用，外形塑异兽形，起装饰作用。

套兽的胎质为灰白色，火候高，质地稍硬，手工雕塑，线条流畅，形象传神；三角眼，圆眼珠，眼皮弯曲，眉脊厚重，额头双角，两耳矗立，上唇凸起，下唇略尖。门齿后部是凸起的两枚獠牙，再后有上下咬合的一对犬齿，最后为数量不等的白齿。腮部有隆起的肌肉，额顶、下颌和颈部有卷曲的鬃毛。通体多施三彩釉，少数施两彩釉，细部釉色有差异。

套兽用于规模不同的宫殿建筑上，其形体亦随之变化，大型套兽数量较少，形体单一（图一一，1）；中型套兽仅见个体（图一一，2）；小型套兽数量较多，唇部形状变化较丰富：上唇形似上翘的舌头，其中部一条凸起的三角棱上有数道划纹；直鼻梁，鼻中隔较平，四对门齿，外翻唇面施褚黄釉，其他部分施浅绿釉（图一一，3）；上唇向内卷曲与鼻梁相连如象鼻，其上有若干划纹形成的褶皱；鼻梁隆起无纹饰，鼻梁施浅绿釉，上唇施黄釉，余下部分施黄和浅绿相间的彩釉（图一一，4）。

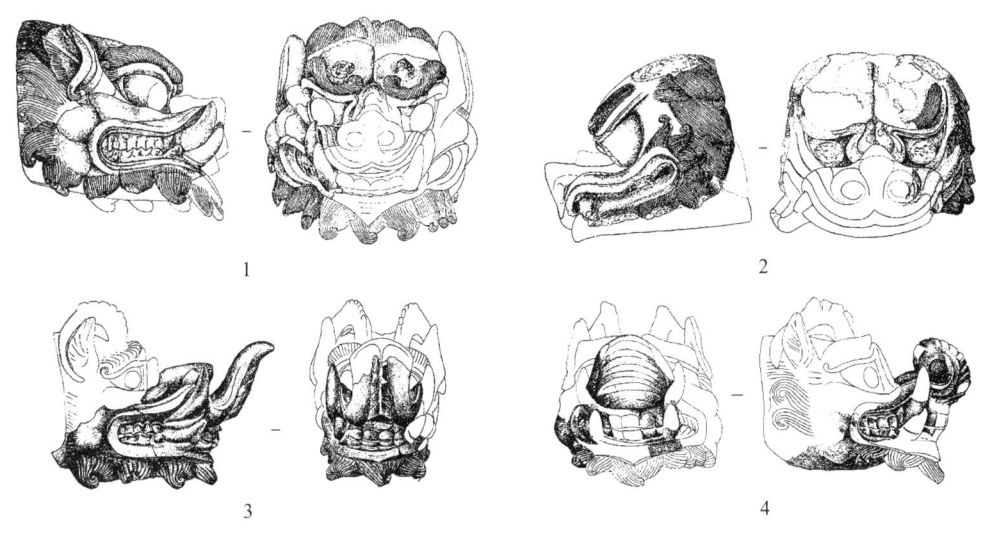

图一一　套兽
1.大型套兽　2.中型套兽　3、4.小型套兽

兽头又称角兽、垂兽，是安装在戗脊和垂脊前端的兽状瓦件。兽头形象为狰狞的怪兽，朝天鼻，鼻孔分置左右，张口，上下颌骨各有一枚犬齿；舌前伸；两眼凸鼓，上眼睑后有两层眼皮。眼鼻后有竖起的耳朵，耳上环鬣前斜交与下颌。脑后有三根竖起的鬃毛，其下为圆饼装饰，底座略上凹，鼻后部与底座之间有斜向贯通的孔，安装时将铁条穿入孔中，将兽头固定在相应的位置上（图一二）。

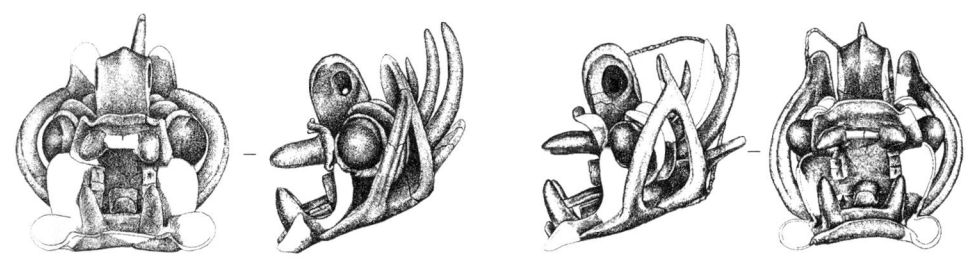

图一二　兽头

三、建筑瓦件的功能

渤海上京城的宫殿建筑与唐代建筑的风格特征基本一致，均由屋顶、屋身、台基三部分组成，史称"三段式"。其中以大屋顶最为典型，即凸显宫殿端庄厚重，又不乏屋面灵巧律动，迥然殊异于西方建筑。上京城宫殿等建筑的屋面瓦件和屋脊构件相互结合所展现的是中国传统的大屋顶特殊轮廓线，更能彰显宫殿建筑经典的面貌和显著的传承特征。上京城宫殿屋顶建筑构件是出自动物原型，并经过艺术加工的一种特殊

饰件，有的安装在屋顶的正脊，有的镶嵌在垂脊上，衬托并点缀着宫殿的大屋顶。

我国宫殿屋面出现曲面，最早见于春秋时期的《周官·考工记》中"葺屋三分，瓦屋四分"的记载，汉代出现"折面反宇式"屋顶，南北朝时期开始形成凹面的屋面，并产生了"举折"（宋式建筑大木作术语），唐时这种屋面由斜平坡面做成曲面的营造方法已广泛使用并达到完美极致，宋式建筑中"举折"成为一种定制。举折是确定屋顶步架高度和屋面曲线的方法，"举，指步架的高度，即自撩檐枋背至脊榑背的垂直高度；折，指平榑逐缝递减其高度，使屋顶坡度产生曲面"。这种自上而下的平榑定位方法，反映了屋面由平屋面发展到曲屋面的演化过程[1]（图一三）。

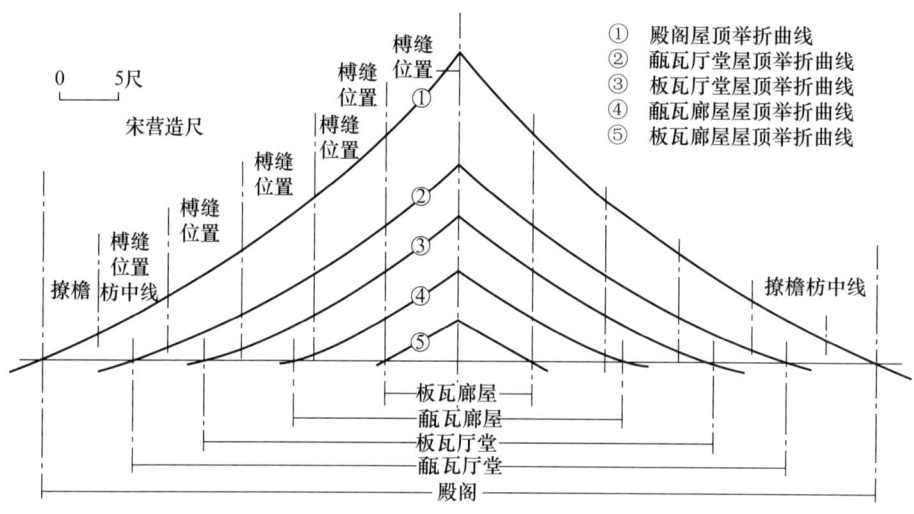

图一三 《营造法式》举折示意图

渤海上京城宫殿等屋面建筑承袭了唐同类建筑的工艺技术，出土的瓦件就可明确反映出宫殿等建筑的屋面是有弧度的。上京城宫殿瓦垄铺就时，屋面凹处弧度较缓时使用的板瓦只要宽窄相符即可，屋凹面弧度较陡时利用板瓦相互之间叠压使间距缩短。在宫殿屋面施工过程中，渤海工匠们还利用瓦下泥背的可塑性，使屋面的弧度更趋合理。在部分板瓦瓦背上的戳刺纹，应该是防止在瓦垄铺就时滑坡，这样才能使瓦垄与屋面结合得更贴切。

上京城宽度相同而长度不同的筒瓦，应该是因宫殿等建筑的屋面下凹的弧度而特别定制生产的。筒瓦在屋面瓦垄中是铺在板瓦之间的接缝上面，它与板瓦契合的密切程度，对屋面防雨水侵蚀功能起着关键性的作用，因此，宽度相同而长短不同的筒瓦应运而生。此外，瓦垄中的筒瓦由于屋面下凹所产生弧度致使上部的瓦下滑推力挤压着下瓦的后尾，使相互叠压的瓦垄可能出现溜坡，筒瓦和檐头筒瓦部分瓦舍上的小孔

---

[1] 李百进：《唐风建筑营造》，中国建筑工程出版社，2007年，第172页。

应该是用瓦钉固定屋面较陡部位和檐头处的筒瓦，这就最大程度上缓解了可能产生的溜坡现象。

上京城第4号宫殿东寝殿发现屋面铺设瓦垄的残存遗迹①，可以肯定其铺就方式与唐代宫殿屋面瓦垄相同。我国古代宫殿屋面做法是板瓦仰铺于屋面的灰泥背上，一般按压七露三的规律铺设。檐头和屋脊根部位，因坡度的缓峻不同，可适当放疏和加密。檐头筒瓦瓦垄顺序由下向上铺砌，为防止筒瓦窜位或脱落，重要位置用铁钉固定。屋面瓦垄铺就时，应做到"三搭头"，以此规律铺放，可使屋顶面做到不露不渗（图一四）。

图一四　上京城瓦垄遗迹

从上京城出土的瓦件可以推定，其宫殿等建筑的屋面建筑技术已曲线化了，可以说是继承了唐代屋面的建筑技艺。这时上京城的屋面也应该如《诗经·小雅·斯干》描述的那样，有"如跂斯翼，如矢斯棘，如鸟斯革，如翚斯飞，君子攸跻"的视觉效果，使厚重呆板的屋面变得轻快而富有动感。

上京城宫殿等建筑屋面"凹"的效果，体现出这一类建筑的构造功能和工艺特征。这种屋面由平面进化为曲线的优越功能，即《考工记·论人》所描述的"吐水疾而霤远"，是宫殿屋面建筑实用性和艺术性的写实景观。它不仅见于唐代的宫殿建筑，上京城宫殿屋面建筑也应该有此相应的体现。由此可见，实用技术一旦满足了宫殿等建筑功能上的需求，就有了新的结构形式，审美观也因此得到了升华，有了驰骋的舞台。

上京城宫殿等建筑的墙体用土坯垒砌筑②，坯墙受潮后其强度大大降低，为保护墙体不受雨水浸润冲刷，上京城宫殿等建筑的屋面应该采用稍长的出檐。但出檐过大往往会影响室内采光，采用"举折"的方法使屋顶产生曲面，使屋面呈一条凹形优美

---

① 黑龙江省文物考古研究所：《渤海上京城——1998～2007年度考古发掘调查报告》，文物出版社，2009年，第231页。
② 黑龙江省文物考古研究所：《渤海上京城——1998～2007年度考古发掘调查报告》，文物出版社，2009年，第247页。

的曲线；且上端愈来愈陡，有利于雨水的排泄，凹下屋面的屋檐出挑上扬，使其还具有纳光与遮阳的功能。上京城的地理位置大约位于北纬44.5°，太阳的高度角在夏季为70°，冬季约为22°。据此设计屋檐的尺度，把屋顶脊做成相应的陡坡，而把飞檐做成相应的缓坡，形成适度的曲线，恰好使宫殿、寝殿在冬至前后阳光满室，夏至前后屋檐遮阴。此外，土坯墙壁和屋面瓦垄的泥背导热系数低，使合围的房间冬暖夏凉。我国很早对建筑与日光照明的关系已有文献记载，如班固《两都赋》所谓，"上反宇以盖载，激日景而纳光"。

上京城宫殿等建筑屋顶下凹，屋角翘起，能见更多的景色，引入更多的光线，是翘檐以接阳光的技法。宫殿建筑巨大的屋顶产生轻盈活泼的风格，业已成为渤海上京城仿唐建筑突出的特征之一。

上京城釉陶瓦件中的斜角檐头板瓦安装在窝角梁或翼角上部，斜向瓦垄的交接点下端，起封护板瓦垄头的作用。其上部的瓦垄与正脊成直角，而翼角抹斜，为保证在斜向相交时瓦头与窝角沟平行，则将瓦头做出一个与之相应的角度。用于这个部位的檐头筒瓦亦做出相应斜面。斜角檐头板瓦、斜面檐头筒瓦两者结合用于大型宫殿建筑屋顶的檐头角部，并于装饰在窝角梁上脊的兽头及榫头的套兽交相辉映，既实用大方又美观协调。

釉陶斜当面檐头筒瓦是用于不规则的斜形屋顶檐头部位的一种斜形勾头，因这个部位瓦垄与正脊成直角，为使檐头的勾头与抹角墙或檐头成一条直线，必须将勾头的圆形瓦当与后部瓦背依照实际角度做成斜形。这类瓦的制作方法是将处于瓦坯状态的筒瓦进行截角处理后再与瓦当相接，瓦当面向一侧抹斜，瓦当内饰五瓣莲花，莲瓣之间有萼形纹。这类瓦被安装在窝角沟与屋面瓦垄转角部位的相交处，筒瓦垄的下端，其作用是封护筒瓦垄头，以防止渗水，所以前端的瓦头不是平面，而是按一定角度向两个方向倾斜的两面体。

剪边是宫殿屋面做法的一种，即在屋脊和檐口部分使用与屋面陶瓦不同的彩色釉陶瓦，明显突出屋脊和屋面的轮廓及边际线。在目前上京城各宫殿出土的大型釉陶瓦件中，筒瓦占大多数，其次是脊瓦，板瓦数量极少。见诸于报告的标本更寥寥无几，《东京城》收录一件：残，宽10、长8厘米。《渤海上京城》仅收录第2号宫殿所出一件：残，宽10、长7厘米。残存的板瓦宽度均小于脊瓦的宽度，另外有部分脊瓦是由板瓦分割而成，因此这几件残板瓦很可能是扣脊瓦破碎形成的。在小型釉陶瓦件中，筒瓦、板瓦、脊瓦均数量相当，由此可见上京城大型宫殿只是在檐脊部分用釉陶瓦件、兽头和套兽，而在小型重要建筑中施用剪边的屋面技术[①]。

---

① 赵虹光：《渤海上京城考古》，科学出版社，2012年，第204页。

四、建筑饰件的作用

　　上京城宫殿建筑饰件中的鸱吻被镶嵌在脊端的正吻处，此处是宫殿正脊最高的地方。我国早期宫殿建筑在这个位置上是黏革泥，制陶工艺发达后，此处覆盖一陶片，后逐渐在此部位覆置一"瓦件"。由于宫殿是木结构的建筑，有着易燃的缺憾，而人们在精神方面又追求驱邪避害，伴随着生产力的发展和人们审美要求的提高，高等级的宫殿建筑的屋脊两侧需要造型生动并具有实用性的建筑饰件来装点。选用鸱尾作为该建筑饰件的原型，是因为鸱是大海中的鲸，在佛经上是雨神的座物，能灭火。可见，鸱尾有避火、扶正辟邪之意。故此，鸱尾开始用于宫殿等建筑的屋脊两侧。"最初的鸱尾并不是龙形的，是由简单的翘凸逐渐形成动物形的脊饰，最早的实物见于汉代，至中唐或晚唐出现张口吞脊的鸱吻。"唐代是中国建筑史上的一个顶峰时期，此时的鸱尾形象更加浑厚简明，较前时代相比其与主体建筑的融合度、匹配度更加精湛，使之成为与宫殿建筑浑然一体的重要组成部分。

　　上京城宫殿屋脊两端的鸱吻造型源于唐代，由于作为显示建筑等级、彰显社会地位作用的鸱吻存在"只能用于宫殿"这一规则，其在上京城宫殿等建筑中愈发凸显了象征性和重要性。鸱吻和垂兽本来是保护建筑用的，后来变成了宫殿的装饰品。吻兽在建筑上的实用功能还有其特殊——正脊和檐角是殿顶两坡的交汇点，雨水从交汇点的缝隙容易渗入，吻兽能严密封固瓦垄，使其既稳固又不渗水。

　　上京城宫殿和寺庙址均发现有独体和分体鸱吻[①]，说明这两种鸱吻装饰是不分朝政和宗教场所，但是其可能分别用在年代或等级与规模不同的建筑上。独体鸱吻可能用于建筑年代较早或等级较高的建筑，而分体鸱吻可能用在建筑年代稍晚、等级稍低的建筑上。鸱吻分别装饰在宫殿和寺庙屋顶的相同部位，点缀较为呆板的屋脊，使其成为整个建筑物的美丽冠冕。

　　唐代早期鸱尾的外形和装饰都比较简单，尾尖向内倾伸，外侧施鳍状纹，见于陕西西安大雁塔门楣石刻（图一五，1）。上京城的独体鸱吻与其在形体、纹饰上相似（图一五，2）。自中唐时期开始，鸱尾的形象发生了显著的变化，山西五台山佛光寺大殿的鸱吻凸出了鸱尾下端"吻"的分量，表现为一个兽首，形象夸张，张嘴吞脊，尾部逐渐向鱼尾过渡（图一五，3）。上京城的分体鸱吻与其在形体、纹饰上非常相似（图一五，4）。

[①] 中国社会科学院考古研究所：《六顶山与渤海镇——唐代渤海国的贵族墓地与都城遗址》，中国大百科全书出版社，1997年，第107页。

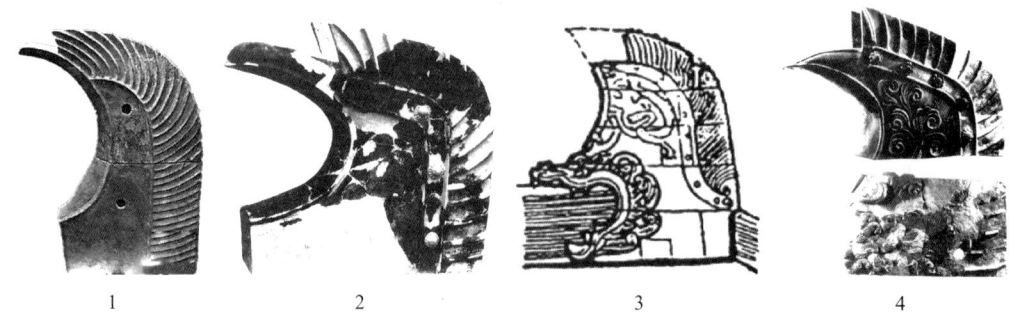

图一五 鸱吻
1.唐昭陵鸱吻 2、4.渤海上京城宫殿、寺庙鸱吻 3.唐五台山大殿鸱吻

上京城独体鸱吻的器形质朴，纹饰简约。分体类鸱吻上部形态变化不大，仅高度缩短。下部为一长方体，一端装饰一个形象夸张的兽首，凸显了鸱吻下端"吻"的分量。唐中期开始鸱尾的形象发生了显著的变化，开始出现分体形制的鸱吻。因此可以推定上京城宫殿等建筑所使用分体鸱吻的年代上限不会早过唐代中期，可能唐晚期才施用于上京城宫殿等建筑上。

套兽安装时先将仔角梁榫头插入其中，必须在套兽阴榫内周围留有空隙，其间内不准填入灰浆，以免被雨水侵入后因降温冻结膨胀破坏套兽，如此既美化了檐角又可以保护子角梁的顶端不受雨水的侵蚀。

正脊以外的垂脊、戗脊上则常用兽头，这些兽头顺着脊的方向面朝外望去，故名望兽。垂脊挑檐枋上置有形态略有不同的套兽，具有很强的装饰性。脊兽的出现和作用与鸱尾一样，最初完全出于实用，因垂脊的坡度大，为防止瓦件滑落需将下端脊瓦钉在角梁上固定住，长钉上面罩以陶制走兽等，以防雨蚀、渗漏。

上京城的釉陶建筑饰件是一种低温陶器，主要是在陶坯上涂施彩釉，其中加入不同的金属氧化物，在焙烧的过程中发生化学变化，便形成了浅黄、赭黄、浅绿、深绿等多种色彩，但多以黄、褐、绿三色为主。色釉浓淡变化，互相浸润，斑驳陆离，色彩自然协调，花纹流畅，具体显现的是我国古代建筑饰件特有的风格和传统工艺。

釉陶套兽的制作工艺较复杂，首先对矿土进行挑选、舂捣、淘洗、沉淀、晾干，用手工做成胎入窑烧制。唐三彩的烧制采用的是二次烧成法，虽然渤海上京城周边到目前为止尚未发现烧制彩釉陶的窑址，但其烧制方法应与唐三彩的相同。从原料上来看，套兽的胎体是用白色的黏土制成，在窑内经过1000～1100℃的素烧，将焙烧过的素胎经过冷却，再施以配制好的各种釉料入窑釉烧，其烧成温度为850～950℃。在釉色上，利用各种氧化金属做呈色剂，经煅烧后呈现出各种色彩。套兽的另外一个特点就是釉色，当时匠人们巧妙地运用施釉的方法，诸如在套兽的鬣毛、鼻孔、内耳、唇等部位使用不同颜色的釉，经过高温烧制以后，釉色之间界线分明，没有像唐三彩釉色浇融流溜形成独特的流窜工艺，使釉色略显安然纯净端庄，这是渤海三彩釉陶器的又一特点。

上京城宫殿由板瓦、筒瓦所铺就的大屋顶屋面，实现了遮阳防雨的使用功能。而屋顶作为宫殿等建筑的重要部分，无疑还有其审美特征，具体体现为屋面瓦垄的和谐之美、檐头瓦件的象征之美、釉陶色彩的装饰之美。

上京城宫殿屋脊上装饰的建筑构件具有浓郁的民族特色，鸱吻造型沉静大方，线条明快简洁；大型套兽形态端庄稳重，小型套兽相貌狰狞夸张；兽头形体变异张扬，每个个体都有独特的艺术魅力。上京城建筑构件的主要功能是显示建筑等级，昭示社会地位；而建筑饰件的另一面，注重的是整体性、协调性和艺术性，它具体显现的是装饰功能和审美功能，"建筑作为一种艺术，更专一无二的服从美感要求"。

首先，上京城建筑饰件在宫殿等建筑上彰显并制造出的审美价值，能够为人们提供视觉与心灵上的美感和愉悦，这本身就成为一种精神上的功能。

其次，突出与强调功能装饰具有很强的表现性，可以体现上京城宫殿建筑的主题和民族文化的内涵，构成了宫殿等建筑中的"点睛"之笔，产生深刻的感染力。

再者，上京城的建筑装饰构件的重要功能还应该是其历史和文化信息的主要承载物。它一般处在建筑外部体量的最高位置上，是建筑最外轮廓线的重要部分，加之唐代建筑屋顶造型的特殊性，往往成为视觉焦点之所在。作为建筑的第五立面的屋顶犹如人的发型和帽冠，既是民族的标志，亦是身份的象征；既是时代的印记，也是都城的风格。

五、余　　论

上京城宫殿建筑饰件的精髓，本文还未能进行完全深入熟识和充分研讨，对其中所蕴含和凝结的人文与艺术，只有亲历对宫殿等建筑群进行的田野考古发掘整理的全过程，才可以感触到其内涵的博大精深，并尽可能去寻觅附加在宫殿等建筑饰件上的精神文化理念，这种有内涵的感触为建筑饰件的研究厘清了演进关系的脉络，奠定了一定的基础。

渤海国特定的地理环境、历史条件，以及民族传统和某些偶然因素，会造成渤海人共同的心理状态和风俗习惯、喜好情结与审美观念。而正是这种特定的精神因素，产生了一些人们共同都使用的物件，尽管在其用途、制法、使用者的生活环境都非常类似，却分别显现出自己的特殊形态。

上京城的建筑饰件是为满足宫殿功能和装饰的需要，做成何种形态，则是受到质料、用途、制法、使用者的生活环境，以及当时统治者的心理状态、审美观念等因素的制约。这几种因素虽然互为影响，但制作技术比较原始的时候，器物形态受到技术能力和质料限制的影响会最为强烈。当人们的智慧升跃时，使用上是否合理的因素，就能发挥更大的作用。至于审美观念对器物形态的影响，应当是越到人们支配自然的能力有充分发展的时候，就越是大量发挥。诚然，不同的审美观念，本身就会受到生产力和不同的生活环境所制约。

　　莲花及变形图案大量用于瓦当和类似的建筑饰件上，在同类器物形态关系和制约物品形态的诸因素中，是最难捕捉、最难具体说明的。莲花是我国传统花卉，《尔雅》中有"荷，芙渠……其实莲"的记载，古名芙渠或芙蓉，现称荷花。春秋战国时曾用作饰纹，自佛教传入我国后便以莲花作为佛教标志。据传释迦降生时，"东南西北，各行七步"，步步生莲。莲花代表"净土"，象征"纯洁"，寓意"吉祥"。南北朝时佛教盛行，莲花、莲实、莲瓣纹成为陶瓷器的主要装饰，是常用的寓意图案之一。到隋唐时进入了全盛时期，并开始用于建筑瓦件和饰件上。佛教在渤海宗教领域中传播时间较早，第一代王大祚荣的儿子曾去唐朝首都要求"入寺礼拜"这一事实说明，渤海的佛教自从建国初期开始已有流行。以莲花为蓝本的纹饰在渤海上京城宫殿、佛教等建筑遗物中作为装饰图案广为利用。当时渤海人可能在这种生活环境中正确捕捉莲花的形状和特点，进而运用熟练的技法创作出抽象的莲花纹图案于不同器物上。这些图案种类较多，技法洗练，形式多样，充分显示了渤海民族审美观念和雕塑工艺水平。

　　唐代在汉代发明的低温釉陶基础上，创造了唐三彩，并形成了成熟的瓷业生产。渤海上京城发掘出土的釉陶三彩建筑材料，其中瓦件绝大多数是红褐胎，釉色发暗、发黄。而建筑饰件的胎质为灰白色，釉色鲜艳明亮。红胎或白胎的釉色主要是黄、绿、褐三色，少量黑色，常用的则是黄绿或黄褐色，这与唐代中原地区常见的黄、绿、蓝、白色釉不同。根据上海博物馆文物保护与考古科学实验室对渤海上京城出土的 13 件釉陶残片的分析结果，在胎成分数据上，渤海国龙泉府遗址出土样品与河南及扬州出土样品差别较大，具体体现在：龙泉府遗址出土样品含有较低的 Al_2O_3 含量和较高的 Fe_2O_3 和 Na_2O 含量。而它们又可细分为两组，Fe_2O_3 含量在 5% 左右的黑胎和 Fe_2O_3 含量在 2% 左右的灰白胎。黑胎样品施加了白色化妆土，而白胎样品则无。由于 Fe_2O_3 含量约为 2% 的样品只有两个，而两者间 K_2O 和 CaO 含量有较大差异，尚难以判断这类样品的胎是否由黑胎加工而来。在釉的成分数据上，渤海国龙泉府遗址出土样品与其他三彩样品相近，其成色机制相仿：釉中 CuO 的含量较高时，Cu^{2+} 在铅玻璃中呈现绿色；而当 Fe_2O_3 含量较高时，釉色呈棕黄色，Fe_2O_3 含量越高，颜色越偏棕黄，甚至褐色。在釉的成分数据上，上京龙泉府遗址出土样品与黄冶出土样品相比，还有细微的差别：龙泉府遗址样品釉中 Al_2O_3 的含量略高，而 SiO_2 和 K_2O 的含量略低。在上京龙泉府遗址出土残片釉的测量中发现样品含有微量的 Sb 和 Ag 元素存在，两元素含量间没有直接关系，而与釉中其他元素也没有某种比例关系，在测量中发现这两种元素也不是埋藏环境所引入的。它们究竟如何引入釉中的，还需要今后进一步研究分析。值得一提的是瓦片样品釉中并没有含微量 Ag 和 Sb，这就暗示，作为普通建筑材料的瓦，其釉制作与三彩类样品有所差异。

　　唐苏鹗编著的《杜阳杂编》记载，武宗会昌元年（公元 841 年，大彝震咸和十一年),"渤海贡玛瑙柜、紫瓷盆。……紫瓷盆容量半斛,内外通莹,其色纯紫,厚可寸余,举之则若鸿毛"。这说明当时渤海国不仅烧造瓷器,而且质量很高,并用作贡品向中原唐王朝进贡。上京城出土的黑瓷罐,釉色泛紫、晶莹透亮、制作精细[①]。还有器形优美的大型黑色云形盘等,在一定程度上也证明了文献记载有一定的依据。再者上京城出土的釉陶殿阶螭首、套兽、兽头和鸱尾等,这些器物不仅造型精美,而且形体巨大,不可能都从数千里外的中原地区输入,应该亦是本地烧造的产品。既然渤海国晚期可以烧造出如此高质量的瓷器,那么烧造釉陶三彩器应该是没有问题的。此外,上京城遗址出土了数以千计的各种陶器,充分说明了当时渤海国的制陶工艺已达到了很高的水平,也表明了渤海国已有一批很熟练的制陶工匠。因此,渤海当时已具备了烧造釉陶三彩器的物质条件和技术力量,出土的釉陶三彩器除少数可能为唐代中原地区的产品外,多数应该是渤海国本地烧造。

上京城建筑瓦件和建筑饰件是渤海国工匠们运用聪明智慧创造出的结晶,建筑饰件惠选富有寓意的生灵,从一个侧面反映了渤海国向往太平和谐,盛世繁荣的愿景。屋面上的装饰构件作为我国古代宫殿建筑文化的载体,历经数千年的传承、发展与演变,形成了不同时期独自、特有的风格。魏晋的古朴、隋唐的威严、渤海的笃实。它们的演化存留,无声的洋溢着宫殿建筑的发展史,所呈现出的是一幅幅中国古代建筑精美灵动的画卷。上京城宫殿和屋顶样式传承着唐代建筑的精髓,彰显着渤海文化的风格,凝结着能工巧匠的智慧,它是中国建筑史中不可或缺且相当重要的一部分。

[①] 李殿福等:《渤海国》,文物出版社,1987年,第91页。

从渤海上京城城墙建筑顺序和营建方式
看皇城宫城区域的划分*

赵哲夫

（黑龙江省文物考古研究所）

渤海国是唐代少数民族地方政权，强盛时，地有五京、十五府、六十二州、一百三十余县，其疆域包括今天中国东北三省的绝大部分、朝鲜半岛北部、俄罗斯远东地区一部，史称其"地方五千里"，是有"中华之风"的"海东盛国"。

渤海上京城是渤海国（初称忽汗州）的主要都城，最早见于文献的名称是"渤海王城"，渤海实行五京制度后称"上京龙泉府"。辽代文献称"忽汗城"，契丹灭渤海建东丹国，改称"天福城"，东丹南迁后被毁。其故城遗址位于今黑龙江省宁安市渤海镇，东北距宁安市35千米，西南距镜泊湖13.4千米。

一、关于渤海上京城城墙的保存情况

渤海上京城城墙根据其功能可分为郭城、皇城、宫城、东掖城和西掖城等部分（图一）。

渤海上京城郭城平面形状基本呈横长方形，由东、南、西、北四面城墙组成，其中北城墙中心部分向外凸出，全城占地15.8773平方千米。

郭城城墙自成一体，东城墙长3364米，西城墙长3402米，南城墙长4590米，全部呈直线状，从建筑方式来看，除城门处预留豁口，后建城门外，均连续无间断。北城墙全长4957米，情况比较复杂，该段城墙自西北角起，为规避西南—东北流向的、从牡丹江分流出来的河岔，形成了同向的抹斜，长265米。自抹斜向东1385米呈直线状，然后向北凸出165米，凸出部分向东延展863米后，因地势关系向南直角内折42米，向东205米后，再次向南直角内折117米，再向东为直线状，长1915米。郭城的周长，即四面城墙长度总和为16293米。

郭城城墙系用大量黑褐和少量黄沙、灰褐土等不同颜色，不同质地，厚度不一的

---

* 本文为2015年度国家社会科学基金特别委托项目"渤海都城规划布局与京府制研究"（15@ZH007）阶段性成果。

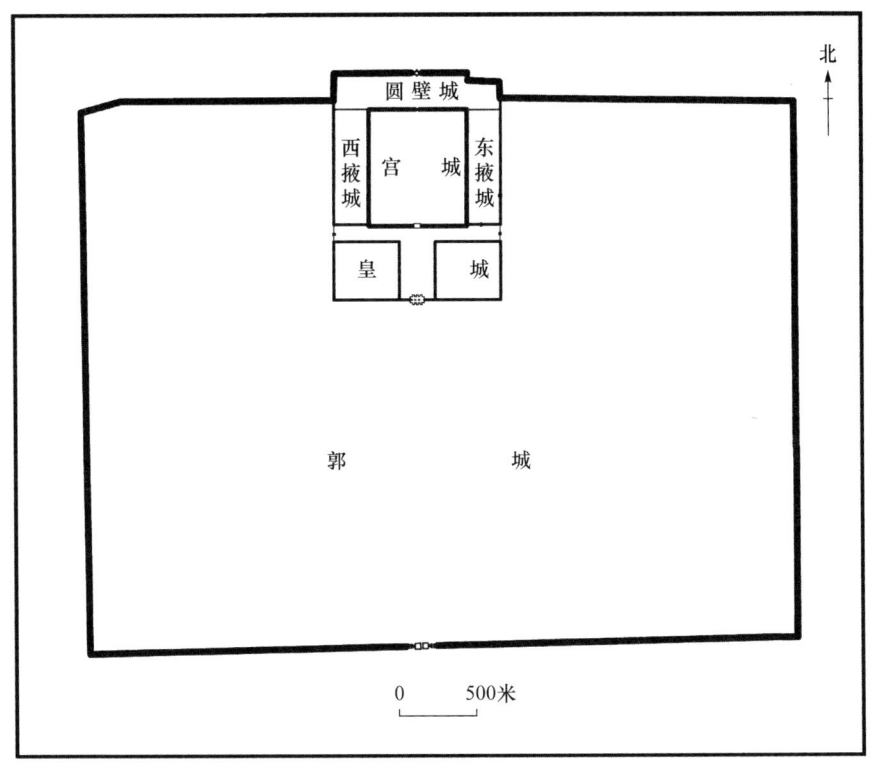

图一 城墙位置关系图

土堆筑墙基，各色土分层不明显，根据城墙南侧护城河及附近地层来看，修建护城河时取出的土，向内堆筑形成墙基，其截面呈梯形，内侧缓平，外侧低斜。

郭城墙基部分上用石垒砌城墙，已发掘部分所见宽1.7米左右，城墙坍塌后的石块堆积在城墙基部的内外两侧，宽10米左右，城墙遗迹保存情况不一，整个郭城墙南半部土基保存较为底矮，石料保存较少，破坏较甚，残高多不足1米，个别地方则几乎夷平。北半部土基保存较高，石料保存较多，保存情况较好，高出现今地面约2～3米，从整体观察，郭城的遗迹连续，特别是北半部城墙建筑遗迹清晰，连续无间断。

皇城城墙分为东墙、南墙、西墙三部分，东、西墙长355米左右，南墙长1045米，北面隔92米宽的东西向横街与东掖城、宫城、西掖城相对。皇城分东、西、中三个区，东、西区东、西长413米，南北宽355米，中区为宫门与皇城南门之间的大街，宽222米。

皇城城墙的构筑方式比较简单，未特意构筑墙基，将地面略加平整后，将低洼处垫平直接垫平筑实后垒筑玄武岩，残存墙体宽度2.3米左右，皇城东、中、西面的墙与皇城东、西两区的墙在构筑方式和规模无差别，且连续闭合，自成体系。

宫城居于渤海上京城北部居中，平面为规整的长方形，南北长720米，东西宽620米。宫城墙遗迹保存完好，高出现地表2～3米。

宫城墙体的构筑方式为先开挖基槽，基槽宽6米，深1米，其内先以河卵石分层铺垫，然后以玄武岩石块填满并略高出基槽，在基础上居中以玄武岩构筑墙体，墙体宽4.7米。宫城城墙自成一体，四面城墙构筑方式和规模无差别。

宫城东侧有东掖城，倚东墙而建，形状规整，东西宽162米，南北长720米，城墙的宽度和高度均低于宫城城墙。

宫城西侧有东掖城，倚西墙而建，形状规整，东西宽162米，南北长720米，城墙的宽度和高度均低于宫城城墙。

另外，朱雀大街两侧的坊墙，其规模超出其他坊墙，至今地面遗迹现象仍可见，不似其他坊墙遗迹多已湮灭，但此情况与本文无大的关联，在此不多讨论。

二、关于渤海上京城城墙建筑顺序的考察

渤海上京城的城墙，主要可分为宫城、宫城东掖城、宫城西掖城、皇城和郭城，各部分应用了不同的建筑方法，各自构成了不同的建筑单元。其构筑顺序应为宫城和郭城最先构筑完成，然后构筑东、西掖城，皇城的构筑应该是在东西掖城完成后构筑的，以下通过从这5个部分城墙的交互关系来加以讨论。

宫城和郭城的关系密切不可分，可能为先筑宫城，在修筑郭城时为了拱卫宫城和东、西掖城，在郭城北墙对应宫城处向外凸出；也可能是先筑郭城，在修筑郭城北墙时考虑到宫城北部守卫的需要，在预留宫城及东、西掖城的位置向外凸出。

在宫城和郭城修筑之后，开始修筑东、西掖城。东掖城的南墙和东墙呈"⌐"形，起自宫城东南角，止于郭城向北凸出处的东北转角，北墙西抵宫城东北角，东与东墙呈"┤"状交汇（图二、图三）。

宫城西掖城的南墙和西墙呈"⌐"形，起自宫城西南角，止于郭城向北凸出处西北转角，北墙东抵宫城西北角，西与西墙呈"├"状交汇（图四、图五）。

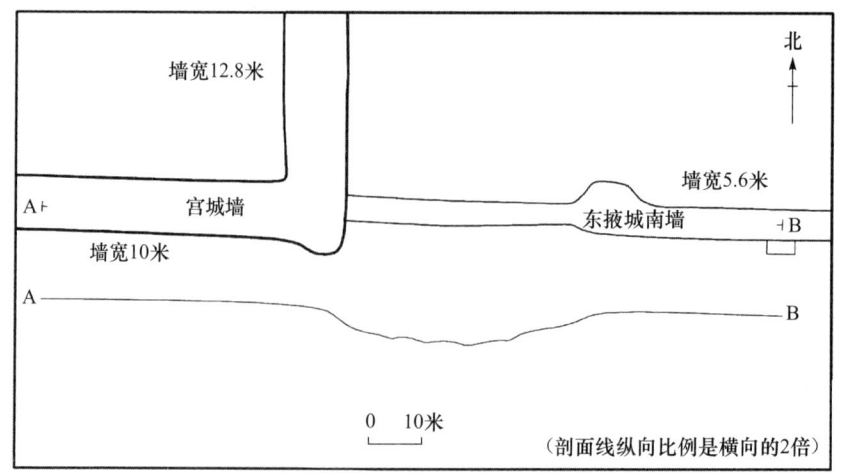

图二　宫城东南角与东掖城部分墙体衔接关系

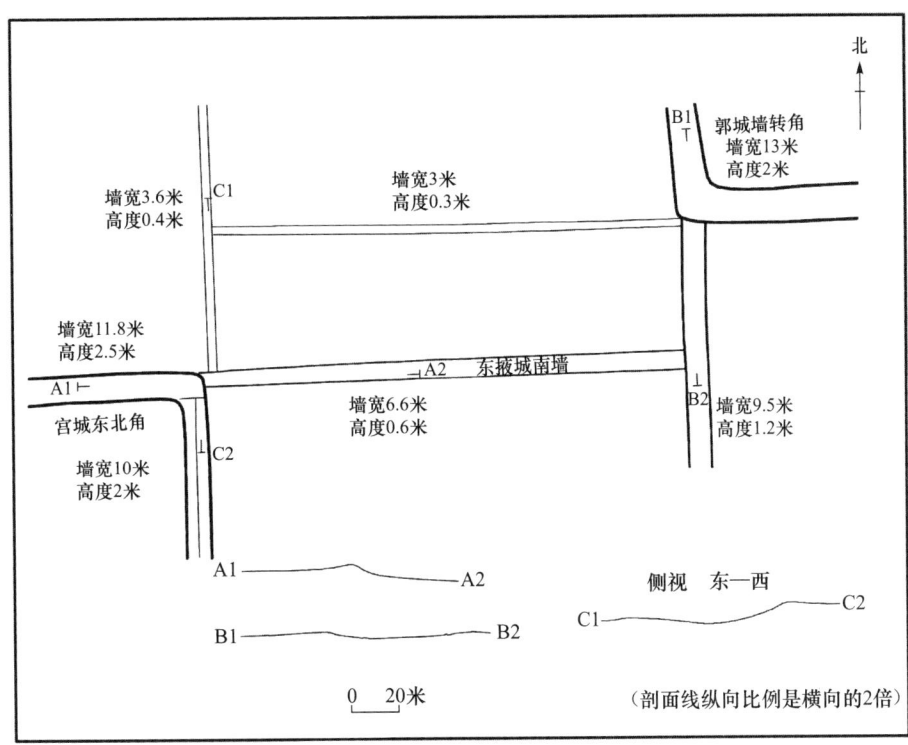

图三 东掖城与郭城城墙衔接关系

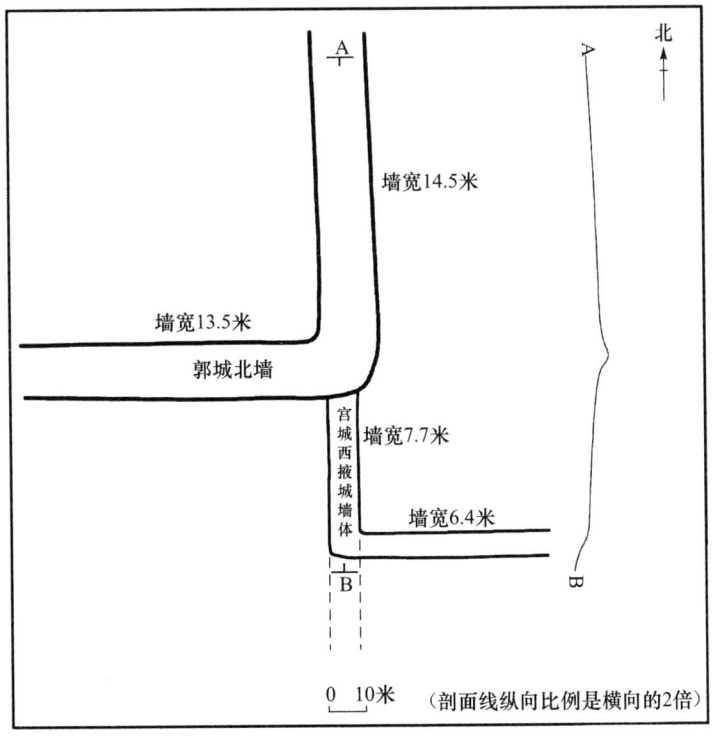

图四 郭城西北角与宫城西掖城墙衔接关系

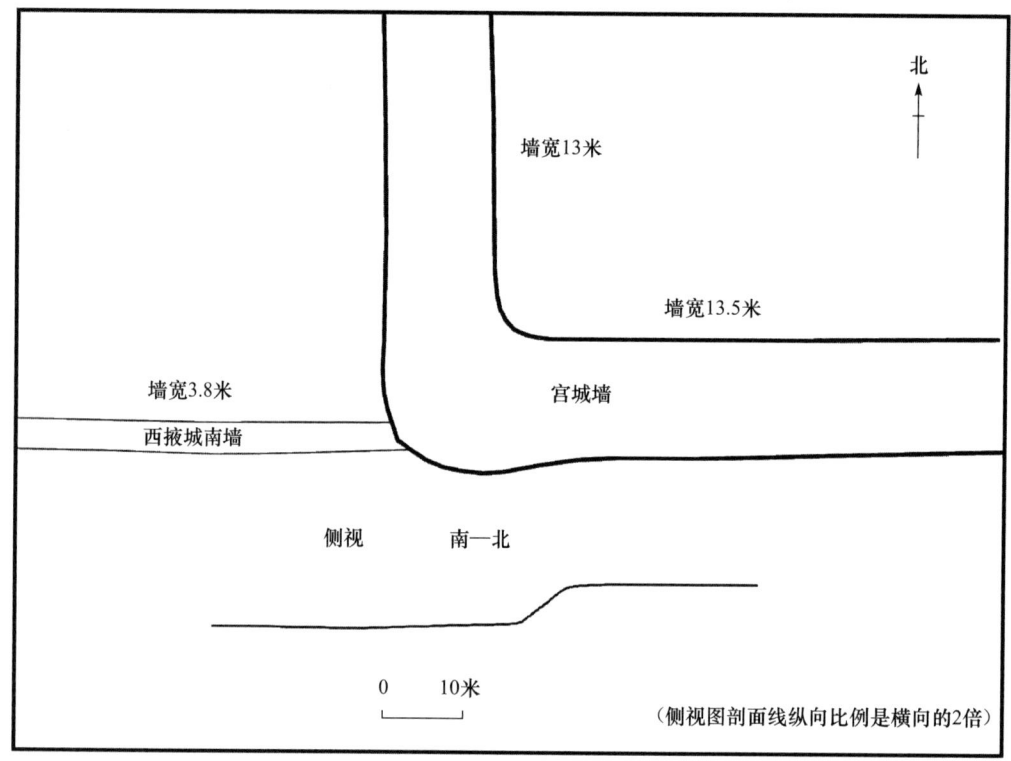

图五 宫城西南角与东掖城墙体衔接关系

皇城的修筑应是在宫城和东、西掖城完成之后修筑的，皇城东区东北角与宫城东掖城东南角之间有墙相连，该段墙体较窄，仅 1.3 米宽，中央偏北处有一方台状遗迹，似为门的遗迹（图六）。

西区西北角与宫城西掖城西南角之间有亦墙相连，情况与东掖城对应部分相同但保存状况不好，地表遗迹已不明显。

从上述 5 组城墙既相对独立，又密切关联的情况来看，其修筑时间可能有相对的早晚，但无时代上的差异。这种情况应该表明，这些城墙的修筑是在统一规划下、在一个时间段完成的。

三、关于渤海上京城郭城、皇城、宫城的划分

根据中国古代都城以功能进行的区域划分，渤海上京城可分为郭城、皇城、宫城等部分，郭城的划分几无异议，不同的观点分歧主要体现在皇城和宫城的划分上，划分方式主要有以下几种。

1921 年，宁安县知事王世选主修，梅文昭总纂的《宁安县志》出版，志中由发表了由吉林陆军将弁学堂毕业的傅明毓绘制《唐代渤海国上京龙泉府图》，这是已知最早

的利用现代测量原理绘制的实测图,图中在今宫城内标注了五凤楼、金銮殿、二层殿、三层殿和东宫、西宫等遗迹,在东掖城范围内标注了花园、亭子基、养鱼池和钓鱼台等遗迹,但此图全城的形状不准确,只能算是比较好的示意图。

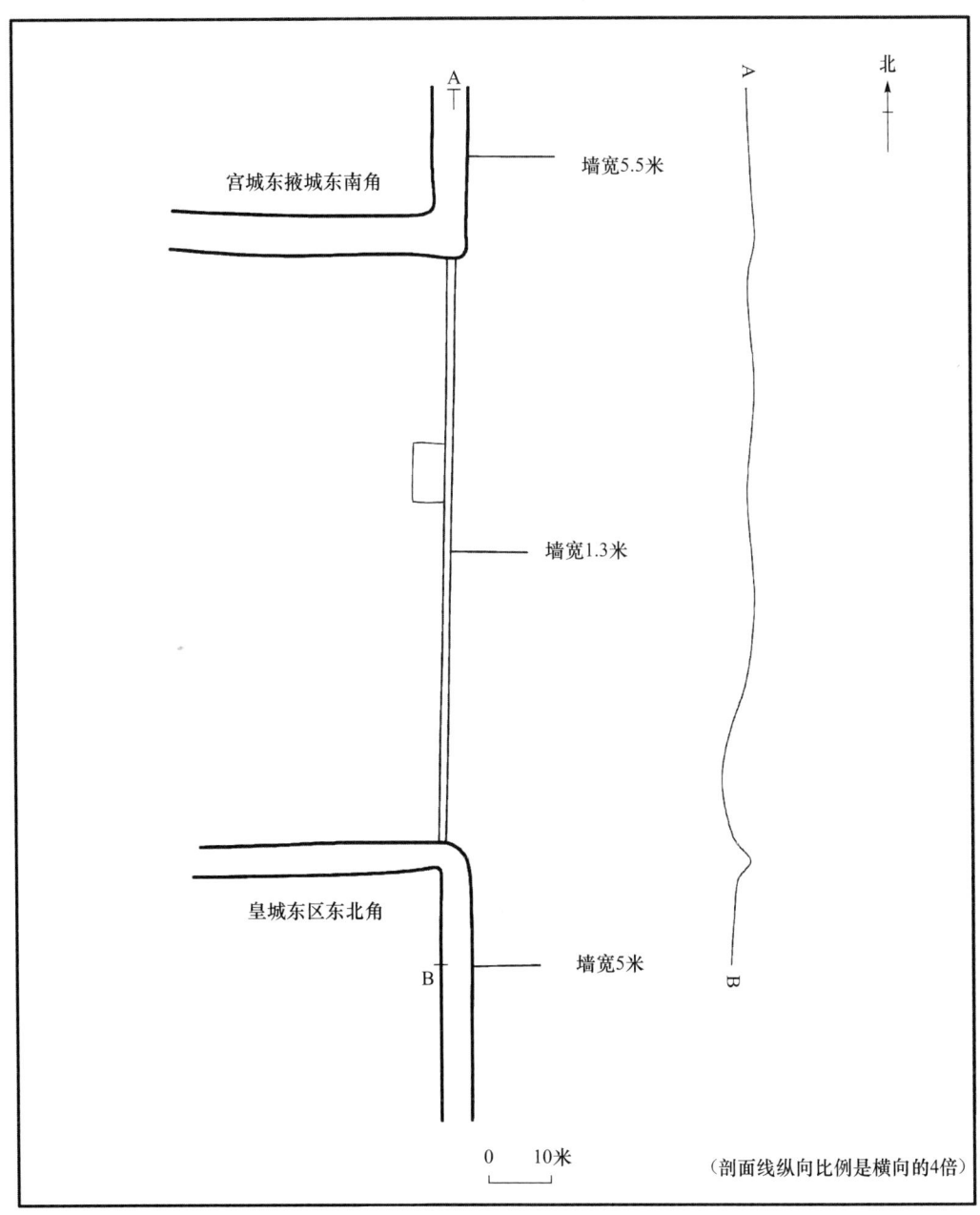

图六 宫城东掖城与皇城的衔接关系

1931年，东省特别区考察队古民族分队对渤海上京城遗址进行了考察，绘制了《东京城遗址紫禁城图》[①]，图中涉及的遗迹主要为今宫城和东掖城，没有测绘或发表全城遗迹图。

1933～1934年，日本东亚考古学会调查、发掘了渤海上京城，出版了专题考古报告书，发表了《渤海国上京龙泉府址全图》和《渤海国上京龙泉府宫城址图》[②]，两图测量的较为精准，但可能由于时间紧或工作重点不在于此，《渤海国上京龙泉府址全图》虽然较好地反映了遗迹的形状，但对城墙的位置关系没有涉及，将上京城划分外城、内城和宫城三部分。这两张图影响深远，对后来的研究成果影响甚大。

1963～1964年，中国社会科学院考古研究所等发掘了渤海上京城，出版了专题考古报告[③]，发表了《渤海上京龙泉府遗址平面图》和《上京龙泉府宫城与皇城平面图》，在《上京龙泉府宫城与皇城平面图》中将园璧城，东、西掖城与宫城绘制在一起，书中描述时将其称作宫城的附属部分，这应该是后来学界将郭城北墙凸出部分、东掖城东墙、西掖城西墙和皇城墙称作第二重城垣或内城墙的原因。此图影响深远，朝鲜学者据此将皇城以北均称作宫城，将之分为中心区、北区、东区和西区四个部分[④]。

朱国忱先生著书，认为只有中心区才能被称作宫城，其北、东、西三个部分被称作内苑[⑤]。从书中发表的《上京龙泉府宫城平面图》来看，作者将皇城以北部分皆视为宫城。

刘晓东先生认为宫城本身自成一体，居皇城之中；皇城为第二重城垣，环宫城四周；郭城为第三重城垣，环皇城东、南、西三面[⑥]。

四、关于渤海上京城郭城、皇城、宫城划分的讨论

渤海上京城郭城、皇城、宫城划分的各家观点大体可以分为三种：一是按功能划分，以《六顶山与渤海镇》《渤海故都》《朝鲜考古学概要》等观点为代表，这几家观点虽然在具体划分方面有着微观上的差别，但总体来看，将皇城以北皆视为宫城；二是将全城划分为外城、内城和宫城三部分，以《东京城》为主，此说未见太多的引

[①] 黑龙江省文物考古研究所：《1998～2007年度考古发掘调查报告——渤海上京城》，文物出版社，2009年，附录四。
[②] 东亚考古学会：《东京城——渤海国上京龙泉府址的发掘调查》，东京，1939年。
[③] 中国社会科学院考古研究所：《六顶山与渤海镇——唐代渤海国的贵族墓地与都城遗址》，中国大百科全书出版社，1997年。
[④] 朝鲜社会科学院考古研究所：《朝鲜考古学概要》，黑龙江省文物出版编辑室，1983年。
[⑤] 朱国忱、金太顺、李延铁：《渤海故都》，黑龙江人民出版社，1996年。
[⑥] 刘晓东：《渤海文化研究——以考古发现为视角》，黑龙江人民出版社，2006年。

证,只是一种说法;三是三重城垣说,以《渤海文化》为主,主要依据渤海上京城平面图,将郭城、皇城、宫城城墙人为界定后进行划分,没有考虑各城墙自身特点及其建筑的时间、空间联系,此说法的第二重城垣实际上不能自成一体,故有很大的局限性。

我们对渤海上京城城墙建筑顺序和营建方式的考察,很好地支持了第一种观点,使得这一观点趋于完善。

勿吉"冢上作屋"与渤海"墓上建筑"
——兼谈高句丽墓上覆瓦

白 淼[1] 李 强[2]

（1.延边州博物馆；2.延边州文物保护中心）

勿吉之名始见于东晋初年[①]，直到南北朝末年方改称靺鞨[②]。在此期间，勿吉有一种独特的丧葬习俗——"冢上作屋"为史书所载[③]。这种具有鲜明特色的丧葬习俗，有别于他族，也不见于其先世——商周时期的肃慎和汉魏时期的挹娄，以及其后裔——隋唐时的靺鞨、金朝的女真。

那么，勿吉"冢上作屋"究竟是怎样的一种形制，其产生的社会背景是什么；唐朝以靺鞨族为主体建立的渤海国初期是否延续了勿吉冢上作屋的习俗，它与目前发现的"墓上建筑"有无必然的联系；渤海国的"墓上建筑"与高句丽的墓上覆瓦又有何区别，两者是否存在渊源关系等，即是本文所要阐述的几个问题。

一

《魏书·勿吉传》载："勿吉国，在高句丽北，旧肃慎国也。邑落各自有长，不相总一。……国有大水，阔三里余，名速末水。其地下湿，筑城穴居，屋形似冢，开口于上，以梯出入。……其父母春夏死，立埋之，冢上作屋，不令雨湿；若秋冬，以其尸捕貂，貂食其肉，多得之。"[④]

《北史·勿吉传》载："勿吉国在高句丽北，一曰靺鞨。邑落各自有长，不相总一。……其部类凡有七种：其一号粟末部，与高丽接，胜兵数千，多骁武，每寇高丽；其二伯咄部，在粟末北，胜兵七千；其三安车骨部，在伯咄东北；其四拂涅部，在伯咄东；其五号室部，在拂涅东；其六黑水部，在安车骨西北；其七白山部，在粟

[①] 平文皇帝"二年（公元318年），刘虎据朔方，来侵西部，帝逆击，大破之……西兼乌孙故地，东吞勿吉以西，控弦上马将有百万"。见《魏书》卷1《序纪》。
[②] 武成帝清河三年（公元563年），"是岁，室韦、库莫奚、靺鞨、契丹并市遣使朝贡"。见《北齐书》卷7。
[③] 《魏书》卷100《勿吉传》。
[④] 《魏书》卷100《勿吉传》。

末东南。""地卑湿，筑土如堤，凿穴以居，开口向上，以梯出入。……其父母春夏死，立埋之，冢上作屋，不令雨湿；若秋冬死，以其尸捕貂，貂食其肉，多得之。"①

以上是文献记载勿吉"冢上作屋"的两条史料。如果根据史料的描述，并结合目前已发现的考古资料去加以剖析，便可以得出如下认知。

（1）文献中描述的勿吉房屋结构是凿穴以居。由于墙的四壁修建在地表之下，所以房门只能设计在房屋的顶部，出入时也只有借助梯子爬上爬下，为了遮蔽风雨，屋顶用树木支撑后，苫盖枝草，形成一个凸于地表的穹顶，远方眺望，村落中的座座穴屋，犹如个个坟冢。

上述根据文献记载勾画出的勿吉房屋结构，已得到考古发掘资料的证实。在现今吉林市以北的北流松花江下游和东流段松花江的广大区域，有一种同仁文化，其中一期早段的绝对年代是距今1380年±80年，该段文化无论是地望还是年代均与南北朝时的勿吉相吻合。该段F3是一座方形半地穴木构建筑，穴深0.75～0.8米，地穴四壁竖板，顶部直接以横梁承椽，房顶由立柱支撑，房门开启在屋顶，室内架设矮梯以便出入②。2007年，笔者撰文《勿吉与渤海"冢上作屋"初识》一文，根据同仁文化早期一段F3的遗迹现象以及柱洞的分布情况，特别是屋顶因火灾坍塌后保留炭化的房子木构件遗迹现状进行了分析，得出了同仁F3与文献记载的勿吉"开口于上，以梯出入"完全吻合的结论③。冯恩学先生在2007年也发表了《黑龙江中游沿岸地区的靺鞨房屋》，对勿吉、靺鞨房屋结构进行了专题研究，同样得出了"同仁F3与勿吉'开口于上，以梯出入'相吻合"的结论④。

（2）既然勿吉的房屋结构已十分清晰，那么不妨按照文献记载勿吉"屋形似冢"的现象逆向思维之，即勿吉"冢上作屋"的形制与其"凿穴以居"的形制极为类似，也可以说是"冢形类屋"。按此推理，勿吉墓葬形制大致如下：土坑竖穴，不设墓道和墓门，墓顶没有搭盖石板，有的只是遮风挡雨的类似房顶设施，俯瞰冢群，茔地中的每座墓葬，恰似土围中的座座穴屋。千余年后，墓穴上以树枝毛草搭盖的"屋顶"早已坍塌或腐朽为泥，墓穴亦被泥土掩埋，如今见到的只能是一堆堆低矮的土冢。

黑龙江省萝北县团结墓葬与同仁一期早段属同一文化遗存⑤。清理的10座墓葬均为土坑墓，墓葬大小不一，深浅有别，墓顶不见盖石。这种墓葬与勿吉"冢上作屋"的形制虽然不能完全吻合，但有一定的相似性。墓内出现的随葬猪头现象，还表明勿吉保留了先世"肃慎氏，一名挹娄，……死者其日即葬之于野，交木作小椁，杀

---

① 《北史》卷94《勿吉传》。
② 黑龙江省文物考古研究所、中国社会科学院考古研究所：《黑龙江绥滨同仁遗址发掘报告》，《考古学报》2006年第1期。
③ 李强：《勿吉与渤海"冢上作屋"初识》，《高句丽研究》（第26辑），韩国高句丽研究会，2007年。
④ 冯恩学：《黑龙江中游沿岸地区的靺鞨房屋》，《边疆考古研究》（第6辑），科学出版社，2007年。
⑤ 黑龙江省文物考古研究所：《黑龙江萝北团结墓葬发掘》，《考古》1989年第8期。

猪积其上,以为死者之粮"①的丧葬习俗。

总之,尽管我们目前还没有发现一座与文献记载完全吻合的勿吉"冢屋",但经过我们对文献资料的分析,以及对现有考古发掘资料的考察,不能不说已经找到了一把开启勿吉"冢屋"房门的钥匙。随着考古工作的逐步展开和对勿吉"冢上作屋"的深入研究,封存在"冢屋"上的千年尘埃终将会拂去。

(3)勿吉"冢上作屋"是一种十分朴素的原始丧葬习俗,是其社会发展阶段的产物。

"勿吉国,在高句丽北,旧肃慎国也。邑落各自有长,不相总一。其人劲悍,於东夷最强,言语独异,常轻豆莫娄国导,诸国亦患之。……筑城穴居。"②根据上述记载我们可知当时的勿吉有很多邑落,尚未形成一个统一体,每一个邑落就相当于一个村寨,每个村寨为了防止他族的掠夺,扩大土地,而发生日益频繁的武装冲突,不得不"筑城穴居",也就是在各自村寨的周边修建土筑城墙,以起到防御作用,这也就是《北史》记载的"筑土如堤"③。当然这种城墙可以是土筑的,也可以是石筑的,还可以是土石混筑的,甚至可以是木栅形式的。勿吉各邑落这种村寨形式与恩格斯的"血族部落"④,即马克思所说的"按氏族特征组织的部落"较为接近,而与恩格斯的"在新的设防城市的周围屹立着高峻的墙壁并非无敌;它们的濠沟深陷为氏族制度的墓穴,而它们的城楼已经耸入文明时代了"⑤显然不同。此时,原始民主主义原则尚体现于部落生活之中,完全脱离人民的、高踞于人民之上的权力机关尚未形成,被设防的土筑城墙里并不具备城市的要素,居住在土墙里的人们自然也就未跨入文明的门槛。

"初婚之夕,男就女家执女乳而罢,便以为定,仍为夫妇"⑥。这是文献中可以证明勿吉社会发展阶段的又一条记载。它说明勿吉在婚姻中仍保存有母系氏族对偶婚的孑遗。那么,比照恩格斯古代人类社会"三种婚姻形式大体与人类发展相适应。群婚制是与蒙昧时代相适应的,对偶婚是与野蛮时代相适应的,以通奸和卖淫为补充的一夫一妻制与文明时代相适应的,在野蛮时代的高级阶段,在对偶婚制和一夫一妻制之间,插入了男子对女奴隶的统治和多妻制"⑦的理论,勿吉社会的发展阶段当处在野蛮时代的末期。

由此看来,无论是勿吉的社会组织形式,还是婚姻形式,都没有超出原始社会的范畴。但需要说明的是,勿吉西面有高度文明的晋国,南接早已步入阶级社会的高句

---

① 《晋书》卷97《东夷传·肃慎氏》。
② 《魏书》卷100《勿吉传》。
③ 《北史》卷94《勿吉传》。
④ 恩格斯:《家庭私有制和国家的起源》。
⑤ 马克思:《资本主义生产以前各形态》。
⑥ 《魏书》卷100《勿吉传》。
⑦ 恩格斯:《家庭私有制和国家的起源》。

丽国，所以会或多或少受到两者先进的政治、军事、文化、经济等诸多方面影响，使其在原始社会的元素中融入些许文明社会的因素也是可能的。

二

渤海国（公元 698～926 年）是以勿吉后裔靺鞨族为主体建立的一个唐朝地方少数民族政权。关于渤海丧葬习俗未见史家记载，但依据目前已发掘的渤海墓葬可知，渤海不仅发现有"冢上作屋"的遗存，而且还存在"墓上建筑"的高等级墓葬建筑形式。那么，渤海发现的"冢上作屋"遗存和"墓上建筑"是否都与前世的勿吉"冢上作屋"有关呢？

首先，谈一下渤海"冢上作屋"的发现和勿吉"冢上作屋"的关系。

实际上，渤海"冢上作屋"遗存早在 20 世纪 60 年代初已被发现，遗憾的是至今为止尚未引起学界足够的认识。就目前已发表的考古发掘资料，有三处墓葬与"冢上作屋"有关。

吉林省敦化六顶山墓地，位于敦化市以南 5 千米的六顶山南侧山坳里，分为两个墓区。Ⅰ墓区内葬有渤海第三代王之二女贞惠公主，因而学界认定这是一处包括渤海王室贵族在内的渤海早期墓地。该墓地Ⅱ区的 209 号墓具备"冢上作屋"要素。该墓是一座长方形土坑墓。墓室南北长 3.07、东西宽 2.36、西壁深 0.9 米，南壁不见土框，以大小不等石块砌叠，推算应在 0.2 米左右，墓内多见有规律木炭条，墓底部四角各放置一块平整的础石，封土之上覆盖有大面积板瓦等[①]。

黑龙江省东宁大城子墓地，位于绥芬河流域，其东南是大城子渤海古城，有人提出该古城是渤海的率宾府故址[②]，墓地应与此城关系紧密。1977 年黑龙江文物考古工作队和吉林大学历史系考古专业师生联合对墓地中的 4 座墓进行了考古发掘。其中 M1 发现的遗迹现象也与"冢上作屋"相关。该墓是一座用河卵石叠砌的方形石室墓。墓室长宽在 3 米左右，石壁残高 0.3～1 米，墓门在南壁正中，宽 0.92 米。墓内沿四周石壁发现有 0.2 米左右的土墙，土墙内侧涂有白灰，四角铺有一块略呈方形的平整石块。上层人骨周围发现火烧过的棺木和大量的红烧土块、烧焦的草拌泥及成条的木炭[③]。

吉林省安图县仲坪渤海墓地，位于安图县东南 16 千米的仲坪村南 1 千米山南坡。墓地附近没有发现大的渤海古城，根据现有墓地规模、墓葬结构、大小等因素推测，

---

① 中国社会科学院考古研究所：《六顶山与渤海镇——唐代渤海国的贵族墓地与都城遗址》，中国大百科全书出版社，1997 年。
② 张泰湘：《唐代渤海率宾府辨》，《高句丽渤海研究集成》"渤海卷"（二），哈尔滨出版社，1997 年。
③ 黑龙江省文物考古工作队、吉林大学考古专业：《东宁大城子渤海墓葬发掘简报》，《考古》1982 年第 3 期。

墓地内埋葬的墓主人身份均不会超出渤海县制级别，应当是某村落的墓地。该墓地中的6号墓形制特殊，墓室平面基本呈方形，南北长2.35、东西宽2.45米，墓壁以小石块和河卵石垒砌，墓穴极浅，存高0.14～0.18米。墓内人骨上覆盖三层板瓦，每层板瓦分三排排列，墓顶部以细腻灰白色泥土抹成厚约0.1米的矮平台，平台之下，耕土之下还有较多的小碎石块和残碎瓦片。发掘其间，由于工作关系笔者多次赶赴发掘现场，对6号墓的修筑方式深感疑惑，虽曾与当时的考古发掘领队景文师兄进行过交流，但始终未得其解，直到近年将其于"冢上作屋"加以联系后才得以释怀。其"有意用泥浆灌铺成"[①]的细土平台之上应有"冢屋"建筑。

之所以将上述三处墓葬界定为渤海"冢上作屋"的遗存，是它们具备有如下要素：

（1）墓室底部四角摆放平整的可以起到础石作用的石块，门道位于南壁中部；

（2）墓室顶部未见盖石，因而墓葬结构或土坑或石筑；

（3）墓内堆积中有大量红烧土、木炭、草抹泥，以及烧过的人骨；

（4）墓框低矮，低于下葬时的木棺或木椁。

很显然，渤海"冢上作屋"与勿吉"冢上作屋"的形式是有一定区别的。如渤海"冢上作屋"为浅穴式，"冢屋"的门道开辟在南壁，而勿吉"冢上作屋"是深穴式的，"冢屋"门道则设置在"冢屋"顶部。但这种差异只是表明勿吉与渤海房屋建筑形式的不同，其"冢上作屋"的性质并没有发生改变[②]。

总之，渤海在不同层面的渤海墓地中存在着"冢上作屋"的遗迹已被认知，而这种遗迹正是文献上记载勿吉"冢上作屋"的孑遗，两者是传承和演进的关系。

其次，再来讨论一下渤海"墓上建筑"与勿吉"冢上作屋"的关系。

渤海"墓上建筑"是随着我国渤海考古不断开展而认定的。"墓上建筑"，顾名思义，是在墓葬上方修建有建筑物体。至于"只有围墙无墓上建筑的墓葬"[③]不能归类于此。目前发现的渤海墓上有建筑者数量极少，在已发表的数千座墓葬中只有5处。可分为墓上修建砖塔（塔墓）和墓上修建屋宇两类。

据已发表资料显示，墓上修筑砖塔有2处。即吉林省和龙市龙头山墓群龙海墓区的1号墓（贞孝公主墓）和10号墓。

贞孝公主墓，发掘于1980年，由墓室、甬道、墓门、墓道、砖塔五个部分组成。塔身早年倒塌，塔基保存尚好，近方形，东西宽5.05、南北长5.65米。塔基墙厚1.5米，中空。墓室修建在塔基之下，南北长3.1、东西宽2.1米，墓顶采用平行叠涩，东、西、北及甬道绘人物画像12幅。虽然墓葬早年被盗，但出土的墓碑极为珍贵。碑文明确记载墓内埋葬的是渤海第三代王大钦茂的三女——贞孝公主。考古人员在墓内发现

---

① 吉林省文物考古研究所、安图县文物管理所：《吉林省仲坪遗址发掘》，《北方文物》2007年第4期。
② 李强：《勿吉与渤海"冢上作屋"初识》，《高句丽研究》（第26辑），韩国高句丽研究会，2007年。
③ 方学凤：《渤海国墓上建筑试探》，《高句丽渤海研究集成》"渤海卷"（三），哈尔滨出版社，1997年。

的一男性下颌骨表明,此塔下葬的不仅仅是渤海的公主,还应有驸马[1]。

10号墓,位于贞孝公主墓南约50米的台地上,墓葬发掘于2005年,其构筑形式与贞孝公主墓相同,由墓室、甬道、墓门、墓道、砖塔五个部分组成。塔基保存较差,平面呈"回"字形,边墙长6、宽约1米。塔基下的墓室南北长3.4、宽1.8、高2米。墓顶以三块大石板封盖。墓底修砌有棺床。由于墓葬被盗及塔身倒塌等多种因素,墓内随葬的三彩男、女俑等随葬品散存于墓内扰乱的堆积中[2]。根据M10在龙海墓区的位置和墓内随葬品可以判定墓主人应为王室成员。

那么,贞孝公主夫妇以及M10的葬者为何所采取这种塔葬形式呢?原因如下。

贞孝公主之父王大钦茂是一位颇有作为的统治者。他在前两代王创业的基础上,锐意改革,全面宪象中原先进的盛唐文明,继位翌年(开元二十六年)便遣使赴唐请写《唐礼》及《三国志》《晋书》《三十六国春秋》[3]。在创建五京的同时,还修建了许多寺庙。如和龙西古城(大钦茂早期王城)附近的军民桥寺庙址、八家子河南屯寺庙址、高产寺庙址、德新仲坪寺庙址[4],珲春八连城(大钦茂晚期王城)附近的三家子新生寺庙址、良种厂寺庙址、马滴达寺庙址、五一寺庙址等[5],以及上京附近的某些寺庙,都有可能是文王时期的杰作。大钦茂崇奉佛教,最好的证明即是他的尊号。根据贞孝公主墓志所载,其尊号是"大兴宝历孝感金轮圣法大王"[6],其中"金轮"和"圣法"皆为佛教用语。

在唐代,中原的一些世俗信众常采取塔葬的形式。如唐朝与郭子仪同时的宰臣杜鸿渐,死前"遵命其子依胡法塔葬,不为封树"[7],贩夫何轸的妻子刘氏常持《金刚经》,太和四年(公元830年)亡时是"轸以僧礼葬,塔在荆州北郭"[8],大诗人王维母亲的墓葬,墓上不见封土,原仅有一座高约2米的四门塔[9]等,都是世俗信众中采用的一种埋葬方式,是受到密教陀罗尼信仰的结果。

可见,贞孝公主和10号采取的塔葬形式,与大钦茂崇奉佛教有着密切的关联,同时又受到了唐代中原世俗信众影响。

此外,渤海尚存在佛塔建筑2处,也有必要在本文中给予说明。

马滴达塔基,位于珲春市东北50千米马滴达乡所在地东北山腰上。1973年吉林省

---

[1] 延边博物馆:《渤海贞孝公主墓发掘清理简报》,《社会科学战线》1982年第1期。
[2] 吉林省文物考古研究所、延边朝鲜族自治州文物管理委员会办公室:《吉林和龙市龙海渤海王室墓葬发掘简报》,《考古》2009年第6期。
[3] 《唐会要》卷36《蕃夷靖经史》。
[4] 参见《和龙县文物志》,1984年。
[5] 参见《珲春市文物志》,1984年。
[6] 延边博物馆:《渤海贞孝公主墓发掘清理简报》,《社会科学战线》1982年第1期。
[7] 《旧唐书》卷180《列传》第五十八《杜鸿渐》,中华书局,1975年,第328页。
[8] 《本阳杂俎续集》卷7《经刚经鸠异》,中华书局,1981年,第271页。
[9] 桑绍华、张蕴:《西安出土文安公主墓志及郭彦塔铭》,《考古与文物》1988年第4期。

博物馆等单位联合对其进行了发掘。马滴达塔基南北长 4.95、东西宽 10.3 米，塔基地下建有地宫，宫室长 2.74、宽 1.86、顶高 2.3 米，宫内北侧有涂红朱的台床。台床上木棺内有一中年男性遗骸。随葬的 1 件小陶罐残片，器外壁磨光后施一层红衣。发掘者认为，"把此塔定为渤海时期的佛塔是没有问题的"[①]。

长白灵光塔，是目前仅存的一座渤海砖塔。位于长白县城西北后山上。所在地势海拔 1200 米。1984 年在对此塔加固维修中发现了塔下的地宫。地宫原系一狭小的砖室，平面长方形，地宫墙壁和顶均以白灰涂抹平整，在塌落的白灰片中可见赭石色碎片。地宫后墙中央略偏东处，有石块砌成的台座，"估计是安放舍利盒的所在"。发掘者认为，此塔与珲春马滴达塔是一致的，"应属于舍利塔"[②]。

笔者赞同马滴达塔基和长白灵光塔地宫发掘者的意见，同时对两者是佛塔而非塔墓的理由补充如下。一是马滴达塔址、灵光塔址与贞孝公主墓、龙海 10 号墓的地理环境不同。前者是修筑在一个高山偏上部经过人工修整的小平台上，山坡险峻陡峭，不易攀登，而后者是修筑在一个低矮的山丘上。二是前者塔址周边不见其他墓葬，在马滴达塔址山下仅有 1 处建筑基址。而后者是修筑在包括渤海两座皇后陵墓的墓区中。三是马滴达地宫中出土的红衣陶片、涂有朱红的台床，长白灵光塔中出土的赭石色碎片，都应与宗教有很大的关联。

因此，我们认为贞孝公主墓、龙海 M10 上的塔与马滴达塔、长白灵光塔及塔下的地宫形制虽然基本相同，但性质大相径庭。前者塔下的地宫埋藏的是公主和王室成员，而后者塔下地宫葬入的是佛骨、舍利。因此将马滴达塔址也作为渤海墓葬的一种类型，显然是不妥的[③]。

总而言之，无论是渤海王室成员效仿中原世俗信众所采取的塔葬，还是佛塔，均与勿吉"冢上作屋"无关。

关于墓上修建房屋的遗存，见于报导的有三灵坟 M1 与河南屯墓葬，以及龙头山墓群龙海墓区的 M13、M14。

三灵坟 I 号墓，位于黑龙江省宁安县三灵乡牡丹江北岸台地上，南距渤海上京城址约 4 千米。《宁安县志》载，该墓是清道光年间被盗的，墓内随葬品已被洗劫一空。该墓虽然早年被盗，但其形制还是清晰的。墓葬由墓室、甬道、墓道三部分组成，墓室呈长方形，东西长 3.9、南北宽 2.1、高 2.4 米，墓门由加工规整的玄武岩条石垒砌，墓顶以石板铺盖，东西两壁向内平等叠涩后铺盖。墓顶封土上排列有建筑基

[①] 张锡英：《珲春马滴达渤海塔基清理简报》，《博物馆研究》1984 年第 2 期。

[②] a. 方舟：《长白灵光塔维修中发现地宫》，《博物馆研究》1984 年第 2 期；b. 邵春华：《长白灵光塔》，《博物馆研究》1989 年第 2 期。

[③] 白淼：《吉林珲春马滴达塔基性质刍议》，《北方文物》2013 年第 3 期。

石，周边还散布许多渤海时期的建筑用瓦①。有人认为墓葬上面曾有"享堂类祭祀性建筑"②。从墓葬的规模和修筑情况推测三灵坟墓主人的身份非常高，最低也是王室成员。

河南屯墓葬，位于吉林省和龙县东北约 25 千米的八家子镇河南屯西，北临海兰江，其余三面为河南屯古城（亦称虚莱城）环抱，古城周长约 2.5 千米。1971 年吉林省博物馆、延边朝鲜族自治州展览馆及和龙县文化馆等单位对其进行了清理。清理前墓葬已遭到不同程度的破坏，周边已辟为水田，墓葬修建在一东西长 28、南北宽 20 米的大土堆下，东西并列有两座墓，系长方形砖筑，南北向，墓室南北长 2.4 米，东西宽 1.4、壁高 0.47 米，墓底铺正方形青砖。墓顶以八块大板石分两层封盖。两墓间距 4.5 米，盖石之上为大型土堆，土堆上排列有序的础石。周边础石分布了大量的建筑用瓦。墓内出土了一些金银器：有金腰带、金镯、金钗、金耳环、银制、金龙首饰件等。发掘者认为，这是一座夫妇并葬墓，出土的金器具有唐代风格，而墓上的土堆和础石说明墓葬地上有建筑物，出土的金带是否是唐最高统治者赐予渤海王室贵族的"紫袍金带"，亦可考量③。

根据发掘清理情况可知，这是一座同封异穴砖室墓上修建有房屋建筑的墓葬，而且墓主人身份等级极高，东侧墓出有金腰带的主人或有可能是渤海某王的墓。如是，其西侧墓就是王妃的陵寝。

龙头山墓群龙海墓区 M13、M14 发掘于 2005 年。发掘前墓的上方是一处高于地表约 0.7 米的大土堆，土堆周边散存有大量的渤海时期建筑瓦件。因此，以往调查者大都认定此土堆下方掩埋的是一处大型建筑址。有的甚至按着"山上有塔，山下有寺"的理论将其与北部山顶上的贞孝公主墓联系在一起，认为贞孝公主墓上修建有塔，那么山下平地上的这个建筑址就可能是同时修筑的寺庙址④。然而，经过科学发掘后我们得知，这里不仅仅是一座单纯的大型建筑基址，还在夯土台基的中央修建有同封异穴砖椁木棺墓。夯土台基保存基本完好，呈长方形，东西长 21.5、南北宽 17.5、高 1.5 米。台基之上柱网布局规整，呈"回"字形。外圈东西两排各 5 块础石，南北两排各 6 块础石。内圈东西两排各 3 块础石，南北两排各 4 块础石。台基四周有青砖、薄石板等铺设的散水，南北两侧中央各设青砖围砌的斜坡状踏道。

两座墓葬并列修建在夯土台基的中部，均由土圹、砖椁、木棺构成。东侧墓葬中出有金冠饰、金托玉带等，墓主人当是一位男性，西侧墓葬中出有葵花形银箔平脱漆奁，奁内盛有菱花形嵌银鎏金珍禽瑞兽镜、胭脂等女性化妆用品等。该墓的主人显然为一女性。墓中出土的文物极为珍贵，金冠饰、金托玉带足以证明墓主人生前地位十

---

① 魏学理：《渤海国三灵坟》，《学者与探索》1981 年第 5 期。
② 刘晓东、付晔：《试论三灵坟的年代与墓主人身份》，《北方文物》1992 年第 1 期。
③ 郭文魁：《和龙渤海古墓出土的几件金饰》，《文物》1973 年第 8 期。
④ 《和龙县文物志》，1984 年。

分显赫。

由于该墓发掘前保存完好，因而也就保留了大量当时丧葬的信息，为探讨渤海陵寝制度提供了全新资料[①]。

据统计，在渤海国辖区范围内已发现上万座渤海时期的墓葬，经过发掘的也达千余座之多。然而，墓上有建筑遗迹的墓葬屈指可数，可见这种形制的墓葬在渤海并不普遍，它是只有渤海王室才能享有的一种高等级埋葬方式。这种高等级埋葬方式之渊源，不是来自其先世勿吉的"冢上作屋"，而是受到中原高级陵墓建筑的影响。

早在我国商代，墓上即已发现有夯土台基和柱洞、砾石、柱础等与房屋建筑有关的遗迹。如安阳妇好墓，在其"墓上发现有范围略大于墓口的夯土房基，可能是当时的'享堂'一类的建筑遗迹"[②]。此时的墓葬地表上并无封土，墓上建筑是直接修建在墓室上方的地面。到了战国以后，这种情况发生了变化，墓上建筑开始修建在高大的坟丘之上，如河北平山县的中山王陵，至秦汉以后，这种在高级陵墓上修筑建筑制度有了进一步的发展[③]，开始出现了规模较大的寝殿、便殿等较完善的陵园建筑[④]。汉以后陵园制度一直为历朝皇家所采用，同时墓上修建屋宇的现象仍然存在。1957年中国社会科学院考古研究所为配合西安市区建设，在城西的梁家庄发掘的隋代李静训墓，下葬于公元608年，"埋在一座夯土台基的下面，台基残长的长宽50米×22米，当是一座建筑物的遗址"，发掘者根据墓志中"即于坟上构造重阁"的记载，认为夯土台基上的墓上建筑"当是重阁"的遗迹[⑤]，而坟上构造重阁应与墓主人生前居住房屋的形制有关，是后人为死者修建的寝殿。这种墓葬埋在夯土台基下面，并在夯土台基上修筑重阁式的房屋，同河南屯墓葬，龙海M13、M14的埋葬方式完全一致，因此渤海墓葬中出现的这种墓上建筑形式完全是宪象中原文化的结果，与勿吉"冢上作屋"没有必然的联系。

三

高句丽（公元前37～公元668年）是先于渤海建立的东北地方少数民族政权，其早、中期大型陵墓上亦多发现有建筑瓦件。由于高句丽、渤海两个地方政权兴亡的年代相近，而且统治的区域又有交叉重合的现象，尤其是渤海建国之初，靺鞨族首领大祚荣吸纳了部分高句丽人加入到渤海国，"祚荣骁勇善用兵，靺鞨之众

---

① 吉林省文物考古研究所、延边朝鲜族自治州文物管理委员会办公室：《吉林和龙市龙海渤海王室墓葬发掘简报》，《考古》2009年第6期。
② 《殷墟考古发掘的又一重要收获——小屯发现一座保存完整的殷代王室墓葬》，《考古》1977年第3期。
③ 中国社会科学院考古研究所：《辉县发掘报告》（第二编），科学出版社，1956年。
④ 刘庄柱、李毓芳：《西汉诸陵调查与研究》，《文物资料丛刊》（第6集），文物出版社，1982年。
⑤ 中国社会科学院考古研究所：《唐长安城郊隋唐墓》，文物出版社，1980年。

及高丽余烬，稍稍归之"①，"筑城以居，高丽遗残稍归之"②。或许由于这一缘故，有人把渤海的许多问题与高句丽相联系，做比较。渤海的墓上建筑也不例外，认为"渤海墓葬中的'冢上作屋'习俗看成是受高句丽的影响更为妥当"③。查目前最新、最全、最具权威性的高句丽王陵调查资料——《集安高句丽王陵》，从 1 世纪的麻线 2378 到 2 世纪末的太王陵，共计 12 座王陵墓上均有大量瓦片。报告者依据建筑用瓦的现存数量统计分析后，认为这些墓上出土的瓦件，大多覆盖和保护的只是墓室部分。至于 5 世纪初的将军坟，墓上建筑形式已发生了变化，其墓顶四面即第 7 级阶坛石排列一周直径 10、深约 15 厘米的小圆孔，报告者"根据墓下发现铁链的情况分析，墓顶可能原有围栏或建筑"。从报告介绍的情况看，将军坟出土的瓦件（不含周边Ⅰ号陪葬墓及建筑遗址出土的瓦件）极少，只有若干件，且不管这几件建筑瓦件是来自将军坟还是Ⅰ号陪葬墓，或是西南 100 米的山坡台地上的建筑址，其与 1～4 世纪陵墓上的建筑形式是有别的，或许已经没有建筑物，只是用铁链围之罢了。因为修筑如此精良的墓葬顶部，如果不是瓦顶建筑，当然也就不可能再出现毛草等苫顶的房屋。另外，公元 427 年从高句丽迁都平壤后的陵墓上未见有墓上建筑的现象，亦可作为前面推论的佐证。

由于高句丽王陵墓葬顶部基本被破坏，所以王陵墓上的建筑形制便成为一个未解之谜。报告撰写者有人认为是"铺在封石上面、脊瓦封顶部，应属象征性的墓上建筑"④，有人认为"墓上曾有相当规模的敷瓦，或有建筑"⑤，有人直接指出"太王陵墓上建筑所覆盖和保护的只是墓室部分……大量的板瓦是充分利用了黄土和白灰，直接铺粘在墓顶上的"⑥。然而，从陵墓上出土的当沟、瓦当等建筑用瓦看，高句丽的墓上建筑形式的确是需要在今后考古工作中加以关注的问题。

通过上文的讨论，不难得出这样一个结论，即高句丽的墓上建筑与渤海的墓上建筑根本没有必然的联系。因为一是高句丽墓上有大量瓦件的均属陵墓，一般平民是没有这样特殊待遇的。而加入渤海早期的高句丽人目前还不能确指有哪个王的后裔，更何况在 5 世纪初最迟在 5 世纪中叶时，高句丽就已经不见墓上建筑了。二是高句丽王陵早中期墓上建筑是何等形制无人知晓，如果依发掘者表述，是在墓室上面直接覆盖瓦，那么与渤海所发现的墓上建筑作用和性质就完全不同了。前者仅是起到墓室不令雨湿的作用，而后者是寝殿，是视死者如生者，在寝殿内摆放死者生前所用，并有人供奉的场所。所以，据当前已有的资料完全可以肯定两者的墓上建筑形制是迥然不同的。

---

① 《旧唐书·渤海传》。
② 《新唐书·渤海传》。
③ 郑永振：《高句丽渤海靺鞨墓葬比较研究》，延边大学出版社，2003 年。
④ 吉林省文物考古研究所、集安市博物馆：《集安高句丽王陵》，文物出版社，第 68 页。
⑤ 吉林省文物考古研究所、集安市博物馆：《集安高句丽王陵》，文物出版社，第 138 页。
⑥ 吉林省文物考古研究所、集安市博物馆：《集安高句丽王陵》，文物出版社，第 335 页。

四

综上所述，我们得出如下结论：

（1）勿吉"冢上作屋"的形式，与勿吉居住的房屋是相像的，也就是"冢类屋""屋似冢"。它是其在历史发展进程中产生的一种别于他族的丧葬习俗，是受其社会发展阶段制约的产物；它不属于某个人、某个阶层所有，而是部族共有的一种墓葬形制，共有的丧葬习俗。其目的是为了春夏逝去的父母遗体"不令雨湿"，它体现的是一种原始的情感。渤海虽然传承了勿吉"冢上作屋"的丧葬习俗，但其"冢屋"的形式已随着社会性质的不同有了极大的演进。

（2）渤海的"墓上建筑"，是人类步入阶级社会后的产物。塔墓是受到中原世俗信众埋葬方式影响的结果，而墓上修建屋宇渊源于中原高等级陵墓建筑。无论是塔墓还是在墓上修筑"重阁"的构筑方式，是只有位于众人之上的王室贵族才享有的一种特权。而生活在阶级社会下层的民众生前衣食不饱，死后也绝不会享用这种高贵的葬制。它与勿吉"冢上作屋"的形式不同，产生的历史背景不同，性质也完全不同。至于佛塔建筑，既不属于塔墓，也不能归类于墓上建筑。

（3）高句丽早、中期王陵上覆瓦的情况与渤海"墓上建筑"形式虽然均是人类进入阶级社会的产物，都是位于众人之上的王室贵族享用的特权，但两者形式完全不同。高句丽早、中期王陵上覆瓦的现象，很有可能是受中原汉晋陵寝制度影响，并结合高句丽民族自身习俗所产生的一种独特的丧葬方式，其性质有待进一步考古发掘和深入的研究。高句丽晚期王陵目前为止还未见墓上覆瓦现象，因此把渤海国的"墓上建筑"与高句丽的墓上覆瓦现象相联系，甚至认为是受高句丽墓上覆瓦的影响，不仅时空间断，而且没有文献记载做支撑，在考古学上也找不到任何足以证明的依据。

"冢上作屋"与"墓前祭祀"
——渤海墓祭方式研究

王志刚

(吉林大学边疆考古研究中心 吉林省文物考古研究所)

《魏书》卷100《勿吉传》记载:"其父母春夏死,立埋之,冢上作屋,不令雨湿。"另在成书时间晚于魏书的《北史》卷94《勿吉传》、《通志》卷194《勿吉(一曰靺鞨)传》、《文献通考》卷326《勿吉(黑水靺鞨)》、《通典》卷186《勿吉(又名靺鞨)》、《太平寰宇记》卷175《勿吉》也见有勿吉(靺鞨)"冢上作屋"的相似记载。

《旧唐书》卷199下《靺鞨传》记载:"死者穿地埋之,以身衬土,无棺敛之具,杀所乘马于尸前设祭。"《新唐书》卷219《黑水靺鞨传》对上述内容记载略简:"死者埋之,无棺椁,杀所乘马以祭。"上述文献记载了靺鞨有"墓前祭祀"的习俗。

刘晓东先生认为:"河南屯古墓、三陵坟1号墓,墓上当建有享堂类建筑。这种享堂类建筑更强调了祭祀作用,既反映了'冢上做屋'靺鞨旧俗,也反映了汉唐墓祭之风对渤海的影响。"[①]

那么,渤海墓葬上发现的"冢上作屋"迹象是否与墓葬的祭祀有关,渤海是否确实存在"墓前祭祀"的习俗,以及二者的关系怎样,本文试以渤海墓葬的考古发掘材料为基础,从考古学研究的视角予以分析和解读。

一

渤海"冢上作屋"的考古例证,早在20世纪30年代,日本人在黑龙江省宁安县渤海镇,渤海上京城北牡丹江对岸的三陵坟1号墓即已发现。当时三陵坟1号墓封土之上尚存础石数块,封土之上及周边,发现大量建筑构件,故知墓上原有建筑[②]。

20世纪50年代以来,随着渤海墓葬考古工作的不断开展,渤海墓上建筑的线索更

---

① a. 刘晓东:《渤海墓葬的类型与演变》,《北方文物》1996年第2期;b. 刘晓东:《渤海王陵及相关问题》,《庆祝张忠培先生七十岁论文集》,科学出版社,2004年。
② a. 刘晓东、付晔:《试论三灵坟的年代与墓主人身份》,《北方文物》1992年第1期;b. 刘晓东:《渤海文化研究——以考古发现为视角》,黑龙江人民出版社,2006年,第165页;c. 韩国文化财管理局、文化财研究所(编),包艳玲(译):《朝鲜文化遗迹发掘概报》,吉林省文物考古研究所内部信息资料,2011年。

多的被发现。目前经考古发掘确认，存在墓上建筑的渤海墓葬，大体包括六顶山墓地ⅠM1、ⅠM3、ⅠM4、ⅠM5[①]、龙头山墓地龙海墓区贞孝公主墓[②]、M13、M14、M10[③]、河南屯古墓[④]、珲春马滴达塔墓[⑤]、长白灵光塔[⑥]、三陵坟1号墓[⑦]、蛟河市七道河村建筑址[⑧]等。另外，六顶山墓地64M209[⑨]、ⅠM7、ⅠM17[⑩]，龙头山墓地龙海墓区M8[⑪]经发掘也发现了墓上建筑的相关迹象。和龙市福洞墓群、獐项墓群的各别墓葬在地表调查中发现较多建筑瓦件[⑫]，可能也存在墓上建筑。

基于大量的考古发现，渤海存在"冢上作屋"的葬俗已成不争的事实。对于渤海墓上建筑的分类、性质、年代等问题的认定，也成为学界关注的问题。

目前发现的渤海墓上建筑，总体上可分为在墓上建塔和在墓上构筑房址类建筑两种形式。如贞孝公主墓、马滴达塔墓这种塔、墓结合的墓葬形式，发现数量相对较少，建筑形式较为单一，学界普遍认为来自中原佛教的影响。而在墓上构筑房址类建筑的墓葬形式，发现相对较多，从形制结构和建筑特点上，大体可分为两大类：

第一类以三陵坟1号墓、河南屯古墓、龙头山墓群龙海墓区M13和M14、六顶山

---

① a. 王承礼：《敦化六顶山渤海墓清理发掘记》，《社会科学战线》1979年3期，第200～210页；b. 吉林省文物考古研究所等：《吉林敦化市六顶山墓群2004年发掘简报》，《考古》2009年第6期；c. 王志刚：《六顶山渤海墓葬研究》，吉林大学硕士学位论文，2008年；d. 吉林省文物考古研究所、敦化市文物管理所：《六顶山渤海墓葬——2004～2009年清理发掘报告》，文物出版社，2012年。

② 延边朝鲜族自治州博物馆：《渤海贞孝公主墓发掘清理简报》，《社会科学战线》1982年第1期。

③ 吉林省文物考古研究所等：《吉林和龙市龙海渤海王室墓葬发掘简报》，《考古》2009年第6期。

④ 郭文魁：《和龙渤海古墓出土的几件金饰》，《文物》1973年第8期。

⑤ 张锡英：《珲春马滴达渤海塔基清理简报》，《博物馆研究》1984年第2期。

⑥ 吉林省地方志编纂委员会：《吉林省志》卷43《文物志》，吉林人民出版社，1991年，第142～144页。

⑦ a. 刘晓东、付晔：《试论三灵坟的年代与墓主人身份》，《北方文物》1992年1期；b. 刘晓东：《渤海文化研究——以考古发现为视角》，黑龙江人民出版社，2006年，第165页；c. 韩国文化财管理局、文化财研究所（编），包艳玲（译）：《朝鲜文化遗迹发掘概报》，吉林省文物考古研究所内部信息资料，2011年。

⑧ 吉林市博物馆：《吉林省蛟河市七道河村渤海建筑遗址清理简报》，《考古》1993年第2期。发掘报告中认为蛟河七道河村建筑遗址是渤海时期亭站或祭祀性建筑遗存。彭善国先生在《东北史地》2010年第3期发表的《蛟河七道河村渤海遗址属性辨析》一文，通过对七道河村建筑址形制特点的分析，认为其为一座上有建筑的墓葬。笔者赞同彭善国先生的观点，为不产生名称引用的混乱，本文仍使用七道河村渤海建筑址的原名。

⑨ 中国社会科学院考古研究所：《六顶山与渤海镇——唐代渤海国的贵族墓地与都城遗址》，中国大百科全书出版社，1997年。在2004～2005年，吉林省文物考古研究所对六顶山墓群调查后将六顶山墓群现存墓葬重新编号，编号仍沿用1959年对Ⅰ墓区的墓葬编号，对1963～1964年发掘的20座墓葬编号改定如下：M101～M105编号改为ⅠM101～ⅠM105；M201～M215编号改为ⅡM1～ⅡM15。本文引用的六顶山墓葬资料，仍使用墓葬每次发掘时的原始编号，并在1963～1964年发掘墓前加年份，其余墓葬使用2005年对六顶山墓群的统一编号，全文均采用此种方法，在此一并说明。

⑩ 吉林省文物考古研究所、敦化市文物管理所：《六顶山渤海墓葬——2004～2009年清理发掘报告》，文物出版社，2012年。

⑪ 吉林省文物考古研究所等：《吉林和龙市龙海渤海王室墓葬发掘简报》，《考古》2009年第6期。

⑫ 吉林省文物志编委会：《和龙县文物志》，1984年，第40～42页。

墓地ⅠM3、蛟河市七道河村建筑址为代表。墓上均构筑有大体呈长方形轮廓，高于地表的封土或台基，上设排列有序的础石柱网，墓上建筑的整体结构均呈内室外廊的"回"字形，建筑周边发现大量瓦砾堆积。

第二类以六顶山墓地ⅠM1、ⅠM5等为代表，目前仅发现于六顶山墓地。墓葬皆为石室墓，石室地表起建，墓室建于地表之上，墓室外壁裸露，不覆封土，仅在墓室周边发现大量建筑构件，未见任何建筑遗迹，建筑形制不明。

第一类墓上建筑具有复杂的建筑布局，础石、墙体、踏步等建筑结构完善。魏存成先生认为三陵坟1号墓、河南屯古墓，地表发现础石和围墙，以及六顶山墓地的一些墓葬封土上发现瓦砾堆积的迹象，是靺鞨"冢上做屋"葬俗的体现[①]。刘晓东先生认为河南屯古墓、三陵坟1号墓，墓上当建有享堂类建筑。这种享堂类建筑更强调了祭祀作用，既反映了"冢上做屋"靺鞨旧俗，也反映了汉唐墓祭之风对渤海的影响[②]。

从建筑规模、附属设施，及建筑使用的瓦件形制考察，六顶山墓地ⅠM3当为目前发现的此类建筑中年代最早者，余者的总体建筑布局与六顶山ⅠM3大体相同，当从ⅠM3的延承而来，并逐步有所变化和发展。此类建筑中保存最完好的龙头山墓群龙海墓区M13和M14，除规模较六顶山墓地ⅠM3大得多外，建筑结构明显较六顶山ⅠM3更为进步，建筑设施也更趋于完善。其墓上建筑的柱网布局与上京城北9号佛寺[③]相同，为内外两重础石柱网结构，台基外围有包砖和散水，建筑南北各置一踏道，恐怕不应仅起到"不令雨湿"的作用，应具有更为重要的功用。蛟河市七道河村建筑址的建筑结构与龙头山墓群龙海墓区M13和M14墓上建筑相近，为内室外廊的结构。不同的是内室规模较小，不置础石，而以石砌墙基包围，外廊置有等距分布的础石，与内室墙面间以石块铺砌地面，内室地面略高于外廊，中部下挖与建筑同向的墓穴。发掘时在墓上建筑北廊地面上发现三十余个或套叠、或单置的陶钵（原报告为陶杯），有的钵中存有碳化食物。墓上建筑应不做日常居住使用，蛟河市七道河村建筑址内发现的盛有食物的陶钵无疑应与对墓主人的祭奠或日常供奉有关。

基于目前渤海墓葬的考古发现，墓葬建筑和附属设施规模与中原唐墓不可同日而语，目前发现的渤海王室墓葬不见如唐陵的"献殿""寝宫""神游殿"等多个存在功能分区建筑群的陵寝设置。在少数渤海墓葬上发现的墓上建筑也仅为单体建筑，其功能极可能也不存在如中原礼俗中所谓"享堂"或"寝殿"的功能差别，而很可能以将

---

① a.魏存成：《渤海王室贵族墓葬》，《中国考古学会第三次年会论文集》，文物出版社，1981年；b.魏存成：《渤海考古》，文物出版社，2008年，第285、286页。
② a.刘晓东：《渤海墓葬的类型与演变》，《北方文物》1996年第2期；b.刘晓东：《渤海王陵及相关问题》，《庆祝张忠培先生七十岁论文集》，科学出版社，2004年。
③ 中国社会科学院考古研究所：《六顶山与渤海镇——唐代渤海国的贵族墓地与都城遗址》，中国大百科全书出版社，1997年。

二者的功能合一，既体现了渤海人"事死如事生"，对墓主人灵魂饮食起居日常供奉的作用，亦作为对死者祭奠的场所。

目前仅发现于六顶山墓地的第二类墓上建筑，具有鲜明的个性特点，在墓葬类型、建筑特点、构筑方法上均与第一类墓上建筑有明显不同。上述差别可能意味着两类墓上建筑在功用上存在本质区别。第二类墓上建筑不见础石、墙体等建筑遗迹，仅见建筑构件，墓上建筑外围不见可供登攀的阶梯、踏步等迹象。六顶山ⅠM5 在 1959 年第 2 次发掘时，尚存部分盖石，报告未提及墓上存在建筑遗迹，对墓葬的数次发掘亦未见墓周存在踏步等可供登顶的建筑遗迹[1]。而ⅠM5 墓室内壁 1.5 米的高度显然在无阶梯、踏步的情况下难以登至墓顶。从上述特点考察，这类墓上建筑的功用，可能仅为覆盖墓室，起到象征墓主生前居住房屋的作用，也是一种"事死如事生"丧葬观念的体现，瓦件本身可能或直接覆于墓顶，或仅有低矮的象征性建筑，不能或根本无法供人日常进出，更无法起到对墓主人的祭奠和四时供奉的作用了。

二

目前经考古发掘确认的渤海墓上建筑年代，均为渤海建国后。宋玉彬先生从渤海瓦当纹饰特点的研究出发，提出："六顶山墓地瓦当的主题纹饰反映了渤海建国初期瓦当的形制特点，此期瓦当接受了高句丽瓦当的一定影响。"[2]从建筑屋顶上使用的瓦当纹饰的年代学考察出发，使用此类瓦当的六顶山墓地ⅠM1、ⅠM3、ⅠM4、ⅠM5 等墓葬的墓上建筑，应为渤海纪年内最早的墓上建筑形式。其中第一类墓上建筑的代表ⅠM3，建筑形制已较为成熟，应有年代早于ⅠM3 的渤海墓上建筑形制。

1964 年，中朝联合考古队发掘的六顶山墓地 64M209，在封土东、南发现大量呈扇形分布的瓦砾堆积，其中不乏完整瓦件[3]。墓葬封土之上，原应存在墓上建筑。但发掘中，并未在封土之上及其周边发现础石、墙体等建筑遗迹，其墓上建筑当为一种不置础石、墙体，而仅以简易木结构为框架，铺筑瓦顶，较为简单的建筑形式。64M209 封土上发现的瓦件与六顶山墓地一墓区诸多大墓出土的瓦件相同，目前无法做进一步的年代区分，但 64M209 相对更为简易、原始的墓上建筑形式，可能体现了渤海较早的一种墓上建筑形式。

如果进一步追溯渤海年代早于六顶山墓地 64M209 墓上建筑的形式，部分考古发现也提供了一些线索。在六顶山墓地多座墓葬的封土或墓葬近周发现有各类器物，其

---

[1] 王承礼：《敦化六顶山渤海墓清理发掘记》，《社会科学战线》1979 年第 3 期，第 200～210 页。
[2] 宋玉彬：《渤海瓦当纹饰的文化因素分析》，《中国考古学会第十二次年会论文集（2009）》，文物出版社，2010 年。
[3] 中国社会科学院考古研究所：《六顶山与渤海镇——唐代渤海国的贵族墓地与都城遗址》，中国大百科全书出版社，1997 年。

中不排除部分墓葬经盗扰，将随葬品扰动至封土的可能，但部分墓葬，可能存在有意在封土上，或墓周放置器物的做法。典型实例为1964年中朝联合考古队发掘的六顶山墓地64M205，墓葬封土中出土长腹罐、铜镯、铜带扣、铜带銙、玛瑙珠等遗物[1]。由于发掘时发现墓室内棺木和人骨之上普遍铺有石块2～3层，这一特殊的墓葬填塞方式未经破坏，表明墓葬未经盗扰，排除了封土中遗物为随葬器物被扰动至墓外的可能。这类发现于封土之上或之中的器物，其功用可能与下葬时或下葬后的墓祭有关。这种在墓葬封土上或近边祭奠死者的做法，可能即为《旧唐书》卷199下《靺鞨传》记载的"死者穿地埋之，以身衬土，无棺敛之具，杀所乘马于尸前设祭"，以及《新唐书》卷219《黑水靺鞨传》记载的"死者埋之，无棺椁，杀所乘马以祭"。是渤海人在下葬后于"墓前祭祀"习俗的考古实例，可能代表了靺鞨较为原始的墓祭方式。

目前的考古发现，虽无直接证据证明这种最初可能在墓前露天祭祀墓主的墓祭形式，与渤海"冢上作屋"的墓祭方式存在直接关联，但这种明显较为简易的墓祭形式发生的位置和功能意义与后来的"冢上作屋"当没有本质区别。流行于渤海建国以后的"冢上作屋"的墓祭形式，可能由在墓上或墓边祭祀的形式发展而来。从最初的露天祭祀墓主，发展到在墓葬封土之上构筑简易的木构建筑，进而在渤海建国之初，发展为如ⅠM3，在墓上构筑复杂的"回"字形础石布局的建筑形式，并最终固定成为渤海较为流行的墓上建筑形式。

以六顶山墓地ⅠM1、ⅠM5为代表的第二类墓上建筑，由于未见建筑遗迹，建筑结构不明，难以进一步论述。但其只见瓦件、不见建筑遗迹的特点，确与集安高句丽墓葬中多见的墓上建筑特点相似。而六顶山墓地墓上建筑使用的瓦件，不仅在瓦当的主题纹饰上体现出高句丽瓦当的影响，其板瓦纹饰、瓦件制作风格也明显与其他渤海遗址的同类器物大相径庭，相反却呈现出与高句丽的同类瓦件较大的相似性[2]。上述现象的成因，当与渤海建国集团中包含的高句丽遗民带来高句丽民族传统丧葬习俗、建筑工艺和制瓦技术有关。以六顶山墓地ⅠM1、ⅠM5为代表的第二类墓上建筑，可能来自高句丽墓上建筑形制和建筑工艺的影响，甚至使用此类墓上建筑的墓葬即为高句丽遗民的墓葬。

三

前文论及六顶山墓地1964年发掘的64M205可能存在于墓上或墓前祭祀墓主人的

---

[1] 中国社会科学院考古研究所：《六顶山与渤海镇——唐代渤海国的贵族墓地与都城遗址》，中国大百科全书出版社，1997年。

[2] 吉林省文物考古研究所等：《集安高句丽王陵——1990～2003年集安高句丽王陵调查报告》，文物出版社，2004年。

做法，可能与文献记载中靺鞨的"墓前祭祀"习俗有关。20世纪90年代，黑龙江省宁安虹鳟鱼场墓地的发掘，发现了报告称之为"方坛"的遗迹，发掘者认为可能与墓葬的祭祀有关。2004～2005年吉林省敦化六顶山墓地的发掘，也发现了与虹鳟鱼场墓地类似的遗迹，报告称之为"石台"。两处墓地发现的这类有别于墓葬的石构遗迹，是否即为文献记载中渤海"墓前祭祀"的一种形式，尚有必要进一步加以论证。

虹鳟鱼场墓地共发现了7座方坛遗迹。方坛集中建于墓地二墓区西侧，平面皆近长方形，以形体较大的块石垒砌外缘，内部填充碎石。在对方坛上部碎石清理后，在部分方坛中部发现长方形坑，坑角多见柱洞或柱脚护石，报告认为方坛中部的长方形坑为房址遗迹。坑周至方坛边缘见有平整的地面，方坛填土中多见数量不菲的各类遗物，所有的方坛均有火烧痕迹[①]。

六顶山墓地共发现了12座石台遗迹，其中11座石台集中分布于一墓区南部大墓之间，平面近长方形，使用碎石铺砌而成，部分石台外缘使用体量较大的块石，平整面朝外铺砌外框，内部使用不规则形块石填充。在石台之上和周边，几乎均发现不同数量的瓦砾堆积，石台之上多见各类器物，但未见础石、墙体遗迹[②]。

虹鳟鱼场墓地发现的方坛与六顶山墓地发现的石台有诸多共同之处：①二者外部形态、结构和构筑方法相同，均为地上建筑，平面呈长方形，外缘用石较大，外边缘相对整齐，内部碎石填充；②两者均相对集中分布于墓地的大墓分布区，但却与墓葬之间并无明确的一一对应关系；③二者之上多见各类日常用器。

上述共性，可认定二者当为性质、功用相近的一类遗迹。虽然由于六顶山墓地石台的内部填石未作清理，难以认定其内部结构情况，但不管六顶山墓地石台的内部是否存在半地穴式房址，石台之上均多见瓦件上，仍可证明石台上原应有建筑，这一点与虹鳟鱼场墓地发现的方坛没有本质区别。

对此类遗迹的性质，虹鳟鱼场墓地考古报告认为是对死者进行祭祀的场所。在筑方坛后，将死者生前的服饰器用焚烧，然后以石覆盖。虹鳟鱼场墓地等级较高的墓葬，均分布于二墓区，方坛中所见的文物等级也相对较高，故认为方坛的服务对象，可能是地位较高的贵族。

六顶山墓地的石台遗迹从外观上与虹鳟鱼场墓地方坛清理前的形制相同，报告认为其性质当为暂厝棺椁的停灵台，而台上除发现各类日用器、铁钉外，还见有数量不等的瓦件，显示了台上可能有过简易建筑和应时祭奠。

对虹鳟鱼场与六顶山墓地发现的这类"石台"遗迹的性质。笔者认为虹鳟鱼场墓

---

① 黑龙江省文物考古研究所：《宁安虹鳟鱼场——1992～1995年度渤海墓地考古发掘报告》，文物出版社，2009年。

② 吉林省文物考古研究所、敦化市文物管理所：《六顶山渤海墓葬——2004～2009年清理发掘报告》，文物出版社，2012年。

地的方坛存在有意烧毁后填封的特点，说明此类遗迹并非自然废弃，而是人类主动和有意的废弃行为。六顶山墓地发现的石台与周边大墓间无明确的对应关系，虹鳟鱼场墓地的方坛更是集中构筑于一处。这一特点，体现出此类遗迹与安眠死者的墓葬关系较为疏远，二者很可能不发生直接联系。既如此，两墓地发现的这类遗迹使用的时段，很可能不在墓葬建成，死者下葬以后，而更可能在死者下葬之前。综合上述特点，笔者认为，这类遗迹的功用，应更接近六顶山报告中提出的，是暂厝棺椁的停灵台，是死者灵柩的待葬之所。台上多见的各类遗物却有可能如虹鳟鱼场墓地报告中提及的，是在死者下葬后对死者生前服饰用器等不祥之物的有意焚烧和填埋，而与对死者下葬后的祭祀无关。

考古发现和研究已证明渤海存在停灵的习俗。1949年，延边大学历史科和敦化启东中学对敦化六顶山墓地进行了发掘，清理了渤海第三代王文王大钦茂第二女贞惠公主墓，出土"贞惠公主墓志"。墓志记载："宝历四年夏四月十四日乙未（终于）外第，春秋四十，谥曰贞惠公主。宝历七年冬十一月廿四日甲申，陪葬于珍陵之西原，礼也。"[①] 1980～1981年，延边博物馆清理了位于和龙市龙头山墓群龙海墓区渤海第三代王文王大钦茂第四女贞孝公主墓，出土"贞孝公主墓志"。墓志记载："大兴六十五年夏六月九日壬辰终于外第，春秋三十六，谥曰贞孝公主。其年冬十一月廿八日乙卯陪葬于染谷之西原，礼也。"[②]

贞惠公主死后三年下葬，贞孝公主死后停灵亦有半年。在虹鳟鱼场与六顶山两个墓地较高等级的大墓附近发现的这类石台遗迹可能就是渤海王室和贵族停灵待葬的灵棚遗迹。由于灵棚仅作为停放灵柩，以待下葬的场所，下葬后，灵棚即被有意废弃填封，失去其实际功用，故其与安葬死者的墓葬间不存在共同发挥使用功能的共存时间，故没有必要一定将灵棚构筑于墓葬近边。相反，虹鳟鱼场墓地的灵棚集中构筑于一地，呈现出与安眠死者的墓葬脱节的关系，更是表明这些石台与死者下葬后的祭祀无大关系。

比较六顶山墓地与虹鳟鱼场墓地灵棚的形制特点和出土遗物。在灵棚形制上，六顶山墓地灵棚的制作较虹鳟鱼场墓地粗糙，位置分散，体现出一定的原始性，年代可能较早；六顶山墓地灵棚上多见瓦件，可能体现了其建筑级别较虹鳟鱼场墓地的灵棚略高，这一点，从两处墓地墓葬规模、墓上建筑等多个方面亦可得到旁证。

两处渤海墓地发现的这类灵棚遗迹，从其形制和建筑特点上，与集安高句丽积石墓王陵旁侧多见的祭台较为相似。以现有的考古学资料，也同样无充分证据证明以往高句丽积石墓王陵发现的祭台与墓葬的祭祀有关。《北史·高句丽传》："埋讫，取死者生时服玩车马置墓侧，会葬者争取而去。"有研究认为，所谓"生时服玩车马"放

---

① 阎万章：《渤海"贞惠公主墓碑"的研究》，《考古学报》1956年第2期。
② 延边朝鲜族自治州博物馆：《渤海贞孝公主墓发掘清理简报》，《社会科学战线》1982年第1期。

置的位置，应该就是祭台之上，临江墓、七星山871号墓祭台上发现有青铜车辖，当与其有关[①]。如是，恐怕将先人生时服玩车马争取而去的做法很难与对先人肃穆的祭祀活动联系起来。而高句丽祭台上多不见明显的建筑遗存，亦不见多次或长期使用的迹象，也极少见遗物。其功能，不排除也与停灵待葬有关。不过高句丽积石墓王陵旁侧的祭台与渤海灵棚的也是有一定区别的。高句丽积石墓王陵往往建有相对独立的陵园或墓域，祭台往往位于王陵近边，二者关系紧密；渤海墓地发现的灵棚多与墓葬无明确对应关系，关系疏远。而高句丽和渤海民族对死者下葬后祭台上所置死者生前遗物的处理上也有迥然之别，高句丽人要"争取而去"，故在祭台上少有遗物发现；渤海人则要焚烧填埋，故所见遗物较多。上述异同从多个角度诠释了高句丽、渤海丧葬习俗的相似性和区别，其中异同既体现出二者在民族、文化来源上的不同，也体现出渤海政权在构成人群和文化面貌上与高句丽的密切关系，值得我们在考古发掘和科研工作中进一步关注。

四

文献记载中渤海存在的"冢上作屋"和"墓前祭祀"习俗，从考古学的角度出发，二者其实为渤海民族不同历史时期和发展阶段墓祭传统的表现形式，二者应为性质、功用相同的一类遗存。

基于目前渤海"冢上作屋"的考古发现，年代最早只能追溯至渤海早期，未见渤海建国前墓上建筑实例。但从六顶山墓地多种形式和发展程度的渤海墓上建筑来看，渤海的墓上建筑在此之前即应经历过一个发展阶段，即从最初简易的木构建筑，逐步发展、完善到础石、墙体、地面、踏步等设施完善的台基式建筑的发展过程。渤海人的"冢上作屋"，其功能，不单单起到文献记载中"不令雨湿"的作用，而是渤海人事死如事生丧葬观念的体现，起到对墓主人的祭祀与供奉的作用。

六顶山墓地和虹鳟鱼场墓地发现的不同于墓葬的石台类或方坛类遗迹，从其与墓葬的相互关系、形制特点来看，应为起到停灵待葬作用的"灵棚"遗迹，而与墓葬的祭祀无关。

[①] 吉林省文物考古研究所等：《集安高句丽王陵——1990～2003年集安高句丽王陵调查报告》，文物出版社，2004年。

渤海文字瓦的发现、研究与著录评述

刘晓东 李 玲

(黑龙江省博物馆)

渤海国通用汉字，这已经是学术界的共识。渤海建筑遗址，特别是渤海宫殿、寺庙遗址中出土量最大的要数瓦类文物。渤海瓦的表面经常带有模印或刻划的文字及符号。文字一般是单字，少数是双字，个别还偶有三字以上的。学术界把这种带有文字的瓦统称为"文字瓦"。关于渤海文字瓦的发现、研究与著录情况一直是学术界非常感兴趣的课题。但由于种种原因，学术界一直未能拿出较大的精力来做这方面的总结和归纳，以至出现后来的研究者竟不知晓此前研究的状况及其走向等内容，故在新材料发表的情况下仍无法借鉴前人研究成果，也就难以在前人研究成果基础上进一步提升并拓展新的研究领域。而考古报告的编写者如果不了解此前研究的进展和进展过程中由于材料著录的不完善、不缜密、不精确而造成的诸多困惑等情况，故其在新报告的编写过程中，在对文字瓦的著录时难免仍会疏漏一些此后也难以弥补的重要信息，从而阻碍后期科研的跟进。有鉴于此，故撰此文，以期对渤海文字瓦的研究与著录工作有所补益。

一、渤海文字瓦的早期发现和性质推测

渤海文字瓦的早期发现可推到清初。如清初宁古塔流人的笔记文学中即可见到端倪。如顺治十六年（1659年）出塞的方拱乾，在宁古塔曾居留近三年。其《绝域纪略》之《土地》篇中云："有东京者，在沙岭北十五里，相传为前代建都之地，……黄瓦累累，无字可寻。惟一瓦有字曰：'保高丽作'。字多不完，岂高丽也？"案方氏所谓"东京"即渤海上京城遗址。中外考古工作者在渤海上京城遗址的多次调查与发掘中，已采集到大量文字瓦标本。其中有印有"保"字单字的文字瓦，有印有"高"字单字的文字瓦，还有印有"保德""保十"等双字的文字瓦。但没有印有"丽"字单字的文字瓦，更绝无印有"保高丽作"的文字瓦。可见作者的著录并不完全准确，已有推想或讹传的成分了。

比方拱乾晚两年到宁古塔的张缙彦，在其《宁古塔山水记》之《东京》篇中云："由沙岭而东十数里，有古城石垒，……败瓦断砖，虽野烧之余，尚有存者。且丹绿琉

璃，间有夷汉字号，土人□取为玩。"案张氏所记东京城中的所谓带有"夷汉字号"的"败瓦"，亦即渤海文字瓦。瓦上文字有可识者，亦有不可识者，故张氏称之为"夷汉字号"。

比方拱乾、张缙彦晚十年左右到宁古塔的张贲，在其《白云集》之《东京纪》中云："（东京）城内今宫室无存，败瓦乱蹟，在榛莽中时有丹碧琉璃，错出间杂，存汉字款识，土人取以为玩。"与方拱乾、张缙彦相比，张贲对东京城"败瓦"上文字性质的推究则明显更进了一步。

由此可见，渤海文字瓦在发现之初，就出现了一个极为简短但又意义突出的认知过程，即由方拱乾的"岂高丽也？"到张缙彦的"夷汉字号"，再到张贲的"汉字款识"。即便是今天的研究中，称渤海文字瓦上的文字为"汉字款识"，亦为可取之论。第一，该论断肯定了渤海文字瓦上的文字为汉字。第二指出了渤海文字瓦上文字的性质为"款识"，即起标志作用。

二、渤海文字瓦研究的阶段性成果

上述清初宁古塔流人对渤海文字瓦的认知，严格来讲还不能称之为学术层面的研究。对渤海文字瓦进行学术层面研究并取得相当成果的代表性学者先后有金毓黻、三上次男、李强、田村晃一、宋玉彬等人。

1. 金毓黻对渤海文字瓦的研究

真正从学术层面对渤海文字瓦进行研究的，当首推渤海史大家金毓黻。20世纪30年代，金毓黻根据包诺索夫等人提供的20余枚文字瓦资料和日本东亚考古学会提供的数十枚文字瓦资料，首次对渤海文字瓦进行了学术考察[①]。

金毓黻对渤海文字瓦研究的贡献，主要有两个方面的内容。

第一，是对文字瓦上文字的分类。金毓黻把这些文字瓦分为七类：其一为数目者；其二为干支者；其三为姓氏者；其四为人名者；其五为复名者；其六为奇诡难识者；其七为文字反书者。

金毓黻当时所能见到的文字瓦并不多，用他自己的话，"以上七例，约得八十余字"[②]。就这八十余字而言，金毓黻竟能细化分出以上七类，并将这些文字一一分别各有系属，实属难能。

第二，是就其所得的"八十余字"文字瓦资料，阐述了渤海国使用汉字，没有如契丹、女真另创自己文字的观点。如金毓黻指出：在这"八十余字"中，"十分之八为

---

① 金毓黻：《渤海国志长编·丛考》。
② 金毓黻：《渤海国志长编·丛考》。

可识之汉字，而十分之二则为奇诡难识之字。余求其故，不外两例。其一盖为渤海人特制之字，以表特有之音；其一盖为无意义之符号。若以此说为不然，而谓渤海另创新字，涵有一切之音义，一如契丹、女真文字之子母相生，则非余之所敢知也。"①面对文字瓦中一定数量的"奇诡难识"之文字，当时又没有如后来贞惠公主墓志、贞孝公主墓志等渤海文字资料出土的情况下，金毓黻能坚持主张渤海使用汉字、没有创立自己文字的观点，尤属难能。

金毓黻的上述研究，曾在相当长的一个阶段里引领了国内外渤海文字瓦，乃至渤海文字方面的研究。

2. 三上次男对渤海文字瓦的研究

真正从考古学层面对渤海文字瓦进行研究的，当首推日本著名考古学家、曾任日本考古学会会长的三上次男。20世纪60年代，三上次男根据原田淑人、驹井和爱的《东京城》，鸟山喜一、藤田亮策的《间岛省古迹调查报告》，斋藤优的《半拉城》，鸟山喜一的《关于渤海上京龙泉府》《渤海东京考》，金毓黻的《渤海国志长编》等学术报告和论著提供的资料，对渤海文字瓦进行了深入研究②。

三上次男对渤海文字瓦研究的贡献主要有以下五个方面。

第一是对文字瓦本身进行了类型学方面的考察。如"印章"形状大小的异同，印文的阳刻与阴刻，印文的正刻与反刻，甚至注意到文字瓦中的板瓦与筒瓦之别等方面的内容。

第二是对不同地点出土的文字瓦进行了分地点考察和对比性研究。比如哪些文字是上京城（东京城）出的，哪些是西古城（西古城子）出的，哪些是八连城（半拉城子）出的，哪些文字仅见同一地点，哪些文字不同地点共出，甚至注意到同一印模的文字瓦在不同地点出现的情况。初步揭示西古城与八连城出土的文字瓦，在类别、形态、书体等方面远较上京城出土的更为接近，甚至揭示出二者共用的同一印模压印的文字瓦可能就出在同一窑中的重要信息。

第三是对于渤海文字瓦上文字性质的考察。三上次男参考了日本武藏国分寺，唐长安大明宫，高句丽、百济、新罗等宫殿址出土的文字砖瓦情况。认为既然渤海周边国家瓦上的文字存在使用地名（郡县名）、宫殿名、人名的情况，那么渤海文字瓦上的文字也应是这种情况。同时三上次男吸收了金毓黻的研究成果，进一步把渤海文字瓦上的文字分成八类：其一，与制作有关的地名或县名；其二，与制作有关的官厅或机构；其三，与制作有关的姓氏；其四，与制作有关的人名；其五，与使用有关的建筑

---

① 金毓黻：《渤海国志长编·丛考》。
② 三上次男：《渤海印字瓦及其历史性质》，《和田博士古稀纪念·东洋史论丛》，讲谈社，1961年。后收入三上次男：《高句丽与渤海》，吉川弘文馆，1990年。

物的名称；其六，数目；其七，干支；其八，以上任意两项的组合。

三上次男尽管分出以上八项，但他认为前五项是更应该探讨的。不过，三上次男并没有像金毓黻那样具体指出渤海文字瓦上不同文字在上述分类中的归属。

第四是对渤海文字瓦制作机构或群体的研讨。三上次男认为，渤海最高政务机构为政堂省，下设忠、仁、义、智、礼、信六部。其中，信部负责国家建筑工程方面的事项，即宫殿和国家寺院的修筑应归信部负责。所以这些建筑所用的瓦，原则上理应由信部负责。那么渤海上京城、西古城、八连城宫殿址和寺庙址所用的瓦均应由国家建筑工程的主管机构直接负责制作。上述三处渤海都城中宫殿、寺庙遗址中，大量的是没有文字的瓦，文字瓦仅仅是少数。三上次男推测，大量的没有文字的瓦，应该是中央主管营建机构直接负责制作的。文字瓦则应该是国家主管营建机构以外的下属特定机构、地方的县，或特定的强势大姓、部族提供的。

第五，渤海文字瓦的研究对建筑遗址的年代与分期有参考价值。三上次男指出，西古城与八连城两处遗址共用了同一印模的文字瓦，至少表明了这两处遗址的某一建筑物的始建年代或复修年代在某一时间节点上的一致性。

三上次男的研究，开启了从考古学视角多方位研究渤海文字瓦的先河。

3. 李强对渤海文字瓦的研究

渤海文字瓦中确有难识或不识的文字，即金毓黻所说的"奇诡难识者"。这就难免引发关于渤海文字方面的歧见。20 世纪 80 年代初，李强对此前收集到的全部渤海文字瓦资料进行了系统梳理[①]。

李强对渤海文字瓦研究的贡献，主要有以下三个方面。

第一，李强把此前发现的全部文字瓦资料提供的 250 多个文字、符号，首次分正楷类、殊异字类、符号类列表刊出，为学术界进一步查核研讨提供了方便。

第二，李强对渤海文字瓦中"殊异字"，即金毓黻所说的"奇诡难识"的文字的研究，取得了突破性的进展。李强认为，这些"殊异字"的出现，一是用了汉字的别体字而造成的，二是由于形似致误而造成的。李强查阅了大量的汉唐碑刻乃至简牍等文字资料，对渤海文字瓦中的部分"殊异字"一一作了翔实可信的释读。

第三，由于李强对渤海文字瓦"殊异字"研究的重大突破，加之贞惠公主墓志与贞孝公主墓志的先后出土，学术界此后几乎不再作渤海是否创立自己文字方面的研讨。

李强的上述研究成果，在相当程度上解决了渤海文字瓦中"殊异字"释读问题，其很多释文已经成为学术界的共识。

---

① 李强：《论渤海文字》，《学习与探索》1982 年第 5 期。

4. 田村晃一对渤海文字瓦的研究

2005年,时任日本考古学会会长的田村晃一继其先师三上次男40多年前的研究,再次从考古学层面,发表了关于渤海上京城文字瓦的详细考察研究成果[①]。

田村晃一的研究,基本是三上次男研究取向的延伸和细化。其研究成果主要为以下四个方面。

第一,详细介绍了文字瓦印面的形状、大小,施印的位置、数量等内容,甚至细化到印面的筋状纹理,并由此推测到施印工具的材质(可能是木质)。

第二,制作了"上京城址出土文字瓦文字对照表""上京城址出土筒瓦、板瓦上的文字对照表""上京城文字瓦一览表"。这三张表的制作,反映了其整理工作的细腻和深入。

第三,对于文字瓦中出现频率较高几个具体字例的细微观察与探索性思考。如对"尹"字的27件标本,对"保""保德"(即所谓"保一族"38例标本)和"卯""卯若""若"(即所谓"卯一族"若干标本)的分类观察与思考,以及对"仁""延""切"等文字的观察与思考,均有创意,进一步拓宽了文字瓦研究的新思路与新视野。三上次男40多年前就提出应对印面文字作细微差别方面的考察,但限于条件,未能如愿。而且也未能进一步指出某一文字的具体属项。这一直是作为三上次男的弟子——田村晃一深以为憾的事。所以田村晃一在整理这批资料的同时,注意到了相关细节,在某种意义上弥补了三上次男的这项缺憾。

第四,对渤海文字瓦文字所代表的含义的检讨。对于文字瓦上的文字,是地名(郡名)还是人名,是特定个人之名还是特定机构之名,是提供者之名还是制瓦工匠之名等问题,田村晃一分别进行了探讨,提出了部分倾向性意见。但限于以往调查、发掘所采集著录标本中诸多信息的缺失,田村晃一更多的是提出了审慎的保留性意见。

田村晃一的上述研究,颇具开拓性,也在一定程度上引领了此后渤海文字瓦整理、著录与研究的学术走向。

5. 宋玉彬对渤海文字瓦的研究

自李强对渤海文字瓦的研究发表以后的30多年时间内,中国学术界在渤海文字瓦的研究方面,几乎一直没有新的建树。而在考古学层面对渤海文字瓦的深层次研讨,中国学者也几乎并未涉足。即便是金毓黻、李强的研究成果,也基本是集中在渤海文字瓦上文字的含义与释读方面。中国学术界从考古学层面对渤海文字瓦进行深入研究的学者当首推宋玉彬。2013年,宋玉彬发表了有关渤海文字瓦的研究成果[②]。宋玉彬

---

① 田村晃一:《渤海上京龙泉府出土的印字瓦的几点思考》,《东北亚的都城与渤海》,《东洋文库论丛》第64号,2005年。

② 宋玉彬:《渤海瓦当的纹饰构图及文字瓦的使用》,《高句丽、渤海文化学术研讨会论文集》,2013年。

在研究中不仅掌握了渤海上京城、西古城、八连城三座都城址的文字瓦资料，而且涉及杏山砖瓦窑、河南屯墓葬、高产寺庙址、军民桥寺庙址、东南沟寺庙址、新生寺庙址等遗址发现的文字瓦资料。

宋玉彬对渤海文字瓦的研究成果，主要是体现在文字瓦应用的时空框架方面。

关于渤海文字瓦的出现时间，宋玉彬认为，应该出现于渤海文化核心区域向图们江流域转移之际，即不晚于天宝年间渤海以显州为都之时。

关于渤海文字瓦的利用空间，据宋玉彬统计，文字瓦主要集中出土于都城遗址及个别高等级墓葬、寺庙址。而宋玉彬认为，渤海文字瓦的烧制主要是为了保障都城建筑的质量，文字瓦是官署对提供瓦作产品的工匠提出的具体要求。

与三上次男、田村晃一相同，宋玉彬也深深为文字瓦标本采集过程中细微信息的缺失所困扰。正如宋玉彬文中所云："在已发表的资料中，只有《西古城》报告对其发掘出土的文字瓦标本按照遗存单位进行了全面收集、系统区分，并对同印标本进行了细致的数据统计。其他报告虽对各种文字瓦标本也进行了具体描述，但缺少明确的数据统计。这种翔实数据的缺失，影响了学术研究的进一步拓展。"限于此，宋玉彬的上述研究，也只能是其整体研究中的阶段性成果。

三、几部考古报告对渤海文字瓦的著录

对渤海文字瓦进行学术层面的研究，应该是建立在田野调查、考古发掘和科学著录基础之上的工作。

1. 20 世纪的三部考古报告对渤海文字瓦的著录

20 世纪 30 年代对渤海上京城、西古城和八连城的调查发掘报告分别见于日本 1939 年出版的《东京城》[1]和 1942 年出版的《间岛省的古迹调查报告》[2]。

《东京城》报告著录了 77 例，分别有单字和双字，有可识者，也有难以识别者，并附有拓片。对于文字瓦的性质，该报告参考了国分寺的相关材料，认为国分寺的瓦是由各地分担提供的，所以其文字瓦上的文字应是郡名的简略标识。至于渤海文字瓦是否与国分寺的情况相同，由于没有文献记载，所以无法判断。该报告虽然在正文部分没有提到金毓黻的相关论述，但在注释里，则全面引述了金毓黻关于文字瓦的研究成果。

《间岛省的古迹调查报告》虽发表了上京城、西古城、八连城的部分文字瓦资料，但介绍极为简略，并且没有释文方面的内容。

---

[1] 原田淑人、驹井和爱：《东京城——渤海国上京龙泉府的发掘调查》，《东方考古学丛刊第五册》，1939 年。
[2] 鸟山喜一、藤田亮策：《间岛省古迹调查报告》，1942 年。

20 世纪 60 年代中朝联合考古队对渤海上京城的调查发掘报告主要见于 1997 年出版的《六顶山和渤海镇》[①]。此次调查发掘共采集文字瓦标本 577 件，其中板瓦 505 件，筒瓦 72 件。瓦面文字为模印（报告称"戳印"）者 571 件，刻划者 6 件。字形可辨者为 38 种 497 件。该报告发表拓片 49 张，可与报告释文相对应。

以上三部考古报告是 20 世纪关于渤海遗迹调查与发掘材料的基础性报告。直到 20 世纪末，其在文字瓦的著录方面的原始性和权威性仍无可替代。但必须承认，上述三部考古报告对文字瓦的著录均比较简单，缺乏系统全面的科学梳理与出土单位的详细标注。限于条件，报告编写者对标本本身也未能进行类型学考察与数据化分析。无疑，这些缺憾难免会在相当程度上制约或限制渤海文字瓦后续研究的深入。

2. 21 世纪初的三部考古报告对文字瓦的著录

20 世纪 90 年代以来，黑龙江、吉林两省的考古工作者分别对上京城、西古城、八连城遗址进行了科学调查与发掘，并于 21 世纪初先后出版了《西古城——2000～2005 年度渤海国中京显德府故址田野考古报告》（以下简称"《西古城》"）[②]、《渤海上京城（1998～2007 年度考古发掘调查报告）》（以下简称"《上京城》"）[③]和《八连城——2004～2009 年度渤海国东京故址田野考古报告》[④]（以下简称"《八连城》"）三部大型考古报告，从而开启了运用考古类型学、层位学等基础手段，多方位，多视角，科学系统著录文字瓦的新时代。

（1）《西古城》报告

据《西古城》报告称，共获取文字瓦标本 2261 件，其中板瓦标本 1485 件，筒瓦标本 776 件。可识文字 69 个，存疑文字 9 个，无法释读的文字符号及图形 35 个。

由于《西古城》报告的主持者此前认真攻读了有关渤海文字瓦研究的最新成果，注意并理解了国内外有关文字瓦研究与著录的新取向，所以，在著录文字瓦时显得格外细致和精到。

第一，《西古城》报告在著录文字瓦时，特别注意到考古出土单位区分的细化。该报告是按考古单位来描述文字瓦的。如一号宫殿，包括其两侧廊庑，可视为同一个整体。把这一区域内出土的文字瓦一并叙述也无可厚非。但作者显然是考虑到学术界深入研究的需要，故将这一区域出土的文字瓦，分为"一号宫殿址出土的文字瓦"、"一号宫殿址东侧廊庑址出土的文字瓦"和"一号宫殿址西侧廊庑址出土的文字瓦"等三

---

① 中国社会科学院考古研究所：《六顶山与渤海镇》，中国大百科全书出版社，1997 年。
② 吉林省文物考古研究所、延边朝鲜族自治州文化局、延边朝鲜族自治州博物馆、和龙市博物馆：《西古城——2000～2005 年度渤海国中京显德府故址田野考古报告》，文物出版社，2007 年。
③ 黑龙江省文物考古研究所：《渤海上京城（1998～2007 年度考古发掘调查报告）》，文物出版社，2009 年。
④ 吉林省文物考古研究所、吉林大学边疆考古研究中心、珲春市文物管理所：《八连城——2004～2009 年度渤海国东京故址田野考古报告》，文物出版社，2014 年。

个单位来叙述。

第二,《西古城》报告在著录文字瓦时,认真运用了考古类型学方面的基本手段。如对文字瓦标本本身的分类,将其分为板瓦类和筒瓦类,在此类别下,又将文字瓦标本分为"模压文字标本""刻划文字标本"和"刻划符号"三个子类别。然后又逐一对每件标本的文字进行了阴刻与阳刻、字外边框的有与无,乃至楷书、隶书、魏碑等方面的区分,甚至细化到笔画的粗细。此外,还进行了同印字体的辨识等内容。

第三,《西古城》报告在著录每件文字瓦时,在区分可以释读者、存疑者及无法释读者之后,均附有清晰的文字瓦拓片。不仅如此,该报告还在书后附有"西古城址出土文字瓦统计表",逐一注明了文字瓦的出土单位、标本种类、施文方式及印面文字等详细内容,为学术界此后的研究提供了极大的方便。

此外,《西古城》报告专设《文字瓦的类型学考察》一节文字,对西古城出土的全部文字瓦材料进行了全面系统性梳理,从而总结出西古城文字瓦类型学考察方面的九点认识。尽管这在某种意义上已不属于著录方面的内容,但该报告的此项考察在学术界此后的研究跟进与深入方面基础意义日益凸显。

(2)《上京城》报告

《上京城》报告没有像《西古城》报告那样在对其出土的文字瓦分考古单位叙述后又做了整体统计,而只是分考古单位来叙述。按《上京城》报告的叙述,第2号宫殿基址出土"陶文字瓦"145种,"陶刻划字符瓦"18种。第3、4号宫殿建筑群基址出土文字瓦标本508件,其中"陶戳记文字瓦"99种,"陶刻划符号瓦"7种。第5号宫殿基址出土"陶文字瓦"28种,"陶刻划字符瓦"2种。第50号宫殿基址采集"戳印文字瓦"标本19件,字形可辨者6件。皇城南门基址采集文字瓦标本69件,其中模印标本66件,刻划标本2件,"可分辨出18～19种模印和刻划类型,确认19～20个文字或符号"。郭城正北门基址"采集文字瓦标本28件,共有12种戳记"。

《上京城》报告对渤海文字瓦的整理与叙述,尚嫌不够细腻。如对文字瓦的出土单位的区分,略显不够细化。其对出土于主体建筑还是附属建筑(如宫殿本身与其两侧廊庑的区分)没有细分。而把3号宫殿与4号宫殿放在一起作为文字瓦出土的单位来叙述也显得过于粗疏。对文字瓦本身的分类也不够细致。如文字瓦本身是筒瓦还是板瓦,报告中没有标明。在释文方面,该报告也显得过于谨慎。除了对皇城南门出土的69件标本中的6种有释文外,其余叙述基本没有释文。

另外,《上京城》报告对文字瓦的著录,体例并不统一,有的部分稍详,有的部分过于简略,极个别部分竟没能附上文字瓦的拓片。而在学术用语方面也显得不够统一。如对文字瓦的称谓,在第2号宫殿基址中,出现的是"陶文字瓦""陶刻划字符瓦",在第3、4号宫殿基址群中,出现的是"陶戳记文字瓦""陶刻划符号瓦",第5号宫殿基址中,出现的是"陶文字瓦""陶刻划字符瓦"。在第50号宫殿基址中,对其出土的文字瓦叙述为"戳印",在郭城正北门基址中则叙述为"戳记",而在皇城南门基址中,又用了"模印"的术语。同一本报告，同一类出土物，其叙述术语竟如此不统一，难免会让研究者有无所适从之感。

《上京城》报告比《西古城》报告晚出，在文字瓦的著录方面竟没有采取《西古城》报告的成功模式，令人遗憾。尽管《渤海上京城》报告在文字瓦的著录方面还存在诸多不尽如人意之处，但必须承认，该报告的编写者花费了相当的精力，认真编排了相关图表，发表了大量清晰的拓片和照片，为学术界提供了前所未有的渤海上京城文字瓦研究新资料。

（3）《八连城》报告

据《八连城》报告，"模印文字或符号共计2202件，92种。只见于板瓦及板瓦形压当条上的文字或符号公44种，只见于筒瓦上的文字或符号共24种，同见于板瓦和筒瓦上的文字或符号共24种。……文字相同而字体为两种或两种以上的印记有48种，字体相同的有45种。"

《八连城》报告对文字瓦的著录模式大致与《西古城》报告相同，不仅注意到考古出土单位区分的细化，如主体建筑和附属建筑之分，同时也注意到对文字瓦标本本身的分类，如板瓦类和筒瓦类之分，印面有字框和无字框之分，印文为阴文和阳文之分等内容。

不仅如此，该报告还专设《文字瓦分类》一节文字，对文字瓦的文字符号形式、类别和出土状态等内容做了系统性总结与归纳。并在书后附有"八连城内城建筑址出土瓦件模印文字统计表"和"八连城内城建筑址出土瓦件刻划文字统计表"，逐一注明了文字瓦的出土单位、标本数量、印面文字等内容。

《八连城》报告对每种文字瓦标本均有详细说明，并附有清晰拓片。但对全部文字瓦标本没有释文。这种全部没有释文的处理方式与《上京城》报告基本没有释文的情况大致相同。从编者的角度，应是出于谨慎考虑，但对读者而言，恐怕还是一种缺憾。因为渤海文字瓦中可识文字毕竟是绝大多数。

以上是笔者对渤海文字瓦的发现、研究与著录概况的基本评述。见仁见智，仅供学术界参考。

一般来说，应该是先有基础材料的著录，然后才有研究成果跟进。但渤海文字瓦的情况则不完全是这样。如金毓黻的成果就不是著录发表后的跟进，而是著录发表前的研究。如果说金毓黻的研究中也有著录的成分，那么这种著录对学术界整体而言就显得力不从心。因为金毓黻著录的80余字，只是他自己认定的"释文"。限于当时的条件，他既未能附上文字瓦的拓片，也没有附上相应释文原件的摹本。而李强的研究，则主要是著录后的跟进。李强收集到了大量的文字瓦著录材料，此外，他还直接考察了大量文字瓦标本本身。

就渤海文字瓦的著录与研究而言，也存在二者脱节的情况。因为著录者往往不是研究者，研究者也往往不是著录者。但研究者的研究会推动著录者的著录不断细化。

同样著录者的细化也会推动研究者研究的不断深入。如三上次男的研究，尽管开阔了视野，但也每每为基础材料著录过于简单而多有困惑和遗憾。而三上次男的研究，则直接影响了此后田村晃一对渤海上京城文字瓦的整理和整理过程中的研究。也正是这些研究的跟进，才推动了渤海文字瓦著录的不断系统和细化。

21世纪以来，中国学者先后出版了《西古城》《上京城》《八连城》三部专题报告。尽管这三部报告在文字瓦的著录方面还不同程度地存在着某种信息的缺失，但比起20世纪三部报告的著录，已有全新的改观。相信，学术界同仁在全面占有渤海文字瓦科学著录的全新资料所提供的种种信息后，一定会倍感振奋，信心大增，一定会在金毓黻、三上次男、李强、田村晃一、宋玉彬等学人研究成果的基础上，把渤海文字瓦的研究提高到一个新的水平，新的阶段。

朝阳地区隋唐墓葬出土陶器所反映的文化关系试析

乔 梁

(中国文化遗产研究院)

自燕秦汉正式将中国东北地区纳入中原王朝版图以来,今之辽宁朝阳地区一直作为中原王朝对东北地区实施管辖或联系的重镇,许多重要的历史活动曾以朝阳为中心而展开。北朝和唐先后设营州于柳城,使朝阳成为当时在东北方唯一正式的州级建置,此后藩镇坐大,营州一时更成为举足轻重的地方。昔时的繁华或纷争虽早已逝去,但湮没于地下遗存的出露却仍能够不时为今人展现一些精彩的片断,而那些反映或折射时人生前状况与活动的墓葬,无疑更具有比较形象直观的效果。关于朝阳地区隋唐墓葬的考古研究,前贤已取得了丰硕的成果,本文则仅就墓葬随葬的陶器所反映出的北方部族文化因素或影响做些分析。

一

据统计在朝阳及周边地区属于隋唐时期的墓葬已发现205座[①],但目前资料发表的详略不一,甚至部分仅是在相关论文中有所提及,因此所能够进行对比分析的,主要还是那些正式刊布了考古报告或简报的发掘清理资料。正如已有研究者所指出的那样,在目前所见考古报道中对于部分墓葬年代的定位也还是存在一些有失准确之处,所以应当先将哪些有可能并非属于隋唐时期的遗存进行甄别,在此基础上所做的分析或考据可能才会更近于历史真实。

20世纪六七十年代发掘的朝阳西上台M19的年代在发表的简报中被确定为隋代[②],田立坤则指出该墓的实际年代应当属于北魏[③]。西上台M19为土坑竖穴墓,根据墓葬登记表该墓出土的遗物除简报所发表的两件陶器外,还有可能是填土中或扰动进去的陶盆口沿和陶豆残段,由于豆类器物在汉晋之后就已基本不再流行,所以可知该墓年代的上限至少不会早于两晋,墓葬的构筑或填埋扰动了当地业已存在的汉晋时期文化堆积,导致早期遗物出现在后期的墓葬之中。而就两件完整随葬陶器的形制风格来看

---

① 田立坤:《朝阳的隋唐纪年墓葬》,《朝阳隋唐墓葬发现与研究》,科学出版社,2012年。
② 辽宁省博物馆文物工作队:《辽宁朝阳隋唐墓发掘简报》,《文物资料丛刊》(6),文物出版社,1982年。
③ 参见田立坤:《朝阳的隋唐纪年墓葬》,《朝阳隋唐墓葬发现与研究》,科学出版社,2012年,注3。

确实反映着北朝时期陶器的典型特征，如编号为M19∶1的长颈陶壶（图一，1），形态以及装饰风格多与朝阳本地[①]乃至大同（平城）等地北魏墓葬出土的同类器物相接近（图一，3~6）[②]，而同墓出土敛口陶罐所饰水波纹的风格也是两汉以来匈奴、鲜卑所习用的陶器纹饰，所以将该墓的年代判定为北朝应当不会出现太大的失误。类似这样在发表资料中年代被误判的可能还有朝阳双塔区一建职工医院编号M1的墓葬[③]，该墓属于在工程建设中零散发现的遗存，所以墓葬的形制以及埋藏状况等具体情况多已不详，只是出土的遗物被文物机构收集保存了下来。墓葬的年代在发表的简报中被断定为唐代，但墓中出土长颈陶壶的形制和装饰风格均与当地以及大同等地的北魏墓随葬的同类陶器更为接近（图一，2），而与之共存的陶罐也近似于当地北朝墓葬的同类器物，因此将该墓葬的准确年代判定为北朝可能更加接近真实。北魏于公元436年灭掉北燕，此后据龙城设营州，因此反映典型北魏陶器风格墓葬年代的上限至少当不会早于公元436年，而下限大体应当在隋攻占营州之前。

与将北朝墓葬误判为隋唐时期遗存相类似，在已发表的资料中也有一些可能年代略晚的墓葬被研究者视为唐代的遗存。双塔区2002年清理的市房产局楼后墓葬在报道中被判定为唐墓[④]，但该墓出土的长颈陶壶的形制与风格均与当地唐代墓葬中随葬的同类器物存在着较大的差别（图二，1），在北方乃至全国各地隋唐时期的遗存中也难觅类似器形的踪影，因此不免使人对其年代的判断产生一些疑问。类似形制的长颈陶壶实际上以往在辽代遗存中时有所见，例如在北票下瓦房沟辽墓[⑤]、巴林右旗巴彦琥绍辽墓[⑥]、科右中旗代钦塔拉[⑦]以及敖汉旗大横沟辽墓等[⑧]都出土有形制以及装饰风格相类似的陶壶（图二，2~5），这类陶壶通常多见于较早的辽代遗存，由装饰比较发达的箆纹来看无疑应当属于契丹系统的产品。而同出于房产局楼后墓葬的高领陶罐形制风格也与一些早期辽墓出土的陶罐相近[⑨]（图三），表明该墓的真实年代确实属于辽代。

---

① a. 辽宁省文物考古研究所等：《辽宁朝阳北朝及唐代墓葬》，《文物》1998年第3期；b. 辽宁省文物考古研究所等：《朝阳市发现的几座北魏墓》，《辽海文物学刊》1995年第1期。

② 山西大学历史文化学院等：《大同南郊北魏墓群》，科学出版社，2006年。

③ 朝阳市双塔区文物管理所：《朝阳市双塔区零散唐墓出土文物》，《朝阳隋唐墓葬发现与研究》，科学出版社，2012年。

④ 朝阳市双塔区文物管理所：《朝阳市双塔区零散唐墓出土文物》，《朝阳隋唐墓葬发现与研究》，科学出版社，2012年。

⑤ 陈金梅：《辽宁北票市下瓦房沟发现一座辽墓》，《北方文物》2002年第4期。

⑥ 苗润华：《巴林右旗巴彦琥绍辽墓和元代遗址》，《内蒙古文物考古》1994年第1期。

⑦ 兴安盟文物工作站：《科右中旗代钦塔拉辽墓清理简报》，《内蒙古文物考古文集》（第二辑），中国大百科全书出版社，1997年。

⑧ 敖汉旗文物管理所：《内蒙古敖汉旗沙子沟、大横沟辽墓》，《考古》1987年第10期。

⑨ a. 李庆发：《建平西窑村辽墓》，《辽海文物学刊》1991年第1期；b. 吉林省文物考古研究所：《吉林双辽高力戈辽墓群》，《考古》1986年第2期；c. 辽宁省文物考古研究所等：《阜新海力板辽墓》，《辽海文物学刊》1991年第1期。

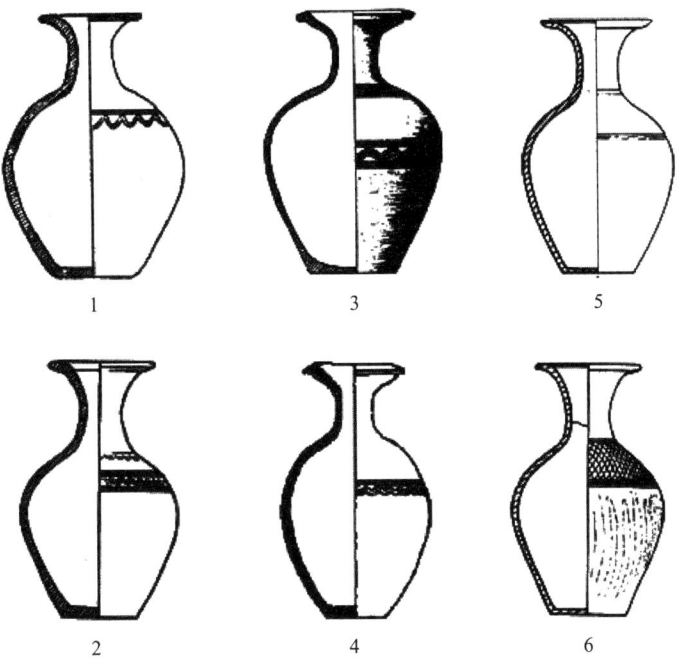

图一 盘口壶对比

1. 朝阳西上台 M19：1 2. 朝阳双塔区一建职工医院 M1：1 3. 朝阳南大沟石椁墓 4. 朝阳工程机械厂 91CGJM9 5. 大同南郊北魏 M204：2 6. 大同南郊北魏 M228：1

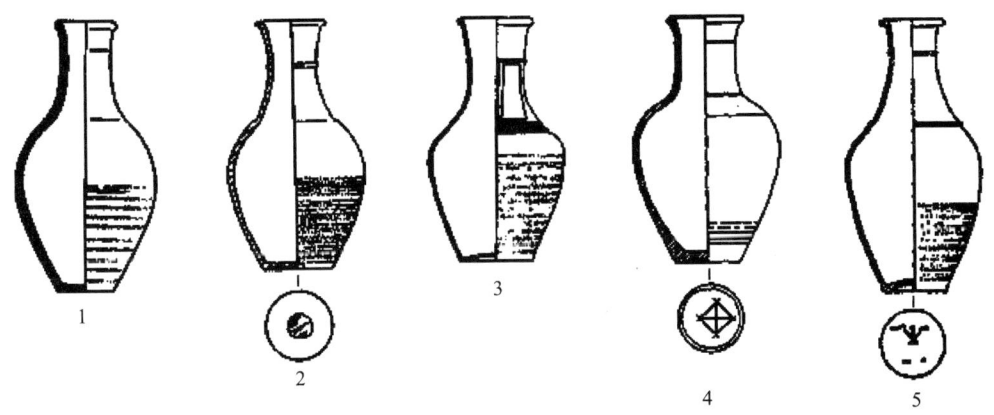

图二 长颈壶对比

1. 朝阳双塔区市房产局楼后"唐墓"（ST0576） 2. 巴林右旗巴彦琥珀辽墓 3. 科右中旗代钦塔拉辽墓
4. 北票下瓦房沟辽墓 5. 敖汉旗大横沟辽墓

因此应当从朝阳隋唐墓葬中甄别出来，以避免导致对比研究中的误判或混乱。

二

排除了北朝和辽代这些文化本源就形成于北方的考古遗存之后，再来观察分析朝

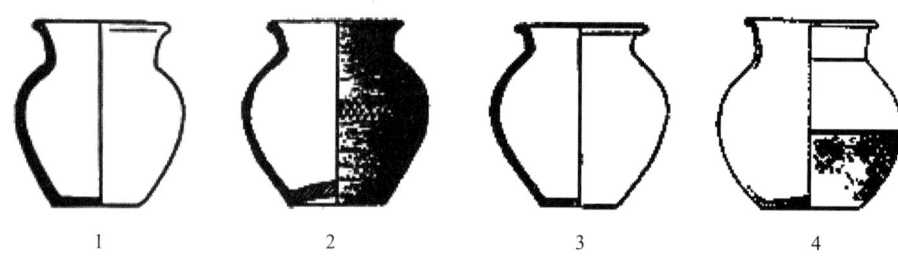

图三 侈口罐对比

1. 朝阳双塔区市房产局楼后"唐墓"(ST0578) 2. 建平西窑村辽墓 3. 双辽高力戈辽墓 4. 阜新海力板辽墓

阳地区隋唐时期墓葬出土陶器遗存所反映的文化面貌,仍能够发现较多渊源于北方或对北方产生了明显影响的文化因素,而对于这些因素来龙去脉的辨析和阐释就是本文希冀达成的目标。

朝阳地区隋唐时期墓葬所表现的突出地域特征和文化联系,已有多位论者进行过详细的考察和辨析,但是对于其中有可能渊源于北朝甚至更早阶段的鲜卑系统文化因素却注意的不够。在相关朝阳地区隋唐墓葬的发掘报道中,经常可以发现随葬陶器的底部存在特殊处理的现象。例如1982年报道的师范学校 M2∶4 陶壶为黑褐色夹砂粗陶,底上有十字形印记(图四,1),纺织厂 M4∶2 底部印有鹿状纹记(图四,2)[①],杨和墓出土的大口罐"底部有铜钱形印记",黑陶罐"底部有印记"[②];而在养路费征稽处唐墓中,96CZM3∶1 陶罐"底内凹并有方形戳记",96CZM5∶1 陶罐"器底有方形戳记"[③]。由于这些陶器在报告刊发时大多数没有发表陶器底部的图像资料,所以这些迹象很容易被研究者忽视。实际上在北方地区,这类在陶器外底压印、戳印或刻划凹记的做法是匈奴和鲜卑文化系统陶器遗存屡见不鲜的现象。作为拓跋鲜卑早期都城盛乐的和林格尔土城子墓葬早年就出土过底带钱纹的陶罐[④](图四,7),在大同南郊北魏墓群这类风格的陶器更不在少数,许多陶壶、陶罐的底部都存在带有印记的现象[⑤](图四,3~5),而在朝阳同一区域的北票喇嘛洞墓地和大板营子墓地也有发现类似风格陶器的报导[⑥](图四,6、8)。正所谓无独有偶,恰恰是这些在底部带有印记的陶器在质地、器形以及装饰风格等方面也多明显地区别于同时期中原系统的陶器,所以可以推测朝阳隋唐时期墓葬随葬陶器的相似做法应当是受到了更早阶段匈奴、鲜卑等北

---

① 辽宁省博物馆文物工作队:《辽宁朝阳隋唐墓发掘简报》,《文物资料丛刊》(6),文物出版社,1982年。
② 辽宁省文物考古研究所等:《朝阳唐杨和墓出土文物简报》,《朝阳隋唐墓葬发现与研究》,科学出版社,2012年。
③ 寇玉峰、于俊玉:《辽宁朝阳养路费征稽处北魏唐代墓葬》,《边疆考古研究》(第3辑),科学出版社,2004年。
④ 内蒙古文物工作队:《内蒙古和林格尔县土城子古墓发掘简介》,《文物》1961年第9期。
⑤ 山西大学历史文化学院等:《大同南郊北魏墓群》,科学出版社,2006年。
⑥ a. 辽宁省文物考古研究所等:《辽宁北票喇嘛洞墓地1998年发掘报告》,《考古学报》2004年第2期;b. 武家昌:《辽宁北票市大板营子鲜卑墓的清理》,《考古》2003年第5期。

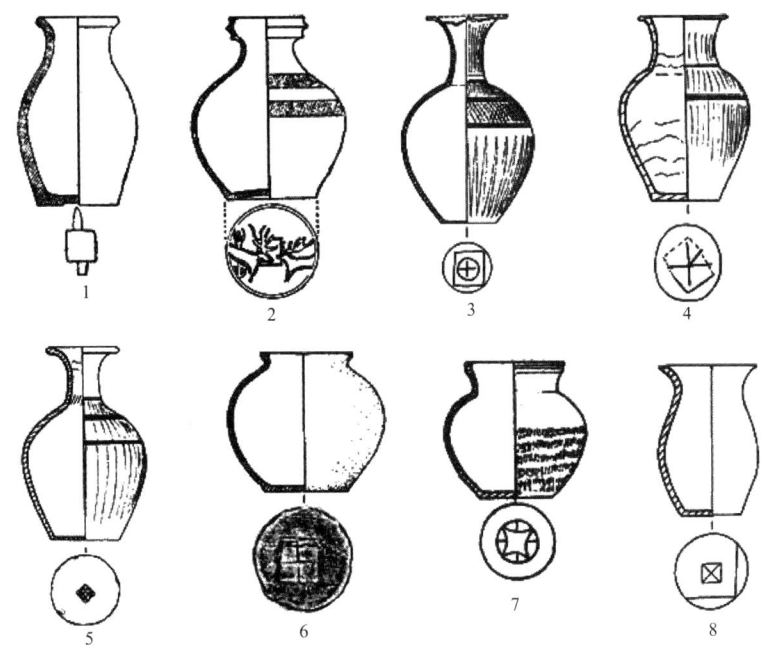

图四　陶器底部印记状况

1. 朝阳师范学校 M2∶4　2. 朝阳纺织厂 M4∶2　3～5. 大同南郊北魏墓 M19∶1、M199∶1、M107∶21　6. 北票喇嘛洞 M226∶02　7. 和林格尔土城子 M5　8. 北票大板营子 M3∶2

方民族文化制陶传统或习俗的影响。

朝阳隋唐时期墓葬随葬陶器反映的与鲜卑等早期北方民族文化联系的因素并非仅见于对陶器器物底部的特殊处理，通过其他一些因素或器物也能够反映出这种文化联系的存在及程度。

与中原地区到了隋唐时期制作相对粗陋的夹砂陶罐已很少应用于随葬不同，朝阳地区隋唐墓葬中使用夹砂或质地相对粗糙的泥质陶罐甚至手制陶器作为随葬品的现象尚不在少数，而这些陶罐在器形和装饰风格等方面也多能同当地或其他北方地区早些阶段的同类陶罐相联系，所以应当是朝阳地区受到北方民族文化影响的产物，也反映了当时这一区域在陶器生产和器用习俗等方面相较于中原地区尚处于比较落后的现象。

粗颈陶壶（罐）是体现朝阳地区隋唐墓葬与早期鲜卑文化联系比较明确的一个方面。朝阳纺织厂 M1[①]和王德墓（重型机械厂 M6）[②]等墓葬之中随葬的粗颈陶壶（图五，1、2），器形和装饰风格都明显地与东汉以来朝阳以及内蒙古东部地区分布的所谓"东部鲜卑"系统文化所习见的"舌状唇"陶壶[③]存在着比较清晰的发展演进关系（图五，

---

① 辽宁省博物馆文物工作队：《辽宁朝阳隋唐墓发掘简报》，《文物资料丛刊》（6），文物出版社，1982年。
② 辽宁省文物考古研究所：《朝阳唐王德等7座墓葬发掘简报》，《朝阳隋唐墓葬发现与研究》，科学出版社，2012年。
③ 张柏忠：《内蒙古科左中旗六家子鲜卑墓群》，《考古》1989年第5期。

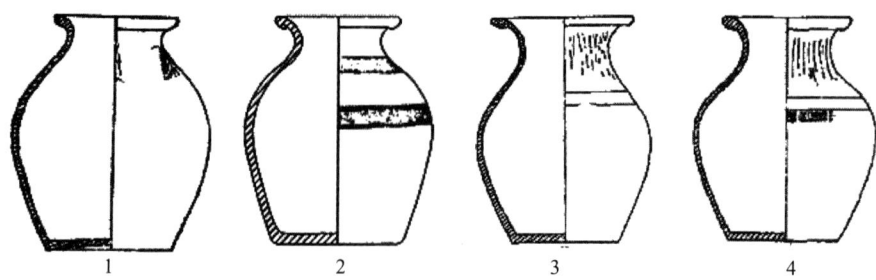

图五 "舌状唇"陶壶对比
1. 朝阳纺织厂 M1∶2 2. 朝阳重型机械厂 M6∶6（王德墓） 3、4. 科左中旗六家子鲜卑墓群

3、4），应当可以视作对当地鲜卑系统陶器的沿袭或传承。

盘口长颈陶壶在朝阳隋唐墓葬中时有所见（图六，1～3）[①]，由形制考察这类陶壶的来源应当可以追溯到当地十六国阶段的遗存，在朝阳腰而营子砖场编号为79YM4的石椁墓中就出土有同类的陶壶（图六，4），而年代则被认定为十六国时期[②]。类似的器形在中原地区的北朝墓中也多有发现（图六，5）[③]，属于当时比较稳定的陶器特征之一，朝阳地区隋唐时期墓葬作为随葬品仍在应用，表明对固有文化传统的延续。

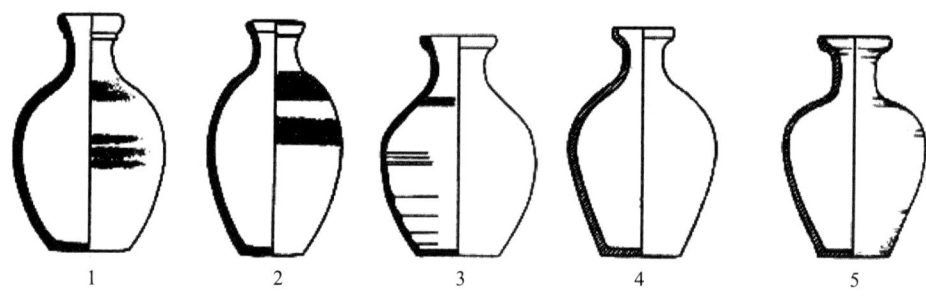

图六 盘口陶壶对比
1、2. 朝阳制药厂 M2∶2、M2∶1 3. 朝阳白石水库管理局住宅楼 M2∶4 4. 朝阳腰而营子砖场西 79YM4∶1
5. 西安曲江 2009XBM21∶85（莫仁相墓）

另有一类形体较矮的盘口陶壶也是朝阳隋唐墓葬中比较多见的器类，这类器物在当地隋唐之前的遗存中较少发现，有可能属于新出现的因素。从这类陶壶多装饰压印席纹、水波纹乃至压印鹿纹等现象来看（图七，1～4）[④]，无疑应当属于北方民族文化的影响，而类似的器形在大同南郊北魏墓群和太原南郊北齐墓群等地也有所发现

[①] a. 朝阳市双塔区文物管理所：《朝阳市双塔区零散唐墓出土文物》，《朝阳隋唐墓葬发现与研究》，科学出版社，2012年；b. 寇玉峰等：《朝阳白石水库管理局住宅楼唐墓》，《辽宁考古文集》（二），科学出版社，2010年。

[②] 辽宁省文物考古研究所等：《朝阳袁台子》，文物出版社，2010年。

[③] 陕西省考古研究院：《北周莫仁相、莫仁诞墓发掘简报》，《考古与文物》2012年第3期。

[④] 辽宁省文物考古研究所等：《朝阳市衬布厂历年清理的9座唐墓出土文物》，《朝阳隋唐墓葬发现与研究》，科学出版社，2012年。

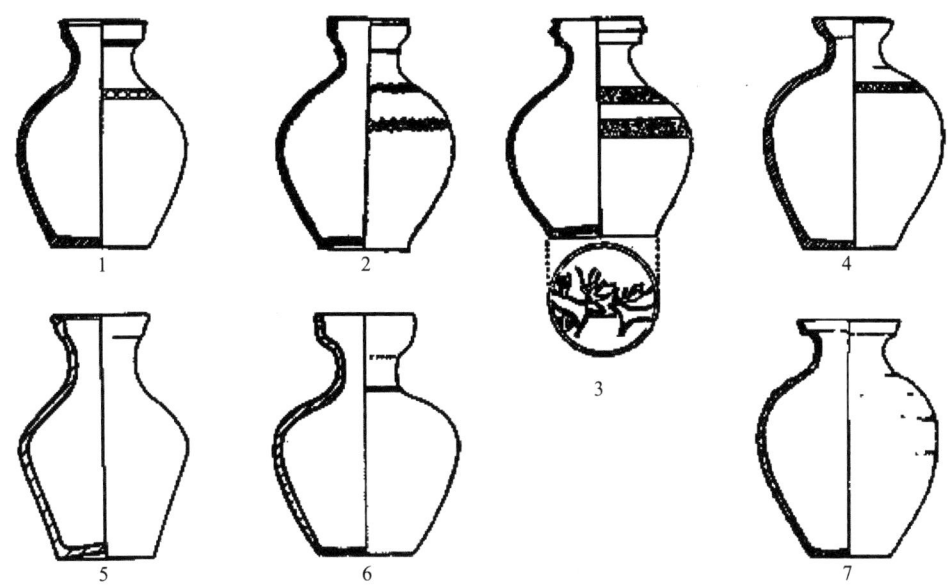

图七 粗颈盘口陶壶对比
1. 朝阳衬布厂 2003M1∶1 2. 朝阳纺织厂 M3∶1 3. 朝阳纺织厂 M4∶2 4. 朝阳双塔小区住宅楼 M9∶1
5、6. 大同南郊北魏墓 M214∶15、M214∶13 7. 太原南郊北齐洞室墓 TM62∶53

（图七，5~7）[①]，反映了两者应当具有一定的渊源或影响关系。

此外，朝阳隋唐时期墓葬出土陶器在纹饰或器表装饰风格等方面也反映了与早期鲜卑文化的联系。例如当时陶器器表应用较多的条状暗纹、水波纹、篦点压纹等都可以在东汉以来的鲜卑等北方游牧民族的陶器上找到渊源。

就陶器表现的情况分析，朝阳地区隋唐墓葬反映了较多与北方民族文化的联系，其中比较明确的是来自鲜卑文化系统的各种因素。朝阳地区在魏晋阶段是以慕容鲜卑为主体的集团所建立的三燕政权的腹心区域，慕容鲜卑融合中原文化以及其他民族文化形成的三燕考古学文化传统根深蒂固，所以进入隋唐时期之后有一些属于三燕系统考古学文化的典型因素被沿袭下来，并被融入到当地汉文化之中。例如"其先太原人"的王德，埋葬中就使用了可能源于慕容鲜卑（或东部鲜卑）系统的舌状唇宽沿壶作为随葬品。北魏灭掉北燕后，朝阳成为北朝经营东北的重要治所，设置营州以镇抚和管理东北部族或古国，所以一些可能主要渊源于拓跋鲜卑的北朝文化因素也在当地流行开来。北周灭高齐后，作为北齐的营州刺史高保宁拒绝北周的招抚，据营州坚持数年不臣，直至隋开皇三年在隋大举征讨的形势下，高保宁"弃城奔于碛北"[②]，营州才为隋所占，因此朝阳地区北朝特别是魏齐一系的文化传统积淀应当相当深厚，所以在隋唐阶段墓葬的随葬陶器等方面反映的也十分突出。

---

① 山西省考古研究所：《太原南郊北齐洞室墓》，《文物》2004 年第 6 期。
② 《隋书》卷 39《阴寿传》。

三

作为隋唐王朝面向东北方的重镇，特别是隋唐两朝多次征伐高句丽（高丽）并最终灭之，更强化了朝阳对于整个东北地区的作用或影响，通过朝阳隋唐墓葬的发现也能够比较清晰地反映当地文化对东北地区古族古国的影响。

早期辽代墓葬之中常以大口重唇罐作为随葬陶器的基本组合之一，所以多被视作体现契丹部族传统的陶器。以往的研究确认这类陶罐在契丹建辽之前可能即已存在[②]，而在朝阳地区则在葬于公元652年的杨和墓中已作为随葬品而使用（图八，1）[③]，这也是此类器形可以明确的最早出现时段，此后这类陶器多见于契丹系统的埋藏（图八，2～6）。同出于杨和墓中的黑陶篦纹罐也体现着一定的契丹文化系统的风貌，陶罐之上所施细密篦纹和暗纹（报告称"抹光菱形纹"）恰恰分别是契丹和鲜卑陶器装饰中比较常见的因素（图九，1），而出现在鲜卑和契丹转承交替演化进程颇具一定意义的朝阳地区，也许不仅仅是偶然，此外两件陶器的底部又都是带有专门的印记。与杨和墓所出黑陶篦纹罐形制、风格近似的器形以往在科左后旗呼斯淖[④]和乌斯吐契丹墓曾有

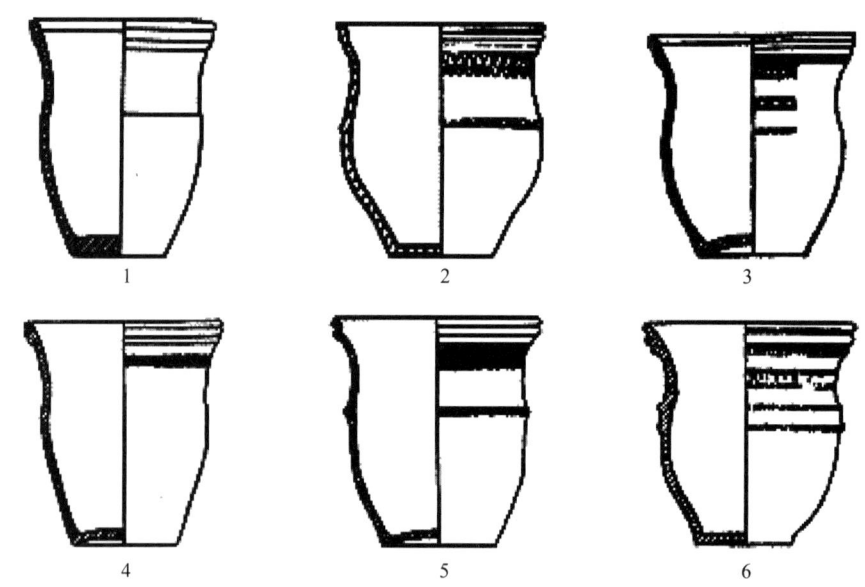

图八　契丹系统陶罐对比
1. 朝阳杨和墓 ST0572　2. 巴林右旗塔布敖包石砌墓　3. 通辽乌斯吐火葬墓 M1:1　4. 陈巴尔虎旗西乌珠尔采集　5. 法库李贝堡辽墓　6. 阜新海力板辽墓

---

② 哲里木盟博物馆：《内蒙古哲里木盟发现的几座契丹墓》，《考古》1984年第2期。
③ 辽宁省文物考古研究所等：《朝阳唐杨和墓出土文物简报》，《朝阳隋唐墓葬发现与研究》，科学出版社，2012年。
④ 张柏忠：《科左后旗呼斯淖契丹墓》，《文物》1983年第9期。

发现，其中出自呼斯淖者还带有器盖，并且两者也都是在下腹部施有篦纹（图九，2、3）。呼斯淖和乌斯吐契丹墓的年代在报道中均被视作唐晚期，就共存的陶瓷器等综合考察当大致在唐晚期到辽初的阶段。

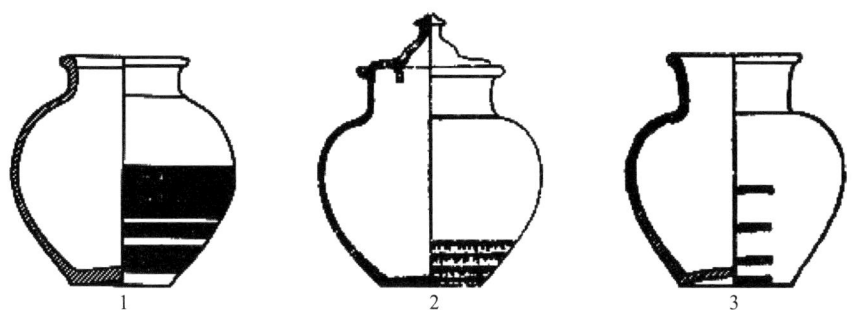

图九　圆腹陶罐对比
1. 朝阳杨和墓 ST0570　2. 科左后旗呼斯淖契丹墓　3. 通辽乌斯吐火葬墓 M1∶3

契丹之部族名在北朝阶段即已出现，但其部族的起源则当要更早，通常认为其属于东胡鲜卑系统未南下中原诸部的一支，隋唐时期大体分布在朝阳之西北的西辽河上游地区，考古遗存则主要见于今内蒙古东部诸盟。北朝至隋，契丹与中原政权或交战或臣服并多有率众内附之举。唐初奉行利用契丹以钳制突厥的政策，贞观二年（公元628年）契丹正式归附唐朝，稍后设松漠都督府以羁縻之。综观当时契丹与中原王朝之间联系的发生基本是以朝阳为中心而展开的，朝阳隋唐墓葬出土墓志反映的墓主族属之中就有不少本属蕃人而落籍营州等地汉化程度已甚深的契丹人，因此朝阳地区隋唐墓葬出土陶器所反映出的与契丹遗存的联系或影响，当然也在情理之中。值得注意的是根据墓志的记述杨和之族属于祖居陇右的氐人，后燕时迁居朝阳（黄龙），所以从来源上与契丹一系可能并无更多的联系，由此对于墓葬随葬陶器所体现的文化现象当然更值得探索。

据文献记载建立渤海政权的靺鞨与朝阳地区的关系也颇深。北朝阶段居于松花江流域的靺鞨及其前身勿吉向中原王朝的朝贡之路就多以营州为中继，入隋又有被高句丽所败之靺鞨厥吉部渠长突地稽率八部内附而"处之柳城"，此后唐灭高丽，渤海靺鞨大祚荣等率家属徙居营州，在契丹李尽忠、孙万荣反叛后，率众"东走，度辽水"，并逐步建立起渤海国。如自隋开皇中（公元581～600年）突地稽举部内附至唐武则天万岁通天元年（公元696年）李尽忠等反叛陷营州后大祚荣等率众东走，则靺鞨相关部众陆续在营州的活动至少达百年之久，即使以公元668年唐灭高句丽（高丽）至公元696年契丹李尽忠等反叛为时间段，建立渤海的主体靺鞨大祚荣一系在营州一带的居住也近30年，这样的经历当然也会使这些部族受到隋唐营州文化的熏陶或影响，所以建立渤海政权的靺鞨上层集团所体现的考古学文化面貌无疑会存在一些来自营州的隋唐文化因素。

按照对历史文献的研究，学术界通常认为吉林敦化为渤海立国最初的都城"旧国"所在，而在敦化六顶山发现的渤海贞惠公主墓等遗存表明这里应当属于包括了渤海较早时期遗存的一处王室墓地，因此墓地出土的相关遗存应当反映着渤海上层集团早期考古学文化的特征。在六顶山墓群出土了一些制作比较精致的泥质陶器[①]，这些器物无论在质地、颜色以及制作等方面都明显地区别于重唇侈口罐等属于靺鞨传统的陶器，但却能够在朝阳等地的隋唐墓葬中找到一些相似的因素。例如六顶山墓群出土的长颈壶、敛口罐等如果从当地或周边地区先行考古学文化追溯来源的话，无疑只有朝阳地区的发现最为接近（图一〇、图一一），因此渤海文化中的这类陶器因素应当是受到了朝阳地区的影响。就已知发现和研究所反映的情况分析，来自朝阳地区隋唐文化影响的因素当然也并非仅仅限于六顶山等反映渤海王室早期文化的遗存，无论在时间还是空间上许多其他渤海遗存也都能够反映这种现象[②]，表明来自隋唐营州的文化对渤海具有比较广泛和深入的影响。

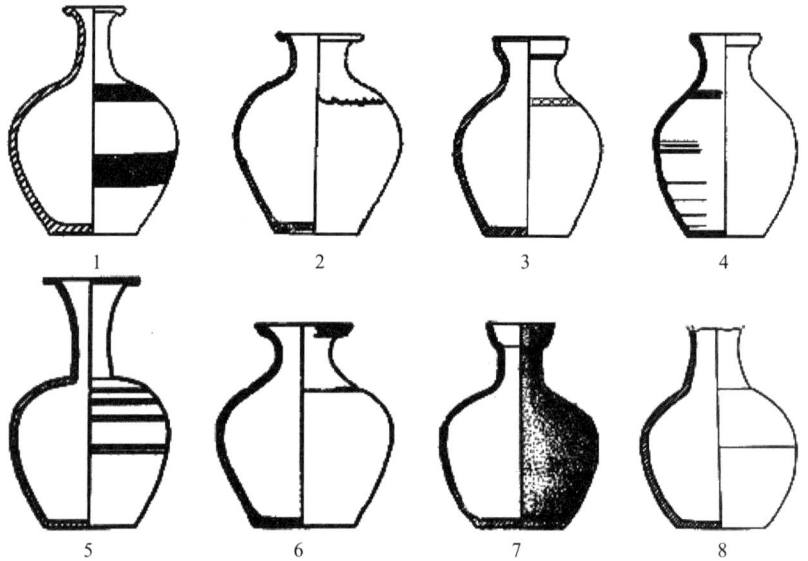

图一〇　长颈罐、壶类器物对比

1. 朝阳重型机械厂 M3∶13　2. 朝阳于家窝铺 M33　3. 朝阳衬布总厂 1994M1∶1　4. 朝阳白石水库住宅楼 M2∶4　5. 敦化六顶山ⅠM9　6. 海林羊草沟 M110∶16　7. 和龙北大墓地采集　8. 敦化六顶山 M207∶4

---

① a.王承礼：《敦化六顶山渤海墓清理发掘记》，《社会科学战线》1979 年第 3 期；b.中国社会科学院考古研究所：《六顶山与渤海镇》，中国大百科全书出版社，1997 年。

② a.吉林省文物考古研究所：《吉林永吉查里巴靺鞨墓地》，《文物》1995 年第 9 期；b.黑龙江省文物考古研究所：《黑龙江省牡丹江桦林石场沟墓地》，《北方文物》1991 年第 4 期；c.黑龙江省文物考古研究所：《黑龙江省海林市羊草沟墓地的发掘》，《北方文物》1998 年第 3 期。

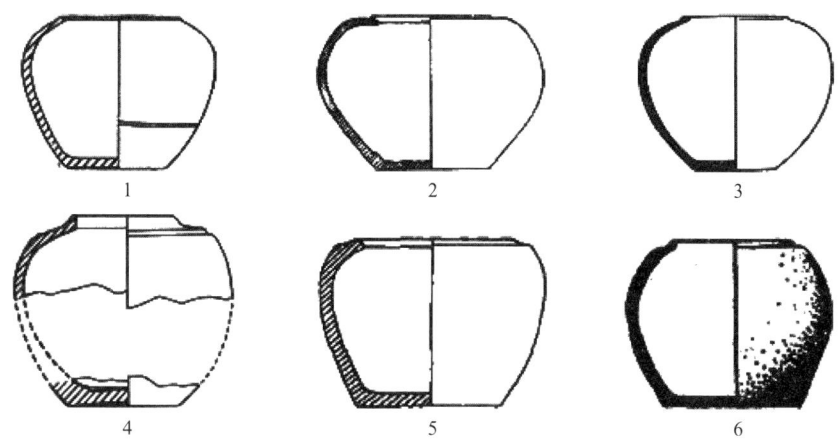

图一一　敛口罐对比

1. 朝阳重型机械厂 M3：12　2. 朝阳南大街 M3：1　3. 朝阳双塔小区 M3：2　4. 敦化六顶山 M104：02　5. 永吉查里巴 M6：1　6. 桦林石场沟 M9：1

靺鞨不同的集团因不同的原因而入居营州，由此各自的地位、心态以及汉化的程度也存在很大的差别，如突地稽之子李谨行于高宗麟德年间为营州都督，"其部落家僮数千人"，表明居于营州的靺鞨族人已具相当的规模。1993 年朝阳黄河路一座唐墓的发掘中就出土有两件被研究者视作靺鞨人形象的石俑[①]，而同墓出土的陶俑和其他器具等则均是朝阳地区唐墓典型的因素[②]，因此该墓的主人确实有可能是久居营州汉化程度颇深的靺鞨人。与率部内附并在隋唐两朝征讨高丽等活动中发挥积极作用的突地稽一系不同，大祚荣等部是随着唐灭高丽而被迁徙到营州的，所以当面临营州动乱朝廷失控的形势时，选择举部回归当然也在情理之中。然而无论这些建立起渤海的靺鞨集团对待中原王朝的心态如何，在营州活动期间无疑使他们认识并汲取了一定程度的中原先进文化和技术，并且对中原强盛、博大的文化持有一定的景仰情怀，所以无论是在文献记述还是考古发现中，都能够看到渤海国的发展建设中表现出十分强烈的中原文化影响。

靺鞨和契丹从族源和考古学文化分区系统来看，分别属于中国东北地区东西两大系统集团的不同族裔，两者的主体经济形态分别是农耕与畜牧，政治制度和文化传统存在着根本的区别。然而大约自北朝阶段起，两者均主要通过朝阳地区与中原王朝形成交集，受到中原、北方文化的影响。到隋唐时期则更通过徙居内附、款塞附庸等方式以朝阳为营盘汲取着中原的先进文化和技术，为自身的发展和勃兴积蓄了必要的能量，并最终分别建立起海东盛国的渤海和镔铁王朝的大辽，从而使中国历史演进的舞台在北方又大大地得到扩展，这也许才是透过朝阳地区隋唐时期考古遗存与北方部族文化之间的联系和影响的观察与分析所应当认知或有所阐释的深层背景。

---

① 姜念思：《辽宁朝阳市黄河路出土靺鞨石俑考》，《考古》2005 年第 10 期。
② 辽宁省文物考古研究所等：《辽宁朝阳市黄河路唐墓的清理》，《考古》2001 年第 8 期。

隋唐通定镇的初步考察

赵晓刚[1] 赵菊梅[2]

（1.沈阳市文物考古研究所；2.沈阳张氏帅府博物馆）

有关隋唐时期的通定镇，笔者以往曾进行过探讨，并将其考订为新民市公主屯后山遗址[①]。然而，笔者当年并未对公主屯后山遗址进行过实地的调查，主要是对文献的推敲和利用他人的调查资料。2014年9～12月，沈阳市文物考古研究所为申报2015年度主动性考古发掘项目，组织所内业务人员开展了一次对沈阳地区重点文化遗存的考古调查，其中的西北一线就是对隋唐通定镇位置的调查。笔者有幸参与其中，亲自调查了公主屯后山遗址、乌尔汉遗址、辽滨塔城址、高台山遗址和巨流河山城址（图一）等以往学术界推测的几处可能是隋唐通定镇的遗址。调查发现的一些线索不仅有助于我们缩小对隋唐通定镇位置的考察范围，而且也为将来系统的考古调查、勘探和发掘工作奠定了基础。在此，笔者不揣浅薄，将此次考古调查情况及对隋唐通定镇的一点思索述之与众，以期有助于今后的考古及研究工作。

一、以往观点的梳理

说到隋唐的通定镇则必须提到高句丽的武厉逻城，因为据《隋书》载："是行也，惟于辽水西拔贼武厉逻，置辽东郡及通定镇而还。"[②]隋之通定镇即设于高句丽武厉逻城之上。当然，对于本条史料，亦有不同的理解。王绵厚先生即认为"武厉逻"非为一城，而是认为"高句丽在辽河两岸又修筑了若干主要用于巡戍的军事城堡'武厉逻'。这种武厉逻一般规模较小，实际上具有辽东高句丽长城的墩台、哨城性质。最著名的如'通定镇'武厉逻城——今辽河西岸新民县公主屯后山遗址"[③]。笔者曾对此进行过分

---

① 赵晓刚、沈彤林：《隋辽东郡及通定镇考略》，《沈阳考古文集》（第1集），科学出版社，2007年，第250～254页。

② （唐）魏征等（撰）：《隋书·东夷·高丽传》，中华书局，1982年，第1817页。

③ a.王绵厚：《鸭绿江右岸高句丽山城综合研究》，《辽海文物学刊》1994年第2期；b.王绵厚：《高句丽古城研究》第六章第四节《高句丽古城建置的晚期——从迁都"平壤"到"千里长城"的修筑》，文物出版社，2002年，第155页。

图一　隋唐通定镇考古调查位置示意图

析，认为高句丽武厉逻城应为一城，也即隋唐通定镇之所在[①]。冯永谦先生亦曾就此问题进行过讨论，排除了武厉逻是多城的可能性[②]。

此外，这里还涉及辽东郡和通定镇是否同设于武厉逻城的问题。笔者在《奉天通志》《东北历史地理》的研究基础上，认为隋辽东郡应设于后燕以来侨置于辽西之"辽东郡"襄平县旧地，而通定镇则设于高句丽武厉逻城[③]。因此隋辽东郡与武厉逻无涉，在此笔者亦不做深入讨论。

有关隋唐通定镇的定位问题，主要形成了以下几种观点。

---

① 赵晓刚、沈彤林：《隋辽东郡及通定镇考略》，《沈阳考古文集》（第1集），科学出版社，2007年，第250~254页。
② 冯永谦：《武厉逻新考》（上、下），《东北史地》2012年第1、2期。
③ 赵晓刚、沈彤林：《隋辽东郡及通定镇考略》，《沈阳考古文集》（第1集），科学出版社，2007年，第250~254页。

1. 辽滨塔城址

最早将通定镇确定为辽滨塔城址的是《满洲历史地理》，该书在"通定镇"条下说："辽在今新民府东北辽滨塔有辽州城，考虑辽州即是隋代通定镇。"①此后，《东北通史》对此说予以了肯定："其一为北路，由李勣统之，由通定镇济辽水，通定镇者，盖即今新民县境之辽滨塔，在今沈阳西北一百里，频辽河西岸，辽代曾于此地置辽州，明代称为旧辽阳者是也。"②随后《中国历史地图集》《沈阳市文物志》等论著均从此说。

2. 高台山遗址

提出此说者为王绵厚先生，他在《沈阳地区古代建置沿革诸问题论略》一文中指出"通定镇"应定在新民县辽河右岸十余里的高台山一带；而同设于辽河西诸"武厉逻"城上的"辽东郡"，则在今新民县公主屯后山遗址较为适宜。其后，在《唐'营州至安东'陆路交通地理考实》一文及与李健才先生合著的《东北古代交通》一书中，又对"通定镇"之所在予以了详加论述，仍定于高台山一带③。

3. 公主屯后山遗址

首倡此说者为王绵厚先生，他在《鸭绿江右岸高句丽山城综合研究》一文中又提到"高句丽在辽河两岸又修筑了若干主要用于巡戍的军事城堡'武厉逻'。这种武厉逻一般规模较小，实际上具有辽东高句丽长城的墩台、哨城性质。最著名的如'通定镇'武厉逻城——今辽河西岸新民县公主屯后山遗址"。此后在其专著《高句丽古城研究》亦持此说，但其立论基础为武厉逻城的非唯一性。笔者在批判该观点立论基础的同时，赞同将武厉逻城也即隋通定镇定位于此④。

4. 巨流河山城址

提出此说者为冯永谦先生，他在《武厉逻新考》（上、下）一文中逐一讨论了以往辽滨塔城址、高台山遗址、公主屯后山遗址难以成立的原因，将武厉逻城定位于巨流

---

① 白鸟库吉：《满洲历史地理》第 1 卷第六篇，《隋唐二朝征高句丽地理》"五、通定镇"，丸善株式会社，1940 年，第 387 页。

② 金毓黻：《东北通史》上编第六卷，社会科学战线杂志社翻印本，1981 年，第 216 页。

③ a. 王绵厚：《沈阳地区古代建置沿革诸问题论略》，《沈阳地方志资料丛刊》（第 6 辑），1986 年；b. 王绵厚：《唐"营州至安东"陆路交通考实》，《辽海文物学刊》1986 年创刊号；c. 王绵厚、李健才：《东北古代交通》，沈阳出版社，1990 年，第 150～151 页。

④ a. 王绵厚：《鸭绿江右岸高句丽山城综合研究》，《辽海文物学刊》1994 年第 2 期；b. 王绵厚：《高句丽古城研究》，文物出版社，2002 年，第 155 页；c. 赵晓刚、沈彤林：《隋辽东郡及通定镇考略》，《沈阳考古文集》（第 1 集），科学出版社，2007 年，第 250～254 页。

河山城址。他的主要观点认为,巨流河山城址城墙内只有高台山文化遗物,不见其他时代遗物,表明山城址晚于高台山文化时期,却早于辽代。"从历史上看,这座城不仅隋唐时期沿用,而且在辽代也曾被沿用过,后世居住破坏或叠压了该城址历史年代的遗存,故今在地面上所见多为辽代遗物,不见其他时期的遗物就是这种原因。根据考古调查所见,这座城址的年代应是魏晋至隋唐时期的,具体说应该是高句丽所建的一座城址。"而且从文献记载上推论位于辽河西岸的高句丽城址唯有一座,即武厉逻城。另据《东三省古迹遗闻》一书中关于新民县"古城"中提及之巨流河附近的古城和"巨流河东山之井"的记载,将巨流河山城址确定为高句丽、隋、唐、辽时期古城,由此确定巨流河山城址即为高句丽武厉逻城[①]。

5. 乌尔汉遗址

这是王绵厚先生近年形成的新观点,见于《关于辽沈历史上"北趋甬道"交通地理的考察》一文。文中提出"遗址中心在靳家房身南几百米。在紧靠辽河西岸(右岸)有连续南北纵向排列几十米高的小山丘三座。其间距均不过百米,构成一连续起伏的临河高丘地,今大部分区域被辟为公共墓地。其中以最南面的山丘台地面积较大,南北长近千米,东西300余米,突兀在紧傍辽河西岸崖壁的右侧。辽河干流在这里因山丘阻隔直转南下,与台地形成了居高踞险的临河落差优势,而且河道最窄,古今当为辽河西岸渡口的绝佳军事要地。而且该遗址南部丘地平缓,当为古代重要居住或建筑区。此次采集的青铜时代夹砂红褐陶片和20年前李晓钟等采集的高句丽陶片,均出土在这一带。其北部山丘则大部分被取土砂石损坏。与南面丘地相望的北面二个山丘,虽面积较小,但地势亦优越,可为南面遗址提供拱卫屏障。此次调进在中间的山丘东坡,即发现有明清时期的瓦片。此次调查,更坚定了我对乌尔汉即隋唐东征'北趋甬道'上的军事重镇'通定镇'的看法"[②]。

二、隋唐通定镇定位应满足的条件

1. 相关史料

遍查史籍,涉及隋唐通定镇的相关史料极其有限,归纳一下其实只有以下三条:
(1)《隋书·东夷·高丽传》:"是行也,唯于辽水西拨贼武厉逻,置辽东郡及通定镇而还。"[③]此后,《北史·高句丽传》《通志·高句丽》《太平寰宇记·东夷·高句丽》

---

① 冯永谦:《武厉逻新考》(上、下),《东北史地》2012年第1、2期。
② 王绵厚:《关于辽沈历史上"北趋甬道"交通地理的考察》,《辽宁大学学报》(哲学社会科学版)2013年第2期。
③ (唐)魏征等(撰):《隋书·东夷·高丽传》,中华书局,1982年,第1817页。

《资治通鉴·隋纪·炀帝上》《三国史记·婴阳王》《东国通鉴·高句丽》等书均照搬此条，只是依立场不同将"贼"换作"高句丽"或者"我"，把"而还"改作"而已"，但原意未变。

（2）《册府元龟·帝王部·赦宥二》：（大业八年四月丙申）："其诸郡供军事者，并给复一年；其所役丁夫匠至涿郡者，复二年；至临榆关已西者，复三年；至柳城已西者，复五年；至通定镇已西者，复七年；至渡辽镇者，复十年。"①

（3）《册府元龟·帝王部·亲征》："时李勣发阳城，多张形势，若从怀远之路，潜引师北趣燕之甬道而进，以高丽不意焉。四月戊戌朔，李勣师自通定济辽水，至玄菟，所经烽戍皆下之。高丽大骇，城邑各闭门不敢出。"②其后，《资治通鉴·唐纪·太宗中》《三国史记·宝臧王上》《东国通鉴·高句丽》均照搬此条，只是把"阳城"换作"柳城"，"潜引师，北趣燕之甬道而进"略作"潜师北趋甬道"，"所经烽戍皆下之"略掉而已，其本意未变。

此外，根据以往研究《隋书·李景传》："明年，攻高丽武厉城，破之，赐爵苑丘侯，物一千段。"③（《北史·李景传》中写作武列城④）中所言之武厉城即"武厉逻"。因此，这条史料亦与隋通定镇相关。

2. 通定镇定位应满足的条件

从上述史料中，我们可以有如下认识：

（1）通定镇位于辽河西岸，柳城（亦称阳城，唐营州所在，即今辽宁省朝阳市⑤）以东。从柳城至通定镇之间有"燕之甬道"可通行，且这条道路应已多年不用，故能出高丽不意。因此，通定镇应在"甬道"附近求之。

（2）通定镇是辽河以西唯一一座高句丽城址。高句丽时称武厉逻，又可称作武列城或武厉城（这应是隋人对高句丽语的不同音译），是大业七年被李景所攻克的，大业八年隋改称为通定镇，贞观十九年四月唐军自通定镇渡过辽河。因此，城内当有高句丽和隋唐时期遗物。

3. 分析

首先，我们先来看"燕之甬道"。

---

① （宋）王钦若等（编纂），周勋初等（校订）：《册府元龟·帝王部·赦宥二》（校订本），凤凰出版传媒集团、凤凰出版社，2006年，第918页。
② （宋）王钦若等（编纂），周勋初等（校订）：《册府元龟·帝王部·亲征》（校订本），凤凰出版传媒集团、凤凰出版社，2006年，第1280页。
③ （唐）魏征等（撰）：《隋书·李景传》，中华书局出版，1982年，第1531页。
④ （唐）李延寿（撰）：《北史·李景传》，中华书局出版，1974年，第2605页。
⑤ 程妮娜：《东北史》，吉林大学出版社，2001年，第139页。

关于这条"燕之甬道"笔者曾进行过研究，认为这条道路"当为战国时燕将秦开修筑的燕长城之一段，而后成为历代所沿用的一条沟通于辽西与辽东之间交通的要道。其起于奈曼旗沙巴营子古城（辽西郡新安平县），止于新民市公主屯后山遗址（隋唐通定镇）"[1]。虽然笔者将"甬道"的终点设为了通定镇有武断之嫌，但通定镇在"甬道"尽头或略远还是可以推定的。因此，我们在考察通定镇所在时就需要考虑燕长城在辽河以西区域，特别是新民市内的走向问题。

据《中国文物地图集·辽宁分册》（上）所述，燕北内长城在辽河以西的线路是在新民市之前均是比较清晰的，即从内蒙古赤峰市美丽河乡过老哈河进入辽宁。辽宁境内经建平县老官地镇、烧锅营子乡、二十家子镇进入敖汉旗，……再进入辽宁省北票市北塔子乡、台吉营乡，过牤牛河进入阜新县化石戈乡二色村，向东经紫都台乡、大五家子镇、红帽子乡、阜新镇、新邱区、沙拉镇、大巴镇、老河土乡、泡子镇，进入彰武县两家子乡[2]。而在进入新民市境内后燕长城却不见了踪迹。根据《中国文物地图集·辽宁分册》（下）新民市境内发现的明确的战汉遗址只有公主屯后山遗址、金五台遗址、腰北台遗址和大古城子城址[3]。从地图上看，大古城子城址位于辽河以东，与辽西燕长城无涉；公主屯后山遗址是位于辽河以西位置最靠北的遗址，其与辽西燕长城应该有密切的关系。此外，我们注意到在新民境内在明长城以外的区域还发现了几座明代夯筑的烽火台，即前二台烽火台址、北王岗烽火台址和东炮台烽火台址。我们怀疑这些烽火台的时代判断可能有问题，其时代应为战汉时期。因为这几座烽火台大体沿柳河呈西北—东南走向，向西北正对彰武两家子乡，恰与燕长城东来线路吻合。而腰北台遗址和金五台遗址均位于这条线以南，属燕长城内的腹地。从前二台烽火台向东过柳河有村名荒台、西高台、东高台、前温台、后温台者，按此连线（此线路正是现在从新民通往公主屯镇的106省道），则可直通公主屯后山遗址。据此，我们推测新民境内燕长城的走向大致是从彰武县两家子乡进入新民市周坨子乡北王岗村，而后至东炮台村，接着南下进入梁山镇前二台子村，并在此越过柳河，进入高台子乡西高台村，再北上至公主屯镇后温台村，到达公主屯镇，在公主屯镇附近过辽河进入辽东地区。因此，通定镇应当在这条长城线附近的区域进行寻找。

其次，城址内必须存在高句丽和隋唐时期的遗物。这是确定通定镇确切位置的关键，也是以往所有研究中论述较多，但却最不明确的。因此，开展必要的考古调查和考古发掘，才是最终解决这一历史谜题的关键。

---

[1] 赵晓刚：《"甬道"之疑》，《博物馆研究》2003年第2期。
[2] 国家文物局：《中国文物地图集·辽宁分册》（上），西安地图出版社，2009年，第83、84页。
[3] 国家文物局：《中国文物地图集·辽宁分册》（下），西安地图出版社，2009年，第27~31页。

三、考古调查情况

1. 辽滨塔城址

位于新民市公主屯镇辽滨塔村,辽滨塔东侧,南近辽河,西邻秀水河。城址平面略呈方形,边长约300米。城墙系夯土筑成,夯层厚10～15厘米。现地表残存有城址西北角楼夯土基址,残高约3米。城内地表可见大量的辽代泥质灰陶沟纹砖和布纹瓦残片。在城内一个房基坑剖面上可见城内文化层。堆积大致可分两层,下层为青铜时代文化层,包含有少量夹砂红褐陶片;上层为辽金文化层,包含大量泥质灰陶片和白瓷片。我们在城内采集到的遗物有泥质灰陶罐残片、白瓷碗底、刻划纹白瓷片、白釉铁锈花瓷罐残片、泥质灰陶绳纹器皿残片、泥质灰陶刻划纹纹陶片、泥质红陶绳纹瓦残片和泥质灰陶绳纹小砖残块等(图二)。

图二 辽滨塔城址采集遗物

据《中国文物地图集·辽宁分册》(下):(辽滨塔)"城址位于丘陵地上,平面呈方形,边长约300米。城墙土筑,存夯土墙基和南北两个城门遗迹。城内发现有灰褐沟纹砖、布纹瓦及白釉、褐釉瓷片。城外西南部有一座高约45米、8角13层的实心密檐砖塔。塔下原建有寺庙，已不存。"①可知城址原应开有南北二门。

辽滨塔城址以往未进行过考古发掘，然自民国以来城内多有文物出土。《奉天通志·金石志》有"辽滨塔铜钟"条："文曰：沈州辽滨县主簿温狄罕记。"文下按语：民国十七年于新民县辽滨塔地方发现铜钟二铁盘，据钟文可知为金代制②。《沈阳市文物志》记载在20世纪50年代，城内亦曾发现过辽代窖藏，出土石狮茵镇一对和石龟砚一方③。1993年7~10月，沈阳市文物考古工作队配合辽滨塔抢救维修工程，对塔宫进行了清理发掘。在天宫中出土石碑一甬，据碑文可知该塔为辽乾统十年（1110年）至天庆四年（1114年）修筑，历时5年④。建塔人中有大邑长始平军节度使金吾卫大将军开国公耶律贞，可知该塔所在地的城址应为辽州始平军。

2. 高台山遗址

位于新民市高台子镇高台子村，文化遗存在东高台山、西高台山和腰高台山上均有发现，以东高台山为主要分布区，是全国重点文物保护单位。该遗址包含四种不同时期的文化遗存。第一期属新乐下层文化，第二期属偏堡子文化，第三期属高台山文化，第四期属高台山文化晚期类型。陶器均为夹砂红褐陶或灰褐陶，器类有鬲、甗、鼎、罐、盆、钵、豆、壶等⑤。

此外，结合《东三省古迹遗闻续编》"新民县"条"新民县北十五里有台山……山之东有高丽城在焉"和《沈阳市文物志》"沈阳古城址一览表"中的东高台山城址（辽金古城），以及《中国文物地图集·辽宁分册》（下）东高台城址"位于平地上，平面呈方形，边长250米。城墙夯土筑，墙基存高1.5~3米。城内散布有布纹瓦、白瓷片"⑥的相关记载，高台山还有一座东高台城址存在。

本次调查发现高台山遗址大部分区域已被取土采石等挖成数个大坑，20世纪70年代考古发掘的位置已被仙人台公墓占据，仅在东高台山山坡处还有部分遗址存在。此外，在东高台山山脚下仙人台公墓东北角的取土坑壁上发现大量的辽金时期文化堆积，发现有房址及大量的泥质灰陶布纹瓦残片和泥质灰陶盆、罐等器物残片、白瓷碗残片等。我们推测该地即为东高台城址所在，只是被取土破坏严重，城址大部已不存。

---

① 国家文物局：《中国文物地图集·辽宁分册》（下），西安地图出版社，2009年，第29页。
② 王树楠等：《奉天通志》，东北文史丛书编辑委员会点校、出版，1983年，第5521页。
③ 沈阳市文物管理办公室：《沈阳市文物志》，沈阳出版社，1993年，第233页。
④ 沈阳市文物考古研究所：《沈阳新民辽滨塔塔宫清理简报》，《文物》2006年第4期。
⑤ 沈阳市文物管理办公室：《沈阳市文物志》，沈阳出版社，1993年，第11~12页。
⑥ 国家文物局：《中国文物地图集·辽宁分册》（下），西安地图出版社，2009年，第29页。

3. 巨流河山城址

位于新民市东城街道巨流河村东山冈上，西距清代巨流河城约 200 米。城址东临辽河，西邻辽中环线高速（G91），南近丹阜高速（G1113）、国道丹霍线（G304）、沈山铁路。城址的山体被挖掘殆尽，成为了一个大型积水坑，根本看不出城址的任何面貌。在山体顶端的断层剖面上可见明确的辽金时期堆积，地表可采集到少量辽金时期遗物。在仅剩的山体东侧可见有高约 2 米的土垄，可能是城墙。在山脚下的断层上可见辽金文化层叠压在青铜时代文化层之上，在村内道路旁的断面上见有辽金时期的大型灰坑。

该城址未进行过考古发掘，调查资料见《中国文物地图集·辽宁分册》（下）巨流河山城址（位于）："东城街道巨流河村东 300 米，辽代。城址位于山上，平面略呈方形，南北长 180 米，东西宽 170 米。城墙夯土筑，仅存墙基痕迹。城内散布有辽金瓷片。"[1]另，冯永谦先生调查的情况为："城址筑于南北稍长的山岗上，平面较山岗顶面稍小，墙外四周均有余地。城址略作长方形，为夯土筑成，南北长 200 米，东西宽 190 米，周长 780 米。西面一门，门有瓮城，突出于西面城墙之外，长 30 米，宽 35 米，周长 130 米，现状呈一土丘形，圆浑高耸，中间为门道，瓮城门向西，直通内外，现在瓮城西墙中间存有门道豁口，门址方向为西偏南 5 度。瓮城墙现存高 3.5 米。……经过调查，可知城址是建在一处属于高台山文化的遗址之上，在现存北部城墙夯土内见有夹杂有高台山文化的陶器残片等遗物。……在这座城址调查中，于地面上也见有辽代遗物，有白瓷或黑釉瓷片，也有胎体较薄灰陶器片，还有较厚的灰色布纹瓦等遗物，这些器物特点明显，均为辽代遗存。"[2]

4. 公主屯后山遗址

位于新民市公主屯镇北的台地上，海拔 57.22 米，东距新法公路 50 米，南距辽河约 7 千米。秀水河从遗址北部自西北向东南流过，使遗址北部遭到一定的破坏。遗址南北长约 350 米，东西宽约 250 米。遗址北面为断崖，落差约 4 米；东、西、南部已被村庄包围，边缘落差约 2 米。遗址表面地势较为平坦，中部较高，四周略低，因人工平整土地，遗址东部地表分为三级梯田，每级落差约 0.5 米。遗址中部开挖一条深沟，暴露剖面上可见较厚的青铜时代文化层。地表暴露遗物较多，采集有泥质灰陶绳纹板瓦残片和器物残片，以及大量的夹砂红陶鼎足、鬲足、陶片、带戳点纹和刻划方格纹的桥耳等（图三）。

---

[1] 国家文物局：《中国文物地图集·辽宁分册》（下），西安地图出版社，2009 年，第 28 页。
[2] 冯永谦：《武厉逻新考》（上），《东北史地》2012 年第 1 期。

图三 公主屯后山城址采集遗物

此外，据《新民县公主屯后山青铜时代遗址调查》《新民县公主屯后山遗址试掘简报》和《沈阳地区战国秦汉考古初步研究》的介绍，公主屯后山遗址1979年10月曾进行过一次调查，发现房址2座，发掘郑家洼子类型房址1座，出土罐、钵等遗物9件[①]；1980年7月进行过一次抢救性考古发掘。在遗址东部，开探方4个，发现高台山文化房址1座，灰坑7个，墓葬3座，此外还发现一段战国至汉代残高2.8、夯层厚0.1~0.12米的夯土城墙，并确定了遗址为一战国至汉代的城址，边长250米×300米[②]。1984年配合新民公主屯镇自来水工程，沿供水管线和水塔基础进行勘察，除发现有高台山文物类型墓葬处，还发现有两处战国至汉代时期建筑遗存，上部散布有完整绳纹筒瓦。并清理灰坑一处。出土遗物有陶瓮、罐、盆等残片[③]。

5. 乌尔汉遗址（荆家房身西山头遗址）

此次我们对乌尔汉村周边的台地均进行了踏查。在乌尔汉村东山上发现一处辽代遗址，我们称之为乌尔汉东山遗址。在乌尔汉村荆家房身自然村南的突兀山冈上发现两处遗址，一处位于山冈西南头的坡顶上，我们称之为荆家房身西山头遗址；另一处

---

① 周阳生：《新民县公主屯后山青铜时代遗址调查》，《辽海文物学刊》1990年第2期。
② 李晓钟：《新民县公主屯后山遗址试掘简报》，《辽海文物学刊》1987年第2期。
③ 李晓钟：《沈阳地区战国秦汉考古初步研究》，《沈阳考古文集》(第1集)，科学出版社，第226~249页。

位于山冈北端龙生园墓园西南角处，我们称之为荆家房身南山辽代遗址。根据王绵厚先生行文，结合我们的调查，他提到的乌尔汉遗址当即荆家房身西山头遗址。

该遗址在以往三次全国文物普查中均无著录，亦未进行过考古发掘。遗址位于新民市陶家屯镇乌尔汉村荆家房身自然村南的突兀山冈上，东濒辽河。此处山冈连绵一体，南北长约1.3千米，东西宽约0.4千米。遗址位于山顶，略呈慢坡状，海拔50～60米。遗址大体分布在南北长约500米，东西宽约250米的范围内，地表多为现代坟丘覆盖。遗址西部有一取土坑，从断面看，遗址表面有一层厚约30厘米的纯净黄沙层，其下为文化层，为灰褐色沙土，厚30～40厘米，坡状堆积，包含有大量夹砂红褐陶片和少量泥质灰、红陶片。遗址地表因被黄沙覆盖，暴露遗物并不丰富，仅在取土坑附近采集到夹砂红褐陶、夹砂灰陶器耳、器足和泥质红褐陶绳纹板瓦残片等（图四）。

图四　乌尔汉遗址采集遗物

四、推　论

首先，调查的这5处城址或遗址均位于辽河以西，朝阳市以东，且均距笔者推测的辽西燕长城一线不远，或就在此线上，均符合第一个条件。

其次，从考古调查来看，东高台山城址为明确的辽金城址，周边除发现有新石器及青铜时代遗物外,未发现汉唐或高句丽时期遗物,当与通定镇无涉。

巨流河山城址为建造于青铜时代遗址上的辽金城址,堆积较为清楚,未发现明确的战汉或隋唐遗物,因此可以排除其为隋唐通定镇的可能。关于此,王绵厚先生亦曾详述:"第一,前已介绍,巨流河村东山城,并无隋唐和高句丽遗物,其早期遗存与公主屯后山遗址等性质相同。而现存山城的一段夯土墙,据1983年我与李健才先生观察应为辽代;第二,新民'巨流河村'和东山城所在地一线,均属清初崇德年间'大御道'修筑后,由沈阳去山海关新开辟的大御道'巨流河站'的交通道。此前并不是古代'北趋甬道'的必经地点,其东西也没有连线的相应遗址。"[①]

公主屯后山城址根据考古发掘和调查的情况可知应为战国时期始建并沿用至汉代的城址,其与燕长城关系密切,可能正是"燕之甬道"的终点。王绵厚先生认为它"应是一处重要的与'秦开却胡'戍边有关的军镇屯营地或屯戍城址"[②]。高句丽在占领该地之后存在继续使用该城的可能,虽然目前尚未在城内发现明确的高句丽或隋唐时期遗物,但并不排除该城址为隋唐通定镇的可能性。

乌尔汉遗址据调查未发现城墙,尚难确定其性质。其时代,据采集遗物可知应以青铜时代为主,但发现的一片泥质红褐陶绳纹板瓦残片或可表明遗址还存在汉唐时期遗存。此外,乌尔汉村一直是从新民北部过辽河的一个主要渡口[③],唐军存在由此渡辽河的可能。因此,并不排除其为隋唐通定镇的可能性。

辽滨塔城址以往均认为是辽金城址,为辽代辽州及附郭辽滨县,金代沈州辽滨县之所在。历来考证该城非隋唐通定镇的证据均为城内仅发现辽金时期遗物,而未见高句丽或隋唐时期遗物。然而,本次考古调查在该城址内发现的泥质红陶绳纹瓦残片多见于高句丽时期遗址,厚5厘米的泥质灰陶绳纹小砖残块,与朝阳唐墓所用绳纹条砖类似,泥质灰陶绳纹器皿残片可能是汉代器物,因此该城址的始建年代就非常值得推敲。据《奉天通志·建置志》,新民县有辽滨塔渡(县东北三十九里)[④],唐军亦存在由此渡辽河的可能性。因此,辽滨塔城址是隋唐通定镇的可能性较大。

综上所述,就目前的考古调查而言,辽滨塔城址是隋唐通定镇的可能性最大,乌尔汉遗址和公主屯后山城址并不排除是隋唐通定镇的可能性。因此,尚需对此三处城址或遗址开展细致而科学的考古发掘工作,隋唐通定镇的定位问题才能得到最终解决!

---

① 王绵厚:《关于辽沈历史上"北趋甬道"交通地理的考察》,《辽宁大学学报》(哲学社会科学版)2013年第2期。
② 王绵厚:《关于辽沈历史上"北趋甬道"交通地理的考察》,《辽宁大学学报》(哲学社会科学版)2013年第2期。
③ 王树楠等:《奉天通志》,东北文史丛书编辑委员会点校、出版,1983年,第2076页。
④ 王树楠等:《奉天通志》,东北文史丛书编辑委员会点校、出版,1983年,第2076页。

隋唐五代北方地区仿木构墓葬建筑形制研究

张玉霞

（河南省社会科学院历史与考古所）

"事死如事生"的观念有久远的历史，更反映在了墓葬文化中。最早出现于汉代、在宋辽金时期达到鼎盛的仿木构墓葬[①]的发展演变体现了不同历史时期人们对这一观念的理解和认识。一方面，隋唐五代是仿木构墓葬发展变化的重要时期，北方地区发现的这一时期的仿木构墓葬数量多、类型齐全、年代序列完整；而至今能看到的最早的木结构建筑也是唐代遗物，且屈指可数，集中在北方地区。另一方面，自宿白先生《白沙宋墓》[②]开创了仿木构墓葬研究的基本思路和方法之后，相关研究时有出现，尤其是宋金仿木构墓葬的分期与分区、来源与流向等问题的研究取得了许多成果[③]，但是关于隋唐五代时期的仿木构墓葬，仍然缺乏系统的研究[④]。本文在已有研究成果的基础上，通过对隋唐五代北方地区仿木构墓葬的形制进行类型学的讨论，对墓室的仿木构部分进行建筑学的探讨，尝试分析仿木构墓葬的演进变化及其原因，以期能对墓葬文化的研究和古代建筑的研究有所裨益。

一、墓葬形制的类型划分

根据墓葬仿木构部位和内容的不同，将隋唐五代北方地区的仿木构墓葬划分为

[①] 本论文所要讨论的仿木构墓葬，是指墓室模仿地上木结构建筑形式而建造的墓葬，模仿的内容既包括木结构建筑主体部分的柱子、斗栱，也包括属于木结构建筑装修部分的门、窗，以及顶、铺地、砌筑方式等情况。限于资料，本文主要讨论柱、斗栱等主体部分和门、窗等装修部分。北方地区指秦岭—淮河一线以北，大兴安岭、乌鞘岭以东的地区，东临渤海和黄海，在现行行政区划上，包括东北三省（黑龙江、吉林、辽宁）、黄河中下游五省二市（陕西、山西、河南、河北、山东、天津市、北京市），以及甘肃、宁夏、内蒙古等省、市、自治区。本文材料收集至2014年底。

[②] 宿白：《白沙宋墓》，文物出版社，1957年。

[③] a. 赵明星：《宋代仿木构墓葬形制研究》，吉林大学硕士学位论文；b. 赵明星：《宋代仿木构墓葬形制及对辽金墓葬的影响》，《边疆考古研究》（第4辑），科学出版社，2005年；c. 陈朝云：《黄河中下游地区金代砖室墓探论》，《郑州大学学报（哲学社会科学版）》1996年第1期；d. 孙广清：《河南宋墓综述》，《中原文物》1990年第4期；e. 杨晶：《辽代汉人墓葬概述》，《文物春秋》1995年第2期；等等。

[④] 赵明星：《中国北方地区仿木构墓葬发现与研究综述》，《中州学刊》2010年第2期。

六型。

A 型　仿木构石门。根据主室数量、形状和平面布局，分五亚型。

Aa 型　方形单室。如延边渤海贞孝公主墓，墓道后接石门，板门双扇，有门钉。墓室长 3.1、宽 2.1 米①。

Ab 型　弧方形单室。如固原史诃耽夫妇墓，石门，有门槛、门砧、门框。室南宽 3.8、北宽 3.6、东宽 3.87、西宽 3.75 米，穹隆顶高 5 米②。

Ac 型　圆形单室。如嘉祥英山一号隋墓，墓室径 3.2~4.8、高 5.2 米。石门两扇，高 1.21、宽 0.52、厚 0.07 米，上下有等距平行五行圆珠钉装饰。有石门框、门枕③。

Ad 型　船形单室。如嘉祥英山 M2，半圆形楣，石门，高 1.55、宽 0.6、厚 0.09 米，有门框、门槛、门枕石，前有圆雕石兽。室长 6.2、宽 4.1 米④。

Ae 型　前后双室。如西安郊区 M305，四壁外弧。有门槛、门框、门楣、门额、门扉等。有孔，以安铺首。前室长 3.15、宽 3.3 米，后室边长 4.5 米⑤。

B 型　仿木构栌斗。如宁夏盐池 M3，石室，弧方形，单室，长 6.5、宽 3.7、高 2.2 米。室中部凿两根八边形石柱。柱下柱础，柱上石斗，与墓顶连为一体。墓室后壁一龛，西壁两龛，东壁一龛，均仿木构⑥。又如唐王逆修墓，墓室弧方形，直径 3.2 米。周壁及四角各有一个仿木结构的半圆形砖砌壁柱，柱头砖砌一斗。侧壁各有一长方形假窗，条砖砌成 8 个分格窗棂⑦。

C 型　仿木构柱。根据主室形状，分三亚型。

Ca 型　长方形单室。如河北永年时清墓，墓长 3.22、宽 3.02 米。室内四角砌有砖柱，西壁有桌子，北壁有茶几、椅子，东壁中央有灯檠⑧。

Cb 型　弧方形单室。如敦煌佛爷庙湾唐墓 M123，室进深 3.4、宽 3.54 米，四隅及东西北三壁正中嵌特制的仰覆莲纹砖柱⑨。

Cc 型　圆形单室。如北京丰台区西罗园小区董庆长墓，直径 4.25~4.2 米，四角

---

① 延边朝鲜族自治州博物馆：《渤海贞孝公主墓发掘清理简报》，《社会科学战线》1982 年第 1 期，第 174~180 页。
② 罗丰：《固原南郊隋唐墓地》，文物出版社，1996 年。
③ 山东省博物馆：《山东嘉祥英山一号隋墓清理简报》，《文物》1981 年第 4 期，第 28~32 页。
④ 嘉祥县文物管理所：《山东嘉祥英山二号隋墓清理简报》，《文物》1987 年第 11 期，第 57~60 页。
⑤ 中国社会科学院考古所：《西安郊区隋唐墓》，科学出版社，1966 年。
⑥ 宁夏回族自治区博物馆：《宁夏盐池唐墓发掘简报》，《文物》1988 年第 9 期，第 44~56 页。
⑦ 张郁：《唐王逆修墓发掘纪要》，《内蒙古文物考古文集》（第二辑），中国大百科全书出版社，1997 年，第 502~518 页。
⑧ 董振修：《河北永年清理一座唐墓》，《考古》1966 年第 1 期，第 51~52 页。
⑨ 甘肃省博物馆：《敦煌佛爷庙湾唐代模印砖墓》，《文物》2002 年第 1 期，第 42~65 页。

有仿木结构，用砖砌出外凸形角柱。东西两壁砌对称的直棂窗①。

D 型　一斗三升。根据主室形状，分五亚型。

Da 型　弧方形单室。如北京海淀区八里庄唐墓，墓门西墙上存一砖砌棂窗。棂窗西侧残存角柱和柱顶残铺作一朵，似把头绞项造。室长 4.72、宽 4.85 米。室四角均有砖砌方柱和柱础②。

Db 型　圆形单室。如河北徐水沿公村 M3，室直径 2.26 米。仿木构倚柱 4 根。东南角的倚柱上砌出一斗三升铺作③。

Dc 型　六边形单室。如河北宣化杨釰墓，南北残长 3.36、东西宽 4.06 米。六角均有柱子，柱下雕出柱顶石，柱上为普拍枋，枋上托一斗三升，出方形耍头④。

Dd 型　八边形单室。如宣化张庆宗墓，每壁柱下砖砌柱础，上连阑额，柱上砌一斗三升。南北长 4.4、东西宽 4.5 米。墓壁砌直棂窗和板门⑤。

De 型　九边形单室。如新乡宝山西路 M1，内径 3~3.2 米。墓室四个角及西、北、东三正壁砌柱，柱上砌一斗三升铺作，批竹昂式耍头。铺作下有阑额，上砌撩檐枋⑥。

E 型　四铺作。根据主室数量和平面布局，分二亚型。

Ea 型　方形单室。如陕西彬县五代冯晖墓，石门和仿木构砖雕彩绘单檐歇山顶门楼，分两层。上层平座之下施铺作三攒，单抄四铺作，泥道慢拱连隐。上层铺作三朵，单抄四铺作，上托替木。墓室长 6.1、宽 5.2、高 7.14 米⑦。

Eb 型　前后双室。如宝鸡五代李茂贞夫妇墓，墓门为楼阁式，铺作分上、中、下三部分，共 11 朵，皆为单抄四铺作。前室方形，长 8.6、宽 4.3 米、高 5 米。后室，八角形，正方向四壁长 3.2 米，其余长 1.6 米，面阔 5.4、进深 5.4 米，穹隆顶高 5.4 米⑧。

F 型　假门、窗。根据主室形状，分三亚型。

Fa 型　方形单室。如敦煌佛爷庙湾 M124，室长 3.8、宽 3.7 米。西壁前侧砌出门框和大门，绘绿褐色门钉。大门两侧上方嵌棂窗⑨。

Fb 型　圆形单室。如河北文安县西关 M1，室径 2.9~3 米。西壁砌一直棂小窗，

---

① 北京市文物研究所：《北京近年发现的几座唐墓》，《文物》1992 年第 9 期，第 71~81 页。
② 北京市海淀区文物管理所：《北京市海淀区八里庄唐墓》，《文物》1995 年第 11 期，第 45~53 页。
③ 保定市文物管理所、徐水县文物管理所：《河北徐水沿公村晚唐墓发掘简报》，《文物春秋》2001 年第 4 期，第 35~37 页。
④ 张家口市宣化区文物保管所：《河北宣化纪年唐墓发掘简报》，《文物》2008 年第 7 期，第 23~48 页。
⑤ 张家口市宣化区文物保管所：《河北宣化纪年唐墓发掘简报》，《文物》2008 年第 7 期，第 23~48 页。
⑥ 新乡市文物考古研究所：《河南新乡市仿木结构砖室墓发掘简报》，《华夏考古》2010 年第 2 期，第 44~55 页。
⑦ 咸阳市文物考古研究所：《五代冯晖墓》，重庆出版社，2001 年。
⑧ 宝鸡市考古研究所：《五代李茂贞夫妇墓》，科学出版社，2008 年。
⑨ 甘肃省博物馆：《敦煌佛爷庙湾唐代模印砖墓》，《文物》2002 年第 1 期，第 42~65 页。

用砖的一侧边做出窗棂①。

Fc 型　六角形单室。如唐山陡河水库 M7，墓门两侧上角雕出直棂窗②。

二、墓葬的分期和分区

以纪年墓为主要参考资料（附表一），结合其他类型墓葬在资料报道中所确定的年代，将隋唐五代时期的仿木构墓葬划分为以下四期（附表二）。

第一期，隋代（公元 581~618 年）。基本上是 A 型墓葬，有 Aa、Ab、Ac、Ad、Ae 等亚型。其中 Aa 型 2 座，Ab 型 4 座，Ac 型 2 座，Ad 型 1 座，Ae 型 1 座，依次为 Ab、Aa、Ac、Ad、Ae。类型和数量不多，基本为仿木构石门墓，均为单室墓，弧方形稍多，见有方形、圆形和船形墓室。在河北、陕西、山西、山东等地有发现。初步统计，陕西有 Aa、Ab、Ac、Ae 型 1 座；河北有 Ab 型 2 座；山东有 Aa、Ac、Ad 型各 1 座；山西有 Ab 型 1 座。

第二期，唐代前期。约从高祖到代宗，即公元 618~780 年。发现有 A、B、C、D、F 等类型，包括 Aa、Ab、Ae、Cb、Da、Fa 等亚型。其中 Aa 型 11 座，Ab 型 13 座，Ae 型 7 座，共 31 座；B 型 2 座；Cb 型 1 座；Da 型 1 座，Db 型 1 座；Fa 型 2 座。在大的类型上，依次为 A、F、B、C、D 型；从亚型上看，依次为 Ab、Aa、Ae、Fa、Cb、Da、Db。较之第一期，新出现了 B、C、D、F 型，不见 Ac、Ad 型。共有的 Aa、Ab 类型数量增加。类型和数量有所增加，仿木构石门为主，见有仿木栌斗、一斗三升和假门窗。墓室以单室占大多数，主要为弧方形和方形。砌天井、过洞的墓葬占有一定比重。在河北、河南、陕西、山西、宁夏、甘肃、北京、辽宁等地有发现。初步统计，河南有 Aa 型 2 座，Ab 型 2 座，Db 型 1 座；陕西有 Aa 型 7 座，Ab 型 7 座，Ae 型 7 座；河北有 Ab 型 1 座；山西有 Ab 型 1 座，B 型 1 座，Da 型 1 座；北京有 Aa 型 1 座；甘肃有 Cb 型 1 座，Fa 型 2 座；宁夏有 Aa 型 1 座，Ab 型 2 座，B 型 1 座。辽宁发现一座带有铺作的墓葬，具体形制不明。

第三期，唐代后期。约从德宗到唐灭亡，即公元 780~907 年。发现有 A、C、D、F 等类型，包括 Aa、Ab、Ac、Ca、Cc、Da、Db、Dc、Dd、Fa、Fb 等亚型。其中：Aa 型 6 座，Ab 型 1 座，Ac 型 1 座，共 8；B 型 1 座；Ca 型 1 座，Cc 型 3 座，共 4 座；Da 型 4 座，Db 型 15 座，Dc 型 1 座，Dd 型 1 座，De 型 1 座，共 22 座；Fb 型 6 座，Fc 型 1 座，共 7 座。在大的类型上，依次为 D、A、F、C；从亚型上看，依次为 Db、Fb、Aa、Da、Cc，余皆为 1 座。与第二期相比，增加了 Ac、Ca、Cc、Dc、Dd、

---

① 廊坊市文物管理所：《河北文安县西关唐墓清理简报》，《文物春秋》1997 年第 3 期，第 37~40 页。
② 河北省文物管理委员会：《唐山市陡河水库汉、唐、金、元、明墓发掘简报》，《考古》1958 年第 3 期，第 9~13 页。

Fb 等类型，不见 Ae、Cb 等类型。两期共有的 Ab 型明显减少，Aa、Fa 型变化不大。类型和数量继续增加，以仿木构一斗三升为主，仿木构石门占有一定比重。墓室均为单室，以圆形单室占多数，出现了多角形墓室。装饰假门窗、家具逐渐增多。多直棂窗、板门，多二簪，方形或菱形，见有四瓣或五瓣花卉形簪及三簪，方格门、方格窗等。在河南、陕西、河北、天津、北京、吉林、山东、辽宁、内蒙古等地有发现。初步统计，河南有 Aa 型 3 座，Ac 型 1 座，Da 型 3 座，De 型 1 座；陕西有 Ab 型 1 座；河北有 Ca 型 1 型，Cc 型 1 座，Db 型 9 座，Dc 型 1 座，Dd 型 1 座，Fb 型 1 座，Fc 型 1 座；天津有 Cc 型 1 座，Fb 型 1 座；北京有 Cc 型 1 座，Da 型 1 座，Fb 型 4 座；山东有 Db 型 1 座；吉林有 Aa 型 3 座；辽宁有 Db 型 1 座；内蒙古有 B 型 1 座，Db 型 4 座。

第四期，五代时期。从 907 年到 960 年。发现有 A、D、E 型墓葬，包括 Aa、Db、Ea、Eb 等亚型。其中：Aa 型 1 座；Db 型 7 座；Ea 型 1 座，Eb 型各 1 座。在大的类型上，依次为 D、E、A；从亚型上看，除 Db 为 7 座，余皆 1 座。与第三期相比，增加了 E 型，不见 C、F 及 Ab、Ac、Da、Dc、Dd 等类型。共有的 Aa、Db 型均有减少。类型和数量不多，仿木构一斗三升稍多，见有仿木构四铺作及石门。以圆形单室稍多，见有方形单室和前后双室。装饰假门窗、家具等依然较多。见有二簪、五簪，菱形格门及破子棂窗。在河南、河北、陕西、内蒙古等地有发现。初步统计，陕西有 Aa 型 1 座，Ea 型 1 座，Eb 型 1 座；河南有 Db 型 1 座；河北有 Db 型 1 座；内蒙古有 Db 型 5 座。

隋唐五代时期不同类型的仿木构墓葬在地区分布方面比较复杂，主要根据地缘关系，大致分作四个区域：第一区，中部地区，包括河南、陕西；第二区，北部地区，包括河北、山西、天津、山东、北京等地；第三区，西部地区，包括甘肃、宁夏、内蒙古等地；第四区，东北地区，包括吉林、辽宁等地。

第一期时，只在第一、第二区有发现，墓葬形制近似，均发现有方形、弧方形及圆形单室仿木构石门墓。只第二区有一座船形墓室，较特殊。第一区建天井、过洞较多。

第二期时，四个地区均有发现。第一区主要为方形、弧方形单室及前后双室的仿木构石门墓。流行砌筑天井、过洞。第二区发现有仿木构石门、栌斗及一斗三升墓葬，墓室以弧方形占多数。第三区发现有仿木构石门、栌斗、柱子及假门窗等，墓室主要为方形和弧方形单室。出现砌设假门窗、家具的墓葬。第四区数量较少，墓室砌有铺作，具体形制不明。

第三期时，四个地区均有发现。第一区主要为仿木构石门和一斗三升，弧方形和方形单室稍多。出现砌假门窗、家具等。第二区主要为仿木构一斗三升，仿木构柱和门窗也占有一定比重。流行圆形单室。砌筑假门窗、家具等墓葬占有一定比重。第三区数量较少，见有圆形单室一斗三升和弧方形栌斗墓，前者稍多。第四区发现有方形单室仿木构石门和圆形单室一斗三升。

第四期时，前三区有发现。第一区发现有方形单室仿木构石门，方形单室和前后双室四铺作及圆形单室一斗三升墓葬。砌设假门窗较多。第二、三区均发现有圆形单室一斗三升墓葬。

总体上，隋唐五代时期的仿木构墓葬，分布比较广泛，除第四区数量较少、类型较为单一外，其他三区均比较丰富。仿木构因素呈现出由石门向较复杂的一斗三升、四铺作转变，墓室由弧方形、方形单室向圆形单室转变的大趋势。同时，天井、过洞的使用渐少，装饰假门窗及家具等渐趋流行。

三、墓葬等级的探讨

隋唐五代北方地区的仿木构墓葬与等级之间存在着一些联系（附表三）。

第一期时，除一位为无官职外，其余墓主人的官品级为从一到正四。均主要使用了仿木构石门类型。弧方形单室，从一及从三品均有使用，方形单室，则为从二品及无官职者使用，从三、正四品比较特殊，分别使用了船形、圆形墓室。一、二品均有天井、过洞。墓葬尺寸，多在3米以上，个别达6米。

第二期时，两位依陵制建造的墓葬分别使用了方形和弧方形单室墓，砌石门，墓室尺寸均在5米以上。天井多者达7个，龛6个。太子、公主使用方形、弧方形单室或前后双室仿木构石门墓葬。除永泰公主外，余单室尺寸均在4米以上。天井3~6个，过洞3~5个，龛4~8个。一到三品使用方形、弧方形和前后双室仿木构石门墓葬，单室尺寸最小2米多，最大5米多，主要为3、4米以上。绝大部分有天井、过洞，数量多者均6个，少者均2个，龛2~8个。四品，使用了弧方形单室和一斗三升。五、六品仍使用了方形或弧方形仿木构石门。四至六品墓室尺寸均在3米以上，使用天井、过洞，均5个，龛2~4个。八、九品只一例，只在墓室砌直棂窗，墓室直径近5米。无官品者，使用了和四品相同的墓葬类型，但墓室尺寸不及3米。

第三期时，第四区两位皇室成员使用了方形单室仿木构石门墓，皇后的墓室尺寸4米多，公主3米多，皇后要大于公主。一区的公主使用弧方形的墓室，用石门，尺寸比四区皇后的要大一些。反映出政治身份及区域间的差别。但只设2龛，无天井、过洞。二至三品的类型较复杂，见有仿木构石门、柱及一斗三升等类型，单室尺寸在3、4米以上。墓室有方形、圆形、多角形单室及前后双室等。见有砌筑3个天井、过洞的，龛2个。使用直棂窗、格子门。七、八品分别使用仿木构石门和栌斗，墓室为方形单室和圆形单室，直径3米以上。见有砌筑1个天井的。

第四期时，一、二品使用了仿木构栌斗、一斗三升及四铺作等多种类型，使用了方形、圆形单室及前后双室。单室尺寸都在5米以上，高者达9米。有的建门楼。不见龛及天井、过洞等。

总的来看，在类型上，前两期还比较单一，但三、四期类型多样化；在尺寸上，前三期与身份等级还是有一定关系的，即等级越高，尺寸越大，反之亦然。大致可分成几个等次：帝陵最大；太子、公主其次；一至三品再次，但有些也可达上一级别的尺寸；四至六品再次；七品以下最小。到了第四期，墓室尺寸较之前三期，明显偏大，都达到了帝陵的标准。而从天井、过洞、龛的砌设情况看，六品以上多有设置，数量亦无明显等级差别。其下则很少设置，或只设1个。

四、仿木结构建筑技术的探讨

1. 墓门

石墓门多两扉，小者高0.9、宽0.4厘米，大者高2.02、宽0.86米，二者之间的尺寸多见。高宽比最小者约1.45∶1，最大者2.9∶1，其他尚见有2.17∶1、2.33∶1、2.39∶1、2.45∶1、2.5∶1、2.7∶1的。见有铺首门环，圆孔镶铁鼻。门簪见有2个者，有的呈五瓣形花卉。门钉有3排，每排8枚，共24枚；4排，每排5枚，共20枚；7排，每排7枚，共49枚等情况。有的在板门顶轴处的门板上各浮雕一长条圆角的护枢包片。泡钉，有的铜质、鎏金。

2. 假门

假门，有板门和格子门。

板门，多双扉，砌于墓壁或小龛内。多以竖砖立砌，较简单。单扉小者高0.31、宽0.18米，大者高1.3、宽0.6米，其间者多集中于约高45～67、宽23～25厘米。个别宽达37.5厘米。高宽比小者约1.78∶1，大者约2.83∶1，有的下部略窄于上部。龛门，高84、宽30、长35厘米。

门簪有方形、菱形及花卉形，数量2枚、3枚或5枚。方形门簪或2或3，菱形或2或3或5，四瓣形花卉簪2。

门钉，有2排，每排5枚，共10枚；3排，每排4枚，共12枚；3排，每排5枚，共15枚；4排，每排4枚，共16枚；4排，每排6枚，共24枚；5排，每排5枚，铺首占一枚，共24枚；5排，每排6枚，中间一排为4枚，共26枚；6排，每排6枚，共36枚；7排，每排7枚，共49枚等情况。

格子门，上半部为方格格眼，下半部是障水板。

3. 假窗

假窗，多为直棂窗，偶见有破子棂窗和格子窗。砌筑于室壁，由上串、下串、槫柱、立颊等组成。直棂窗见有5、7、8根棂。格子窗，见有横格2、竖格6组合形式。

落地式破子棂窗,子桱内有圆形柱状破子棂7枚,棂为砖立起斜放。窗小者高15、宽30厘米,大者高62、宽80厘米。高宽比小者为0.42∶1,大者为1.39∶1,其间各种比例多见。

4. 柱、础

柱,砖或石质,有方形、圆形、六角、八角、四方抹角式等,或以三块砖凸起,两边磨出圆弧状。柱高多1~2米,如高1.25、径0.5米,高1.02、宽0.18米等。柱径高比小者1∶2.5,大者1∶9.09,其他见有1∶2.96、1∶3.67、1∶1.56、1∶5.67、1∶5.71、1∶6.71、1∶6.9、1∶7.9等多种情况。少数有收分,为2.5%。

铺作与柱高比,小者1∶1.83,大者1∶7.5,其他尚见有1∶3.57、1∶3.58、1∶4、1∶4.36、1∶5.42等。

柱础,方形或长方形,长高比1.36∶1、2.48∶1,一般用多层砖垒砌充之。用一层平砖表示柱础,长32、厚5厘米。

5. 铺作

栌斗,多直接砌于柱头,或与柱连为一体。见有上宽50、下宽35、高35厘米者。宽高比10∶7,下宽与高同。也有于门楼上雕砌者。

一斗三升,见有以下几种情况:

其一,墓门额上砌两朵一斗三升,栌斗无平,耳、欹近等,上宽与下宽比1.57∶1,宽高比2.75∶1。拱高与长比1∶5,拱高与栌斗高比3∶2。拱弯无瓣,斜杀急收。栌斗下宽同于柱宽。

其二,墓室倚柱上砌一斗三升,有的仅砌出散斗。栌斗无耳,上宽与下宽比1.29∶1,宽高比4.5∶1。散斗上宽与下宽比1.29∶1,宽高比2.25∶1。拱高与长比1∶4.78,拱高与栌斗高比4.5∶1,拱高与散斗高比2.25∶1。栌斗两端斜收,下宽同于柱宽。拱弯分成两瓣。

其三,墓室角柱普拍枋上托铺作。栌斗无耳,平与欹约2∶1。拱高与长比1∶3.5,拱高与栌斗高比2.67∶1。栌斗上出跳,为两竖丁砖,似方形耍头。

其四,栌斗上宽与下宽比1.42∶1,宽高比2.125∶1。拱高与长比1∶2,拱高与栌斗高比2.67∶1。栌斗无耳,欹有幽。批竹昂式耍头。

其五,栌斗上宽下宽比2∶1,宽高比4∶1。拱高长比1∶2.89,拱高与栌斗高比3∶1。散斗下略窄,两侧内斜向下。栌斗上宽下斜收,上未直接承拱,中为耍头,两侧小砖。耍头与小砖下底齐。上三个散斗相连。

其六,栌斗上宽与下宽比1.5∶1,宽高比1.5∶1,无耳,平欹1∶1。拱高与长比1∶7,拱高与栌斗高比1∶2。栌斗为上大下小两层砖。拱斜直。散斗亦为上大下小两层砖,上有替木。

其七，檐柱上为栌斗，用一层平砖，上宽32厘米，下宽28厘米，高5厘米。栌斗上用3块并列的纵砖砌出耍头，高16、宽15厘米。耍头之上为三个散斗，高10厘米，宽16厘米。耍头与散斗间砖砌泥道拱相连。散斗上承替木、撩风槫。

四铺作，见有几种情况：

其一，单抄四铺作。墓门柱头铺作，栌斗分三层四部分，下部是四棱卷刹的斗形砖，上接方砖以承华拱。华拱两侧各夹立一小砖形成凹槽。华拱正面成方形，下斜直内收形成斜杀，分三部分烧制。华拱上托散斗，上部方平，下部四棱形成卷杀。散斗之上承托替木，替木以三层砖叠砌而成。替木下层稍短，顶端下方带有斜杀。中间的一层与上层方砖为弧形边，两两相扣，构成截面为一边圆弧的方形，稍稍长出底层的条砖。柱头建有雀替，左右对称。栌斗上宽与下宽比1.14∶1，宽高比1.78∶1，散斗上宽与下宽比1.2∶1，宽高比2∶1。拱高与栌斗高比0.72∶1，拱高与散斗高比约1∶1。

其二，单下昂四铺作。普拍枋上施一斗三升三朵，出一跳，批竹昂。栌斗耳、平、欹约1.1∶1∶1.5，有黝。相邻两铺作散斗共用，形似鸳鸯交手人字补间拱，只补间不直接落枋上，而是与柱头铺作拱相连。铺作上托替木、檐椽。

其三，墓室壁砌倚柱，上承阑额、普拍枋及柱头铺作，四铺作计心造。栌斗上宽与下宽比近2∶1，下宽同柱宽。宽高比4.8∶1。无耳，平欹比约1.5∶1，欹两端斜直。拱高与长比1∶4.57，拱高与栌斗高比2.8∶1，拱瓣弧曲。上有替木，两端斜收。

其四，栌斗上宽与下宽比1.16∶1，高宽比5.8∶1。无耳，平欹约1.5∶1，欹两端斜直。底宽略大于柱宽。拱高与长比1∶3.43，拱高与栌斗高比2.8∶1。

五、仿木结构部分的营造技艺和成就

1. 出跳问题的圆满解决

墓葬中的铺作见有四铺作，单抄或单下昂均有发现。铺作在汉代已成为重要建筑中不可缺少的部分，在出土陶屋和现存汉石阙中表现出多种不同形式的铺作。南北朝时，在石窟和壁画中所表现的建筑也大都有铺作，除在柱列以上和阑额、檩组成平行纵架外，也开始有出跳的铺作。而从唐、五代留存的实物看，山西五台山南禅寺大殿用双抄，佛光寺双抄双下昂、双抄，天台庵柱头单抄，平遥镇国寺大殿，双抄双下昂。华林寺，双抄双下昂七铺作。可见，此时对于出跳的技术已经圆满解决，并得到广泛应用。墓葬中也出现了以前从未有过的四铺作。当然还只是发现于五代时期，且最复杂者也仅是四铺作，说明此时对墓葬中营建复杂的铺作还不是很流行，但已经慢慢升温。而从宋辽时期仿木构墓葬的迅速发展看，五代时期恰是一个重要的转折和过渡时期。

2. 普拍枋的应用

现存唐代建筑，包括塔等，均未发现有普拍枋的使用。现存木构建筑中，较早使用普拍枋的，见于五代后晋天福五年（公元940年）的山西平顺大云院大佛殿，阑额、普拍枋均有，呈"T"字形。但在墓葬中，至少在晚唐时期就已见普拍枋的使用。

而从各朝代的仿木墓葬的建筑技术来看，一般是地面建筑技术要优于、领先于墓葬中的作法，墓葬中的铺作等受材料和空间限制，只是予以简化或缩小规模。所以，我们推测，当时的木构建筑中也应该有普拍枋的使用了。

3. 对木构建筑技术的补充

墓葬中柱多砖或石质，有方形、圆形、六角、八角、四方抹角式等，或以三块砖凸起，两边磨出圆弧状，式样较多。木构建筑中以圆形直柱为多，柱顶抹圆呈覆盆状。也有八角柱，甘肃敦煌莫高窟196窟晚唐窟檐。墓葬中柱径高比小者1∶2.5，大者1∶9.09，其他见有1∶2.96、1∶3.67、1∶1.56、1∶5.67、1∶5.71、1∶6.71、1∶6.9、1∶7.9等多种情况。少数有收分，为2.5%。现存唐代柱之径高比都大大低于1∶10，在1∶8.8～1∶9.2。墓葬中比例明显偏大。铺作与柱高比，小者1∶1.83，大者1∶7.5，其他尚见有1∶3.57、1∶3.58、1∶4、1∶4.36、1∶5.42等。木构建筑中铺作与柱高比在1∶2.5～1∶2，五代平遥镇国寺大于1∶2。墓葬中的比例明显偏小。总体上看，与木构建筑相比，墓葬中的柱子偏粗，铺作偏小，这可能与材料不同及空间大小有关。

柱础制作相对简单，用砖垒砌充之。比木构中的覆盆柱础制作粗陋很多。

小木作装修方面，最能补充唐代这方面的建筑资料。按现存鲜见唐代木装修实物，北魏时期即已流行的板门与版棂窗，也是唐代最基本的门窗样式。《洛阳伽蓝记》北魏洛阳永宁寺塔门扇为5钉×5钉。出现版门与上部横窗结合的样式，版门瘦高，估计格扇门的做法在唐代晚期已经出现。破子棂、板棂木构建筑中，竖向立棂。北魏固原房屋模型已可看到破子棂窗，唐代如净藏禅师塔仍使用。闪电窗，隋炀帝建观文殿中使用。菱格纹小窗，即汉魏赋文中所谓"绮寮"，在隋唐时期继续使用，并出现了龟纺等其他花纹饰样。

可见，北魏至隋唐时期装修变化不大，但可惜木构建筑中实物难寻。从文献记载和砖塔等建筑中数量较少，样式不多。但从上文墓葬中的记述来看，隋唐时期的装修不仅有板门、格子门、版棂窗、破子棂窗等大家已知的各种样式，而且在门簪、门钉、棂条等方面，可作为此时期的重要补充资料。

六、余 论

仿木构墓葬在隋唐五代时期得到迅速的发展,一方面是由于社会经济的发展。隋朝整理南北朝后期以来各种制度,建立起了一套相当严密的统治机构,巩固了中央集权。唐朝是我国封建社会发展的一个高峰,均田令、租庸调法等各种措施促进了生产的发展,耕作技术和方式也有了改进,都使得人口增加、社会经济进一步发展。

另一方面是由于营造技术的巨大推动。

隋唐二代,营造工程繁多,很多规模宏大。这些工程大多由国家主持兴建,并设专司营造事宜的尚书省工部和将作监。二者同时设置并且有合理分工,始于隋而完善于唐代。工部主司对全国工程进行计划、管理并制定规范和定额,将作监主司规划设计、材料制备和施工[①]。

工官,即尚书工部和将作监的长官工部尚书、将作大匠和他们的主要僚属。隋唐两代,见诸记载并有卓越贡献的工官有宇文恺、何稠、阎毗、阎立德、韦机等人,对当时的营建活动都起到了重要的推动作用。隋大兴城是座巨大的都城,为唐长安城前身,宇文恺规划大兴城时,年仅28岁。其他工官也完成了观风行殿、永济渠、玉华宫、上阳宫等。这些工官,博采南北众长,引经据典,使隋唐时期的建筑更加规范化、制度化,在技术方面亦多有创新。

匠师,是建筑工程中的基层技术人员。《唐六典·工部》:"凡兴建修筑,材木、工匠则下少府、将作,以供其事。"并注:"少府监匠一万九千八百五十人,将作监匠一万五千人,散出诸州,皆取材力强壮、技能工巧者……"这些匠师,是主导营造活动、传播营造技术和方法的中坚力量。较著名者如修建赵州桥的李春。

总之,唐代的建筑技术已经达到了一个高峰,被称作"中国古建筑历史第二次发展高潮"。木构建筑技术的发展无疑会为仿木构墓葬的建造提供强有力的技术支持。与木结构相比,此时期仿木构的做法仍然略显保守,说明营建仿木构墓葬的风潮仍未到来。但同时也要看到,唐代的仿木构墓葬在木结构建筑技术的促进下,技术上也已经有了一定的进步,呈现出了繁荣的趋势。而这种趋势的发展时间没有太长,到接踵而至的北宋王朝,仿木构墓葬的高潮就已经来临。

---

① 参阅《通典》卷27《职官》九《将作监》、《唐六典》卷7《尚书工部》等。

附表一 隋唐五代时期纪年仿木构墓葬表

墓葬名称	类型	年代	铺作	门窗	其他要素	资料来源
陕西三原李和墓	Ab	开皇二年，公元582年			天井5，过洞2	《文物》1966年第1期
山东嘉祥英山M2	Ad	开皇四年，公元584年		1.55×0.6×0.09	龛2	《文物》1987年第11期
山东嘉祥英山M1	Ac	开皇四年，公元584年		1.21×0.52×0.07，五行钉		《文物》1981年第4期
河北平山李丽仪	Ab	开皇五年，公元585年				《考古》2001年第2期
陕西咸阳鹿善夫妇墓	Ae	开皇十五年，公元595年		1石1木双重门，石门面宽1，高不详	天井5，过洞5	《考古与文物》2013年第4期
河北平山崔君墓	Ab	开皇十五年，公元595年		1.24×0.62~0.44		《考古》2001年第2期
太原斛律徹墓	Ab	开皇十七年，公元597年		1.64×0.6×0.1，钉3×4	天井	《文物》1992年第10期
山东章丘周皆	Aa	大业三年，公元607年		0.9×0.8		《考古与文物》1996年第1期
西安姬威	Aa	大业六年，公元610年		1.45×1.16×0.09，钉4×5	天井7，过洞7，龛2	《文物》1959年第8期
西安东郊李椿	Aa	大业六年，公元593年		1.49×0.64×0.07，钉4×5		《考古与文物》1986年第3期
陕西三原李寿墓	Aa	公元630年			天井过洞5，龛2	《文物》1974年第9期
昭陵长乐公主	Ab	贞观十七，公元643年		3道石门	天井5，过洞4，龛4	《文博》1988年第3期
固原史索岩	Aa	显庆元年，公元656年			天井过洞5	《固原南郊隋唐墓地》
尉迟敬德	Ae	公元658年		1.47×0.63×0.11	天井过洞龛4	《文物》1978年第5期
礼泉新城长公主	Ab	公元663年			天井过洞5	《唐新城长公主墓发掘报告》
固原史诃耽	Ab	总章二年，公元669年			过洞天井5	《固原南郊隋唐墓地》
李凤	Ab	公元675年			天井3，过洞4，龛8	《考古》1977年第5期
礼泉临川公主	Aa	永淳元年，公元682年			天井过洞4	《文物》1977年第10期
礼泉安元寿夫妇	Ae	光宅元年，公元684年			天井5	《文物》1988年第12期
临潼董必忠	Aa	天授二年，公元691年			天井过洞5，龛4	《文博》1996年第2期
宁夏盐池M3	B	久视元年，公元700年			石门，仿木小龛	《文物》1988年第9期

续表

墓葬名称	类型	年代	铺作	门窗	其他要素	资料来源
山西浩顷墓	Da	久视元年，公元700年			门楼	《文物》2004年第10期
长安县韦泂墓	Ae	神龙二年，公元706年			天井2，过洞2，龛4	《文物》1959年第8期
陕西永泰公主	Ae	神龙二年，公元706年			天井6，过洞5，龛8	《文物》1964年第1期
洛阳安菩夫妇墓	Aa	景龙三年，公元709年		通高1.73		《中原文物》1982年第3期
甘肃秦安M1	Fa	景龙三年，公元709年		三棂窗2	耳室	《文物》1975年第4期
西安成王李仁	Ae	景云元年，公元710年			天井5	《西安郊区隋唐墓》
越五李贞	Ab	开元六年，公元718年		1.29×0.58×0.08	天井过洞5，龛4	《文物》1977年第10期
山西薛儆墓	Ab	开元八年，公元720年			天井过洞6	《唐代薛儆墓发掘报告》
北京陶然亭公园何延本	Da	乾元二年，公元721年	人字补间		家具3，仿木龛	《中国文物报》1998年12月20日第1版
洛阳卢照已墓	Ab	开元十二年，公元724年				《文物》2007年第6期
蒲城惠庄太子	Ab	开元十二年，公元724年			天井过洞3，龛6	《考古与文物》1999年第2期
西安东郊唐墓	Aa	开元十六年，公元728年		1.16×0.5×0.1		《考古》1956年第6期
嗣虢王李邕墓	Ae	开元二六年，公元738年		1.975×1.38	天井5，过洞5，龛6	《考古与文物》2012年第3期
洛阳豆卢贵妃墓	Ab	开元二八年，公元740年			过洞1	《文物》1995年第8期
陕西唐惠陵李宪	Ab	开元二九年，公元741年			天井7，过洞3，龛6	《唐李宪墓发掘报告》
辽宁朝阳韩贞		天宝三年，公元744年	砖柱，上残	直棂窗	两圆耳室	《考古》1973年第6期
西安苏思勖墓	Aa	天宝四年，公元745年			龛4	《考古》1960年第1期
北京丰台史思明	Aa	上元二年，公元761年			龛8，两耳室	《文物》1991年第9期
陕西蒲城高力士	Ab	宝应二年，公元763年			天井4，过洞3，龛6	《考古与文物》2002年第6期
西安王家坟	Ab	兴元元年，公元784年			龛2	《文物》1991年第9期

续表

墓葬名称	类型	年代	铺作	门窗	其他要素	资料来源
吉林贞孝公主墓	Aa	大兴五六年，公元792年				《社会科学战线》1982年第1期
偃师薛丹夫妇	Aa	长庆元年，公元821年				《中原文物》2009年第5期
伊川齐国太夫人	Aa	长庆四年，公元824年			天井3，过洞3	《文物》1995年第11期
新乡电视台M1张希光		太和元年，公元827年	铺作		窗式龛	《华夏考古》2010年第2期
河南安阳北关唐墓	Db	太和三年，公元829年	铺作，阑额	假门1.1×1.07，钉8×3，铺首，破子棂	火焰状龛1，天井1，家具，灯	《考古》2013年第1期
洛阳崔元略夫妇	Ae	大和五年，公元831年				《文物》2005年第2期
宣化苏子矜		会昌四年，公元844年	铺作，	方格眼门，直棂窗		《文物》2008年第7期
偃师杏园村李存墓	Aa	会昌五年，公元845年				《考古》1984年第10期
北京海淀王公淑夫妇墓	Da	开成三年，公元846年	门铺作	直棂窗，板门钉5×4	天井，龛2	《文物》1995年第11期
河北永年时清	Ca	大中十二年，公元858年			家具，灯	《考古》1966年第1期
北京丰台董庆长	Cc	大中十二年，公元858年		直棂窗		《文物》1992年第9期
宣化张庆宗墓	Dd	乾符四年，公元877年	阑额，方形耍头	直棂窗	家具	《文物》2008年第7期
北京茹弘庆	Fb	乾符五年，公元878年				《文物》1990年第12期
河北宣化杨钊墓	Dc	乾符六年，公元879年	普拍枋，方形耍头	板门二方簪，直棂窗	家具	《文物》2008年第7期
和龙简王顺穆皇后	Aa	8~9世纪				《考古》2009年第6期
陕西秦王忠敬墓	Aa	同光二年，公元924年		1.61~1.65×0.86×0.21~0.23		《五代李茂贞夫妇墓》
洛阳伊川孙璠	Db	天福五年，公元940年	阑额，方耍头，替木	破子棂7	家具	《文物》2007年第6期
宝鸡李茂贞妻	Eb	天福八年，公元943年	替木	板门，破子棂，5菱形簪	门楼，耳室	《五代李茂贞夫妇墓》
陕西冯晖	Ea	广顺二年，公元952年	普拍枋，单抄，替木	板门钉2×5，4×6，柿蒂座铺首	门楼	《五代冯晖墓》

附表二 隋唐五代时期仿木构墓葬分期表

期别 \ 类型	A型					B型	C型			D型				E型		F型	
	Aa	Ab	Ac	Ad	Ae		Ca	Cb	Cc	Da	Db	Dc	Dd	Ea	Eb	Fa	Fb
一	√	√	√	√	√												
二	√	√			√	√	√			√					√		
三	√	√	√			√	√	√		√	√	√	√		√	√	√
四	√											√		√	√		

附表三 隋唐五代时期仿木构墓葬等级表

墓葬名称	类型	分期	分区	尺寸（米）	门窗	其他要素	身份等级
太原斛律徹墓	Ab	一	二	3.58×3.5	1.64×0.6×0.1 钉 3×4	天井	崇国公，从一
陕西三原李和墓	Ab	一	一	3.75～4×3.6，全长44.15		天井过洞	德广肃公，从一
陕西咸阳鹿善夫妇墓	Ae	一	一	主2.3×2.33，后2.3×1.2，全长48.5	石门面宽约1，高不详	天井5，过洞5	河内郡开国公，从一
西安姬威	Aa	一	一	4.1×4	1.45×1.16×0.09，钉4×5	天井7，过洞7，龛2	金紫光禄大夫，从二
河北平山崔君墓	Ab	一	二	3.2×3.17×3.62	1.24×0.62～0.44		国子祭酒，从三
河北平山李丽仪	Ab	一	二	3.98×4×6.38			崔君之妻
山东嘉祥英山M2	Ad	一	二	6.2×4.1	1.55×0.6×0.09	龛2	恒山太守，从三
山东嘉祥英山M1	Ac	一	二	直径3.2～4.8，高5.2	1.21×0.52×0.07，五行钉		驾部侍郎，正四
山东章丘周皆	Aa	一	二	3.2×3.2×2.85	0.9×0.8		无官职
陕西唐惠陵李宪	Ab	二	一	5.7×5.65，全长59		天井7，过洞3，龛6	让皇帝
北京丰台史思明	Aa	二	二	5.54×5.05		龛8，两耳室	依帝规制
蒲城惠庄太子	Ab	二	一	4.4～4.8×4.4～4.76×6		天井过洞3，龛6	太子
陕西章怀太子李贤	Ae	二	一	前边长4.5，高6，后边长5，高6.5		天井过洞4，龛6	太子
陕西永泰公主	Ae	二	一	前4.9×4.7×5.35，后5.45×5.3×5.5		天井6，过洞5，龛8	公主
昭陵长乐公主	Ab	二	一	4.2×4.6，全长48.18	三道石门	天井5，过洞4，龛4	公主
礼泉新城长公主	Ab	二	一	4.74×4.7，全长50.8		天井过洞5，龛8	公主
礼泉临川公主	Aa	二	一	4×3.4，全长48		天井过洞4 龛	公主

续表

墓葬名称	类型	分期	分区	尺寸（米）	门窗	其他要素	身份等级
越王李贞	Ab	二	一		1.29×0.58×0.08	天井过洞5，龛4	越王，正一
洛阳豆卢贵妃墓	Ab	二	一	4.27×4.58×6.18	1.1×0.46×0.07	过洞1	正一
陕西富平李凤	Ab	二	一	边长4~4.36，高5.35		天井3，过洞4，龛8	王，正一
西安成王李仁	Ae	二	一	前3.15×3.3后4.5×4.5		天井5，龛6	成王，正一
长安县韦洞墓	Ae	二	一	前3.3×3.4×4.5，后4.3×4.2×5.5		天井2，过洞2，龛4	淮阳王，正一
嗣虢王李邕墓	Ae	二	一	全长47，前2.9×2.9×4，后4.1×4.1×4.75	1.975×1.38	天井5，过洞5，龛6	嗣虢王，正一
陕西三原李寿墓	Aa	二	一	3.8×3.95		天井过洞5	司空，正一
尉迟敬德	Ae	二	一	前2.5×2.6×3.7，后边长5.1，高5.35	1.47×0.63×0.11	天井过洞，龛4	司徒，正一
陕西蒲城高力士	Ab	二	一	4.2×4.2×5.6，全长52		天井4，过洞3，龛6	开府仪同三司，从一
固原史索岩	Aa	二	三	3.6×3.1~3.6，全长41.75		天井过洞5，龛2	骠骑将军？从一
洛阳卢照已墓	Ab	二	一	4.2×4.2			上柱国，正二
山西薛儆墓	Ab	二	二	4.7×4.7×5.5		天井过洞6，龛6	正二
礼泉安元寿夫妇	Ae	二	一	前2.64×2.74后，4.4×4.1，全长60.2		天井过洞5，龛2	威卫、骁卫将军，正三
西安苏思勖墓	Aa	二	一	边长4.1		龛4	银青光禄大夫，从三
北京宣武何延本	Da	二	二	3.5×3.65		门楼，甬道2龛，室仿木3，龛	轻车都尉，正四
洛阳安菩夫妇墓	Aa	二	一	3.55×2.95	门高1.73		定远将军，正五上
临潼董必忠	Aa	二	一	3.56~3.84×3.2×3.3，全长34.5		天井过洞5，龛4	朝散大夫，从五下
固原史诃耽	Ab	二	三	3.6~3.8×3.75~3.87		天井过洞5	朝议郎，六品
辽宁朝阳韩贞		二	四	直径4.8	直棂窗	两圆耳室	戍主，八、九品
山西浩顷墓	Da	二	二	2.8×2.8×2.9		门楼	无官职

续表

墓葬名称	类型	分期	分区	尺寸（米）	门窗	其他要素	身份等级
河南安阳北关唐墓	Db	二	一	近圆 4.8×4.5	假门 1.1×1.07，钉 8×3，破子棂窗	火焰状龛 1，天井 1，家具，灯	无官职
和龙简王顺穆皇后	Aa	三	四	4×1.9～2.4×1.65			皇后
西安王家坟	Ab	三	一	边长 4.4		龛 2	唐安公主
吉林贞孝公主墓	Aa	三	四	3.1×2.1			公主
偃师薛丹夫妇	Aa	三	一	4.24×3.34×2.88			上柱国，正二
北京丰台董庆长	Cc	三	二	直径 4.2～4.25	直棂窗		上柱国，正二
北京海淀王公淑	Da	三	二	4.72×4.85	直棂窗，板门 5×4	天井，龛 2	上柱国，正二
宣化张庆宗墓	Dd	三	二	4.4×4.5	直棂窗	家具	太子宾客，正三
洛阳崔元略夫妇	Ae	三	一	前 3×3.7～4.04，后 1.24～1.8×3.16～3.4		龛 2	御史大夫，吏部尚书，正三
宣化苏子矜		三	二	3.4×3.76	直棂窗，格子门		左金吾卫大将军，正三
伊川齐国太夫人	Aa	三	一	4.5～4.6×3.3～3.7，全长 45.5		天井 3，过洞 3	儿为节度使，从三
河北宣化杨钊墓	Dc	三	二	3.36×4.06	板门二方錾，直棂窗	家具	殿中监，从三
偃师杏园村李存墓	Aa	三	一	3.3×2×1.75			庐州参军，从七
内蒙古王逆修	B	三	三	直径 3.2		天井 1	监察御史，正八
北京茹弘庆	Fb	三	二	直径 3			事兵马使充使宅将副将
陕西秦王李茂贞墓	Aa	四	一	9.2×3.2×4.1	1.61～1.65×0.86×0.21～0.23		王，正一
宝鸡李茂贞妻	Eb	四	一	前 8.6×4.3 后 5.4×5.4		门楼，耳室	李茂贞妻
陕西冯晖	Ea	四	一	6.1×5.2，门 2.02×0.86×0.085～0.115	板门钉 2×5，4×6，柿蒂座铺首	门楼，3 耳室	开府仪同三司，从一
洛阳孙璠	Db	四	一	直径 5.02～5.08	破子棂窗 7		检校尚书左仆射，从二

吴越国"善事中国"之策实质考

——从吴越国马氏墓出土铭文石刻谈起

李蜀蕾

(杭州市文物考古研究所)

一

吴越国是五代十国时期存在于江南的一个割据政权，统辖浙江及苏南、上海部分地区，定都西府（今杭州）。自公元907年武肃王钱镠受后梁册封为吴越王，至公元978年忠懿王钱俶纳土归宋，吴越国历三世五王，凡七十余载。它与当时出现在南方的前蜀、后蜀、吴、南唐、楚、南汉、闽、南平以及出现在北方的北汉等地方割据政权，被合称为"十国"。

无论在唐末、五代还是宋初，吴越钱氏在处理与中央政权关系这一问题上，始终奉行"善事中国"之策，即"中国之君，虽易异姓，宜善事之，勿废臣礼"[①]。这是武肃王钱镠对文穆王钱元瓘的临终嘱托，后世钱王奉之为国策，钱氏子孙也奉之为家训。从文献记载来看，钱氏据有江南一带的数十年间，不论中央政权如何更迭、"真命天子"易姓与否，始终奉中原王朝为正朔，行称臣之礼。历代钱王不仅接受"中国"册封、频繁入贡，而且为"中国"讨伐诸藩、肃清异己甘当先锋。宋初，末代吴越国王钱俶果决地不动兵戈、举国以献，更是将"善事中国"之策推行至极致。

"善事中国"之策使吴越国明显有别于被冠以"僭伪"之名的前蜀、后蜀、吴、南唐、南汉、闽等割据政权，得以在五代乱世免于兵戈之扰、保境安民、拓展城市、发展经济而富甲于东南。这一国策也为历代钱王在当朝与后世赢得了极高的赞誉，成为封建社会的忠君楷模。熙宁十年（1077年），知杭州府军州事臣赵抃称钱氏"有德于斯民甚厚，有功于朝廷甚大"，奏请在杭州建"表忠观"，以"劝奖忠臣，慰答民心"，获得宋神宗首肯。至今，在杭州西子湖畔的钱王祠，仍存有宋代苏轼撰写的《表忠观碑记》，并留下了清康熙、乾隆二帝御书，记述褒奖吴越王的历史功绩。

如此看来，吴越国"善事中国"之策似乎可以与"忠君"画上等号了。但吴越国马氏墓出土的一方铭文石刻，其内容疑点重重，使得我们有必要重新审视"善事中国"

[①] 钱文选：《钱氏家乘》卷5《年表·武肃王》，影印民国二十八年本，上海书店出版社，1996年，第126页。

之策的实质。

二

20世纪末发现并发掘的吴越国马氏墓[①]是迄今为止吴越国考古最重要的发现之一。该墓位于临安市玲珑镇祥里镇松树山坡，保存情况较好，墓内结构基本完整，为砖石合筑的前中后三主室，石刻与彩绘保存完好，内容包括十二生肖像、四神、星象图以及牡丹纹装饰带等。该墓无论是墓葬规模、主室数量还是墓壁结构与用材、墓室装饰、葬具等，都代表了吴越国墓葬的最高规格。在马氏墓中发现了一块方形铭文石刻，刻文如下：

维天福四年岁在己亥冬/十有二月丁丑二十五日/辛酉/吴越国恭穆王后扶凤马/氏窆于钱唐府安国县庆/仙乡长寿里封孟山曰/康陵东至金容西至凤亭/南至宁善北至会仙上至/于天下至于泉永刊贞石/于万祀年

该石尺寸不大，铭文内容也非常简略，仅涉及葬年、葬地、墓主姓氏身份、墓域范围等，不似一般的石墓志有盖，铭文首也无"故××墓志铭"之类的标题。从行文来看，马氏是以"吴越国恭穆王后"的身份下葬的，而"康陵"则是马氏墓的陵号（图一）。

通过与文献所载吴越国钱氏受封情况、唐宋时期的用"陵"之礼作比较分析，笔者认为马氏墓出土铭文石刻的内容疑点重重。

疑点一：何来"王后"之封号？

马氏之夫钱元瓘先后被后唐、后晋册封为"吴越王"，死后敕赠太师、谥曰文穆；马氏初封越国，至吴越国夫人，敕谥曰恭穆[②]。按唐制，命妇封赠需视其父夫之官职品秩而定，"诸王母妻及妃、文武官一品及国公，母妻为国夫人"[③]。上述钱元瓘、马氏夫妻封号的对应关系正好符合唐代对官员、命妇册封的有关规定。若按龙德三年（公元923年）后梁"敕赐王（钱镠）吴越国王册封暨建国之仪"、"王之夫人册封曰妃"[④]之旧制，马氏可称吴越国王妃。至于铭文中提及马氏为"吴越国恭穆王后"，遍寻与吴越国相关的文献、金石，均不得见这样的封号。不仅马氏，其他的吴越国夫人均不见有"王后"之封号。那么，铭文中出现的马氏"王后"封号从何而来？马氏作为人臣之妻，何来"王后"之尊号？

---

① 杭州市文物考古所、临安市文物馆：《浙江临安五代吴越国康陵发掘简报》，《文物》2000年第2期，第4~34页。
② （宋）钱俨：《吴越备史》卷3《文穆王》，《五代史书汇编》，杭州出版社，2005年，第6228~6230页。
③ （唐）杜佑：《通典》卷第34《职官十六·后妃》，中华书局，1988年，第949页。
④ 钱文选：《钱氏家乘》卷5《年表·武肃王》，影印民国二十八年本，上海书店出版社，1996年，第124页。

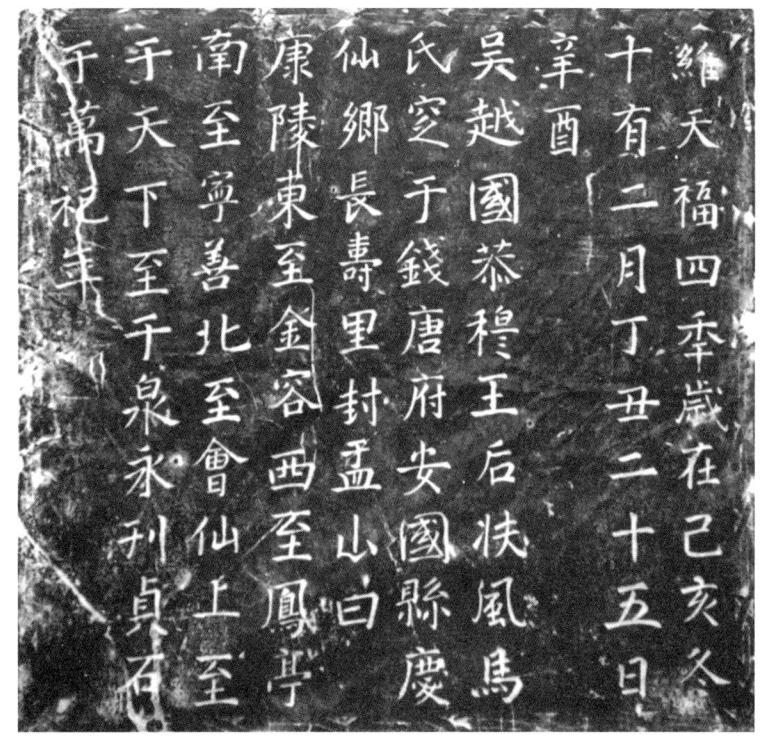

图一 马氏墓出土铭文石刻拓片（引自该发掘报告）

疑点二：何来"康陵"之称谓？

陵者，原指大土山，引申指帝王陵墓。陵号不过寥寥二三字，却政治色彩强烈，是封建皇权至高无上的象征之一。唐宋时期，凡有陵号者，墓主若为男性，一般有帝号，或生前为皇帝，或死后追尊。前者如唐太宗李世民的昭陵、后梁太祖朱温的宣陵、南唐烈祖李昪的钦陵、前蜀太祖王建的永陵等。后者如唐孝敬皇帝李弘的恭陵、唐让皇帝李宪的惠陵、唐奉天皇帝李琮的齐陵、唐承天皇帝李倓的顺陵、闽国太祖王审知的宣陵等。唐高宗与武则天之子李弘本为太子，英年早逝，高宗诏谥其为"孝敬皇帝"；李宪为唐睿宗长子、唐玄宗长兄，因推让太子之位，被玄宗追谥为"让皇帝"；李琮为唐玄宗长子，唐肃宗长兄，肃宗追册其为"奉天皇帝"；李倓为唐肃宗之子、唐代宗之弟，代宗追谥其为"承天皇帝"；王审知本为闽王，太祖之帝号系其子、自立为帝的王延钧追尊。

而女性墓葬有陵号者很少，其墓主一般有皇后或太后之尊号，或生前为后，如后周世宗柴荣宣懿皇后符氏的懿陵[①]，南唐后主李煜国后周氏的懿陵[②]，金世宗昭德皇后

---

① （宋）欧阳修：《新五代史》卷20《周世宗家人传第八·皇后符氏》，中华书局，1974年，第203~204页。
② （宋）马令：《南唐书》卷6《女宪传》："（国后周氏）陵曰懿陵，谥昭惠。方是时，南唐虽去帝号，而其余制度尚未减损，如元宗（李璟）之葬尤称皇帝，故昭惠虽谓之国后，而群臣国人皆称曰皇后焉。"《五代史书汇编》，杭州出版社，2005年，第5301~5304页。

乌林达氏及其他五位世宗后妃合葬的坤厚陵①；或死后追尊，如唐武则天之母、追尊"太祖孝明高皇后"杨氏的顺陵，唐武宗之母、追谥"宣懿太后"韦氏的福陵②。

太子葬所也可称陵，但无陵号。"太子"之尊号，或生前有之，如唐宪宗之子李宁，生前被立为皇太子，死后谥曰"惠昭"，其葬所曰"惠昭太子宁陵"；或死后追册，如唐代宗之子李邈生前封郑王，死后册赠"昭靖太子"，其葬所曰"昭靖太子邈陵"③。

由上可见，唐宋时期对于"陵"之称谓以及陵号的使用有着很严格的规定。除皇帝、皇后（太后）、太子之外的其他人等（包括诸王、公主），其葬所皆不得以陵为名。唐中宗神龙三年（公元707年）间，给事中卢粲曾就驸马武崇训墓称陵一事极力反对，称"伏寻陵之称谓，本属皇王及诸君。自有国以来，诸王及公主墓，无称陵者"，"臣闻陵之称谓，施于尊极，不属王公以下"。中宗从之④。金代海陵王之父墓葬名称的变迁也是很好的例证。海陵王完颜亮篡位后，追谥父完颜宗干为帝，庙号德宗，并将其灵柩迁葬于中都大房山皇陵区；又尊谥母为慈宪皇后，与父合葬，陵号顺陵。后来，金世宗登基后，先是降封完颜亮为海陵郡王，其灵柩不入帝陵区，仅葬于"诸王茔域"；后又诏降完颜亮为"海陵庶人"，灵柩从诸王茔域迁出。不仅如此，金世宗还采纳了群臣的奏议："海陵既废为庶人，其父母尚存帝后之号，委是名分僭差。今拟改封皇伯太师辽王，据衍庆宫旧容拟改画服色，迁出顺陵，改名为墓。"⑤但在特殊的政治背景下，也不乏越制的特例。唐中宗之女李仙蕙以郡主之身份，死后被追谥为"永泰公主"。其葬所号墓为陵，但没有陵号，已经是"承恩特葬，事越常途，不合引以为名"⑥。

五代十国时期，除了被奉为正朔的中原五代帝王使用陵号外，也存在地方割据者拥兵自立、公开称帝并使用陵号的情况，如吴国杨行密、南唐李昪、闽国王延钧、南汉刘晟、北汉刘崇、前蜀王建、后蜀孟知祥等。这些未经"中国"认可册封、私用陵号的割据者，均被《旧五代史》归入"僭伪"之列。而马氏墓出现陵号这一现象，为吴越国王室墓所仅见。在关于历代吴越国王、夫人丧葬的文献记载中，均不见有陵号。在已经考古发掘的十余座吴越国钱氏家族墓中也不见有陵号出现。那么"康陵"之号来自何处？马氏若无"极尊"之身份，如何堪用"施于极尊"之陵号？

---

① 北京市文物研究所：《北京金代皇陵》，文物出版社，2006年，第158~160页。
② （宋）王溥：《唐会要》卷21《皇后诸陵议》，中华书局，1955年，第410~412页。
③ （宋）王溥：《唐会要》卷4《追谥太子》、卷21《诸陵杂录》，中华书局，1955年，第48、418页。
④ （宋）王溥：《唐会要》卷21《诸僭号陵》，中华书局，1955年，第408~410页。
⑤ 撰人未详：《大金集礼》卷4《追加谥号下》，《丛书集成初编》，商务印书馆，民国二十五年六月初版，第63~64页。
⑥ （宋）王溥：《唐会要》卷21《诸僭号陵》，中华书局，1955年，第408页。

三

马氏墓铭文石刻上出现"王后""康陵"这样的敏感字眼着实令人生疑,因为按照常制,身为人臣之妻的马氏是绝对不能享有这样"施于极尊"的待遇的。不仅如此,在马氏墓中还存在着其他有违常制的现象。马氏墓为前中后三主室结构,与被冠以"僭伪"之罪的前蜀、南唐、南汉等政权的帝陵相同;其墓室内壁、葬具以石为材质、并运用了浮雕、彩绘贴金等多种装饰手法,也有悖于"大唐制,诸葬不得以石为棺椁及石室,其棺椁皆不得雕镂彩画、施户牖栏槛"①的规定,即便是在诸多被冠以"僭伪"之罪的割据政权的帝陵中,也仅前蜀高祖王建的永陵可与之媲美。

应该如何解释马氏墓存在的这些有违常制的现象呢?我们不妨做个假设。若马氏墓铭文石刻中出现的"王后"之尊号、"康陵"之称谓是出于中央政权对吴越国忠君之举的特殊礼遇,是与唐永泰公主墓"号墓为陵"的情况类似的"承恩特葬",为何无论在正史、钱氏子弟私家著录还是钱氏宗谱中,都只记述了后晋天子敕马氏谥曰"恭穆"、敕钱元瓘谥曰"文穆"、敕宰相和凝撰神道碑之事,甚至详细著录了神道碑文,而对于"王后""康陵"只字未提?古之敕制册命、承恩特葬有着重要而特殊的意义,于帝王而言,"朝廷之仪,封册为重,用报勋烈,以隆恩荣"②;于"承恩"者来说,接受朝廷如此特殊的礼遇实在是恩荣至极,其不见诸记载,于理不通。相比之下,将马氏墓铭文石刻中出现"王后""康陵"等敏感字眼这一现象解释为是吴越国的私自僭越行为更为合理。由于是私自僭越,对外界刻意隐瞒,自然在正史中没有记载;而为了引起不必要的麻烦,钱氏子弟私家著录以及钱氏宗谱中也会刻意回避。

四

五代十国时期,"君君臣臣父父子子之道乖,而宗庙、朝廷、人鬼皆失其序,斯可谓乱世者欤"③,故帝陵多"不得备礼"而降损者,"官人百姓送葬,竞为奢僭,不依礼式"④。乱世之中,吴越国钱王始终不忘"事大"之义,"处处以尊君亲重黎庶为心"⑤,奉"中国"为正朔,行称臣之礼,并受"中国"册封赐谥,"至于封建车服之制,悉

---

① (唐)杜佑:《通典·礼四十五·沿革四十五·凶礼七·棺椁制》,中华书局,1988年,第2299页。
② (宋)王溥:《五代会要》卷4《册命》,《五代史书汇编》,杭州出版社,2005年,第2029页。
③ (宋)欧阳修:《新五代史》卷16《唐废帝家人传第四》,中华书局,1974年,第173页。
④ (宋)王溥:《五代会要》卷8《丧葬上》,《五代史书汇编》,杭州出版社,2005年,第2085页。
⑤ 钱文选:《钱氏家乘》卷4《图考·忠懿王遗墨考》,影印民国二十八年本,上海书店出版社,1996年,第88页。

有所由"①，无不体现出对"中国"的尊重。但吴越国马氏身为人臣之妻，其葬所却行私自僭越之事，不仅有"王后"之尊号，又有"康陵"之陵号，其葬所规制也直逼"僭伪"政权之帝陵。忠君与僭越，就这么矛盾地存在着，吴越国"善事中国"之策的实质到底是什么？

"中国之君，虽易异姓，宜善事之，勿废臣礼"，这不仅是武肃王钱镠对文穆王钱元瓘的临终嘱托，更是钱镠对自己戎马一生在处理与"中国"关系问题上的经验教训的精辟总结。钱镠就曾因对朝廷使者礼数不恭、与后唐重臣安重诲书信"辞礼颇倨"而触怒后唐明宗，被"诏王以太师致仕，自余王爵、尚父皆削之"②。史书所称吴越国一贯的忠君形象与考古所见马氏墓凿凿的僭越事实，这对矛盾恰好说明吴越国推行的"善事中国"之策，其实质并非后世一厢情愿称颂的"愚忠"，而是一种乱世生存智谋。这种智谋的手段是尊君守臣节，其目的是自保与自利。简而言之，五代与吴越国之间并非单纯的君臣关系，而是以势力制衡为前提、以君臣之礼为原则的各取所需、互惠互利的军事盟友关系。"中国"通过册封来笼络吴越国，使之成为削弱杨吴南唐、征讨诸藩、实现统一的先锋，并通过吴越国的贡奉来获取巨大经济利益。吴越国通过尊崇"中国"，接受其册封、任命与监督，并通过愈加频繁的纳贡来巩固与"中国"的战略联盟，大方谋求私欲，以牵制和威慑敌国，保境安民，赢得生存空间。

秉承"善事中国"之策，吴越国王对外奉"中国"为正朔，关起门来则俨然是天子。如后梁册封钱镠为吴越国王，建国"仪卫名称多如天子之制，谓所居曰宫殿，府署曰朝廷，教令下统内曰制敕"③。按唐制，"凡上之所以迨下，其制有六，曰制、敕、册、令、教、符。天子曰制、曰敕、曰册。皇太子曰令。亲王、公主曰教"④。又如后唐庄宗同光年间，钱镠"贡唐方物""求金印、玉册、赐诏不名、称国王。有司言：'故事惟天子用玉册，又非四裔，无封国王者。'唐主皆曲从王意"⑤。后晋天福二年（公元937年），后晋册封钱元瓘为吴越国王，"仍赐天下兵马副元帅金印。甲午，王即位。建国之仪，一如同光故事"⑥。后晋天福三年（公元938年），"晋遣使赍捧吴越国王玉册及沿身法物等至"⑦。可见，吴越国王钱镠、钱元瓘虽无天子之名，却行天子之实。中原五代碍于战略需要和经济利益诱惑，或装聋作哑地默许，或曲意从之，抑或有意笼络。

---

① 钱文选：《钱氏家乘》卷5《年表·武肃王》，影印民国二十八年本，上海书店出版社，1996年，第121页。
② （清）吴任臣：《十国春秋》卷78《武肃王世家下》，《五代史书汇编》，杭州出版社，2005年，第4398页。
③ （清）吴任臣：《十国春秋》卷78《武肃王世家下》，《五代史书汇编》，杭州出版社，2005年，第4392页。
④ （后晋）刘昫等：《旧唐书》卷43志第二十三《职官二》，中华书局，1975年，第1817页。
⑤ （清）吴任臣：《十国春秋》卷78《武肃王世家下》，《五代史书汇编》，杭州出版社，2005年，第4393页。
⑥ （宋）钱俨：《吴越备史》卷3《文穆王》，《五代史书汇编》，杭州出版社，2005年，第6226页。
⑦ （清）吴任臣：《十国春秋》卷79《文穆王世家》，《五代史书汇编》，杭州出版社，2005年，第4418页。

吴越王钱元瓘没有公开称帝，恭穆夫人马氏自然也不是皇后。由于年月久远，马氏墓的地面部分早已难觅踪迹，是否存在越礼不得而知。考虑到地面的开放性，吴越钱氏不太可能顶着与"中国"公开抗礼的风险行有违君臣礼数之举。而墓室本身就是一个封闭的空间，又深藏地下，具有很强的隐蔽性。若非亲历建造者，是无从获知其墓室规制的，就更谈不上通过石刻铭文了解到马氏有"王后"之尊号、其墓有"康陵"之称谓。这恰如吴越国王开门行称臣之礼、关门行天子之实的作风。

著名历史地理学家谭其骧先生在 20 世纪 40 年代所做的题为《杭州都市发展之经过》的演讲中曾有这样一句话："唐末五代是一个干戈扰攘、四方鼎沸的时代，独两浙在钱氏保据之下，晏然无事者垂九十年；两浙既然是当时唯一的乐土，因而杭州就成了乐土中的天堂；乐土中的天堂，其繁雄富盛，自非复其他兵乱之余的都会所可比拟了。"尽管透过马氏墓出土铭文石刻暗藏的私自僭越玄机，笔者分析认为吴越国"善事中国"之策实质是一种乱世生存智谋，但依然无损于吴越国三世五王苦心经营数十载为两浙社会安定与民生富庶所做出的巨大贡献，以及后世赞"其有德于斯民甚厚"的历史评价。

前郭塔虎城的考古发现与研究[*]

彭善国

（吉林大学边疆考古研究中心　吉林大学文学院）

一

塔虎城位于吉林省松原市前郭尔罗斯蒙古族自治县八郎镇，东南距前郭县政府所在地前郭尔罗斯镇约50千米，西北约10千米为大安市（隶属白城市）政府所在地（原大赉镇），东北约2.5千米与黑龙江省肇源县隔嫩江相望。城址几何中心的地理坐标为东经124°35′71″，北纬45°41′80″，海拔130米。城址西1千米为长（春）白（城）铁路，有一座四等货运车站即以塔虎城命名。再西1千米为2011年建成通车的珲（春）乌（兰浩特）高速公路。302国道（珲春—乌兰浩特）贯穿塔虎城的南门、北门，将城址一分为二。城址东南被北上台子村北环抱，东风村在城址外西北一隅，北500米处则为因城址而得名的塔虎城村。

塔虎城位于整体呈波状起伏的松嫩平原的中部，地势低平。城址以东，原为嫩江古河床，现已开垦为膏腴农田。城东北2.5千米为蜿蜒流向东南的嫩江，东约25千米为松花江（吉林省段）、嫩江合流处。城东南约10千米的大库里泡、西南约15千米的查干湖均为河成湖（由嫩江、霍林河等改道、淤积等形成），西北45千米则为位于洮儿河下游的大型人工湖——月亮泡水库。由此可见，塔虎城周围河湖密布，渔业资源丰富。另外，在查干湖西南乾安县境内，在嫩江左岸的肇源、肇州境内，还分布着大布苏、花敖泡、哭泪泡等咸水湖，得益于这些湖泊，近代以来，土盐的熬制以及纯碱的加工也在这些地区开展起来[①]。因此，用水草丰美且饶渔盐之利来形容古代的塔虎城及其周边的资源状况，应是符合实际的。

二

"塔虎"一词，又写作"他虎""它虎""塔呼"等，皆为音转，据说即来自蒙古

---

[*]　本文得到教育部人文社会科学重点研究基地重大项目（批准号：12JJD780004）、教育部新世纪优秀人才支持计划资助。

①　杨满良：《古城大同与它的土盐》，《黑龙江日报》2010年12月23日第16版。

语，意为"胖头"，以城址附近盛产胖头鱼之故，但这很可能只是一个误解①。"塔虎城"一名，最早见于清代官修地理志。嘉庆《重修大清一统志》(1842年成书)载:"郭尔罗斯前旗。又他虎城，在旗东北二百五十里，周八里有奇，门四，建制俱无考。"②张穆(1805~1849年)的《蒙古游牧记》(1859年初刊)③、曹廷杰的(1850~1926年)《东三省舆地图说》(写成于1887年)④所记塔虎城情况，与《清一统志》相同。1927年由日本人菊池贞二编纂的《东三省古迹遗闻续编》对塔虎城则有较详细的描述⑤：

"辽泰州故城，在大赉县(今吉林省大安市——编者注)南二十余里，辽上京道泰州德昌军，本契丹二十部族牧放之地，因黑鼠族累通化州，遂移东南六百里，建成居之。今之土人谓城塔呼城者，该州之遗址焉。"

"大赉县南，距城廿五里有高冈，遥瞻其上，若坟垅者，即塔呼城是也。周围约十余里，直径三里三，筑土为墙，高可一丈，宽约七尺，相距二丈，即有土台一，似炮台然。周有四门，东门以外，有点将台，相传谓金兀术屯兵处。据土人云，昔有农人筑室城内，夜宿于室，晓醒则不知如何竟身在城外。一时传谓神灵驱逐，遂不敢住，乃毁其室而徙其家。事之果否，未得详悉。惟城内今则南阡北陌，已成为膏腴农田矣。"

该书附录"塔虎城"条："郭尔罗斯前旗王府北二百余里，据嫩江西岸有城一座，俗呼塔虎城，周围约九里许，四外有深壕。农人耕地于其城内，曾耕出古铜钱甚夥，俱有'崇宁'字样，由是观之，实辽金时之泰州城遗迹也。"

东北沦陷期间，日本人曾对塔虎城进行过实地调查，时在1936年7月下旬，参加者有山本守、山下泰藏等人。调查指出，城呈长方形，长约1500米，宽约1000米。城墙三重，内侧最高(按：应是将两道护城河误作城墙)，约10米，外侧约6米，中间高约3、4米，城内西北角散布砖瓦较多。采集到的陶瓷器有汝窑大盘、黑釉壶、荞麦釉(疑为酱釉)两耳酒壶、(定窑)白瓷大碗等，青白瓷罕见。还采集到素面青铜瓶。铜钱最早者为开元通宝，最晚者为宣和通宝⑥。

---

① 此说最早似乎见于1983年内部出版的《前郭尔罗斯蒙古族自治县文物志》，但这可能是一个误解。经向蒙古国立科学院考古研究所巴图询问，在现代蒙古语中，读作"Tah"的词，有"胖头鱼""马掌(马蹄铁)"两个含义。蒙古国境内的一些古代城址的建城传说，往往与马掌有关。所以，"塔虎"是"马掌"的蒙古语读音似乎更加合理，而以一种鱼类名称呼古代城址似不合逻辑。有的学者认为"塔虎""他虎""塔呼"与"达斡尔(契丹)"之名相关。参见陈述：《关于达呼尔族的来源》，《中国民族问题研究集刊》(第1辑)，中央民族学院研究部，1955年。

② 穆彰阿、潘锡恩等(纂修)：《大清一统志》卷538《郭尔罗斯前旗》，上海古籍出版社，2008年。按清末一里合营造尺1800尺，一营造尺长32厘米(尹世同：《量天尺考》，《文物》1978年第2期)，则一里为576米，周八里为4608米，与实测塔虎城城墙周长5213米有差。

③ 张穆(编撰)，何秋涛(补订)：《蒙古游牧记》卷1，《亚洲民族考古丛刊》(第六辑)，南天书局，1981年，第21页。

④ 《辽海丛书》，辽海出版社，1985年。

⑤ 菊池贞二：《东三省古迹遗闻续编》，盛京时报社，1927年。

⑥ 山下泰藏：《塔呼城址》，《满洲史学》第1卷第1期，1938年。

1958年4月，吉林省博物馆王承礼、李健才、赵凤山等调查塔虎城，征集出土文物多件，并断定城址的时代为辽金。1962年5月下旬，吉林省博物馆李健才、张满庭、匡瑜等会同前郭县文化科史进兴对塔虎城进行了复查。此次调查测得塔虎城为正南北向，平面近方形，北墙长1322、东墙长1295、南墙长1262、西墙长1302、周长5181米。对于马面、西门瓮城、城内建筑台基的分布等情况均有较为详细的叙述。调查采集的铜钱，以北宋时期为多，也有金代的大定通宝及南宋的绍兴通宝等[1]。同年10月初到11月中旬，吉林大学历史系张忠培、王可宾、高美璇（参加实习的北京大学考古专业学生）等在白城地区进行考古调查时，也对塔虎城进行了实地踏查[2]。

1961年4月13日，吉林省人民委员会公布塔虎城为吉林省重点文物保护单位。在"文化大革命"末期的1975年秋冬，当地政府于塔虎城修建"大寨"田，动用推土机将城内8处重要建筑台基遗址全部夷平，并在城内打电机井7眼，破坏面积达7万平方米，造成不可估量的损失[3]。事后吉林省文物管理委员会委派吉林省博物馆段一平、何明等人，对被破坏的城址进行了处理。何明对此次破坏性的基本建设中出土的百余件陶瓷器、铜铁器及建筑构件等文物进行了介绍，认为其中属于辽代的较少，绝大部分属于金代，未见元代遗物，说明此城元代已废弃[4]。

1983年4、5月间，为配合文物志的编撰，前郭县文化局、前郭县文化馆等组织人员对塔虎城进行了较为全面、细致地调查和测绘。此次实测塔虎城东墙长1314、南墙长1278、西墙长1298、北墙长1323、周长5213米。根据城墙叠压的地层，推断塔虎城筑城之前即有人居住。此次调查还在城外发现了建筑基址、大型取土坑（直径30~40米，疑为烧制建筑构件或筑城之用）、墓葬等古代遗迹[5]。

1994年4~5月，为配合长（春）白（城）公路（即今302国道）拓宽工程施工建设，吉林省文物考古研究所宋玉彬等对塔虎城进行了试掘[6]。此次试掘面积30平方米，揭露文化层堆积6层，厚约3.2米，发现大量用来加工骨器的动物肢骨骨料以及瓷片、陶片、建筑构件等遗物。这是首次对塔虎城开展的考古发掘。尽管规模很小，但却揭示了其城内堆积的层次及厚度，具有一定学术意义。

三

2000年6月20日~10月17日，为配合长（春）白（城）一级公路拓宽工程，吉

---

[1] 吉林省博物馆：《吉林他虎城调查简记》，《考古》1964年第1期。
[2] 张忠培：《白城地区考古调查述要》，《吉林大学社会科学学报》1964年第1期。
[3] 《当代中国》丛书编辑委员会：《当代中国的吉林》，当代中国出版社，1991年，第75页。
[4] 何明：《记塔虎城出土的辽金文物》，《文物》1982年第7期。
[5] 吉林省文物志编委会：《前郭尔罗斯蒙古族自治县文物志》，1983年。
[6] 宋玉彬：《前郭县塔虎城辽金时期城址》，《中国考古学年鉴1994》，文物出版社，1995年。

林省文物考古研究所对塔虎城进行了大规模的考古发掘。此次抢救性发掘的区域，主要集中在城内公路的两侧，即公路拓宽占用的部分。长白公路恰从城址的南、北门穿过，因此发掘区正位于城内南北中轴线两侧。城址南北门址间的主干道和东西门址间的主干道，形成"十"字交叉，以此交叉处为基点，将城址分为四个部分，位于西北、东北、东南、西南四个部分的发掘区分别编为第一（Ⅰ区）、第二（Ⅱ区）、第三（Ⅲ区）和第四发掘区（Ⅳ区）。位于长白公路两侧的各发掘区原地表均为农田，但靠近公路的部分因挖土铺垫路基、铺设光缆或栽植道路绿化树，对遗址的文化堆积造成一定程度的破坏。

Ⅰ区共布10米×10米探方64个，发掘28个，每个探方东、北各留2米隔梁，隔梁绝大多数未发掘，故Ⅰ区实际发掘面积约1800平方米。Ⅱ区共布10米×10米探方11个，发掘5个，每个探方东、北各留2米隔梁，隔梁均未发掘，故Ⅱ区实际发掘面积约320平方米。Ⅲ区共布10米×10米探方2个，发掘2个，加上扩方实际发掘面积约80平方米。Ⅳ区共布10米×10米探方25个，实际发掘15个，每个探方东、北各留2米隔梁，隔梁绝大多数未发掘，故Ⅳ区实际发掘面积约964平方米。此四个区域发掘总面积约3170平方米。此外，为搞清南城门、瓮城以及南城墙等城址结构，还以南门为中心，设置第五发掘区（Ⅴ区），该区布探沟4条，编号为TG1~TG4，面积分别为100、39.5、10、24平方米，另开有多处小型解剖沟。Ⅴ区总计发掘面积200平方米。

调查结果表明，塔虎城平面近正方形，周长5213米，东墙1314米、南墙1278米、西墙1298米、北墙1323米。墙体夯筑，高4.8~6.5米，基宽20米左右，顶宽1.5~2米。2000年对南墙的试掘表明，城墙由主墙和护墙两部分构成，护墙仅在城墙内侧修筑，夯土层最多可见54层，每层厚0.1~0.15米，土色有黄、黑、灰等。每面城墙上各有马面16个，呈半圆形突出墙体外侧，马面之间间距55~79米，马面直径8~12米，高出城墙0.5~1.5米。角楼呈圆形，筑于城之四角，基部直径约40米，顶部直径近30米，高出城墙1米余。东南角楼保存完好，东北角楼破坏较为严重。塔虎城四面城墙正中，各开城门一座，外接半圆形瓮城。西门宽12.3米，瓮城保存最为完好，基宽约20米，瓮门南向，宽约10米。东门宽约18.5米，瓮城保存较差，瓮门南向。城南、北二门，因长白公路贯穿，原貌已难窥见。城外环绕城墙，有人工开凿的护城濠两道，中以土堤相隔。外濠宽约11米，内濠宽约13米，深度均在3米左右。土堤宽约8米，高4.5米。瓮城、角楼处的护城濠，均随其形状改变走向，且角楼处的护城濠为3道。东门外有一长约750米、宽约30米的古河道，应是东引嫩江水入护城濠之故道。早年调查塔虎城城内有多处高约0.5米的台子，应为古代建筑台基址，但因多年垦殖，这些台基现已很难从地表发现了。

本次发掘期间，对塔虎城城内道路进行了普遍钻探，除在城内内侧发现连续的顺城路之外，城内探出纵贯南北的干道5条（中轴道路为公路叠压），横穿东西的干道6

条，将城内划分为 42 个区块。有两条道路（非干道）通达最西北角的区块，此区块被当地村民称为"金銮殿"，早年调查时发现过建筑台基。

四

1. 南城门、城墙及瓮城

2000 年发掘时，在南门址（第五发掘区）布置探沟 4 条及小型解剖沟 7 条，意在究明城墙的基础、墙体的构造、瓮城的形制以及城门址周围道路的情况。从 TG2、TG3 的发掘情况看，城墙是直接修筑在黄土层上的，G502、H502、H501、H503、H504 等应为筑墙前的沟、坑，后经填平、压实，未见刻意开挖形成的规范的基槽。瓮城部分从探沟剖面可知，亦不见基槽，应是直接修筑于黄土层上的。据此可以推知，南墙及瓮城修筑前均未开挖建筑基槽，而是将地表去高补低，上铺一层灰黄土或黄土，压实后找平即可。解剖表明，南城墙墙体系夯筑，分主墙和护墙两部分，主墙基宽 11.2~11.5 米，上部残宽 7.5 米，残高 4 米（发掘部分）。墙体夯筑严谨，内坡立面与地面呈 100°夹角，外坡较缓，为 130°。夯土层最多可见 54 层，土色各层间不同，有黄、黑、灰之分，当属土源不同所致。夯层厚 0.08~0.12 米，局部极硬。夯窝层间亦不同，直径 0.05~0.1 米，深 0.04~0.06 米。内坡立面主墙与护墙间，自下而上发现木棍朽痕，知为夹棍夯成。不见板筑迹象。护墙仅在内坡修筑，底部残宽 4.5 米，夯筑，但夯层较厚，局部厚 0.3 米，夯窝不明显，大部分为压实而成。因发掘的是城墙近门楼处，内坡护墙可能与登城通道有关，并非绵亘城周。主墙和护墙夯土内均见古代遗物，但较破碎，多泥质灰陶片和瓷片，据此很难判定年代。城墙下叠压的 G501、G502、G503、H501、H502、H504 出土较多陶、瓷片和兽骨。知修城之前遗物特征与城内发掘所见遗物相去不远。TG3 内的护墙下垫土中发现一枚大观通宝，证明护墙修筑的年代不会早于北宋大观年间（1107~1110 年）。

瓮城破坏严重，长度及瓮门所在均不能确定。瓮城内坡断面上夯土中，有立木柱痕一处，木柱以北自地表有数层路土，最上一层路土呈斜坡状向上，据此推测瓮墙内侧亦有环路。瓮墙夯筑不甚规范，夯层较厚，夯窝较浅，且近内坡处仅压实为墙。不见包砖迹象。TG2 不见瓮城任何痕迹，分析有两种可能：一为全部被破坏，二为压在现在公路之下。

2. 房址

2000 年发掘共清理房址 65 座，均为地面式建筑。除个别青砖墙外，绝大多数以土坯垒砌或以黄土夯筑墙体，夯土墙常以木柱为骨，并用黄泥涂抹表面。室内居住面多为未经特殊加工的黄土，因长期踩踏而变得坚实，少数以青砖铺砌（如 F117）。因发掘区域所限，不少房址未能全面揭露。平面形状明确的房址，除F131为圆形外，其余均为长方形或方形。房址的门向清楚的仅有数例，有南向、东向和北向。房址以单间居多，也有一些为两开间、三开间者。F302形制罕见，内有7个带有木柜的隔间，且房址内未见火炕等取暖设施，其性质不明。圆形的F131未见灶址，烟道在墙体中间，形制亦较为特殊。火炕是绝大多数房址内保存较好的遗迹，完整的火炕多为曲尺形，常见3条烟道，单灶或双灶，灶多为圆形，火炕的烟囱也有发现。烟道、灶、烟囱多以砖砌筑。

3. 灰坑

2000年度的发掘计清理灰坑87座、灰沟7条。资料相对详细的58个灰坑中，有30个因发掘区所限，只进行了局部揭露和清理，它们完整的平面形制实际上是不清楚的。全面清理、形状完整的28个灰坑中，坑口平面呈长方形者5个，椭圆形8个，圆形7个，不规则形8个。有些灰坑，从形制结构、建造方式及包含物等可以明确地判断为储物的窖穴。如H149，坑口覆盖两块松木板，坑底有柱洞；H138，坑壁砖砌，坑底经火烧；H157，坑口搭有木质棚盖；H147坑底部有6个圆形柱洞；H408坑口有木制盖板，坑壁铺砌木板。个别灰坑，如H401，坑内发现人骨个体多具，但均系非正常死亡，不宜推断为墓葬。更多的灰坑，其原来的用途并不明朗。

此外，2000年发掘的遗迹还有灰沟6条、陶窑2座以及炼铁炉2座，窑及炉保存均差，不一一介绍。

五

前郭塔虎城2000年发掘共出土（含采集）遗物千余件，以质地分类，有陶器、瓷器、釉陶器、骨（角、蚌）器、铜器、铁器、玉石器、料器以及铜钱等，其中陶瓷器的数量最多。

日用陶器类型丰富，有盆、罐、碟、盘、瓶、壶、瓮、甑、砚台、扑满（储钱罐）、釜、薰炉、香炉、龛、器座等15种。以盆、罐、碟、瓶较为常见。绝大多数为泥质陶，陶土淘练较为精细。陶色以灰色为主，黑皮陶也较为常见。陶盆、陶罐等盛贮器，器表多经过研光。圆器均为轮制，器表可见拉坯形成的细纹。陶器以素面为主，装饰很不发达，如盘的口沿有些压出花边，个别盆的腹部贴加堆纹等。烧后彩绘的陶器仅见一件陶壶。建筑构件主要有瓦当、筒瓦、板瓦、凤鸟、砖等。瓦当纹饰以兽面为主，莲花纹者仅见数例。此外，还发现陶坩埚、纺轮、多孔器、垫拍、网坠等生产工具，围棋子、象棋子、双陆棋子等文娱用具，陶人像、羊头形饰等艺术作品以及功能尚不能究明的陶轮、陶饼、陶球等。

瓷器数量众多，品种有白瓷（包括定窑白瓷及化妆白瓷）、白釉黑（褐）彩瓷器、灰青釉黑（褐）彩瓷器、红绿彩瓷器、黑釉瓷器、酱釉瓷器、茶叶末釉瓷器、青瓷器、钧釉瓷器、青白瓷器、翠蓝釉瓷器以及两色釉瓷器等。

骨器出土数量较多，多以大型哺乳类动物（牛、羊、马、猪、鹿等）的肢骨、肩胛骨等部位截取加工而成，也有少量以鱼骨磨制。类型有骨簪、骨钗、骨梳、骨刷、骨骰子、骨牌、骨带具、骨饰件、骨器盖、骨筹、嘎拉哈（羊距骨）等。此外还发现大量骨料（半成品及废弃品）。

铜器种类有钗、簪、环、牌饰、带銙、带扣、戒指、镜、印章、甲片、铃、罐、权、钵、齿轮形器、小铜人、铜泡、铜片等，此外，还采集到铜锭一块。

铁器多数锈蚀，有不少已难以看出器形。种类有铁甲片、铁镰、铁蒺藜、铁釜、铁钉、铁弓形器、铁镐、铁镞、铁带扣、铁车辖、铁钩以及铁饰件等。

玉石器类型有玉石环、璇玑、鸟形饰件、围棋子、纺轮、砺石、磨盘、夯锤、石锛、石球等。

铜钱有五铢、开元通宝、乾元重宝等汉唐铜钱，数量最多的是北宋钱（最晚者为宣和通宝）。金代铜钱有正隆元宝、大定通宝。整个塔虎城未发现金代以后的铜钱。

六

2000年塔虎城城内发掘的文化堆积颇为深厚，层次较多：一区T104～T118一般为3～4层，T132～T164一般有5～6层；二区T228～T238一般为4～5层；三区T301～T302有8层；四区T402～T425一般为6层。遗迹之间的叠压、打破关系也较为复杂。这说明城址应经历了一个较长的兴废过程。出土遗物中，铜、铁器数量较少，锈蚀严重；骨器器类贫乏，形制变化小。它们对于分期、断代意义不大。陶瓷器是遗物的大宗，类型非常丰富。陶器全为本地制作，沿袭传统较深，因时改易无多；瓷器均从外地输入，窑口纷杂，时代特征显著，是分期断代的主要材料。结合各发掘区地层堆积情况以及遗物的特征，可将塔虎城出土的大部分陶瓷器分为两组。

第一组典型遗物包括定窑白瓷（罐、碗、盘、盂、器盖、盏、盒等）、红绿彩瓷器六耳陶釜、花口陶瓶等。第二组典型遗物包括白釉黑彩碗（内底黑花"王"字者居多）、化妆白瓷及白釉黑彩四系瓶、白釉黑彩盆、龙泉青瓷（炉、高足杯、盘）、高丽青瓷盏、钧釉瓷器（碗、盘）、黑釉酱彩条纹碗、绿釉陶香炉等。

根据塔虎城2000年发掘各区探方内的层位关系，可知第二组遗物多发现于各区探方堆积的第2层（少量为第3层）以及第2层下开口的遗迹中；第一组遗物多发现于各区探方堆积的第3层（极个别为第2层）以下（含第3层）的地层及遗迹中。据此可将这第一组、第二组典型遗物相对应地分为具有早晚关系的两期即第一期、第二期。

由于2000年发掘未出土任何明确的纪年遗物，因此塔虎城遗存的绝对年代，主要依靠出土遗物与已知年代的遗物进行比较后推知。

第一期（组）出土遗物中可资比较的材料主要有北京石景山区鲁谷吕嗣延墓（1177年葬，1201年迁葬）①、吉林农安金代窖藏②、北京海淀南新庄金墓③、辽宁铁岭前下塔子金代冯开父母合葬墓（1204年）④、辽宁朝阳金代皇统九年（1149年）翟氏墓⑤、北京通县石宗璧墓（1177年）⑥等，时代集中于金代，且纪年材料多集中在12世纪中叶之后，因此可将第一期遗存的时代确定为金代中晚期，即从1150年代前后至蒙古完全占领东北地区的13世纪20年代。

第一期（组）出土遗物中可资比较的材料主要有北京铁可父斡脱赤墓（皇庆二年，1313年，衣冠冢）⑦、河北涿州李仪夫妇合葬墓（1331、1339年）⑧、满城张弘略墓（贞元元年，1295年）⑨、宣化葛法成墓（至元十四年，1277年）⑩、包头燕家梁遗址⑪、河北磁县南开河沉船⑫等，时代集中于元代。因此可将第二期遗存的时代确定为元代。1211年蒙古大举侵金，1229年擒东夏国主蒲鲜万奴于辽东，蒙古基本控制了整个东北地区⑬。1387年纳哈出投降明朝，元在东北的残余势力消亡。虽然本期约持续150余年（1230~1387年），但可资比对的纪年材料，集中在13世纪末期到14世纪中期前后。

对于塔虎城这样一个规模宏大的城市而言，其年代的推定应涵盖始建、使（沿）用、废弃。2000年度的考古发掘，是沿着塔虎城南北中轴道路的两侧展开。这个区域，应该是当时城市的核心活动区，故其文化堆积，应能贯穿塔虎城的整个发展历程（除非晚期的人类活动把早期的遗存完全移除，但这几乎是不可能的），代表塔虎城历史的主要内涵，足以阐释该城的时代。前文的分析表明，塔虎城城内的遗存，除了属于辽代的个例（T406⑥：1彩绘长颈陶壶具有辽代风格；另有2件高边轮的莲花纹瓦当也可能是辽代的）之外，均为金、元时期。2000年发掘时对塔虎城南墙城门进行了解剖，

---

① 北京市文物研究所：《鲁谷金代吕氏家族墓葬发掘报告》，科学出版社，2010年。
② 吉林省博物馆、农安县文物保管所：《吉林农安金代窖藏文物》，《文物》1988年第7期。
③ 北京市海淀区文化文物局：《北京市海淀区南辛庄金墓清理简报》，《文物》1988年第7期。
④ 铁岭市博物馆、铁岭县文物管理所：《铁岭县前下塔子金墓》，《辽海文物学刊》1988年第2期。
⑤ 朝阳博物馆：《辽宁朝阳市金代纪年墓葬的发掘》，《考古》2012年第3期。
⑥ 刘精义、张先得：《北京市通县金代墓葬发掘简报》，《文物》1977年第11期。
⑦ 北京市文物研究所：《元铁可父子墓和张弘纲墓》，《考古学报》1986年第1期。
⑧ 河北省文物研究所、保定市文物管理处、涿州市文物保管所：《河北涿州元代壁画墓》，《文物》2004年第3期。
⑨ 河北省文物保护中心、保定市文物管理所、满城县文物管理所：《元代张弘略及夫人墓清理报告》，《文物春秋》2013年第5期。
⑩ 张家口市宣化区文物保管所：《河北宣化元代葛法成墓发掘简报》，《文物》2008年第7期。
⑪ 内蒙古自治区文物考古研究所、包头市文物管理处：《包头燕家梁遗址发掘报告》，科学出版社，2010年，彩版八四，3。
⑫ 磁县文化馆：《河北磁县南开河村元代木船发掘简报》，《文物》1978年第6期。
⑬ 薛磊：《元代东北统治研究》，社会科学文献出版社，2012年，第37页。

城墙下叠压的灰坑及灰沟出土陶、瓷片与城内发掘所见遗物相同。TG3 城墙下垫土中发现一枚大观通宝（1107～1110 年），为城墙修补年代确定了年代上限。该铜钱出土于护墙下，证明护墙年代不会早于北宋大观年间。

综合以上分析，可以得出这样的结论，即塔虎城金代始有城市建制，金代中晚期为其繁盛时期，元代沿用，明代废弃。

明代江沿台堡城址考古发掘与营建初考

吴炎亮　徐　政

（辽宁省文物考古研究所）

江沿台堡城址位于辽宁省丹东市振安区楼房乡东城村二组，城址南邻黑沟、趟子沟，北城墙外侧为东西向的楼房镇至九连城镇公路，北距叆河约250米。该堡城东距老边墙长城约4.7千米，南距老虎城山烽火台约2千米，南距九连城城址约10.1千米[①]（图一）。

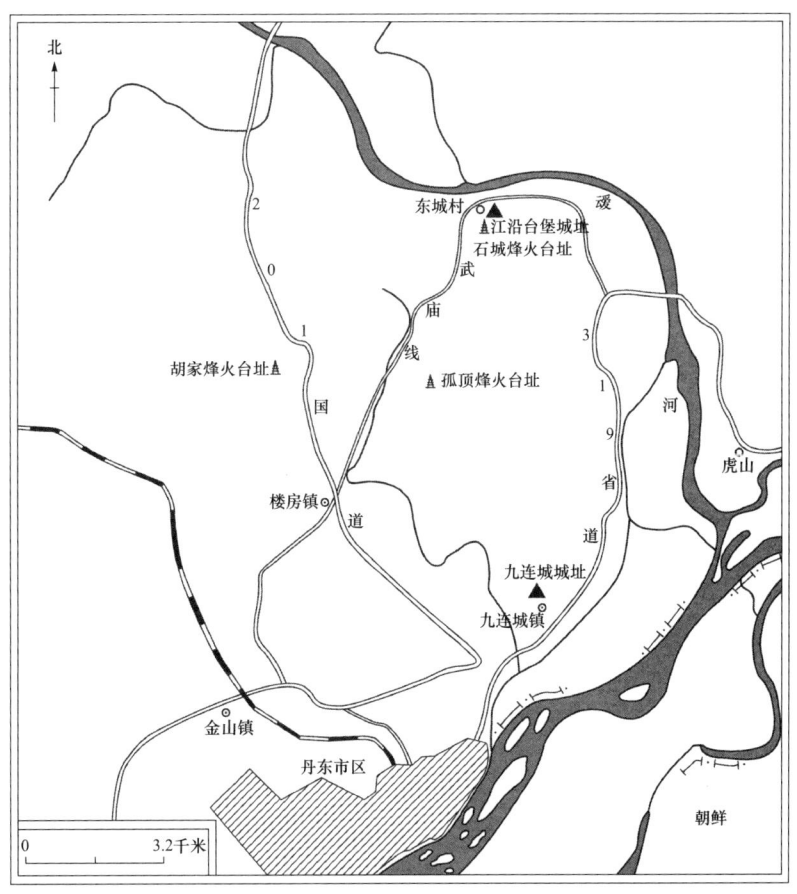

图一　江沿台堡城址地理位置图

---

① 辽宁省文物局：《辽宁省明长城资源调查报告》，文物出版社，2011年。

江沿台堡为明长城"九边之首"——辽东镇长城（辽东边墙）的东部第一座堡城，隶属于险山参将。据《全辽志》卷2《边防志》记载，该堡城"官军三百八十三员名，本堡可屯兵、设伏，有警汤站、宁东兵马可为策应"，下辖"邦山台、土口儿台、古河台、铜匠峪台、松岭台、腰岭台、乾滩子台、石场峪台、歪头山台、岭子峪台、核桃峪台、瓦子岭台"等12座墩台，所辖边墙北自宁东堡南端，南至鸭绿江边邦山台。

2014年3~9月，为配合三湾水库的修建，辽宁省文物考古研究所对江沿台堡城址进行了抢救性考古发掘，发掘面积约18000平方米。发掘的过程中，对城址及其周围地区进行了全面的考古测绘，完成了出土遗物的信息化，对于全面了解城址的文化内涵提供了较为科学的依据。

一、江沿台堡城址的主要考古收获

江沿台堡城址位于叆河的一级台地上，地势较为平坦。由于当地百姓多年来拆扒城墙石条，给四周城墙本体造成了较为严重的破坏，仅北城墙中段内侧包石保存较为完好。城内除几座现代民居外，均为耕地，城内地下遗存受到的人为破坏较少。通过此次发掘，我们了解了江沿台堡城址的城防体系、城内布局及单体建筑特点。

1. 城防体系

江沿台堡城址平面呈长方形，东西长约300、南北宽约135米，面积近4万平方米。该城仅在南部开有一门，门外环绕有圆角方形瓮城。城墙四角置有凸出于墙外的角台。东、西、北城墙中部外侧各置有一座马面，其中，东墙马面由于多年来的自然与人为破坏，现已基本消失。全城在修建时应设有五条马道，此次发掘了其中的三条，马道除一条位于北城墙中部外，其余四条均位于城墙四角的角台内侧。

城墙的砌筑方式为夯土外包石结构，砌墙用料多为经过简单加工的大石块，缝隙处填充小石块，白灰勾缝，近垛口处为青砖垒砌。城墙外未见护坡，其砌筑顺序为，在对砌墙的台地经过简单平整后，先用经过简单加工的大石块砌筑外侧包石，内填经过简单夯筑的黄土或灰土，最后砌筑内侧包石。从整体上看，城墙的外侧包石基底要明显低于内侧包石基底，两者的高差达到0.6米之多。

南门位于南墙中部，由东西墩台、门道及东西两侧城墙组成。东、西墩台平面呈长方形，进深9.4、均宽5米，墩台南端向南伸出城墙0.5米，北端与城墙齐平。墩台北壁及东西壁城门外侧部分由青砖包砌，南壁及东西壁城门内侧部分由石块包砌，白灰勾缝。门道面阔4.2、进深9.4米。门道内北高南低，东、西两壁立有对称的7组排叉柱，排叉柱已腐朽不存，仅发现有圆形柱洞，柱洞表面抹有白灰。门道中部东、西两侧各置有一门轴础石，础石近方形；门道中部卧有一长方形将军石。门道内路面破坏较为严重，表面铺有一层黄细沙，路面大体上北高南低呈缓坡状（图二）。

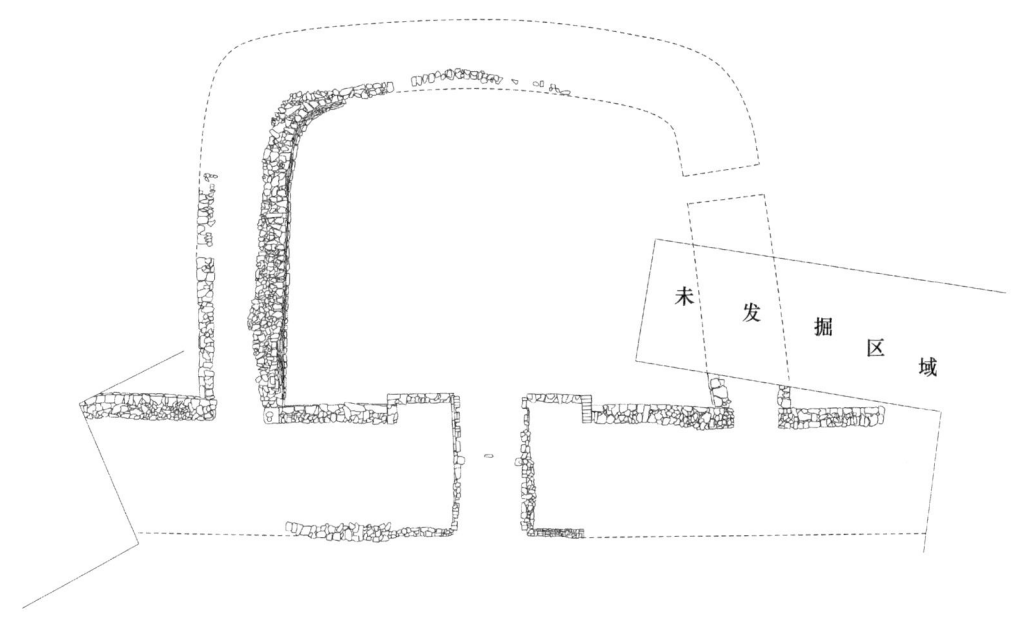

图二　南门及瓮城平面示意图

瓮城平面形状近似圆角方形，由于遭到自然与人为破坏，瓮城西部墙体的残损情况较为严重。瓮城的东部墙体上并未发现有瓮城城门，故推测瓮城城门应位于被破坏的瓮城西部。瓮城内地面为东高西低。瓮城城墙的砌筑方式与城墙相同，也为夯土外包石结构，城墙基宽约5.3、残高1.8米。虽然该堡城面积较小，但瓮城规模较大，这在明代辽东堡城中是不多见的，可见其防御功能更为明显。

角台共四座，平面形状近似方形，底部毛石垒砌，顶部为青砖错缝垒砌，白灰勾缝，东、北、西三侧墙体上仍存有多个砌墙时搭建支架的圆形柱洞。其中，东南角台破坏极为严重，墙体现已不存；西南角台保存较为完整，边长约8.5米；东北角台保存最为完整，边长约9.1米；西北角台破坏较为严重，仅存少量的基础墙体，边长约7.4米。

马面共三座，均位于城墙中部，三座马面的形制及尺寸相类似。马面平面均呈长方形，长约8.2、宽约1.9米。马面底部由石块垒砌，顶部至垛口则为青砖包砌。此外，西墙马面底部还有一层条石基础（图三），北墙马面北壁发现有二次修补的痕迹。这三座马面的形制较小，防御功能较为有限，更多的是起到加固城墙的作用。

马道共五条，在城墙四角均发现有上角台的马道。马道均较短小，长3~4、宽约2米。马道的坡度较陡，顶部为较为平整的石砌台阶，台阶两侧设有女墙。

2. 城内建筑布局

虽然明代堡城的修建时间较短，但在修建前均进行了较为详细的规划和设计，特别是小型堡城都具有相类似的内部结构，因此，通过对江沿台堡城址的发掘，可以了

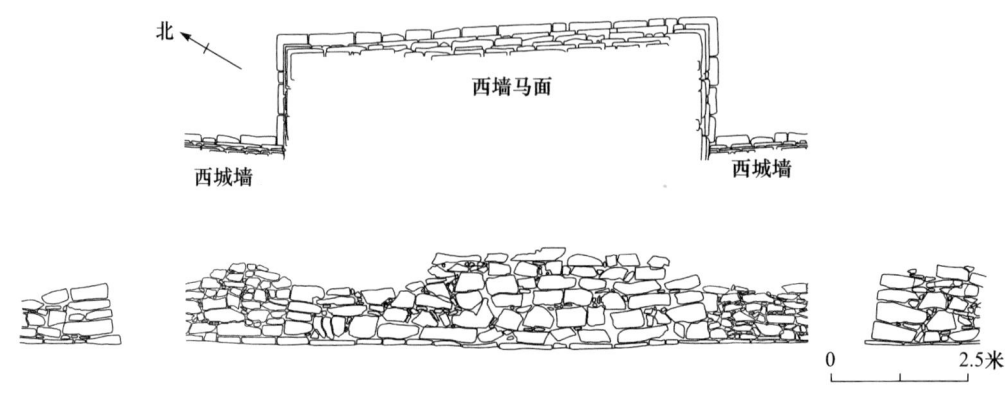

图三　西墙马面平、剖面图

解并掌握其他小型堡城的基本情况。江沿台堡城址的内部建筑布局极为规整，城内的区域功能规划也较为清楚，即东部及中部的小型房址区为军营，西部为校场及衙署区，北侧中部为关帝庙。

城内发现有道路 1 条，从南门直达城内北部。道路由黄土夹杂砂粒铺垫而成，两侧小石块或石板倚护。道路已发掘部分长约 48、宽 5.6 米。

江沿台堡东部及中部的小型房址区为军营。这些小型房址排列规整，均呈南北向成排分布，已发掘区域共发现有 11 排房址，除个别房址外，室内空间均东西长、南北短。房址平面形状均呈长方形，墙体由石块或青砖垒砌而成，多间为主（图四），每间单独设有灶、烟道及烟囱。室内灶址有石块垒砌灶及浅坑式灶之分，石块垒砌灶数量较多，平面形状以圆形为主；浅坑式灶数量较少，平面多为椭圆形。烟道由石块垒砌或石板立砌而成，多为 1 条或 2 条，整体较为狭长，个别烟道上还残留有石板炕面。烟囱数量不多，多已不存，均为圆形。为了便于存储，个别房址内还设有存储坑或存储缸。此外，在 F1（图五）南部及 F15 东部还发现有由河卵石铺砌而成的散水，其他房址不见。

江沿台堡城址的西部为校场及衙署区。校场位于衙署南部，平面近似长方形，围绕有由石块垒砌而成的石墙，校场内未发现有其他遗迹现象。衙署位于校场北侧，坐落在高约 30 厘米的黄土台基上。衙署主体由石块垒砌而成，平面形状近似长方形，四周环绕有院墙，内部较为复杂。门址位于南侧偏西处，两侧铺有大石板。院内西侧南北向并排置有三个灶址，应为厨房。东部为一独立单元，三间，发现有烟道及灶址，应为居住区（图六）。

关帝庙位于城内北部，北靠城墙，分为明显的早、晚两期。早期关帝庙位于东部，晚期关帝庙位于西部，两者有明显的叠压关系，晚期关帝庙一直沿用到 20 世纪 60 年代才被拆除。两期的关帝庙形制相似，均坐北朝南，平面呈梯形，墙体均由石块垒砌而成，缝隙处填充青砖块；室内分为东、西向二间，其中一间置有灶及南北向烟道（图七）。

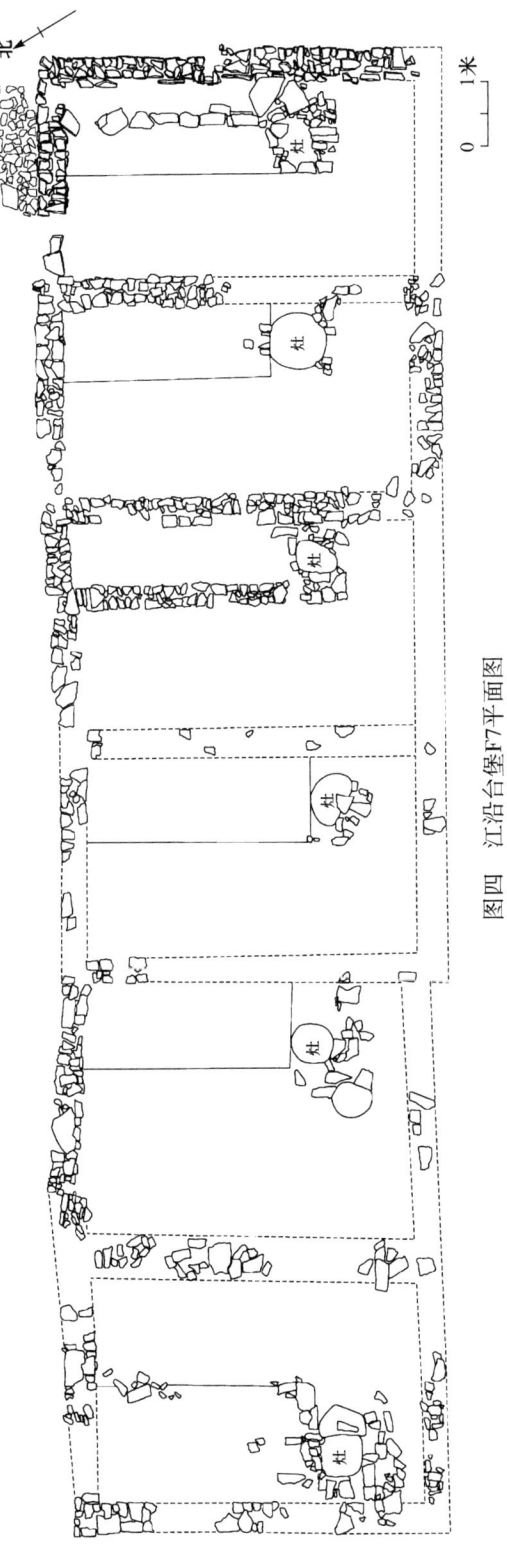

图四 江沿台堡F7平面图

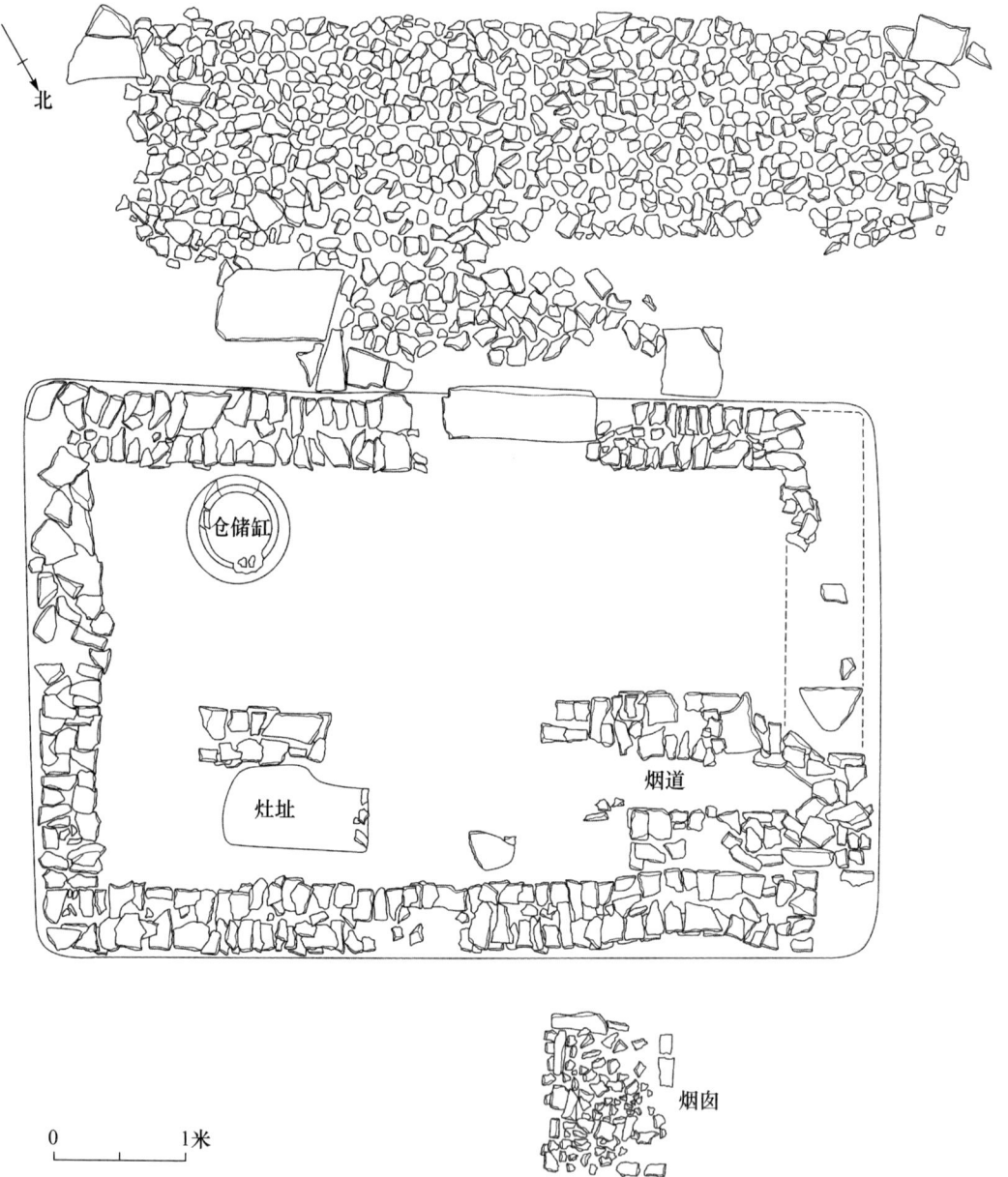

图五 江沿台堡城址 F1 平面图

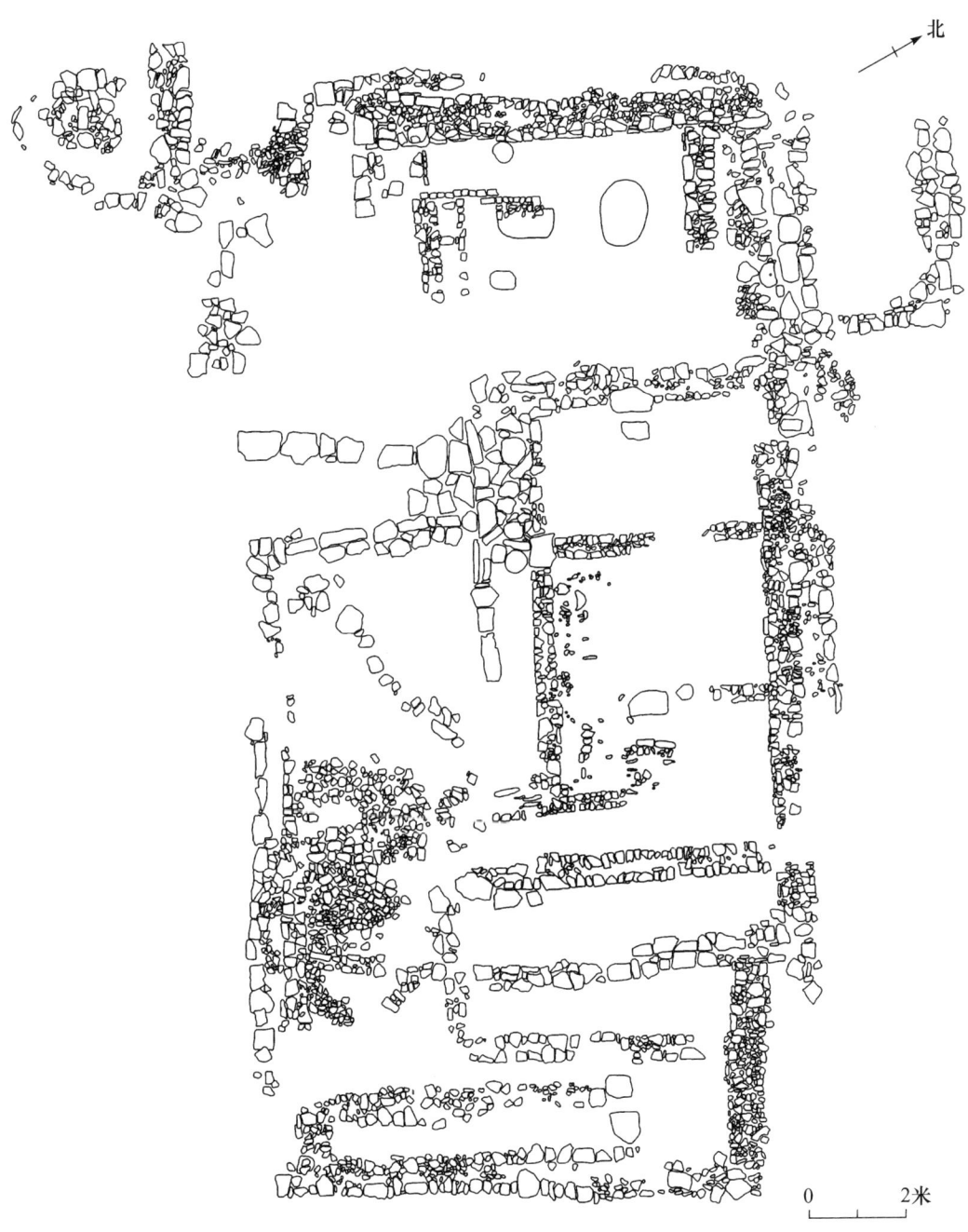

图六 衙署平面图

图七 关帝庙平面图

关帝庙附近置有水井和米房。全城仅发现一眼水井，位于城内中部，井壁由石块垒砌而成，深10余米，常年有水，一直沿用至今。F5为单间建筑，规模不大，室内发现有石臼及石块垒砌的石碓，但未见有灶址或烟道等附属设施，推测当为粮食加工场所。

3. 出土遗物

江沿台堡城址内出土有大量的建筑构件和生活用品。

建筑构件数量较多，均为陶质，布纹板瓦数量较大，筒瓦则极为少见。此外，还出土了大量的花纹砖、素面砖、连珠纹压带条、鸱吻、莲花纹滴水及瓦当等。

生活用品主要为瓷器，另有少量的陶器、铁器、铜器、骨器及石器等。

瓷器多为白瓷及青花瓷，酱釉瓷次之，茶叶末釉瓷、绿釉瓷数量最少。白瓷虽然数量较多，但器形种类极为简单，主要为碗、碟二类，偶见有壶、杯等。青花瓷器形较为丰富，碗、盘、碟、杯、盅、勺等都较为常见，其中，碗的纹饰题材以缠枝纹、岁寒三友图、莲花纹、涡纹等为主，碟的纹饰题材以麒麟纹最具特点，杯的纹饰题材中以寿海福山图最有时代特色。酱釉瓷数量虽然也较为大宗，但多为体形较大的缸的残片，而罐、碗、盏、器盖等类器物数量较少。茶叶末釉瓷数量不多，均为广口碗。绿釉瓷数量最少，仅见有碟类器物。

陶器数量不多，以泥质灰陶为主，多为纺轮、网坠等小型器物，而罐、盆、甑、器盖等数量较少。

铁器种类极为丰富，以镞及钉最为大宗，此外还见有锹、剪、刀、权、带扣、马掌钉、甲片、蒺藜、弹丸、铃等。

铜器除铜钱外，以簪最为常见。

石器主要为磨石及砚台。

二、江沿台堡的始建与废弃年代

据《全辽志·艺文上》范聪《增建河东七堡记》所载，"嘉靖丙午巡台御史南畿张秋渠先生铎，按治兹镇，首重大防，又自险山历江沿台而知房从打探峪入瓦子峪而来也，于是有江沿台堡之图焉"，并记录有"彭家湾堡、李屯堡、散羊峪堡、一堵墙堡、孤山堡、险山堡、江沿台堡"等"河东七堡"图志，其中的"嘉靖丙午"即为嘉靖二十五年（1546年）。此外，在《读史方舆纪要》中也有"其（宁东堡）南又有江沿台堡，亦嘉靖二十五年增置"的记载。另据朝鲜《李朝实录》记载，嘉靖二十八年正月辛卯，"今者中朝新设江沿台堡于汤站义州之间……去年千秋使……还时，汤站不出兵而新堡官率军护送"，可见，在嘉靖二十八时江沿台堡已经建立。综上，根据历史记载，江沿台堡初建于嘉靖二十五年，即1546年。在对江沿台堡城址的考古发掘过程中，我们并未发现早于明代中期的遗迹及地层堆积。根据地层堆积及包含物分析，江沿台堡城址应始建于明代中晚期，这也是与文献记载相吻合的。

据《全辽志·艺文上》李辅《补议经略东方未尽事宜以安边境疏》记载，"查得历年东虏入犯，道路止有二处，一自十岔口踰山而入，则犯新安、凤凰西南等堡，而险山其要也；一自短错江沿流而入，则犯九连城、江沿台东南等堡，而康家哨兵要也。……臣东巡时，督同分守道参议张邦土、参将李梁，踏得近康家哨，现有旧江沿台地方，土地肥美，堪以建立城堡……木石砖瓦就地来造"。可见，迫于当时的边防形势，江沿台堡于嘉靖四十四年（1565年）得以重建。

万历初年，建州女真势力大增。为防御建州女真，加之"险山、宁东、江沿台、大佃子、新安五堡等地多不毛，军无可耕"[①]，时任辽东总兵李成梁、兵部侍郎汪道昆认为"出险山一百八十里，亦得沃地宽甸子、长甸子……等五区，且当松子岭等处极冲之地，宜将五堡移建各处"[②]，既"移建孤山堡于张其哈剌佃，险山堡于宽佃，江沿、新安四堡于长佃、长岭诸处。仍以孤山、险山二参将戍之"[③]，可见江沿台堡此时已拟废止。至万历六年，巡抚张学颜、总兵李成梁展筑的宽甸六堡全部告竣，据明《神宗实录》记载，在万历三年（1575年），江沿台堡完成了其历史使命，其功能被长甸堡所取代。

万历三十一年，由于明廷国力渐微及辽东边备日益废弛，辽东总兵李成梁主动撤出宽甸六堡，防线后移，江沿台堡得以短暂的再次利用。

江沿台堡的具体废弃年代文献并无明确记载，我们只能从该城址的考古发掘材料中得到一些线索。通过对城址的大面积考古发掘，我们发现城内出土有典型的属于明代末期的青花瓷器、"崇祯元宝"铜钱等遗物，而晚于清代早期以后的遗迹及遗物则基本不见，因此，我们推测，江沿台堡应在明末清初正式废弃。

三、结　　语

江沿台堡是明代辽东地区最东端的第一座堡城，是明代辽东长城军事防御体系的重要组成部分。通过2014年对江沿台堡城址进行全面的考古发掘，以及对文献史料的系统梳理，我们得出如下认识：

（1）对江沿台堡的发掘是我省首次对明代堡城进行的系统考古发掘。据《全辽志》记载，明辽东镇长城沿线共设堡城94座，目前各堡城保存状况均较差，因此，以往我们对堡城的研究主要依据考古调查成果和文献记载，对于堡城的深入研究则缺乏田野

---

① （明）《明神宗实录》，台北中央研究院历史语言研究所，1962年。
② （明）《明神宗实录》，台北中央研究院历史语言研究所，1962年。
③ （清）张廷玉等：《明史》卷238《李成梁传》，中华书局，1974年。

考古资料。通过此次系统发掘，全面了解了城内布局，为深入研究同类堡城提供了借鉴资料。

（2）通过对江沿台堡城址的发掘，对于研究辽东镇长城沿线其他堡城的布局、城防体系等提供了可以借鉴的材料，对于我们进一步探讨辽东地区明代小型堡城的营建特色、防御层次的调整以及明朝中晚期的东北边疆政策都有较为重要的推动作用。

（3）通过对江沿台堡城址城墙、瓮城、马面、角台、兵营址等发掘，可以看出该城的军事作用十分明显，其主要功能是用于屯兵。发掘区域内已发掘出 11 排房址，100 余间，据此推算，城内当年可容纳驻军规模为 400 余人，这也与《全辽志》中关于江沿台堡驻"官军三百八十三员"的记载基本吻合。

（4）在发掘江沿台堡城址的同时，我们又对附近的长城墙体、烽火台等进行了全面调查，为进一步研究明辽东镇长城屯兵守备系统、传烽报警系统等军事防御体系奠定了坚实基础。

《重修赤山龙潭寺造佛安禅碑记》考

张福有

（吉林省政府文史研究馆）

《重修赤山龙潭寺造佛安禅碑记》是一通残碑，现存于辽宁省盖州市赤山龙潭寺院内（图一）。赤山位于盖州市万福镇东罗屯乡与矿洞沟乡交界处。距盖州市区 40 千米，距营口市区 75 千米。赤山主峰有五座：三清峰、五洞峰、旋门峰、天桥峰、天池峰。其中三清峰最高，海拔 891.1 米。主峰脚下是闻名遐迩的龙潭寺和掩映在苍松翠柏中的舍利塔林。塔林上部有一座高句丽山城，横贯赤山南北，城墙依山而建，周长约 3520 米。

龙潭寺原名凯捷寺，相传为纪念唐太宗李世民征高句丽奏凯班师而建。明万历年间重修时，因寺前有一池清水名曰龙潭，故改名为龙潭寺。

一、寻找残碑经过

赤山龙潭寺造佛安禅碑，据崔德文先生和崔艳茹介绍，《营口市文物志》中有记，1963 年被盖州市人民政府公布为县级文物保护单位，不过此碑已被劈开砌于民房墙上。1981 年文物普查时崔德文见到残碑，洗去泥土见其碑文有"唐贞观十九年，太宗因盖苏文弑君虐民，又阻新罗入贡，不奉诏命，遂亲征高丽驻跸此山，……建，因班师而名，曰凯捷寺……"等字。又据民国《盖平县志》记载，赤山龙潭寺重修于明万历四十四年（1616 年），此碑亦应立于斯年。

由此可知，这通碑着实很重要。于是，笔者请崔艳茹转告"三普"时负责该片的有关同志，一定下工夫寻找此碑。遗憾的是，他们经过努力查找，未能如愿。

研究此碑心切，笔者抄录《营口市文物志》的碑文如下。

    明重修赤山龙潭寺造佛安禅碑记

    尝闻山不在高有仙则名水不在深有龙则灵陟此山之巅玩此山之景其名且灵者靡可殚述姑举一二以鸣

    兵盛城坦屏翰于外其即曰肢之荣卫矣乎龙潭停毓于中其即心渊之活泼矣乎至回光返照之志明示末

图一 《重修赤山龙潭寺造佛安禅碑记》
1. 拓片 2. 碑阳 3. 碑阴

路之当有悬并潆回之异熟非歌器之戒盈卓哉佳境不可无禅林而禅林不可不美大也忆昔唐贞观十九年

有太宗因盖苏文弑君虐民又阻新罗入贡不奉诏命遂亲征高丽驻跸此山谓薛仁贵曰朕不愿得辽

东愿得一卿也仍望山头石人视日雪耻酬有王除凶报千古艳上暴晚照行幸上随遣职方郎中陈大德

建因班师而名曰凯旋寺彼时庵仅三间草创未备岁久因循座生荆棘迨刘普明普欠诚充拓思绵力未之何

齐心默祷感动檀那始也生员曹公讳中式肄业于此率众以建

昔阁继也致侍严君讳愈庆新增殿宇虔诚以造□宝莲佛圣像鳞集规模丕振矣安禅百日图报神人矣而又

　　为之感众以修盘道助工以勤修缮虽十方响应者不可枚举而主持引领者□□（下残）

明万历四十四年

　　这一著录大体内容应差不多，但觉有些地方读来不够顺畅。"明万历四十四年"字样，碑上并不存在，是据民国版《盖平县志》重修龙潭寺的记载推定是这一年。但也有资料说重修龙潭寺的时间是明万历三十二年（1604年）。欲要准确释读碑文，还得设法寻找石碑。笔者与孙仁杰、迟勇二位同志于2010年11月12日从普兰店出发去盖州赤山山城，买门票进入山城初步调查，因时间不够，未走到龙潭寺，当然也就不可能找到残碑。

　　2011年4月25日，笔者与孙仁杰同志再次调查赤山山城，崔艳茹、贾维姝同志亦参加。在龙潭寺下方100多米处发现3座高句丽墓葬，墓葬形制为阶坛积石石圹墓。墓葬边长为4～7米，残高0.4米，可见二级阶坛。其坐标为东经122°40′851″，北纬40°5′513″，海拔461米。崔艳茹说，这应是首次在盖州发现高句丽墓葬。

　　上午10时40分，我们到了龙潭寺。大家找了几个回合，只见院中立着两通清代石碑，一为乾隆年间所立，一为光绪年间所立。在后院，有一些零星残碑碎块。时已近午，大家又渴又累，皆为未能找到残碑而心生遗憾，因还要抓紧时间登上赤山山城，由于此前谁也没有去过，都不知还有多远的路要走、有多高的山要爬。但笔者还是不甘心，再次返回院内台阶顶上寻找。经仔细诸角落观察，在围墙跟下发现一块长条似为绿色的大石板，到跟前俯身细看，是块残碑，碑的一边被打掉了，上面的字迹不清楚，好像是一片人名。笔者急忙请来龙潭寺住持释本宏，请教道："这应是一块残碑，我怀疑这就是我们两次到此寻找的那块残碑，可否让我们翻过来看看另一面？"释本宏详细问了笔者的工作单位、姓名、寻找此碑的目的等。笔者给她看了工作证，一一作答，再次强调此碑如是《重修赤山龙潭寺造佛安禅碑记》残碑，可证明唐代一段重要历史，直接涉及唐太宗李世民。笔者的一番话感动了住持，她喊来寺中的另一人，我们一起将残碑翻了过来，用手擦去尘土，笔者第一眼就在凹痕右下处看到"太宗因盖苏文弑君虐民"一句，心情激动不已，高声喊回同行诸君。大家连忙找水冲洗石碑，准备好好拍照。

　　这次找到的《重修赤山龙潭寺造佛安禅碑记》残碑，碑阳、碑阴两面均有文字，笔者悉心拍摄62幅数码照片。因车上未带拓包、宣纸和墨，此次未能拓片。但从碑上当场认出标题《重修赤山龙潭寺造佛安禅碑记》，碑文中确有"唐贞观十九年""太宗""亲征高丽""驻跸此山""薛仁贵""盖苏文""凯捷寺"等字，确认此碑与《营口市文物志》所载明万历四十四年残碑，标题一样，关键词一样，完全可以确认。之后，我们恋恋不舍地离开龙潭寺，于12时15分，登上高句丽赤山山城。山城城墙保存尚可，见东城门，有马面。

二、捶拓碑文与释读

2011年5月16日，笔者与孙仁杰、迟勇同志三到赤山，捶拓《重修赤山龙潭寺造佛安禅碑记》。

《重修赤山龙潭寺造佛安禅碑记》残碑，通高190厘米，残宽41.5厘米，厚13厘米，榫高20厘米，内收15厘米。碑石为青石，质地比较细腻，表面光滑。碑文自右向左竖书，字体为楷书，行与字间打有界格，线直而细，均匀流畅。碑边刻有花纹，碑阳，上端似为云纹，碑边似为草纹。碑阴，饰连环花纹，皆端庄高雅。

笔者经仔细辨认，识读残碑上的文字，作出下述释读文本。与《营口市文物志》所载碑文相比，约有40余字的差异。此碑残存文字，虽有个别字漫漶不清，但大部分文字均已准确识读。

    重修赤山龍潭寺造佛安禪碑記
    嘗聞山不在高有仙則名水不在深有龍則靈陟此山之巔玩此山之景其名且靈者靡可殫述姑舉一二以鳴
    其盛城垣屏翰於外其即四肢之榮衛矣乎龍潭停毓於中其即心淵之活潑矣乎至若回光返照之志明示末
    路之當省懸並濚迴之異孰非敧器之戒盈卓哉佳境不可無禪林而禪林不可不美大也憶昔唐貞觀十九年
    乙巳孟春太宗因蓋蘇文弑君虐民又阻新羅入貢不奉詔命遂親征高麗駐蹕此山謂薛仁貴曰朕不喜得遼
    東喜得卿也仍望山頭石人視日雪恥酬百王除凶報千古豔慕晚照行幸上方隨遣職方郎中陳大德□□□
    建因班師而名曰凱捷寺彼時庵僅三間草創未備歲久因循座生荊棘迨劉普明誠歎充拓思綿力不如之何
    齋心默禱感動檀那始也生員曹公諱式肄業於此率眾以建
    觀音閣繼也致仕嚴君諱愈慶新增殿宇虔誠以造　宝蓮佛聖像鱗集規模丕振矣安禪百日圖報神人矣而又
    為之感眾以修盤道助工以勤營繕雖十方回應者不可枚舉而主持引領者良不可誣加以僧善此門勸化欤
    （以下，碑残）

此碑现存文字，共10行，含标题。满行43字。其中，第一行，标题，前空一格。第六行，前四字，因碑被作为窗台，碑阳朝上，为按窗框做卯凿去4个字。根据《旧唐书》"太宗谓曰：'朕旧将并老，不堪受阃外之寄，每欲抽擢骁雄，莫如卿者。朕不喜得辽东，喜得卿也'"的记载，可补为"东喜得卿"。该行后三字，亦被凿去，难补。第八行"建"字以下，空白。第九行开头"觀音閣"，"观"字高出前七行首字，以示敬重。"宝莲佛聖像"，"宝"字前空一格。"宝"字并非繁体。第十行末字"欤"，亦非繁体。碑阴额首，有"南無千葉宝蓮佛"七字，从左向右横书，"宝"字亦是简体。第十行亦是满行43字，说明以下还应有文字，因碑残而无法知其内容。因在左侧缺损，不仅丢失碑文结尾部分，还丢失落款，不知何人撰文、书丹，也不知刊碑年代。此残碑，碑阳，现存文字374字，加上补入的"东喜得卿"，共378字。碑阴，基本上是随缘功德人名，未及一一识读。与碑阳相反，碑阴右边残损，偏右下方还劈掉一块，使文字缺损。

龙潭寺现任住持释本宏，1999年来到赤山龙潭寺，精心建设寺院，守护此碑，功德无量，功不可没。

碑文中有唐太宗"谓薛仁贵曰：'朕不喜得遼□，□□□□。'仍望山头石人视曰：'雪耻酬百王，除凶报千古。'"这前一句"朕不喜得辽□，□□□□"，从《旧唐书》等文献中能查到。后一句"仍望山头石人视曰：'雪耻酬百王，除凶报千古'"，文献中未能查到。但值得注意的是，在赤山里边最开阔处向山门方向望去，确有一个山头酷似人头，枕西面东，仰空半卧。此山头石人，身首比例匀称，额头、眉宇、口鼻、下巴齐全，比例得当。此景，悉属自然天成，绝非人工雕琢，堪称鬼斧神工，或为碑文中所指"山头石人"。不然，碑文中断不会有"仍望山头石人"字样，这当不会是一种巧合。

三、碑文句读与简释

重修赤山龙潭寺造佛安禅碑记[①]

尝闻："山不在高，有仙则名；水不在深，有龙则灵。"[②]陟此山之巅[③]，玩此山之景，其名且灵者靡可殚述[④]，姑举一二以鸣其盛[⑤]。城垣屏翰于外，其即四肢之荣卫矣乎[⑥]。龙潭停毓于中，其即心渊之活泼矣乎[⑦]。至若回光返照之志，明示末路之

---

① 安禅，佛家术语，安静地打坐。
② 尝闻，常听说。此乃刘禹锡《陋室铭》中句。
③ 陟，zhì，登高。
④ 殚述，详尽叙述。靡可殚述，难以尽述之意。
⑤ 姑举，不妨列举。
⑥ 屏翰，典出《诗·大雅·板》："价人维藩，大师维垣。大邦维屏，大宗维翰。"后因以"屏翰"比喻国家重臣。此句中将赤山山城比做龙潭寺之四肢，支撑、维护其外。
⑦ 活泼，充满生机活力。此句是将寺前清潭比做人之心脏存于寺中。

当，省悬并潆回之异，孰非欹器之戒盈卓哉？①佳境不可无禅林，而禅林不可不美大也②。

忆昔唐贞观十九年乙巳孟春③，太宗因盖苏文弑君虐民，又阻新罗入贡，不奉诏命④。遂亲征高丽，驻跸此山⑤。谓薛仁贵曰："朕不喜得辽东，喜得卿也。"⑥仍望山头石人视曰⑦："雪耻酬百王，除凶报千古。"⑧艳慕晚照，行幸上方，随遣职方郎中陈大德□□□建⑨。因班师而名曰："凯捷寺"⑩。

彼时，庵仅三间，草创未备，岁久因循，座生荆棘⑪。迨刘普明诚欲充拓，思绵力不如之何，斋心默祷，感动檀那⑫。始也，生员曹公讳式肄业于此，率众以建观音阁⑬。继也，致仕严君讳愈庆，新增殿宇，虔诚以造宝莲佛圣像鳞集，规模丕振矣⑭。安禅百日，图报神人矣。而又为之感众，以修盘道，助工以勤营缮，虽十方回应者不可枚举，而主持引领者良不可诬⑮，加以僧善此门劝化欤……

四、此碑的重要意义

通过释读碑文，可知此碑不仅记述了赤山的悠久历史，而且记载了唐太宗亲征高句丽期间驻跸此山的重要史实。仅此一点，此碑就价值连城。虽遭损毁，但剩余374字其身价地位依然不菲。其重要意义，至少有三点。

---

① 器之戒盈，杯盘戒满。"回光返照"和"末路"，当有讽高句丽不知"戒满"与"悬鱼自省"之意。
② 美大，传颂有特色的美好传说与掌故。
③ 贞观十九年乙巳孟春，唐太宗贞观十九年，公元645年。当年为乙巳年。孟春，早春。
④ 盖苏文（公元603~666年），高句丽末期大莫离支，杀第二十七代王建武王，乃泉男生之父，监修高句丽千里长城。
⑤ 驻跸此山，唐太宗驻跸山大捷之山，应是"唐望山"。安市城，应是营口海龙川山城。赤山，应是唐太宗避暑之山。
⑥ 薛仁贵，薛礼（公元614~683年），字仁贵，绛州龙门（今山西河津）人，唐太宗、唐高宗时期的将军，于张士贵麾下，为唐太宗李世民、唐高宗李治屡立战功。在驻跸山大捷中一战成名。所以，唐太宗说："朕不喜得辽东，喜得卿也。"
⑦ 山头石人，赤山中一自然景观，山头酷似人头，五观俱全，形象逼真。
⑧ 流传下来的唐太宗的诗句有六句："雪耻酬百王，除凶报千古。昔乘匹马去，今驱万乘来。近日毛虽暖，闻弦心已惊。"此碑文中只引用前两句。
⑨ 碑文中在"陈大德"之后被损毁三个字：□□□建。陈大德，贞观十五年（公元641年）七月，时任职方郎中的陈大德出使高句丽。这次出使，"持节答劳"，顺便也了解了高句丽境内的地理、军事等情况。同年八月，陈大德圆满完成任务，返回洛阳，写成《奉使高丽记》，进呈给唐太宗。
⑩ 凯捷寺，应为纪念唐太宗驻跸山大捷而建。典出隋炀帝《纪辽东》："清歌凯捷丸都水，归宴洛阳宫。"
⑪ 彼时，应指贞观十九年驻跸山大捷之后，草创凯捷寺之际。
⑫ 充拓，扩充开拓。斋心，祛除杂念，凝寂心神。檀那，梵语音译，布施，给予、施舍之意。
⑬ 观音阁，现不存。
⑭ 丕振，大振。
⑮ 良不可诬，实在不可小觑。

（1）证实了文献记载的可靠性。史称"驻跸山"的地方有多处。一般提到的"驻跸山"，多特指唐太宗指挥作战获大捷之驻跸山。（清）顾祖禹《读史方舆纪要》卷30：《唐史》：本名六山，在安市城外。贞观十九年，征高丽，攻安市城，高丽将高延寿等来救。帝曰：彼若勒兵连安市而壁，据高山，取城中粟食之，纵靺鞨掠吾牛马，攻之不可下，此上策也。及延寿至，距安市四十里而屯。帝曰：虏堕我策中矣。既延寿又进一舍，至城东南八里，依山为阵。上命李世勣将兵陈于西岭，长孙无忌将奇兵自山北出狭谷，以冲其后，自将步骑挟鼓角，偃旗帜登北山。上命诸军闻鼓角齐出奋击。及战，高丽兵败，无忌断其归路，延寿乃降。因名其山曰驻跸。或曰：卫东分水岭诸山，即太宗驻跸处也。"这则史料，记载简约而不失准确。

（宋）司马光《资治通鉴》卷198："秋，七月，辛未，上徙营安市城东岭。己卯，诏标识战死者尸，俟军还与之俱归。戊子，以高延寿为鸿胪卿，高惠真为司农卿。"这是在驻跸山大捷之后的事，已任命高句丽降将高延寿为鸿胪卿，高惠真为司农卿。唐太宗迁营帐于安市城岭东，而海城英城子山城东部无岭，这就否定了英城子山城为安市城的可能性。同时，英城子山城东南隅，没有人工堆筑的土山。由此可知，唐太宗驻跸之山，不是一座。安市城岭东，应是现在所称之"唐望山"，在海城南、大石桥东的分水岭中。

（2）增强了历史地理信息的可信度。贞观十九年（公元645年）六月十一日，唐太宗率大军从白岩城出发，二十日至安市，盖苏文遣高句丽北部傉萨高延寿，南部傉萨高惠真，率高句丽、靺鞨兵15万援救安市，双方在安市城附近展开首次大战。唐太宗得知高延寿率大军增援安市，对身边的大臣说："我判断高延寿此番用兵有三策：以安市城为堡垒，据高山之险，食城中之粟，以靺鞨兵卒劫掠我牛马，断我辎重，使我军久攻不下，欲退则为泥泽所阻拖住我军，困以待歼这是上策。立即撤出城中兵民，保存实力，待机与我决战是中策。直接用兵与我交战这是下策，我看高句丽军必出下策。"高句丽军中有一个老谋深算的高级幕僚，向高延寿建议：今唐军举海内之力而来，我军无法抵抗，我认为，应顿兵不战，力争旷日持久；派出奇兵，断其运输保障之道，粮秣不继则无法支持战争，必使其处于进退两难的境地，我军则可获得胜利。高延寿不听，引军直进，抵达安市城40里。唐太宗担心其犹豫不进，遂命左卫大将军阿史那社尔，采取诱敌深入的策略，将突厥千余骑兵派出与高句丽兵接战。一接触便佯装败走。高句丽兵都以为唐军不堪一击，竞相进击。至安市城东南8里的穴山（今辽宁海城东南），依山而列阵。于是，唐太宗把将领全部召集来问计。长孙无忌说：臣听说与敌交战之前，必先观察士卒的士气，臣刚才经过几个兵营，见士卒知道高句丽来战，都拔刀结斾喜形于色，此乃必胜的士兵。陛下年轻的时候，亲自指挥战阵，当年大唐凡是出奇制胜打败对方，都是陛下上呈高祖的计谋，众位将领只是按着预定谋略行事。今天这一仗，还望陛下指示。太宗笑着说：诸位这样谦让，朕当为你们谋划。遂与无忌等与卫队数百骑，登上山顶观察地形，计划可退之路。高句丽、靺鞨联军布阵，长 40 余里。江夏王李道宗对太宗说，高句丽倾全国之兵力抵抗我军，平壤的守备必然薄弱，我愿领精兵 5000 直捣平壤攻其老巢，如果能取胜，数十万高句丽军会不战而降。但是，唐太宗不答应，遂派遣使者对高延寿说：我们是以你国强臣杀其主，故来问罪。至于交战，并不是我们的本意，入你境粮草不给，才攻你数城，等你国恢复了对王朝的君臣关系，我们把攻占你们的城池全部如数相还。高延寿完全相信了使臣的话，对唐军的攻势也不加防备。唐太宗连夜召集文武百官商议进兵之计，并作出如下部署：命李勣率步骑 5000 于西岭布阵，主要任务是引诱敌军出击。长孙无忌率牛进达等精兵 1.1 万人为奇兵，设伏于山北峡谷之中，主要任务是发起攻击后断其退路，从后面实施攻击。唐太宗亲自统领步骑 4000 人，挟带鼓角、收卷旗帜，登上北部高山。诏令各军以鼓角为号，同时发起攻击。并命有司在行营朝堂一侧设置受降帐幄，并胸有成竹地说："明日午时纳降虏于此。"

六月二十二日，唐太宗登上北山后，望见长孙无忌军阵在峡谷中尘土飞扬，知道是长孙无忌已进入指定地点，当即命鼓角齐鸣，旗帜并举，唐各路大军鼓噪而进。高延寿等以为唐军主力出其不意而至大为惊惧，急忙分兵抵抗，但此时阵脚已大乱。李勣指挥 1 万多步骑手持长矛冲向敌阵。在唐将张士贵军中有应募者薛仁贵，自恃骁勇，欲立奇功，身着奇异服装，大呼陷阵所向无敌。长孙无忌率部又从敌军背后杀出，唐太宗率部自山顶冲下。高句丽兵大溃，被斩首 2 万余人，因薛仁贵作战功高，遂被唐太宗擢升为游击将军。

高延寿败阵后，收集余众仍依山设防。唐太宗率军四面围攻高句丽军残部，长孙无忌所部拆除了附近的所有桥梁，断敌归路。二十三日，在走投无路的情况下，高延寿和高惠真只有率其残部 3.68 万人请降。入军门时，膝行而前，拜伏请命。唐太宗对傉萨以下酋长 3500 人授以军职，迁到内地，其余根据本人意愿全部释放。被释放都举手顿地，欢呼之声闻于数里。对俘获的靺鞨 3300 兵卒全部活埋。唐军缴获军马 5 万匹，牛 5 万头，铁甲万领，其他军用器械不计其数。

高句丽国内知道战败消息后，举国震惊，后黄城、银城的高句丽守军全部自动撤退。辽东城以北数百里没有人烟。降将高延寿被任命为鸿胪卿，高惠真为司农卿。附近的大山因当时是唐太宗敕令地，所以改为驻跸山。命中书侍郎许敬宗书唐太宗功绩，并刻石以记其功。又令将监造《破阵图》。同时标志战死者尸体，待班师时后送其故乡。此时，盖苏文为挽救失败的军事形势，指派靺鞨动员薛延陀真珠可汗，使其与高句丽结盟协同攻唐。

当唐军进攻白岩城时，唐太宗曾对李勣说："我听说安市城险兵精，其城主材勇，在莫离支盖苏文作乱时，城中将士都不服，莫离支曾讨伐多次而不能征服，因此，就把安市给材勇把守。建安城池守备薄弱，并且军中粮草不多，若出其不意，攻之必克。拿下建安则安市就在我掌股之中。这是兵法的所谓'城有所不攻者'。"但是李勣认为："建安在南，安市在北，我军粮草都在辽东，前后相距太远，粮饷保障十分困难。如今要越过安市而进攻建安，高句丽军如断我军后路，情况必定危急。因此，不如先攻打安市，占领安市后再取建安。"唐太宗采纳了李勣的建议。七月初五，唐太宗移师安市城东列阵攻城。又遣平壤道行军大总管张亮，率所部水军向建安攻击前进。张亮率水军在攻占卑沙城后，继续向西北推进。在抵达建安城下集结时，唐军自设的防御工事简陋，部队管理松弛疏于防备，兵士大多自行外出樵采放牧。建安城内守军发现这一情况后突然杀出，张亮平素胆怯懦弱，踞坐胡床，直视不言，将士以为他沉着冷静，军心稍为稳定。总管张金树等鸣鼓整军向敌反击。高句丽军抵挡不住，只得败退城中，固城自守不敢出战。此时，唐太宗又令张亮军与水军密切协同，阻止高句丽军增援安市。

八月十日，唐太宗又将军营移到安市城南，以切断安市与建安两城的联系。然后下令李勣开始攻城。李勣拥高延寿等众降将于城下，以便招降城中高句丽将士。但城中将士坚守不为所动。每次看到唐太宗的旌旗麾盖，立即以鼓噪与弓矢相拒。唐太宗大怒，李勣请求在破城之日，必将城中的男子杀尽。这话传到了城中后，守城将士都抱定了以死相拼的决心，愿与唐军决一死战。因此，该城久攻不能克。唐太宗令江夏王李首宗在安市城东南修筑土山，以树条苞装土积以为山，逼其城内。城中守军也增高其城，与唐军相拒。李勣攻其城西，令抛石车、撞车摧毁其楼堞，城中守军遂即用木栅堵塞缺口。士卒轮番出战，每日交战达六七次。李道宗在修筑土山时足部受伤，唐太宗亲自为之针灸。修筑土山先后用了两个月，用工50多万，山顶距城顶仅数丈，下临城中。李道宗遣果义都尉傅伏爱，将兵屯于土山顶以备敌。由于土屯的山顶过高根基不牢，屯兵过多土山塌倒压坏城墙一角。这时正值傅伏爱擅离职守，高句丽军数百人从城墙缺口处杀出来，夺占了土山并掘堑而守。唐太宗大怒将傅伏爱斩首示众，命诸将率兵夺回土山。但是，连续3天轮番进攻不能攻克。李道宗光脚向唐太宗请罪，唐太宗说：你罪当死，但我以汉武杀王恢，不如秦穆用孟明，你有破盖牟、辽东城之功，所以我特赦你！

唐军对安市猛烈的攻城战役，持续至九月不能攻克，高句丽降高延寿、高惠真献策说：应该释放高句丽降将，让他们与妻子团圆相见，以动摇安市守军的军心。然后移兵进攻乌骨城，该城守军弱小，不能坚守，可达成朝至而夕克的效果。其余的一些小城必望风而逃，然后收其粮饷，鼓而前行，挥军南下平壤指日可待。其他大臣也认为，张亮在卑沙城附近，下令后以一夜路程即可兵合一处。合力进攻乌骨城，再渡鸭绿水直捣平壤，此建议可行。

唐太宗正要同意这个建议，不料长孙无忌却极力反对。他以为天子亲征，不同于诸将统兵，不能凭侥幸心理。如今建安、安市、新城高句丽守军10余万人，如果我们向乌骨城进攻，必遭其侧后攻击，使我军处于腹背受敌的危险境地。因此，不如先取安市，再打建安，然后长趋而进，这样比较有把握，是优先考虑的万全之策。唐太宗听从了长孙无忌的建议，仍令诸军全力进攻安市。

高句丽守军鉴于唐军久顿众兵于坚城之下，将劳兵疲。于是采取以攻为守的战术手段，利用夜暗出城袭击唐军。这天晚上，城中传出鸡猪的叫声，唐太宗分析高句丽军可能采取夜袭行动，遂作出部署严阵以待。果然高句丽军数百人，缒城而下袭击唐军。但唐军早有准备，唐太宗亲自驰至城下指挥反击。斩高句丽兵数十人，粉碎了高句丽兵的夜袭行动。

唐军于七月上旬开始进攻安市，至九月中旬仍不能攻克，此时，薛延陀真珠可汗已死，其庶长子突利失小可汗曳莽，与嫡子肆叶护小可汗拔灼相争，曳莽被袭杀，拔灼自立为颉利俱利薛沙多弥可汗，并当即乘唐东征久而无功之际，引兵向河南（今内蒙古鄂尔多斯）进攻。此时，唐太宗鉴于辽东地区寒霜早降，草枯水冻，兵马难以久留，粮秣殆尽等诸多因素，遂决定于九月十八班师还营，以迎击薛延陀。

之所以不厌其烦地详细梳理分析贞观战事，就是因为在对安市城、建安城、乌骨城和驻跸山的推定上，模糊不清。有了赤山的《重修赤山龙潭寺造佛安禅碑记》，知道了唐太宗在此山避暑，从战事中可知，八月十日，唐太宗又将军营移到安市城南，此军营，当是赤山。这里地势极为险要，一夫当关，万夫莫开。其北的安市城，就是营口海龙川山城，海龙川山城城墙东南隅正有人工土山，而海城英城子山城城墙东南隅则无人工土山。建安城，则是盖州高丽城山城。乌骨城，就是凤城的凤凰城山城。赤山乃唐太宗避暑之驻跸山的锁定，使扑朔迷离的高句丽山城考定豁然开朗，起到了指点迷津的关键作用。

（3）补充了文献记载的不足。龙潭寺有三通碑可以互证互补。另两通碑，一通是清代乾隆戊申年（1788年）所立"龙潭寺重修勒碑记鉴序"，碑文中有"夫龙潭寺，昔日古刹也"。另一通是清代光绪四年（1878年）所立"重修赤山龙潭寺三清殿碑记"，碑文中有"盖邑东南有赤山焉，峰峦峭拔，气象峥嵘，洵岿然一名胜区也。山有龙潭寺古刹，创自有唐贞观年，唐太宗征高丽时尝于此避暑，有古碣可考"。古碣，就是古碑，指明代《重修赤山龙潭寺造佛安禅碑记》。虽说孤证不立，但这三通碑合起来，就不是孤证了，而且三碑皆云龙潭寺是古刹，有两通碑提到唐太宗征高句丽驻跸此山避暑。从明到清延续流传下来的碑碣所记，不容置疑。

此外，碑文中还透出一条重要信息："艳慕晚照，行幸上方，随遣职方郎中陈大德□□□建。因班师而名曰：'凯捷寺'。"（宋）袁枢《通鉴纪事本末》卷29中记载，贞观"十五年秋七月，上遣职方郎中陈大德使高丽。八月己亥，自高丽还。"此事《新唐书》《资治通鉴》中均有记载。但陈大德自高句丽返唐后，是否又回辽东，不见文献记载。从这段碑文分析，陈大德当有重返辽东的可能性。碑文中，"陈大德□□□建"，很清楚。建凯捷寺，肯定是贞观十九年之后的事，而陈大德贞观十五年七月到高句丽境收集的情报，回去后报给唐太宗，起到重要作用，说明他确实返唐了。那么，贞观十九年后，陈大德是如何"建"的凯捷寺呢？"建"字前的三个字，也许成为千古之谜了。驻跸山大捷后，唐太宗命中书侍郎许敬宗书刻石记功，又令将监造《破阵图》。

至今仍无下落，只能期待或到何时会有所发现。

  《重修赤山龙潭寺造佛安禅碑记》所记内容，可证文献记载之确，可补文献记载之阙，进而印证东北历史地理调查信息之可信，殊为重要，难得其珍。斯碑命运多舛，曾遭损坏，重新发现，颇费周折，失而复得，实乃不易。建议当地文物保护或博物馆有关部门和单位应予倍加关注，采取得当措施，妥善保管，严防意外，以期永续利用。

西藏拉萨大昭寺壁画色彩及其价值研究

王乐乐

（中国文化遗产研究院）

  壁画与建筑紧密结合，具有美化、装饰和欣赏的功能，是极具历史、科学和民族审美精神的一种美术样式。壁画在西藏民族文化中占有重要地位，是西藏人民抽象性思维力和创造性想象力的证据，也是表达对世界看法的重要方式之一，与当时的经济、社会生活及信仰密不可分。本文以目前中国文化遗产研究院承担的西藏拉萨大昭寺壁画保护工程为例，试图从壁画色彩表现形式及风格、色彩装饰特点及成因、颜料成分及特点等方面细致分析，探讨壁画颜料使用与绘制风格传承嬗变之间的关系。同时借鉴西藏地区其他壁画与唐卡的艺术史研究结果，推断所选西藏大昭寺壁画的制作与重绘年代，更加准确的阐释其历史价值、艺术价值和科学价值。

一、壁画色彩表现与风格

  自松赞干布时期修建西藏拉萨大昭寺以来，就形成了汉式和尼泊尔式画派。历代画家互相学习，各取所长，形成了具有鲜明藏民族特点的艺术流派。大昭寺转经廊壁画是西藏寺院壁画中现存最为完整的描绘《如意藤经》故事内容的壁画遗存之一，对于佛本生内容的图解具有重要意义。经考证，现存的大昭寺转经廊壁画体现了"吐蕃王朝时期—分裂时期—萨迦王朝时期—五世达赖时期—八世达赖时期—现代"的壁画技艺和风格延续。大昭寺是保留着"吐蕃"至近期"格桑颇章"期壁画艺术的唯一较为完好的寺庙。壁画面积4千平方米以上，代表了吐蕃和五世达赖这两个重要时期西藏壁画艺术的主要特色，具有珍贵的文物价值。大昭寺不同时期各具特色的壁画，既是藏族艺术审美的完美体现，也蕴含中原文化的审美传统，体现了藏、汉等各族人民高超的绘画技艺和艺术成就。

  2012年，中国文化遗产研究院承担了西藏大昭寺壁画保护工程及大昭寺壁画修复人员培训工作。工作中我们选取了部分典型壁画作为课题研究对象，希望通过对所选壁画的分析，更好地阐释大昭寺壁画的历史、艺术及科学价值（图一）。

图一　大昭寺壁画
1. 转经廊北侧外廊壁画　2. 转经廊释迦牟尼主尊佛像

1. 单色颜料色彩与成分

西藏地区的地理和气候特点，与藏族先民的审美情趣共同孕育了藏传佛教壁画色彩艳丽、浓重和热烈的特征。壁画大量运用浓厚亮丽的色块，给人以强烈的视觉刺激。有的壁画以金勾线，画面富丽堂皇。这种光彩艳丽、炯炯生辉的色彩体现着藏民族纯真、质朴、热情与果敢之风。"西藏自然条件恶劣，物质相对匮乏，长期生存于此的人们，对富足丰饶的物质热切向往，对浓重艳丽的色彩无比热爱，由此形成了藏民族独特的精神需求和艺术审美。"[①]

西藏地区壁画在上千年发展过程中逐渐成熟，具有画工精细、色泽艳丽、色彩保持久远的特点。这种独特效果与其特殊的颜料配制和使用方法有着密切关系。西藏传统壁画绘制用色多为矿物原料，在《西藏绘画史》中记录了1671年五世达赖喇嘛资助修建大昭寺所用颜料的详细目录："关于传统颜料的配制及每种颜料与其他颜料相配所需数量的资料极为精确，112钱金粉，1446片西藏金箔，6180片内地（或印度）金箔，4升朱砂，2.5升黄丹，2.5升淡绿色孔雀石，5升墨绿色孔雀石，6升蓝色天青石，3.5升淡蓝色孔雀石，7升靛青，1升雌黄。"[②]

关于各种颜料的产地，《西藏美术史略》中有详细记述："黄色：从黄土（赭土）中提取，色泽较为明亮。黑色：产自于康地的砒石和雄黄两种石料颜色，研磨粉碎后使用[③]。石青和石绿：产自于拉萨市西面雅鲁藏布江的尼木和四川阿坝的甲绒地区，为两

[①] 于小东：《藏传佛教绘画史》，江苏美术出版社，2006年。

[②] 大卫·杰克逊（著），向红茄、谢继胜、熊丈彬（译）：《西藏绘画史》，西藏人民出版社，2001年，第161~163页。

[③] 实际应仍为红色或淡红色。

种混合的石色,需要经过研磨粉碎,加入植物油煎熬后分离。上层为石青,下层为石绿,两者又分别可以分离出不同的色系。红色:产自西藏南部羊卓雍措湖南面的洛扎地区。多为药用朱砂色紫红(后藏的朱砂色微紫),朱砂应用较广,通常还可取自汉地的辰砂,并有不同的色度,使用时首先要干研成粉末后再进行调制,大红被称为藏彩。白色:是由一种称为仁布白土的白色石头研磨而成,白色与其他颜色混合可以产生不同的色界。蓝色:取自山南门域地区一种称为蓝靛草的植物,首先将草阴干,在开水中浸泡取汁,蓝色有强大的着色能力和精细的光泽。胭脂:可用门域地区的黄色树皮与山矾叶相混后用纱布包好在水中煮沸,胭脂汁便可浸入水中,再与白色调和烘烤制成膏状即可使用。山矾叶也可用邦泽玛尔库草和全缘绿绒蒿代替。橘红色来源于黄丹色,采集于印度河的自然黄丹矿石色、或是铝表面寄生的黄丹经过热水浸泡、过滤、冲刷所得。藏青、石绿、大红、胭脂是藏画中较为常用的颜色。"①

对大昭寺所选壁画颜料的分析结果表明,蓝色为群青和蓝铜矿,绿色为孔雀石及巴黎绿(乙酸亚砷酸铜),红色为铅丹、朱砂和铁红,黄色为雌黄和铅铬黄,白色为碳酸镁、碳酸钙和立德粉。其中蓝色群青、绿色巴黎绿、黄色铅铬黄和白色立德粉皆为19世纪中叶之后的近现代工业制品②(图二)。

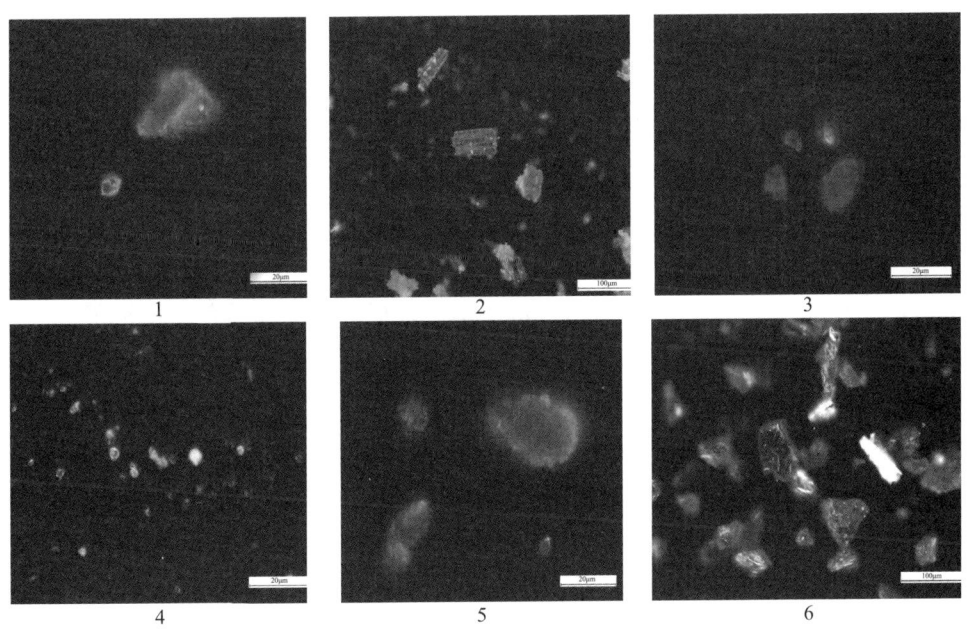

图二 大昭寺所选壁画部分颜料颗粒的显微形态
1. 人工制造巴黎绿显微形态 2. 天然孔雀石显微形态 3. 人工制造群青显微形态
4. 人工制造铅铬黄显微形态 5. 天然朱砂显微形态 6. 天然蓝铜矿显微形态

---

① 丹巴绕旦、嗣旺晋美:《西藏美术史略》,西藏人民出版社,2003年,第111页。
② 王乐乐、李志敏等:《西藏拉萨大昭寺转经廊壁画制作工艺研究》,《文物保护与考古科学》2014年第4期。

2. 复色颜料色彩与成分

除单色颜料外，古代画师们通过调配不同单色颜料产生不同色彩或色调，以适应绘画的艺术和情感表现需要。随着西藏绘画艺术的发展，画师们总结并形成了色彩运用等诸多经验和理论，形成了独特的色彩配色方法。大昭寺壁画色彩效果得益于色彩的巧妙搭配，对比色与调和色的巧妙结合发挥了主要作用。

关于西藏地区传统的壁画配色方法，在《西藏美术史略》中，丹巴绕旦先生做了详细介绍：主要以白、黄、红、青、绿五种色彩为原色，在原色基础上产生延展出更多副色，副色分为32种：白、黄白、红白、水晶；黄、淡黄、橘黄；红、橘红、粉红、深红、胭脂红；蓝、淡蓝、深青、松儿石绿色；绿、草绿、粉绿、深绿；肉色、茶色、暗色、灰色、紫色、紫黑、淡胭脂、绛紫色、烟油色、深烟色、骨色、黑色。

基本配色方法为：石黄加白为淡黄，粉橘红加白为淡橘红，粉红加白为淡红，胭脂加白为淡胭脂，黄丹加石黄为赤黄色，黄丹加黑为暗黄丹，灰色加赤黄色为烟色，大红加黑为深红，淡胭脂加淡青为褚紫色，褚紫色加少许红为紫红，淡胭脂加少许花青为暗胭脂，石黄加黄丹、白粉、黑色为茶色，黄丹加石黄、石绿、黑为暗茶色，石黄加淡红为假黄丹，石黄加黄丹、雄黄为橘黄，茶色加淡黄为毛色等，以上均属暖色；浅蓝色加白为淡蓝，石绿加白为浅绿，浅绿加白为淡绿，浅绿加花青和为翠绿，石绿加石黄为黄绿色，淡茶色加浅蓝色为暗黑色，黑加白为灰色，藏青加石绿为绿青色，白粉加少量淡蓝和石黄为乳白色，肉色加少量浅蓝为蓝肉色，肉色加少量浅绿为绿肉色等，以上均属冷色。

通过颜料分析，笔者发现，蓝色中加少量的绿色为绿青色（群青加石绿）、绿色加少量蓝色为亮绿色（巴黎绿加石青）、黄色加少量橘红色为橘黄色（铅铬黄加铅丹）、红色加少量黄色（朱砂加铅铬黄）为橘红色、橘红色加少量深红色为深橘红色（铅丹加铁红）、橘红加少量白色为淡橘红色（铅丹加重晶石）。以橙色颜料样品（DZ7）为例，在橘红色铅丹中加入重晶石来调色，扫描电子显微镜背散射电子像显示颜料层中铅丹颗粒和重晶石均匀混合在一起（图三；表一）。欧内斯特（Richard R. Ernst）在收藏于萨迦寺的18世纪唐卡上发现了采用铅丹与石膏混合绘制的橘红色僧侣服饰，并指出这种橘红色加白色的配色方法可以追溯到12～13世纪的唐卡中[①]。

[①] Ernst, R. R. "In situ Raman microscopy applied to large Central Asian paintings." *Journal of Raman Spectroscopy*, 2010 (41): 275-287.

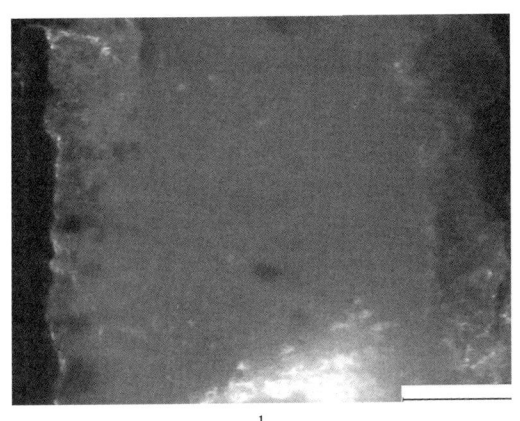 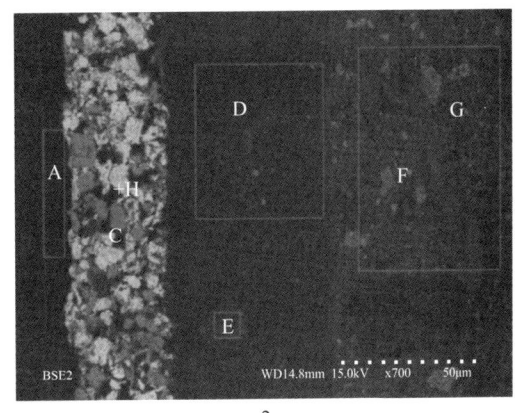

图三　大昭寺壁画橙色颜料样品（DZ7）剖面图
1. 剖面光学显微镜照片　2. 背散射电子像

表一　红色颜料壁画样品扫描电镜–能谱分析结果

测量部位	元素组分（wt%）	可能物相
A	C 80.9，O 15.1，Ca 4.1	有机物
B	Ba 67.1，S 13.9，O 12.4，C 6.6	$BaSO_4$
C	Pb 93.0，Al 1.2，C 2.9，O 2.9	Pb_3O_4
D	C 43.6，O 32.1，Mg 23.1，Si 6.4，Al 3.9	SiO_2、$CaCO_3$、Al_2O_3、$MgCO_3$
E	Si 59.7，O 27.3，C 10.3，Al 2.7	SiO_2
F	Ba 47.4，S 14.0，Zn 13.05，C 9.6，O 7.8，Na 5.0，Al 2.4，Si 0.9	$ZnS\&BaSO_4$、Al_2O_3、$NaAlSi_3O_8$
G	C 28.3，O 20.6，Al 11.3，Si 11.3，Ba 11.0，Zn 5.34，S 5.2，K 3.3，Na 1.6，Mg 1.2，Ca 1.1	$ZnS\&BaSO_4$、$CaCO_3$、Al_2O_3、$MgCO_3$、$NaAlSi_3O_8$

3. 壁画构图与色彩风格

大昭寺壁画中的故事以层叠的山峦作为分割，以白云、树木等自然景物为局部衬托，或用楼阁建筑作为色块的分割标志，以人物活动为主体。建筑与人物组群均以橙红暖色为主，色彩的跳跃和色调层次分明，使壁画整体清晰而又华丽。虽然如此大面积的壁画绘制属于集体型创作，制作上会有局部的风格变化，但仍不失整体的协调性。

在空间视觉设计上，画师更注重每一个情节中构图安排的合理性。橙、红、蓝、绿、白，冷暖相和，渐次包围。壁画整体视觉安排多采用鸟瞰与散点透视，既迎合了观赏习惯，也拉近了世俗众生与神冥佛界间的距离。在局部画面中又追求三角形的稳定性，在同一场景中的人物，大都呈三角形框架结构，更以等腰三角形为主，主要人物居于三角形的顶端，按照人物地位等级顺序排列。同一排人物按三角形两腰边缘线顺次安排，比例亦相应递减，人物视线均朝向中心，表情刻画生动传神。人物间的聚合疏密，空间设计恰到好处，充满节奏感和韵律感。人物组合的色彩设计也别具匠心，色块间相互连贯，白云与树木作为中间层次的衬托，使得主体的橘红色（主尊、人物、阁楼的用色）更是互为呼应。统一中又有变化，除了人物错落有致的节奏感外，在整体色调中有意穿插其他色块，如使用绿色色块以避免画面的过分呆板。

壁画的主题色调以红、绿为主，由红色和绿色所派生的不同色阶的色块在整个构图中有节奏、有层次的协调构建，使画面具有韵律的动感。以北侧外廊从东向西中部壁画（图一，1）为例，中心为人物的基本构图——橙色系，之外为室内空间——绿色系，再外为所处建筑楼阁基本造型——橙色系，外围之上为林木环绕——绿色系，之上为装饰云朵的基本造型——白色系，背景为统一的蓝绿色系。

大昭寺壁画的每一组成基本按照这一结构构图，绿色与橙色两大色系构成画面基本色彩，橙色以点状形式在画面中排列贯连在一起。可以简单概括为蓝色之天空，绿色之山林，白色之云朵，橙红色之人物与楼阁。这种用色的秩序性是藏传佛教绘画中山水风景题材大量出现后，画师们不断总结概括的结果，在西藏绘画界流传着众多关于用色习惯的顺口溜，如"红和桔红色之王，永恒不变显威严，青兰美丽富饶家，勤劳智慧来伴陪，纯洁白色表真心，亲朋好友忠诚在……"[1]

绘画色彩设计本身就是一种将直观的感性色彩进行观念化、理性化和人文化的过程。大昭寺壁画中的色彩设计，展现了西藏地区成熟的带有象征性及文化内涵的用色技巧。

4. 色调与壁画画面层剖面结构

范宇权在《敦煌壁画和印度壁画制作材料和工艺的比较研究》中分析了西藏早期寺院（包括大昭寺）壁画的制作材料，认为现存西藏壁画壁层成分为粗灰泥层：黏土、沙子、动物毛混合物；细灰泥层：巴嘎土和动物胶混合物[2]。

壁画画面层结构是表现壁画色彩的重要因素，如白粉层、颜料颗粒度与颜料层厚度及画面表面涂刷材料等，决定了壁画的色调和色彩明度。通常，藏传寺院壁画地仗制作工艺为：先在墙表面抹粗沙泥作底层，底层干后再抹掺有羊毛或牛毛的细泥为中层；中层干后，在其表面覆一层巴嘎土加细沙拌成的沙泥；待地仗半干，用光滑鹅卵石反复磨压使泥皮表面平整光滑，便于作画。地仗全干后再刷一层白色打底层，称为"白粉层"。文献记载，在地仗干后涂刷一层黄胶浆或白胶浆作为白粉层。黄胶浆以牛胶与矿生黄土或再加黄色颜料配熬，白胶浆以牛胶与白垩土或巴嘎土拌滑石粉配成。藏式壁画绘制完成后要刷一层牛胶、桐油或清漆作为保护层。据介绍，转经廊大部分

---

[1] 丹巴绕旦、嗣旺晋美：《西藏美术史略》，西藏人民出版社，2003年，第103页。
[2] 范宇权：《敦煌壁画和印度壁画制作材料和工艺的比较研究》，兰州大学博士学位论文，2005年。

壁画表面刷一层牛胶。西藏壁画所用的牛胶常用牦牛骨和皮熬制而成[①]。

西藏大昭寺转经廊壁画颜色丰富，蓝色、红色、黄色、绿色和金色运用最多。此次分析发现大昭寺壁画地仗使用当地阿嘎土，与文献记载一致。大昭寺壁画结构为地仗层、白粉层、颜料层和保护层（见图三与表一）。壁画白粉层使用方解石、碳酸镁和阿嘎土，与文献记载略异。如前文所述，壁画所用蓝色颜料为群青和蓝铜矿，绿色为孔雀石和巴黎绿（乙酸亚砷酸铜），红色为铅丹、朱砂和铁红，黄色为雌黄和铅铬黄。金黄色用金箔，厚约1微米。壁画表面覆盖一层很厚的动物胶（见图三与表一中A区数据），与文献记载一致。

二、大昭寺壁画色彩构成特点及成因

一般来讲，壁画的色彩特性与时代审美情感及时代精神紧密联系。7世纪，佛教越过喜马拉雅雪山传入藏区，与当地本教交锋对峙，伴随统治者的更迭，经历了前弘期与后弘期，最终形成了融合本教并兼受尼泊尔和印度影响的藏传佛教。作为中国佛教的一支，藏传佛教在理论、流派、仪轨、修持等方面与汉传佛教有诸多差异，其色彩观念和习俗也体现出非常鲜明的民族和地域特征。藏传佛教作为政教，势力强大，广建寺院，高僧和喇嘛大量绘制壁画。这些壁画承载着教化民众和宣扬佛法的功用，由于其创作主体是藏地民众，故其壁画具有藏族独特的色彩语言与民族性。

大昭寺壁画以白、黄、红、蓝、绿五种色彩为原色，配以其他副色绘制，称为"西藏五色文化"，五色文化的产生、发展与藏民族所特有的宗教文化关系密切，并在一定程度上受到中国传统阴阳五行学说的影响。比如，在西藏，神山圣水处悬挂有各类"风马经幡"，藏家房屋顶角处插有"风马经幡树"，都由蓝、白、红、绿、黄构成。五色各有其符号意义，并拥有和谐的排列次序，这是藏族人对于生存环境所持的一种空间感和章法的认同，是对自然的崇敬和守护，体现了他们追求万物和谐的理念。

作为宗教艺术的西藏地区壁画，首先是为宗教服务，并成为宣扬宗教的一种工具，因此观者所产生的体验除了美感，更多的是由欣赏美所激发的宗教情感共鸣。大昭寺作为藏民信众膜拜的场所，其壁画艺术在审美和信仰的互动中不断提升，宗教形象高度的艺术美调动了信仰者的审美情趣，在信仰中审美，在审美中信仰。

西藏地区壁画出于为宗教服务基本宗旨，需要保持画面整洁、色彩艳丽，以唤起信众的崇敬之情。因此，在画面脏旧和稍有破损之后，及时重绘。大昭寺壁画重绘过程中，往往是将之前的壁画打磨掉，或者直接在旧壁画之上涂刷白粉层后绘彩，而绘制者往往忽略了之前壁画样品的搜集和档案记录，使后来者难明绘画制作时代。

笔者在取样过程中由于受到诸多条件的限制，故仅采集了壁画表面层或脱落的壁

---

① 许君魁：《西藏寺院壁画的制作步骤与方法》，《西藏艺术研究》1993年第2期。

画残块分析，因此对大昭寺壁画绘制颜料全面的演变研究受到极大限制。幸运的是，唐卡作为松赞干布时期兴起的一种与西藏佛教壁画同源的绘画艺术重要载体，由于便于携带和可随时随地宣教，其制作数量巨大，研究成果颇多。国内外关于不同时期唐卡的研究也取得了许多成果，将其与不同时期西藏壁画颜色使用归纳，可以粗略看出西藏传统绘画颜色使用的阶段性变化（表二）。

表二　西藏不同时期壁画或唐卡所用颜料成分或组成

颜色	15世纪壁画①	18世纪唐卡②③	18~19世纪唐卡②	19世纪唐卡③	20世纪唐卡②	21世纪唐卡②	布达拉宫壁画④	白居寺壁画⑤	大昭寺壁画	传统绘画⑥
蓝色	蓝铜矿	蓝铜矿					蓝铜矿	蓝铜矿	蓝铜矿	蓝铜矿
			靛蓝			酞菁蓝				花青
				普鲁士蓝		普鲁士蓝				
								青金石	群青	
红色	朱砂	朱砂		朱砂			朱砂	朱砂	朱砂	朱砂
	铁红								铁红	铁红
				雄黄						雄黄
										胭脂
黄色	雌黄	雌黄	雌黄	雌黄			雌黄		雌黄	雌黄
				拟雄黄					（金粉、黄铜箔）	
								铁黄	铁化合物	黄铁矿
					铅铬黄	铅铬黄			铅铬黄	
								金箔	金箔	

---

① 齐娜：《西藏哲蚌寺措钦大殿内转经道壁画修复技术研究》，北京科技大学硕士学位论文，2012年。

② Mass, J., Huang, J., et al. "Thangka production in the 18th-21st centuries: documenting the introduction of non-traditional materials into Himalayan painting practice." *ICOM Committee for Conservation*, 2009: 206-210.

③ Ernst, R. R. "In situ Raman microscopy applied to large Central Asian paintings." *Journal of Raman Spectroscopy*, 2010 (41): 275-287.

④ 汪万福、马赞峰等：《西藏布达拉宫、罗布林卡和萨迦寺壁画制作材料分析》，《敦煌研究》2002年第6期。

⑤ 王力丹、郭宏：《江孜白居寺吉祥多门塔壁画制作材料与绘画工艺研究》，《中国藏学》2013年第4期。

⑥ 藏传颜料研究课题组：《藏族传统绘画颜料的历史及工艺研究》，《中国藏学》1999年第4期。

续表

颜色	15世纪壁画[①]	18世纪唐卡[②③]	18~19世纪唐卡[②]	19世纪唐卡[③]	20世纪唐卡[②]	21世纪唐卡[②]	布达拉宫壁画[④]	白居寺壁画[⑤]	大昭寺壁画	传统绘画[⑥]
绿色	孔雀石		孔雀石	孔雀石			孔雀石	孔雀石	孔雀石	孔雀石
		碱式硫酸铜					碱式硫酸铜			
					巴黎绿				巴黎绿	
		碱式氯化铜								
						酞菁绿			疑为有机物	
白色		白云石		铅白			白垩	白垩	白垩	
		石膏		石膏			石膏			
							重晶石		**立德粉（重晶石）**	
			菱镁矿				菱镁矿		菱镁矿	
								滑石		云母
								氧化锌		
橙色	铅丹			铅丹			铅丹		**铅丹、未知有机物**	
		雌黄+朱砂							**朱砂+铅铬黄**	
									铅丹+重晶石	
				铅丹+朱砂					**铅丹+铁红**	
				铅丹+雄黄					**铬黄+铅丹**	
草绿色				靛蓝+雌黄					群青+孔雀石	
									巴黎绿+蓝铜矿	
浅蓝					普鲁士蓝+铅白				**蓝铜矿+孔雀石**	

注：表中黑体字部分为中国文化遗产研究院王玉副研究员的分析数据。

从表二可以看出，西藏地区壁画与唐卡使用了多种颜料，包括天然矿物颜料与植物染料，也有近现代工业制品。

红色：朱砂 HgS、雄黄 As_4S_4、铁红 Fe_2O_3、铅丹 Pb_3O_4、胭脂。

传统的藏族绘画用色口诀理论中称，"红与橘红色之王，永恒不变显威严……"。

在五色经幡中红色代表太阳；就藏传佛教绘画中的方位而言，坛城画中的西方即用红色来表现（西方极乐世界的教主阿弥陀佛用红颜色表现）；佛教文化中红颜色是权势的象征。西藏传统绘画表现红色时多使用朱砂，朱砂作为一种色相艳而不躁的优质矿物质颜料，非常适于表现藏传佛教题材的唐卡和壁画作品。

黄色：雌黄 As_2S_3、铅铬黄 $PbCrO_4$、金箔 Au、黄铁矿 $FeO(OH)$、拟雄黄 As_4S_4；金粉（Au 粉末）和金箔，现代金粉（铜锌合金，Cu-Zn）。

传统的藏族绘画用色口诀理论中称，"格西石黄待活佛，土黄你把金垫当……"，点明了黄颜色被广泛应用在寺庙等宗教场所。佛教文化中黄颜色代表着兴旺；在五色经幡中黄颜色则象征着土地；在藏传佛教绘画的方位表示中，坛城画的南面方向必须用黄色来表现。表二显示，在20世纪之前，藏传绘画所用黄色颜料多为雌黄（石黄），这种硫化砷矿物颜料呈淡黄色，从中国古代至今一直流传使用。从20世纪起，藏传绘画开始使用铅铬黄作为颜料表现黄色。铅铬黄颜料的合成研究始于对西伯利亚所发现铬酸铅矿石的分析和研究。1809年法国化学家沃克林（L. N. Vauquelin）首先合成铬酸铅，1818年德国开始工业化生产，美国在1900年开始生产，中国在1924年开始生产[1]。山东章丘西河遗址清道光年间墓出土壁龛彩画颜料中发现有铅铬黄颜料，该文作者认为铅铬黄颜料从欧洲进口[2]。

西藏拉萨布达拉宫和大昭寺壁画的金黄色，则是由世代从事熔金工艺的工匠对纯金进行特殊工艺加工后，使其变成可以用毛笔随意涂绘的金粉，或加工成薄如蝉翼的金箔在金属或墙面上直接粘贴。在大昭寺壁画中，也发现了使用铜锌合金表现金黄色的现象。铜锌合金又名假黄金，是以铜、锌为主体的合金，适当加入少量其他元素，经熔融雾化，再经一系列的机械加工而成。由于黄铜的价格大大低于黄金，而色泽又与金相似，现代多以黄铜粉代替金粉、黄铜箔代替金箔使用。

蓝色：蓝铜矿 $2CuCO_3 \cdot Cu(OH)_2$、群青 $Na_7Al_6Si_6O_{24}(S_x^-)$、靛蓝 $C_{16}H_{10}N_2O_2$、普鲁士蓝 $Fe_4[Fe_3(CN)_6]_3 \cdot 14$-$16H_2O$、酞菁蓝 $C_{32}H_{16}CuN_8$、花青（产于察隅地区，由一种"欧然草"加工而成）。

西藏绘画的蓝色中最典型的是"藏蓝"，也叫"藏青"。五色经幡中蓝颜色象征着天空；在佛教中具有方位意义的五种性佛中蓝颜色的不动如来佛总是代表着中间位。传统的藏族绘画用色口诀理论中称，"青蓝美丽富饶家，勤劳智慧来伴陪……"，这是藏族民俗传统中对青蓝颜色赋予的另一种寓意和象征。

表二显示，在19世纪之前，藏传绘画所使用的蓝色多为蓝铜矿或靛蓝。蓝铜矿又称为石青。战国时期，楚墓中发掘的缯书中，四角画树木，分青、赤、白、黑四种颜

---

[1] 杜昌林：《对铬铅颜料的再认识》，《中国涂料》2012年第7期。
[2] 徐军平、王伟峰等：《章丘西河遗址清墓壁龛提取及彩画颜料分析》，《文物保护研究新论》，文物出版社，2010年，第285~290页。

色，以象征四方和四时，这是较早石青用作颜料的考古实物。19世纪时开始使用普鲁士蓝表现蓝色。普鲁士蓝于1704年由柏林色彩学家别斯巴赫（H. Diesbach）合成，于1778年在西西伯利亚制作和使用[①]。此外，藏传颜料研究课题组的《藏族传统绘画颜料的历史及工艺研究》中提到，西藏也用花青表现蓝色。花青也叫蓼蓝，属草本靛青，传统花青是用蓼蓝叶泡水调和石灰沉淀所得的蓝色颜料。

绿色：石绿 $CuCO_3 \cdot Cu(OH)_2$、碱式硫酸铜 $Cu_4SO_4(OH)_6$、碱式氯化铜 $Cu_2Cl(OH)_3$、巴黎绿 $Cu(C_2H_3O_2) \cdot 3Cu(AsO_2)_2$、酞菁绿 $C_{32}H_3Cl_{15}CuN_8$。

藏传佛教坛城画中的北面方向用绿色表现。在佛教中具有方位意义的五种性佛中绿颜色的不空成就佛代表着北方位；五色经幡中绿颜色象征着水。表二结果显示，20世纪以前，藏传佛教绘画所使用的绿色多为孔雀石或碱式硫酸铜。孔雀石作为颜料在中国有很悠久的历史，在古代埃及也有记载。孔雀石是一种原生的含铜硫化物氧化后所形成的表生矿物，虽然世界许多地方都有孔雀石的生产，但经研究和比较后发现，由于西藏特殊的气候条件和地理条件，形成了独特色相的"藏青色"。从西藏档案馆馆藏历史文献中可知，藏青颜料在几百年以前就是西藏向周边地区和国家输出的重要土特产品之一，也是用做朝贡和向各国使节赠送的礼品之一。

20世纪开始出现了巴黎绿及酞菁绿。巴黎绿又名乙酸亚砷酸铜，1814年德国首次合成巴黎绿，19世纪50年代应用于中国绘画中。巴黎绿作为重新绘制古代彩画的颜料有多处报道。周国信在大同云冈石窟清代12窟重绘的壁画中发现了巴黎绿[②]。王丽琴等分析了来自山西、北京的27个颜料样品，其中15个为巴黎绿[③]。何秋菊等分析了收藏于北京印刷学院印刷史研究室晚清时期的道教人物画像，绿色颜料为巴黎绿[④]。酞青绿作为颜料当在20世纪70年代之后。

白色：白垩 $CaCO_3$、云母 $KAl_2(AlSi_3O_{10})(OH)_2$、石膏 $CaSO_4 \cdot 2H_2O$、铅白 $(PbCO_3)_2 \cdot Pb(OH)_2$、滑石 $Mg_3Si_2O_5(OH)_4$、白云石 $CaMg(CO_3)_2$、立德粉（$BaSO_4$&ZnS）、菱镁矿 $MgCO_3$。

白色在藏族人民生活和仪式中扮演着特殊角色，使用之广是其他颜色所不及的，这得自于西藏本原文化和外来宗教文化的双重影响。坛城画中的东面方向用白色来表现；五色经幡中白颜色象征着云气；在佛教中具有方位意义的五种性佛中白颜色的金刚萨锤佛代表着东方位。藏民族还将白色作为人道德品行的评价标准，正如他们经常把黑颜色形容成自私、反面、邪恶、非正道一样，白颜色总是利他、正面、善良、纯洁、

[①] Ernst, R. R. "In situ Raman microscopy applied to large Central Asian paintings." *Journal of Raman Spectroscopy*, 2010 (41): 275-287.

[②] 周国信、程怀文：《云冈石窟古代壁画颜料剖析》，《考古》1994年第10期。

[③] 王丽琴、严静等：《中国北方古建油饰彩画中绿色颜料的光谱分析》，《光谱学与光谱分析》2010年第2期。

[④] 何秋菊、李涛等：《道教人物画像颜料的原位无损分析》，《文物保护与考古科学》2010年第3期。

和平等的象征。从另一方面来看，藏民族的尚白习俗与早期高原民族的原始信仰和崇拜各种自然神的观念（即遍布西藏各地的神山雪山的颜色）不无关系。据分析研究，敦煌唐宋时期洞窟的白色颜料一般以白垩为主。同时古代画师们已使用白色颜料将蓝、绿等颜料调成不同程度的彩色颜料，如将白垩调入氯铜矿石粉末中而成浅绿色，将石膏调入雄黄和铅丹成浅红色等。

在大昭寺壁画的白色颜料中发现了立德粉（见图三与表一），立德粉也称锌钡白，是硫化锌和硫酸钡的混合物。1847年法国人获得立德粉制造的技术专利权。19世纪中叶，法国首先生产立德粉，19世纪70年代扩大到比利时和德国，19世纪后期立德粉开始在国际市场销售。我国于20世纪40年代才开始在上海小规模生产立德粉，20世纪50年代立德粉工业得到大力发展，生产厂遍布于全国各地[①]。

橙色：雌黄 As_2S_3+ 朱砂 HgS、朱砂 HgS+ 铅铬黄 $PbCrO_4$、铅丹 Pb_3O_4+ 铁红 Fe_2O_3。

表二显示西藏佛教壁画中的橙色颜料其成分为铅丹，这是由于矿石粉体粒度不同而导致颜色差异，故铅丹除了显示红色外，也显现出橙色。此外，也有用雌黄加朱砂、铅丹加朱砂、铅丹加雄黄调配成橙色的情况。在大昭寺壁画中使用铅丹加重金石调配橙色。在主尊佛像脸部色彩的表现上（图一，2），用铬黄加铅丹，使佛像脸部更加红润生动。

草绿色：靛蓝 + 雌黄 As_2S_3、群青 $Na_7Al_6Si_6O_{24}(S_x^-)$ + 孔雀石 $CuCO_3·Cu(OH)_2$、巴黎绿 $Cu(C_2H_3O_2)·3Cu(AsO_2)_2$+ 蓝铜矿 $2CuCO_3·Cu(OH)_2$。

表二结果显示西藏唐卡中用靛蓝加雌黄表现草绿、普鲁士蓝加铅白表现浅蓝；在大昭寺壁画中，则用群青加孔雀石、巴黎绿加蓝铜矿表现草绿色，蓝铜矿加孔雀石表现浅蓝色。

三、结　论

西藏绘佛教画在19世纪以前使用传统颜料，如蓝铜矿、朱砂、雌黄、孔雀石、碱式氯化铜、铅丹、碱式硫酸铜、铁红、金粉等；19世纪晚期到20世纪早期使用了西方合成颜料，如巴黎绿、群青、铅铬黄、碳酸钙、铜锌金粉等；20世纪后期还使用了现代工业制造的部分颜料：钛白粉、铅丹、立德粉、酞菁绿、酞菁蓝等。

该项工作分析的大昭寺转经廊北侧壁画是在八世达赖喇嘛时期转经廊扩建后绘制形制的延续，就内容和绘画形式而言，在后来的历次维修中并未遭到破坏。绘制释迦牟尼主尊佛像壁画所用的铅铬黄、乙酸亚砷酸铜和立德粉均为近代工业合成材料。壁画所用颜料尤其是近现代始用之人造颜料，可以确定壁画绘制年代之上限。据寺内工作人员介绍，佛像上部的脱落部分于20世纪80年代补绘，所使用颜料已经从天然矿

---

① 孙一会：《白色颜料中的老产品——立德粉》，《涂料工业》1980年第4期。

物颜料转而使用造价低廉易得的工业合成颜料。因此，转经廊释迦牟尼主尊佛像应绘制于清代晚期到 20 世纪 80 年代之间。

综合以上研究结果，在古代壁画文物价值的有效评判中，利用多种有效分析技术采集的壁画制作材料和工艺信息，尤其是颜料成分与绘画断面结构，结合宗教、艺术、文化和资源等影响因素，探讨壁画颜料使用与绘制风格传承嬗变之间的关系；同时借鉴西藏地区其他壁画与唐卡的艺术史研究结果，推断所选西藏大昭寺壁画的制作与重绘年代，更加准确的阐释其历史价值、艺术价值和科学价值。

致谢：本研究工作得到北京科技大学梅建军教授和硕士研究生李志敏，中国文化遗产院马清林研究员和沈大娲、王玉、张治国、张晓彤副研究员与吴娜女士的帮助，在此表示感谢！

王素《刺虎歌图》的主题及构图研究

唐　静

（镇江博物馆）

　　镇江博物馆藏有一幅清代人物画家王素的绘画作品，在众多书画藏品中显得尤为特别，因为这幅作品被画家冠上了一个特别的名字——《刺虎歌图》。

　　翻看史料，发现只有一首清代文学家袁枚所作的《刺虎歌》与之相符，袁枚的《刺虎歌》与王素的《刺虎歌图》是否具有关联呢？笔者由此幅绘画作品与《刺虎歌》的关系入手，试图探究画家是如何以图画方式去表现诗歌的故事情节与美学特质的，以及绘画作品在转译文学作品时会牵涉到的一些问题。

一、《刺虎歌图》的画家、所绘时间与内容

　　王素（1794～1877年），字小梅，晚号逊之，甘泉（今江苏扬州）人。幼师鲍芥田，又多临华岩，凡人物、花鸟、走兽、虫鱼，无不入妙。道光初与魏小眠、王应祥并驾。自毁书拙，每晨必临数百字，至老无间。咸丰三年（1853年）太平天国克扬州，迁邵伯，又迁郭村，逾年返扬。有请南北斗星君像，乃诣蕃釐观图其塑像为稿本，其虚心若此。篆刻效法汉印，为画名所掩。卒年八十四。其二湘图及春雷起蛰图，现在日本。[①]

　　此幅《刺虎歌图》纵32.5厘米，横129厘米，纸本设色（图一）。

图一

---

① 俞华剑：《中国美术家人名辞典》，上海人民美术出版社，1981年，第99页。

左上方画家题："九殿謦謦鸣战鼓，万朵花迎一只虎，女儿中有有心人，诡说侬家是公主，公主姿容世寡双，色能伏虎虎心降，笑捋虎须向虎语，洞房请解军中装，一杯复一杯，沉沉虎竟醉，刃此小于菟，下报先皇帝，银烛千条撒帐光，（红烛）白虹一道冲天气，（冲天起），妾手纤纤软玉枝，事成不成为可知，妾心耿耿精金炼，刺虎还如刺绣时。一刀初刺虎犹纵，三刀四刀虎不动，带血抽刀啼向天，可惜大才还小用。吁嗟乎！城可倾，山可平。揽是区区一点诚，君不见滔天狂寇是谁斩，霹雳不能美人敢。袁简斋，太史刺虎歌，甲辰谷雨后二日写于竹里旧馆。邘上小某王素。"钤白文方印"王素"（图二）。

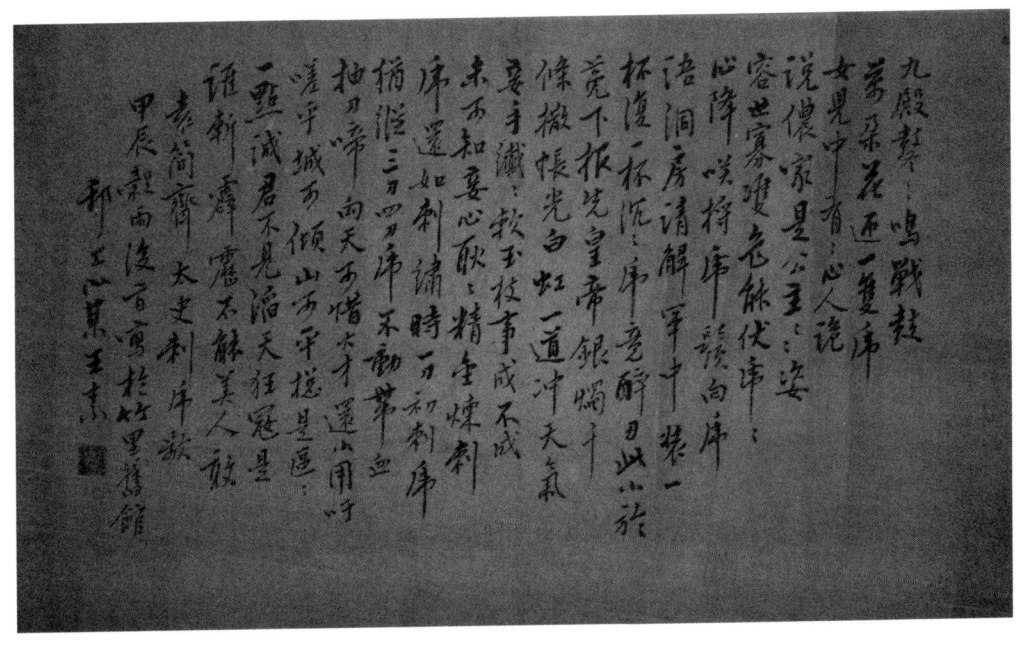

图二

从题款上看《刺虎歌图》绘于甲辰年，而王素生卒年为1794～1877年，其中只有1844年为甲辰年。谷雨是二十四节气的第六个节气，也是春季最后一个节气，一般在每年的四月底五月初之间。"竹里旧馆"应该是王素书房的雅号。因此《刺虎歌图》所作的时间为清宣宗道光二十四年（1844年）谷雨之后的第二日，绘画地点在王素书房竹里旧馆，而描绘的内容正是袁简斋《太史刺虎歌》的故事情节。

袁简斋即清代文学家袁枚（1716～1797年），字子才，晚号随园老人，钱塘（今杭州）人。乾隆十年（1739年）进士，官江宁（今南京）知县。以诗名闻于时。著《小仓山房集》《随园诗录》①。袁枚所作的《刺虎歌》，全名是《费宫人刺虎歌》。据清代文

---

① 俞华剑：《中国美术家人名辞典》，上海人民美术出版社，1981年，第757页。

士陆次云的《费宫人传》①所记,费宫人是明末崇祯皇帝的宫女,专门服侍长平公主。李自成攻破北京后,崇祯皇帝朱由检仓皇逃赴煤山自缢,行前,他以袖遮眼,挥剑斫断长平公主的左臂。费宫人救主心切,于是易装假扮公主,自投罗网,被李自成赏赐给罗姓猛将。费宫人于新婚之夜刺死烂醉如泥的"丈夫",然后自尽而死。

二、《刺虎歌图》的构图研究

此图是描绘《刺虎歌》的内容,那么画家是如何理解诗句中的语言,并将它们转化成图像的?

《刺虎歌》是一篇叙事诗歌,在叙述事件的过程中运用了长短相间,节奏变化丰富的诗句,而这些诗文的特质,在此画中以高超的技术被转化为了图像。

首先,在表现《刺虎歌》诗文的意义方面,画家使用了三种表现方法以转译诗文的含义:暗示法、象征法和省略法。

1. 暗示法

在此画中,时间的进程可以分为四个阶段,每一个阶段都以一组物件作为暗示(图三)。

图三

第一个阶段的暗示是床旁边的衣架,上面挂满了衣物,有盔甲、外衣,还有一把归鞘的宝剑。这与《刺虎歌》中"笑捋虎须向虎语,洞房请解军中装"的诗句相吻合。它暗示罗虎在费宫人劝说下除掉了衣裳,最关键是除掉了佩剑,这一阶段正是费宫人假装顺从投敌,使出怀柔招式,用温柔降低罗虎的防卫之心的巧妙计谋(图四)。

---

① (清)陆次云:《费宫人传》,《清文观止》,岳麓书社,2004年。

图四

第二个阶段的暗示则是画面右下部的桌椅和桌上的物件。我们可以看到，此处有一个方形的桌子，上面放置了蜡烛、酒壶、几个盘子，还有一顶老虎帽。而桌子上方和左方分别是一张太师椅和圆椅，我们可以想象将费宫人和罗虎还原至此，正是罗虎坐太师椅，费宫人坐圆椅上一杯一杯劝虎喝酒的场景，甚至可以看到罗虎酒醉将帽子脱下的情形，正是"一杯复一杯，沉沉虎竟醉"（图五）。

第三个阶段：酒醉的罗虎在床上撑着手臂斜卧休息（图六）。

第四个阶段则是画面中重点表现的一幕：在房间的另一端，费宫人手拿尖刀蹑手蹑脚地向罗虎靠近（图七）。

费宫人典雅清丽的形象与罗虎的满面胡茬、粗鄙不堪形成了强烈对比，费宫人细腻敏感的心灵与罗虎麻木不觉的重重隔膜，令人体会到她别无选择的宿命感。

画面的连续性被重复出现的竖向线条所强化，间隔为不同的时间和空间阶段（图八）。

2. 象征法

在表现空间的深入感方面，画家颇有能力。他将费宫人与罗虎之间的空白处完全留白，彼此间未设任何阻碍物作为间隔，所有繁缛的细节全部置于故事中心场景的边缘，比如罗虎床边放置的衣架和床前的桌子。这些精心的设计如同构置舞台剧一般，道具布置得不差分毫，具有界定人物活动空间的功能。

图五

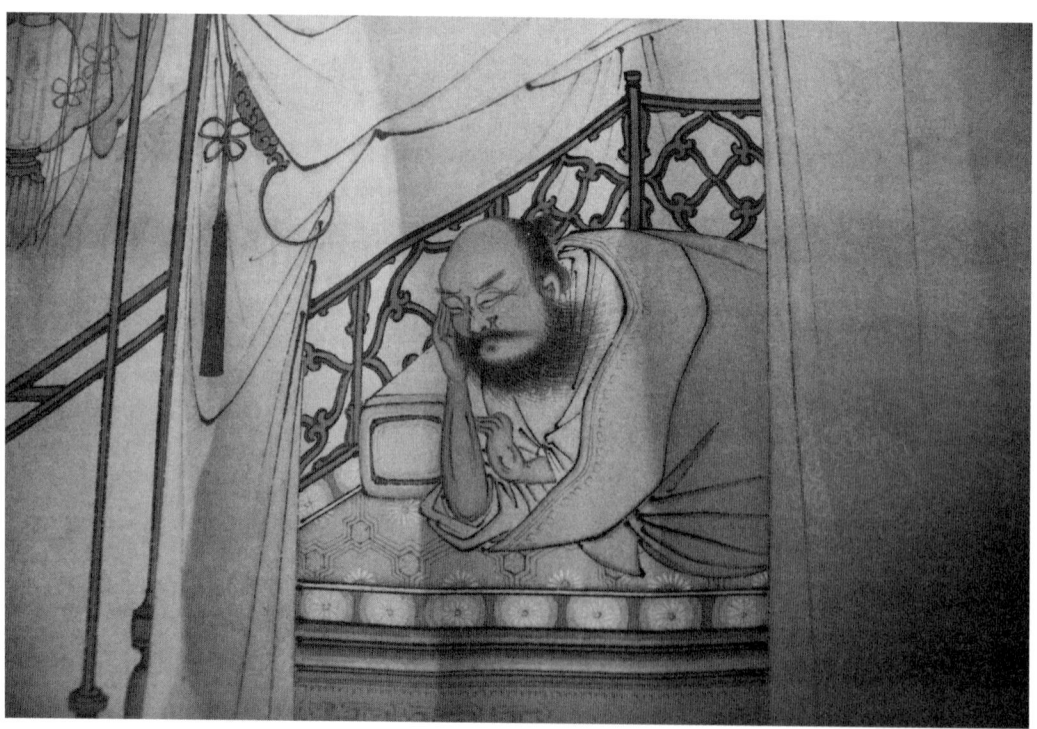

图六

还有一处细节，画家用透视画法将绘墙、床以及帷幔呈现出立体感，向右45°延伸，表现出房间的深度。这些线条圈出了罗虎房间的范围，制造出密不透风的空间压迫感。这样的构图，有一种相当纷乱不安的视觉效果。这几处场景的组合可视为罗虎势力范围的象征，费宫人偏居画面一隅，持刀进入房间，正是深入虎穴的最后抗争（图九）。

画家界定了这个故事场景的空间和背景，创造出了疏密有致的节奏感和韵律感，即便画上没有《刺虎歌》文字，也不会影响观者的观看过程。

3. 省略法

《刺虎歌》在开始简单交代了故事发展的背景："九殿鏊鏊鸣战鼓，万朵花迎一只虎，女儿中有有心人，诡说侬家是公主。"虽然没有详细说明"女儿"的具体身份，但我们可以提取到几个信息点：首先，"鸣战鼓"说明是发生在战乱期间；其次，"万朵花迎一只虎"表示事件发生在女子与一只虎之间，而联系后文可知此虎非彼虎，是具有象征意味的，指代李自成名将罗虎；最后，"诡说侬家是公主"说明此女子是假装公主。

而这几句诗在画面上并没有相对应的表现出来，这是画家省略掉的部分。

图七

图八

图九

但是将这幅画与《刺虎歌》对照,便发现画中省略了一个重要的阶段:"妾手纤纤软玉枝,事成不成未可知,妾心耿耿精金炼,刺虎还如刺绣时。一刀初刺虎犹纵,三刀四刀虎不动,带血抽刀啼向天。"费宫人怀着对先皇的崇敬,一刀一刀将心中的仇人罗虎刺死,然后在国破家亡的绝望中自尽殉国。这是《刺虎歌》中最为悲壮感人的时刻,袁枚更咏叹:"君不见滔天狂寇是谁斩,霹雳不能美人敢。"由衷地赞颂地位卑下的费宫人所显示出的巨大勇气,此时将观者的情感煽动到最高峰。但是为何王素会删减掉诗中最精彩的一幕呢?

这也许可以视为画家别具一格的"留白"。画家采取册页和片段式构图来表现这个动人的故事。要在一幅作品中表现一个故事的完整是非常困难的,因为册页不能像手卷一样分成时间先后发展的单元小节,只能选择最具表现力的一个瞬间。画家虽然有文本作参考,但他采用的是自己擅长的画面语言来表现故事。

三、画家对故事情节、节奏以及情感的表达

诗歌需要循序渐进的叙述故事,酝酿情绪,而绘画却可以单刀直入截取刹那的精彩。画家为费宫人描绘上艳丽的红色衣衫,以致观者欣赏此图时第一眼便会被画中的红衣女子所吸引,她柔美秀丽,纤纤玉手却拿着一把尖利的刀刃。这样的对比引起了观者无比强烈的好奇心,观者不禁会想:这是怎样的女子?她为何会有如此举动?随即目光转向旁边在床上卧床睥睨的男子,这里的气氛相当闲适、轻松,和此对比的是画面左边紧张和危险的气氛。她和这名男子之间有着什么样的爱恨情仇?

一连串的问题在观者脑中连续蹦出,观者会迫不及待寻求答案。这样戏剧化的构

图将刺虎歌中最矛盾,也是最精彩的一幕定格在画面上。画家并没有将费宫人刺杀罗虎的一幕画出,而是将重点放在了费宫人实施刺杀行动的一刹那,通过设立期待值,让观者感染到危机四伏,一触即发的紧张感。这种绷着一根弦的情节设置,将故事的前因后果通过细节暗示出来,同时把观众的目光永远聚焦于费宫人勇敢无畏、贞烈忠节的美丽脸庞。画家为观众画出的是一个一个的问题,而非最终刺杀成功的答案。他将画面拉回历史,复原当时精彩的一幕,将对费宫人的评价径自留给观者。

诗歌通过修辞性语言为对象创造出意象,赋予故事特殊的氛围,而画家则通过自己的历史观、是非观掌控画笔的叙事模式和阐释模式。陆次云在《费宫人传》文末感叹道:"夫子云:'惟女子与小人为难养也。'女子小人,宦官宫妾也。宫妾如费、魏,宦官如王承恩,即丈夫君子,何以过耶?余传之以愧天下之丈夫而不丈夫,号为君子而不为君子者。"[1]

面对国破家亡的现实,在所有人逃避惶恐、见利忘义时,地位低下的费宫人却显示出了巨大的勇气。在分崩离析的变革时期,费宫人的独战虽然无法阻挡历史的巨轮,但她无所畏惧、矢志不渝的精神令我们崇敬与称颂。画家试图通过费宫人的故事来激励世人摆脱苟且妥协、柔弱顺从,为着目标勇敢前行。

四、结　语

清代中后期,随着封建制度行将寿终正寝,文人们深感世态炎凉,感叹个人的命运如同妇人一样不能自我主宰,他们所画仕女或伫立秋风,或凭栏远眺,所以此时的人物画,尤其是仕女画以柔弱为审美情趣,多表现仕女闺阁生活,呈现幽怨之态,反映了当时文人的审美格调。

王素此幅《刺虎歌图》却在一众自怨自艾的仕女画中选择了烈女杀寇的故事。费宫人舍身刺虎,不为自己的命运所屈服,她的故事浓重而悲烈,王素的画却在悲怆之中依然透露着希望,他从费宫人唇边的笑容表达自己由衷的赞美。在画中他将费宫人描绘得秀美娴雅,线条流畅工整,透出一种文人画的韵味,而题材的选择与构图的矛盾制造流露出强烈的个性和对传统的变革意识。这两种截然不同的审美格调,画面秀整典雅,而内里却蕴含危机,王素的人物画成就便在这种矛盾中孕囊而出。

---

[1] 陈文新:《〈虞初续志〉所收文言小说提要》,《厦门教育学院学报》2006年第8卷第3期。

(K-2202.01)
ISBN 978-7-03-045716-5